1987年留影（第一排右4）

1989年政协会场前

1992年日本访学

2011年查看甲骨

2011年于宝鸡青铜器博物馆

2012年接受采访

2014年在书房

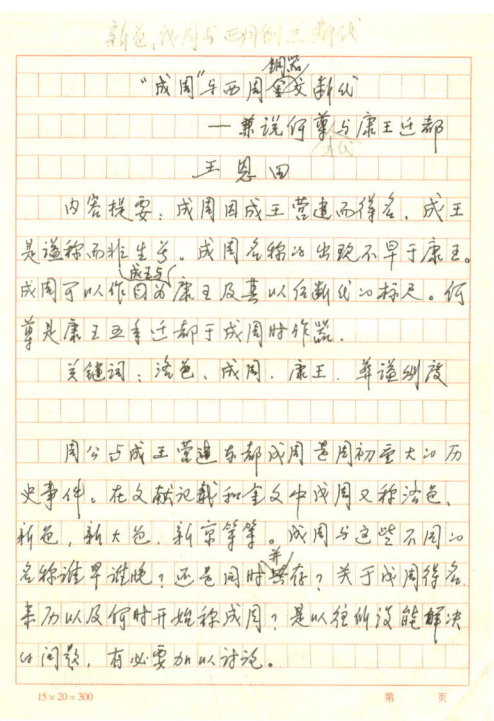

王恩田手稿

王恩田学术文集

商周史地发微

王恩田　著

图书在版编目(CIP)数据

商周史地发微 / 王恩田著. — 北京：商务印书馆，2022
ISBN 978-7-100-18366-6

Ⅰ.①商… Ⅱ.①王… Ⅲ.①商周考古-研究 Ⅳ.①K871.34

中国版本图书馆CIP数据核字（2020）第069966号

权利保留，侵权必究。

商周史地发微
王恩田　著

商　务　印　书　馆　出　版
（北京王府井大街36号　邮政编码 100710）
商　务　印　书　馆　发　行
北京兰星球彩色印刷有限公司印刷
ISBN 978-7-100-18366-6

2022年8月第1版　　开本 710×1000　1/16
2022年8月第1次印刷　印张 44　插页 4

定价：238.00元

前　言

　　王恩田先生，回族，1932年出生，祖籍山东恩县（今山东德州武城县）。笔名齐文涛、亦晓。山东省博物馆研究员。2017年8月28日病逝于济南，终年85岁。

　　先生以毕生精力致力于先秦秦汉史的研究，多有创获，是我国著名的古文字学家、考古学家、历史学家。

　　先生1961年毕业于北京大学历史系，1964年调入山东省博物馆工作。其学术生涯从时间上大致可分为两个阶段。20世纪60年代至80年代，主要从事田野考古工作。1964年秋，主持临淄齐国故城小城和部分大城钻探工作。根据临淄小城北门和北门内大道建在夯土上的事实，证明小城是挖掉了大城西南城角以后兴建的。在西关的安合村和小徐家发现了第一处齐刀币铸钱遗址。1965年春和1966年春，主持益都（今青州市）苏埠屯商代墓地的发掘，发现迄今为止安阳殷墟以外规模最大，规格等级最高，人殉、人祭数量最多的商代大墓。1号大墓出土的两把大钺，硕大无朋，其中一件有"亚醜"族徽，证明传世大量精美的亚醜铜器都是从这里盗掘出土的。2号大墓在发掘中率先采用了灌石膏技术，成功地解决了盾柄与盾面的结构问题，并揭取了盾面上黑红相间的同心圆彩绘。在西二层台上首次发现了弓的遗迹，出土的弓每十支为一捆，总数有二三百支。结合甲骨文记载，认为大量弓的遗迹应与卜辞中的"三百射"有关，证明苏埠屯应是殷王朝东土的边防重镇。亚醜居地的确定，还为之后探寻征夷方路线的核心地点"攸"提供了重要的证据。在胶东黄县（今龙口市）首次实地测绘了莱都故城内城外郭的平面图。在出土八件鼎器的南埠村首次清理发掘了出土鼎、盘、匜铜器和大量陶器的西周晚期墓葬。在莱阳前河前清理发掘了出土鼎侯壶的中型铜器墓，为探讨纪国与莱国的关系提供了依据。1976—1980年，主持淄博瓷窑遗址的调查与发掘，发现迄今为止年代最早的北齐青瓷窑址，建立起自北朝至元代的瓷器年代系列，填补了山东无瓷窑的空白。

1985年，先生任山东省博物馆研究室主任，工作重心遂转为古史研究，这是个分水岭，从此以后，研究文章就越来越多了。先生的研究重点是商周史，向上至新石器文化，向下延至两汉，乃至魏晋。他熟稔文献，精通音韵，对甲骨、金文、古陶、简帛、货泉、玺印、画像石等古文字材料精审强辨，加之考古学的功底，辅以民族志材料，创出一条以多重证据研究古史的新路，提出很多有真知灼见的新观点，在先秦秦汉史领域独树一帜，为古史研究做出重要贡献。

一　古文字方面

先生北大求学时受教于张政烺、胡厚宣等著名学者，深入研读甲骨文、金文，为此还曾被批为"白专道路"，抄录的卡片被当作反面教材"展览"。他常讲到，文字考释是研究的基础，认错了字，等于把大厦建到沙滩上。先生对于古文字的研究终生不辍，晚年以80岁高龄还能连续站立一两个小时描摹甲骨片，令人叹服。

1. 对甲骨文中极易混淆的匕、氏、示三字加以区别（《释匕、氏、示》）。据此找到见于甲骨文记事刻辞中的一大批殷商氏族。对𠂤（自）、𠭰（官）、𠂤（师）三字加以区别（《释𠂤（自）、𠭰（官）、𠂤（师）》）。考释甲骨文中的𠭰是官字初文，经籍作馆。𦥑是𠭰的异体字，卝是意符，即《周礼》"五十里有市，市有候馆"的"市"。通过考释、研究商周客馆制度与戍守制度，认为释𠭰、𦥑为师是错误的。卜辞"王作三𠭰，左、中、右"，即建造三座客馆。金文"西六𠭰""成周八𠭰"，或称"殷八𠭰"，是在周人故地建造六座客馆和在殷遗民地区建造八座客馆。论证商周时代没有常备军（《释𠭰、𦥑——兼论商代客馆与戍守制度》）。

2. 推崇、使用、完善董作宾先生首创的甲骨复原法。准确指出其适用范围：一是仅限于乙辛卜辞；二是仅限于卜旬、卜夕和周祭甲骨；三是卜甲仅限于腹甲，而不适用于背甲。"缀合与复原相辅相成。缀合的残片越多，复原就越容易进行。而复原则具有很强的预见性，对缀合可以起到重要的启示作用。复原犹如'原子周期表'，对尚未发现的残片虚位以待。发现新材料，即可按图索骥，对号入座。"（《帝辛十祀征夷方甲骨复原及其意义》）按甲骨复原法对帝辛十祀征夷方卜辞重新搜集整理，将《帝辛十祀征夷方日程表》所用的材料，从75条增加到170条；往返途经地点由37处增加到47处。充分证明甲骨复原法的科学性和预见性。

3. 首次提出征人（夷）方卜辞研究的两种新方法。一是利用国族名铜器出土地点作为甲骨文地名定点的方法，结合文献记载绘制出征人（夷）方往返路线图；二是利用古代行军日行30里为一舍的规律对往返路线中各段的行程加以核查，验证地名考释是否正确。初步确定人（夷）方位置大体在今山东费县一带（《人方位置与征人方路线新证》）。

4. 全面收集整理商周族徽，提出"复合族徽"的概念，认为两个以上单体族徽组合在一起可称作"复合族徽"，复合族徽反映族源和族与族之间的血缘亲属关系，与氏族的分化有关。对见于《金文编·附录》的65组复合族徽加以考释（《〈金文编·附录〉中所见的复合族徽》）。通过复合族徽的研究，指出西周薛国源于商代史族（《陕西岐山新出薛器考释》）。还提出商、周同族的观点，认为考古学中的先周文化是商文化西扩的产物（《周人族徽与先周文化》）。曾拟编著《商周氏族谱》一书，可惜最终没有着手，殊为遗憾。

5. 利用国族名铜器研究山东古国史，提出纪、𬉼、莱为一国（《纪、𬉼、莱为一国说》），杞分二国（《从考古材料看楚灭杞国》），徐国本土在山东，济阳夆（逢）器是周人王季一支征伐逢国的战利品，逢国不在济阳等论点（《济阳刘台子夆器与周人灭逢》）。根据高青陈庄新出丰器，指出器主即齐乙公得，名得字丰。丰器中的文祖甲齐公即乙公得祖父齐太公师尚父。高青陈庄是齐国公室墓地，也就是西周早期齐国都城营丘（《高青陈庄西周遗址与齐都营丘》《高青新出申簋考释——兼说高青陈庄齐国公室墓地的年代与墓主》）。

6. 根据西周金文的研究，认为夏商周断代工程西周年表中的多数王年需要作出调整。如《年表》成王在位22年，朱凤瀚定为成王的觐公簋，纪年是"唯王廿八年"；《年表》康王在位25年，而《三代吉金文存》著录的康王标准器小盂鼎纪年是"唯王卅又五祀"；恭王标准器趞曹鼎证明恭王在位只能是 15 年，而《年表》恭王在位 23 年；《年表》懿、孝、夷三王在位分别是 8 年、6 年、8 年，而《太平御览》引《史记》懿王在位 25 年，孝王在位 15 年，山西倗伯墓出土的懿王铜器倗伯禹簋纪年是"唯王廿又三年"，证明《太平御览》懿王在位 25 年说可信，《年表》懿、孝、夷三王在位年数都需要作出调整。所以，在《年表》中的多数王年需要作出调整的情况下，断代工程的西周《年表》无疑应该推倒重来。

7. 先生自来山东工作之初就意识到陶文的重要性，20 世纪 80 年代开始着意收集传世和新出土的陶文拓片，历经 20 余年，积累拓片十数万件，凭一己之力编著《陶文图录》（齐鲁书社，2006）和《陶文字典》（齐鲁书社，2007）。《陶文图录》最终收录陶文 1.25 万件，详考精审，按国别分类，便于学者使用。《陶文字典》正编收 1279 字（含合文），附录收 1170 字，总计 2449 字。两书被誉为陶文这一分支学科的集大成之作。

除了研究中占比最大的甲骨、金文以及上面提到的陶文之外，其古文字的研究领域还涉及简帛、玺印、货泉等，都撰有专门的研究文章，本书均已收录。

二　考古方面

先生所学的专业是考古，极为看重考古学在古史研究中的作用，时代越早，文献越少，考古学的优势就越明显。先生擅长器物分型、排队，考察铜器时必定使用考古材料对其结论进行核验。每每遇到铜器不易断代的情况，共生的陶器就成为重要的时代标尺，这种研究手段得益于先生扎实的考古学基本功。表面来看，先生单纯的考古学研究文章数量似乎不多，但实际上几乎每篇文章的选题和研究论证都涉及和包含考古方面的内容，绝大多数的研究文章都可以当作考古学方面的论文。另外一方面，有的文章主要研究手段是古文字，其实却是针对考古问题。先生在多篇文章中都明确提到考古的补史证史作用，读者可参看。本书编排文章未将考古部分独立列为一个单元，不是因为体例问题，实在是因为考古学贯穿了先生整个的学术体系，不可区分。

1. 岐山凤雏西周建筑基址是周人的礼制建筑遗迹，甲组基址为宗庙、乙组基址为社宫、三号基址为周武王祀于天位的祭天天位，战国以后称圜丘，明代以后称天坛（《岐山凤雏村西周建筑群基址的有关问题》《凤雏三号基址与周武王"祀于天位"》）。周原遗址有西周早期的凤雏大室类型宗庙和西周晚期云塘康宫类型的宗庙，证明周原遗址应是周人的都城，而非周公采邑。周人有三都二京。三都：一是周公庙的岐都，是周公亶父所建，由于岐山有周人最早的宗庙，故金文中称为"宗周"；二是根据凤雏出土的商纣时期的四块庙号甲骨周原遗址的"周都"应是文王所建；三是洛阳的成周是周公旦与成王所建。酆、镐无宗庙，只能称京。"京"即大邑，不是都城（《"成周"与西周铜器断代——兼说何尊与康王迁都》）。

2. 鹿邑太清宫所谓的"长子口"西周大墓，是西周考古极其重要的考古发现。根据多方面论证，认为释"长"是错误的，应该释为"微"，与西周早期分封的宋国始祖微子启有关。通过厘清长、微两字长期混淆的原因，还顺带解决了三晋私名印不见魏姓的问题（《鹿邑太清宫西周大墓与微子封宋》）。

3. 高青陈庄西周遗址发现两座带墓道的"甲"字形大墓，出土"齐公"的铭文铜器，所以应该是齐国公室墓地，陈庄遗址应为齐国早期都城营丘。编号TJ2的祭坛，由九层花土构造，象征天有九重，功能也是祭天。高青陈庄遗址的发现对于齐国早期历史研究具有重要意义（《高青陈庄西周遗址与齐都营丘》）。

4. 对于20世纪50年代西安市西郊汉长安城南发现的东西并列的三组大型建筑基址，发现中组建筑群与文献记载的按昭穆制度排列的王莽九庙不符，认为应该是王莽为汉室所建的"祧庙"，即明堂。同时指出东组建筑群为郊宫，也称郊庙，又称辟雍；西组为祭祀社神和后稷的"社稷"。符合《考工记》所言"左祖右社"的布局，这种礼制建筑布局一直延续到明清的北京城（《"王莽九庙"再议》）。

三　古史研究方面

先生常讲到，考古不是为考古而考古，研究古文字也不是单纯认字，考古和古文字都是手段，终极目的还是要服务于古史的研究。先生在古史研究领域的主要贡献在于使用新材料、新方法重新论证了先秦各项社会制度。

1. 婚姻制度

根据兖州王因同性别合葬和二次葬、宝鸡北首岭男女分片埋葬、潍坊前埠下男性墓地等大量的考古发现证明新石器时代实行普那鲁亚婚（伙婚制）（《王因同性合葬与普那鲁亚婚——兼论大汶口文化的社会性质》《潍坊前埠下男性墓地的发现及其意义》）。

2. 土地制度

西周无井田制。西周时代实行按亲属等级分配土地，即以"亲疏有序"为原则的、以分封制为代表的家族公社初级阶段的土地制度。春秋时代实行按实际耕耘能力分配土地，即在一定期限之内不予耕种的土地，公社予以没收，属于家族公社高级阶段的土地制度；见于《管子·四时》"复亡人"和屡见于《左传》"三年而复之"，意思是逃亡三年之内回国者，可以恢复其耕地与住房，逃亡三年不回国者，才没收其田宅。春秋晚期郑国实行的"庐井有伍"，楚国实行的"井衍沃"，齐国实行的"书社"制度，《管子·乘马》中关于井田制的论述等，才是井田制实行的标志（《〈管子·四时〉的"复亡人"与齐国的土地制度》）。爰田制是在土地公有的前提下，为达到"财均力平"的目的而定期换地换房。从春秋晋国开始实行三年换土易居的"作爰田"，经过战国时代齐国的"民十岁毕易田"，到秦国商鞅变法的"制辕田"即制止、废除爰田，是爰（辕）田制产生、发展和消亡的全过程（《临沂竹书〈田法〉与爰田制》）。

3. 继承制度

商代实行兄终弟及制。西周并非实行嫡长继承制，而是实行以鲁国为代表的一继一及制。经过春秋时代新旧继承制度斗争的过渡时期，战国时代嫡长继承制才趋于确立（《从鲁国继承制度看嫡长制的形成》）。继承制度的发展受到婚姻制度和财产发展状况的制约，并不取决于周公天才政治家的头脑

(《再论西周的一继一及制》)。《史记》中可以看到西周鲁国的一继一及的继承谱系,而在《史记》中包括周王朝在内的其他各国西周世系中却看不到一继一及谱系,而是清一色的子继之法,原因在于:第一,鲁国从西周初年开始就进入到有年可考的历史时期,而其他各国都是西周晚期共和元年(前841)开始进入有年可考的历史时期。因此,鲁国的世系是可信的,而周王朝等其他国家的世系是可疑的。第二,鲁国有记录直系的"世"(即后世的《世本》)和兼记旁系的昭穆的两套记录世系的系统,即所谓"工、史书世,宗、祝书昭穆"(《国语·鲁语》)。而周王朝由于犬戎入侵、西周灭亡、平王东迁,丧失了世和昭穆的记录。晋、蔡、曹等国则只保存了"世"的记录,因而只能看到直系而看不到兼记旁系的"昭穆"的记录(《〈史记〉西周世系辨误》)。

4. 昭穆制度

商代无昭穆制度。昭穆制度并非起源于原始婚制,而是起源于西周的一继一及制,并随着继承制度的演变而演变。西周昭穆制度是兄昭弟穆,是昭穆制度的原生形态。春秋时代进入一继一及制向嫡长制发展的过渡时期,春秋时代的昭穆制度可以是兄昭弟穆,也可以是父昭子穆,这是昭穆制度的次生形态。战国时代嫡长制确立,反映在昭穆制度上则完全是父昭子穆,是昭穆制度的再生形态,它仅保存了昭穆制度的躯壳而已(《周代昭穆制度源流》《昭穆解惑——兼答赵光贤教授》)。

除先秦的各种制度之外,先生对于先秦古国的研究涉及面也很广,针对周、齐、鲁、杞、莒、徐、邾、郳、纪、逄、滕、薛、费、邛、虢、曾、秦、晋、楚、吴等国的史地问题,都有专门的研究文章。

先生秉持"无证不信,无证不疑"的治学态度。认为信古与疑古是一对矛盾,因为对于史料都需要"考",都需要"释",都需要"融会贯通",都需要核查,所以不存在"第三者"的"释古"。信古也好,疑古也罢,都需要出示证据。先秦史研究领域中,很多学者往往苦于材料匮乏,但他指出中国古代文献浩如烟海,地下出土的文字材料层出不穷,近代考古学和民族学硕果累累,"不存在'文献不足征'的无米之虑"(《齐鲁文化研究的史料问题》)。问题在于史料并不能等同于史学,一方面,大量重要可靠的史料不被重视;另一方面,时代混淆、真伪杂糅的史料不经鉴别地被滥用。很多考古发现尚未得到合理解释,很多历史问题也需要重新研究。观点正确,则材料俯拾皆是,左右逢源,相反则会左支右绌。事实上,先生的苦恼不是找不到材料论证其观点,而是大量的有充分证据的学术课题来不及写成文章;即使形成文章,发表也慢。所以,网站和博客成为先生后期阐述学术观点的一个重要平台。

学术研究,贵在创新。先生一方面特立独行,另辟蹊径,发前人所未发;一方面是在符合事实、实事求是的基础上进行创新,杜绝一切不切合实际的空想。正所谓"出新意于法度之中,寄妙理于豪放之外"。例如20世纪80年代发表的一篇重要文章《辉县赵固刻纹鉴图说》,不同意将赵固鉴图案释为"贵族游园图"。通过对图案中路寝、饮食器、狗牲、钟磬、笙瑟、女乐、射者、侯、乏、获旌、猎车等内容的详细考证,认为图案刻画的是燕礼、射礼和蒐礼。此图完全可以和《仪礼》《周礼》《礼记》的相关内容对照,"三礼"是战国时代的著作,与西周初期的礼制不合。

除了常用的古文字和考古的手段,先生还注意参考国外和国内少数民族民族志的材料。如在客馆制度的研究中参阅了美国学者穆达克关于古秘鲁印加人的材料;在土地制度研究中参考了德国学者考茨基的研究成果,引用了俄国学者科瓦列夫斯基关于印度的材料;在婚姻制度的研究中使用了海南岛黎族的民族志材料;在宗庙制度研究中参照了古罗马人的相关记载。先生遍览群书,广征博引,从而奠定了其科学创新的基石。

先生博学而审问,慎思而明辨。因为材料运用得当,逻辑论证严密,所以几十年的学术生涯中,他的主要观点从未因新材料的出现而发生大的改变,相反,其观点却不断地被新发现的材料所证实。例如凤雏甲组基址的发掘报告发表后,关于性质和归属的问题,引发学界热议,有宫殿说、宗庙说、贵族宅院说、家族公社说、殷遗宗庙说等观点。先生力排众议,主张应是周王室的宗庙(《岐山凤雏村西周建筑群基址的有关问题》)。其中一条证据是甲组基址西厢二号房间内 H11 出土甲骨,所以认为二号房间应是文献所言"高庙中有龟室,藏内以为神宝"的"龟室"。文章发表后,收到《文物》

编辑部转来陕西周原考古队编《周原考古简讯》第 16 期，报道在西厢二号房间内继 H11 后，又在 H31 窖穴内发现了甲骨，赞同西厢二号房间是龟室的意见。新的考古发现，更加夯实了周王室的宗庙说的正确性。

先生的研究特点是从大处着眼，从细处着手，高屋建瓴，视野宽广，既使用望远镜，也使用显微镜。这与其治学方法有很大关系。先生曾明确指出，"我的方法论是以马克思主义的基本理论为指导，以文献资料、考古学、古文字学、民族学为手段去认识和解决古史和考古方面的问题。不认为马克思主义已经过时，不同意'不适合中国的国情'的说法。相反，认为只有马克思主义理论才是认识和解决古史、考古各种问题的唯一正确的方法"(《王因同性合葬与普那鲁亚婚——兼论大汶口文化的社会性质》)。他从没有将历史唯物主义当成公式化的标尺，僵化地剪裁各种历史事实，而是自觉地灵活地运用发展、对立统一、普遍联系的观点看待历史问题，从整体上来把握人类社会生活，把政治、经济、社会各个领域看作一个统一的有机整体进行考察，探索历史发展规律。

例如土地制度的研究。根据马克思主义公社理论和科瓦列夫斯基的研究成果，家庭公社分为两个阶段：一是初级阶段，按亲属等级即按距始祖血缘关系的亲疏分配土地。西周时期按"亲疏有序"的原则确定采地大小、多少的分封制就属于这一阶段的土地制度。二是高级阶段，按实际耕种能力分配和占有土地。通过对西周按"亲疏有序"原则分配土地的分封制和"三年而复"的分析，认为西周和春秋时期曾实行家庭公社的土地制度，主张井田制是农村公社的观点，井田制的实行应是春秋以后的事情，西周时期无井田。这也证明马克思主义的古代社会理论不仅适用于美洲、非洲、欧洲、亚洲的印度，也适用于中国。建立在大量杀死战俘用作祭祀牺牲理论基础上的殷商奴隶社会和建立在《汉书·食货志》"奴隶劳动营"理论上的西周奴隶社会，值得重新考虑。"既然承认中国人不是神，不是猴子，那就应该同时承认处在北温带大陆的特殊国情，并不妨碍中国人也曾与印第安人、阿尔及利亚人、印度人、欧洲人一样，经历过氏族公社、家族公社、农村公社等不同的社会发展阶段。无他故，规律使然。"(《〈管子·四时〉的"复亡人"与齐国的土地制度》)

再如继承制度的研究。"任何事物的产生，都是由低级到高级的辩证发展过程，作为上层建筑中重要政治制度之一的嫡长制当然也不例外。通过对鲁国继承制度的剖析，意外地发现了继承制度发展史链条中的一个重要的中间环节——一继一及制，使我们有可能描绘出继承制度发展史中各个连续发展阶段的连环图。中国继承制大体经历了如下四个阶段：1. 传甥传弟制，2. 弟及为主制，3. 一继一及制，4. 嫡长制"（《从鲁国继承制看嫡长制的形成》）。

按照普遍联系的观点，他认为同一时期的各种社会制度乃至社会思想应该是配套存在的，同时，各种制度和思想又相互作用。婚姻制度、继承制度、昭穆制度具有内在关系，而昭穆制度又可以与宗庙制度、宫室制度、丧葬制度相联系；客馆制度与戍守制度密切相关，而戍守制度又与先秦军制相联系；等等。正因如此，先生各个领域中的研究文章既独立成章，又相互参证，构建起一个庞大而精深的学术体系，背后起支撑作用和指导作用的理论正是马克思主义的唯物史观。

归纳起来，先生毕生的研究工作只围绕一个大课题——古史分期，在这个课题的统领下，他在力所能及的范围内几乎研究了所有与之相关的子课题：婚姻、继承、丧葬、宫室、土地、军制、王权、宗法、货币等。这样做的目的是，他试图通过自己的研究，验证马克思主义的基本理论对中国古史研究是否具有指导意义，中国的历史发展是否符合马克思主义的五段论，唯物史观究竟是不是放之四海而皆准的真理。他曾多次想汇集自己先前在商周经济、社会、政治、军事各领域取得的研究成果，动笔谈谈古史分期问题，但又恐驾驭不了哲学层面的内容而屡屡作罢，仅有一篇《唯物史观与战国奴隶社会说——评张政烺先生古史分期观》存世，大有意犹未尽之感。今天大家看到的这部文集不仅是先生全部心血的凝结，更是一番未竟的事业，仍需要后人接力探索。希望此书的出版，能对学界有一些启示作用。

谨以此文缅怀先生！

王戎

2020 年 12 月 18 日

目 录

湖南出土商周铜器与殷人南迁 1

"成周"与西周铜器断代
　　——兼说何尊与康王迁都 21

西周王年的调整 42

山东商代考古与商史诸问题 48

益都苏埠屯亚醜族商代大墓的几点思考 58

山东益都苏埠屯第一号奴隶殉葬墓 66

山东商周青铜器与山东古史 80

齐鲁文化研究的史料问题 91

曲阜鲁国故城年代及其相关问题 120

关于鲁国建国史的两个问题 135

从曲阜两周墓看鲁文化面貌及楚文化对鲁国的影响 141

"鲁币"质疑 149

关于齐国建国史的几个问题 155

齐都营丘续考 164

高青新出申簋考释
　　——兼说高青陈庄齐国公室墓地的年代与墓主 174

高青新出申簋与《诗·烝民》的仲山甫 182

国子鼎的年代商榷 187

陈齐六冡的年代与墓主 189

长岛战国铜器与"迁康公于海上" 197

临淄国子墓和郎家墓的年代与墓主问题 200

曲城齐仲簠与"丁公伐曲城"
　　——兼说铜资源与齐国强弱的因果关系 208

对三里墩出土齐小刀币铸行年代的讨论 216

莒公孙潮子钟考释与臧家庄墓年代
　　——兼说齐官印"阳都邑"巨玺及其辨伪 222

上曾太子鼎的国别及其相关问题 231

跋陈乐君欹瓺与耺盂
　　——兼说齐桓公伐楚 238

读考古报告《海阳嘴子前》 248

邛黛君盂考释 251

纪、异、莱为一国说 254

再说纪、异、莱为一国 271

三说纪、异、莱为一国 281

山东胶东地区周代考古的重要发现与纪、异、莱史研究 293

东岳泰山考辨
　　——徐子汎鼎与徐国本土 302

从考古材料看楚灭杞国 314

新泰杞国铜器与商代杞国
　　——全国首届杞文化研讨会学术报告 326

杞国史料的甄别与应用 335

商代杞国在新泰 344

滕国考 347

郳器与郳国 354

小邾不小，邾分多国
　　——《小邾国文化·序》 365

费奴父鼎与山东费国与费邑 369

济阳刘台子夅器与周人灭逄 382

"二王并立"与虢国墓地年代上限
　　——兼论一号、九号大墓即虢公忌墓与虢仲林父墓 385

戎生编钟与秦晋史实疏证 396

"曲沃叛王"与晋公戈年代再议 414

楚高缶与楚公子高伐东夷
　　——春秋晚期大铁盘的发现及其重要意义 418

楚公豪钟与楚武王熊达称王 425

鹿邑太清宫西周大墓与微子封宋 428

鹿邑微子墓补证
　　——兼释相侯与子口寻（脤） 438

微子墓论证侧记 453

随州叶家山西周曾国墓地的族属 458

曾侯與编钟与曾国始封
　　——兼论叶家山西周曾国墓地复原 468

睡虎地秦律的年代、渊源与社会属性 481

河南固始"勾吴夫人墓"与番子成周钟
　　——兼论番国地理位置及吴伐楚路线 486

镇江吴国车马器与吴伐楚入郢 494

"齐东野人"正解 500

亳社即郊社说 505

《管子》三匡解题 507

《齐语》的史料来源与成书年代 511

泰安大汶口汉画像石历史故事考 519

诸城凉台孙琮画像石墓考 528

安国祠堂题记释读补正 534

苍山元嘉元年汉画像石墓考 546

跋汉画赵苟哺父图 561

龙山文化的渊源及其上限 563

梁思永与城子崖真假龙山文化城......574

济南建城史刍议......580

湖熟文化的分期与土墩墓的年代......598

"王瓦延寿"瓦当与西楚河南王府......609

"孔壁书"辨伪......612

"大刘记印"与海昏侯墓墓主蠡测......616

海昏侯墓园墓主考......619

张政烺先生与古史分期
　　——与张政烺先生的另外两次谈话......624

夏商周三代的民主及其衰亡......630

唯物史观与战国奴隶社会说
　　——评张政烺先生古史分期观......640

"黄帝"探源......662

《殷周制度论》与张勋复辟
　　——读《罗振玉、王国维往来书信》......669

评"走出疑古时代"......673

《水经注》"戴袭赵案"铁案难移......677

王国维史学研究的误区......681

后　记......685

湖南出土商周铜器与殷人南迁

湖南境内自20世纪20年代初以来就不断出土商周铜器，迄今为止，总数已达300余件[①]，出土地点涉及24个县、市，主要分布在洞庭湖周围及省内北部地区，其中又以宁乡黄材最为集中。湖南铜器以制作精美和形体高大厚重而引人注目，绝大多数铜器出土于窖藏。关于湖南出土商周铜器的来源与族属问题，目前尚存在较大分歧。本文拟在对铜器的类型、年代分期以及窖藏的性质与年代等问题进行具体分析的基础上，对上述问题予以初步探讨。

一　分类

（一）甲群

1. 鼎

人面方鼎，四面各有一浮雕人面，云雷纹为地。铭"大禾"2字（图一：1）。宁乡黄材寨子山出土。[②]

分裆鼎，铭"己冓"2字（图一：2）。宁乡黄材栗山张家坳出土。[③]

圆鼎

Ⅰ式　半球形腹，柱足，腹饰两周微凸的圆泡纹。岳阳黄秀桥象形山出土。[④]

Ⅱ式　半球形深腹，高足，足根稍粗略近蹄足，饰兽面纹。桃江马迹塘

[①]　湖南省博物馆：《三十年来湖南文物考古工作》，文物编辑委员会：《文物考古工作三十年：1949—1979》，文物出版社，1979年。
[②]　高至喜：《商代人面方鼎》，《文物》1960年第10期。
[③]　高至喜：《湖南宁乡黄材发现商代铜器和遗址》，《考古》1963年第12期。
[④]　岳阳市文物管理所：《岳阳市新出土的商周青铜器》，湖南省文物考古研究所、湖南省考古学会：《湖南考古辑刊》（2），岳麓书社，1984年。

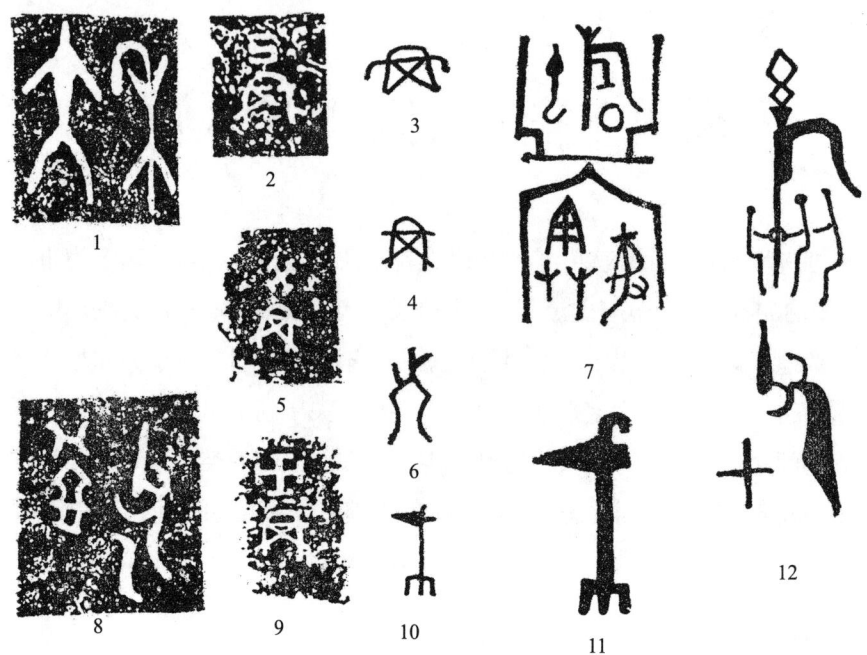

图一 甲群铜器铭文

1. 人面方鼎　2. 分裆鼎　3、10. 觯　4、6. 爵　5、9、11. 卣　7、12. 尊　8. 簋

出土。①

Ⅲ式　腹浅而垂，腹饰圆涡纹与变形夔纹相间的花纹带。湘潭青山桥出土。②

2. 甗

腹上部有三道弦纹，足根有兽面纹。望城高山脊出土，未见图像。③

3. 簋

Ⅰ式　深腹，高圈足，双耳有珥，饰圆涡纹与变形夔纹相间的花纹带。铭"父乙"（图一：8）。石门出土。④

Ⅱ式　鼓腹下垂，双耳有珥，有方座，饰兽面纹。铭"作宝䵼彝"4

---

① 高至喜：《论湖南出土的西周铜器》，《江汉考古》1984年第3期。
② 湖南省博物馆：《湘潭青山桥出土窖藏商周青铜器》，湖南省文物考古研究所、湖南省考古学会：《湖南考古辑刊》（1），岳麓书社，1982年。
③ 高至喜：《论湖南出土的西周铜器》，《江汉考古》1984年第3期。
④ 湖南省博物馆：《湖南省文物图录》，湖南人民出版社，1964年。

字。株洲均坝出土。①

4. 尊

方尊

Ⅰ式　四羊方尊。颈饰蕉叶纹、夔纹，腹饰鸟纹，云雷纹为地。高58.5厘米。宁乡黄材转耳仑出土。②

Ⅱ式　折肩，高圈足，有扉棱，肩饰凸起的小兽与兽头。常宁出土一件③，长沙拣选一件。④

圆尊

Ⅰ式　鼓腹，圈足，肩饰圆圈纹和小兽面，腹饰流动云纹组成的兽面纹，无云雷纹为地。⑤

Ⅱ式　溜肩，鼓腹，高圈足，圈足下又有三矮足，有扉棱，肩上饰凸起的三兽头及凤鸟和夔纹、兽面纹。高56.5厘米，重19.5公斤。岳阳青龙出土。⑥

Ⅲ式　略同Ⅱ式。圈足特高，足下部内收。高72.4厘米。华容出土。⑦

Ⅳ式　觚形，腹微鼓，腹饰兽面纹、垂立夔纹、鸟纹，云雷纹为地。铭"幸旅父甲"4字（图一：12）。湘潭青山桥出土。⑧湖南省博物馆征集一件，铭"亚旗□"3字（图一：7）。⑨

兽形尊

Ⅰ式　象尊。醴陵仙霞狮形山出土。⑩

---

① （1）湖南省博物馆等：《新邵、浏阳、株洲、资兴出土商周青铜器》，湖南省文物考古研究所、湖南省考古学会：《湖南考古辑刊》（3），岳麓书社，1986年；（2）饶泽民：《株洲发现西周青铜器》，湖南省文物考古研究所、湖南省考古学会：《湖南考古辑刊》（4），岳麓书社，1987年。

② 湖南省博物馆：《湖南省文物图录》，湖南人民出版社，1964年。

③ 《新中国出土文物》，外文出版社，1972年。

④ 故宫博物院：《记各省市自治区征集文物汇报展览》，《文物》1978年第6期。

⑤ 湖南省博物馆：《湖南省文物图录》，湖南人民出版社，1964年。

⑥ 熊传新：《湖南新发现的青铜器》，文物编辑委员会：《文物资料丛刊》（5），文物出版社，1981年。

⑦ 出土文物展览工作组：《"文化大革命"期间出土文物》，文物出版社，1972年。

⑧ 湖南省博物馆：《湘潭青山桥出土窖藏商周青铜器》，湖南省文物考古研究所、湖南省考古学会：《湖南考古辑刊》（1），岳麓书社，1982年。

⑨ 湖南省博物馆：《湖南省博物馆新发现的几件铜器》，《文物》1966年第4期。

⑩ 熊传新：《湖南醴陵发现商代铜象尊》，《文物》1976年第7期。

Ⅱ式　豕尊。湘潭船形山出土。①

Ⅲ式　牛尊。衡阳包家台子山出土。②

5. 卣

Ⅰ式　略呈瓿形，鼓腹，高圈足，体侧有环耳，有扉棱，周身饰兽面纹、夔纹，云雷纹地。器盖对铭"癸荁"2字（图一：5、9）。卣内贮存玉管、玉珠1172颗。宁乡黄材炭里河出土。③

Ⅱ式　略同Ⅰ式。满身花纹，腹饰短直线纹、鸟纹。器盖对铭"戈"字（图一：11）。内贮玉玦等各种玉器320件。宁乡黄材王家坟出土。④

Ⅲ式　瓿形，蘑菇钮盖，绚状提梁，饰夔纹带和小兽面。宁乡回龙铺出土。⑤衡阳市杏花村出土一件，内盛玉玦、璇玑等140多件。⑥

Ⅳ式　长颈，腹微鼓，矮圈足，足上有十字镂孔，有提梁，饰上下两层兽面纹。石门出土。⑦

Ⅴ式　长颈，下腹鼓出，盖有角，有扉棱，提梁的钮在正面，饰兽面纹，尾下卷及夔纹。浏阳秀山保塘出土。⑧

Ⅵ式　鸮卣。长沙出土一件⑨；在株洲拣选2件⑩；双峰金田月龙出土一件。⑪

6. 方彝　系器盖。铭"皿天全作父己尊彝"。桃源漆家河出土。⑫传世有方彝，失盖，铭"皿作父己尊彝"（《尊古斋所见吉金图》初集2.29）与此盖当系同一器物失散。

---

①　湖南省博物馆：《湘潭县出土商代豕尊》，湖南省文物考古研究所、湖南省考古学会：《湖南考古辑刊》（1），岳麓书社，1982年。
②　衡阳市博物馆：《湖南衡阳市郊发现青铜牺尊》，《文物》1978年第7期。
③　高至喜：《湖南宁乡黄材发现商代铜器和遗址》，《考古》1963年第12期。
④　湖南省博物馆：《湖南省工农兵群众热爱祖国文化遗产》，《文物》1972年第1期。
⑤　熊传新：《湖南宁乡新发现一批商周青铜器》，《文物》1983年第10期。
⑥　唐先华：《衡阳市杏花村商代提梁卣》，中国考古学会：《中国考古学年鉴　1986》，文物出版社，1988年。
⑦　高至喜：《论商周铜镈》，湖南省文物考古研究所、湖南省考古学会：《湖南考古辑刊》（3），岳麓书社，1986年。
⑧　湖南省博物馆等：《新邵、浏阳、株洲、资兴出土商周青铜器》，湖南省文物考古研究所、湖南省考古学会：《湖南考古辑刊》（3），岳麓书社，1986年。
⑨　湖南省博物馆：《湖南北部发现的商代铜器》，《文物》1972年第1期。
⑩　湖南省博物馆：《介绍几件从废铜中检选出来的重要文物》，《文物》1960年第3期。
⑪　吴铭生：《湖南新出土的商周青铜器》，《中国文物报》1986年6月13日。
⑫　高至喜：《皿天全方彝的离散》，《中国文物报》1989年4月14日。

7. 罍

Ⅰ式　高颈，折肩，下腹稍内收，略呈筒状，高圈足，圈足下又置三矮足，肩有兽头与扁身凤鸟，腹饰圆涡纹与"尊"字纹相间的花纹、兽面纹、鱼纹。岳阳茶湾鲇鱼山出土。①

Ⅱ式　小口，束颈，广肩，下腹急收，矮圈足，肩有双耳，肩饰一周圆涡纹。铭"菁父乙"三字。益阳收集。②

Ⅲ式　侈口束颈，广肩，下腹急收，高圈足，肩有兽头方形双耳。湘阴出土。③

8. 瓿

Ⅰ式　直颈，扁球形腹，蘑菇钮盖，圈足，有扉棱，周身饰兽面纹。内贮铜斧224件，宁乡黄材寨子山出土。④

Ⅱ式　广肩，下腹微收，双耳，腹饰云雷纹组成的简化兽面纹。新邵新家坊出土。⑤

Ⅲ式　略同Ⅰ式。下附四马方座，马首凸出器外。桃江连河冲金泉出土。⑥

9. 觚　细体，胫微鼓。宁乡黄材木梆子山出土。同时出土的戈、矛、镞已失散。⑦

10. 爵

Ⅰ式　湘乡大爵。高32.8厘米。⑧邵阳祭旗坡出土一件，铭"□□辛"3字。⑨

Ⅱ式　腹较深，柱在流折近錾处。衡阳苗圃蒋家山东汉墓内出土一件，柱铭"父乙"，錾内铭"子荷贝"。李孝定释"婴"。⑩湘潭青山桥出土6

---

① 岳阳市文物管理所：《岳阳市新出土的商周青铜器》，湖南省文物考古研究所、湖南省考古学会：《湖南考古辑刊》(2)，岳麓书社，1984年。
② 1989年湖南省博物馆展出。
③ 高至喜：《论湖南出土的西周铜器》，《江汉考古》1984年第3期。
④ 高至喜：《湖南宁乡黄材发现商代铜器和遗址》，《考古》1963年第12期。
⑤ 湖南省博物馆等：《新邵、浏阳、株洲、资兴出土商周青铜器》，湖南省文物考古研究所、湖南省考古学会：《湖南考古辑刊》(3)，岳麓书社，1986年。
⑥ 陈国安：《湖南桃江县出土四马方座铜簋》，《考古》1983年第9期。
⑦ 熊传新：《湖南新发现的青铜器》，文物编辑委员会：《文物资料丛刊》(5)，文物出版社，1981年。
⑧ 出土文物展览工作组：《"文化大革命"期间出土文物》，文物出版社，1972年。
⑨ 高至喜：《"商文化不过长江"辨》，《求索》1981年第2期。
⑩ 《衡阳苗圃蒋家山古墓清理简报》，《文物参考资料》1954年第6期。爵錾内铭文据高至喜先生说。

件①，J4铭"□祖丁"（图一：6），J5铭"菁父乙"（图一：4），J6铭1字，未见拓本。

11. 觯 3件，均觚形。衡阳蒋家山东汉墓出土一件②，湘潭青山桥出土2件，J2铭"戈"字（图一：10），J3铭"菁"字（图一：3）。

12. 敦 扁球体，喇叭形盖钮。衡南胡家港出土。③

13. 舟 无盖，腹侧有环耳，云雷纹。湘潭古塘桥出土。④

14. 饰件 羊头一件⑤，凤鸟一件。⑥

（二）乙群

1. 铙

Ⅰ式 兽面纹铙。13件。宁乡老粮仓师古寨一坑出5件⑦，宁乡老粮仓北峰滩出2件，相距5米。一件在器内近口处铸四虎，高89厘米，重109公斤。⑧另一件高83.5厘米，重154公斤。⑨岳阳费家河⑩、宁乡唐市陈家湾⑪、湘乡狗头坝⑫、望城高塘岭⑬、浏阳柏嘉镇⑭、宁乡黄材转

---

① 湖南省博物馆：《湘潭青山桥出土窖藏商周青铜器》，湖南省文物考古研究所、湖南省考古学会：《湖南考古辑刊》（1），岳麓书社，1982年。
② 《衡阳苗圃蒋家山古墓清理简报》，《文物参考资料》1954年第6期。爵銎内铭文据高至喜先生说。
③ 湖南省博物馆：《湖南衡南、湘潭发现春秋墓葬》，《考古》1978年第5期。
④ 湖南省博物馆：《湖南衡南、湘潭发现春秋墓葬》，《考古》1978年第5期。
⑤ 湖南省博物馆等：《新邵、浏阳、株洲、资兴出土商周青铜器》，湖南省文物考古研究所、湖南省考古学会：《湖南考古辑刊》（3），岳麓书社，1986年。
⑥ 芷江文化局：《芷江发现西周青铜凤形器》，湖南省文物考古研究所、湖南省考古学会：《湖南考古辑刊》（4），岳麓书社，1987年。
⑦ 湖南省博物馆：《湖南省博物馆新发现的几件铜器》，《文物》1966年第4期。
⑧ 高至喜：《中国南方出土商周铜铙概论》，湖南省文物考古研究所、湖南省考古学会：《湖南考古辑刊》（2），岳麓书社，1984年。
⑨ 熊传新：《湖南宁乡新发现一批商周青铜器》，《文物》1983年第10期。
⑩ 熊传新：《湖南新发现的青铜器》，文物编辑委员会：《文物资料丛刊》（5），文物出版社，1981年。
⑪ 高至喜：《中国南方出土商周铜铙概论》，湖南省文物考古研究所、湖南省考古学会：《湖南考古辑刊》（2），岳麓书社，1984年。
⑫ 高至喜：《中国南方出土商周铜铙概论》，湖南省文物考古研究所、湖南省考古学会：《湖南考古辑刊》（2），岳麓书社，1984年。
⑬ 高至喜：《中国南方出土商周铜铙概论》，湖南省文物考古研究所、湖南省考古学会：《湖南考古辑刊》（2），岳麓书社，1984年。
⑭ 黄纲正：《浏阳县泊嘉镇商代铜铙》，中国考古学会：《中国考古学年鉴 1986》，文物出版社，1988年。

耳仑①各一件，后者高 103.5 厘米，重 221.5 公斤，是目前所知最大的一件。其共同特征是：器身主纹饰大兽面纹，由弧形或扁平的粗线条组成，鼓部饰象、虎、兽面等纹饰，主纹身上饰云雷纹，并以相同的云雷纹为地。

Ⅱ式　云纹铙。主纹为云纹组成的兽面，两目高起作菱形。宁乡黄材三亩地出土。周围还出土环、玦、虎、鱼等精美白玉器。②

Ⅲ式　乳丁铙。钲部每面各有 3 排共 16 个乳丁。湘乡黄马寨出土。③

Ⅳ式　有枚铙。耒阳夏家山④、株洲太湖头坝⑤、长沙望新板桥⑥、株洲昭陵黄竹⑦各一件。

2. 镈

Ⅰ式　鸟镈。栾侧棱脊饰高冠扁身鸟。衡阳征集一件⑧，浏阳出一件，湖南馆收集 2 件。⑨

Ⅱ式　虎镈。栾侧饰肩身倒立的虎。湖南馆收藏一件⑩，邵东民安出土一件。⑪

Ⅲ式　云纹镈。钲部主纹为云纹，资兴出土。⑫

---

① 盛定国等：《宁乡月山铺发现商代大铜铙》，《文物》1986 年第 2 期。《中国考古学年鉴 1986》介绍称该器高 108 厘米，重 220.75 公斤。
② 湖南省博物馆：《湖南省博物馆》，文物出版社、株式会社讲谈社，1983 年。
③ 高至喜：《中国南方出土商周铜铙概论》，湖南省文物考古研究所、湖南省考古学会：《湖南考古辑刊》(2)，岳麓书社，1984 年。
④ 高至喜：《中国南方出土商周铜铙概论》，湖南省文物考古研究所、湖南省考古学会：《湖南考古辑刊》(2)，岳麓书社，1984 年。
⑤ 高至喜：《中国南方出土商周铜铙概论》，湖南省文物考古研究所、湖南省考古学会：《湖南考古辑刊》(2)，岳麓书社，1984 年。
⑥ 熊传新：《湖南新发现的青铜器》，文物编辑委员会：《文物资料丛刊》(5)，文物出版社，1981 年。
⑦ 高至喜：《湖南省博物馆馆藏西周青铜乐器》，湖南省文物考古研究所、湖南省考古学会：《湖南考古辑刊》(2)，岳麓书社，1984 年。
⑧ 冯玉辉：《衡阳博物馆收藏三件周代铜器》，《文物》1980 年第 11 期。
⑨ 高至喜：《论商周铜镈》，湖南省文物考古研究所、湖南省考古学会：《湖南考古辑刊》(3)，岳麓书社，1986 年。
⑩ 高至喜：《论商周铜镈》，湖南省文物考古研究所、湖南省考古学会：《湖南考古辑刊》(3)，岳麓书社，1986 年。
⑪ 吴铭生：《湖南新出土的商周青铜器》，《中国文物报》1986 年 6 月 13 日。
⑫ 高至喜：《论商周铜镈》，湖南省文物考古研究所、湖南省考古学会：《湖南考古辑刊》(3)，岳麓书社，1986 年。

3. 甬钟

Ⅰ式　细线云雷纹甬钟。钲部以小乳丁为边框，篆间和隧部饰凸细线云雷纹。宁乡黄材[①]、浏阳澄泽、湘乡马龙、湘潭[②]等地出土。

Ⅱ式　凹线云纹甬钟。钲部篆间以凹粗线为界格，篆间和隧部饰较粗的凹线云纹，鼓右侧饰鸟纹。湘潭洪家峭出2件[③]，湘乡[④]、湘潭[⑤]各出一件。

Ⅲ式　横S纹甬钟。枚很高。临武出土。[⑥]

4. 钮钟　一组9件。浏阳纸背村出土。[⑦]

5. 钲　体修长，素面。衡南胡家港出土。[⑧]

6. 鼎

Ⅰ式　浅直腹，平底，扁圆柱足，饰短直线、云雷纹和折线纹带。资兴旧市M351出土。[⑨]

Ⅱ式　浅垂腹，三足在器底，近似蹄足，内侧半空，饰圆涡纹与变形夔纹相间的花纹带。资兴旧市M276[⑩]、长沙金井茶场墓[⑪]各出土一件。

Ⅲ式　同Ⅱ式，附耳，饰三角云纹。长沙金井茶场出土。[⑫]

Ⅳ式　耳外撇，浅腹，似蹄足，饰变体夔纹，夔作豕嘴、长冠，或为素

---

① 湖南省博物馆：《湖南省博物馆新发现的几件铜器》，《文物》1966年第4期。
② 高至喜：《湖南省博物馆馆藏西周青铜乐器》，湖南省文物考古研究所、湖南省考古学会：《湖南考古辑刊》（2），岳麓书社，1984年。
③ 湖南省博物馆：《湖南省博物馆新发现的几件铜器》，《文物》1966年第4期。
④ 高至喜：《湖南省博物馆馆藏西周青铜乐器》，湖南省文物考古研究所、湖南省考古学会：《湖南考古辑刊》（2），岳麓书社，1984年。
⑤ 湖南省博物馆：《湘潭青山桥出土窖藏商周青铜器》，湖南省文物考古研究所、湖南省考古学会：《湖南考古辑刊》（1），岳麓书社，1982年。
⑥ 高至喜：《湖南省博物馆馆藏西周青铜乐器》，湖南省文物考古研究所、湖南省考古学会：《湖南考古辑刊》（2），岳麓书社，1984年。
⑦ 熊传新：《湖南新发现的青铜器》，文物编辑委员会：《文物资料丛刊》（5），文物出版社，1981年。
⑧ 湖南省博物馆：《湖南衡南、湘潭发现春秋墓葬》，《考古》1978年第5期。
⑨ 湖南省博物馆等：《资兴旧市春秋墓》，湖南省文物考古研究所、湖南省考古学会：《湖南考古辑刊》（1），岳麓书社，1982年。
⑩ 湖南省博物馆等：《资兴旧市春秋墓》，湖南省文物考古研究所、湖南省考古学会：《湖南考古辑刊》（1），岳麓书社，1982年。
⑪ 湖南省博物馆：《长沙县出土春秋时期越族青铜器》，湖南省文物考古研究所、湖南省考古学会：《湖南考古辑刊》（2），岳麓书社，1984年。
⑫ 湖南省博物馆：《长沙县出土春秋时期越族青铜器》，湖南省文物考古研究所、湖南省考古学会：《湖南考古辑刊》（2），岳麓书社，1984年。

面。湘潭青山桥出 2 件[①]，衡南胡家港出 14 件[②]，湘潭古塘桥出 3 件[③]。

Ⅴ式　浅圆腹，三尖足外撇。长沙金井茶场出 2 件。[④]

Ⅵ式　盘口，束颈，足外撇。衡南胡家港出土。[⑤] 与江西、两广出土者相近。[⑥]

7. 尊　束颈，垂腹，高圈足，饰水虫纹（或称"蚕桑纹"），口沿有浮雕虫纹，头翘起。衡山霞流出土。[⑦]

8. 卣　直颈，垂腹，圈足，兽头提梁，盖顶有扉棱，饰水虫及各种小爬虫，口沿饰变形蝉纹。湘潭金棋出土。[⑧]

9. 工具与武器

斧（锛）

Ⅰ式　弧刃，方銎，饰横竖凸线纹。宁乡寨子山瓿内出土，共 224 件。[⑨] 资兴春秋墓中也有出土[⑩]，与祁东小米山、广西旧东出土者同。[⑪]

Ⅱ式　长体，弧刃，方銎。资兴春秋墓出土。

甾　2 件。凹口，弧刃。湘潭青山桥出土。[⑫]

---

① 湖南省博物馆：《湘潭青山桥出土窖藏商周青铜器》，湖南省文物考古研究所、湖南省考古学会：《湖南考古辑刊》（1），岳麓书社，1982 年。

② 湖南省博物馆：《湖南衡南、湘潭发现春秋墓葬》，《考古》1978 年第 5 期。

③ 湖南省博物馆：《湖南衡南、湘潭发现春秋墓葬》，《考古》1978 年第 5 期。

④ 湖南省博物馆：《长沙县出土春秋时期越族青铜器》，湖南省文物考古研究所、湖南省考古学会：《湖南考古辑刊》（2），岳麓书社，1984 年。

⑤ 湖南省博物馆：《长沙县出土春秋时期越族青铜器》，湖南省文物考古研究所、湖南省考古学会：《湖南考古辑刊》（2），岳麓书社，1984 年。

⑥ 何纪生、何介钧等：《古代越族的青铜文化》，湖南省文物考古研究所、湖南省考古学会：《湖南考古辑刊》（3），岳麓书社，1986 年。

⑦ 周世荣：《蚕桑纹尊与武士靴形钺》，《考古》1979 年第 6 期。

⑧ 熊建华：《湘潭县出土周代青铜提梁卣》，湖南省文物考古研究所、湖南省考古学会：《湖南考古辑刊》（4），岳麓书社，1987 年。

⑨ 高至喜：《湖南宁乡黄材发现商代铜器和遗址》，《考古》1963 年第 12 期。

⑩ 湖南省博物馆等：《资兴旧市春秋墓》，湖南省文物考古研究所、湖南省考古学会：《湖南考古辑刊》（1），岳麓书社，1982 年。

⑪ 何纪生、何介钧等：《古代越族的青铜文化》，湖南省文物考古研究所、湖南省考古学会：《湖南考古辑刊》（3），岳麓书社，1986 年。

⑫ 湖南省博物馆：《湘潭青山桥出土窖藏商周青铜器》，湖南省文物考古研究所、湖南省考古学会：《湖南考古辑刊》（1），岳麓书社，1982 年。

钺　弧刃，巩内，内上饰虎纹。长沙出土。①

剑　扁茎，无格，资兴旧市M276、M546②、宁乡黄材③各出一件，长沙金井茶场墓出土者饰人面。④人面短剑在广东海丰、石峡也有出土。⑤

矛　圆脊凸起，长骸，骸口圆形，骸侧有双系。资兴旧市⑥、宁乡黄材⑦等地均有出土。

镞　双翼形。资兴旧市春秋墓出土。

蔑刀（"削"）　三角锋，中脊呈人字形。资兴旧市、耒阳水泥厂春秋墓出土。

铲（简报称"钺"）　资兴春秋墓出土。

（三）丙群

1. 鼎

Ⅰ式　2件。一件立耳外撇，半球形浅腹，实足，近蹄形。另一件柱足外撇，变形蝉纹。湘潭古塘桥墓出土。⑧

Ⅱ式　附耳，深腹矮足。长沙高桥残墓出土。⑨山东滕县薛国墓地出土较多。⑩

2. 盂　盘口，鬲形。衡南胡家港出土。⑪

---

① 出土文物展览工作组：《"文化大革命"期间出土文物》，文物出版社，1972年。
② 湖南省博物馆等：《资兴旧市春秋墓》，湖南省文物考古研究所、湖南省考古学会：《湖南考古辑刊》（1），岳麓书社，1982年。
③ 湖南省博物馆：《湖南省博物馆新发现的几件铜器》，《文物》1966年第4期。
④ 湖南省博物馆：《长沙县出土春秋时期越族青铜器》，湖南省文物考古研究所、湖南省考古学会：《湖南考古辑刊》（2），岳麓书社，1984年。
⑤ 何纪生、何介钧等：《古代越族的青铜文化》，湖南省文物考古研究所、湖南省考古学会：《湖南考古辑刊》（3），岳麓书社，1986年。
⑥ 湖南省博物馆等：《资兴旧市春秋墓》，湖南省文物考古研究所、湖南省考古学会：《湖南考古辑刊》（1），岳麓书社，1982年。
⑦ 湖南省博物馆：《湖南省博物馆新发现的几件铜器》，《文物》1966年第4期。
⑧ 湖南省博物馆：《湖南衡南、湘潭发现春秋墓葬》，《考古》1978年第5期。
⑨ 何纪生、何介钧等：《古代越族的青铜文化》，湖南省文物考古研究所、湖南省考古学会：《湖南考古辑刊》（3），岳麓书社，1986年。
⑩ 山东济宁市文物处发掘资料。
⑪ 湖南省博物馆：《湖南衡南、湘潭发现春秋墓葬》，《考古》1978年第5期。

二　年代

甲群铜器可分三期。

第一期　有方鼎、分裆鼎、Ⅰ式圆鼎、甗、Ⅰ式簋、方尊、Ⅰ—Ⅲ式圆尊、兽形尊、卣、方彝、Ⅰ—Ⅱ式罍、Ⅰ—Ⅱ式瓿、觚、Ⅰ式爵等。其中Ⅰ式圆尊饰云纹组成的兽面纹，不使用云雷纹为地，年代属殷墟文化一期；Ⅱ式瓿的花纹是云纹组成的兽面纹的简化，双目已变成圆乳丁，但眼角仍清晰可辨，也不使用云雷纹为地，年代也偏早。其他大多数铜器均属殷墟文化三、四期。其共同特征是盛行主纹上施以云纹并以云雷纹为地的"三层花"，兽面纹两侧饰垂立的夔纹。盛行扉棱，浮出兽头、凤鸟的装饰。铭文字数不多，一般只是族徽，或日名，无波磔等。其年代属殷墟文化三、四期，即商代晚期。

第二期　包括Ⅱ—Ⅲ式圆鼎、Ⅱ式簋、Ⅳ式圆尊、Ⅲ式瓿、湘潭青山桥 6 爵、觯等。Ⅱ式鼎深腹，高足近蹄形，接近康王时期的大盂鼎。Ⅲ式鼎腹浅而垂，具有穆王时期风格。Ⅱ式簋有方座，与利簋相近，属西周早期偏晚。Ⅳ式尊、Ⅱ式爵铭文有波磔，属西周早期偏晚。觯为细体，也是西周早中期的。Ⅲ式瓿具有方座，也应属西周。

第三期　只Ⅲ式罍和敦、舟等三种。Ⅲ式罍约属春秋早期。敦、舟均见于洛阳中州路东周一期墓，原定春秋早期，有学者根据敦、舟的器类不见于上村岭虢墓而改定为春秋中期。[①] 河北唐县新出鲁归父敦[②]，在同类器物中是目前所知唯一的有绝对年代可考的，器形与中州路东周一期墓同，铭曰"鲁子中之子归父为其善敦"。子中即鲁东门襄仲，归父系襄仲之子公孙归父，公孙归父于鲁宣公十年（前 599）初见经，宣公十八年（前 591）奔齐，当春秋中期后段。[③] 证明把中州路东周一期墓改定为春秋中期是正确的。甲群第三期的敦、舟也应属春秋中期。

关于乙群铜器中的乐器，高至喜先生讨论过其年代序列，认为 A 型、B 型铙（即本文的Ⅰ式、Ⅱ式铙）属商代晚期，C 型（即本文Ⅲ式）铙属西周早

---

① 高明：《中原地区东周时代青铜礼器研究》（上），《考古与文物》1981 年第 2 期。
② 王敏之：《河北唐县出土西周归父敦》，《文物》1985 年第 6 期。
③ 王恩田：《跋唐县新出归父敦》，《文物春秋》1990 年第 2 期。

期，D型（本文Ⅳ式）属西周中期。① 认为AⅢ式镈（本文Ⅰ式）属西周早中期之交，B型（本文Ⅱ式）属商末周初，C型（本文Ⅲ式）属西周早期偏晚。② 认为Ⅰ式甬钟属西周中期偏早，Ⅱ式甬钟属西周中期，Ⅲ式属西周晚期。③

乙群

Ⅰ—Ⅴ式鼎分别出土于资兴旧市墓、长沙金井墓、衡南胡家港墓、湘潭古塘桥墓、湘潭青山桥窖藏。这些鼎的形制与纹饰有某些相近之处，如腹较浅，或下垂，足近似蹄形，内侧半空，三足集于器底，饰短直线、折线、圆涡纹与变形夔纹，等等，其年代应相近。资兴旧市墓和长沙金井墓原定春秋早期、衡南胡家港和湘潭古塘桥墓原定春秋中期、湘潭青山桥窖藏原定年代上限可到西周晚期。笔者认为根据衡南胡家港出土的铜敦和湘潭古塘桥出土的铜舟，定为春秋中期是适宜的。根据资兴M323出土的三角锋戈，资兴墓中有些可以早到春秋早期。④ 乙群的工具与武器的年代由此亦可推定。丙群的鼎、盉也应是同时的。

三　窖藏的性质与年代

湖南铜器有相当一部分出土于窖藏。窖藏多位于山顶、山坡、山脚下、小河边，也有在台地或平地处。过去曾被认为是祭祀祖先、山川、星辰、风雨、土神的遗物。笔者认为，根据窖藏礼器以及其他共存遗物看，这些窖藏应属于贮藏财富的性质，可能是由于某种社会动荡的原因而埋藏起来的。古代铜和玉都是宝贵的财物。窖藏铜器多是一些"重器"，如宁乡师古寨一坑5件铜铙，总重量约为350公斤，宁乡北峰滩的2件铜铙都超过100公斤，宁乡转耳仑出土的铜铙重达220公斤以上，因此这些窖藏铜器本身就是一笔

---

① 高至喜：《中国南方出土商周铜铙概论》，湖南省文物考古研究所、湖南省考古学会：《湖南考古辑刊》（2），岳麓书社，1984年。

② 高至喜：《论商周铜镈》，湖南省文物考古研究所、湖南省考古学会：《湖南考古辑刊》（3），岳麓书社，1986年。

③ 高至喜：《湖南省博物馆馆藏西周青铜乐器》，湖南省文物考古研究所、湖南省考古学会：《湖南考古辑刊》（2），岳麓书社，1984年。

④ 金则恭：《湖南东周时期铜戈的分期及有关问题》，湖南省文物考古研究所、湖南省考古学会：《湖南考古辑刊》（2），岳麓书社，1984年。

可观的财富。此外，窖藏中还往往发现大量的玉器，如宁乡炭里河卣内贮玉珠等 1172 颗，宁乡王家坟山卣内贮各种玉器 320 多件，衡阳杏花村瓿内贮各种玉器 140 多件，宁乡三亩地与铜铙共存的有环、玦、虎、鱼等精美的玉器，等等。《书·盘庚》："具乃贝玉。"疏："贝、玉是物之最贵者。"这么多精美的玉器显然也是一笔可观的财富。此外窖藏铜器还往往与工具和武器共存，如宁乡寨子山铜瓿内贮铜斧（锛）224 件，湘潭青山桥窖藏铜器中有 2 件铜舌，宁乡葛簏木梆子山窖藏铜瓿与戈、矛、镞共存，等等。如果窖藏的性质属于祭祀，则难以对此作出合理解释。

关于湖南铜器窖藏的年代，在没有地层关系可以作为依据的情况下，只能根据窖藏铜器自身及其他共存遗物的年代加以推定。如下几点对于判断窖藏年代有着重要意义：

第一，乙群铜器中的 III、IV 式铙，I — III 式镈和甬钟的年代是属于西周早期至西周晚期的。因此，凡是出土上述乐器的窖藏年代不早于西周；第二，何介钧同志指出，豕尊有 6 处修补痕迹，是经过 3 次修补的，最晚的一次修补是西周早期的，因此尽管豕尊的制造年代是商代晚期，但豕尊窖藏的年代却不能早于西周；第三，宁乡寨子山窖藏出土的铜瓿属于商代晚期，但其中所贮存的 224 件铜斧（锛）的形制与资兴旧市春秋墓中所出者相近。资兴墓的年代属于春秋早、中期，因此，宁乡寨子山瓿的窖藏年代不能早于春秋早、中期；第四，湘潭青山桥窖藏中的甲群 III 式圆鼎（J:12）是属于西周中期早段的，乙群 IV 式鼎（J:10，J:11）属于春秋中期，因此该窖藏的年代也不能早于春秋中期；第五，宁乡转耳仑铜铙窖藏打破了遗址文化层，文化层中出土的陶片与炭里河采集的商代、西周时期的陶片相同，这只能证明该窖藏的年代应晚于商代和西周，不能证明其年代下限。

四 来源与族属

甲群与乙群铜器在形制、纹饰、铭文、金相分析各方面都存在着很大差异，证明其来源即产地是不同的。

(一) 形制

甲、乙两群铜器虽然都不乏高大的器物，但轻重悬殊。参看表一：

表一

分类	器名	大小（厘米）	重量（公斤）
甲群	Ⅰ式罍（岳阳鲂鱼山）	高 50	10.75
	Ⅱ式方尊（湖南省博物馆）	高 54	15
	Ⅱ式圆尊（岳阳青龙）	高 56.5	19.5
	豕尊（湘潭船形山）	长 72	39.5
乙群	云纹铙（宁乡三亩地）	高 66.3	79
	兽面纹铙（岳阳费家河）	高 74	82
	兽面纹铙（宁乡北峰滩）	高 84	154
	兽面纹铙（宁乡转耳仑）	高 103.5	221.5
殷墟	扁圆壶（小屯 5 号墓 795 号）	高 50.9	18.4
	方尊（小屯 5 号墓 806 号）	高 55.6	31
	方壶（小屯 5 号墓 794 号）	高 64.4	35

从上表可以看出甲群铜器从高 50 厘米到长 72 厘米的 4 件铜器，最重的不超过 40 公斤。而高只有 66.3 厘米的乙群云纹铙却比甲群豕尊重 1 倍，要比甲群Ⅰ式罍重 7 倍。甲群 4 件铜器的总重量尚不及宁乡转耳仑一件兽面纹铙重量的一半。而甲群铜器与殷墟小屯 5 号墓出土的身高相近的 3 件铜器的重量是很接近的。大约在西周以后，乙群乐器开始向减轻重量的方向发展，例如长沙望新Ⅳ式有枚铙高 43.5 厘米，重仅 10.5 公斤。湘潭洪家峭Ⅱ式云纹甬钟高 48 厘米，重仅 20 公斤。

(二) 纹饰

甲群铜器盛行兽面纹、夔纹等，尤其以主纹上阴刻云纹并使用云雷纹为地的"三层花"为最具特色，且盛行扉棱、浮出的兽面等装饰手法（图二：1）。所有这些都与中原地区商周铜器相一致（图二：2），而与乙群铜器大异其趣。乙群虽然也使用兽面纹，但是用断面作半圆形或扁平形的粗线条组成，不像甲群兽面纹那样写实，而是更具图案性；有时也使用云雷纹，但粗疏草率，而不及甲群那样细腻圆润。乙群铜器一般不使用扉棱、浮出兽面等装饰手法（图二：3）。直到西周晚期和春秋早期的湘潭金棋卣上，才开始使用扉棱装饰。

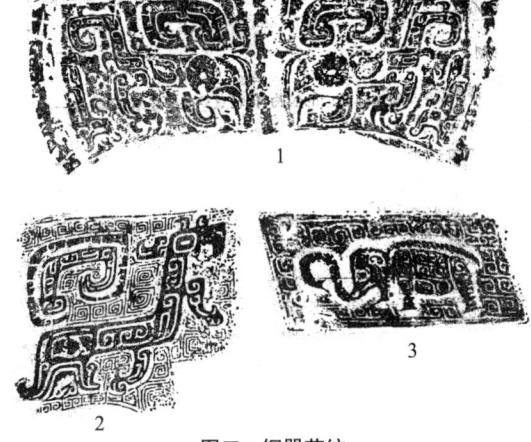

图二 铜器花纹
1. 甲群（宁乡黄材卣） 2. 安阳小屯 M5（鸮尊） 3. 乙群（宁乡黄材铙）

（三）铭文

甲群铜器使用族徽文字和铭文，乙群则否。甲群的族徽文字如聑、戈、旅等都是中原地区所常见的。甲群铜器铭文"作宝障彝"无论内容、格式、书体都与中原地区的相一致。族徽是族的标志，如果说铸造技术、器形、纹饰等尚可以从其他地区、其他文化中学习借鉴的话，但总不会把其他民族的族徽也移植到本民族铸造的铜器上。因此甲群铜器上族徽文字的存在，是表明其必然来源于中原地区的铁证。

（四）金相分析

经化学分析甲群和乙群所含金属成分也不相同。将已公布的5个标本的数据列表如下：

表二

类别	器名	铜	锡	铅	锑
甲群	四羊方尊	76.96%	21.27%	0.12%	
	人面方鼎	67.06%	12.66%	11.94%	
	圆鼎	77.5%	7.5%	7.5%	
乙群	Ⅰ式象纹铙	98.22%	0.002%	0.058%	
	Ⅱ式乳丁铙	92.78%	3.7%	2.14%	0.0022%

甲群所测3件标本均属青铜。其中四羊方尊含铅量小于2%，属铜锡型，又称锡青铜。人面方鼎和圆鼎含铅量大于3%，属铜锡铅型，即以铜、锡、铅为主的三元合金。乙群两个标本含铜量大于90%，属纯铜型，考古工作者凭直观称之为"紫铜"或"红铜"。

"锡青铜合金与纯铜相比，不仅有色泽光亮的外观，而且具有硬度大、韧性高、熔点低、流动性好、气孔疏松少等良好铸造性能。"[①]乙群乐器使用纯铜而不使用青铜，不是为了防止敲击时易于破裂，亦不是冶铸水平很高的反映。从冶铸史的角度看问题，无论是铸造乐器还是其他器物，使用纯铜只能是处于冶铸技术的初级阶段。《考工记》："六分其金而锡居一，谓之钟鼎之齐。"也就是说青铜乐器中，锡的比例以16.5%为适宜。最新研究表明：含锡14%左右、铅在2%—4%之间，钟的综合性能最优。而著名的曾侯乙编钟的含锡量为12.5%—14.6%、铅1%—3%，配比比较合理。[②]两相对比，可以看出，尽管乙群铜器不乏数百斤的庞然大物，但其冶铸水平还是比较原始的。当然，从西周Ⅲ式乳丁铙的金相分析看，尽管仍然是纯铜型，但已开始注意了增加锡、铅的含量，只是达到适当的配比关系还有一段相当的距离。还应指出，正是由于青铜的流动性好，纯铜的流动性差，因而甲群铜器和商代晚期以后的中原铜器大量使用以纤细的云雷纹为地，而乙群铜器一般不采用这一技法，即使采用，也显然笨拙不堪。

湖南邻省江西对5件商代晚期至西周中期的铜器标本作了分析，"含铜量都在百分之九十以上，有的高达百分之九十九以上，未见有锡及其他合金元素存在"，证明"鄱阳湖—赣江流域的古代居民，直到西周中期，还保留着用红铜铸器的原始工艺"[③]，这无疑有助于加深对湖南商周冶铸工艺水平的认识与估计。

有的学者认为湖南商周铜器除个别器物外，大部分都是在本地铸造的。

---

① 李敏生等：《殷墟金属器物成分的测定报告》（二），《考古》编辑部：《考古学集刊》（4），中国社会科学出版社，1984年。

② 中国大百科全书总编辑委员会《考古学》编辑委员会、中国大百科全书出版社编辑部编：《中国大百科全书·考古学》，中国大百科全书出版社，1986年，"商周乐器"条。

③ 彭适凡等：《江西地区早期铜器冶铸技术的几个问题》，中国考古学会：《中国考古学会第四次年会论文集》，文物出版社，1985年。

证据之一是对华容圆尊、桃源方彝盖、石门卣、父乙簋、宁乡的斧、削、镞、戈卣、湘乡大爵等进行检测，都含有锑，而北方出土的青铜器大都不含锑。北方青铜器不含锑的说法是根据《中国冶金简史》一书提供的对安阳小屯所测 8 个铜器和残片的化学分析数据，其测试结果只列举了铜、锡、铅、锌、铁、镍等 6 种元素的含量，而没有列举锑和其他少量、微量元素。这可能是由于当时的条件所限未能测出，或是由于检测目的不同而没有对锑进行分析，并不等于据此就可以得出殷墟铜器中不含锑和其他微量元素的结论。据中国社科院考古所实验室对小屯 5 号墓 49 个铜器标本[①]和对殷墟西区墓葬 29 个标本的测试结果[②]，全部含有锑。小屯 5 号墓铜器的含锑量在 0.0025%—0.032%，殷墟西区墓葬铜器的含锑量最高达 1%，可证其说非是。

（五）族属

甲群中的族徽文字为探讨族属问题提供了重要依据。最常见的有两种：一种是"莃"字，有宁乡的癸卣、己鼎，湘潭的觯和父乙爵，益阳的父乙罍和湖南省博物馆收集的父丁爵，凡 6 器。另一种是"戈"字，有宁乡的卣、湘潭的觯，另外湖南省博物馆还收藏一件"庚父戈"鼎，凡 3 器。"庚"字以前未释出，"庚父戈"即"戈父庚"之倒，族徽文字中这种倒读的例证很多。此外，还有人面方鼎的"大禾"，湘潭的"幸旅"父甲尊，"肖"且丁爵。另一铭有族徽的爵未见拓本，湖南馆征集的亚旋尊，公行山东汉墓中出土的"婴"（即"子荷贝"）爵，邵阳的一件爵未见拓片，计 9 种族徽共 16 件。其中莃、戈、幸旅、亚旋、婴等是中原地区所常见的。

莃　多书作 ▨，颇多异释。本文取释"莃"说。丹麦哥本哈根美术博物馆收藏的一件铜瓠铭"南单莃" 3 字（图三：1），凤翔花园村出土爵铭"干▨" 2 字（图三：2）。古干、单为一字（徐中舒说），安阳武官村大墓铜器铭文"北单戈"（图三：4）又写作"北干戈（图三：3）可证。"单"既与

---

① 中国社会科学院考古研究所实验室：《殷墟金属器物成份的测定报告》（一），《考古》编辑部：《考古学集刊》（2），中国社会科学出版社，1982 年。

② 李敏生等：《殷墟金属器物成分的测定报告》（二），《考古》编辑部：《考古学集刊》（4），中国社会科学出版社，1984 年。

"冓"组成复合族徽，又与"⊠"字组成复合族徽，足证⊠、冓为一字，⊠字应为冓字之简化。族徽文字中简化和繁化的现象屡见不鲜，今又增一例证。冓是殷代望族，铭冓字族徽的铜器至少当在百件以上。据邹衡先生统计，有出土地点者18器，河南9器，以安阳殷墟者居多，可证冓族应属殷人。

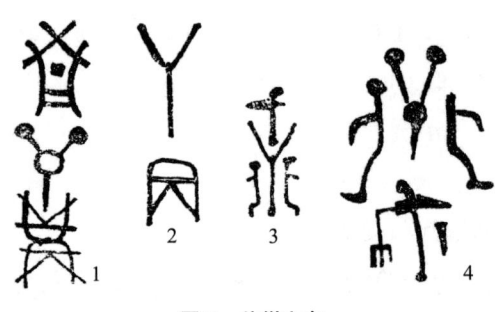

图三　族徽文字

戈　也是殷代望族，铭戈字单体族徽的铜器也在百件以上。根据对有出土地点的19件铜器分析，邹衡先生认为"戈族的原住地应该以陕西泾阳和河南安阳两地的可能性较大"①，戈族也应是殷人。

🅂《金文编》收入旅字条。其实这是幸、旅二字合文。美国皮斯百收藏的一件觥，器铭作"幸旅"二字合文，而盖铭作"幸"，实际上应是一组复合族徽。②

在一件铜器上铭有两种以上族徽的现象可称为复合族徽。复合族徽的出现与族的分化有关。新出氏族为了标明自己的渊源，在署明自己族徽的同时，还把其所始出的母氏族或同出诸族的族徽合署在一起，就产生了复合族徽。③复合族徽对于探讨各族之间的血缘关系有着重要意义。"冓"字族徽曾与鸡、若、车、耦、旅、北单等十余种其他的族徽组成复合族徽，证明冓族与上述"幸旅"有着共同的血缘关系。而在武官村大墓出土铜器铭文中"北单"与"戈"共存，证明冓族与戈族也有血缘关系。湖南同志认为，屡次出土的冓、戈族徽铜器表明："在商代后期，这两个氏族中的一部分已南迁到了湖南境内。"他们的看法是正确的。只是南迁的时间似应在武王灭商和周公东征时期。湖南出土的甲组铜器就是冓、戈、旅等族部分商遗民在这一时期被迫转移而从北方带来的。

---

① 邹衡：《夏商周考古学论文集》，文物出版社，1980年，第246页。
② 朱凤瀚：《商周青铜器铭文中的复合氏名》，《南开学报》（哲学社会科学版）1983年第3期。
③ 王恩田：《陕西岐山新出薛器考释》，《考古与文物》编辑部：《古文字论集》（一），《考古与文物丛刊》第二号，1983年。

湖北江陵万城出土的北子器群①，为上述看法提供了进一步证据。万城出土的这批铜器计17件，其中鼎铭"北子䒑"，甗铭"□北子䒑"，一簋铭"羿作北子臣簋"等22字，另一簋铭"北子臣"作"北柞"，卣、尊、觯铭"小臣作父乙宝彝"（图四），时代属穆王时期。"北"即周灭殷后在其旧都畿

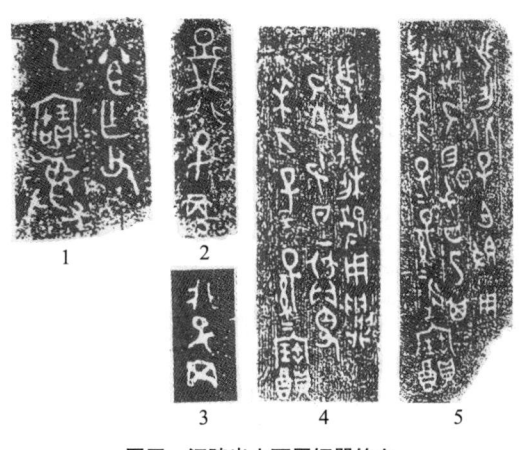

图四 江陵出土西周铜器铭文
1. 卣 2. 甗 3. 鼎 4、5. 簋

内所建立的邶、鄘、卫三国中的邶。北子器而署䒑字族徽，证明北子之族系由䒑族分化。江陵万城北子器群的出土，证明䒑族的另一支南迁后在洞庭湖西北部长江以北地区定居下来，并繁衍出一支新氏族——北子之族。

乙群铜器的族属可根据文献记载加以推定。《战国策·魏策》："昔者，三苗之居，左彭蠡之波，右洞庭之水。"《史记·孙子吴起列传》："昔三苗氏，左洞庭，右彭蠡，德义不修，禹灭之。"于此可见洞庭湖和彭蠡湖（今鄱阳湖）之间的原始居民是三苗族。俞伟超先生提出"在洞庭、鄱阳之间，北抵伏牛山麓、南达江西修水一带的以屈家岭文化为中心的三大阶段的原始文化为三苗的遗存"②，其说是可信的。《战国策·魏策》说三苗族被"禹放逐之"，《史记·孙子吴起列传》说"禹灭之"，禹灭三苗说颇可疑。考古界一般认为，二里头文化或其中某一阶段属夏文化，夏禹时代大体相当于二里头文化早期或河南龙山文化晚期。经过湖南考古界多年来的辛勤工作，洞庭湖周围的新石器时代的年代序列已经建立起来。屈家岭文化的继承者是"长江中游龙山文化"③（或称湖北龙山文化、青龙泉三期文化），根本没有发现

---

① 王毓彤：《江陵发现西周铜器》，《文物》1963年第2期；李健：《湖北江陵万城出土西周铜器》，《考古》1963年第4期。
② 俞伟超：《先楚与三苗文化的考古学推测》，《文物》1980年第10期。
③ 何介钧：《长江中游原始文化初论》，湖南省文物考古研究所、湖南省考古学会：《湖南考古辑刊》（1），岳麓书社，1982年。

河南龙山文化与二里头文化踪迹。禹灭三苗说难信，三苗应为越所灭。《战国策·秦策》说楚悼王时吴起"南攻杨越"，《史记·孙子吴起列传》说吴起"南平百越"，《后汉书·南蛮列传》说"及吴起相悼王，南并蛮越，遂有洞庭、苍梧"。据此可知，楚人入湘之前洞庭地区属越所有，故三苗应为越灭。如上所述，乙群铜器应为本地铸造。乙群铜器中极富特色的巨型铜铙等乐器，除湖南外，在浙江、江苏、江西、广东、广西等地均有出土。而上述地区古代曾是百越族的分布范围，因此乙群铜器应属越族所铸。

关于楚人入湘的年代，目前看法尚不一致。根据考古发现，澧县东田丁家岗发现过3座春秋前期的楚人墓[①]，是目前所知入湘最早的楚人。当然就范围和规模而言，这时入湘的楚人还极为有限。长沙、衡南、湘潭、耒阳、资兴等地春秋早中期墓的发现表明这时湖南境内仍然是越人天下。窖藏材料表明，所藏铜器年代下限是春秋中期而不见更晚的东西，说明窖藏的时代应为春秋中期或稍晚。窖藏的发现如此普遍，说明这时发生过大的社会动荡，这很可能是由于楚人的大规模入侵造成的。高至喜、熊传新两位同志对楚人入湘年代的估计是春秋中期越过了洞庭湖，春秋晚期已进入益阳、湘乡、长沙一带。[②] 这与我们的上述分析是一致的。楚人入湘是一个长时间的历史过程。文献记载说战国早中期之际的楚悼王时期（前401—前381）"南平百越"，"南并蛮越，遂有洞庭、苍梧"，那是说楚人完成了对包括两广在内的领土兼并，与此并不矛盾。

原载《中国考古学会第七次年会论文集》，文物出版社，1992年

[①] 湖南省博物馆：《澧县东田丁家岗新石器时代遗址》，湖南省文物考古研究所、湖南省考古学会：《湖南考古辑刊》（1），岳麓书社，1982年。

[②] 高至喜、熊传新：《楚人在湖南的活动遗迹概述》，《文物》1980年第10期；高至喜：《楚人入湘的年代和湖南越楚墓葬的分辨》，《江汉考古》1987年第1期。

"成周"与西周铜器断代

——兼说何尊与康王迁都

周公与成王营建东都洛邑是周初重大的历史事件。在周初金文中有两组器物,一组称新邑,另一组称成周。新邑与成周这两组器物年代是同时的还是有早有晚,是以往没能解决的问题,有必要加以讨论。两组器物分列于下:

表一

组别	器物名称	主要内容	出土地点	资料来源
新邑组	新邑鼎	癸卯,王来奠新邑,□二旬又四日丁卯,奠自新邑,于柬,王赏贝十朋……	扶风任家村	《集成》2682
	㽙士卿尊	丁巳,王在新邑……	洛阳	《集成》5985
	臣卿鼎	公违省自东,在新邑……		《集成》2595
	臣卿簋	(铭与鼎同)		《集成》3948
	叔夨	叔作新邑旅彝	天马—曲村 M6214	《新收》950
	新邑戈	新邑	岐山祝家港	《集成》10885
	辛邑矛	辛(新)邑夨	渭南南堡村	《集成》11486
成周组	□卿方鼎	惟四月丙戌,王在成周京宗……		《西清续鉴·甲编》31.36
	德方鼎	惟四月,王在成周,延武王(合文)福自蒿		《集成》2661
	盂爵	惟王初桒于成周……		《集成》9104
	圉器	王桒于成周……(方座簋、甗、卣同铭)	北京琉璃河 M253	《集成》3825,935,5374
	圉簋	王桒于成周……	辽宁喀喇沁左翼蒙古族自治县	《集成》3824
	何尊	惟王初迁宅于成周……在四月丙戌……唯王五祀		《集成》6014

续表

组别	器物名称	主要内容	出土地点	资料来源
成周组	叔吴方鼎	惟十又四月,王酌。大棚柰在成周。咸柰	天马—曲村晋侯墓地 M114	《新收》915
	吕壶	辛巳,王祭烝在成周		《香港第二届国际中国古文字学研究会论文集》;《新收》1894
	成周鼎	成周	天马—曲村遗址 M6195:33	《新收》936
	成周戈	成周	辛村 M42	《集成》10882
	成周戈	成周		《集成》10882—10884
	成周戈	成周	琉璃河 M1193	《新收》1364,1365

凡是年代明确属于昭王及其以后的铭有成周的铜器不在此列。

以上所列新邑组铜器中王的行程可与周原甲骨以及《书·洛诰》系联成表：

　　癸卯　王来奠新邑　（新邑鼎）

　　丁巳　王在新邑　（𤔔士卿尊）

　　丁卯　奠自新邑　（新邑鼎）

　　丁卯　王在洛告于天,囟亡咎,三牢。（图一,周原甲骨 H11:133＋H11:96）

　　戊辰　王在新邑,烝祭岁。文王骍牛一,武王骍牛一。王命作册逸祝册,惟告周其后……在十有二月,惟周公诞保文武受命,惟七年。（《书·洛诰》）

扶风任家村出土的新邑鼎,铭文虽漫漶,但大体可以通读。奠,"非时而祭即曰奠"(《周礼·甸祝》疏),指不定时的祭祀,以区别于春祠、夏禴、秋尝、冬烝的四时祭(《周礼·大宗伯》)。"于柬","于"是表处所的介词,在也。

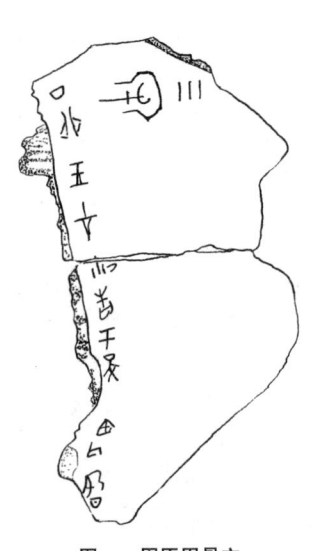

图一　周原甲骨文（H11:133+H11:96）

柬,唐兰释为东。细审应是柬,即闌之省。于省吾认为即郑州之管邑。"于柬,王赏贝十朋",倒装句,读作王赏贝十朋于柬。

上引周原甲骨，系由两片缀合。上片见于《周原甲骨文》89 页上，下片见于同书 70 页。"洛"字恰在断裂处，但下片中左边的水旁和右边口旁的一横尚清晰可辨，补为"洛"应是可信的。囟，即头囟之囟的本字，读作信，意为诚然。信亡咎，即果然没有灾祸。①

这条卜辞的意思是说丁卯这天，王在洛邑举行告天之礼，用了三牢的牺牲，果然没有遇到灾祸。

《书·洛诰》自"戊辰，王在新邑"至"惟七年"这段话，应是独立成篇的诰文，内容是"王命周公后"，诰名《作册逸诰》。

书传对这段话的解释说："明月夏之仲冬，始于新邑烝祭，故曰烝祭岁。古者褒德赏功，必于祭日，示不敢专也。特加文、武各一牛告曰，尊周公立其后为鲁侯。"孔颖达注解说："其年十二月晦戊辰日，王在新邑。后月是夏之仲冬，为冬节。烝祭其月节，是周之岁首。特异常祭加文王骍牛一，武王骍牛一，王命有司作册书，乃使史官名逸者，祝读此策，惟告文武之神，言周公有功，宜立其后为国君也……又总述之，在十有二月，惟周公大安文武受命之事，于此时惟摄政七年矣。"上引注疏基本上是符合事实的。须加纠正的是书传说"成王既受周公诰，遂就居洛邑，以十二月戊辰晦到"。根据以上所排定的日程表，成王的这次行程可统称之为"奠新邑"，即到新邑来举行各项祭祀活动，而不是"就居洛邑"。此外，根据日程表逆推戊辰的前一日丁卯，成王已经在洛行告天之礼。前 11 日丁巳，王已经在新邑对㓉士卿进行赏赐。前 25 日癸卯，王已经来到新邑准备举行祭祀活动了。因此，说王于"十二月戊辰晦"才到达洛邑，当然是错的。

据《尚书大传》："周公摄政……五年营成周……七年致政成王。""成周"应作"洛邑"或"新邑"（说详下）。周公五年应是新邑组铜器的年代上限。

以下对成周组中的几件主要铜器的年代进行讨论。

1. 成周组中争论最大的当属何尊。其中又以铭文开头的"迁宅"和铭末"惟王五祀"的争论最为突出。迁字以往曾有读作省、营、堙、禋、践、遷等诸说，以读遷为是。"遷"字左旁各家大多以为从"䙴"声，右旁所从应

---

① 王恩田：《释囟——兼说周原甲骨的验辞》，《中国文字》新 33 期，台北艺文印书馆，2007 年。

是"邑"，只是多出了一个圆圈。古文字中所从的邑，有时可以省略圆圈。如齐陶文"乡"字所从的邑旁就往往可以省略圆圈（《陶文字典》，第176—179页）。金文中的邑旁偶尔也会从两个圈。例如曾孟嬭盆中的遷字异体（《集成》10332），左旁所从的邑，就是从两个圈，只是把两个圈移位于右旁双手之上而已。因此《金文编》（第1064页）把何尊的这个字隶为"鄄"，是正确的。《诗·文王有声》："考卜维王，宅是镐京。"笺："宅，居也……武王卜居是镐京之地。"武王卜居镐京与《书·召诰》"卜宅"于洛意思相同即召公卜都于洛。何尊"迁宅于成周"，即迁都于成周。

"惟王五祀"的王，学界大多以为是周公或成王，唯独李学勤认为应是康王。① 李说是正确的。需加补充的是何尊中"成周"地名的出现是何尊与成周组年代必属康王的铁证。这就要首先搞清成周得名来历。关于成周的得名，何休说："名为成周者，周道始成，王所都也。"（《水经·谷水注》与《史记·鲁周公世家》集解引）又说："名为成周者，本成王所定也。"（《公羊·宣公十六年》注）郑玄则认为周公"居摄七年，天下太平而此邑成，乃名曰成周"（《公羊·宣公十六年》徐彦疏引）。孔颖达说："此邑本名成周，欲以成就周道。"（《书·多士》序："成周既成"疏）陈逢衡说："周至大会诸侯于东都，而王业成，故曰成周。"（《逸周书补注》）唐兰说："成周之名，大概是由成王要迁宅而引起的。"又说："成王之所以称成，是由于建立周王朝的成功，这个称号大约始于周公致政后，与成周的号为成同时。"②

所谓"周道"是一个抽象笼统的概念，把成周解为"周道始成"，迂曲费解。所谓"王业"也很不具体，如指称王而言，则周人常说"文王受命"，即文王就已经称王了。传世"豐王"铜泡（《三代》18.33.2—18.34.1），豐即文王都城豐京，"豐王"是文王已经称王的物证。如果"王业"指灭殷，则《史记·周本纪》武王说："天不享殷，今乃有成。"索隐："言上天不歆享殷家……我周今乃有成王业者也。"可见武王灭殷就已经是成就了王业。而文、武时代还没有"成周"地名的出现。"天下太平""大会诸侯"之

---

① 李学勤：《何尊新释》，《中原文物》1981年第1期。
② 唐兰：《西周青铜器铭文分代史徵》，中华书局，1986年，第54、85、86页。

类当然也不是成周得名的真正原因。综名核实，何休与唐兰把成周与成王相联系较为接近事实。确切地说，成周因成王所营建而得名，成周即成王所建的周都，以区别于周人故都的岐周和宗周。由于成王是谥称而非生号，成王、成周都应是康王以后的名称。换句话说，成王、成周可以作为成康铜器断代的标尺。

王号谥称与生号之争由来已久。马融、郑玄主谥称说，而卫宏、贾逵则主生号说。王国维旧话重提，利用金文中所见成王、穆王之类为王号生称说张目。尽管不少学者根据文献记载和考古材料予以批驳，但至今其负面影响仍未能清除。唐兰是宗信王号生称说的，因此还利用马融所见本《酒诰》中的"成王若曰"为王号生称说辩解。这就是为什么他可以利用"康宫"称谓成功地解决了昭王及其以后铜器的断代问题，却不能进一步利用成王、成周的称谓解决康王及其以后铜器断代问题的原因所在。

我们还可以根据《尚书》中《周书》诸篇的记载证明新邑等名称是周公、成王时期的，而成周则是康王时期出现的名称。

《康诰》：

> 惟三月既生霸，周公初基作新大邑于东国洛。

《召诰》：

> 太保朝至于洛，卜宅。
> 越翌日戊午，乃社于新邑。
> 旦曰："其作大邑。"
> 知今我初服宅新邑。

《洛诰》：

> 予惟乙卯，朝至于洛师。
> 王肇称殷礼，祀于新邑。

惟以在周工，往新邑。
戊辰，王在新邑，烝祭岁。

《多士》：

惟三月，周公初于新邑洛，用告商王士。
今朕作大邑于兹洛。
尔厥有幹有年于兹洛。

《多方》：

尔自时洛邑，尚永力畋尔田。

《毕命》：

以成周之众，命毕公保釐东郊。
惟周公左右先王，绥定厥家。毖殷顽民，迁于洛邑。

上引《康诰》至《多方》等五篇所记都是周公、成王营洛邑之事。称新建的东都为新大邑、新邑、大邑、洛邑、洛、东国洛，而绝不称"成周"。《毕命》所记为康王时事，始称"成周"，但在追述周公迁"殷顽民"的业绩时仍称"洛邑"。充分证明周公、成王营东都时称洛邑、新邑而不称成周，成周是康王时出现的新称谓。至于《逸周书·作雒解》中所说：（周公）"及将致政，乃作大邑成周于土中"，只能证明《作雒解》晚出，"乃作大邑成周"的成周只能是《作雒解》的作者所妄加。同理，《尚书》序中多次提到的"周公往营成周""成周既成"，等等，以及《史记·鲁周公世家》周公曰"必葬我成周"之类都只能是后人的追述而非实录。不能以此作为周公、成王时已出现"成周"名称的证据。

或许有人认为《毕命》是伪书，不能作为讨论问题的依据，其实不然。

《尚书》的辨伪是一个非常复杂的学术问题。阎若璩、惠栋等人对《尚书》的辨伪有对也有错，不可不信，也不可全信，要具体情况具体分析。就以《毕命》而论，《毕命》记时曰："惟十有二年六月庚午朏。"阎著《尚书古文疏证》卷五第六十八辨之曰："尝疑刘歆《三统历》（惠栋引作《汉书·律历志》。——引者）末又引《毕命豐刑》曰：'惟十有二年六月庚午朏，王命作册豐刑'凡十有六字。今古文皆无，不知歆从何处得之，而载于此……安知非安国所得壁中收整篇外零章剩句，如伏生所传者乎……伪作古文者以'王命作册豐刑'与己不合，特尔遗去。"惠书《毕命》条则认为是"梅赜袭其词"。

阎、惠先把《毕命》判为伪书，而后认为《毕命》的记时"古今文皆无"，或认为"梅赜袭其词"。这样的论证显然没有什么说服力。何况16字中还有《毕命豐刑》和"王命作册豐刑"两种不同的说法。顾名思义《毕命》应是册命，而《豐刑》则应是刑法之类。《毕命豐刑》应是把性质不同的两篇著作撮合在一起。阎辨《毕命》此条，并没有搞清《毕命》与《豐刑》的关系，而且充满疑似之词，用连自己都没能搞清的材料来否定《毕命》，显然不足为据。其实，无论是《毕命》，还是刘歆所引的《毕命豐刑》，其记时中的"庚午朏"，都是后人所追加。因为相当于月出的"朏"，在西周金文中一律使用"生霸"，而绝不用"朏"。阎、惠还列举《毕命》中与后世经籍中相同或相似的语句作为《毕命》作伪的"赃证"。其中如"左右先王""殷顽民""升降"之类，都是古代的习惯用语，不存在谁抄谁的问题。至于"以成周之众命毕公保釐东郊"与书序"分居里成周郊"语句相似，并不能证明《毕命》抄书序。更有甚者，惠栋居然两度引用《汲郡古文》的材料作为《毕命》伪书之证。所谓《汲郡古文》，其实均出自《今本竹书纪年》而不见于古本。《四库总目·竹书纪年提要》和王国维《今本竹书纪年疏证》曾列举大量证据证明《今本竹书纪年》是伪书，已成定谳。用伪书辨伪，指控《毕命》系伪书，当然不能视为定论。确认伪书的抄袭，必须列举确凿证据。如前人揭发《管子·大匡》抄袭《左传》而不知删除记时的"二月""五月""九年"。[①] 又如我们曾指出《管子·势篇》中"天时不

---

① 徐时栋：《烟屿楼读书志·子上》，引自黄云眉：《古今伪书考补证》，山东人民出版社，1959年，第259页。

作,勿为客""死死生生,因天地之刑""天因人,圣人因天""逆节萌生,天地未形""成熟之道,嬴缩为宝"等大量与《国语·越语下》雷同的语句是抄自《越语》,因为这些语句都是来源于范蠡与越王勾践的对话。每一次谈话都有其时代背景,都是针对吴越16年间政治、经济形势而发表的议论,是根据当时战争形势的不断变化所采取的对策。而《管子·势篇》抽去了时代背景,杂乱无章地抄袭上述语句,让人感到唐突费解,不知所云,必伪无疑。① 阎、惠虽然罗列出《毕命》与后世经籍中相同相似的语句,但却未能列举出《毕命》抄袭的证据,伪书说似难成立。孙星衍《尚书今古文注疏》把《毕命》排除在外未必妥当。恰恰相反,《毕命》中对康王时称"成周"而述周公事称"洛邑"的表述,符合历史事实,必有其根据,是后人无法拟作的。尽管其中羼有后人所加的记时和"四夷左衽"之类似为晚出的语句,但不能全部否定其史料价值。

综上所证,何尊应是康王五年作器,"惟王初迁宅于成周"应是康王迁都于成周。

何尊说:"惟武王既克大邑商,则廷告于天曰:'余其宅兹中国,自之辥（乂）民。'"所谓"廷告于天",即《逸周书·世俘解》中所说的:"五日乙卯,……告于周庙曰:'古朕闻文考脩商王典,以斩纣身,告于天,于稷。'""廷"即周庙的中廷。这样就把上引周原甲骨"丁卯,王在洛告于天"的史料与此相区别。后者"告于天"的王应是成王,地点应是在洛。此外,何尊的"余其宅兹中国",只是武王的愿望,而不是已经建成了洛邑,这与《逸周书·度邑解》的说法是一致的。《度邑解》是武王临终前对周公旦的遗命说欲建东都洛邑,即所谓"自洛汭延于伊汭……宛瞻于伊洛,无远天室"。《史记·周本纪》移录《度邑解》之文,在"无远天室"之后加上了一句"营周居于雒邑而后去",后面又说"成王在豐,使召公复营洛邑"。司马迁显然是把武王营建洛邑的遗愿加以篡改。这样一来就很容易使后人产生武王与成王两次营建洛邑和武王时已称洛邑为周的误会。其实只要稍事分辨,就不应有此误会。周公与成王既然把营建的洛邑称为"新邑",说明在此以前

---

① 王恩田:《齐鲁文化研究的史料问题》,《齐鲁文化研究》2002年第1期。

不曾有过营建洛邑之事,现在何尊申明营建洛邑只是武王"廷告于天"时的遗愿,从而彻底否定了太史公的杜撰。

2. 成周组中的三件圉器出土于琉璃河 M253。与之共存的弧裆陶鬲,通高小于横宽,据邹衡器物排队,其年代属穆恭之际。该墓出土的铜釦漆壶也是穆王时代的常见器物。圉器年代不会早到成王,定为康王是适宜的。可以作为讨论圉器与成周年代的参考。

3. 晋侯墓地新出叔吴方鼎。器主叔吴的吴字曾见于甲骨文,在甲骨文中吴字人头或左倾或右倾无别,《说文》则分列为二字,把头左倾者释为"倾头也"(阻力切),把头右倾者释为"屈也"(于兆切)是错误的。实际上,吴应是娱乐之娱的本字,是用头的左右摆动以表达娱悦之情。后又增口,即《说文》所谓"吴,大言也",是用大声喊叫或歌唱以表示娱悦之情。而《说文》读"阻力切"的字实即昃,亦作厏。在甲骨文中用从日、从大以表示时间,指日已偏西时。或从日从人以表示动作,意为侧身而卧。① 而《说文》读作"于兆切"的字即逃之夭夭的夭,甲骨文作 （《后下》4.13）,用手臂的上下摆动象人行走之形。叔吴以上的那个初被释为从爵省,"齐"声,读作"齌"的字,应是从巠省从丙声的字。丙、唐、向都是阳部字,鬲叔吴即唐叔虞。晋侯墓地 M114 出土鸟尊铭中的"向大室"即唐大室,是祭唐叔虞的庙。叔吴方鼎中"大栅桒"乃创见之例。桒,旧释为祓除之礼的祓。按:《周礼·女巫》"掌岁时祓除衅浴"。注:"岁时祓除,如今三月上巳如水上之类。"祓除是一种古老的习俗,传为周公所创。即在每年暮春三月第一个巳日到河水溪流边沐浴,清除冬季以来身上的污垢。叔吴方鼎记时为十四月,释桒为祓除礼时令不合。而且祓除之礼自古以来代代相传,已经形成为传统的节日,这与金文中所见"大栅桒""初桒"的铜器仅限于西周早期的实际情况也不相符,释为祓除之礼是困难的。"大栅桒"铭文的发现,颇疑读桒为封。从铭文接下来的"咸桒"看,栅非祭名,而是修饰桒的成分,应读作册。大栅桒即大册封。大册封是西周早期周王朝特有的政治举措。这与"大桒""初桒"等铜器铭文仅见于西周早期的事实是符合的。从字形看,桒字

---

① 王恩田:《释 、 ——兼论商代客馆与成守制度》,《考古学研究》(六),科学出版社,2006 年。

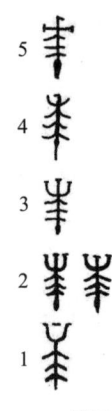

像有根的树木形（图二），而封字字形则像无根的树木形（图三）。古代的封疆地界既可以栽种有根的树木以为标识，也可以采用插枝即可成活的树木，如杨柳之类。古文字中有不少音、义相同而字形不同的例证。如示既可作千、示，又可作𥘅；河既可作𣱛，也可作𣲩，等等不备举。封有两种字形，不足异。

图二
1. 献侯鼎 2. 叔吴鼎 3. 围簋 4. 围甗 5. 围卣

图三　康侯封鼎

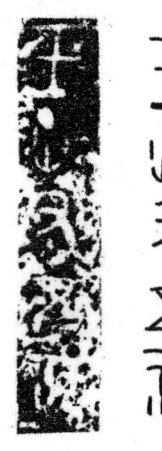

图四　小盂鼎铭文
（《三代》4.45）

𢻻，读作分，意为分给。《左传·昭公十二年》："四国皆有分。"注："四国，齐、晋、鲁、卫。分珍宝之器。"铭中的两个"士"字都指地位甚高的卿士。士通事，卿事在番生簋盖中与太史寮并列，而在毛公鼎中与太史寮并列的是卿事寮。证明卿士即卿事寮，并非末等贵族大夫以下的士。叔吴鼎铭末的"扬王光厥士"，光读作贶，与前面的𢻻即分相呼应。

周王称长一辈的人为父、伯父、叔父，而《康诰》周公称其弟卫康叔曰"小子封"。叔吴方鼎称唐叔虞的王不应是其兄成王，而应是其侄康王。叔吴方鼎应改定为康王器，证明铭中的"成周"是康王时的新名称。

4. 𪻐公簋，香港新见。铭4行22字。铭曰："……遘于王命易（唐）伯侯于晋，惟王廿又八祀。"① "唐伯"应是晋侯燮父"侯于晋"以前的名称。如

---

① 朱凤瀚：《𪻐公簋与唐伯侯于晋》，《考古》2007 年第 3 期。

在前面对叔夨方鼎的考证，赏赐唐叔虞的已是康王，则册命唐叔虞之子唐伯燮父"侯于晋"的王，只能是康王而不可能是成王。另据对晋侯墓地 M114 新出鼓甗的研究，鼓即晋侯燮父，还曾接受与昭王伐虎方（即楚国）有关的使命。① 如果命唐伯侯于晋的王不是康王而是成王，那么成王二十八年接受"侯于晋"册封的燮父至少已是 20 余岁。而康王在位 38 年，昭王十九年伐楚，这时的燮父至少已是近 80 岁的高龄，还要接受伐楚时的使命，显然是不合情理的。貀公簋只能是康王二十八年作器。

关于康王在位年数，多数学者主张 26 年说，唯独陈梦家、马承源主张 38 年说。之所以出现 12 年的差距，原因是所据小盂鼎拓本不同。主 26 年说者所用的拓本和摹本是吴式芬旧藏的整幅本，铭末是"惟王廿又五祀"。《两周金文辞大系》和《殷周金文集成》等都是用的这个拓本。主 38 年说者所根据的则是陈介祺所藏由苏氏兄弟代购的拓本，《三代吉金文存》4.44—45 著录，铭末作"惟王卅又五祀"（图四）。三十合文的中间一笔清晰可见。

康王在位 26 年说的文献根据是《太平御览》卷八十四引《帝王世纪》："康王在位二十六年崩。"小盂鼎铭文的发现否定了康王在位 26 年说，也证明《帝王世纪》中的年代未必可靠。

5. 吕壶盖，香港所见。铭："辛巳，王祭登在成周。"② 登即烝，祭烝即《洛诰》"烝祭"之倒。铭中辛巳与《洛诰》周公七年十二月戊辰的"登祭岁"不合。又言成周而不称洛邑，应是康王时期的一次烝祭。

以上已经根据《尚书》记载证明成周的名称是康王时代才产生的，也已经讨论过有"成周"铭文的铜器年代都是康王及其以后的，还有必要对新邑组与成周组铭文的铜器以及确系成王或康王时代的铜器加以对比，看两者器物形制、纹饰有没有差别，能否概括出一些规律性的东西作为成康铜器断代的标准。本文选用的是鼎、簋、尊、卣等四大类。虽年代明确但数量极少，没有对比关系的甗、爵等个别器物，不予讨论。已知确系昭王及其以后的铭有"成周"的铜器，本文也不再讨论。

---

① 孙庆伟：《从新出鼓甗看昭王南征与晋侯燮父》，《文物》2007 年第 1 期。
② 张光裕：《吕壶盖铭浅释》，《第二届国际中国古文字学研讨会论文集》，香港中文大学出版社，1993 年。

一 鼎

分圆鼎、鬲鼎、方鼎三类。

1. 圆鼎类

(1) 臣卿鼎（图五：1）。铭曰"公违省自东，在新邑。臣卿赐金"（《集成》2595）。"臣卿"疑与前述周公摄政七年的㺇士卿为一人。公违，唐兰疑即《周书·世俘解》的"百韦"。属周公、成王时作器。立耳、圆腹、柱足。腹高大于足高，比值为1.33。口沿下饰兽面纹带。器形与台北故宫博物院所藏旁宁印父乙鼎和菁父丁鼎相同，沿袭了晚殷时代的风格。

(2) 䀠逨鼎（图五：2）。器主与康侯簋中的䀠司徒逨是同一个人，属成王器。绳索状立耳，圆腹微鼓，柱足上粗下细，足根有扉棱。腹高大于足高，比值为1.31。口沿上饰兽面纹带。

(3) 德鼎（图五：3）。与德方鼎同属成周组康王时器。立耳，圆腹微鼓，柱足略呈马蹄形，足根有短扉棱。口沿下饰兽面纹带，有四条短扉棱。形制与殷墟后岗杀殉坑戍嗣子鼎极为相似，只是腹略浅微鼓而已。戍嗣子鼎腹高大于足高，比值为1.54，而德鼎腹高小于足高，比值为0.8。

(4) 大盂鼎（图五：4）。是公认的康王二十三年作器，属康王后期。形制与德鼎相近，只是较德鼎腹略浅而微垂，足稍短。腹高与足高的比值为0.8，证明康王前后期即使是同一种器物也可以看出其形制演变。而大盂鼎腹略浅而稍垂的特点，已开西周中期铜器浅腹、垂腹之先河。而康王器圆鼎鼎足的近似马蹄形正是西周晚期马蹄形足的滥觞形态。琉璃河M253出土的叟鼎形制同于德鼎，其年代应属康王前期，这也应是M253的年代。

2. 鬲鼎类

(1) 新邑鼎（图六：1）。立耳，柱足，腹高大于足高，比值为1.25。朴素无纹，是殷代晚期常见的风格。长安张家坡M260出土的素面鬲鼎，与新邑鼎形制相同而足较矮，也应与新邑鼎年代相同或略早，不会晚至西周中期。

（2）献侯鼎（图六：2）。铭言"成王大奉"应属康王器。立耳，腹深略鼓出。柱足细而高，腹高等于足高，比值为1，腹饰兽面。

图五　圆鼎
1. 臣卿鼎　2. 眀遂鼎　3. 德鼎　4. 大盂鼎

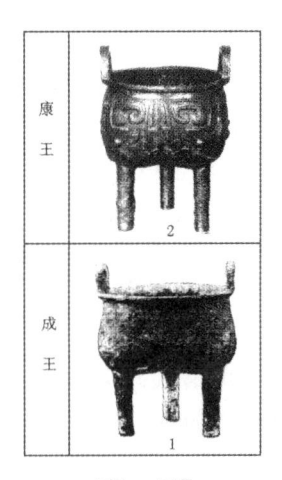

图六　鬲鼎
1. 新邑鼎　2. 献侯鼎

3. 方鼎类

（1）康侯封方鼎（图七：1）。铭"康侯封作宝䵼彝"7字（《集成》2153）。康侯封即西周卫国始封君康叔封。卫康叔封受封较早，《书·康诰》中已称"孟侯"，应是周公时所封。康侯封方鼎年代应属成王早期。其形制为立耳，柱足，腹高等于足高。腹饰兽面。

（2）大祝禽方鼎（图七：2）。铭"大祝禽鼎"4字（《集成》1938）。禽又见于禽簋，簋铭曰："王伐盖侯"。盖，唐兰释奄。簋铭中的禽即鲁侯伯禽。大祝是伯禽受封为鲁侯以前的官职。大祝禽鼎是成王早期器。立耳，柱足，腹高大于足高，比值为1.32。口沿下饰兽面，腹饰乳丁。

（3）𠭰方鼎（图七：3）。是周公伐东夷时作器（《集成》2739）。立耳鸟足，腹高小于足高，比值0.9。腹饰大鸟。其形制是晚殷所未见，应是周人力图创新的体现。

（4）德方鼎（图七：4）。康王器。形制略同于康侯封方鼎。柱足，足根有扉棱。腹高小于足高，比值0.8。

（5）□卿方鼎（图七：5）康王器。立耳，柱足，足根饰兽面，有扉棱。

腹高小于足高，比值 0.69。腹饰兽面纹。

（6）作册大方鼎（图七：6）。铭言"惟四月既生霸己丑"（《集成》2758）。比何尊与□卿方鼎晚三日，也是康王五年作器。器形与□卿方鼎、德方鼎相同。腹高略小于足高，比值 0.9。口沿下饰肥遗纹与乳丁。

（7）叔吴方鼎（图七：7）。康王器。立耳，柱足。腹高略等于足高。足饰蕉叶纹，腹饰兽面纹。

（8）圉方鼎（图七：8）。铭曰"休朕公君匽侯赐圉贝"，对铭（《集成》2505）。与成周组圉簋为同人作器，属康王时期。附耳，柱足，有盖，盖上有矩形片状钮。腹深而垂，有子口。盖与腹饰肥遗纹带。殷墟郭家庄 M160 已经出土过器形与此相同的方鼎，不同的是作环耳有绳索状提梁。圉方鼎是晚殷同类器物的继承与发展。

（9）成王尊方鼎（图七：9）。铭"成王尊"3 字（《集成》734），康王器。立耳，耳上浮雕两条卧兽。柱足，足根饰浮雕兽面，兽角伸出足外。足特高，腹高小于足高，比值 0.87。腹饰双龙乳丁。

（10）大保铸方鼎（图七：10）。铭"大保铸"3 字（《集成》1735），康王器。器形与成王尊方鼎相同，只是足根兽面的双角伸出柱外。此外，在柱足的中段各有一个立体的圆环。足特高，腹高小于足高，比值 0.59。腹饰兽面和垂三角纹。

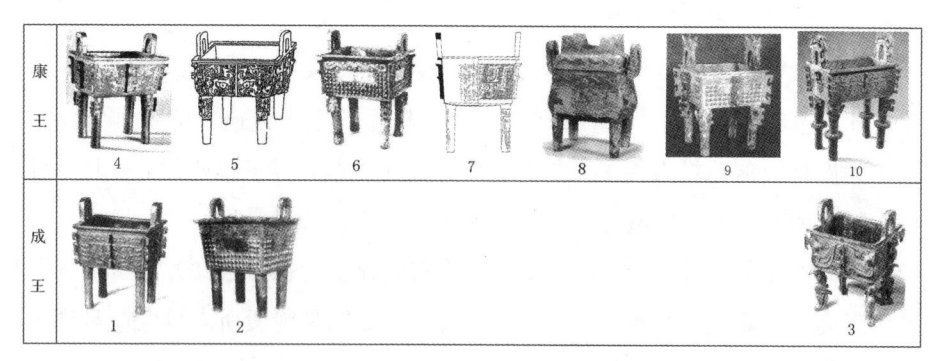

图七　方鼎
1. 康侯封方鼎　2. 大祝禽方鼎　3. 塱方鼎　4. 德方鼎　5. □卿方鼎　6. 作册大方鼎
7. 叔吴方鼎　8. 圉方鼎　9. 成王尊方鼎　10. 大保铸方鼎

成王尊和大保铸这两件形状怪异的康王时代的方鼎，应是作册大方鼎中所说的"公来铸武王成王"的"异鼎"了，这就使成王时代开始的创新意识至康王时达到了高潮。这种极度张扬的特点，显然是康王时代国力鼎盛的反映，也使方鼎自商代至西周的器形演变：腹部由深变浅，足部由矮变高规律达到了高峰。

二　簋类

分有座、无座两种。

1. 天亡簋（图八：1）。是公认的武王器（《集成》4261）。四耳有珥，耳饰兽头，与口沿平齐。腹与座均饰团龙纹，也称半截龙，或称涡形夔纹。团龙纹是周人所首创，流行于西周早期。

2. 利簋（图八：2）。铭言"武王（合文）征商"（《集成》4131）。武王为谥称，其年代应定为成王初年。双耳有珥，耳饰兽头，略高于口沿。方座。腹与座均饰兽面，云雷纹地。

3. 大保簋（图八：3）。铭言"王伐录子䎽，……王降征令于大保"（《集成》4140）。保字不加王，应属成王器。无方座，四耳有珥，耳饰兽头，兽头双角大而扁平，高出器口，特别显眼。圈足特高，大于腹高的二分之一。腹饰兽面。

4. 康侯丰簋（图八：4）。铭曰"王来伐商邑"（《集成》4059）。是周公、成王征伐武庚与三叔叛乱时作器。双耳有珥，耳饰兽头，兽双角高出口沿。高圈足，圈足等于二分之一腹高。腹饰涡纹带与直棱纹。

5. 禽簋（图八：5）。铭言"王伐盖（奄）侯"（《集成》4041）。是周公摄政三年践奄时作器。禽簋的形制特点很突出，双耳有珥而短小，耳在口沿下。耳上的兽头很不显著。圈足较高，口沿下饰云雷纹带，中间有小兽面。圈足也饰云雷纹带。禽簋形制一反周初极富夸张、创新的风格，更多地保存了晚殷的作风。除纹饰不同外，与䚄簋的形制较为相近，开启了中期以后朴实简易的风格。

6. 叔德簋（图八：6）。铭曰"王赐叔德"（《集成》3942）。与德方鼎为同一人作器，属康王器。形制纹饰基本上与天亡簋相同，只是双耳在沿下。

耳上的兽头双角高耸，是其特色。

7. 圉簋（图八：7）。铭曰"王窚于成周，王赐圉贝"（《集成》3824），康王器。器形同于叔德簋，腹与座均饰兽面。

8. 圉有盖簋（图八：8）。铭文盖与圉簋相同。器铭"白鱼作宝隣彝"（《集成》3825）。知其人名圉字伯鱼。有盖，喇叭形捉手，器有子口，是一种全新的形制。盖、腹、座均饰兽面，不再使用云雷纹为地，开"三层花纹"退出历史舞台的先声。

时代	器类					
	方座簋				无座簋	
康王	 6	7	8	9	 10	11
成王	 2				 3	4	5
武王	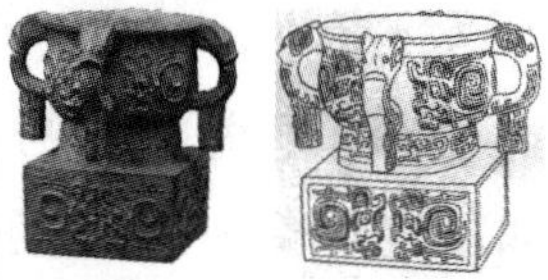 1					

图八　簋

1. 天亡簋　2. 利簋　3. 大保簋　4. 康侯丰簋　5. 禽簋　6. 叔德簋　7. 圉簋　8. 圉有盖簋　9. 吕簋盖　10. 䚄公簋　11. 献簋

9. 吕簋盖（图八：9）。康王器。吕簋盖的形制与圉有盖簋相同。饰兽面纹而不以云雷纹为地的风格也与圉有盖簋相一致。

10. 䚄公簋（图八：10）。康王器。器形纹饰虽然与晚殷的𦀉簋一脉相承，但与成王时代的太保簋和康侯封簋相比已是大异其趣。最为显著的两点一是腹浅足矮，二是耳部没有兽头上高耸的双角，而这两点正是成王乃至康王时期铜簋造型的显著特色。覞公簋的形制已开启西周中期低矮铜簋形制的先声。

11. 献簋（图八：11）。铭6行52字。铭曰"……献身在毕公家……"（《集成》4205）。毕公与康王同时，此应为康王器。器形略同于禽簋，均属于简朴式，只是禽簋圈足外撇而献簋圈足则是直立的。口沿下和圈足均饰兽面纹带，口沿下的纹带中间有浮雕兽头。圈足兽面纹带中间有短扉棱。

三 尊卣类

殷周酒器最显著的不同是晚殷以觚、爵（或角）相配合的组合关系最为突出，尊与卣可有可无，并不相配。而西周早期则兴起了尊卣相配的组合。一尊与一卣相配，花纹与铭文相同，如保组、㺇刦组等。也有一尊配二卣的组合，二卣为一大一小，如卿组、沮伯组等。为便于比较形制变化，以下即按组合关系叙述。

1. 㪤士卿尊（图九：1）。铭言"丁巳，王在新邑"（《集成》5889）。成王器。属觚形尊。体细高，腹饰兽面纹，是晚殷以来常见的形制。

2. 卿组，一尊二卣（图九：2、3）。卿与在新邑的"臣卿"和㪤士卿为同一人。年代属成王。尊为觚形尊。尊体瘦高，腹饰两条花纹带，上带为线条顾龙纹，下带为长尾小鸟。两者中间均有浮雕小兽面。卣为蘑菇钮盖的椭圆瓿形卣（或称罐形卣）。盖、腹、圈足均饰线条顾龙纹带。《美集录》著录器形（A567）即《澂秋》37。谓"同铭同形之另一卣见《澂秋》36，陈承裘旧藏，较此器略大"，而不知《澂秋》36即《美集录》著录的"与前器形制、花纹、色泽均相同的"A568（《皮斯百》17）。符合一尊配大小二卣的组合，并非有同形同铭的三件卣。

3. 保组（图九：4、5）。尊、卣同铭（《集成》5415、6003）。尽管对器主和铭文内容的理解尚存在歧异，但公认属成王时器。尊为觚形尊。体略显粗矮。卣为椭圆形瓿式卣，盖有喇叭形钮。殷墟出土的瓿式卣，均为蘑菇形钮。喇叭形钮是周人的创新。尊的腹部饰云雷为地的卷角兽面纹，并在上下各加一条连珠纹带。卣的纹饰与尊相类。

4. 㺇刦组（图九：6、7）。铭言"伐盖（奄）"（《集成》5977、5383），

是周公、成王伐奄时器。尊为觚形尊，体瘦高。腹饰直棱纹，上下各有成对的小鸟纹。卣与保卣形似，而形体较为瘦高，提梁也长。而盖的两侧有竖立的犄角，开昭穆铜卣盖上有角之先河。卣的纹饰与尊相类。

5. 沬伯逯组（图九：8、9）。铭见《集成》5954、5364。器主与康侯簋中的司徒逯是同一个人。是成王封康侯时器。尊为觚形尊。体瘦高，腹饰兽面。卣腹虽仍是椭圆形，但颈部加长，而且其盖不再是盖住卣器的子口，而是盖沿伸入卣口。其形制已是有盖壶之先驱，是一种全新的器形，可称为壶形卣。卣上纹饰与尊相类。

6. 何尊（图九：10）。学者大多认为属成王器。本文认为凡是铭言"成周"者则属康王及其以后作器。尊形口圆而足椭方，开令方尊等昭王及其以后铜尊的口圆下方之先河。腹饰四条透雕扉棱，棱的上端凸出口部以外。扉棱上有阴刻花纹，扉棱的部分透雕处至今仍遗留有绿松石饰，可以想见初铸时的华丽。腹饰卷角兽面纹，角尖翘出器表。腹和圈足部分饰兽面纹。何尊的造型与纹饰开一代新风。

7. 商组（图九：11、12）。商尊形制与何尊相似，商卣形制与卿卣相似，也使用蘑菇形钮，但腹与盖上已使用透雕扉棱。证明商组年代也应属康王，证明卣上使用扉棱是从康王时开始的。

8. 圉组（图九：13、14）。属一尊二卣组合，康王时器，均为琉璃河M253出土。小卣通高25.4厘米，大卣通高31.8厘米。器盖对铭"作宝彝"。二卣器形、花纹相同，属壶形卣。体瘦长。盖和腹上部饰夔龙纹，下

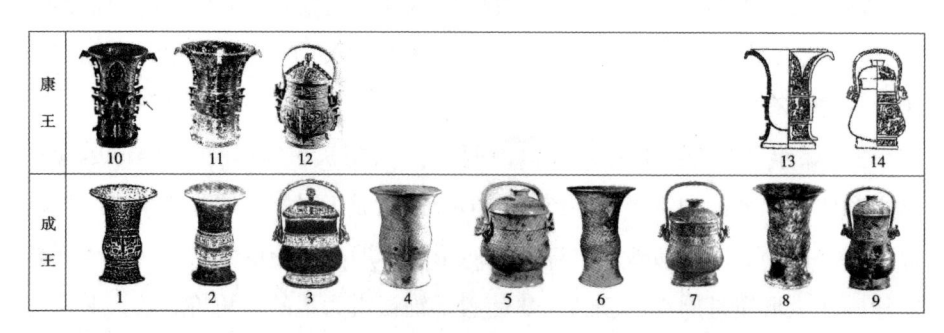

康王									
		10	11	12				13	14
成王									
	1	2	3	4	5	6	7	8	9

图九 尊 卣

1.敔士卿尊 2.卿尊 3.卿卣 4.保尊 5.保卣 6.罨刦尊 7.罨刦卣 8.沬伯逯尊
9.沬伯逯卣 10.何尊 11.商尊 12.商卣 13.圉尊 14.圉卣

腹部饰兽面纹，圈足饰长尾鸟纹。通体纹饰不使用云雷纹为地。尊铭"作宝彝"，属觚形尊，器略矮。有扉棱而不透雕。颈饰兽面组成的蕉叶纹。不使用云雷纹地。

综上所证，成康之际铜器形制发生了显著变化。圆鼎类，成王时期的臣卿鼎，立耳、圆腹、柱足。足高小于腹高。而康王时期的德鼎和大盂鼎，腹略浅、微垂。足上粗下细，有扉棱，近似马蹄形。足高大于腹高，或略等于腹高。鬲鼎类，成王时的新邑鼎，足高小于腹高，朴素无纹。而康王时的献侯鼎，足高等于腹高。方鼎类，成王时的大祝禽鼎和康侯封鼎足高等于或略高于腹高。而康王时期的方鼎足高大于腹高。铜簋使用四耳、方座是周人首创。武王时的天亡簋兽头耳与口沿平齐。成王时的利簋，器耳兽头的双耳略高于口沿。康王器的兽头双耳则显著地高出于口沿以上，且圈足增高。康王时期所铸造的"异鼎"在立耳上增加卧兽，在足上增加圆环足根浮雕兽头，双角凸出于足外，等等，极尽标新立异之能事。还把商代以来方鼎形制从腹深至腹浅，从矮足到高足的演变趋势发展到极致。太保方鼎的足高与腹高的比例居然可以达到 2∶1，真可谓空前绝后了。康王时期的方鼎还出现了有盖鼎，并不再使用云雷纹为地的新制。尊卣相配和一尊配大小二卣的新组合也是周人的创新。成王时代的尊，一律是瘦高型的觚形尊。卣则多是椭圆形的瓿式卣（或称罐式卣）。除蘑菇钮盖外，又出现了喇叭钮盖，还出现了颈部略长的盖沿伸入卣内的壶式卣。康王时出现了以何尊为代表的饰有透雕并镶嵌绿松石的扉棱，腹饰兽面纹的双角翘出器表以外等极为富丽、夸张的形制。康王时期的卣也开始使用扉棱，且颈部更长，已是名副其实的壶式卣。总之，以成周铭文作为成康铜器断代的界标，在器物形制方面也得到了证实。

唐兰康宫说成功地解决了武、成、康铜器与昭王及其以后铜器的断代问题，是一大贡献。尽管目前还有这样那样的不同意见，但已无关宏旨。只要无法推翻康宫即康王庙的结论，想要撼动唐说只能是徒劳无益。唐说虽信而有征，但也留下后人需要继续探讨的两大问题。一是武、成铜器与康王铜器是否可以进一步断代？二是"何以康王之庙独尊"？本文已经对第一个问题作出了肯定的回答，即武、成铜器与康王铜器可以再分期。是耶？非耶？尚请同行、师友不吝教正。关于"何以康王之庙独尊"的疑问，唐氏的解释说

"西周初年，武王、成王和康王都曾封过大批的诸侯……而文、武、成三王都在'京宫'内祭祀，所以'京宫'是周王室和同姓诸侯共同的宗庙……康王以后，土地已被这些大奴隶主分完了，所以不再大封诸侯。那么，康王以后的宗庙，只是周王室自己的了"。这样的解释不能令人满意。周王室和同姓诸侯都有自己的宗庙，没有证据说周王室和同姓诸侯国有共同的宗庙。宗庙的设置与建都、迁都有关，而与"大封诸侯"没有必然的联系。周人的始祖庙"太庙"应是古公亶父徙都于岐下的产物。"岐下"即岐山周公庙遗址。《括地志》称为周公城。而"京宫"则是文王徙都于周的产物。周即位于岐山与扶风之间的周原遗址，《括地志》称之为周城。周城内的宗庙称周庙，也就是京宫。京宫内"三后在天"，是祭文、武、成三王的庙。小盂鼎"王格周庙……用牲禘周王，武王、成王"。铭文不称文王而称"周王"，道理即在于此。同理，成周以成王所营建而得名。"康宫"则应是康王迁都于成周以后的产物。"康宫"其实就是西周王朝东都成周的始祖庙。康王以后诸王的诰命、册命和其他的祭祀活动多在康宫或康昭宫、康穆宫内举行，这就是造成"康王之庙独尊"的真正原因。

附记：本文对先贤师友一律直呼其名，力求礼仪从简，并无不敬之意，尚祈见谅。

原载《古文字学论稿》，安徽大学出版社，2008年

校记：

1. 图七康王方鼎栏内发表时遗漏"9.成王尊"和"10.太保铸方鼎"，现予补齐。

2. 何尊扉棱装饰中仍遗留有镶嵌绿松石的位置，已在图九何尊以箭头表示。其根据是李学勤主编《中国古代文明与国家形成研究》（云南人民出版社，1997年12月）一书中所用的彩版。根据该书的后记，何尊的彩版很有可能采自《中国美术全集》，可以参看。

3. 末尾一段中说"周城内的宗庙称周庙，也就是京宫"。把周庙与京宫相

混淆,是错误的。周城内的周庙,是20世纪陕西周原岐山凤雏村发现的甲组宗庙基址(王恩田:《岐山凤雏村西周建筑群基址的有关问题》,《文物》1981年第1期)。而令彝中所说的"京宫",何尊称为"京宗",是洛阳成周所建的祖庙。

4.李学勤先生原定何尊为康王器,是正确的。何簋发现后,又改定为成王器。其实何尊器主是周人,何簋器主是殷商旧族,两者不宜混淆。

西周王年的调整

1996年启动的夏商周断代工程，于1999年5月"项目下属的9个课题、30多个专题已完成预定的研究计划，提交了结题报告"。2000年出版了《夏商周断代工程1996—2000年阶段成果报告·简本》[①]（以下简称《工程》简本）。10多年来的研究实践和考古新发现表明，《工程》简本中所公布的西周年表有必要作些调整。

一 武王灭殷年代

武王灭殷年代是西周王年中的老大难问题。据不完全统计，古往今来的各种主张达36家之多。[②] 如果再加上唐兰的公元前1075年和张政烺的公元前1070年[③]，共计38家。从公元前1130至公元前1025年，其早晚跨度达105年。工程根据"标志性成果"："沣西H18的发现与测年，为商周分界确定了范围"，把武王灭殷年代锁定在公元前1046至公元前1043年的4年范围之内。

根据我们的核查，被定为先周晚期的"沣西H18遗物年代跨度很大，上起龙山文化，下至西周早中期之际，其年代无法证明是属于先周晚期的。因而沣西H18与T1第四层所提供的地层关系不具备商周分界的意义"。而且根据沣西H18常规^{14}C测年和AMS测年数据1层与3层的最大值分别为20年、78年、64年、85年，都大大超过了文王都丰至武王克商的13年的时间

[①] 夏商周断代工程专家组：《夏商周断代工程1996—2000年阶段成果报告·简本》，世界图书出版公司，2000年。

[②] 朱凤瀚、张荣明编：《西周诸王年代研究》，贵州人民出版社，1998年。

[③] 张政烺：《武王克殷之年》，洛阳市文物工作队编、叶万松主编：《洛阳考古四十年 1992年洛阳考古学术研讨会论文集》，科学出版社，1996年。

范围。因此，把沣西 H18 作为先周晚期的标准灰坑并不科学，也很难称为"标志性成果"。此外，H18 的 AMS 测年数据中出现的 2 层与 3 层年代倒置的情况，说明对目前 ^{14}C 测年技术的精确程度还不应作过高的估计。①

二 成王年代

工程定成王年代为公元前 1042 至公元前 1021 年，在位年数为 22 年。香港新见叔公簋，铭曰"……遣于王命易（唐）伯侯于晋。惟王廿又八祀"②。朱凤瀚先生定该器年代为成王。拙见以为应属康王③，而工程定康王在位 25 年。无论该器年代属成王还是康王，工程所定成王年代应根据叔公簋的发现作出相应调整。

三 康王年代

工程定康王年代为公元前 1020 至公元前 996 年，在位 25 年。但据康王时代标准器小盂鼎"惟王卅又五祀"的记年（《三代》4.45）（图一），其中"卅"合文的中间竖画清晰可辨。④ 证明工程所定康王在位 25 年说有误，也应作出调整。

图一 小盂鼎铭文

四 恭王年代

工程定共（恭）王年代为公元前 922 至公元前 900 年，在位 23 年。而据共王十五年趞曹鼎（《集成》2784）共王在位不得超过 15 年。这涉及对王

---

① 王恩田：《沣西发掘与武王克商》，《考古学研究》（五），中国社会科学出版社，2003 年。
② 朱凤瀚：《叔公簋与唐伯侯于晋》，《考古》2007 年第 3 期。
③ 王恩田：《"成周"与西周铜器断代——兼说何尊与康王迁都》，《古文字学论稿》，安徽大学出版社，2008 年。
④ 王恩田：《"成周"与西周铜器断代——兼说何尊与康王迁都》，《古文字学论稿》，安徽大学出版社，2008 年。

号生称还是谥称的理解。早在东汉时代即有王号生称与谥称之争。经过马融与郑玄的批驳,王号生称说基本上已经没有什么市场。王国维旧话重提,利用金文中所见成王、穆王之类为王号生称说翻案,其说危害甚大,即使像郭沫若、唐兰等古文字学大师也深受其影响,尽管已有不少学者予以批驳,其负面影响至今仍未能消除。工程置趞曹鼎"共王十五年"的铭文于不顾,而定共王在位 23 年,就是接受王号生称说的一个例证。

据《殷周金文集成引得》统计,金文中王字出现 1844 次,武王、穆王、共王、懿王之类充其量不过 10 次。王号既然是生称,而且是美称,为什么在绝大多数的情况下要予以避讳?墙盘和逨盘中对已故先王称其谥而对健在的时王则称"天子",彻底否定了王号生称说。我们还进一步指出,并非如经籍中所说是"死而谥",确切说应是葬而谥,即谥称是在下葬当天授予的。① 因此可以利用葬谥制度作为金文和墓葬断代的标准。趞曹鼎铭"共王十五祀",说明共王十五年时已经下葬,共王在位年数不得超过 15 年。

五 厉王年代

关于厉王在位年数,陈梦家根据《史记》卫、齐、陈等《世家》的年代推断"周厉王在位年数应在 14 年以上,18 年以下,约为 15、16、17 年,今取折中数定为 16 年"②。陈说信而有征,基本上可以定论。但工程却根据《周本纪》中连太史公都不自信,在《三代世表》和《十二诸侯年表》中都不采用的厉王在位 37 年说,并把晋侯苏钟、善夫山鼎等一大批年代明确的宣王器改定为厉王器。

善夫山即《国语·周语上》进谏周宣王的樊仲山父,又称樊穆仲。善夫山鼎是绝对年代可考的宣王器。③ 晋侯苏即见于《史记·晋世家》与宣王

---

① 王恩田:《西周制度与晋侯墓地复原——兼论曲沃羊舌墓地族属》,《中国历史文物》2007 年第 4 期。
② 陈梦家:《西周年代考》,商务印书馆,1945 年,又收入《西周铜器断代》,中华书局,2004 年。
③ 陕西省博物馆:《陕西省博物馆新近征集的几件西周铜器》,《文物》1965 年第 7 期。冯时:《晋侯苏钟与西周历法》,《考古学报》1997 年第 4 期。

同时的献侯藉，《索隐》引《世本》及谯周"藉"皆作"苏"。晋侯苏钟中的扬父即《国语·周语》幽王二年的伯阳父。晋侯苏钟铭文记载的晋侯苏于三十三年随王东征，即《周语》所载"三十二年春，宣王伐鲁"的重大历史事件，其事也见于《史记·鲁周公世家》。其历史背景是鲁懿公之侄伯御杀懿公而篡立，破坏了鲁国固有的"一继一及"的继承秩序。周宣王出兵干涉，伐鲁，杀伯御，立懿公之弟孝公称为君，捍卫了一继一及的继承制度。① 晋侯苏钟所征伐的夙夷即鲁之附庸宿国，王所到达的熏城即鲁国西部边疆门户郓城。晋侯苏钟8条年、月、日的记时材料，在不作任何改动的前提下，全部与宣王三十三年和三十四年的历表相符。② 工程对这么多宣王时代的过硬证据视而不见，仍把晋侯苏钟定为厉王器，其主观武断莫过于此。

李学勤先生在20世纪50年代，本来已经接受了陈说，也认为"厉王在位年数，据《史记》各部分综核，实无38年之多，最多不能超过18年"。当时他把共王至幽王有年可考的72件（组）分为8组。其中被定为厉王时代的第六组，只有虢仲盨与何簋两件。但在夏商周断代工程期间，在没有经过任何论证的情况下，置《史记》中卫、齐、陈等《世家》的年代记载于不顾，又改从厉王在位37年说，把他原来定为孝王、夷王、宣王以及幽王时代的大批铜器都改定为厉王，显然是不妥的。③

准上所证，工程所定厉王在位37年，也应参照陈梦家所考相应加以调整。

六 "懿王元年天再旦于郑"

古本《竹书纪年》："懿王元年天再旦于郑。"工程赞同美国科学家的意见，认为公元前899年4月21日的日食可以在西周郑地造成天再旦现象，

---

① 王恩田：《从鲁国继承制度看嫡长制的形成》，《东岳论丛》1980年第3期；王恩田：《再论西周的一继一及制》，《大陆杂志》第84卷第3期，1992年。
② 王恩田：《晋侯苏钟与周宣王东征伐鲁——兼说周、晋纪年》，《中国文物报》1996年9月8日；《再说晋侯苏钟年代——简论〈中国先秦史历表〉的校正》，《中国文物报》1999年11月24日、12月1日。
③ 李学勤：《殷代地理简论》，科学出版社，1959年；李学勤：《李学勤早期文集》，河北教育出版社，2008年。

并且认为是唯一的一次。但根据我国天文学家张培瑜先生计算了公元前 1000 年至公元前 840 年共 160 年间的全部日食，其中镐京、西郑可见者 60 次，符合懿王元年天再旦日食的仅有 7 次。这 7 次日食中最有可能的应是公元前 925 年 9 月 3 日、公元前 899 年 4 月 21 日、公元前 903 年 7 月 3 日和公元前 919 年 10 月 26 日 4 次。张培瑜先生认为："'懿王元年天再旦于郑'的记录过于简略，不定因素太多。懿王元年既无考，又失记月日时刻，很难判定。"① 因此，《工程》简本关于西周王年 7 个支点之一的"'天再旦'与懿王元年"，即公元前 899 年的意见还不能视为定论。

七　懿、孝、夷三王年代

工程定懿、孝、夷三王年代分别为 8 年、6 年、8 年。人的寿命固然有长有短，生子也有早有晚，但在实行相同的继承制度的条件下，在一个较长的时期内，每位国君在位年数的平均值，应该是一个常数。《说文》："世，三十年为一世。" 30 年为一世就是国君在位年数的平均值。我曾列举实行嫡长继承制的孔、孟、颜、曾四家两千年来的世系中，每一世代的平均值为 30—31 年，证明"三十年为一世"的说法是可信的。② 工程所定懿、孝、夷三位国君在位年数相加只有 22 年，远远小于 30 年为一世的平均值。之所以会出现这种反常情况，是把厉王年代拖长，而不得不压缩懿、孝、夷三王在位年数的必然结果。但事实上懿王和孝王的在位年数是有可靠的文献记载的。《御览》卷八十五引《史记》"懿王在位二十五年崩"，"孝王在位十五年崩"。山西绛县横水倗伯墓出土的二十三年倗伯冉簋，器形、纹饰与根据重新考定的懿王五年标准器师旋簋③ 极为相似。刘启益先生定为懿王器是很对的。④ 证明二十三年倗伯冉簋与《御览》引《史记》"懿王在位二十五年崩"

---

① 张培瑜：《西周天象和年代问题》，《西周史论文集》，陕西人民教育出版社，1993 年。
② 王恩田：《〈史记〉西周世系辨误》，《文史哲》1999 年第 1 期。
③ 王恩田：《申簋考释——兼说高青陈庄齐国公室墓地的年代与墓主》，《海岱考古》第四辑，科学出版社，2011 年。
④ 刘启益：《西周懿王时期纪年铜器续记》，《中原文物》2009 年第 5 期。

的记载是相符的。因此，懿、孝、夷三王年代也应作出调整。

西周积年按工程的说法是 276 年，这是一个恒量，牵一发而动全身。根据以上所述，从武王至厉王共 10 位王年中，至少有七八位王年需要作出调整。看来用拆东补西、修修补补的办法加以调整，无济于事。只能等待再进行下一阶段的断代工程时推倒重来了。

原载《考古学研究》（十），《庆祝李仰松先生八十寿辰论文集》，科学出版社，2012 年

山东商代考古与商史诸问题

山东古属东夷之地。新中国成立以来的考古发现表明，山东地区的古文化面貌独树一帜。公元前8000年至公元前1500年间的山东地区原始文化先后有后李文化、北辛文化、大汶口文化、龙山文化、尚庄三期文化和岳石文化。上述诸文化一脉相承，自成体系，其文化面貌与中原地区截然不同，应属东夷族文化。其中岳石文化的 ^{14}C 年代在公元前1900年至公元前1500年之间，基本上处在夏纪年范围之内，应属夏代时期的东夷文化。

一　山东商文化遗址的年代

截至目前，山东境内的商文化遗址，年代最早的属于二里岗文化上层，没有发现过一处二里岗文化下层的遗址。证明商文化进入山东是从二里岗文化上层时期，即商文化早期后段开始的。目前发现的最东的一处二里岗文化上层时期的遗址是益都（今青州市）萧家第一地点。这是1965年邹衡先生和笔者带领北京大学考古专业61级同学在淄弥两河流域进行考古调查实习时发现的，证明商文化早期后段商人的势力范围已经到达了今弥河流域。据《史记·殷本纪》记载：成汤五世孙雍己时期"殷道衰，诸侯或不至"，而雍己弟大戊时期任用伊陟，"殷复兴，诸侯归之，故称中宗"。商文化早期后段商人势力东扩，其前锋已到达今山东弥河流域的事实，与中宗大戊时期"殷复兴，诸侯归之"的历史记载相符。换句话说，商文化进入山东似乎应是从大戊时期开始的。讨论山东商史诸问题，应从考古学所确认的上述事实作为出发点，并以此作为判断是非的标准。

二　评商文化起源于山东说

《诗·商颂·玄鸟》中有"天命玄鸟，降而生商"的记载。《史记·殷本纪》中有殷商始祖契之母简狄吞玄鸟卵而生契的传说。甲骨文殷商先公"王亥"的亥字从鸟，证明商族是以玄鸟为图腾的。东夷族的少昊氏也有"以鸟名官"的传说，其中的"司分"是"玄鸟氏"（《左传·昭公十七年》）。这不仅证明东夷族也是以鸟为图腾的，而且东夷少昊族中也有"玄鸟氏"。因此以往曾以此为依据论证商族与东夷族同源。易言之，即商族起源于山东。古代对"玄鸟"有三种不同的解释：《诗·商颂·玄鸟》传："玄鸟，鳦也。"鳦指燕子。《尔雅·释鸟》："燕燕，鳦。"注："《诗》云：'燕燕于飞'，一名玄鸟。齐人呼鳦。"崔豹《古今注》则解"玄鸟"为乌鸦，也有认为玄鸟指鹤。《文选·思玄赋》："子有故于玄鸟兮。"注："玄鸟，谓鹤也。"燕子、乌鸦和鹤都是北方常见的鸟类，都有可能成为某一氏族的图腾。图腾相同者，未必具有共同族源。是否同一族源，还必须用考古学文化的标尺加以衡量。商文化的典型器物以灰陶绳纹鬲为代表。其祖型可以追溯到河南龙山文化三里桥类型、陕西龙山文化客省庄类型、龙山文化陶寺类型。也就是说，先商文化应该在上述诸文化中去探寻。而山东龙山文化的陶器以素面、黑陶为主，炊器以甗、鼎、罐最为常见，而不见陶鬲。继山东龙山文化之后并与山东龙山文化一脉相承的尚庄三期文化虽然发现有较多的陶鬲，但其形制表现为颈腹不分明，黑陶，素面，与商文化和先商文化的陶鬲迥然有别，也就是说在山东龙山文化和尚庄三期文化中不可能找到商文化的源头。换句话说，商文化起源于山东说找不到考古学证据，因而难以成为定论。

三　评契都蕃在滕县说

《世本·居篇》有殷商始祖"契居蕃"的记载。王国维在殷都八迁的考证中认为蕃即汉代的蕃县，地在今山东滕县（今滕州市）境内。如上所述，考古发现证明商人进入山东是从二里岗文化上层即商文化早期后段开始的。商文化起源于山东说找不到考古学证据，殷商始祖契所居的蕃不可能在滕县。古代地多重名，山东有薄，陕西也有薄。如上所述，陕西龙山文化（客省庄二期文化）中包含着商文化最主要的文化因素。而陕西的薄恰在陕西龙山文化（客省庄二期文化）的分布范围之内，这就为探寻商文化起源提供了重要线索。

四　评汤都亳在曹县说

山东曹县境内有薄，为春秋宋之"宗邑"，即宋人宗庙所在之地。此薄通亳，是历史上被认为"三亳"之一的北亳。近年来曹县境内发现商代城墙和遗物，于是被认为即成汤所都之亳。

要证明其属于成汤所都之亳，除文献记载之外，首要条件是要看其是否出土相当于成汤时期的二里岗商文化下层遗物，以及与商代都城地位相应的遗迹、遗物。如上所述，山东境内目前还没有发现过一处二里岗商文化下层遗址。曹县商城的年代能否早到成汤时期的早商文化前段，由于没有发表材料，目前还无法进行讨论。目前曹县商城还没有进行科学系统地发掘，是否有与都城地位相当的宗庙、宫殿遗迹、遗物，还是一个未知数，在此情况下就匆忙宣布在这里发现了成汤都城，显然为时尚早。

五　益都苏埠屯商代大墓的族属

益都（今青州市）苏埠屯自20世纪30年代以来，即不断出土商代亚醜族铜器。1965年春和1966年春，我们在这里做过两个季度的考古发掘工作。发现四条墓道的亚字形大墓一座（M1）、两条墓道的中字形大墓一座（M2）、一条墓道的甲字形中型墓两座（M3、M5），残墓一座（M4）。另外还钻探出一座没被盗掘的中型墓和其他一些小型墓和车马坑等。其中一号大墓（M1）是目前所知安阳殷墟以外规模最大、规格最高、殉人最多的商代大墓。一号墓出土的两把大型铜钺硕大无朋，其中一件正反两面各铸有两个亚醜族徽。此外，两座大墓（M1、M2）出土的铜器残片中也有亚醜族徽。[①] 1986年

---

① 王恩田：《山东益都苏埠屯第一号奴隶殉葬墓》，《文物》1972年第8期（署名：山东省博物馆）。

山东省考古研究所在此进行发掘,其中的中型墓M7出土鼎、簋、觚、爵等礼器。其中觚、爵有亚醜族徽。上述发现证明20世纪30年代以来传为益都苏埠屯出土的亚醜族铜器的确出土于此。同时证明这里就是亚醜族墓地,亚醜族居地距此不会太远。此外还发掘了20世纪60年代钻探出来的那座没被盗掘的中型墓M8,出土礼器18件,其中15件有"融"字族徽。[①] 融族铜器出土于亚醜墓地,证明融族应是从亚醜族中分化出来的子氏族。关于益都苏埠屯商代大墓的族属与性质,有学者认为应是蒲姑国君的陵寝,值得讨论。

蒲姑是商代东夷古国,位于今博兴县城南7.5公里,东南距益都苏埠屯约100公里。古代诸国疆域甚小,成汤的亳都、周武王的镐京,方圆"皆百里之地也"(《荀子·议兵》)。据《礼记·王制》:"天子之田方千里,公侯田方百里。"只有鲁国,由于"周公有勋劳于天下",受封时才"地方七百里"。而像蒲姑这样的国家,虽为东夷大国,其领土充其量也不过像"公侯"那样享有"方百里"的范围,不可能辖有远在100公里之外的益都苏埠屯。此外,古代国家墓地距都城甚近。以殷王朝而论,殷王墓葬区位于与小屯都城一水之隔的西北岗一带。春秋齐国公室墓地则位于临淄齐都之内东北角河崖头一带。蒲姑国君的"陵寝"当然也不可能位于100公里以外的益都苏埠屯。

亚醜族见于甲骨文记载,其首领被称为"小臣丑"。就文化面貌而言,其青铜礼器、兵器的形制、花纹、铭文以及陶器的器类、器形、纹饰与殷墟出土者几乎完全相同,绝不见商代东夷文化的特有器物素面红陶鬲。而在临淄后李商代晚期墓地(简报定为西周早期墓)中这种素面红陶鬲与商代陶簋共存,显然是属于东夷族接受了某些殷商文化因素而形成的东夷族地方文化类型。具有典型商文化特征的益都苏埠屯商代墓地,其墓主的族属只能是商族而不可能属于东夷族的蒲姑国。亚醜是商族建立的方国,其墓主如同我们在《简报》中所说应是殷商诸侯"方伯一类人物"。

---

① 山东省文物考古研究所等:《青州市苏埠屯商代墓地发掘简报》,《海岱考古》第一辑,山东大学出版社,1989年。

六　滕州前掌大商代墓地的族属

前掌大商代墓地位于滕州薛国故城东侧，与薛国故城仅有一河之隔。20世纪80年代后期以来进行过多次发掘，发现不少大、中、小型墓葬。据《山东省志·文物志》透露，有些墓葬内出土多件带有"史"字族徽的铜器，证明前掌大商代墓地应属于史族墓地。

前掌大商代史族墓地与周代薛国故城相毗邻，商代史族与周代薛国的关系必然会引起人们的兴趣。20世纪80年代初，笔者曾撰文讨论过两者的关系。根据传世西周薛侯鼎铭文末尾署有史字族徽，陕西岐山新出亚薛鼎铭文中"亚薛"与"史"字族徽共存，以及滕州薛国故城、泗水、平邑等地不断出土史字族徽铜器等考古发现，笔者提出，薛国是由史族所分化。[①] 前掌大商代史族墓地的发现，证实这一推断是可信的。

七　五期征夷方卜辞和纣克东夷

五期征夷方卜辞不仅数量多，而且可以前后编排成表。郭沫若、董作宾、陈梦家、李学勤等中国学者和岛邦男等日本学者都曾对这部分卜辞进行过研究。但对这部分卜辞的年代日程表的编排，往返途径的考证和被征伐对象夷方（人方）的位置等都存在很大分歧，有必要重新研究。

关于这部分卜辞的年代，根据《左传·昭公十一年》"纣克东夷而陨其身"的记载，五期征夷方卜辞中的王应即帝辛，也就是纣。夷方即东夷。笔者曾利用新发现的甲骨文材料，对帝辛十祀征夷方的卜辞重新编排了日程表。关于帝辛十祀征夷方往返行程中途经地点的考证以往之所以出现较大的分歧，是由于古代地多重名，以征夷方途经的地点与文献记载相比附，往往就会出现仁者见仁、智者见智的局面而不易形成共识。笔者尝试使用族名和国名铜器出土地点自报家门的方法考证地名。

---

① 王恩田：《陕西岐山新出薛器考释》，《考古与文物丛刊》第二号（《古文字论集》），《考古与文物》编辑部，1983年11月。

如十祀征夷方是帝辛与攸侯喜一同出发征伐夷方的，在攸活动的时间也最长，并在此与夷方交锋。因此，攸地的确定，对于征夷方往返路线的确定至关重要。20 世纪 70 年代初期滕县轩辕庄的八一煤矿出土一件东周铜戈，器主是"䨮人之孙犀"。䨮、攸音同通用。"䨮人"即攸人。轩辕庄南 4 公里的后黄庄于 50 年代还出土一批铭有爻字族徽铜器，爻与攸音近通假，证明轩辕庄和后黄庄一带是攸族居住的中心地区。

又如剌是征夷方途经的地点之一。20 世纪 70 年代初，兖州中李宫村出土一组商末周初铜器，其中卣和爵有剌字族徽，证明这里应是剌族居地。

又如征夷方途经商地，一般均认为商地在今河南商丘。其实今之商丘，原名睢阳，是周代宋国的都城（《世本·居篇》）。宋国都城废弃后应称宋丘。由于春秋时宋又称商，故宋丘又称商丘，可见今之商丘得名并不甚古。60 年代泰安道朗龙门口水库出土两件同铭的"商丘叔匜"。丘者，墟也，商丘即商墟。商丘叔以"商丘"作为姓氏，可见泰安道朗一带古名商，为确定征夷方途经的商在泰安道朗提供了依据。

再如征夷方途经的杞地，一般都认为在今河南杞县。但清代末年山东新泰出土一批杞国铜器，时代属春秋早中期之际。据铭文内容知系杞白（伯）每亡为其妻邾曹作器。《史记·陈杞世家》记载：西周初年分封的杞国，在汉陈留郡之雍丘，即今河南杞县。春秋时为避淮夷侵扰，齐桓公"会于咸，淮夷病杞故"（《左传·僖公十三年》），"诸侯城缘陵而迁杞焉"（《左传·僖公十四年》）。缘陵即汉之营陵，地在今山东昌乐境内。新泰既非西周初年分封的杞国，又非齐桓公迁杞于缘陵之地，为什么会出土杞国铜器？这就在杞国史地研究中提出了一个新的课题。历史上杞国史地研究是一团乱麻，主要是由于如下一条史料所引起的，《春秋·隐公四年》："莒人伐杞，取牟娄。"这条史料在历代学者中造成不小的混乱。莒国位于今山东莒县，西距河南杞县直线距离 430 余公里。春秋莒国是一个并不强大的国家，而且杞国这时尚未东迁，莒国怎么可能远征八九百里以外的杞国，并占有其领土"牟娄"呢？于是自古以来就出现了为弥合这条史料与杞国史地中时间、空间的诸多矛盾而作出的种种努力。班固在《汉书·地理志》自注中说：杞国"先春秋时徙鲁东北"。把杞国迁徙时间提前至"先春秋时"，显然是为了解决鲁僖公十四年（前646）齐桓迁杞与70余年以前的鲁隐公四年（前719）"莒伐杞"的时间矛盾，而"徙鲁东北"则显然是为了缩短莒与杞八九百里的距离。班固的努力是徒劳的。他既不能指出"先春秋时"的具体时间，也不能指明"徙鲁东北"的具体地点，因为他的这种说法找不到任何历史根据。更重要的是他的说法与《春秋》经传关于齐桓迁杞于缘陵的记载相抵牾，是不可取的。杜预则杜撰出一个杞都三迁说来弥合时空矛盾。《春秋·隐公四年》注："杞国本都陈留雍丘县，推寻事迹，桓六年，淳于公亡国，杞似并之，迁都淳于；僖十四年，又迁缘陵；襄二十九年，晋人城杞之淳于，杞又迁都淳于。"杜预毫不隐讳，他的杞都三迁说并无事实根据，而是"推寻事迹"推论出来的。杜预的这段"推寻事迹"的注解问题很多。第一，正如杜预所说"杞国本都陈留雍丘县"，隐公四年时杞国尚未东迁。杜预注无法解释相距八九百里的莒国何以能够远征杞国并占领杞国的牟娄。第二，淳于又名州，位于今安丘东北15公里。西南距河南杞县将近五百公里。杞国有什么必要千里迢迢去兼"并"另外一个国家。而且即使如《左传》所说"淳于公如曹，度其国危，遂不复"，淳于公虽然逃亡，还有臣民在，怎能允许杞国迁都于此。当然杜预说得明白："杞似并之。""似"者，猜想而已，没必要作为历史事实看待。第三，僖十四年，又迁缘陵。齐桓迁杞于缘陵是由于"淮夷病杞故"。如果按照杜预的说法，杞国在桓公六年时已经迁都于安丘东北15公里的淳于，远隔千里之外的淮夷又如何能对杞国构成威胁？第四，"襄二十九年，晋人城杞之淳于，杞又迁都淳于"。杜预在这里把杞与淳于割裂开来是不正确的。襄公二十九年经传都说以晋为首的诸侯国"城杞"。而三年以后的昭公元年，晋人祁午在追述赵文子"相晋国以为盟主"的功绩时把襄公二十九年的"城杞"又说成是"城淳于"。由此可见杞与淳于是一非二。孔颖达疏为了调和隐公四年"莒伐杞"的这条史料与莒、杞相距四百多公里的空间矛盾，居然说"以雍丘、淳于虽郡别而竟（境）连"。诚如清代沈钦韩所评："尤孟浪不知方员（圆）者矣。"沈钦韩苦于无法对隐公四年这条史料作出合理解释，于是认为"莒伐杞"为"莒伐纪"之误。周悦让则认为"病杞"的不是"淮夷"而是"潍夷"。王献唐则认为"淮夷"即莱夷，等等。真所谓治丝益棼。笔者根据新泰出土的杞白（伯）器群，提出杞分二国的主张。①周初分封的杞国在今河南杞县,齐桓迁之于缘陵(今昌乐)后来可能为齐所灭。商代建立的杞国在新泰。据祖甲时期的一组田猎卜辞可知新泰的杞与兖州中李宫的剌相距五日程。新泰与兖州相距约100公里,平均日行军20余公里,符合古代日行军15公里为一舍的规律。《春秋·隐公四年》:"莒伐杞,取牟娄。"莒伐的杞即新泰之杞。"牟娄"急言之而为牟,缓言之而为牟娄,犹如邾又称邾娄。牟国故城位于新泰北边邻县莱芜东10公里。后来牟娄的首领投奔了鲁国,莒国为夺回失去的领土牟娄与鲁国战于蚡泉而遭败绩(《左传·昭公五年》)。杞国与鲁国也有领土纠纷,鲁国曾侵占杞国领土成。成也作郕,位于鲁国"北鄙"(《春秋·襄公十五年》),临近淄水。淄水是汶水支流,又称柴汶河。《水经·汶水注》:"淄水又西南迳柴县故城北……世谓之柴汶矣,淄水又迳郕北。"《括地志》:"故郕城在兖州泗水县西北五十里。"明代《兖州府志》:"郕城在宁阳县东北九十里。"今宁阳东北45公里东庄乡西故城村和南故城村即其地。而这个成邑就紧靠新泰西境。由于晋平公之母为杞国之女,故晋国曾召集齐、鲁、宋等11个诸侯国"城杞"并向鲁国讨还侵夺杞国的领土,即所谓"治杞田"(《左传·襄公二十九年》)。在强晋的压力下,鲁国不得不把成邑归还给杞国。这个与鲁国有领土纠纷、鲁国侵占过其领土成邑的杞国,既不可能是原在河南杞县的杞国,也不可能是齐桓迁杞于缘陵的杞国,只能是位于新泰的杞国。需要加以说明的是,不仅杞分二国,淳于也分二国。姜姓的淳于又名州,位于今安丘东北15公里。姒姓的淳于,又名杞,即新泰的杞。这就是为什么襄公二十九年"城杞",晋人祁午则说是"城淳于"的缘故。杜预不明于此,不仅把两个杞国相混淆,而且也把两个淳于混为一谈,故而"推寻"出这样一个漏洞百出的三迁说。新泰不仅出土过杞白(伯)器群,而且连续两次出土淳于公戈。最近在新泰西邻泰安市再次出土淳于戈②,证明以上关于杞分二国、新泰姒姓杞国又名淳于的推断是正确的。还应指出战国时代楚惠王四十四年所灭的杞国,也是新泰之杞,因为河南杞县的杞国春秋齐桓公时已

---

① 王恩田:《从考古材料看楚灭杞国》,《江汉考古》1988年第2期。
② 程继林:《泰安发现战国墓葬》,《中国文物报》1999年6月6日。

经迁往今之昌乐，楚国没必要也不可能翻越泰沂山脉并穿过齐国为"备楚"而修建的齐长城，去灭掉位于昌乐的杞国。而且《史记·楚世家》在楚灭杞后接着说："东侵广地至泗上。"而新泰杞国恰在"泗上"范围之内。

根据以上地名的考证，再加上根据文献记载可以确定的地名，就可以绘制出帝辛十祀征夷方的路线图。同时笔者根据考古发现提出帝辛十祀征伐的夷方属举族的分支，位于滕州以东的费县境内。①

八 鲁分"殷民六族"

《左传·定公四年》："昔武王克商、成王定之。"周初分封给鲁国以"殷民六族：条氏、徐氏、萧氏、索氏、长勺氏、尾勺氏"。根据考古发现和文献记载，殷氏六族的地理位置基本上都可以考定。

条氏 古代条、攸一字。如上所证，攸位于滕州后黄庄。

徐氏 徐，古作郐。《说文》："郐，邾下邑地。从邑余声。鲁东有郐城。"《尚书·费誓》序："鲁伯禽宅曲阜，徐夷并兴，东郊不开。"《诗·鲁颂·閟宫》："泰山岩岩，鲁邦所瞻。奄有龟蒙，遂荒大东。……保有凫绎，遂荒徐宅。"据此可以明确如下三点：第一，徐在鲁东。第二，鲁侯征伐徐夷，在费地誓师，说明伐徐经过费地。《费誓》又作《粊誓》。今费县城北有东、西鄪城，当地鄪读 bì，仍存古音。第三，鲁侯伐徐"遂荒徐宅"，占领徐国以后，领土扩展到龟蒙山一带，那是鲁国的极东边界。20 世纪 70 年代初在费县城北、龟蒙山南出土有徐子汆鼎，同出者尚有一件无铭小鼎和箭头等遗物，估计应是墓葬中所出。徐子汆鼎铭末曰："百岁用之。"古称人死为"百岁"，标明此鼎是随葬的明器，不可能是祭祀泰山的遗物。这为确定徐国本土在鲁东费县城北提供了确凿的物证。《汉书·地理志》临淮郡的徐国，是由费县南迁后的徐国，"殷民六族"中的徐氏也就是位于费县城北的周代徐国。

---

① 王恩田：《人方位置与征人方路线新证》，载张永山主编：《胡厚宣先生纪念文集》，科学出版社，1998 年。

萧氏 《左传·庄公十二年》："宋万弑闵公于蒙泽……群公子奔萧。"萧县，宋邑。汉属沛国萧县。今在安徽萧县。

索氏 如上所证，兖州中李宫出土过剌族铜器，应即索氏居地。

长勺氏与尾勺氏 《春秋·庄公十年》："公败齐师于长勺。"长勺，鲁地。其地虽不能指，但齐鲁既在此交战，长勺必在鲁北部，齐鲁之间。尾勺氏也当距此不远。

通过以上的考证，我们就会发现，徐氏在鲁东，条氏、萧氏在鲁南，索氏在鲁西，长勺氏、尾勺氏在鲁北。原来，鲁国受封的"殷民六族"都是本来居住在鲁国周围的殷商遗民。鲁分"殷民六族"即把这六族划归鲁国统辖，不能理解为"种族奴隶"。

原载《中原文物》2000 年第 4 期

校记：

根据河南夏邑清凉山的发掘（《考古学研究》[四]，2000 年），含有尚庄三期文化的龙山文化早于岳石文化。而岳石文化与二里岗商文化早晚期之际的陶鬲共存，证明岳石文化年代相当于中商文化。而尚庄三期文化才是夏代和早商时期的东夷文化。

2013 年 3 月 15 日

益都苏埠屯亚醜族商代大墓的几点思考

一 苏埠屯墓地的主要收获

山东益都县（今青州市）苏埠屯位于县城东北20公里，东距弥河1.5公里。苏埠屯村东有一片高出地面约5米的土岭，相传苏秦葬于此，故名苏秦岭。一条东西路沟把土岭分为北岭和南岭两部分。20世纪30年代苏秦岭经常出土铜器。①当时中研院史语所祁延霈先生曾做过考古调查。②

1965年春，山东省博物馆在益都苏埠屯清理发掘了商代一号大墓，是一座有四条墓道的"亚"字形大墓。"亚"字形椁室中心有长方形腰坑，殉一人、一犬。腰坑下有深2米的方形奠基坑，内殉跪坐者一人。东西二层台上各有两座殉人小墓。二层台南端有台阶。南墓道和椁室交接的门道内有3层38个人殉和人祭。总计人殉人祭共48人。在北墓道口的两侧各出土一件装柄的硕大无朋、饰透雕人面纹的铜钺。其中一件正反两面共有4个亚醜族徽。椁室被盗一空，扰土中清理出大量的铜器残片。其中的斝足高0.22米。原来随葬的应是一些大型重器。该墓是目前所知河南安阳殷墟以外，规模最大、等级最高、人殉人祭数量最多的商代大墓。③

1966年春进行第二次发掘，又发掘了二号大墓和三号、五号中型墓。二号大墓与一号大墓东西

图一 苏埠屯二号大墓

---

① 容媛：《山东益都县苏埠屯发现周代铜器》，《北平晨报》1932年1月7日。
② 祁延霈：《山东益都苏埠屯出土铜器调查记》，《中国考古学报》1947年第2期。
③ 王恩田：《山东益都苏埠屯第一号奴隶殉葬墓》，《文物》1972年第8期（署名：山东省博物馆）。

并列，间隔仅 0.5 米。二号大墓西壁打破了一号大墓的东墓道，是一座有两条墓道的"中"字形大墓。墓室长宽约 9 米，深约 7.5 米。与一号大墓墓室结构相同，也有"亚"字形椁室，椁室东西两侧各有熟土二层台，二层台南端也有台阶。椁室南壁外东西两侧共殉有 9 个人头骨和一件虎纹残石磬（图一）。西二层台上布满弓的遗迹。南半部比较集中，每 10 张弓为一组（图二）。弓的两端各有长短弓弭，以往称为"骨搬子""骨饰""骨弓帽"等，其实应是文献中所说的"象弭"（图三）。北半部较为零星分散，总数约在二三百件，有可能就是甲骨文中所说的"三百射"了。

图二　二号大墓弓的遗迹　　　　　图三　二号大墓弓弭

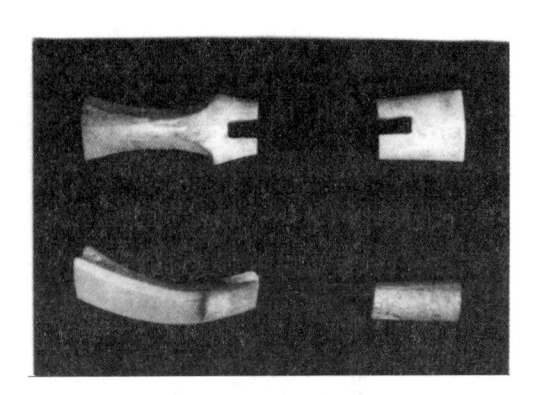

东二层台上布满螺钿组饰，组饰上大多涂硃。其中的虎形组饰长一米。原来应是正反两面黏贴在木板上，属于仪仗之类。另有一组大兽面和多组小兽面组饰。

椁室遗物被盗一空，填土内出土四件青瓷豆，其中一件是完整的。还出土有亚醜铭文的残铜片和大量玉鱼、玉鸟、玉牛头等装饰品。

打掉二层台以后，在墓室四角各殉有一人头骨以及一把装柄的曲内戈和一件盾。盾面朝外，紧贴墓壁竖立着。使用灌石膏的方法以后搞清了盾柄与盾面的形制结构，并揭取了盾面上所绘的黑红相间的同心圆纹饰。

第二次发掘期间还对整个墓地进行了普探。北岭二号大墓已是墓地的东部边界。南岭属中小墓区，除一两座保存完好外，余均被盗。

苏埠屯第二次发掘的材料，由于种种原因，尚未发表。文中的数字，都是回忆所及，如有出入以正式发表的材料为准。

1986年，山东省文物考古研究所对苏埠屯商代墓地进行第三次发掘，发掘了6座商代墓葬。其中M7出土鼎、簋、觚、爵等礼器，觚、爵有亚醜铭文。M8出土青铜礼器18件，其中的15件有融和融册铭文。[①] 融族应是从亚醜族分化出来的新氏族，也就是《左传·定公四年》鲁分"殷民六族"中所说的"分族"。

二 苏埠屯的地质地貌

益都（今青州市）南边是泰沂山脉，北边是大海，属山前平原。泰沂山脉由西而东把山东分为两半。鲁北从济南以东至胶莱河以西，分布着不少高地，多名为埠或岭，如灰埠、口埠、苏秦岭等。苏埠屯墓地就位于苏秦岭上。地质特点是岭上全是第四纪黄土。我们曾在岭上打了一条探沟，10余米以下都是黄土，一直挖到发现料姜石为止。岭的周围全是黑土，很像是地质学上所说的湖泊沉积。具体到鲁北地区应与海浸有关。我曾在由益都县城返回苏埠屯的路上，途经的拾甲社村周围的黑土中采集到大汶口早期的陶片，还采集到一组龙山文化的黑陶明器，证明年代最晚的一次海浸应是在大汶口文化和龙山文化时期。苏埠屯一号大墓的填土就是用岭上的黄土和周围的黑土混合的五花土夯筑而成的。同样的地质地貌也见于同处在鲁北地区的历城（今济南市章丘区）龙山镇的城子崖。这里始建的城墙是使用城子崖高地周围的黑土夯筑而成，内外两侧修补部分是使用城子崖高地的黄土夯筑而成。

三 苏埠屯商代居住遗址的调查

苏埠屯大墓发现伊始，我们就在苏埠屯附近的弥河两岸进行旨在寻找商代居住遗址的调查。1965年秋，我又带领北大考古专业实习同学在弥河流

[①] 山东省文物考古研究所等：《青州市苏埠屯商代墓地发掘报告》，《海岱考古》第一辑，山东大学出版社，1989年。苏埠屯商代墓地第三次发掘应是接续第二次发掘的M5以后，从M6开始顺序编号，该《发掘报告》图一苏埠屯墓葬分布示意图中的"M5"，编号有误。

域南起谭家坊、北至寿光县的区域内进行考古调查。但结果很不理想，只是在苏埠屯村南的桃园村发现有商代遗址，但范围不大，不太像是可与苏埠屯大墓相匹配的居住遗址，有待今后的继续工作。

四　苏埠屯商代大墓的族属

20世纪30年代，苏埠屯出土6件亚醜铜矛和零星的小件亚醜铭铜器，肯定了传世大量精美铭有亚醜族徽重器的出土地点就在益都苏埠屯。著名学者王献唐先生曾对亚醜族徽撰长文考证，认为亚醜族"确有一支，历夏、商至周，散居在益都一带，其族即夏禹之王室后裔也"[1]。苏埠屯商代大墓发掘以后又有薄姑国君陵寝说、斟灌说、齐国说等。

亚醜族铜器铭文中有"杞妇"，只能证明亚醜族曾与商代的夏禹后裔杞国通婚，不能证明亚醜也是夏禹后裔。笔者考证杞分二国，西周分封的杞国在今河南杞县，齐桓公迁之于缘陵（今山东昌乐）。商代的杞国在今山东新泰，战国时为楚所灭。[2]从中国考古发现史中可以总结出一条规律，即秦代以前国君的大墓一般都埋在都城内或都城附近。薄姑国都城在益都以北一二百里开外的博兴寨卡。斟灌城在寿光县东50里，距益都也在百里以上。笔者都去实地调查过。薄姑、斟灌国的"陵寝"不可能埋在益都苏埠屯。根据近年高青陈庄西周遗址的发掘，齐都营丘也已经有了眉目。[3]齐都营丘无论在临淄、高青，还是如旧说在昌乐，都距益都太远。齐国墓葬说也可以排除。

解决苏埠屯商代大墓的族属首先要考查其物质文化面貌。20世纪50年代发现证明，鲁北殷商文化可以分为三个类型：一是典型商文化。早期以益都萧家第一地点为代表，晚期以益都苏埠屯墓地为代表。二是含有商文化因素的东夷文化。早期以济南大辛庄为代表，晚期以临淄后李墓地为代表。三是典型商代东夷文化。以潍坊会泉庄为代表。苏埠屯商代墓地中的铜器、陶器无论是器类、器形、纹饰都与殷墟晚商文化相一致，而绝不见东夷文化的

---

[1]　王献唐：《释醜》上，原载《说文月刊》第四卷，1944年，收入《山东古国考》，齐鲁书社，1983年。
[2]　王恩田：《从考古材料看楚灭杞国》，《江汉考古》1988年第2期。
[3]　王恩田：《高青陈庄西周遗址与齐都营丘》，《管子学刊》2010年第3期。

代表性器物素面红陶鬲，是典型的殷商文化。①

其次，解决苏埠屯商代大墓的族属问题的有利条件是亚醜族曾见于甲骨文记载：

"辛卯王……小臣醜其……作圉于东对。王乩曰：大（吉）。"（《合集》36419）（图四）

据此可知醜的身份是小臣。这里的"小臣"不是小臣、小妾之类的奴隶，而应属于大臣之类。"圉"当然也不会是监狱，而指边陲。《尔雅·释诂》孙注："圉，国之四垂也。"《左传·隐公十一年》："亦聊以固吾圉也。"杜注："圉，边垂也。""作"，即营作。"作圉"即营造边界。古代常以种植树木作为边界。小者作为田地的边界，大者作为都城和国界。例如"柳条边"就是清人入关以前兴建的边墙。《诗·皇矣》："帝作邦作对。"传："对，配也。"按：释"对"为"配"，可商。《荀子·正论》："菲对屦。"注："对，当作絇。"可证"对"与"封"可通用。《诗·皇矣》中"邦"与"对"并举。邦者国也，"对"与"邦"意思相近，应是"国"的不同说法。"东对"意为东国。卜辞这段话的意思是辛卯这天（王命令）小臣醜兴建东部的国界。根据这条卜辞，结合苏埠屯二号大墓发现的二三百张弓的遗迹，可以认为益都（今青州市）苏埠屯一带应是商王朝的东部边界，小臣醜应是殷商王朝派驻守卫东部边界的封疆大吏。

五　亚醜与九（鬼）侯

亚醜族徽可以省鬼作亚酉（《三代》2.28.8）（图五）。李孝定先生认为亚酉与亚醜为同字。② 也可省酉作"亚鬼"。如亚鬼觚（《三代》14.30.3）（图六）。《史记·殷本纪》：商纣王"以西伯昌、九侯、鄂侯为三公"。《集解》："徐广曰：九侯，一作鬼侯。邺县有九侯城。鄂一作邘，音于。野王县有邘

---

① 王恩田：《大辛庄甲骨文与夷人商化》，《文史哲》2003年第4期。
② 李孝定等：《金文诂林附录》，香港中文大学出版社，1977年，第294页。

城。"《索隐》："九亦依字读。邹诞生音仇也。"《正义》："《括地志》云相州滏阳县西南九十里有九侯城，亦名鬼侯城。盖殷时九侯城也。"可见殷代三公之一的九侯又名鬼侯。九又音仇。九、酉、仇、醜都是幽部字。九与鬼都是见母，双声。亚醜既可省鬼作亚酉，也可省酉作亚鬼。可证亚醜即三公之一的九侯或鬼侯。西伯昌即周文王。鄂侯即邢侯也就是乙辛卜辞中的盂方。唐代相州滏阳县即今殷都安阳的北邻磁县，殷代属王畿之内。如果益都的亚醜即九侯、鬼侯的说法可信，则殷之"三公"应是位于东土、中土、西土等三个地区的封疆大吏。《史记》三家注所考九侯城、鬼侯城位于邺县、滏阳的考证是错误的。因为邺县和滏阳都是安阳北邻的磁县。邢侯和九侯即鬼侯不可能都分封在磁县。因此，亚醜、小臣醜就是三公之一的九侯即鬼侯，实无可疑。

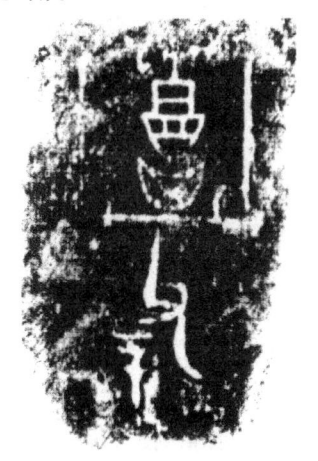

图五　《三代》2.28.8　　　图六　《三代》14.30.3

苏埠屯一号、二号大墓二层台与南墓道南端各有三层台阶，是在此以前所有商代墓葬中所未曾见过的葬制。后人以台阶作为三公地位的象征。《后汉书·郎顗传》："三公上应台阶，下同元首。"李贤注："三公上象天之台阶，下与人君同体也。"又《后汉书·崔骃传》："不以此时攀台阶。"李贤注："三台谓之三阶，三公之象也。"鼎足有三，故称三公为"台鼎"，称三公的官服为"台衮"。苏埠屯商代大墓使用台阶葬制，证明以台阶表示三公地位的观念由来已久，也可以作为亚醜即位列三公的鬼侯、九侯的重要旁证。

六 亚醜的覆灭

　　周人在灭商和伐东夷的战役中掠夺了大量的青铜器。附在《书·洪范》之后的已佚的《分器》篇中的"班宗彝"所说的就是武王胜殷以后颁发所掠夺的殷商彝器。今天在陕西境内西周墓葬中同一座墓葬内发现的多种族徽铜器就是灭殷和征伐东夷五国所掠夺的战利品。① 奇怪的是，西周墓内出土的多种族徽铜器中没有发现过亚醜族徽的铜器，说明亚醜族并不包括在东征五国之内，也说明亚醜并非被周王朝所灭，而很有可能是被商纣所灭。《史记·殷本纪》说"九侯有好女，入之纣。九侯女不熹淫，纣怒杀之，而醢九侯"。《吕氏春秋·行理》则说"纣为无道，……杀鬼侯而脯之"。这与《帝王世纪》所说的商纣王把作为人质的周文王的长子伯邑考"烹为羹以赐文王"的故事相同，都是为丑化商纣的曲意编造。但由此也可折射出商纣灭亚醜的史影。为什么商纣要杀九侯、鬼侯？如同商纣征伐西伯昌囚文王，和征伐盂方都可以是出师有名，也可以是出师无名。伐亚醜杀九侯、鬼侯可能是出师有名的，这个"名"就是亚醜大墓使用四条墓道的葬制。《国语·周语中》晋文公以平定王室内乱"定襄王于郑"的大功申请使用"隧"的葬制而遭到拒绝，周襄王宁肯多多赏赐给晋文公几个邑的土地以为酬劳，也不肯允许他使用"隧"的葬制。理由是："隧"是"王章"，即王的标志和象征。如允许晋文公使用"隧"的葬制，就意味着"未有代德而有二王"（《左传·僖公二十五年》）。此外，王是钺的象形字。苏埠屯一号大墓北墓道口两侧出土的一大一小两把铜钺与《史记·周本纪》"周公把大钺，毕公把小钺以夹武王"的记载若合符节，也可以视为称王的表征。而"天无二日，土无二王"（《礼记·曾子问》）是古人的基本理念，是礼制的底线。

　　值得一提的是，苏埠屯一号大墓还出土海贝3790余枚，是包括安阳侯家庄王室墓地在内的商墓中所仅见。古说两贝为朋，或说五贝为朋，另说二贝为一系，两系为一朋。即使按两系十贝为一朋计算，约相当于380朋，应是一笔巨大的财富。甲骨文最大一笔贝的数目是70朋（《怀特》142）。宰

---

① 王恩田：《沣西发掘与武王克商》，《考古学研究》（五），中国社会科学出版社，2003年。

桄以殷王赏赐给贝五朋为荣而铸作铜器以记其事（《集成》9105）。古代战争的主要目的是掠夺财物，即使像武王伐纣战争也不例外。《逸周书·世俘解》说："凡武王俘商旧玉亿有百万。"此外，如上所述，武王灭商后还掠夺了大量的殷商宗庙彝器。苏埠屯一号大墓出土的3790余枚这笔巨大的财富很难说不会刺激商纣王的贪欲，从而兴师动武，伐灭亚醜"杀鬼侯而脯之"，应是合乎情理的推断。

亚醜族属及其灭国一事，萦绕心头已有多年，愿借"中研院"史语所举办的商周考古盛会的机会提出来，向与会专家学者请教，祈不吝赐正。

原载《金玉交辉——商周考古、艺术与文化论文集》，台湾"中央研究院"历史语言研究所，2013年

山东益都苏埠屯第一号奴隶殉葬墓*

　　山东省博物馆于 1965—1966 年，派出专人调查了山东省益都县（今青州市）苏埠屯（村）属于奴隶社会时期的一处墓地，并发掘了 4 座奴隶殉葬墓。本文发表的是其中的第一号墓的材料。

一　地理概况

　　墓地在山东省益都县城东北 20 公里，南距胶济铁路约 4 公里，东距弥河 1.5 公里的苏埠屯（村）东的一个隆起的土岭上。土岭高出地面约 5 米。耕土层以下即到原生土，未见文化层。由于长期取土，在岭中部形成了一条东西沟，当地称沟北为"北岭"，沟南为"南岭"。一号大墓即位于北岭上（图一）。

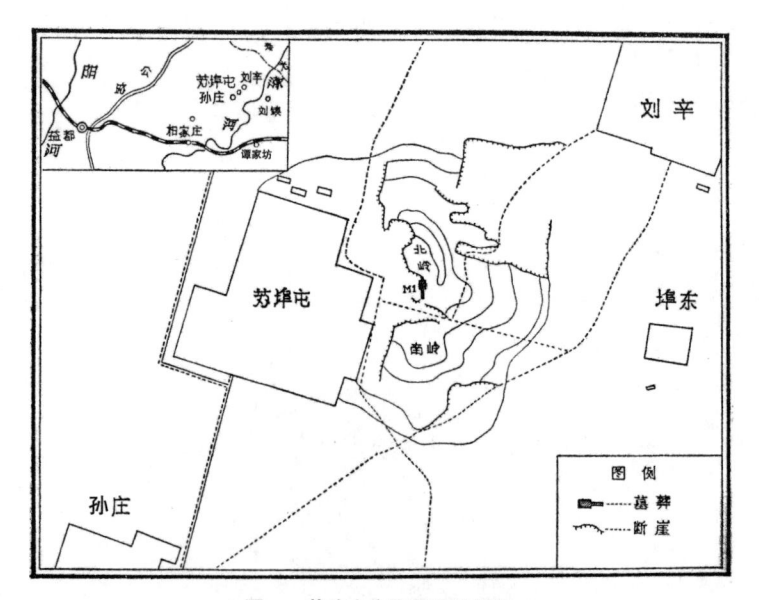

图一　苏埠屯商代墓地位置图

* 限于篇幅，原文中图一一至图三八省略。

二　墓的形制

墓室呈长方形，方向北偏西 3°。墓口的西半部已残，南北长 15 米，东西复原长 10.7 米。墓室底小于墓口，南北 9.45 米，东西 5.9 米。墓深 8.25 米。共有 4 条墓道。南墓道上口已残，底呈斜坡形，直达墓室底部。底长 26.1 米，宽 2.7 米—3.2 米。西、北、东 3 条墓道与二层台相通。西、北两墓道作阶梯形，东墓道未作。西墓道大部分为近代用土挖掉，北墓道为一汉代残墓所破坏，东墓道为另一商代墓葬所打破（图二）。

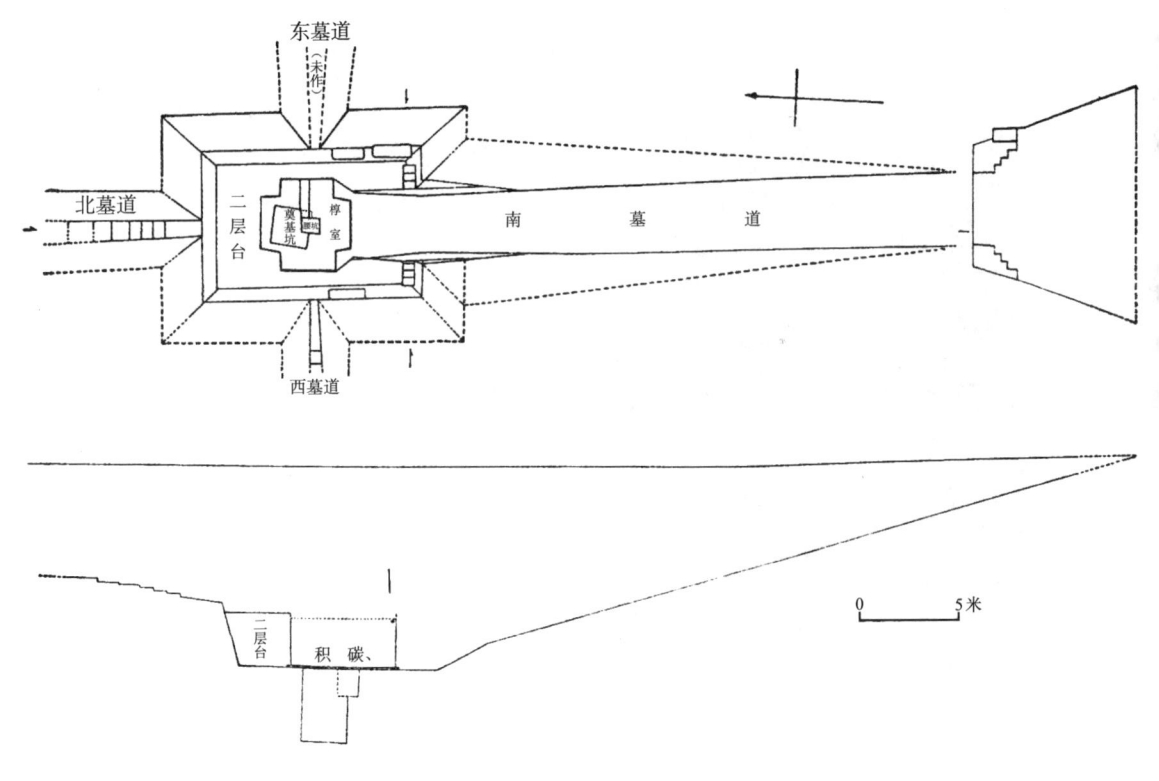

图二　苏埠屯 M1 平剖面图

墓室及墓道内填土全经夯打。夯窝为小"馒头夯"，直径 4 厘米。夯层厚薄不匀，厚度一般为 4 厘米—10 厘米。夯土是用黄砂质土和黑褐色黏土混合夯打而成，故极坚实。黄砂质土为岭上所出，黑褐色黏土是从岭周围的平地上运来，附近的平地上一般在耕土下就是这种土质。

墓室四壁及墓道整治光平，似在挖成后又加工刮磨，故未发现挖掘工具痕迹。

墓室中部有"亚"字形椁室。椁用木板构成，板厚13厘米，已朽。椁室南北和东西的最大长度均为4.55米，椁高2米，椁室内早年曾被盗掘，棺及墓主人的骨架被扰乱，仅在椁底尚留有一块长78厘米、宽50厘米、厚2厘米—5厘米的漆皮，应是棺床痕迹。椁的下面铺一层木炭，南北长5.35米、东西宽5.15米，厚4厘米—5厘米。

椁室中部木炭层下有"T"字形腰坑，包括一方坑和一长方坑。方坑南北0.88米、东西0.82米、深1.05米。坑内靠西壁有一具侧卧的狗骨架，头北面西。近腹处有一块兽骨，应为狗的饲料遗迹。坑西南角和东南角分别放置一个陶罐和一个陶盆。长方坑东西长1.88米、南北宽0.33米—0.43米、深0.8米。内有一个殉葬的奴隶。坑内填土未经夯打，土质为黄砂质土，内夹有木炭屑。

腰坑下层有一个大方坑，暂名为"奠基坑"。南北长1.9米、东西宽1.8米、深3米，坑底殉一个跪坐的奴隶。坑内填土未经夯打，土质为黄砂质土。

椁室的西、北、东三面有熟土二层台，台宽0.7米，高2.2米，台南端有一个殉葬坑，均有棺。东台南坑长1.94米、宽0.43米—0.45米、深1.15米，棺高0.65米，内殉二人。北坑长1.5米、宽0.47米—0.48米、深1.15米，棺高0.6米，内有4个殉葬奴隶。西台殉葬坑长1.76米、宽0.5米—0.54米、深1.05米，棺高0.58米，内殉一人。

图三　苏埠屯M1平面图

椁室南壁外和南墓道之间有一段甬道，暂名为"门道"。门道南端各有台阶与东、西二层台相通。门道中有3层殉人。门道内的填土是经过夯打的（图二、图三）。

三 殉葬情况

这座大墓内共有48个奴隶殉葬和6只狗，还有一只不知名的小兽。现将殉葬情况分别叙述：

（一）腰坑和奠基坑内各有一个殉葬奴隶。其中腰坑内的奴隶头朝西北，仰身斜躺在东北角上，头和上身均被挤碎在北壁上，下肢搭在东壁上，下肢高于上身。膝盖以下的腿骨被折断，像是活着殉葬的。人头南有一个柱洞，径20厘米、深25厘米，尚有朽木痕迹，可能是用来拴这个奴隶的木桩。

图四 奠基坑殉人

"奠基坑"内的奴隶，面向北跪在坑底中央。头微低，下颌脱落，垂于右腋处。右肩上有一骨簪（图四）。

（二）二层台上殉葬的奴隶。东台南坑有二人，靠东边的一个，头向南，侧身，右上肢搭在东壁上。西边的一个，头北，上身骨已碎，从后下肢骨看，应为俯身。东台北坑殉葬的奴隶有4个，其中东部一个头骨及上肢骨保存较好，左臂骨上有一个绿松石和金箔镶嵌成的装饰品，右臂弯处有一儿童头骨。西部有一侧身骨架，骨已朽。坑中部有一人头骨，已朽，仅存牙齿。

西台坑内殉葬一个奴隶，头在北部，骨已朽，仅存牙齿，从牙齿看应是儿童（图一〇）。

（三）门道处殉葬奴隶上下叠压3层。

第一层：有一具人骨架，一个人头骨，一具狗的骨架。三者不在一个平面上。从墓室上口计算，人骨架在5.1米深处，人头骨在6.4米深处，狗骨在5.7米深处。人骨架为一儿童，头北俯身。人头骨头顶朝下。狗骨架头向北，伏卧。

第二层：在门道北部近椁处深7.4米的地方，杂乱地放了24个人头骨。有的头骨上还遗留有二三节颈椎骨，可以推断这些奴隶们是在殉葬时被杀死的。人头骨的南边有 3 个狗骨架都是头向北，东边的两具侧卧，西边的一具为仰身。狗的颈部有朽木痕迹。

第三层：在门道深 8 米处的北部有一排殉人骨架，骨架南部有一具狗骨架。殉人共 13 个，自西而东 1—6 号骨架排列比较整齐，均头向北，俯身，直肢。东半部 7—13 号骨架比较紊乱，像是因门道狭窄而胡乱堆在一起的。7 具均为直肢，其中 3 具（8、9、13 号）头北，俯身。一具（11 号）头南，侧身。仅有一具（12 号）仰身，头北（图五、图一〇）。

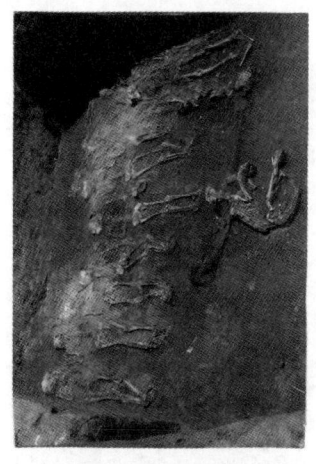

图五　门道第三层殉人

骨架身下有席纹的痕迹。有的骨架身上留有朱红痕迹。在 4 号骨架的下肢，有绳索痕迹。在 3、4 号骨架头旁和脚下有谷粒痕迹。5 号骨架头西是一件沾满谷粒痕迹的铜矛残片。人骨未经鉴定，从身材不高（1.1 米—1.4 米之间），及牙齿和骨骼看，都应为儿童。殉狗侧身，头向北，脚向东，颈下系铃（图五、图一〇）。在狗骨架与西台阶之间有彩绘图案痕迹，人骨架及狗骨架下边也有彩绘痕迹，唯不成形。

另外，在靠近椁室西壁的二层台填土中，尚发现一具啮齿类动物骨架。

四　遗物

此墓早年曾被盗掘，围绕椁室共有 3 个盗洞直达椁室底部。盗洞长 0.7 米，宽 0.32 米—0.4 米。椁内全经扰动，看来重要器物已被盗走，仅存小件器物和一些器物的残片。椁室外的器物则得以幸免。

（一）铜器

1. 容器：均放置在椁室内，完整者已被盗走，所余残片不能复原，可看出器形的有鼎、方鼎、斝、爵等。

鼎　残片 3。一件仅存鼎耳，耳立沿上，耳高 4.5 厘米。另一件为口沿，饰云雷纹。还有一柱状鼎足（1∶21），饰蕉叶纹（图六：2）。

方鼎 可看出器形者1件（1∶19），长方体，耳立短边沿上，四角有扉，四柱足。器形不大，腹深8.5厘米、鼎耳高3.6厘米—4.4厘米、足高8.5厘米—9厘米。花纹有夔龙、平乳丁、尖乳丁、圆圈、三角云纹等。

斝 仅存一足（1∶91）。高22厘米，剖面为菱形，朝外的两面饰夔龙纹，云雷纹地，有扉（图一五，略）。

爵 1件（1∶18）。仅存腹部。素面，饰3道凸弦纹。鋬内有铭文（图七：3）。另有足两件，剖面作菱形，朝外的两面饰蕉叶纹。足高10.5厘米。

图六 铜器花纹拓片
1.提梁（1∶93）2.鼎足（1∶21）3.平斲（1∶29）

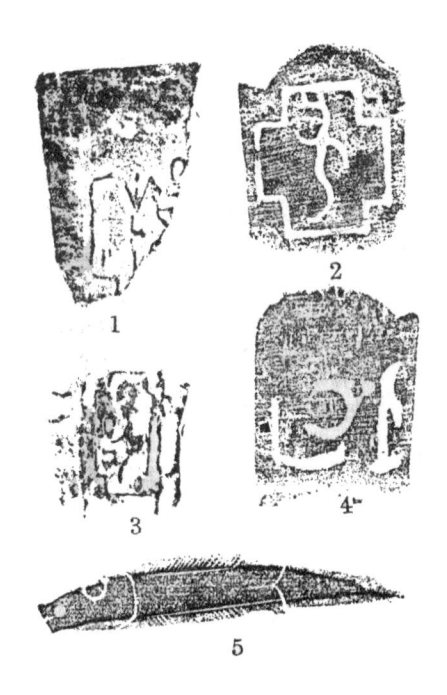

图七 铜、玉器铭文及花纹拓片
1.锛（1∶23）2、4.戈（1∶15）3.爵（1∶18）5.鱼（1∶51）

2.锋刃器：除出土于墓室填土中的两件铜钺和门道第3层殉人的铜矛残片外，余均出于椁室被扰乱的土中。

钺 2件。平放在墓室北壁靠近北墓道口的填土中。装木柄（已朽）。铜钺体形巨大，两面透雕作张口怒目的人面形。直内，双穿，刃部有使用痕迹。可分二式：

Ⅰ式　1件（1∶1）。体扁，眉、目、鼻均突起，口稍凹下。刃宽35.8厘米、长31.8厘米、肩宽30.7厘米（见《文物》1972年第1期，第90页，图二二）。

Ⅱ式　1件（1∶2）。体瘦长，眉、目、耳、鼻、口均突起，两侧有扉，两面各有两个铭文"▣"。右为正写，左为反书。长32.7厘米、刃宽34.5厘米、肩宽23.3厘米（图二八，略）。

戈　由残片中可看出器形者有6件。可复原者1件，均出于椁室内扰土，内靠近援处有椭圆形銎，銎上有一条带状突起，直达于锋。内的两面都铸有铭文。标本1∶15，背面遗有席纹。全长24.4厘米（图七：2、4；图一四，略）。

矛　可分二式：

Ⅰ式　数量较多。多为残片，可看出器形者14件，较完整者3件。标本1∶29，短骹，骹口椭圆。薄叶，叶作柳叶状。叶中间有桃形血槽。下部饰三角形花纹和倒置的兽面纹。锋残，残长14.8厘米（图一六，略；图三八：10，略）。

Ⅱ式　1件（1∶6）。长骹，骹为椭圆形，叶作柳叶形，叶中部有桃形血槽。槽中起脊。通长20.6厘米、叶长10.5厘米（图三八：11，略）。

镞　计41件，出于椁室西部扰土中。可分二式：

Ⅰ式　39件。标本1∶13，薄叶，燕尾式。中脊起棱，镞锋锐利。长铤。全长5.4厘米、脊长2.7厘米、两翼长3.7厘米、间距1.8厘米（图一八：右，略；图三八：6，略）。

Ⅱ式　2件。与Ⅰ式相仿，只是体形较大，铤较短。全长5.6厘米、脊长3.8厘米、两翼长4.6厘米、间距2.2厘米（图一八：左，略）。

斧　1件（1∶25）。直銎，銎口已残，凸刃，残长3.4厘米、刃宽4.3厘米（图一二，略；图三八：9，略）。

锛　2件。已残。标本1∶23，有铭文（图七：1）。

平䦆　1件（1∶92）。刃残，残长4.7厘米。纳柄部分表面饰一兽面纹，与濬县辛村M1所出者近似（图六：3；图一三，略）。

3. 其他

铃　完整及可复原者5件。除1件（1∶11）出土于门道第3层殉人南部狗骨架的颈部，其余4件均出于椁室内扰土中。可分四式：

Ⅰ式　1件（1∶11）。形体瘦长，筒略扁，平口微凹，平顶。顶上有拱形钮，顶内有鼻，衔铃舌。两面各有倒置的兽面纹。通高9.7厘米，上顶3.6厘米×3.2厘米、下口5.6厘米×4厘米（图二〇：中，略；图三八：4，略）。

Ⅱ式　1件（1∶9）。形制基本上与Ⅰ式同，唯体较粗，空顶。通高10.3厘米、顶5.5厘米×3.9厘米、下口7.2厘米×5.2厘米（图二〇：左，略；图三八：8，略）。

Ⅲ式　1件（1∶22）。形制与Ⅱ式同，唯两侧有扉。已残，失钮。高6.5厘米。

Ⅳ式　2件。略同于Ⅰ式。空顶，两侧有扉。标本1∶8，铃身内有铃舌。素面。通高7厘米、顶3.6厘米×2.7厘米、下口4.8厘米×3.7厘米（图二〇：右，略；图三八：5，略）。

蝉纹环　1件（1∶7）。椭圆形，饰两个头顶相对的蝉纹，纹内尚遗有镶嵌的绿松石。外径4厘米×3.2厘米、内径2厘米×1.2厘米、厚1.75厘米。

兽头饰　1件（1∶10）。牛头形，两角像五指张开的手掌。背面遗有铜器花纹的印痕，应为铜卣上的饰件。通高5.6厘米（图一一，略）。《殷周青铜器通论》图版九〇所著录的凤纹卣上的饰件与此极为相似。

鸟形铜片　1件（1∶27）。长2.9厘米、厚0.15厘米（图一九，略）。

花纹铜片　1件（1∶62）。已残。两面花纹相同，为涡纹和蕉叶纹。残长7.9厘米、残宽3厘米、厚0.3厘米。

长条形铜片　1件（1∶17）。已残，长条形，一面有十字形纹，一端有长条纹突起。宽3.2厘米—4厘米、厚0.2厘米。

提梁　1件（1∶93）。已残。宽2.8厘米，饰夔龙纹，云雷纹地（图六：1；图一七，略）。

（二）陶器

除腰坑内的陶盆和陶罐以及门道第 3 层殉人身下的陶瓿、陶觚外，其他陶器均出于椁室内扰土中。其中门道第 3 层殉人身下的陶器，都是碎片，而且是东一块西一块地分散放置着，像是有意识地打碎后放入的。均为手制。

盆　1 件（1∶65）。侈口，平底微凹，素领，领下有一周指甲纹，腹部及底部为绳纹。泥质灰褐陶。高 23.5 厘米、口径 27.7 厘米、腹径 23 厘米、厚 1 厘米（图二一，略；图二七：1，略）。

罐　除腰坑内一件完整外，余皆是出自椁室内的残片。可复原者 3 件，不能复原者至少还有 5 件。小口外侈，圆肩，多数为平底微凹，个别作平底。腹部及底部饰绳纹，肩腹相接处饰一条附加堆纹。泥质灰褐陶，火候低，内里土黄色或砖红色。标本 1∶66，高 18.5 厘米、口径 11.6 厘米、厚 0.7 厘米（图二三，略；图二七：6，略）。

器盖　能看出器形的至少有 30 件，可复原者 15 件。形状像一个斗笠。杵柄，单口。纹饰有绳纹、方格纹、菱形纹、篮纹等，除一件为泥质灰陶外，余均泥质红陶。高 6.5 厘米—11 厘米、径 21 厘米—25 厘米。标本 1∶84，菱形纹，泥质红陶。高 9.2 厘米、口径 23 厘米（图二六，略；图二七：8，略）。

觚　1 件（1∶68）。口外侈，腹壁近直，圈足较高。腹部近圈足处有二道宽弦纹，圈足上有 5 道弦纹。泥质灰陶。口残，残高 28 厘米、腹径 6.3 厘米、厚 1 厘米（图二五，略；图二七：5，略）。

瓿　1 件（1∶67）。敛口，球腹，圜底，圈足，肩部有二竖贯耳。肩部饰一条三角形划纹。圈足上有二道弦纹。泥质灰陶。高 20.8 厘米、口径 16.8 厘米、厚 0.8 厘米（图二四，略；图二七：4，略）。

盘　1 件（1∶73）。敞口，口沿与腹壁呈丁字形。折腹。底残，尚能看出圈足痕迹。素面，口沿及腹内各有一道弦纹。泥质黑灰陶，内表黑光，外表黑灰，外口沿处留有刮抹痕迹。残高 9 厘米、口径 28 厘米（图二七：2，略）。

盉　1 件（1∶69）。敛口，鼓腹。底残，有流，鋬残。腹壁压磨光滑，有 4 道弦纹。泥质黑灰陶。残高 13.8 厘米、口径 7 厘米（图二二，略；图二七：3，略）。

杯　1件（1∶90），敞口，直唇。饰弦纹和划纹。划纹作斜方格。有鋬，底残。黑灰陶。口径11.2厘米、残高4厘米（图二七：7，略）。

鬲　残片，不能复原。高领，短足，足尖作乳头形。饰细绳纹。薄胎，夹细砂，质硬，表面作灰白色。

球　2件。褐色，粗糙。用途不详。直径2.9厘米（图三一，略）。

（三）玉、石、骨器及其他

除注明出处者外均出于椁室内扰土。

石斧　1件（1∶58）。扁平长方形，上部有一孔，孔为两面对穿。刃部已残。残长6.7厘米（图三四，略）。

石镰　3件。均残。单面刃。质为板页岩。标本1∶57，残长10.5厘米（图二九，略）。

石钺　2件。标本1∶33，略作梯形。凸斜刃。两侧有扉。有二孔。长7.6厘米、刃宽7厘米（图三八：1，略）。

玉戈　3件。标本1∶40，乳白色，近内处有一穿孔。长5.9厘米、宽2.2厘米（图三八：2，略）。

玉鱼　3件。分三式：

Ⅰ式　1件（1∶51）。鱼身细长，体扁平，腹平直，背微拱，背上有脊鳍，腹下有二腹鳍，尾鳍作锋利的扁锥形。近口处有一小圆孔。长7.2厘米（图七：5）。

Ⅱ式　1件（1∶89）。体较厚，腹背拱起。嘴和尾部共有三穿孔，周身刻云雷纹。长6.4厘米。

Ⅲ式　1件（1∶43）。体扁平，背拱起，腹鳍与腹部垂直。尾部残。

玉柄形器　1件（1∶35）。一端有孔，孔为一面穿。孔内嵌绿松石片。长11厘米、宽2厘米（图九：2）。

图八　圆台形玉饰

玉琮　1件（1∶38）。残，可复原。体扁平，外方内圆。长宽各5.4厘米、内径4厘米、厚2.1厘米（图九：4；图三二，略）。

圆台形玉饰　1件（1∶36）。呈圆台体，中有竖圆孔。周身刻两组倒置的兽面纹。台面径2.2厘米、底径2.4厘米、高1.8厘米（图八；图三六，略）。

玉石管　15件（1∶32）。一般均为圆柱体。个别的作扁柱体或圆柱体束腰状。中间有竖穿孔。最长的2.8厘米、最短的0.7厘米（图三七，略）。

玉玦　4件。其中一件（1∶37）体形较大而完整。是内壁残破以后，又经过改磨成玦的，外径8.7厘米、内径3.2厘米、厚0.3厘米（图三〇，略）。另一件（1∶47）两面刻对称的花纹。一穿孔。已残，残长6.4厘米、宽2.4厘米（图九：1）。

绿松石饰　1件（1∶40）。出土于二层台东台北坑东部殉人的左臂骨

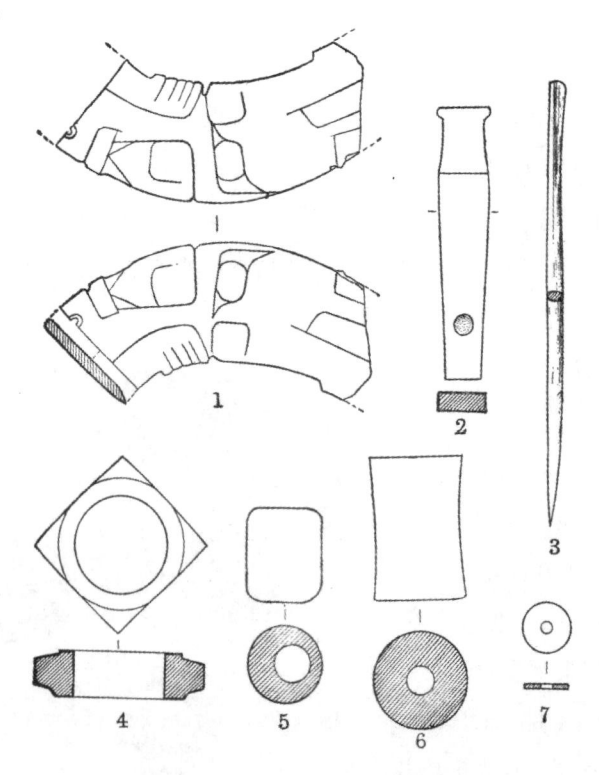

图九　1.玉玦(1∶47)原大　2.玉柄形器（1∶35）1/2　3.骨簪（1∶52）原大　4.玉琮（1∶38）1/2　5、6、7.圆形骨饰原大

处。质料不识，与黏土相似，成层状，姜黄色，易碎。上部像馒头形，下部为底座，两层之间加一层金箔。底座上饰一圈绿松石片，片作扇面形。中间

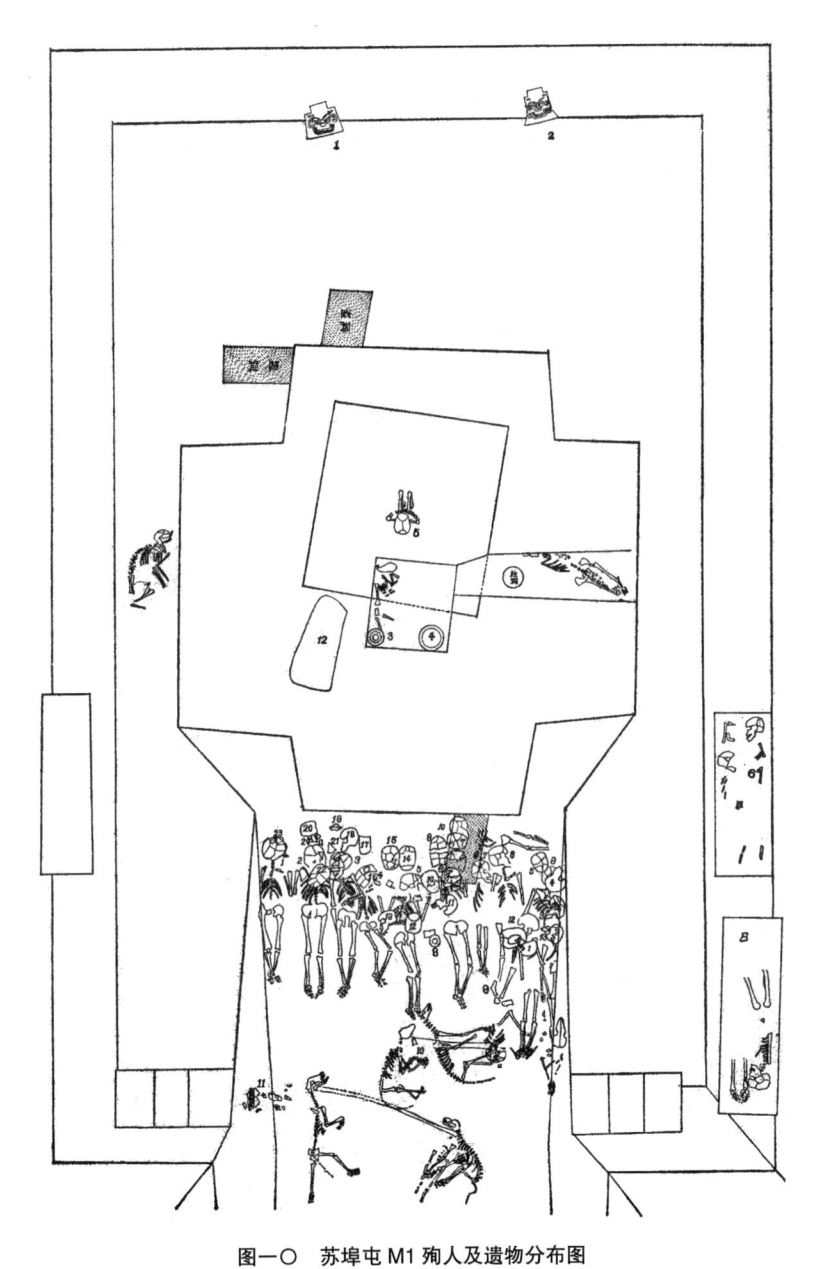

图一〇　苏埠屯 M1 殉人及遗物分布图
1. I 式钺 2. II 式钺 3. 陶罐 4. 陶尊 5. 骨簪 6. 绿松石饰 7. 粟痕铜矛片
8. 陶瓿 9. 陶觚 10. 铜铃 11. 彩绘图案痕迹

有竖孔，孔内安一圆棒，棒端有穿孔，用以系绳。出土时已碎，大致尚可复原（图三八：3，略）。

砝石片　2片（1∶55）。台面清楚，无第二步加工痕迹（图三八：7，略）。

骨簪　1件（1∶52）。出于奠基坑内殉人骨架的肩部。长9.1厘米（图九：3）。

骨挖耳勺　1件（1∶50）。柄残，残长1.7厘米。

圆形骨饰　11件。圆片状，中间有圆孔。径0.7厘米—1厘米（图九：5—7）。

戈形饰　1件（1∶54）。质料不识。质轻，似为骨、甲之属。表面光滑，有蓝色花纹。每面都有两条中线。已残，残长5厘米。

贝计3790枚。均出于椁室内扰土，尤以椁室东南角为最集中。背后均有磨孔。大者长2.8厘米、宽2.2厘米，小者长1.4厘米、宽1厘米（图三三，略）。

金箔　14片（1∶48）。做成极薄而均匀的薄片。

结束语

苏埠屯一号墓的规模之大，殉葬奴隶之多，和河南安阳武官村所发掘的商代大墓相似。据目前知道的资料，除了河南安阳商代"王陵"之外，这还是属于最大的商代墓葬。我们推断，这个墓里的奴隶主的身份，应是仅次于商王的方伯一类的人物。例如，墓的形制是"亚"字形和两把大型铜钺，都是很好的证据。铜钺的铭文，屡见于著录，郭沫若同志以为是氏族族徽，已有考证。这又证明苏埠屯原是一处氏族的墓地。

通过发掘，进一步揭示了我国奴隶制时代的阶级关系和阶级矛盾。证明了奴隶主阶级对于奴隶阶级，实行着极端残酷的奴役和任意杀戮。奴隶们没有生存的权利，只是被当作工具和牛马来使用。奴隶主阶级对于奴隶们握有生杀予夺之权，正如恩格斯指出的："人类是从野蛮开始的，因此，为了摆脱野蛮状态，他们必然使用野蛮的，几乎是野兽般的手段，这毕竟是事实。"

奴隶主阶级生前过着奢侈荒淫的生活，死后除了驱使着奴隶们建造规模宏大的墓葬外，还野蛮地杀掉大批奴隶殉葬。这就必然要引起奴隶阶级的反抗和大规模的武装斗争，以至起来推翻奴隶主的政权。

从殉葬品中可以清楚地看出，商代的奴隶们在极端残酷的剥削和压榨下，创造了大量的物质财富和灿烂的古代文化，如铜器中的大型钺、戈、矛、镞、鼎、爵、觚等，尤其是当时已出现了金箔和镶嵌绿松石的各种工艺品。这都是奴隶们智慧的结晶，也充分证明了创造人类历史的并不是什么所谓的英雄人物，而是正如毛主席所说："人民，只有人民，才是创造世界历史的动力。"

原载《文物》1972年第8期（署名：山东省博物馆）

校记：

本文原来的标题为《山东益都苏埠屯商代大墓发掘简报》，正式发表时的标题和文中"奴隶""奴隶殉葬墓"和"奴隶社会"的提法，均非作者的意见。拙见以为，人殉和人祭是两个不同的概念，不能一见殉人就指为奴隶。详拙稿《关于殉葬问题的再认识》，《齐鲁学刊》1983年第1期。关于墓主身份已有专文讨论（《益都苏埠屯亚醜族商代大墓的几点思考》，《金玉交辉——商周考古、艺术文化论文集》，台湾"中央研究院"历史语言研究所，2013年11月）。

山东商周青铜器与山东古史

中国古代典籍虽说是号称"浩如烟海",但真正能够用作古史研究的史料却又少得可怜。孔夫子对此有过深切的感受,曾发出过夏殷"不足征也,文献不足故也"的慨叹。地不爱宝,山东出土的商周青铜器,犹如一座古史的档案库,呈现在人们的面前。

山东出土的商代铜器,铭文简约,多是只有一两个字的族徽或祖先的日名,如祖甲、父乙之类,以往不太被重视。殊不知如果结合甲骨文和文献记载,这些简单的族徽铭文往往可以透露出重要的古史信息。

例如,史载"纣克东夷而陨其身",商纣征东夷是商代末年最重要历史事件。由于记载简略,以往对于征东夷战役所知甚少。但帝辛(纣)时期的甲骨文中有不少关于征人方的记载,而且可以按时间顺序排列成表。一般认为人方即夷方,但关于人方的地理位置却众说纷纭,或认为在山东,或认为在安徽,更有人认为在陕西。攸侯喜搬来救兵殷王伐人方,殷王在攸地居留的时间最长,而且是在攸地直接与人方交锋后班师返回的,因此攸地的所在是探寻人方位置的关键。据甲骨文记载,殷王曾占卜过醜族的信使途经攸地的吉凶,攸地必然在醜族与殷都安阳之间的通道上。根据族徽铜器的出土地点可以确定醜地在今青州苏埠屯一带。

20世纪30年代以来,益都(今青州市)苏埠屯出土铭有醜族族徽的铜器。20世纪60年代中期我们又在这里发现了迄今为止除殷都安阳外,规模最大、等级最高,人殉、人祭数量最多的商代大墓,墓中出土的大型铜钺和其他铜器残片上都有醜族族徽,证明这一带就是醜族居地。由此可知,位于益都与安阳之间的攸,就不可能位于长江北岸的安徽境内,更不可能在陕西境内。20世纪50年代以来滕县(今滕州市)后黄庄出土了不少铭有"爻"字族徽的铜器。20世纪70年代初在这里又出土"叀人之孙犀戈"。爻、叀、攸三字音同字通。滕州后黄庄一带应系攸人居地,人方当距此不远,很可能是在滕县以东的费县境内。因为费县曾出土过一批28件铭有"举"字族徽的商代铜器，而新发现的无敄鼎铭文说"无敄用作父甲宝障彝"，铭末有一个"举"字族徽。史树青先生认为无敄就是殷甗中所说的人方首领无敄，可见举族是属于人方的。费县既然集中出土举族铜器，又距滕县后黄庄攸人居地不远，可见人方应该在费县左近。

如果再加上兖州中李宫出土的商末周初的剌器，新泰出土的春秋杞器，泰安龙门口出土的春秋时代的商丘叔簠，以及春秋齐鲁会盟的泺（甲骨文作"乐"，今济南市内），我们就可以绘制出十祀征人方往返路线图。

20世纪80年代初，对族徽文字的研究有了很大突破，表现在中外学者对复合族徽铭文认识上的深化。在商周铜器上常常发现有两种以上族徽共存的现象，我们称之为"复合族徽"。复合族徽的出现与族的分化有关，随着人口的不断增殖，旧氏族往往会分裂出新的氏族。为了表明自己的渊源，新氏族在署明本族族徽的同时，还把自己原来的母氏族的族徽或者把与自己同时分化出来的其他兄弟氏族的族徽署在一起，于是就产生了复合族徽。复合族徽的理论对于探讨氏族间的血缘关系具有重要意义。例如，陕西出土的一件铜鼎，在亚形中有一个薛字，亚形外有一个史字。薛是族徽，即山东滕薛之薛。史也是族徽，这可能是一件周人东征时从薛国掠去的战利品。这件复合族徽铜器的出土，使我们联想到西周薛侯鼎的铭文末尾也署有"史"字，结合滕县薛国故城及其邻近的泗水、平邑相继出土铭有史字族徽的铜器，于是我们得出结论说，薛国的族源是商代的史族。在此基础上，在滕州、泗水、平邑一带史族的分布范围内，进一步在北辛文化、大汶口文化、龙山文化等一脉相承的新石器文化中去探寻薛国建国以前的先薛文化，就有了重要的依据。

又如在寿光周代纪国的范围内出土了一大批商代的己族铜器，过去王献唐先生曾提出山东的姜姓集团属于山东的土著民族。商代己族铜器的出土似乎为王说提供了依据，其实不然。文献记载，诸姜的族源在山西南部的太岳，即霍太山，武王伐纣前后归顺了周人，周公东征丰（逢）伯、蒲姑以后分封了齐、纪等国。纪国分封在寿光以后，沿用了商代己族的族名以为国名。周代诸国沿用商代旧名以为国名的例证很多，如卫、曹、宋等皆是。寿光出土的这批商代己族铜器上，大部分都有"己"与"井"组成的复合族徽。并即邢，是周代纪国的邢邑。这不仅证明邢邑也是沿用了商代的旧名，也可证己与并在商代即是由同族所分化。

滕县夊（攸）器，兖州剌器的发现还为探寻鲁分"殷民六族"的居地提供了依据。鲁国伯禽受封时，被授予"殷民六族：条氏、徐氏、萧氏、索氏、长勺氏、尾勺氏"。古代攸、条一字，知条氏居地应位于鲁国南面的滕县后黄庄一带。剌即索，索氏居地应位于鲁国西面的兖州中李宫一带。据费县台子沟出土的春秋徐子鼎（说详下），知徐氏居地位在鲁国东面的费县境内。萧氏，宋邑，今徐州北十里有萧城，即其地。据齐鲁曾有长勺之战，推知长勺氏居地应位于鲁国北面齐鲁交界之处，尾勺氏居地也应与之相近。这样就可以清楚地看出，鲁分殷民六族的居地是分处在鲁国周围的四郊地区。

山东出土的西周时代的铜器也不乏精品。

黄县归城小刘家出土的周代早期的启尊和启卣，不仅造型端庄，花纹新颖，而且铭文记述了器主追随周王南征的事迹。西周早期重要的史实之一，就是周昭王南征楚荆。此次战役以周人全军覆没，昭王客死他乡为结局。过了二三百年以后齐桓公伐楚时，还曾就此事向楚国大兴问罪之师。

滕州市庄里西滕国墓地出土的滕侯鼎，造型别致，花纹茂美典雅，并为姬姓滕国始封于西周早期提供了佐证。

济阳刘台子西周墓地因出土一大批极富特色的铜器，小巧玲珑的精美玉器和晶莹如玉的原始青瓷而引人注目。已发掘的三批铜器的年代大多属于穆王，或稍晚于穆王。其中有"夆"或夆彝"夆宝尊鼎"等带"夆"字铭文达8件之多。"夆"即逢字初文。于是有同志就认为这一带是逢国所在。其实，齐国晏婴在谈到齐都临淄的沿革时说："爽鸠氏始居此地，季荝因之，有逢伯陵因之，蒲姑氏因之，而后太公因之。"《周语》韦昭注也说："逢公伯陵之后，大姜之侄，殷之诸侯，封于齐地。"可见逢国应位于齐地临淄一带，不在济阳。章丘平陵城一带系谭国故地，这里直到春秋早期才被齐国占领。位在谭国西北的济阳，周穆王前后能否属齐国所有，是一个很大的疑问。我们注意到与夆器共存的还有鼎铭"王季作鼎彝""季作宝彝""王□作龙姒宝障彝"等。这里的王应指周王，"王季""季""王□"等应属周王族中的季氏一支，而夆器很可能是周人征伐逢国时所得到的战利品。

滕州后荆沟出土的西周晚期的不嬰簋，铭文长达 151 字，在山东出土的商周铜器中实属罕见。铭文记述了伐玁狁的一次战役。簋盖无铭文，花纹、制作工艺等与簋有所不同，显然是后配的。有趣的是传世有不嬰簋盖（今在国家博物馆），铭文、花纹、口径大小均与滕县出土者相同，实为一家眷属。何时失散，失散的原因等有待进一步研究。

东周时代的山东，列国林立。东周铜器的出土，在山东古国史研究中提出不少饶有兴味的新课题。

齐鲁是山东周代历史上两个主要角色，齐鲁两国建国伊始执行了两种不同的基本国策。鲁国实行"变其俗，革其礼"，即用周礼去变革原土著民族的夷俗夷礼。齐国则实行"因其俗，简其礼"，即因袭沿用夷俗夷礼。这两种不同的基本国策，在物质文化面貌上充分反映出来。

曲阜鲁国故城内出土的春秋铜器，以其浓郁的周人风格而引人注目。以望父台墓地司徒中齐墓为代表的一批春秋早期铜器，与周人建立的虢国（今河南陕县上村岭）墓地出土的春秋早期铜器风格相同。以县城西北角 M201、M202 为代表的春秋中期铜器，与周人都城"成周"（今洛阳中州路）以 M2415 为代表的春秋中期铜器风格相同，足证历史上把鲁国视为遵奉周礼的典范，信而不诬。"变其俗，革其礼"这一基本国策的推行是彻底的，卓有成效的。值得一提的是，河北唐县新出土的鲁归父敦，铭文 11 字，"鲁子中之子归父为其善敦"。鲁即齐鲁之鲁。中通仲，子仲，名遂，字仲，又称仲遂。因系鲁庄公之子，又名公子遂，谥名为襄，又称襄仲。因居于鲁国东门，又名东门襄仲或东门遂。子仲初见于《左传》僖公二十六 年（前 634），死于鲁宣公八年（前 601），是历事僖公、文公、宣公三代的三朝元老，是鲁国历史上赫赫有名的风云人物。归父系子仲之子，字子家，又名东门子家，公孙归父。因其父襄仲"杀嫡立庶"拥立宣公为君而有宠。因与宣公"谋去三桓"，"张大公室"，宣公死，事败逃亡于齐。归父于宣公十年（前599）初见于经，宣公十八年（前591）出逃。在一件铜器铭文中，父子二人均见于文献记载，其事迹灼然可考者，迄今为止独此一例。归父敦的出土无疑为鲁国铜器提供了一件绝对年代可考的标准器。耐人寻味的是归父敦的形状与曲阜县城西北城角 M202 出土者完全相同，与洛阳中州路 M2415 出土者也完全相同。子仲、归父是鲁庄公的公子、公孙，是地地道道的周人。归父敦是典型的周器。《曲阜鲁国故城》发掘报告把鲁城墓葬分为甲组夷人墓和乙组周人墓，把县城西北城角以M201、M202为代表的一批墓葬划归甲组夷人墓，并得出结论说居住在鲁城内的夷人，长期保持夷俗、夷礼，并不因鲁国实行"变其俗，革其礼"的政策而有任何改变。鲁归父敦的形制与县城西北角M202出土者形制完全相同的这一基本事实，充分证明县城西北城角以M201、M202为代表的一批墓葬也应是周人墓。即使是夷人墓，也是遵守鲁国"变其俗，革其礼"的政策，变革了原土著族固有的夷俗夷礼，而改奉周礼的夷人。在没有搞清鲁城墓葬年代和等级的情况下，就把鲁城墓葬划为甲乙两组是毫无意义的，由此而对鲁国"变其俗，革其礼"的政策表示怀疑是不妥当的。

　　反观齐国出土的春秋铜器，与鲁国的风格大异其趣。齐国的鼎有两套，一套是立耳无盖，形制相同，大小相次，按1、3、5、7单数组合排列，这是典型的周人牢鼎制度。另一套是附耳平盖，形制和大小均相同，按2、4双数组合排列，与周人的牢鼎制度迥然不同，却与莒县天井汪出土的土著莒国铜器相同，应属于夷人特有的鼎制。平盖鼎除鲁滕等周人国家外，在山东广为流行，分布范围往南可以到达皖北舒城一带的"群舒"地区，是极富特色的东夷风格。杞国是夏人后裔建立的国家，属华夏族而非夷族，也居然接受夷俗夷礼使用这种形制的铜鼎。无怪乎新出史密簋称杞国为"杞夷"，春秋鲁国人斥杞人行"夷礼"，不惜动用武力予以讨伐。齐国广泛推行这种夷人特有的鼎制。此外在鼎、敦等器物上普遍使用大汶口、龙山文化所盛行的乳丁形装饰，都是奉行"因其俗，简其礼"政策因袭沿用夷俗夷礼的绝好物证。

　　无独有偶，齐国春秋铜器中也出过绝对年代可考的标准器，这就是著名的公子土父壶（原称"公孙灶壶"，据器主改称今名，父字原误摹作"斨"）。公子土父壶是1963年临朐杨善公社出土的。同出的尚有牢鼎一组5件，平盖鼎一组2件，其他还有编钟、镈、敦、舟、戈、车马器等。公子土父壶腹外刻铭文39字，铭文开始说"公孙灶立事岁"。"立事岁"是齐国特有的纪年格式。"立事"即文献中常见的"莅事"。"国之大事，在祀与戎"，古代把祭祀和打仗视为最重要的国家大事。《左传》中所说的齐"庆舍莅事"，鲁

"叔弓莅事"，《国语》所说的晋"奚齐莅事"都是指主持国家的祭祀。后来也把主持国家的政事称为"莅事"，如《韩非子·十过》说"管仲死，君遂不用隰朋而与竖刁，刁莅事三年，……"。齐国用某人主持国家的祭祀和政事作为纪年方法。公孙灶是齐惠公之孙，齐景公三年（前545）上台执政，死于景公九年（前539），公子土父壶的铸造年代就可以定在公孙灶执政的这6年之内，因而可以作为春秋晚期的标准器。与之共存的其他铜器虽然没有铭文，也可以由此而成为年代可考的"标准器"。

近年来胶南发表了光绪年间该县出土的"荆公孙敦"，器物形制、纹饰与临朐杨善出土的与公子土父壶共存的铜敦完全相同，是一件典型的齐国春秋铜器。荆通景，荆公即齐景公。器主自称景公孙，铸造年代也应略晚于景公，也是春秋晚期的一件标准器。

20世纪70年代初，费县上冶公社台子沟出土了徐子鼎，照传统说法徐国应位于苏皖北境洪泽湖西侧泗县，泗洪一带的大徐城。徐子鼎为什么出土于山东费县？原来上述说法只是《汉书·地理志》和《左传》杜预注的一家之言。据文献记载，另有一说鲁国东邻也有徐国。《说文》："郐，邾下邑，从邑余声，鲁东有郐城，读若涂。"郐即指徐，鲁指曲阜，这是明确讲徐国位于曲阜以东。《书·费誓》："徂兹淮夷，徐戎并兴。……甲戌我惟征徐戎。"书序"鲁侯伯禽宅曲阜，徐夷并兴，东郊不开，作费誓"。传："徐戎、淮夷并起为寇于鲁，故东郊不开。费，鲁东郊之地名。"由于徐戎在淮夷支持下侵犯鲁国，阻碍了鲁国东郊的交通。于是鲁侯予以讨伐，在费这个地方作了"费誓"。犹如武王伐纣时在殷都近郊的牧野作《牧誓》一样，鲁侯在费地作《费誓》说明也是伐徐夷的前沿阵地，徐应距费地不远。《诗·鲁颂·閟宫》："泰山岩岩，鲁邦所瞻，奄有龟蒙，遂荒大东……保有凫绎，遂荒徐宅。"《閟宫》是鲁僖时代的鲁人"奚斯"所作，歌颂的对象"鲁侯"是"周公之孙，庄公之子"，即僖公，在诗中均有明确的表述。诗中说"鲁邦"的疆域北达泰山，南达凫绎二山。凫山，在邹县（今邹城市）西南。绎山，在邹县城南。旧以龟、蒙为二山，蒙山又有"东蒙，云蒙，龟蒙"之分。其实龟蒙本是一山，其西部位于新泰西南，泗水东北者称龟山。中部位于蒙阴，平邑之间的主峰名龟蒙顶，海拔1155米，仅次于泰山主峰。东端于孟良崮与费县之间。"遂荒徐宅","荒"即占有。"奄有龟蒙,遂荒大东。……遂荒徐宅",意思是说鲁国的极东国界到达了龟蒙山,并占有了徐国的故土。今徐子鼎恰好出土于龟蒙山东麓的费县北境,证明《诗》《书》记载可信,也为探讨徐国故地提供了重要的依据。

有人把徐子鼎说成是徐国祭祀泰山的遗物,说古代的泰山不在今天泰安而在蒙山,这是不对的。《诗·闷宫》中泰山与龟蒙并提,不能混为一谈。徐子鼎铭文明言"百岁用之",古人称死曰"百岁",犹如今语"百年之后"。徐子鼎只能是随葬用的明器,不可能是祭祀泰山的礼器。与徐子鼎同出土的还有铜箭头等遗物,应是一座徐人的墓葬。结合上引经籍记载,徐国旧居在费县实无可疑。《汉书·地理志》说"临淮郡"有盈姓徐国也不错,不过那不是"故国",而是徐国由费县南迁之后的居地。

关于徐人南迁的具体时间,《春秋·庄公二十六年》:"公会宋人,齐人伐徐。"公即鲁庄公。鲁国的这次伐徐,是在宋齐的支持下进行的。大约在鲁、宋、齐联合伐徐后,徐即南迁。11年以后《左传·僖公三年》:"徐人取舒。"徐南迁后在南方徐淮一带站稳了脚跟,并开始向周围扩张。关于《费誓》,传统看法认为系鲁公伯禽所作,近人余永梁认为其语言与《秦誓》相近,定其成书年代为鲁僖公。按鲁僖公时无伐徐的记载,《费誓》似应作于鲁庄公。鲁庄公伐徐,徐国南迁,鲁人占有了徐国故居,故奚斯说鲁僖公时的领土"奄有龟蒙""遂荒徐宅"是不矛盾的。

20世纪70年代邹县邾国故城附近出土费奴父鼎,据铭文知费为姒姓,即《史记·夏本纪》所说的夏族后裔费氏建立的国家。其地在今鱼台境内,春秋初年曾为鲁之附庸小国,故其国君费庨父,又称费伯。曾作为鲁国大夫帅鲁国军队"城郎",至战国时犹存。国君费惠公,见于《孟子·万章》,又见于《史记·楚世家》"邹、费、郯、邳"并举。除上述费国之外,山东还有费邑,即《费誓》之费,古读 bì。费县之鄪城,当地居民也读 bì,犹存古音。鲁国占领徐国故土后,后来费邑即分封给季友作为季氏的封邑。过去搞不清两者关系,费奴父鼎的出土,两者的关系可以明确了。

又如清同治年间新泰出土过一大批杞国的铜器,是杞白(伯)为其妻邾国之女作器。周代分封的杞国,位于今河南杞县。齐桓公时为了躲避"病杞"的淮夷，迁杞于缘陵（今山东昌乐）。新泰距杞县、昌乐都很远，为什么出土杞国铜器，百余年来没有人能解释清楚。原来，关于杞国史地，历史上就是一笔糊涂账，早在齐桓公迁杞以前70多年，《左传·隐公四年》就有"莒伐杞，取牟娄"的记载。莒国西南距河南省杞县直线距离约为800里，春秋莒国是一个并不强盛的小国，没有必要也不可能去远征并占领800里以外的杞国领土。于是自古以来出现力图弥合这条史料与杞国史地相矛盾的种种努力。《公羊》把"病杞"的淮夷说成是"徐莒胁之"。《管子·大匡》则说是"宋伐杞"。《汉书·地理志》把桓公迁杞的时间提前到"先春秋时徙鲁东北"，清人沈钦韩把"伐杞"改为"伐纪"，周悦让把"病杞"的淮夷说成是"潍夷"。众说纷纭，莫衷一是。还有一条史料即《左传·襄公二十九年》晋平公纠合诸侯"城杞"，而数年后晋人祁午称这次"城杞"活动为"城淳于"，杜预无法解释上述史料间的矛盾现象，于是杜撰出一个杞国三迁说，王献唐先生又发展成四迁说。为什么杞国视迁国移民为儿戏，一而再，再而三，三而四地搬来搬去，难道杞国人真像《列子·天瑞》寓言中所说的那种"忧天地崩坠"有庸人自扰的毛病吗？殊令人不解。

新泰杞国铜器的出土为解开杞国史地的千古之谜创造了前提。原来，除了周代封在河南杞县的杞国外，新泰还有另外一个早在商代就已经建立的杞国。我们把初封河南杞县，齐桓迁之于昌乐缘陵的杞国称之为周杞，称新泰的杞国为商杞，以示区别。

甲骨文中有杞侯，知杞在商代已建国。商代杞国之所以在新泰而不在河南杞县，主要根据是对甲骨文十祀征人方里程的考察。据我们排列的征人方日程表，自十一祀正月癸卯至二月癸酉商王在攸地停留30天，二月癸酉离开攸地，返回殷都大邑商（即今河南安阳）。先是东北行途经7个地点，于壬辰抵达杞地，历时19天，次日癸巳离开杞地，又西南行于甲申抵剌，历时5天。剌地在兖州中李宫，距新泰直线距离200里，日行40里，基本符合古代行军日行30里为一舍的规律。假如商杞在河南杞县，则距兖州直线距离650里，日行直线距离130里，是很困难的。

如果商杞在新泰，《春秋》经传中似乎矛盾的许多记载均可迎刃而解。矛盾的症结所在是牟娄位置的考定，杜预认为地在诸县（今山东诸城）的娄乡，还有人把牟娄视为二地，都不正确。牟娄被莒侵占后，牟国国君携牟娄又归顺了鲁国，莒鲁为争夺牟娄曾酿成战火。齐鲁还曾在牟娄会盟过。牟娄应位于距杞、莒、鲁、齐四国都不太远的地方。否则，牟娄如在诸城，鲁国要想占有并保持这块相距500里之遥的领土是不大可能的。牟娄急言之而为牟，即莱芜城东20里的牟国故城，恰在齐、鲁、莒三国之间，并与新泰杞国相邻近。

杞国与鲁国还曾为争夺成邑有过领土纠纷。成邑位于鲁国"北鄙"，即今宁阳东北90里的成邑故城。这个与鲁国有领土纠纷的杞国也只能是新泰之杞。

据《史记·楚世家》楚惠王四十四年灭杞，"广地至泗上"。楚国所灭之杞只能是位于泗水附近的新泰之杞，而不可能翻越泰沂山脉到齐国腹地的昌乐缘陵去灭掉周杞。

春秋晋国的"城杞"也只能是新泰杞国，晋人祁午称"城杞"为"城淳于"，可见杞又名淳于。有意思的是，新泰城内连续出土了淳于公戈，为商杞在新泰说提供了进一步佐证，杞国史之谜终于大白于天下。

20世纪50年代以来，胶东地区的黄县归城，烟台上夼，莱阳前河前等地屡次出土己（纪）国和䱸国铜器，于是在山东古国史上提出一个新的课题，胶东古属莱国的天下，莱山之阴的黄县归城是莱国都城，纪、䱸两国铜器为什么会在莱国疆域内出土？三国有何关系？

纪与䱸究竟是一国还是两国，以往是有争论的，方濬益首倡纪、䱸为一国说，杨树达、郭沫若等从其说。王献唐则力主二者非一国。烟台上夼纪、䱸铜器共存于一墓的事实，结束了以往的争论，证明二者确系一国。根据文献记载和考古材料等多方面综合考察，我们进一步提出纪与莱也是一国的主张。第一，纪与莱都是姜姓国，而其领土又相重合，纪国西邻齐国隔淄河与齐都临淄相望，纪人伐夷国，其势力范围到达今即墨县壮武故城。纪国邢、鄑、鄅三邑分别在临朐、安丘、昌邑。莱国都城在黄县，史载"营丘边莱"，齐都营丘地理位置有临淄和昌乐二说，说明莱国西部边界已到达今淄河、弥河流域，而这一带同时也是纪国领土。因此，王献唐先生称纪、莱两国领土为"插花地"，两国为同姓，领土又重合，知必为一国。第二，鲁庄公四年纪"大去其国"前，《春秋》经传中记载的都是有关纪国的史实，而不见莱国的足迹。鲁庄公四年以后《春秋》经传又只见莱国而不见纪国,说明纪、莱本是同一个国家,不同时期使用了不同的名称。否则,这样两个敢于和齐国对抗的邻国,在西周春秋长达五六百年的时间内却互不交往,也没有发生过任何战争和摩擦,这是不可能的。只有纪、莱为一国才可以解释这一奇怪的现象。第三,金文中纪作己,莱作釐。己与釐可以通用。例如,传世己白钟共五枚,其中第一、二、四枚称"追孝于己白",而第三枚却说"用作朕文考釐白"。第四,师衮簋中"冒釐"连称,作为征淮夷的一支武装力量与"齐师"并举,而在新出土的史密簋中与"齐师"对举的军事力量却改称为"釐白",可见称"己（纪）",称"冒釐"（莱）,称"釐"都指同一个国家。犹如商可称作殷,亦可称作"殷商",楚可称荆,也可称"楚荆",道理是一样的。

战国时代"重器"应推诸城臧家庄出土的齐国公孙潮子器群。1970年春,诸城马庄公社臧家庄出土了一大批战国铜器,计有编镈一组7件,编钟一组9件,鼎4、豆4、壶2、鹰首壶1、镂孔桶形器（疑为"投壶"）等共38件。鹰首壶体态生动,设计奇巧,是一件难得的造型艺术珍品。鹰首壶的出土,纠正了《西清古鉴》把同类器物定为汉器的错误。传世有一件形制与此完全相同的器物,因其上有商周族徽文字而被定为商代,现在可以确信其铭文为伪刻。编镈与编钟形体厚重,铸造规整,花纹层次繁缛,细如毫发,是战国铜器中出类拔萃的精品。由于在通常铸造铭文的部位均布满了花纹,出土后很长时间被误认为没有铭文,后来在钟镈的边缘不显眼的地方发现了同样的铭文,"陈翊立事岁十月己丑䣘公孙潮子作器也"17字,陈字从土,是齐器的特殊写法。立事岁,是齐国特有的纪年格式。由此可以确定这是一批战国齐器。䣘通莒,潮通朝,器主朝子是莒公之孙。莒公,犹如孟尝君封薛而称薛公。莒公应是在齐灭莒后所封。莒在战国早期的楚简王元年时被楚所灭。何时又灭于齐,未详。由于被齐所灭,所以燕乐毅伐齐时,齐王才可以退保于莒。陈翊其人,无考,或以为即田忌。按翊古音属觉部,忌古音属之部,难以相通。且田忌属战国中期齐威王、宣王时代人,而钟镈上的无头龙纹与西汉中山靖王刘胜墓中鎏金环耳铜杯上的纹饰相同,因而在战国铜器中年代应是比较晚的,考为田忌,与器物的年代不符。

文物考古材料不仅可以考史、证史，还可以纠正历史记载的谬误。例如国子和高子之族在齐国历史上是非常强大的两个宗族。《史记·司马穰苴列传》说齐国田常政变以后"尽灭高子、国子之族"。但是20世纪50年代，临淄尧王村出土过一批铜器，其中鼎上有铭文"国子"二字，从器物形制和鼎、豆、壶的器物组合看，这是一批典型的战国铜器。既然春秋晚期田常政变就已经把国、高两家势力全部消灭了，为什么还会有战国时代的"国子"铜器出土呢？原来《史记·司马穰苴列传》这条记载是有问题的，《左传·襄公十四年》《史记·田敬仲完世家》都曾记载有田常政变及其对敌对势力的镇压，但却没有谈到"尽灭高子、国子之族"。事实上田常政变以后，国、高二族的头面人物仍然活跃在齐国的政治舞台上。如田常政变后的第三年，统率齐国救卫的"国子"即国观，就是一位"实执齐柄"的实权人物。据《战国策》记载直到战国晚期秦昭襄王五十年（前257），国子之族的宗子仍然承袭"国子"称号，以齐国大夫的身份参预政事。国子鼎的出土证明《左传》《战国策》的有关记载是可信的，匡正了司马迁关于田常政变后"尽灭高子、国子之族"记载的谬误。

原载《山东文物纵横谈》，中国广播电视出版社，1992年

校记：

诸城臧家庄钟、镈铭文中的"陈翊立事岁"中的"翊"，从匊得声。匊与举音同字通。"陈翊"即陈举。陈举即《战国策·齐策六》陈齐宗室，因"直言"被齐闵王"杀之东闾"的陈举。陈举被杀于闵王奔莒之前。据钱穆《先秦诸子年表》考证，闵王奔莒在十七年（前284），应是臧家庄器群的年代下限（拙稿《莒公孙潮子钟考释与臧家庄墓年代——兼说齐官印"阳都邑"巨玺及其辨伪》，《远望集》，陕西人民美术出版社，1998年）。

本文首页"人方应该在费县左近"。按：传为费县出土的举甗28器，说明费县应是举族分支甗的居地。人方（夷方）位置应另作考虑。

济阳刘台子西周墓的年代约属穆王或昭王，不能晚于穆王。

滕州后荆沟出土的不嬰簋的配盖上发现有铭文，应是小邾国君为王姬作器。

齐鲁文化研究的史料问题

任何学科、任何课题的研究，前提条件是材料。没有材料，"巧妇难为无米之炊"。中国古代文献浩如烟海。地下出土的文字材料层出不穷。近代考古学和民族学硕果累累。研究古史和传统文化堪称得天独厚，不存在"文献不足征"的无米之虑。但史料不等于史学，也还存在一个能否用和如何用的问题。当前齐鲁文化研究中存在两个突出的现象：一方面是大量的重要的可靠史料不被重视、运用；二是没有经鉴别的真伪杂糅、时代混淆的史料却广泛地被滥用。严重地阻碍了齐鲁文化研究的健康发展，值得引起注意。

一 文献史料的应用与鉴别

史料的有无与多少和观点是否正确密切相关。观点正确，史料取之不竭，左右逢源。观点错误，不仅"踏破铁鞋无觅处"，四处碰壁，而且还会对正确史料视而不见，甚至不惜歪曲否定以就己说。

首先，不妨举几个与齐鲁文化相关的事例：

（一）有年可考的历史

传统看法认为，我国有年可考的历史是从共和元年（前841）开始的。其实，在《史记·鲁世家》中，从开国始祖伯禽之子考公开始，所有鲁侯在位年数都有记载。如果根据《史记·鲁世家》，我国有年可考的历史就可以推前150多年。如果再根据《世经》和《帝王本纪》记载把伯禽在位46年补上，差不多整个西周时期都处在有年可考的历史时期，即可以把有年可考的历史推前200年。但史学界用《史记·周本纪》而不用《史记·鲁世家》，这除了正统观念作怪之外，不可能有别的解释。

（二）"一继一及，鲁之常也"

关于古代继承制度，战国时期有三种不同的观点：《孟子》认为"夏、商、周继"，即都是传子制；《礼记·礼运》认为三代"世及以为礼"，即实行传子、传弟并举的制度；而《檀弓》则认为殷礼传弟而周礼传子。经过王国维《殷周制度论》的论证，西周嫡长制说似乎已成为不刊之论。但是就在《殷周制度论》发表后不久，学者们就相继发现了鲁国的一继一及制，即春秋早期叔牙所说"一继一及，鲁之常也"（《史记·鲁世家》）。"继"，即父死子继，"及"即兄终弟及。"一继一及"即传一次子，传一次弟；再传一次子，再传一次弟，依此类推。据《史记·鲁世家》鲁国世系，编成下图（图一）：

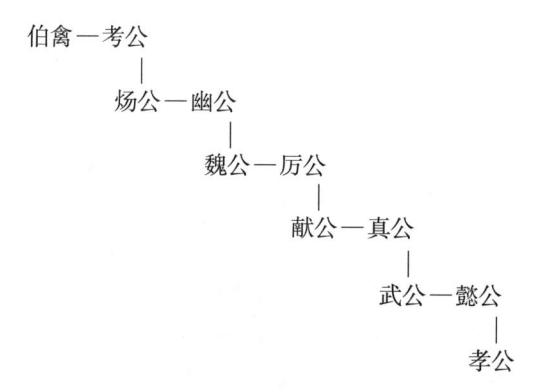

```
伯禽—考公
        |
     炀公—幽公
             |
          魏公—厉公
                   |
                献公—真公
                        |
                     武公—懿公
                              |
                           孝公
```

图一　鲁国世系

注：横线表示传子，竖线表示传弟。

这种规整的传子与传弟交替进行的继承法显然就是叔牙所说的"一继一及，鲁之常也"。这对于西周嫡长制说无疑是一个致命伤。渊博如王国维，研究西周继承制度而对西周鲁国的一继一及制居然视而不见。不论是疏忽还是有意回避，都是严重失误。

不少学者虽然发现了一继一及制，但却无法作出正确解释。认为这是由于鲁居东南的夷人故地所接受的夷礼，是背弃周礼，是"特殊现象"。其实，鲁以遵奉周礼著称于世，春秋人称鲁国"不弃周礼""犹秉周礼""周礼尽在鲁矣"。说鲁国背弃周礼与历史事实不符。鲁国建国方针是"变其俗，革其礼"，即用周礼去变革当地夷俗和夷礼，怎能说鲁国接受夷礼？就地理位置而言，秦居西北，春秋时还实行过有子不传而传弟的兄终弟及制，"鲁居东南"，显然不是实行一继一及制的真正原因。春秋早期宋宣公有子不传而传弟穆公和时说："父死子继，兄终弟及，天下之通义也。"就是说传子与传弟并举的"世及以为礼"并非一两个国家的"特殊现象"，而是当时各国共同实行的制度。显然上述种种解释是由于盲目崇信权威，先入为主，不惜歪曲历史事实曲解史料。前车之鉴，当引以为戒。

更有甚者，有人就像魔术师那样把"一继一及"变成了"子虚乌有"。我们说一继一及是西周制度，他却到一继一及制已遭破坏的东周鲁国公族中去寻找，如何能找到？而且居然说叔牙这话是为了让其兄庆父即位而"寻找借口"，殊不知叔牙说这话之后立即被迫饮鸩自杀。假如叔牙为自己或为其子孙即位而去"寻找借口"，倒也不难理解，而叔牙却是为其兄庆父即位而甘冒杀头的危险去"寻找借口"，真所谓"匪夷所思"了。再说叔牙可以"寻找借口"，其政敌庄公和季友不是同样也可以"寻找借口"吗？如果鲁国的常法不是一继一及而是嫡长继承制，季友何尝不可以理直气壮地说"嫡长继承，鲁之常也"，据理批驳叔牙的"谎言"？事实是季友并无任何"借口"可找，只能在庄公面前表态"愿以死立斑也"。唯一合理的解释是据"常"法庄公应传弟庆父。而庄公却不愿再按老规矩办事，不想传弟而想推行新制，立其子公子斑为君。斗争结局是"一继一及"制的寿终正寝。庄公的二弟庆父、三弟叔牙相继成为旧制度的殉葬品，而四弟季友却成为推行新制的英雄。史称"季氏有大功于鲁"即指此而言。上述这种对史料上下其手，缺乏起码实事求是的态度，与严肃的史学研究毫无共同之处。

与对一继一及的曲解和抹杀否定不同，笔者认为一继一及制的发现证明《礼记·礼运》"世及以为礼"的说法是可信的。不仅证明西周也是实行"世及"制，对于力图否定商代兄终弟及制也是一个有力的批驳。鲁国西周的一继一及制使我们意外地发现了由兄终弟及制向嫡长继承制发展的一个中间环节，从而可以排出继承制度的发展系列：即"知母不知其父"的母系氏族时代实行传弟传甥制。进入父系以后，实行"世及制"。其初级阶段：以商代兄终弟及制为代表；高级阶段以西周鲁国一继一及制为代表。经过春秋时代新旧继承制度斗争的过渡时期,战国时期嫡长制确立。①一继一及制不是"夷礼"而是继承制度中的"周礼",证明孔子"周因于殷礼,所损益可知也"的论断是正确的。一继一及是兄终弟及制的因袭继承,故谓之"因";一继一及与兄终弟及制相比较减少了传弟的次数,由不限传弟次数,改为每世只准传弟一次,故谓之"损";限定传弟次数也就意味着增加了传子所占的比重,故谓之"益"。同时也就证明王国维《殷周制度论》关于殷周制度有着根本不同的说法是错误的。一继一及制的发现与研究必将引起史学观念的根本性变革。例如传统说法西周宗法和分封制以嫡长制为核心,是不正确的。只有战国以后的宗法制才以嫡长制为核心,而西周宗法和分封应是以一继一及制为核心。例如周公长子伯禽被分封到鲁国,"别子为祖"成为鲁国的大宗。伯禽对周公之族而言则成为旁系,小宗。而周公之族的大宗宗子却是"留相王室"的次子君陈,以及春秋时代见于记载的周公阅、周公楚、周公忌父、周公黑肩等,都是周公之族的大宗宗子。一继一及制的发现和继承制度发展史的研究为评价历史人物和历史事件提供了标尺。孟子名言"春秋无义战"是错误的。春秋各国无论是内战还是外战,凡是实行、支持旧的"世及"制度者都是落后的、非正义的;凡是倡导、实行、支持新生嫡长继承制的则是进步的、正义的。②因此,可以毫不夸张地说,鲁国一继一及制的发现与研究,是20世纪先秦史研究最重大的事件之一。

(三)昭穆者"以次世之长幼"

昭穆制度是古代非常重要的制度,涉及宗庙设置、墓葬安排和宴飨族人等各个方面的礼制,而且影响深远。直到解放前不少民户家中祭祀祖宗牌位两侧还写着左昭、右穆的内容,其重要性绝不亚于宗法制度。按照传统的解释,昭穆制度的内涵是"父昭、子穆,孙复为昭,曾孙为穆",依次类推。由于这种解释只涉及父子、祖孙关系而不涉及兄弟关系,而事实上历代都有兄弟相继嗣位的情况,于是必然造成思想上的混乱。春秋鲁国发生了文公颠倒昭穆次序的"跻僖公"事件。从《春秋》三传开始,两千多年来关于这一

---

① 王恩田:《从鲁国继承制度看嫡长制的形成》,《东岳论丛》1980年第3期。
② 王恩田:《再论西周的一继一及制》,《大陆杂志》第84卷第3期,1992年。

事件的是非争论不休，至今没有结果。自汉至清历代皇室差不多都曾有过昭穆庙制的争论。南澳大利亚黑人的级别婚制被发现以来，人们又力图从原始婚姻制度入手去探讨昭穆起源的奥秘。由于都是从父昭子穆的观念出发，也不可能得出正确的结论。这是因为有一条关系到昭穆原始含义的史料从未引起注意的缘故。《国语·鲁语上》：

> 夏父弗忌为宗。烝，将跻僖公，宗有司曰："我为宗伯，明者为昭，其次为穆，何常之有？"有司曰："夫宗庙之有昭穆也，以次世之长幼而等胄之亲疏也。夫祀，昭孝也。各致齐敬于皇祖，昭孝之至也。故工史书世，宗祝书昭穆，犹恐其乱也。"

这条史料的重要性在于：第一，阐明了昭穆的真正原始的含义是用以分别兄弟间的长幼关系而不是父子关系；第二，提供了记录世系的两套系统：世和昭穆。这条史料所包括的这两个要点是历代研究昭穆制度的学者所不曾注意的。以下将结合西周鲁国世系的实际来分析这条史料所阐述的昭穆含义（图二）。

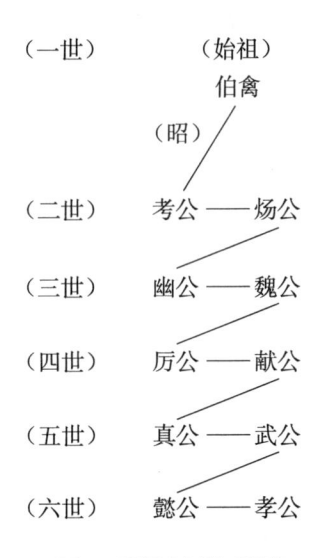

```
            （一世）      （始祖）
                         伯禽
                        ╱
            （昭）
            （二世）    考公 —— 炀公
                              ╱
            （三世）    幽公 —— 魏公
                              ╱
            （四世）    厉公 —— 献公
                              ╱
            （五世）    真公 —— 武公
                              ╱
            （六世）    懿公 —— 孝公
```

图二　西周鲁国世系昭穆

注：斜线表示传子，横线表示传弟。

从伯禽建国至西周晚期的孝公，鲁国世系经历 6 世 11 位国君。杀懿公而自立的伯御，虽然在位11年，但由于是破坏一继一及制的篡位，被周宣王诛杀，无谥号，无纪年，不入祀典。故本图不把伯御包括在内。

鲁有司所阐述的昭穆的真谛是"以次世之长幼，而等胄之亲疏"。次即次序，用作动词，意为排定每一世代中的兄长弟幼关系。韦昭解"长幼"为"先后"，亦通。由于鲁国西周世系中先立者均是兄，后立者均是弟，把兄长弟幼解为先立后立并不矛盾。韦昭注："等，齐也。胄，后也。"意为整齐前辈与后辈之间的亲疏关系。显然昭穆的作用在于分清同一辈分间横的亲属关系，同时还用以分清不同辈分间纵的亲疏关系。从上图可以看出始祖伯禽居中。昭列中的考、幽、厉、真、懿五公均是兄。穆列中的炀、魏、献、武、孝等五公均是弟。兄为昭，弟为穆，先立者为昭，后立者为穆，同辈的长幼关系秩然不紊。据此可知鲁国西周昭穆制度的含义应是兄昭弟穆而不是父昭子穆。从纵的亲疏关系看，二世考公、炀公均与始祖伯禽为父子关系为亲。三世幽公和魏公对二世炀公而言是父子关系为亲，而对二世的考公而言是伯父与侄的关系为疏。依此类推。这样我们就会发现在一继一及制中以弟为直系、以兄为旁系的精神实质在昭穆制度中也可以充分反映出来。反之，如果我们按父昭子穆的原则排列西周昭穆次序，就会发现昭与穆都会有包括二人的奇怪现象。即二世考公、炀公均是昭，三世幽公、魏公均是穆，等等。用这样的昭穆次序来分析宗有司的这段话的含义就会扞格难通。这样我们就可以说这条史料解决了昭穆原始含义的问题。

在此认识的基础上，我们又发现了另一条与父昭子穆观念不同的史料。即《礼记·祭统》所说："昭穆者，所以别父子远近，长幼亲疏之序而无乱也。"在这里昭穆既用来区别父子，又用来区别兄弟长幼之间的远近亲疏关系。这样我们就发现了三种时代不同、内容各异的昭穆制度。而这三种性质不同的昭穆制度与继承制度的发展又是同步的，即春秋鲁国宗有司所阐述的用来区分长幼关系的昭穆原则，所反映的是西周时期以兄昭弟穆为内涵的昭穆制度。战国时期七十子后学的著作《礼记·祭统》所阐述的父子与兄弟长幼并举的昭穆原则，所反映的是春秋时期兄昭弟穆与父昭子穆共存的昭穆制度。因为进入春秋时代以后，一继一及制遭到破坏，新生的嫡长制逐渐发展壮大，新旧继承制度的斗争反映在昭穆制度上有时是父昭子穆，有时则是兄昭弟穆（如兄昭公为昭，弟定公为穆），或弟昭兄穆（如弟闵公为昭，兄僖公为穆），或兄穆弟昭（如兄隐公为穆，弟桓公为昭），甚至兄弟分处在不同的世代（如兄隐公为八世，弟桓公为九世）等极不规则的昭穆制度。这是春秋时代继承制度由一继一及向嫡长制度发展演变的过渡时期的特点在昭穆制度上所反映的必然结果。而汉儒所阐述的父昭子穆的原则，所反映的是战国时期嫡长制确立以后的昭穆制度。这样我们就会发现昭穆制度也和其他事物一样，也有自己的产生、发展、演变和消亡的历史。①

（四）"工、史书世，宗、祝书昭穆"

上引《鲁语》宗有司的言论中所谓"工、史书世，宗、祝书昭穆"，也是从未引起学者注意的重要史料。如上所述"世"指父子、祖孙间不同的辈分关系，其作用在于"等胄之亲疏也"。昭穆是指同一辈分间的兄弟长幼关系，其作用即"次世之长幼"。这条史料不仅有助于了解"兄昭弟穆"这一昭穆制度的原始含义，而且为解开《史记》西周世系中为什么只保留下鲁国一继一及的孤证之谜找到了答案。我们把这条史料称为记录世系的两套系统。由于鲁国史乘的完备，保存了西周时期一继一及的继承谱系。而晋、曹、蔡只保存了"世"的记录，因此我们只能看到这三国西周时期的直系国君，而看不到被排除在外的旁系国君。这就是为什么与同期鲁国相比，世代数目相同而在位国君却少三人的缘故。而周王朝和卫、燕等三国由于东迁和其他原因两套系统的记录均付之阙如。它们的在位国王和诸侯的谥号应是从保存在鲁国"讣"的记录中得知的。由于"讣"时只通知死葬日期及谥号而不通知死者与即位者之间的亲属关系，世系整理者就按照嫡长制确立后父死子继的通例均贯之以父子关系。这就是为什么与同期鲁国相比，周、卫、燕三国世代数目都比鲁国多出二至三世的原因所在。从而也就找到了为什么在《史记》西周世系中只保留下鲁国一个"一继一及"的孤证，而其他各国都是清一色的传子谱系的奥秘所在。同时也解开了《史记》无年可考的世系中都一律是传子谱系之谜。②

---

① 王恩田：《周代昭穆制度源流》，《西周史论文集》，陕西人民教育出版社，1993年。
② 王恩田：《〈史记〉西周世系辨误》，《文史哲》1999年第1期。

（五）"三年而复"

孟子与齐宣王的对话中谈到过去臣民逃亡国外时，"去三年不返，然后收其田里"，现在却实行"去之日，遂收其田里"的制度（《孟子·离娄上》）。《左传》中确实有一些"三年而复之"的实例。《管子·四时》中还曾把"复亡人"作为春天的政令。这些史料以往也从未引起过注意。郭沫若《管子集校》甚至引用张佩纶之说把"复亡人"解释为"穿扩填土"掩埋死人，足证其不了解这部分史料在土地制度史研究中的重要地位。其实三年而复制标志着春秋时期家庭公社的土地制度从按亲属等级确定份额的阶段过渡到了以实际耕种为特征的阶段。

根据马克思主义公社理论和科瓦列夫斯基的研究成果，家庭公社分为两个阶段：初级阶段，按亲属等级即按距始祖血缘关系的亲疏分配土地。西周时期按"亲疏有序"的原则确定采地大小、多少的分封制就属于这一阶段的土地制度。高级阶段，按实际耕种能力分配和占有土地。在西班牙人征服墨西哥和秘鲁以前的定居的印第安人部落，"谁如果不是出于正当的原因而在两年内没有耕种自己的地段，则根据公社首长的命令剥夺他的地段"。印度《那罗陀法经》也谈到"一连五年始终没有耕耘的土地，就被认为是无主的〔也即闲空的〕，就会重归公社"。春秋时代的"三年而复"与印第安人和印度人相比较尽管允许抛荒的年限有三年、二年、五年的不同，但就其性质而言，都属于家庭公社以实际耕种为特征的发展阶段。①

（六）《汉书·食货志》的邑

1956年，高等教育部公布的大学本科《中国史教学大纲》规定，在西周土地制度中需要讲授"家庭公社"和"农村公社"的内容②。三年后，郭沫若发表了《关于中国古史研究中的两个问题》的讲话③，指出"如果太强调了'公社'，……那中国就会没有奴隶社会"，认为《汉书·食货志》"殷周之盛"时期的"邑"，"不再是什么'公社'了"，而是"奴隶劳动营"。问题

---

① 王恩田：《〈管子·四时〉"复亡人"与齐国的土地制度》，《管子学刊》1995年第1期。
② 中华人民共和国高等教育部审订：《中国史教学大纲》，高等教育出版社，1956年。
③ 郭沫若：《奴隶制时代》，人民出版社，1973年。

提得如此尖锐，不能不对"邑"的性质进行一番考察。首先把郭氏引文抄在下面：

> 殷周之盛，《诗》、《书》所述，要在安民，富而教之……
>
> 民，年二十受田，六十归田。七十以上，上所养也。十岁以下，上所长也。十一以上，上所强（勉强）也。……
>
> 春，令民毕出在野，冬则毕入于邑。……
>
> 春将出民，里胥平旦坐于右塾，邻长坐于左塾。毕出然后归。夕亦如之。……
>
> 冬，民既入，妇人同巷相从夜绩。女工一月得四十五日。必相从者，所以省费燎火，同巧拙而合习俗也。

从建"邑"的目的"要在安民，富而教之"的说法看，似乎不应该是针对"奴隶"而言的。而且"七十以上，上所养也"，即民在丧失劳动力以后，能够得到赡养的权利，以及民之未成年的子弟有受到抚养的权利，更不像是奴隶身份所应该得到的权利，更有甚者引文还删除了许多重要内容。例如，民之子弟可以"八岁入小学，……十五入大学"，即受教育的权利。还有"学而优则仕"的权利，"其有秀异者移乡学于庠序，庠序之异者移国学于少学。诸侯岁贡少学之异者于天子，学于大学，命曰造士。……然后爵命焉"。民与民之间"出入相友，守望相助，疾病则救。民是以和睦而教化齐同，力役生产可得而平也"。显然是一种平等互助友善和睦的生产关系。民还有发泄不满情绪，批评时政的权利，而"天子"则有征求和听取民众意见的义务。"男女有不得其所者，因相与歌咏，各言其伤"（注："怨刺之诗也"）。"行人振木铎徇于路以采诗。献之大师比其音律以闻于天子。故曰：王者不窥牖户而知天下"（注："采诗，采取怨刺之诗也"）。凡此种种，把享有广泛的劳动保护权和民主权利的"民"，以及其子弟可以受到抚养，可以受教育，可以做官的"民"说成是"奴隶"，把这样的"邑"说成是"奴隶劳动营"，显然是很困难的。结合被删除掉的"井方一里，是为九夫，八家共之。各受私田百亩。公田十亩，是为八百八十亩。余二十亩以为庐舍"，显然这是以井田制为特点的农村公社。从"有赋有税"的记载可知"邑"的年代并非"殷周之盛"。据《春秋·宣公十五年》"初税亩",《春秋·襄公十二年》"用田赋",可知应是春秋时期产生赋与税以后的事情。定为"殷周之衰"可能会更加符合实际些。因此《汉书·食货志》的这段史料只能证明春秋以后实行以井田制为内含的农村公社的土地制度。

通过以上对西周按"亲疏有序"原则分配土地的分封制和"三年而复"的分析,我们认为西周和春秋时期曾实行家庭公社的土地制度。《中国史教学大纲》的意见是正确的。《中国史教学大纲》认为井田制是农村公社的观点也是正确的。只是井田制的实行应是春秋以后的事情,西周时期无井田。证明马克思主义的古代社会理论不仅适用于美洲、非洲、欧洲、亚洲的印度,也适用于中国。建立在大量杀死战俘用作祭祀牺牲理论基础上的殷商奴隶社会和建立在《汉书·食货志》"奴隶劳动营"理论上的西周奴隶社会,值得重新考虑。这种不惜曲解和阉割史料以就己说的研究方法当然是不可取的。

史料鉴别的重要性,郭沫若先生有过精辟论述:"无论作任何研究,材料的鉴别是最必要的基础阶段。材料不够固然大成问题,而材料的真伪或时代性如未规定清楚,那比缺乏材料还要更加危险。因为材料缺乏,顶多得不出结论而已,而材料不正确便会得出错误的结论。这样的结论比没有更为有害。"[①]

史料的鉴别可以是一部书,也可以是一部书中的一部分,甚至是一段话。清代以来在史料鉴别方面取得不少重要成果,但并没有也不可能把所有的工作做完。大量的工作还有待于后人不懈的努力。

其次,也不妨再举几个与齐鲁文化研究有关的例证:

(一)《齐语》

《国语》是重要的先秦史籍。由于《齐语》是《国语》中的一篇,历来被作为研究齐桓公时代历史和管仲思想的重要史料,其实很成问题,由于

---

① 郭沫若:《十批判书》,东方出版社,1996年,第2页。

《齐语》与《管子·小匡》内容基本相同，因此两者之间的关系很早就引起人们的注意。大体有三种意见：（1）《齐语》全抄《小匡》，是对《小匡》"略加压缩修改而成"①；（2）《齐语》早于《小匡》，《小匡》是对《齐语》的调整、增附、修改②；（3）《小匡》与《齐语》应出于同一个底本，不存在谁抄谁的问题。③

经过具体分析与比较，可以确认《齐语》全抄《小匡》的意见是正确的。《齐语》中至少有八点明确的时代印记，证明其成书年代不可能是春秋齐桓公时代的，而只能是战国，甚至是战国以后的。根据对两者结构与层次和内容方面的比较，可以认为《齐语》是对《小匡》不高明的抄袭、压缩、删改，因而造成重要内容的遗漏、文意的残缺不全、颠三倒四、答非所问、违背历史事实等缺点。因此，根据《齐语》研究管仲思想及所谓"管仲改革"所得出的种种结论，恐怕都靠不住。④

（二）《考工记》

《考工记》是今本《周礼》中的一篇。关于其国别与成书年代历来就有不同的说法。《礼记疏》谓汉孝文帝时求得《周官》（即《周礼》），不见《冬官》一篇，乃使博士作《考工记》补之。《南齐书》称："文惠太子镇雍州，有盗发楚王冢……得十余简以示王僧虔，僧虔曰：'是科斗书《考工记》。'"林希逸《考工记解》认为齐人所著"先秦古书"。顾炎武《日知录》卷三十二"胡"条认为"必七国以后之人所增益也"。江永《周礼疑义举要》认为是"东周后齐人所作"。郭沫若认为是春秋后期齐国之官书。⑤ 杨宽认为是"战国初期齐国的著作"。⑥

根据笔者考察，《考工记》既非齐国官书，也不是先秦著作，其成书年代

---

① 顾颉刚：《〈春秋〉三传及〈国语〉之综合研究》，中华书局（香港）有限公司，1988年。
② 李学勤：《〈齐语〉与〈小匡〉》，《管子学刊》1987年第1期。
③ 胡家聪：《〈小匡〉考辨》，《中国历史文献研究》，华中师范大学出版社，1988年，第62—65页。
④ 王恩田：《〈齐语〉的史料来源与成书年代》，《齐文化纵论》，华龄出版社，1993年，第487—495页。
⑤ 郭沫若：《〈考工记〉的年代与国别》，《开明书店二十周年纪念文集》，中华书局，1985年，第149—156页。
⑥ 杨宽：《战国史》，上海人民出版社，1980年。

当不早于西汉。第一，据《汉书·百官公卿表》，"考工室"是西汉官名，隶属于少府。"武帝太初元年，更名考工室为考工"。"考工"官名不见于先秦。

第二，《考工记·匠人》："匠人营国，方九里，旁三门。国中九经、九纬，经涂九轨。"贾公彦疏："言九经九纬者，南北之道为经，东西之道为纬，王城面有三门，门有三涂，男子由右，女子由左，车从中央。"新中国成立50年来的古城考古调查与发掘的成果证明，这种每面各有三座城门，每座城门都有三个门洞，即所谓"三涂"的城市规划，最早见于西汉长安城。任何先秦古籍都没有这种每座城门三个门、三条大街的九经、九纬的城市布局的记载。

第三，《考工记·栗氏》："栗氏为量……量之以为釜，其实一豆。其耳三寸，其实一升……其铭曰：'时文思索，允臻其极。嘉量既成，以观四国。永启厥后，兹器维则。'"按："嘉量"一词首见于刘歆《钟律书·序论》。《汉书·律历志》："至元始中王莽秉政，欲耀名誉，征天下通知钟律者百余人，使羲和刘歆等典领条奏，言之最详：……一曰备数、二曰和声、三曰审度、四曰嘉量、五曰权衡参……夫推历生律、制器，规圜矩方，权重衡平，准绳嘉量。"注：张晏曰："准，水平。量知多少，故曰嘉。"《考工记》制量铭文中称"嘉量"，说明成书年代当不早于汉平帝元始年间。由于《考工记》量名中有䑖，与釜音同，又有豆、升、䑖与齐国量名升、豆、区、釜、钟相类似，学者多据而推断《考工记》为齐国官书。其实，《考工记》中不仅没有区、钟两级量名，而且在相同的面积"方尺"的前提下，"深尺"为䑖，其臀即量的底部深"一寸"为豆，说明十豆为钟，是十进制。而齐量四豆为区，四区为釜，是四进位。无论量名、量制两者均不相同。而且《考工记》是集升、豆、䑖为一器的复合量，即器身为䑖、器底为豆、两耳为升。这种复合型的量器不仅与齐国不同，与先秦其他国家也均不相同，唯独与王莽嘉量相似。清宫收藏一件完整的王莽嘉量，著录于《西清古鉴》卷三十四。集五量为一器，即器为斛、底为斗，左耳为升，右耳器为合，底为龠。1924年清点故宫文物时在坤宁宫中发现了实物。铭文81字，铭称"龙在己巳，岁次实沈"，意为王莽新朝始建国六年（公元9年），太岁在己巳，岁星次于实沈也。在五量上都记有形状、尺寸和容量。如"律嘉量斛"记曰:"方尺而圜其外……深尺,积千六百二十寸,容十斗。"①王莽嘉量采用十进位制,即斛容十斗,斗容十升,升容十合,合容二龠。《律历志》:"合龠为合(王先谦《汉书补注》,齐召南曰:《玉海》引胡瑗《新乐图》曰:'今文讹作十龠。'《唐六典》曰:''二龠为合'然则合龠者,二龠也")。十合为升,十升为斗,十斗为斛,而五量嘉矣。"师古注:"嘉,善也。"清宫王莽嘉量与《律历志》的记载完全相符。王莽嘉量与《考工记》的十进位和"深尺,内方而圆其外,其实一鬴"的记载也若合符节。

由此可知,王莽时代曾两度革新量制。一次在汉平帝元始年间,王莽任宰衡,位列上公,号安汉公。即《律历志》所谓"元始中王莽秉政之时",所制者即见于《考工记》的量器。第二次即王莽灭汉建立新朝的始建国元年,所造者即故宫所藏王莽嘉量。因此《考工记》的成书年代当不早于元始三年(公元3年)。

《汉书·王莽传上》:(元始三年)"征天下通一艺教授十一人以上及有逸礼、古书、毛诗、周官、尔雅、天文、图谶、钟律、月令、兵法、史篇文字。通知其意者皆诣公车,网罗天下异能之士,至者前后千数,皆令记说廷中,将令正乖缪(谬)、壹异说云。"这次"至者前后千数"规模空前的征调集中全国各学科"异能之士"进行古籍整理的学术会议,不仅匡正错误、统一认识,而且"皆令记说",必然会有一些新的诠释和新的著作问世。如果《礼记疏》所说汉文帝"使博士作《考工记》"之说可信,则今本《考工记》中所见有关"嘉量"的记载可能是这次会议后刘歆等人的增补,否则便是刘歆等人的新著。王莽祖述陈氏齐国,在王莽九庙中以逃亡于齐国的陈完为"齐敬王世祖",以燕伐齐而逃亡于莒的愍(闵)王为"济北愍王王祖"(《汉书·王莽传》)。因此,刘歆等人为王莽所造"嘉量"中使用鬴(釜)、豆、升的量名,自不足怪,不能以此作为《考工记》为春秋齐国官书并以此作为研究齐国科技和手工业的依据。至于僧虔所见到的"十余简",未必就是《考工记》,也有可能是其他同类著作。例如罗福颐先生最初整理银雀山竹简时,认为其中有《墨子》《管子》和《尉缭子》等书残简,后来证明是

---

① 马衡:《凡将斋金石丛稿》,中华书局,1977年。

另外一种著作，即《守法》《守令》等十三篇。

（三）《管子》

《管子》的作者与成书年代和性质在先秦诸子中是争议最多的一种。班固认为系管仲所著。刘恕《通鉴外纪》引傅玄曰："《管子》半为后之好事者所加，《轻重篇》尤鄙俗。"叶适《水心集》："《管子》非一人之笔，亦非一时之书，莫知谁所为。以具言毛嫱、西施、吴王好剑推之，当是春秋末年。"朱熹《朱子语录》："《管子》之书杂。管子以功业著者，未必曾著书。如《弟子职》之篇，全似《曲礼》。他篇有似老庄，又有说得太卑，真是小意处。不应管仲如此之陋。……其书想只是战国时人收拾仲当时行事言语之类著之，并附以他书。"黄震《黄氏日抄》："《管子》书不知谁所集，乃庞杂重复，似不出一人之手。《心术》《内业》诸篇，皆影附道家以为高；《侈靡》《宙合》诸篇，等刻斫隐语以为怪。管子质实之政，安有虚浮之语。"宋濂《诸子辨》："是书非仲自著也……疑战国时人采撰仲之言行，附以他书成之。"姚际恒《古今伪书考》："其《大匡》《中匡》《小匡》诸篇亦本《论语》'一匡天下'为辞。又曰：'召忽之死也，贤其生也，管仲之生也，贤其死也'。亦本《论语》。又'兵车之会六，乘车之会三'本《国语》。又言'《春秋》所以记成败'，管未见《春秋》也。……大抵参入者皆战国周末之人如稷下游谈辈，及韩非、李斯，袭商君之法，借管氏以行其说者也。"陈澧《东塾读书记·诸子书》引《管子》中《法法》《明法解》之文认为是"法家语也"；引《枢言》《心术上》之文认为"名家之言也"；引《心术上》"虚无之形谓之道"诸语认为"此则老子之说矣"。又引"仁从中出，义从外作"认为与《孟子·告子》相同。又引"人君毋唯听兼爱之说"，认为"此尤后人所依托也"，"其《地员篇》则农家者流。……盖一家之书而有五家之学矣"。胡适《中国哲学史大纲·导言》："《管子》这书，定非管仲所作，是后人把战国末年一些法家的议论和一些儒家的议论（如《内业篇》、如《弟子职篇》）和一些道家的议论（如《白心》《心术》等篇），还有许多夹七夹八的话，并作一书；又伪造了一些桓公与管仲问答诸篇，又杂凑了一些记管仲功业的几篇，遂附会为管仲所作。"

在前人研究的基础上，笔者有如下几点看法：

1. 《管子》非管仲所著

春秋时代无私家著书之事。《韩非子·五蠹》说："今境内之民皆言治，藏商、管之法者家有之，而国愈贫。"只能证明《管子》成书年代下限不晚于韩非所处的战国末年，不能证明为春秋早期管仲所著。如果确系管仲所著，为什么春秋时代没有任何人引证过《管子》？甚至韩非以前的先秦诸子也没有任何人引证过。据《国语·晋语》记载：晋公子重耳逃亡于齐，受到齐桓公礼遇而乐不思蜀。其妻桓公之女姜氏进行规劝时，引用了"《诗》云"（《诗·大雅·大明》）、"《周诗》曰"（《诗·小雅·皇皇者华》）"西方之《书》有之曰""《郑诗》云"（《诗·郑风·将仲子》）、"昔管敬仲有言、小妾闻之曰""吾闻晋之封也……""《瞽史之纪》曰"等等。此时管仲已死，如果生前曾著《管子》，桓公之女应该最有条件最有资格读到。今姜氏引《诗》《书》《纪》和各种传闻而不引《管子》书，却引"昔管敬仲有言"，足证管仲生前不曾著书。

2. 《管子》时代印记

前人曾例举《小称》中毛嫱、西施，《小问》中百里奚、秦穆公，《形势解》称"三王五伯（霸）"，《轻重》各篇称梁、赵和赵、代等都是管仲死后的人物和国名。笔者在讨论《齐语》成书年代时也曾举出过八点时代印记，既然《齐语》抄《小匡》，这八点时代印记同时也就是《管子》的时代印记，这里不再重复。还可以例举如下几点：

（1）历史事件

《小问》："楚伐莒，莒君使人求救于齐。桓公将救之。管仲曰：'君勿救也。……'桓公果不救而莒亡。"据《史记·楚世家》，楚简王元年灭莒，相当于战国早期齐宣公二十五年（前431），距管仲之死已经200余年。《轻重乙》："桓公终举兵攻莱……破莱军，并其地，禽其君。"按：齐灭莱是齐襄公十五年（前567），事见《春秋·昭公六年》，是管仲死后七八十年的事。

（2）制度

a. 朝众 《权修》："朝不合众，治之至也。"春秋时代国人大会即《周礼·朝士》所谓"外朝"之制正处在全盛时期。如陈国的"朝国人"（《左传·哀公元年》），卫国的"朝国人"（《左传·定公八年》）、"朝众"（《左传·僖公十八年》）、"致众"（《左传·哀公二十六年》），晋国的"令国人于朝"（《国语·晋语》），鲁国叔孙氏的"朝其家众"（《左传·昭公五年》）、"朝众而盟"（《左传·昭公十四年》）等。管仲时代不可能有这种与"朝众"唱反调的"朝不合众，治之至也"的学说出现。

b. 穀禄《乘马》："修生则有轩冕，服位，穀禄田宅之分。"按：《春秋》三传无"穀禄"，而见于《荀子·王霸》《孟子·滕文公》等。

（3）名物

以下名物均不见于《春秋》三传，而见于战国以后的子书。

a. 符节（《君臣上》），见于《荀子·君道》《尉缭子·兵谈》等。

b. 衡石（《七法》），见于《荀子·君道》。

c. 斗斛（《七法》），见于《荀子·君道》《韩非子·二柄》《外储说右上》。

d. 弩（《参患》《问》），见于《墨子》26条、《庄子·胠箧》《荀子·议兵》《韩非子·初见秦》《外储说左上》《难势》《八说》《尉缭子·兵谈》《守权》。

（4）社会组织

a. 郡县（《乘马数》《山至数》），见于《商君书·定分》《韩非子·存韩》。

b. 乡里（《立政》《问》），见于《墨子》共11条，《荀子·君道》《乐论》《吕氏春秋·孟冬纪·节葬》。

c. 什伍（《立政》《君臣下》《禁藏》），见于《韩非子·和氏》《定法》《尉缭子·兵教》《束伍令》《伍制令》《制谈》《攻权》。

（5）兵力

a. 万乘之国（《权修》《国蓄》），见于《墨子·非攻中》《荀子·仲尼》《儒效》《孟子·梁惠王上、下》《公孙丑》，《韩非子》33条。而春秋强大的晋国才有车四千乘（《左传·昭公十三年》），故而《论语·学而》《公冶长》称"千乘之国"，春秋时代无"万乘之国"的说法。

b. 带甲十万（《大匡》），《春秋》三传无"带甲"之说。"带甲"见于《荀子·乐论》《战国策》中屡见不鲜，不备举。

（6）官吏

啬夫（《君臣上》），银雀山汉墓中出土的战国齐竹书《田法》中有"邑啬夫""田啬夫"。啬夫官名见于《战国策·东周策》"周共太子死"条（此篇鲍本据《史记》改列在《西周策》）。庐夫，楚官。鲍本注："庐、啬字同，小臣也。"又见《春秋繁露·求雨》。睡虎地秦简中习见，而不见《春秋》经传。

（7）语言词汇

《管子》书中习见的"朝廷""囹圄""群党比周""请谒""任誉""谄谀""贤不肖""廉耻""寝兵"……分别见于先秦诸子，而不见于《春秋》经传。作为《经言》开宗明义第一章的篇名《牧民》，以及各篇中频频出现的"牧民"，也是战国以后的语言。"牧民"意为像放牧牲畜那样去管理民众。这种语言在管仲时代是绝对没有的。春秋时代民众地位甚高，政治家们反复强调君主必须忠于民，民的利益高于一切。"上思利民，忠也。……夫，民，神之主也"（《左传·桓公六年》），"民之所欲，天必从之"（《左传·襄公三十一年》）。《春秋》经传中"民"字出现近500条，"牧民"之语迄无一见。"牧民"一语初见于春秋中期鲁成公"君也者，将牧民而正其邪者也"（《鲁语》）。战国诸子《孟子》《荀子》特别是《韩非子》中类似"牧民"的语言才增多起来。与此相应到《管子》成书的年代，民的地位一落千丈，从"民之所欲，天必从之"，变成了"上之所欲，小大必举"（《立政》）。足证《管子》不可能是管仲所著，而只能是战国以后的著作。

（8）《管子》成书年代内证

"昔者七十九代之君，法制不一，号令不同，然俱王天下者何也"（《治国》）。

古代称王始于夏。据《古本竹书纪年》："自禹至桀十七世。""汤灭夏以至于受二十九王"，西周自武王至幽王共12王，东周自平王至王赧共22王。总计夏、商、周三代共80王。"七十九代之君"指王赧的上一代周慎靓王，也就是说《管子》成书年代相当于王赧时期。王赧在位长达59年（前

314—前256）。与王赧同时的齐国国君是宣王、闵王、襄王和王建等四王，即《管子》成书于战国晚期自齐宣王至齐王建灭国。

3.《管子》引书

《管子》与其他先秦古籍相同或相近的语句很多。据统计《诗经》5条，《左传》8条，《公羊》1条，《论语》15条，《孟子》16条，《礼记》的《大学》6条，《中庸》5条，《越语》4条。与其他先秦诸子相同，相近的语句还很多。这里根据讨论《管子》成书年代的需要只对以上8种古籍进行统计。

关于《管子》与其他古籍的关系以往曾有不同的看法。例如毛大可认为孟子不道桓文之事，然孟子自为文多袭《管子》。徐时栋《烟屿楼读书志》则认为"孟子一生轻视管晏，即使今本《管子》果在孟子之前，孟子未必袭之。而乃战国时人私意增删，真赝杂出之书，而谓孟子袭之，非梦语乎"。叶适《水心集》则认为《管子》"持满定倾不为人客"等，"亦种蠡所遵用"。事实恐怕未必如此。愿就此谈几点看法。

（1）一般说来，《诗经》多是西周作品。从年代看早于管仲，《管子》书中与《诗经》相同的语句，只能是《管子》书抄《诗经》，而不会是《三百篇》抄《管子》。春秋时代人们言必以引《诗》《书》为荣，是与战国时代迥然不同的社会风气。① 在《管子》86篇（亡10篇）的巨著中只有这么8条，和齐桓公之女姜氏的一次谈话引《诗》的数量差不多。仅从这一点看就可知《管子》书绝非春秋著作。而且引《诗》并不光明磊落地注明出处，也并非春秋时代的作风。

（2）生当战国早期的墨子说："吾见百家春秋史。"（《隋书·李德林传》引《墨子》佚文）而且他也确曾征引过周、燕、宋、齐等国《春秋》的具体史实。《管子》书引"《春秋》之记"，不是"齐之《春秋》"，而是鲁史。说明《管子》书作者并未见过"齐之《春秋》"，否则为何不征引？而且《法法》所引"故《春秋》有记：'臣有弑其君，子有弑其父'者矣"的这段话，系引自《公羊·宣公十年》"臣弑君，子弑父"。一般认为《公羊传》创始于战国时期齐人公羊高。《管子》引《公羊传》知绝非管仲遗著。

---

① （清）顾炎武：《日知录·周末风俗》，中国文史出版社，1999年。

（3）《管子》引《左传》，年月均不尽删除，殊为可笑，而且还有错误。例如《大匡》："九年，公孙无知虐于雍廪，雍廪杀无知也。"则系抄自《左传·庄公九年》"九年，春，雍廪杀无知"。而"公孙无知虐于雍廪"一语却是抄自《左传·庄公八年》"初，公孙无知虐于雍廪"。所谓"初"，是指以往发生的事，是追述无知被杀的起因。《大匡》抄录时不明于此，讲齐国历史而不知删除鲁国纪年，而且冒然删除"初"字，把若干年前的起因与结果都放在"九年"下，显然是非常错误的。

　　又如《霸言》"一而伐之，服而舍之"系抄自《左传·隐公十一年》"许无刑而伐之，服而舍之"。注："刑，法也。"无刑即无法。这是说由于许国不守法度，郑、齐、鲁等国联合伐许。许国战败降服而被赦免。《管子》抄录时删去"许无刑"而改为"一而伐之"，难以理解。其实，"一"字应是"弍"字之误。《说文》：一，古文作弌。二，古文作弍。弍，经籍或作贰。《左传·成公八年》："是以诸侯怀德畏讨无有贰心。"有贰心者就要受到征伐。如"诸侯讨贰"（《左传·昭公十三年》），"柔服而伐贰"（《左传·成公九年》）意为怀柔臣服者，而征伐贰心者。人家和你一心一意，为什么还要伐之？因此《霸言》"一而伐之"必为二而伐之之误。

　　《左传》始传于春秋末，最后写定于战国中期以前①，管仲生前未见《左传》。《管子》引用《左传》，证明不可能是管仲遗著。

　　（4）《弟子职》："先生将食，弟子馔馈。"当系抄自《论语·为政》"有酒食，先生馔"，只是把意思搞拧了。馔字意为饮食，在《为政》中作动词，意思是说有酒食先请先生享用。但《弟子职》的意思却成了先生将要吃饭时，弟子却把饭吃了，岂不是笑话。根据下面的一句"摄衽盥漱，跪坐而馈"，知弟子的职责是"馈"，而不是馔。"馈"意为向尊者进食。那么前一句应改为"先生馔，弟子馈"，否则就扞格难通。只是由于作者非要凑成四言一句，才闹出这种笑话。

　　（5）为了确定上述古籍中与《管子》雷同的语句是《管子》抄袭其他古籍而不是相反，可以通过对《越语下》与《管子·势篇》雷同的语句进行分

---

① 沈玉成、刘宁：《春秋左传学史稿》，江苏古籍出版社，1992年。

析加以证实。《国语》中的《越语》上、下两篇都记述了越灭吴的过程。但内容并不互相衔接，都能独立成篇，应是史料来源不同的"传闻异辞"。叶适所谓"持满定倾，不为人客等，亦种蠡所遵用也"的话，见于《越语下》，都出自范蠡之口，与大夫种无关。而且并非范蠡"遵用"《管子》，实为《管子》抄袭"遵用"范蠡。为便于讨论把两者雷同语句摘录于下，范蠡语前附以时间，《管子·势篇》语前附以先后顺序（见表一）。

表一 《越语下》与《管子·势篇》文字比较

《越语下》	《管子·势篇》
（鲁哀公元年） 天时不作，弗为人客。 人事不起，弗为之始。	（3）天时不作，勿为客。 人事不起，勿为始。
（鲁哀公五年） 死生因天地之刑。天因人，圣人因天。 人自生之，天地形之，圣人因而成之。	（8）死死生生，因天地之刑。 （2）天因人，圣人因天。 （5）人先生之，天地刑之，圣人成之。
（鲁哀公十一年） 逆节萌生，天地未形而先为之征， 其事是以不成，杂受其刑。	（1）逆节萌生，天地未形先为之政， 其事乃不成，缪受其刑。
（鲁哀公十六年） 古之善用兵者，赢缩以为常， 四时以为纪，无过天极，究数而止。 古之善用兵者，因天地之常，与之俱行。	（6）成功之道，赢缩为宝， 毋亡天极，究数而止。 （4）以修天地之从。 （7）而道天地之常。

《越语下》与《管子·势篇》雷同的语句，是范蠡从勾践三年即鲁哀公元年至鲁哀公十六年，共16年间与勾践的谈话。每一次谈话都有一定的时代背景。每一次谈话都是建立在对吴越两国政治、经济形势具体分析基础之上的，都是有的放矢，而不是空发议论。例如勾践三年即鲁哀公元年的那段话是在勾践要伐吴，而范蠡认为时机不成熟向勾践进谏时讲的。范首先提出"持盈者与天，定倾者与人，节事者与地"的治国与军事理论的总纲。然后对当时吴越的形势进行分析：

天道盈而不溢，盛而不骄，劳而不矜其功。夫圣人随时以行，是谓守时。天时不作，弗为人客，人事不起，弗为之始。今君王未盈而溢，未盛而骄，不劳而矜其功，天时不作而先为人客，人事不起而创为之始。此逆于天而不和于人。王若行之，将妨于国家，靡王躬身。

在这里范蠡规劝勾践要像"天道"那样"盈而不溢，战而不骄，劳而不矜其功"，同时还强调"天时"与"人事"在战争中的作用。即敌方没有天灾，不要征伐（"天时不作，弗为人客"），没有怨叛逆乱，不要率先发动战争（"人事不起，弗为之始"）。勾践不听劝告，悍然伐吴，结果吃了败仗。

又如哀公十一年的那段话是当申胥谏，吴王夫差怒而杀之的情况下，勾践问是否可以伐吴时范蠡所作的答复。"逆节萌生"指杀害忠正。"天地未形"指天地灾异的征兆还没有显现出来。因此伐吴的时机不成熟。

再如哀公十六年"赢缩以为常"的那段话是在越伐吴，吴人出而挑战，一日五次挑战而越却按兵不动。勾践看到吴人求战不成的忿恨不满，于心不忍，打算应战，范蠡进谏时所说"赢缩以为常，四时以为纪"，意为用兵应该像天地、四时的运转、亏盈、晦明的规律那样有所变化。"日困而还，月盈而匡。古之善用兵者，因天地之常，与之俱行。后则用阴，先则用阳。近则用柔，远则用刚。……彼来从我，固守勿与。若将与之，必因天地之灾，又观其民之饥饱劳逸以参之。尽其阳节，盈吾阴节而夺之利。"敌人进攻，我方就应固守不与交战。如果敌方发生灾变，还要参考敌方民众的"饥饿劳逸"才能应战，如果敌人逸饱，仍然不可应战。只有敌方阳势已尽，我方阴节盛满，才能战而胜之。勾践采用了范蠡围而不打的策略，"居军三年，吴师自溃"。

总之，《越语下》与《管子·势篇》那些雷同的语句都是范蠡根据吴、越不同时间的战争形式变化所采取的对策，又是范蠡整套军事思想即正确处理战争与天、地、人之间的辩证关系的组成部分。因此这四段话在一定时间、一定环境下就很容易理解。而《管子·势篇》断章取义把这四句话变成八句，且次序颠倒，让人深感唐突费解。如不参照《越语下》，很难作出正确诠释，此其一。

《管子》摘抄《越语下》中的语句杂凑而成《势篇》是符合情理的论断。

否则，如据叶适所说，范蠡"遵用"《管子》，就必须设想在不同时间、不同情况下，范蠡在分析敌我作出正确判断时，都能从《管子·势篇》中找到恰当的语句以加强说服力，仿佛数百年前管仲已经为范蠡克敌制胜准备好了锦囊妙计，这当然是荒谬的，此其二。

范蠡在与勾践的应对中曾多次使用"蠡闻之""臣闻""臣闻之""先人有言曰"等等，既表明言之有据，又表示不敢掠美。如果确系"遵用"管仲，也必然会加以注明。现在"遵用"了《管子·势篇》中的八条，却无一注明，不附合上述范蠡语言惯例，足证并非范蠡"遵用"管仲，而系《管子》抄袭《越语下》，此其三。

既然《管子》可以抄《越语下》，当然也可以抄孔孟《四书》和其他古籍。《管子》既然不是管仲遗著而是成书于战国晚期的著作，因而也就不具有管仲时代的史料价值，当然也就不应据此而研究管仲的思想。根据以上的讨论，可以认为《管子》一书是伪托管仲之名杂抄诸子百家之语拼凑而成。其思想倾向是儒法和道法并重，既不能如《汉书·艺文志》入道家，也不能如《隋书·经籍志》入法家，列入杂家是比较适宜的。《管子》尽管不是管仲遗著，但却保存了不少战国时代政治、经济和思想方面的不少史料，依然弥足珍贵。

（四）《司马法》

《汉书·艺文志》有《军礼司马法》，不言作者姓名。《隋书·经籍志》有"《司马兵法》三卷，齐将司马穰苴撰"。齐国有重名的司马穰苴，一是春秋晚期人，《史记》有传。一是战国晚期人，被齐闵王所杀，见《战国策·齐策六》。《史记·司马穰苴列传》说："齐威王使大夫追论古者司马兵法，而附穰苴于其中，因号曰《司马穰苴兵法》。"据此可知今本《司马法》写定于战国中期的齐威王时代。其中既包括"古者司马兵法"，也含有春秋晚期司马穰苴及其以后兵家的有关论述。《司马法》汉代时有"百五十五篇"，至今仅存《仁本》等三卷五篇。两汉不少著作所引《司马法》多见于今本。今本为"东晋以后人"伪造之说不可信。

《司马法》集中反映了西周春秋时代的战争观念、战争行为规范和军事制度，所阐述的不少原则都可以从当时的战例中找到实证。例如《仁本》中所述《六德》之一的"礼"，解释说："古者逐奔不过百步，纵绥不过三舍，是以明其礼也。"即追击敌人不能超过"百步"（600尺），跟踪敌人撤退不能超过"三舍"（90里）。周武王伐纣在《牧誓》中命令说："今日之事，不愆于六步，七步，乃止齐焉。"即追击敌人不能超过六步，七步即停止下来保持队形。新出土的周原甲骨文中有"大还，唯不大追"。或引《淮南·天文训》"（日）至于女纪，是为大还"，认为"大还"是天文名词，解为"大还之时，是不大适宜逐兽的"。① 按：殷墟卜辞追人曰追，追兽曰逐。"大还"与"大追"对举，还、追均应是动词，意为敌人大肆撤退，不要大举追击。又如"六德"中的"信"规定："成列而鼓，是以明其信也。"即必须等到敌方排好队形时才能击鼓进攻，以表明诚信。著名春秋楚宋泓之战，宋襄公严守"古之为军也""不鼓不成列"的规定，即使由此而被战败，"门官"被歼，自己也被射"伤股"，仍无懊悔之意（《左传·僖公二十二年》）。再如《仁本》中还有"不加丧，不因凶，所以爱夫其民也"的原则。意为不利用敌方国君死亡和灾荒的时机发动战争，以表示对敌方民人的关爱。在《左传》数以百计的战争中没有一次是乘敌方灾荒之年进行的。关于"不加丧"的例证很多。如《左传·襄公四年》："陈成公卒，楚人将伐陈，闻丧乃止。"又如《左传·襄公十九年》晋"侵齐，及毂，闻齐侯卒而还"等。应该指出进入战国以后，"不加丧，不因凶"的原则开始遭到破坏。上引范蠡"天时不作，弗为人客，人事不起，弗为之始"的论述，就是和这一原则相对立的。

《司马法》中还有一些与上述原则背道而驰的记述，如"从奔勿息"（《用众》），即不停顿地迫击敌人。又如"兵者，诡道。故能而示之不能"（《佚文》），与《孙子兵法》的内容相同。此外在《佚文》中兵赋征收数目也有不尽一致的地方。应是齐威王时大夫追论《司马法》时把不同时代的兵法集录在一起的缘故。②

---

① 徐锡台：《周原甲骨文综述》，三秦出版社，1987年。
② 中华文化通志编委会编，王恩田撰：《齐鲁文化志》，上海人民出版社，1998年。

《司马法》年代鉴别结果表明,西周春秋的战争观念和行为规范与战国时代有着质的区别。因此,研究姜齐太公师尚父的军事思想只能以《司马法》为依据,而不能以伪托太公之名,成书于战国的《六韬》之类为蓝本。西周时代重"仁本",讲诚信。太史公根据《六韬》之类的伪书,把"阴谋""兵权与奇计""周之阴权"之类先周和西周初年根本不存在的东西,强加在姜齐太公头上,谬种流传,贻害无穷,应予摒弃。

二 考古材料的应用与鉴别

20世纪20年代近代考古学传入我国。考古学众多的考古发现与研究成果成为复原古史和传统文化研究的重要史料。

(一)山东原始文化是东夷族文化

在文献记载中或多或少都能找到有关大庭氏、黄帝、炎帝、神农、少昊、颛顼、高阳、高辛、陶唐、有虞等传说时代各族的材料,前人已有论述[①]。似乎传说时代各族均起源于山东。这类记载是否可信,可以利用考古学的发现所提供的物质文化面貌进行核查。近80年来的考古发现表明不同地区原始文化面貌形态各异,应是族属不同的反映。考古发现证明山东的原始文化从后李文化、王因文化、刘林文化、大汶口文化、龙山文化到岳石文化,一脉相承,独具特色。一般认为这就是少昊氏的东夷文化。只是在鲁西北和鲁西南与龙山文化相衔接的是尚庄三期文化,其族属有待确认。研究山东传说时代的历史就应以此为出发点,而不能单纯根据文献记载认为山东古代是多族杂居,全国其他各地传说时代的文化均起源于山东。据传说五帝三王足迹遍全国,舜耕历山多达15处,不可能都是历史事实。史学责任在于严密考证,去伪存真。盲目地轻信或否定,都不足取。

---

① 王献唐:《炎黄民族文化考》,齐鲁书社,1985年。

（二）夏、商文化并非起源于山东

山东有禹城、寒亭、斟灌、斟寻等地名，传说大禹治水所疏导的九河也大多在山东，极易使人产生夏文化起源于山东的误会。目前考古界基本上已经达成共识，洛阳偃师二里头文化属于夏文化。而山东境内迄今为止尚未发现过一处以二里头为代表的夏文化遗址，夏文化不可能起源于山东。与夏文化年代约略平行的山东龙山文化晚期、尚庄三期文化，可能还包括岳石文化早期等是夏代时期的东夷文化。斟灌、斟寻和杞、缯、费等古国可能是商汤灭夏以后，夏遗民进入山东后带来的地名和建立的国家。

山东境内有少昊氏"以鸟名官"的传说，而商人也有"天命玄鸟，降而生商"的传说。再加上王国维考证商人先公先王时代的都城如"蕃""东都""亳""奄"等均在山东，故不少学者主张商人起源于山东。但迄今为止，山东还没有发现过一处以郑州二里岗下层为代表的商代早期早段的遗址。商人起源于山东说无法得到考古学证据的支持。与商文化早期早段约略平行的岳石文化晚期应是与商代同一时期的东夷文化。①

（三）齐鲁建国方针的考古学考察

《史记》记载齐鲁采取了迥然有别的建国方针。齐国实行"因其俗，简其礼"，鲁国实行"变其俗，革其礼"。从物质文化面貌看齐国与土著东夷诸国如莒、邾、薛等非常接近。如春秋时期都流行直角平盖鼎，齐、莒的用鼎制度都是既使用无盖鼎大小相次的奇数组合，同时又实行有盖鼎大小相等的偶数组合，即两套组合并用的用鼎制度。齐和莒国都保存着大量人殉陋俗等等。而鲁国物质文化面貌则与中原姬姓诸国保持惊人的一致性。鲁国基本上废除了人殉陋俗。②此外齐国大量使用金属铸币齐刀币和賹化等圜钱，而鲁国没有自己的金属铸币。鲁国使用铜贝和包金贝等金属铸币的说法是错误的。③证明《史记》关于齐、鲁采取不同建国方针的记载是正确的。

---

① 王恩田：《山东商代考古与商史诸问题》，《中原文物》2000年第4期。
② 王恩田：《"晏子入鲁问礼"与齐鲁文化比较研究》，《晏子研究》，社会科学文献出版社，1992年，第1—16页。
③ 王恩田：《"鲁币"质疑》，《考古与文物》2000年第4期。

（四）考古材料的鉴别

通常情况下考古材料可以放心使用。但由于考古工作者业务水平参差不齐，所提供的材料和结论未必可信，有必要加以鉴别。

例如，1931年我国近代考古学的奠基人梁思永先生在龙山文化发祥地的历城县龙山城子崖（今属章丘）发现了龙山文化城址。但70年来由于一些著名的考古学家对龙山文化发展水平估计太低而不予承认。20世纪90年代初在这里重新发掘。由于不懂得判断城墙年代必须进行"解剖"，在没有"解剖"只看到城墙修补部分而并未见到始建部分的情况下，就匆忙宣称当年梁思永发现的不是龙山城而是岳石城。又由于不认识断崖下又黑又硬的湖泊沉积的原生土，这种土现在考古学界称为"生土"，当年梁思永先生根据当地习惯称为"鸡屎瓣土"，误把这种生土当作了城墙的夯土，于是又宣称发现了"20万平方米的龙山城"。在中外考古学界造成极大混乱。使用这样的材料就难免会上当受骗。① 又如临淄齐故城发掘的郎家墓，《县志》记载说是"黔敖家"。墓内出土的仿铜陶器使用战国时代鼎、豆、壶的典型组合。墓葬规模、等级、人殉等也都与黔敖身份相符，《县志》记载应是可信的。但发掘报告却根据鼎的形制与国子鼎相同，又根据《史记》关于田常"尽灭国、高之族"的记载把国子鼎和郎家墓的年代定为春秋。殊不知《史记》这条记载有误。因为在《左传》中田（陈）常政变以后，国、高二族的头面人物仍然活跃在政治舞台上。我们只能根据考古发现纠正《史记》的失误，不能本末倒置，利用错误的文献记载作为判断年代的依据。② 再如，《曲阜鲁国故城》发掘报告把鲁城内的两周墓葬分为甲、乙两组，认为甲组是夷人墓而乙组为周人墓。得出结论说当地的夷族"固有的社会风尚曾牢固地、长时间地存在着"，对鲁国"变其俗，革其礼"提出质疑。

其实，这是由于错误地判断器物年代而导致的误解。乙组墓器物年代与河南陕县虢国墓地相同，属于春秋早期。而甲组墓器物年代与洛阳2415号墓相同，属于春秋中期。甲、乙两组墓葬文化面貌的不同是年代早晚的反

---

① 王恩田：《梁思永与城子崖真假龙山文化城》，《山东社会科学》1995年第1期。
② 王恩田：《临淄国子墓和郎家墓的年代与墓主问题》，《考古与文物》1985年第6期。

映,而不是族属不同的反映,不存在当地夷族仍长期使用"固有的社会风尚"即夷俗夷礼的问题。事实上鲁城内可能有夷族存在,但就文化面貌而言,与中原地区姬姓国有着惊人的一致,也就是说鲁人"变其俗,革其礼"的基本国策的推行是彻底的,勿庸置疑的。①

三 古文字和民族志材料的应用

山东地区出土的金文、陶文、玺印、封泥、简牍等古文字材料对于研究古史和齐鲁文化是一批非常重要的史料。

山东出土的族徽铜器很多。由于只有一两个字,历来不被重视。其实族徽铜器对于研究商周氏族方国的历史和解决一些重大的学术问题有其不可替代的重要作用。例如,《左传·昭公十一年》:"纣克东夷而殒其身。"由于商纣王征伐东夷而元气大伤,导致周武王乘机伐纣灭商的厄运。纣伐东夷是齐鲁建国前东夷族与商王朝历史上的一个重大事件。帝乙、帝辛(纣)时期的甲骨文中有大量征伐夷方的材料,可以编排出征夷方日程表。但由于古代地多重名的特点,学者们的考证差距很大。认为夷方(人方)有在山东的、有在安徽的、有在江汉的、有在陕西的,甚至还有认为在东北长城内外的。堪称人言言殊,莫衷一是。1965年,我曾率队寻找亚醜族徽铜器的出土地点,在益都(今青州市)苏埠屯发现了亚醜族商代大墓。根据甲骨文中有亚醜族人到殷都安阳途经攸地的记载,确定了征夷方中心地点攸地的大体位置。以此为契机,不断探索,终于闯出了一条新路,即利用族徽和国族名铜器的出土地点考证地名的"族徽铜器定点法"。根据考古发现确定了征夷方往返途经的5个地点:即攸在滕州后黄庄和轩辕庄一带,永在滕州金庄,索在兖州中李宫村,杞在新泰,商在泰安道朗龙门口水库一带。再结合文献记载,确认㠱在范县东南50里的顾城,乐在济南,亳即蒿里山在泰安城南郊,鸿即红在泰安南30里的洪沟,淮在安徽淮河,等等。据此即可绘出征夷方往返路线图。另据殷人军队曾在攸地与夷方交战,而费县又曾出土过与夷方有密

---

① 王恩田:《曲阜鲁国故城的年代及其相关问题》,《考古与文物》1988年第2期。

切关系的举族铜器，确认夷方即在费县一带。利用甲骨文材料证实并复原了"纣克东夷"的历史，同时也解决了杞分二国与商代杞国在新泰和济南见于甲骨文记载等相关的学术课题。①

又如，鲁分"殷民六族"是鲁国封邦建国中的一件大事。以往认为"殷民六族"是分封给鲁国的"种族奴隶"。根据族徽和国族名铜器的出土地点可知"索氏"即索在今兖州中李宫，"条氏"即攸在今滕州后黄庄和轩辕庄一带。"徐氏"即徐国，也即《书·费誓》"淮夷、徐戎并兴"、鲁国"东郊不开"的徐戎，据徐子鼎的出土知其本土应在费县。结合文献记载齐鲁长勺之战，"长勺氏"应在齐鲁之间，约在今新泰一带。"尾勺氏"应与此相近。"萧氏"原属宋邑，地在今安徽萧县西北。这样我们就会发现徐氏在鲁东，条氏、萧氏在鲁南，索氏在鲁西，长勺氏、尾勺氏在鲁北，鲁国恰在"殷民六族"之中心。由此可知，鲁分"殷民六族"原来都是居住在鲁国周围的殷商遗民。鲁国建国时西周王朝把这六族分给鲁国统辖，也就是《礼记·王制》所说"不能五十里者，……附于诸侯，曰附庸"，不能视为"种族奴隶"。②

两周时代山东列国林立。利用两周铜器出土地点研究各国历史，如郳分三国③，纪、夁、莱的关系④等都曾取得一定成绩。此外，在临沂银雀山汉简中，不仅发现了久已失传的《孙膑兵法》，而且还发现了战国时期齐国的《守法》《守令》等十三篇⑤，对于研究齐国经济、政治、军事、社会组织等各方面都是一批重要的史料。

民族志材料虽然本身并非史料，但却是解开古史之谜的钥匙。例如，山东兖州王因大汶口文化时期墓地，大量存在着多人同性别合葬和二次葬。少者一墓数人，多者一墓达数十人不等。⑥从20世纪70年代发现至今20多年来无人对此葬制作出具有说服力的解释。其实根据我国西南少数民族志资

---

① 王恩田：《人方位置与征人方路线新证》，《胡厚宣先生纪念文集》，科学出版社，1998年。
② 王恩田：《从考古材料看楚灭杞国》，《江汉考古》1988年第2期。
③ 王献唐：《春秋郳分三国考》，齐鲁书社，1982年。
④ 王恩田：《纪、夁、莱为一国说》，《齐鲁学刊》1984年第1期。
⑤ 银雀山汉墓竹简整理小组：《银雀山竹书〈守法〉〈守令〉等十三篇》，《文物》1985年第4期。
⑥ 中国社会科学院考古研究所等：《山东兖州王因新石器时代遗址发掘简报》，《考古》1979年第1期。

料，解放前仍保存着同性别男女分片居住的习俗，显然这就是美国民族学家摩尔根在夏威夷群岛所发现的普那鲁亚婚。① 又如银雀山竹书《田法》中有"十岁而民毕易田"的记载，学者不得其解。其实汉代注疏家贾逵、服虔早就说过："爰，易也。"易田即爰田，也称辕田。何谓爰（辕）田？两千年来人言言殊，莫衷一是。许慎《说文解字》："䢰，䢰田易居。"段玉裁注："爰、辕、䢰、换四字音义同也。"按照许慎的解释爰（辕）田意为换田换房。但许慎之说两千年来无人信从。其实100年前印度西北部旁遮普、白沙瓦一带还流行每隔五年或七年就要定期交换土地和住房的习俗。这条民族志材料对解开爰（辕）田之谜和研究齐国土地制度无疑提供了正确依据。②

综上所述，相信正确处理观点与史料的关系，加强史料的真伪与年代鉴别，齐鲁文化研究必然会开创新的局面，取得更加丰硕的成果。

原载《齐鲁文化研究》2002 年第 1 期

---

① 王恩田：《王因同性合葬与普那鲁亚婚》，《齐鲁文博》（山东省首届文物科学报告月论文集），齐鲁书社，2002 年。
② 王恩田：《临沂竹书〈田法〉与爰田制》，《中国史研究》1989 年第 2 期。

曲阜鲁国故城年代及其相关问题

曲阜鲁国故城是全国重点文物保护单位。1977年3月至1978年10月，山东省博物馆、济宁地区和曲阜县文物部门联合进行全面勘探。正式发掘报告《曲阜鲁国故城》已经发表（本文简称《报告》）。[①] 本文拟就如下几个问题谈点看法。

一 墓葬年代与分期

在鲁城西部发现了五六处墓地，对其中的四处作了发掘，共发掘两周墓葬126座。其中药圃墓地34座，编号M101—139（包括汉代墓葬，下同）；斗鸡台墓地27座，编号M301—328；县城西北角墓地14座，编号M201—214；望父台墓地51座，编号M1—58。此外，在北关西北发现了两座，编号M401—402，建国初期孔府花园发现过一墓[②]，《报告》也收在内，编号M501，总计129座。

由于没有发现可借以分期的地层关系，虽有少数墓葬的打破关系，但其中的晚期墓多属汉代，或者是一些没有铜器、陶器随葬的小墓，对于分期断代意义不大，因而只能依据随葬遗物形制作出判断。各墓地中差不多都能找到一些铜器与陶器共存的墓葬，为准确判断年代提供了重要依据。此外有些陶器墓中的器物形制可与其他地区同期墓葬相比较，也可作为断代依据。

为讨论方便，先将《报告》的分期、所定年代及典型墓列举如下。

---

① 山东省文物考古研究所、山东省博物馆等：《曲阜鲁国故城》，齐鲁书社，1982年。
② 中国科学院考古研究所山东工作队等：《山东曲阜考古调查试掘简报》，《考古》1965年第12期。《报告》叙述与《考古》发表的资料有出入。如《考古》说鬲一件，《报告》第221页墓葬登记表说鬲2件，第96页又说是3件；《考古》说Ⅰ式豆3件，《报告》称簋（即Ⅰ式豆）为4件；《考古》说Ⅱ式豆2件，《报告》则说豆有3件；罐的形制也不同。此外《考古》说还出土蚌鱼20件、玉质串珠、刻纹铜片等，《报告》中均未提及。

甲组墓分六期：

一期　M301、M120、M501、M107、M124，西周初年至西周早期。

二期　M119、M138、M310、M320，西周中期。

三期　M328、M316、M317、M113，西周晚期。

四期　M305、M210、M202、M131、M203、M205、M211，约属春秋早期。

五期　M207、M209、M210、M213，春秋中期。

六期　M115、M110、M111、M116、M104、M103、M401，春秋晚期。

乙组墓包括西周墓和东周墓。

西周墓分为四期：

一期　M57、M44、M35，约属西周早期。

二期　M23、M30、M48 等 12 墓，约属西周中期。

三期　M49 等 11 墓，约属西周晚期。

四期　M50、M10、M14，约属西周末年。

东周墓分为三期：

一期　M18、M2、M1、M4，约属春秋末年至战国初期。

二期　M47、M52、M3、M51，约属战国早期。

三期　M58、M54，约属战国中期或稍晚。

今将甲组墓与乙组墓合并为七期，从中选取 20 座墓作为典型墓，分别讨论其年代。

第一期　以 M501、M124、M310 为代表。

M501 和 M310 出土的 II 式素面鬲（《报告》图五六：2；图版三三：3。以下凡不注明出处者均系《报告》的图和图版号），与洛阳中州路西周墓葬 M640 出土的 I 式鬲共存① 基本相同，而与中州路 M640 I 式鬲共存的 IIB 式陶鬲② 与长安沣西张家坡第五期（厉王前后）墓葬中的 VI 式鬲是相同的。③ M501 的 II 式浅腹高柄簋（图五七：2）与陕西扶风齐家村西周晚期

---

① 中国科学院考古研究所：《洛阳中州路》，科学出版社，1959 年，图版四三：7。
② 中国科学院考古研究所：《洛阳中州路》，科学出版社，1959 年，图版四三：5。
③ 中国社会科学院考古研究所沣西发掘队：《1967 年长安张家坡西周墓葬的发掘》，《考古》1980 年第 4 期，图二九一：2，图版四：5。

和西周末年的陶簋基本相同。①M124 的Ⅳ式浅盘细柄豆（图六二：5；图版四二：5），柄部有突棱，是西周晚期陶豆的典型形制②，其下限可至春秋。故第一期墓葬的年代应属西周晚期。

第二期　包括《报告》的乙组第一至四期"西周墓"。以 M48、M23 为代表。

这批墓葬的共同特点是大都出土仿铜陶鬲。其形制是腹有扉棱，足为实心，除一件为素面外，其余均饰绳纹（图八三：2—10；图版六〇、六一）。《报告》虽分为 12 式，但形制基本相同。这种型式的陶鬲时代性很强。长安（今西安市长安区）客省庄西周晚期居址中曾经发现过③，陕县（今三门峡市陕州区）上村岭虢国墓地有更多的发现。④新郑唐户 M3 也曾出土过。⑤虢墓年代属西周晚期至春秋早期，新郑唐户 M3 为西周晚期。因此，这种仿铜鬲的年代应属西周晚期，下限可至春秋早期。

这批墓葬出土的铜礼器都是西周晚期和春秋早期的典型形制。例如Ⅱ—Ⅵ式铜鼎均为立耳、半球腹、马蹄足（图一三四；图版七四、七五）。其中Ⅲ式鼎与攸从鼎、陈生雁鼎形制相同，M30 的Ⅳ式鼎与雍作母乙鼎同，Ⅴ式鼎与毛公鼎同，Ⅵ式鼎与颂鼎同，M46 和 M48 的Ⅰ式簋（图版八〇：1、3）与鲁伯大父簋、苏公子簋相同。簠（图版七七：4）与史免簠、召叔山簠、铸公簠同。盨（图版七七：1—3）与克盨、甫人盨基本相同。盘（图版七六：1）与鲁伯厚父盘同。匜（图版七九：3—4）与楚嬴匜、史颂匜相同⑥，铜器花纹如垂环纹、垂鳞纹、窃曲纹、瓦文（图九一、图九二）等也是这一时期流行的纹饰。M23 出土的Ⅰ式铜鼎为垂腹、柱足（图版七四：1），虽然具有西周中期的形制特点，但由于与西周晚期和春秋早期的仿铜陶鬲共

---

① 中国科学院考古研究所扶风考古队：《一九六二年陕西扶风齐家村发掘简报》，《考古》1980 年第 1 期，图七：12、13。

② 中国科学院考古研究所：《沣西发掘报告》，文物出版社，1962 年，图六四：5，图版五四：5。

③ 中国科学院考古研究所沣西发掘队：《1955—1957 年陕西长安沣西发掘简报》，《考古》1959 年第 10 期，图版三：6。

④ 中国科学院考古研究所：《上村岭虢国墓地》，科学出版社，1959 年，图四：8—10，图版五：2—4。

⑤ 开封地区文管会等：《河南省新郑县唐户西周墓葬发掘简报》，《文物资料丛刊》（2），第 46 页，图三：1。

⑥ 所引传世铜器图像均见《两周金文辞大系·图编》《商周彝器通考》。

存，根据早晚器物共存时，判断遗迹年代应以晚期遗物为准的原则，M23 的年代也只能是西周晚期到春秋早期。

M8 出土的另外两件铜器对于进一步确定这批墓葬年代具有重要意义。一件是铜甗，其形制为分体，甑和鬲各有一对附耳，甑部饰重环纹与环带纹（图版七六：3）。陕西出土的西周时代的铜甗均为合体，分体甗是春秋以后才流行起来的。例如流往国外的一件铜甗的甑部，形制与此基本相同，其年代属春秋初期[1]，蓬莱村里集和烟台出土的春秋铜甗形制也与此基本相同。[2] 又如黄县春秋鼄器中有一件分体甗的下部也有一对附耳[3]，其上部的甑今存青岛市博物馆，其形制也与此相近。另一件富有特色的器物是侯母壶，腹部呈蛋形，饰三角编织纹（图九二：4；图版八一），其形制和纹饰与中原风格迥异，但却与日照崮河崖出土鳌（莱）国媵器中的铜壶如出一范[4]，后者的年代是属于春秋早期的。此外 M30 出土的锋为直角三角形的铜戈，也是春秋早期的典型形制。因此，这批墓葬的年代下限应为春秋早期。

第三期 以 M201、M202、M107、M120 为代表。

M201 和 M202 出土的铜鼎（图版四七：1）、舟（图版四九：2）与洛阳中州路东周第一期墓葬的 M2415 是相同的。中州路东周一期墓葬年代原定为春秋早期。考虑到该墓所出的斜耳、浅腹、三兽足集中于底部的铜鼎以及盆的形制与上村岭虢墓不同，而舟则是新出现的器类，故中州路东周一期墓实应排在春秋早期以后，改定为春秋中期为宜。[5]M107 出土的Ⅲ式簋（图五七：4；图版三五：3）与中州路东周二期墓出土的ⅠA 式无盖豆形制是相近的。[6]M107 的ⅢB 式豆（图六二：4；图版四二：4）为细柄。唇有沟槽，曾见于莱阳前河前村春秋早、中期墓（山东省博物馆1975年发掘资料）。M120 出土的Ⅰ式斜腹碗式簋（图五七：1；图版三五：1）与山西翼城天

---

[1] 中国科学院考古研究所：《美帝国主义劫掠的我国殷周铜器集录》，科学出版社，1962年，A139。
[2] 山东省文物管理委员会等：《山东文物选集》，文物出版社，1959年，图九五。
[3] 王献唐：《黄县鼄器》，山东人民出版社，1960年，第5—8页，图八。
[4] 杨深富：《山东日照崮河崖出土一批青铜器》，《考古》1984年第7期。
[5] 高明：《中原地区东周时代青铜礼器研究》（下），《考古与文物》1981年第4期。
[6] 中国科学院考古研究所：《洛阳中州路》，科学出版社，1959年，第73页，图四七：1。

马—曲村晋文化第六段Ⅵ式簋相近，后者年代属春秋中期偏早。① 故第三期年代应定为春秋中期。

第四期 以M207、M209、M213为代表。

M207与M209出土的陶鬲为斜短沿，沿上有弦纹、束领、矮裆近平（图五六：9、10；图版三四：4、5），与山西侯马春秋晚期的鬲形制相近。豆为细高柄（图版四三：4），呈现出晚于第三期而又早于第五期的形制特征。这三座墓均出土高柄簋（图五七：6—8；图版三五：5，三六：1—3），三墓应同时。这种簋曾在曲阜孔林以东②、河湾高家村③、兖州西吴寺④ 出土过。最近发表的海阳嘴子前村春秋中期墓内也有出土（《文物》1985年第3期）。M213出土的有盖豆（图六三：1；图版四四：4）是一种新出现的器类。有盖豆在洛阳地区出现是在春秋晚期。第四期的年代以定为春秋晚期为宜。

第五期 以M115、M116、M1、M2为代表。

M116的有盖、球腹铜鼎（图版四七：2）与长岛王沟战国早期墓相同⑤，带盖舟（《报告》称"盨"，图版四八：4）与临淄郎家墓⑥和平度东岳石战国墓的仿铜陶舟⑦ 相同。而这种带盖舟与球形敦（俗称"西瓜鼎"）往往是共存的。⑧ 球形敦与陈侯午敦形制相同，是战国早期的典型器物。M115出土的盖豆、华盖壶等与M116同，唯舟尚未出现盖（图版四九：4），其年代应比M116稍早。M1、M2的带盖罍（图八八：3；图版六八：5）与第四期带盖罍（图六〇：6；图版四一：5）一脉相承。但共存陶鬲的鬲足极矮，趋向于消失（图八六：1；图版六九：1），其形制应晚于第四期，故第五期年代应

---

① 北京大学考古专业商周组等：《晋豫鄂三省考古调查简报》，《文物》1982年第7期，第3页，图二。
② 曲阜县文物管理委员会：《山东曲阜发现两处周代遗址》，《考古》1965年第6期，第314页，图一：18。
③ 山东省文物管理委员会等：《山东文物选集》，文物出版社，1959年，第50页，图一一〇。
④ 兖州县图书馆藏品。
⑤ 长岛县博物馆藏品。
⑥ 山东省博物馆：《临淄郎家庄一号东周殉人墓》，《考古学报》1977年第1期，图版五：3。
⑦ 中国科学院考古研究所山东发掘队：《山东平度东岳石村新石器时代遗址与战国墓》，《考古》1962年第10期，图版三：5。
⑧ 山东省博物馆：《临淄郎家庄一号东周殉人墓》，《考古学报》1977年第1期，图版五：2；中国科学院考古研究所山东发掘队：《山东平度东岳石村新石器时代遗址与战国墓》，《考古》1962年第10期，图版四：3。

定为战国早期。

第六期 以M52、M58为代表。

本组铜器具有浓厚的越器风格。如Ⅶ式铜鼎（图版七三：2）在江西①，湖南长沙、资兴②，广东广宁县铜鼓岗，广西平乐银山岭等地多有出土，人们习惯上称为"越式鼎"。镳壶（图版八二：2）也是浙江战国越墓中常见的器物③，可见这组墓葬遗物深受越国影响。两墓出土的青瓷罐（图版七三：4、5）很可能就是越地的产品。据文献记载，越对鲁国的影响始于鲁哀公二十一年（前474），终于周赧王八年（前307）楚灭越。故定为战国中期。

第七期 以M3、M54为代表。

本组遗物具有显著的楚器风格，如M3出土的Ⅱ式铜壶，颈修长，有链式提梁（图版八二：3），是两湖楚墓④中常见器物。本组高柄陶壶（图八九：7—11；图版七二）与曲阜毕家村出土者基本相同。⑤在信阳楚墓⑥、淮阳马鞍冢楚墓⑦中均有出土，是极富楚文化特色的器物。河北唐山贾各庄⑧和辉县赵固⑨也出土高柄陶壶，但器盖均为平顶，而楚墓中的高柄壶则为喇叭钮盖和弧形盖，两者有别。M54出土的Ⅲ式陶釜（图八六：3）与河南淮阳平粮台16号楚墓中Ⅰ式圜底罐基本相同。⑩第七组年代应自楚灭越至鲁为楚灭（前307—前255），相当于战国晚期。

---

① 薛尧：《江西出土的几件青铜器》，《考古》1963年第8期，第418页，图四、图五。
② 中国科学院考古研究所：《长沙发掘报告》，科学出版社，1957年，第38页，图三〇、图版十二：1；湖南省博物馆：《湖南资兴旧市战国墓》，《考古学报》1983年第1期，图一六。
③ 浙江省文物管理委员会：《绍兴漓渚的汉墓》，《考古学报》1957年第1期；绍兴县文物管理委员会：《绍兴凤凰山木椁墓》，《考古》1976年第6期，图版一〇：3。
④ 湖北省荆州地区博物馆：《江陵雨台山楚墓》，文物出版社，1984年，图版三三；湖南省博物馆：《湖南省文物图录》，湖南人民出版社，1964年，图版一七。
⑤ 中国科学院考古研究所山东工作队等：《山东曲阜考古调查试掘简报》，《考古》1965年第12期，第661页，图一三：4。
⑥ 河南省文化局文物工作队：《河南信阳楚墓出土文物图录》，河南人民出版社，1959年，图五九、图一五三。
⑦ 河南省文物研究所：《河南淮阳马鞍冢楚墓发掘简报》，《文物》1984年第10期，图三八：4。
⑧ 安志敏：《河北省唐山市贾各庄发掘报告》，《考古学报》1953年第6期，第76页，图七：23、12。
⑨ 中国科学院考古研究所：《辉县发掘报告》，科学出版社，1956年，第114页，图一三四：95。
⑩ 河南省文物研究所：《河南淮阳平粮台十六号楚墓发掘简报》，《文物》1984年第10期，图四：10。

二　居址年代上限

《报告》把鲁城城内遗址分为六期，其中第一期以T110第五层和H21为代表，其年代定为"西周初期"。

第一期陶鬲选取了三件标本：T110（5）：1；H21:25；H21:11（图三三：1、3，图版十五：1），均为鬲口残片。器形为敛口，宽斜沿，沿上饰瓦纹，腹外鼓，底大于口。其完整器形的底部应有三个肥硕的袋足，低裆近平。这种形制的陶鬲在长安沣西[①]、新郑唐户[②]和上村岭虢墓[③]中均有出土，是西周晚期的典型器物。

第一期陶豆选取两件标本：ⅠA式豆（H21:19）和ⅠB式豆（H21:2）（图四〇：1、2）。ⅠB式豆为细柄突棱豆，也是西周晚期的典型器物，已如上述。作为最原始形制的ⅠA式豆仅存豆盘，从形制看，其年代可能还要稍晚些，不会早于春秋。

综上所证，就目前发表的材料而言，鲁城居址的年代上限不会早于西周晚期。

三　城墙始建年代

鲁城平面略呈不规则的扁方形，城垣总周长为11771米。在南东门东侧、城西北角和城东北角进行了试掘，共挖探沟13条。《报告》把三个地点的各期城墙归纳为四个发展阶段。第一阶段以南东门东侧的一、二期城墙为代表，时代属西周前期。第二阶段以西北城角和东北城角的一、二期城墙为代表，时代属西周晚期。其主要根据是两者使用的夯具不同。前者"使用尖头和圆头小棍夯"，后者"使用圆头棍夯，棍稍微粗些，一般直径3厘米—3.5厘米"。

笔者认为同属始建城墙不宜再分早晚。城墙是防御军事，只有一气呵成，才能发挥其作用。很难设想在南东门一带的城墙兴建一二百年之后，才

[①] 中国科学院考古研究所：《沣西发掘报告》，文物出版社，1962年，图版七五：6。
[②] 开封地区文管会等：《河南省新郑县唐户西周墓葬发掘简报》，《文物资料丛刊》（2），图三：4。
[③] 中国科学院考古研究所：《上村岭虢国墓地》，科学出版社，1959年，图版五：5。

又动手修筑西北城角和东北城角一带的城墙。此外小棍夯使用的是一些自然木棍，棍径可以粗些，也可以细些。棍的尖端使用的时间久了，也可变成圆头。因此棍径大小，棍端的尖圆，并不具有时代意义。始建城墙中棍径不同的情况在洛阳王城也曾发现过。洛阳王城西城墙原筑夯土的夯窝直径 1.5 厘米—2.5 厘米，而北城墙的夯窝直径则为 3.4 厘米—4 厘米。发掘者并未由此而把它们定为不同时期的城墙①，这无疑是正确的。

探讨鲁城城墙的始建年代有两处清楚的地层关系值得注意，一是东北城角西侧的 T505（图一八甲），在这里第一期城墙叠压在第 15 和 16 层之上。15 层与 16 层之间有活动面和灶，应是房屋遗迹。16 层之下还有一条沟（G1），虽然由于 15、16 层和 G1 中的陶片"破碎"不能提供城墙始建年代上限的证据，但这一发现表明鲁城是在当地居民居住了一个时期之后才兴建的。二是西北城角 T205—207 的第一期城墙"打破第十三层"，而第 13 层中出土了一件属于遗址第一期的罐口。如上所证遗址第一期的年代属西周晚期，可证第一期城墙的年代上限不能早于西周晚期。

关于鲁城始建年代史存两说。一说以为曲阜县外城为伯禽所筑。《史记·周本纪》正义引《括地志》："兖州曲阜县外城，即周公旦子伯禽所筑，古鲁城也。"一说以为建于鲁闵公二年。《公羊·闵公二年》："桓公使高子将南阳之甲，立僖公而城鲁。"

西北城角的地层关系证明第一种说法难信。第二种说法与地层关系虽不矛盾，但却值得怀疑。据《春秋》经传记载僖公以前鲁国已有不少关于筑城的记录，如隐公七年"城中丘"、九年"城郎"，桓公五年"城祝丘"、十六年"城向"，庄公二十八年"筑郿"、二十九年"城诸及防"、三十二年"城小穀"等。鲁国既然有能力在其他城邑构筑城墙，却无暇考虑都城曲阜的安全，"微弱"（何休语）到连"城鲁"也须由齐桓公越俎代庖，这当然是讲不通的。而且在鲁僖公以前，文献中多次谈到鲁国的城门。如《左传·庄公十年》：公子偃请击宋师，"公弗许，自雩门窃出"。注："雩门，鲁南城门。"《春秋·庄公二十五年》："用牲于社、于门。"注："门，国门也。"《左

---

① 中国科学院考古研究所洛阳发掘队：《洛阳涧滨东周城址发掘报告》，《考古学报》1959 年第 2 期。

传·庄公三十二年》：" 荦有力焉，能投盖于稷门。"注："稷门，鲁南城门。"足证鲁闵公二年城鲁说亦不可信。其实战国时对于此说已有不同看法。《公羊》接下去说："或曰自鹿门至于争门者是也；或曰自争门至于吏门者是也。鲁人至今以为美谈，曰：犹望高子也。"也就是说在《公羊》成书以前，已有人认为齐桓公派高子不是兴建鲁城，而是对鲁城中自鹿门至争门或自争门至吏门一段城墙的修补。

综上所证，根据地层关系鲁城的兴建不能早于西周晚期，而根据文献记载又不能在鲁隐公以后，因为像"城鲁"这样的大事，《春秋》是不会失记的。故鲁城始建年代只能在西周晚期至隐公以前的这段时期之内。当然，鲁城始建年代不应与鲁都曲阜年代相混淆，这是必须要说明的。

四　鲁都曲阜的年代

关于鲁都曲阜的年代，史存三说。

1. 周公说《礼记·明堂位》："成王以周公有勋劳于天下，是以封周公于曲阜。"《周本纪》《鲁世家》并同此说。

2. 伯禽说《左传·定公四年》："因商奄之民，命以伯禽，而封于少皞之虚。"《汉书·地理志》："周兴，以少昊之墟曲阜，封周公子伯禽为鲁侯。"

3. 炀公说《史记·鲁周公世家》集解引《世本》："炀公迁鲁。"

就《报告》所发表的考古材料，无论是墓葬、居址还是城墙的发掘资料非但不能证明周公或伯禽说，连炀公说的证明也是困难的。那么应该如何解释考古材料与文献记载之间年代悬隔这一矛盾现象呢？笔者认为就墓葬材料而言，齐国曾有"五世反葬于周"的说法，鲁国恐怕也不排斥这种可能性。不然为什么"鲁侯熙鬲"（即鲁炀公）会出土于洛阳？① 不过即使如此，"反葬"者毕竟只能是少数人，鲁国大多数的"国人"死后只能就地埋葬，不可能人人都"反葬于周"。因而在曲阜城内还应有西周早、中期的居址和墓葬，只是还没有发现而已。

---

① 中国科学院考古研究所：《美帝国主义劫掠的我国殷周铜器集录》，A 123。

这样推测是有根据的。我们注意到曲阜县城西南 4 公里李官庄曾采集到一种陶簋，圆唇、平沿，腹有六周弦纹及 4 个泥饼饰，泥饼上下交错排列①，这种形制的陶簋在沣西张家坡 KM139 曾出土过，其年代属穆王或稍晚于穆王，尤其重要的是笔者在兖州县图书馆见到该县小孟公社陈家王子出土的一件粗柄豆，形制与沣西成康时代的第一期墓 KM145 出土的基本相同②，证明周人在西周早、中期即已进入曲阜地区。我们期待着曲阜鲁城内西周早、中期遗迹的发现。

五　关于"汉城"问题

这次勘察的重要收获之一是在鲁城的西南发现了另一座城，可称为"西城"。在这座城的北墙中段挖了一条探沟（编号 78 曲阜 T1）。《报告》根据夯土墙基中出土的一枚残"五铢"钱等遗物定此城为西汉晚期建造的"汉城"。但是根据《报告》图一三六发表的 T1 东壁剖面图，这条探沟的科学性方面还存在一些问题。《报告》说"城墙打破一座中型墓（M29）"，M29 的墓口为 2.6 米×1.3 米（见《报告》224 页墓葬登记表），而剖面图所绘 M29 的墓口长达 11 米，比城墙还要宽，表明该图并非实测。因而《报告》所定"汉城"年代值得进一步确定。

根据文献记载，这座"汉城"有可能是建于春秋晚期的"鲁西郭"。文献记载兴建西郭有两次。第一次在鲁襄公十九年（前 554）。

《春秋·襄公十九年》："城西郛"，杜预注："鲁西郭。"

《左传·襄公十九年》："城西郛，惧齐也。"杜预注："前年与晋伐齐，又铸其器为钟，故惧。"

"城西郛"意即兴建鲁之西城。东周时期城与郭的意思是相同的。如齐国的大城可称郭（《左传·襄公十八年》），小城也可称郭。齐国陶文"内䣊（郭）陈齌叁立事左里敀亳区"（《季木》80.11），内䣊写作䣊，《古陶》入附

---

① 中国科学院考古研究所山东工作队等：《山东曲阜考古调查试掘简报》，《考古》1965 年第 12 期，第 612 页，图一三：5。

② 中国科学院考古研究所：《沣西发掘报告》，文物出版社，1962 年，图版七九：1。

编。按：应为内亯二字合文，与"再"字有别。内郭即指临淄齐国小城而言。因此鲁西郭即鲁西城。把"城西郭"理解为"大城圈的西垣"是不对的。齐伐鲁首当其冲的是鲁城东、北两面城墙的防御，"惧齐"为什么要修筑大城圈的西垣？"城西郭"只能理解为修建西城，这在实际上是增设了一条对齐的防线，只有这样才能与"惧齐"合拍。

另一次是在鲁哀公四年（前491）。

《春秋·哀公四年》："城西郛。"杜预注："无传。鲁西郭，备晋也。"在鲁城只发现了一个郭，"城西郭"不是新建另外的一个郭，这次的"城"应指修补加固而言。

我们认为这座新发现的西城，不大可能是"汉城"的另一理由是西城东、北两面都有护城河，这条护城河据文献记载是战国时修造的。

《韩非子·外储说上》："鲁以五月起众为长沟。"沟即城壕。《礼记·礼运》："城郭沟池以为固。"疏："城，内城。郭，外也。沟池，城之堑。"这条"长沟"汉代仍在疏浚继续使用。《史晨飨孔庙后碑》："修通大沟，西流里外，南注城池。"这条西通城外，南注外城护城河的"大沟"与西城护城河的流向是完全相符的。既然战国时已修建了护城河，则城墙的修建应同时或稍早。当然这仅仅是推测，是否如此，尚待进一步考古工作的验证。

六 鲁墓的族属与等级

鲁城内各个墓区之间在葬制和遗物等方面存有一定差异，《报告》认为这是族属不同的反映，以是否使用腰坑和殉狗以及器物形制和器类的不同做为划分商人墓和周人墓的依据，值得讨论。

首先，商人墓和周人墓在是否使用腰坑和殉狗的习俗方面，并不存在那种泾渭分明的差别。1953年安阳大司空村发掘的商墓中有腰坑的墓104座，没有腰坑的墓56座，约为2∶1。[1] 1958年再次在此发掘，其中有腰坑墓22

---

[1] 马得志等：《一九五三年安阳大司空村发掘报告》，《考古学报》1955年第1期。

座，无腰坑墓20座，大致各占一半。①1969—1977年殷墟西区发掘殷墓939座，其中有腰坑者454座，无腰坑者439座，情况不明者42座，也是大致各占一半。可证商人墓并非全都使用腰坑。长安丰镐地区传统看法是周人都城，1955—1957年，发掘两周墓葬182座。其中，有腰坑者53座，无腰坑者129座。客省庄东周墓71座，有腰坑者3座。1967年再次发掘西周墓124座，其中有腰坑者42座，无腰坑者81座，不明者1座。虢国为周人同姓。在虢墓中尽管数量不多，但确有腰坑殉狗习俗。在234座墓葬中，5座墓底设有埋狗坑，16座只有狗，没有坑。新郑是周人同姓郑国都城，新郑唐户12座墓葬中有3座墓有腰坑。足证周人墓同样使用腰坑和殉狗。以曲阜"商人"的"甲组墓"而论，使用腰坑殉狗者也并不普遍。而且半数以上集中在一个墓地之内。"甲组墓"三座墓地78座墓葬中有腰坑的墓仅有28座，而斗鸡台墓地就有17座，可见"甲组墓""腰坑殉狗的风气兴盛"的说法与实际情况并不相符。

其次，"甲组墓"与"乙组墓"在器物形制上的区别并不绝对。例如乙组墓M1出土的有盖罍显然与"甲组墓"M202、M207、M209等所出的有盖罍一脉相承。又如"甲组墓"M116的簋上的莲钮器盖，显然是模仿曲阜林前村出土的鲁大司徒元簠的，后者无疑是周人。再如"甲组墓"M201、M202出土的铜礼器与洛阳中州路M2415相同或相近。总不能把洛阳中州路东周墓也称为商人墓。因此，把"甲组墓"定为商人墓论据不足。

笔者认为造成墓葬形制及遗物等方面的差异，原因很多，如年代、等级、职业、性别等的不同，都有可能在葬制和遗物形制和组合方面有所反映。鲁城各墓地间的差异，首先是不同时代不同的反映，其次是等级和身份不同的反映。

鲁墓大体可分五等：

一等大墓 以M1、M2、M3、M28、M51、M52、M58等7座墓为代表，墓室面积在100平方米以上。有一棺一椁或一棺双椁。随葬大量精美

---

① 河南省文化局文物工作队：《1958年春河南安阳市大司空村殷代墓葬发掘简报》，《考古》1958年第10期。

的错金银器物和水晶、玉石等贵重装饰品,且有大量玉璧随葬,其身份应即"执玉之君"的鲁侯之类。

二等中型墓　在第26探区的林道御碑亭周围探出中型墓17座,未发掘。墓口为5米—7米见方,其身份有可能是卿和上大夫。

三等中型墓　以M30和M48为代表。墓底一般在2米×1米,大者3米×2米。有棺椁。随葬1—3件铜鼎。食肉是大夫的特权,即所谓"食肉之禄"。M30墓主名"伯念",无官职。M48墓主为"司徒中齐"。鲁国司徒有两种,一种为"大司徒",如铜器铭文中"鲁大司徒子中白""鲁大司徒元";一种为"司徒",如"鲁司徒白吴"。"大司徒"身份高于司徒,其地位应相当于卿。司徒中齐墓殉三鼎,其身份相当于下大夫。

四等小墓　规模略小于三等墓,有棺椁而无铜鼎,其身份约等于士。铜器铭文中有"鲁士商虘""鲁士呼"等。

五等小墓　无棺椁,无随葬品或仅有少量陶器随葬者,其身份应为"国人"。

七　曲阜两周墓葬所反映的鲁国经济文化特点

鲁国是周礼的制订者——周公之子伯禽的封国,伯禽受封后首要的政事就是"变其俗,革其礼",即用周礼变革原土著民族的夷俗和夷礼。鲁国向来以尊奉周礼著称于世,直到春秋晚期晋国人韩起还曾发出过"周礼尽在鲁矣"的浩叹。墓葬资料进一步证明了这一点。例如作为以"因其俗"为国策的齐国,和原土著民族的莒、薛、邾等国春秋时期均流行平盖鼎,而鲁墓中则不见。又如陶簋在其他各国一般西周中、晚期以后即被淘汰,而鲁国则一直保存到春秋晚期。再如望父台春秋早期墓,从葬制到遗物与陕县虢墓、新郑郑墓等周人墓保持着惊人的一致性。再如齐、邾等国战国时期盛行陶文,鲁国则无一见。齐国大量铸行货币,而鲁国除流行楚国货币——蚁鼻钱之外,并无自己的货币。所有这些均有力证明"变其俗,革其礼"并非一句空话。周礼的确"尽在鲁矣"。当然周礼在鲁国并非一成不变,随着文化交往和频繁的战争,鲁国所受周围国家的影响与日俱增。春秋早期鲁、纪关系密切，鲁国曾与纪国通婚，纪国屡次请求鲁国调解与齐国的纠纷。鲁国还曾与齐联合伐莱。这一时期鲁墓蛋形三角编织纹铜壶和分体甗与山东东部纪莱地区表现出更多的共性，不无关系。战国早期鲁墓出现的弧盖鼎、带盖舟等器物与齐国同类器物接近。战国中晚期以后，先是受越国影响，继而又受楚国影响，已如上述。此时鲁国所遵奉的周礼已经变得无影无踪了。《报告》认为望父台东周墓葬没有"随风从俗"，实际情况恰恰相反。正确地说，至少战国中晚期的大型墓已经是"随越之风，从楚之俗"了。[①]

小　结

《曲阜鲁国故城》发掘报告所发表的墓葬和居址材料，其年代上限不超过西周晚期。外城始建年代在西周晚期至鲁隐公以前的这段时间之内。新发现的"汉城"年代须重新确定，根据文献记载，它有可能是建于春秋晚期的"鲁西郭"，就目前所提供的考古材料，不能证明"炀公迁鲁"说，但这并不意味着就此可以否定文献记载。因为在外城东北城角始建城墙的下面还叠压着文化层和居住遗迹，表明曲阜城前已有人在此居住。而且在曲阜近郊和西邻兖州境内曾发现过西周早中期遗物。通过进一步的考古工作，在曲阜鲁国故城内找到西周早中期遗迹遗物的可能性是存在的。

墓葬资料表明，从西周晚期到战国早期，鲁国墓葬的形制和遗物与周王朝都城岐周、丰镐、成周以及周人同姓国郑、虢、晋等国存有很大程度的共性。而且某些周文化因素在中原地区消失了，却在鲁国长期保存着。另一方面鲁墓的文化面貌与周围的邾、薛、莒等原土著民族存在显著差异，与实行"因其俗、简其礼"的姜姓齐国也有很多不同，从正反两方面证明鲁城内两周墓葬应是周人墓。鲁国确实是以"变其俗，革其礼"为基本国策、长期遵奉周礼的国家。目前还找不到鲁城内存在"商人墓"的确切证据。战国中晚期大墓中存在浓厚的越、楚文化因素，是越、楚势力在此地区显著增长的反

[①] 王恩田：《从曲阜两周墓看鲁文化面貌及楚文化对鲁国的影响》，《楚文化研究论文集》第一集，荆楚书社，1987年。

映，表明至少在鲁国的公室贵族之中这时已经逐步放弃了周礼，以接受越、楚文化影响为荣了。

原载《考古与文物》1988 年第 2 期

校记：

在文中第四部分"鲁都曲阜的年代"一节中，谈到鲁侯熙鬲出土于洛阳，惜已忘记出处。根据陈梦家《美集录》A123，指出此器原属党毓琨，应是 1926—1928 年宝鸡戴家湾出土（陈昭容主编：《宝鸡戴家湾与石鼓山出土商周青铜器》，"中央研究院"历史语言研究所、陕西省考古研究院，2015 年 12 月，第 365 页）。

关于鲁国建国史的两个问题

齐、鲁是西周时代分封于东方的两个大国，在山东地方史研究中占有重要地位。《齐鲁考辨》（本文简称《考辨》）一文先后在《大众日报》（1979年7月10日第4版）、《齐鲁学刊》（1980年第5期）发表，对齐鲁两国国名来历，先住民族及其生业等问题提出了不少新颖见解。读后颇受启发，但也不无可商之处。我已在《关于齐国建国史的几个问题》①一文中对《考辨》有关齐国建国史的新说提出讨论，现就有关鲁国的两个新说进行商榷，请同志们指正。

一 鲁国得名于鱼族建立的城堡说质疑

《考辨》认为鲁字和鱼字不仅其音同在模部，"而且它们原来就是一个字"。鲁字下部所从"⊔"字，像城堡形，亦即邑字古文或省文，鲁字意即鱼族建立的城堡。此说可商。

鲁字在卜辞中均从鱼从⊔，⊔即口字。《说文》："口，人所以言、食也。象形。"鲁字在金文中有从口、从⊔二体。从⊔者其口中的小横和小点，是因空加饰（于省吾先生说）；或说为像口中之舌。金文中鲁字个别从白作🐟（鲁侯壶），系由鱼、口合书体🐟（颂鼎）所讹变。⊔字上一横变为∧，即由鱼尾变来。《说文》把鲁字归入白部，即据此讹变为说，非是。高田忠周说卜辞中鲁字从⊔，乃⊖之省，显系本末倒置。可见鲁字初文本从鱼，从口。林义光的《文源》："鲁，本义盖为嘉，从鱼入口，嘉美也。"文献中有鲁、嘉通用例。《史记·周本纪》："鲁天子之命。"《史记·鲁周公世家》作"嘉天子之命"，证明林氏把鲁字视为会意字可信。

---

① 王恩田：《关于齐国建国史的几个问题》，《东岳论丛》1981年第4期。

《考辨》解鲁字为形声字，以鱼为声符、以凵为形符，认为像城堡形。按：凵为口字已如上述，既非"器物之象形文"①，亦非"邑字的省写或古体"。邑字卜辞作𠄞，从囗从人跪坐。"囗"表示一定的范围。《说文》："囗，回也，象回帀之形。"邑字意即人在一定的地域范围内居住。邑字所从之"囗"与"凵"字在古文字中有严格区别，不容混淆。卜辞所见邑字，无一例从"凵"，金文所见邑字，除一例误从"凵"（臣卿簋）外，余均从"囗"。《金文编》收录从邑偏旁的字如邦、邯等凡16字，重文67字，其邑旁无一例从"凵"。因此说"凵"字为邑字省写或古文是错误的。解"凵"为城堡象形也欠妥。古文字中与城堡有关的字均从"𩫖"以为意符，而不从邑，更不从"凵"。如城作"𩫖"，可证。"𩫖"即庸（墉），即城郭之郭字。《说文》："墉，城垣也，从土庸声。𩫖，古文墉。"又"𩫖，……从回，象城𩫖（𩫖）之重，两亭相对也"。综上所证，《考辨》关于鲁字所从偏旁"凵"字的解释是不正确的，因而是"难信"的。

《考辨》认为鲁、鱼本为一字，但并未举出证据。甲骨文中曾数见"在甫鱼"辞例，其中一例作"在甫鲁"。但这究竟是通假还是讹误，还很难说。即便可视为通假，仅此孤证似尚难以证成上述论断。除此而外，无论是在古文字还是在文献中难能再举出鲁、鱼通假的例证。卜辞中从鱼偏旁的渔字甚多，但从不借为"鲁"，金文中鲁字习见，也从不省作鱼。非但不能通假，而且古人禁忌鲁、鱼混用，否则即被视为讹误，成语"鲁鱼豕亥"就是这个意思。因此尚不能得出鲁国得名于鱼族建立的城堡的结论。

关于鲁国得名来历，曾有人考证以为伯禽受封原在今河南鲁山一带，故国号曰鲁，践奄后改封到少皞之虚——曲阜，仍袭用原国号称②，可备一说。

二 鲁国先住民族为鱼族说剖析

《考辨》提出早在伯禽建国以前，曲阜即有鲁国存在，它是由原来活动

---

① 郭沫若：《〈屎敖簋铭〉考释》，《考古》1973年第2期。
② 傅斯年：《大东小东说》，《历史语言研究所集刊》第二本第一分册，1930年。

在渤海沿岸的鱼族南下后建立的。鱼族到达曲阜后，放弃了渔业，定居下来，改营农业。伯禽建国称鲁，系沿用旧名。其说有违史实。

关于伯禽建国前鲁国的先住民族，史籍中有明确记载：

《左传·定公四年》："因商奄之民，命以伯禽而封于少皞之虚。"杜注："少皞墟，曲阜也，在鲁城内。"

《尚书·将蒲姑》序："成王既践奄，将迁其君于蒲姑。"

《史记·周本纪》："周公为师，东伐淮夷、践奄。"

《正义》："《括地志》云'……兖州曲阜县奄里即奄国之地也。'"

据此可知鲁国建国前的先住民族属少皞氏，殷代时属奄国。在成王践奄的基础上，封鲁公伯禽于曲阜。《考辨》的新说有违这一基本的历史事实。

商代确有鱼族存在，传世铜器中有不少铭鱼字族徽的铜器可以为证。但鱼族是否活动在渤海沿岸值得讨论。根据铭有族徽的铜器出土地点探寻商周时代国族地望，是经常被采用的可靠手段。但并非所有铭族徽铜器的出土地点都能提供这种依据，要具体情况具体分析。例如陕甘地区西周早中期墓葬中经常发现多种族徽铜器共存的现象，有时多达九种。那是周人在灭殷和东征五国等战役中所俘获的战利品，不能据以研究国族地望。《考辨》用来作为鱼族活动在渤海沿岸证据的"鱼父癸簋"和"鱼尊"也属于上述情况。"鱼父癸簋"于建国初期出土于今辽宁喀喇沁左翼蒙古族自治县海岛营子村（原属热河凌源县，今划归辽宁喀喇沁左翼蒙古族自治县山咀子公社，《考辨》引作"辽宁凌源"，误）。同时出土的铜器中尚有其他三种不同的族徽。值得注意的是与此共存的尚有一件"匽侯盂"，铭作"匽侯作饮盂"。① 显然这一窖藏中的"鱼父癸簋"和其他三种不同族徽的铜器，均为匽侯或其臣属由殷族所缴获。"鱼尊"出土于喀左县山湾子，同时出土的至少尚有九种不同族徽的铜器②，亦应属此情况。上述两件鱼族铜器的出土地点显然都不能作为鱼族活动

---

① 热河省博物馆筹备小组：《热河凌源县海岛营子村发现的古代青铜器》，《文物参考资料》1955年第8期。

② 喀左县文化馆等：《辽宁省喀左县山湾子出土殷周青铜器》，《文物》1977年第12期。

在渤海沿岸的证据。其实，陕西岐山青化镇也曾出土过铭有鱼族族徽的铜器"鱼父癸觯"，同时出土的尚有其他两种不同族徽的铜器。我们也只能认为这同样是由殷族所俘获，当然不能得出鱼族也曾活动在陕西的结论。

唯一可资探寻鱼族地望的例证是"鱼敖父癸鼎"。该器解放前出土于"诸城县巴山村潍河东岸"（《山东金文集存》）。今诸城城北50里潍河东岸有王家巴山村，或即其地。该器出土情况及共存器物未详，是否鱼族居地有待证实。假定此地果为鱼族居地，则北距渤海湾尚有200余里，似不宜称之为"渤海沿岸"。靠在渤海打渔为业的鱼族，不在近海处居住，偏要住在200里以外的地方，也似乎难以理解。其实，海里有鱼，内河、湖泊同样有鱼。居住在诸诚巴山一带的鱼族，大可不必舍潍河之近而去求渤海之远。

作为鱼族活动在渤海沿岸的另一证据是尖首刀币币文中有鱼形文字。《考辨》认为"这也是鱼族族徽的孑遗"，而这种刀币的出土地点据说"也多靠近渤海"。《考辨》的作者最近在一篇关于尖首刀币的研究文章中详尽地阐明了上述论点[①]，使我们在讨论这一问题时有所依据，但可惜该文既没有关于确定鱼形币文即鱼族族徽的任何证据，也没有例举此类刀币的具体出土地点，即令这类刀币确实出土于渤海沿岸，也不能为上述论点提供依据。道理很简单。首先，"族徽"是指殷周铜器中的图形文字，是一个特定时期的特定概念，并非泛指任何时代、任何文物中的图形和文字。否则汉代铜洗中的鱼形，王莽钱范上的鸟纹，岂不是也可视为鱼族徽和鸟图腾吗？其次，一般认为尖首刀是战国时代的燕国货币。它在临淄、招远等地出土，表明系战国晚期燕乐毅伐齐时所流入或为当地所铸。即便把铸行年代上提到春战之际，则上距殷灭已数百年之久，距夏灭已千余年之久，怎么能设想在燕国境内仍有"殷遗"乃至"夏遗"还在使用族徽并以族徽铸行货币？众所周知，早在西周早中期铜器上铸有族徽的习俗即已基本绝迹。试问在什么样的历史条件下，这历史的陈迹又死而复苏？科学允许假设，但未经证实的想象并不能代替历史事实。再次，如果说币文中的"鱼形"

[①] 朱活：《谈山东临淄齐故城出土的尖首刀化》，《考古与文物》1980年第3期。

即鱼族族徽,"其"字即叒族族徽,……按照这种论证方法,我们也可以说币文中有"人""土""刀""羊"等字,便是人方、土方、刀方、羊方,有"王""子""爻""己",便是王族、子族、爻族、己(纪)族或纪国,这样的例证在现有的86种币文中还可以举出很多。显然这除了造成新的混乱之外,对于历史研究毫无补益。因此,这一钱币学方面的证据显然也经不起推敲。

《考辨》关于鱼族由渤海沿岸迁曲阜后,弃渔业而改营农业的设想也难以令人首肯。古代各民族不乏迁徙先例,如商先公时代有自契至成汤的八迁;周先民有自邰至酆的四迁;秦族亦有自西垂到咸阳的八迁;等等,但这都是在不改变原有生业的基础上,为寻求更为有利的生产和生活条件而进行迁徙。像鱼族由渔业到农业这种经济生活大变动的迁徙,历史上是不多见的。实际上,就在今天的条件下,即使不改变经济生活,农业上由内地到边疆的移民,牧业上由游牧到定居,都不是一件容易的事情。何况在古代生产力低下的情况下,实行从渔业到农业的变革,生活习惯上的困难尚且不说,房屋、工具、种子、生产技术和生产经验以及从播种到收获以前的食物来源等这些起码的条件如何解决?把一个民族生业的改变,设想为如同更换衣服那样的轻而易举,是脱离现实的。

伯禽建国前,确有鲁地和鲁族存在,不过它既不在曲阜,与鱼族也毫不相干。《逸周书·殷祝解》:"桀与其属五百人徙于鲁,鲁士民复奔汤。"注曰:"鲁,亦地名。"而不说地在曲阜。鲁地也见于卜辞,如"鲁受年"(《续》5.6.10),此外尚有卜问鲁女生育吉凶的卜辞(《甲》3000)。可证殷王室与鲁族关系密切并有婚姻关系。但关于伯禽到曲阜前鲁地及鲁族地望尚未能详考。

综上所述,《考辨》关于鲁国先住民族的有关新说,其说服力是不强的,尚不足以否定原有的文献记载。在尚无确凿证据之前,我们只能因袭旧说,而不便改从新说。

原载《齐鲁学刊》1981年第6期

校记：

《齐鲁考辨》所谓"鲁字即鱼族建立的城堡"说，是李白凤（《东夷杂考》，齐鲁书社，1981年，第37—38页）所首创。承苏昭民先生见告：1978年，《东夷杂考》书稿曾请《齐鲁考辨》一文作者审稿。

从曲阜两周墓看鲁文化面貌及楚文化对鲁国的影响

周代的山东，列国林立，可考的国家不下数十。春秋时期逐渐形成了4支强大的势力。以横贯山东的泰沂山脉为轴线，山之阴，西有齐国，东有纪莱；山之阳，西有鲁而东有莒。春秋晚期齐灵公灭莱，统一了山东北部。战国早期，楚惠王四十四年（前445）灭了新泰的杞国，楚简王元年（前431）灭掉了莒国，楚考烈王十四年（前249）又灭掉鲁国，全面占有了鲁南地区，形成齐、楚平分山东的局面。从楚灭杞至楚王负刍五年（前223）楚为秦灭，楚国占领山东南部达222年之久。山东境内东起日照、临沂、莒南，西至滕县（今滕州市）、曲阜，多次发现楚国货币"蚁鼻钱"。1972年，曲阜董大城村一次出土"蚁鼻钱"约1.6万枚；费县境内多次出土楚国金币郢爰和陈爰；20世纪50年代泰山脚下还曾出土过楚祭泰山的遗物楚高罍和特大铁盘，这都是楚国领有山东南部的物证。

1977—1978年，山东省博物馆与地、县文物部门联合对鲁都曲阜进行全面勘察，发掘了一批两周墓葬。[①] 通过对这批墓葬的分析研究，笔者认为应是春秋晚期以前的墓葬。其遗物形制与周王朝和其他姬姓诸侯国存在相当多的一致性，而与周围的邾、薛、莒等土著民族有所不同，甚至与姜姓齐国也不相同。表明这批墓葬均应属周人墓，而并非原有的土著民族，证明鲁国关于实行"变其俗、革其礼"的记载是可信的。同时还应指出战国时代的鲁墓不同程度地受到非姬姓国的影响，越、楚文化因素的存在尤其值得注意。本文将着重对此进行分析。

---

① 山东省文物考古研究所等：《曲阜鲁国故城》，齐鲁书社，1982年。

一

探讨鲁国墓葬制度是否遵奉周礼，鲁国墓葬中是否包含有其他国家的文化因素，首先必须确定墓葬的年代序列，在此基础上搞清鲁文化的基本面貌，然后进一步分析对比，最后才能作出判断。

鲁城内发现有4处周代墓地，探出墓葬241座，发掘了其中的143座，除7座汉墓外，余均为两周墓。编号：望父台墓地M1—M58，药圃墓地M101—M138，县城西北角墓地M201—M214，斗鸡台墓地M301—M328；此外还有北关西北的两座墓，编号：M401，M402；50年代孔府花园发现的一座墓，编号：M501，也都收入《报告》，一并讨论。

关于鲁城墓葬分期与年代，有不少问题需重新研究，笔者已有专文进行讨论。[①] 这里仅将结论列下。

第一期：以M501、M310为代表，年代属西周晚期。

第二期：主要包括《报告》乙组第一至四期"西周墓"，典型墓有M57、M23、M48、M320，年代属春秋早期。

第三期：以M107、M120、M201、M202为代表，年代属春秋中期。

第四期：以M207，M209，M213为代表，年代属春秋晚期。

第五期：以M115、M116、M1、M2为代表，年代属战国早期。

第六期：以M52、M58为代表，年代属战国中期。

第七期：以M3、M54为代表，年代属战国晚期。

在确定墓葬年代序列的基础上，经过对各期墓葬葬制和遗物组合形制的分析对比，鲁城墓葬有4个突出特点值得注意：

1. 全部七期墓葬基本上是一脉相承的，有明确的继承发展线索。例如除二期望父台墓地出土的仿铜陶鬲之外，其他一至七期的陶鬲形制一脉相承。其演化规律是裆部由高变矮、袋足由大变小到象征性的3个实心足，最后足尖消失变成釜。其他如一期（M209）、三期（M107）、五期（M207、M209）的高柄陶簋，一期（M310）、二期（M320）、三期（M202）的陶

---

① 王恩田：《曲阜鲁国故城遗址的年代及其相关问题》，《考古与文物》1988年第2期。

盂（盆），四期（M202）、五期（M207、M209）、六期（M1）的豆盖罍等，都是继承发展关系明确的例证。这是主流，是探讨鲁文化面貌的主要依据。另外五至七期即战国时期的墓葬中，还不同程度地包含有其他国家的文化因素，下面将另外讨论。

2. 在一至五期墓葬中，差不多每一期都能找到一些与中原地区诸国相同和相近的文化因素。例如一期 M501 出土的 II 式素面鬲与洛阳中州路西周晚期墓葬 M640 的 I 式鬲[①]形制相近，M501 的 II 式高柄簋与陕西扶风齐家村西周晚期和西周末年的陶簋[②]基本相同。又如三期 M120 出土的 I 式碗形簋与山西翼城曲沃晋文化遗址陶器分期的第六段（春秋早、中期之际）[③]陶簋相似。又如属于望父台墓地的第二期墓葬，无论其葬式以及铜礼器和陶器的组合、器形、纹饰等，均与河南陕县（今三门峡市陕州区）上村岭虢国墓地[④]和新郑唐户郑国墓地[⑤]同时期墓葬相近，二期墓葬出土仿铜陶鬲在西安的鄠鄗地区也出土过。[⑥]又如第三期 M201、M202 出土的铜礼器，与洛阳中州路春秋中期的 M2415 出土者[⑦]如出一范。再如五期 M207、M209 出土的 IX、X 式陶鬲与山西侯马早期[⑧]、翼城、曲沃七段[⑨]晋文化遗址所出者形制相近等是其证。

3. 鲁国与土著民族建立的国家邾、薛、莒等在文化面貌上存在一定差异。与周人建立的姜姓齐国也大不相同。例如在春秋时期邾、薛、莒、齐等国流行平盖鼎，而曲阜鲁墓葬中则不见；鲁国墓葬和薛国[⑩]、邾国[⑪]的两周时

---

① 中国科学院考古研究所：《洛阳中州路》，科学出版社，1959年。
② 中国社会科学院考古研究所扶风考古队：《一九六二年陕西扶风齐家村发掘简报》，《考古》1980年第1期。
③ 北京大学考古专业商周组等：《晋豫鄂三省考古调查简报》，《文物》1982年第7期。
④ 中国科学院考古研究所：《上村岭虢国墓地》，科学出版社，1959年。
⑤ 开封地区文管会等：《河南省新郑县唐户两周墓葬发掘简报》，《文物资料丛刊》第2期。
⑥ 考古研究所沣西发掘队：《1955—1957年陕西长安沣西发掘简报》，《考古》1959年第10期。
⑦ 《洛阳中州路》，中州路 M2415，原定春秋早期，高明先生改定为春秋中期，可从。参考《中原地区东周时代青铜礼器研究》（下），《考古与文物》1981年第4期。
⑧ 叶学明：《侯马牛村古城南东周遗址出土陶器的分期》，《文物》1962年第4、5期。
⑨ 北京大学考古专业商周组等：《晋豫鄂三省考古调查简报》，《文物》1982年第7期。
⑩ 中国科学院考古研究所山东工作队：《山东邹县滕县古城址调查》，《考古》1965年第12期；中国社会科学院考古研究所山东队等：《山东滕县古遗址调查简报》，《考古》1980年第1期。
⑪ 中国科学院考古研究所山东工作队：《山东邹县滕县古城址调查》，《考古》1965年第12期；中国社会科学院考古研究所山东工作队等：《山东邹县古代遗址调查》，《考古》编辑部：《考古学集刊》（3），中国社会科学出版社，1983年，第104—105页。

代的陶器形制上有很大区别；齐、邾东周时代盛行陶文，鲁国则偶有发现；齐国盛行刀币、圜钱等金属铸币，鲁国则除了楚币蚁鼻钱外，没有自己铸造的金属货币；齐国东周时盛行树木双兽纹瓦当，而鲁国东周时则为卷云纹瓦当，这与洛阳中州路所出瓦当是一致的。凡此种种，均证明鲁墓是周人墓而非土著的"当地民族"。

4. 有些器物在中原地区虽然已经绝迹了，但在鲁国却长期存在。例如陶簋在陕西、河南至迟在春秋早期即已绝迹，但在曲阜则一直延续到春秋晚期。又如铜筳（无盖豆）在陕西只流行于西周晚期，而在曲阜仿铜彩绘陶筳则沿用到战国早期。再如铜器中的环带纹、重环纹等在中原地区至春秋早期便趋消失，但在曲阜战国早期的仿铜彩绘陶器上仍可见到。

鲁国素以遵奉周礼著称于世。伯禽建国后首要的政事就是"变其俗，革其礼"，即用周礼来变革原土著民族的夷俗和夷礼。春秋早期，齐国人仲孙湫到鲁国访问后说：鲁国"不弃周礼""犹秉周礼"。直到春秋晚期晋人韩起还曾发出"周礼尽在鲁矣"的浩叹。通过对曲阜鲁墓的分析，可以发现鲁国在埋葬制度，遗物的组合、形制、纹饰等各方面与周人故土的岐周，西安的酆、鄗，洛阳的成周以及周人的同姓郑、虢、晋等国的某些文化因素存在着一致性，而与周围的原土著民族薛、邾、莒存有相当差别。与执行因其俗、简其礼为基本国策的齐国也有很大不同。这从正反两个方面为鲁国的确是遵奉周礼的国家这一基本的历史事实提供了坚实的考古学证据。周民族的某些文化因素在鲁国的长期存在，与文献中关于鲁国长期保存周礼的记载也完全相符。

二

我们说鲁国墓葬资料证明鲁国确实是遵奉周礼的国家，并不等于说鲁国不曾与姬姓国以外的国家有过文化交往和交互影响，即使在鲁文化因素占统治地位时期的墓葬也可以找到这类证据。例如春秋早期的 M48 出土的侯母壶，就与日照崮河崖出土的莱国媵器中的铜壶如出一范[①]，侯母壶上的三角编

---

① 杨深富：《山东日照崮河崖出土一批青铜器》，《考古》1984 年第 7 期。

织纹除与上述莱国铜壶相同之外，还在烟台上夼春秋早期墓中的铜壶上发现过，同样的铜壶在招远曲城也出土过。① 笔者曾认为这种纹饰具有浓厚的地方色彩，似乎是模仿鱼篓上编织纹而产生的。② 这种纹饰可以视为莱文化的一个重要特征。③ M48出土有铭铜器8件，其中7件为鲁司徒中齐作器，独侯母壶器形、纹饰、铭文内容、辞例等与其他诸器风格迥异。很有可能是一件莱国铜器，因某种原因流入鲁国。又如春秋中期墓葬M107出土的Ⅲ式素面折腹鬲和Ⅲ式细柄簋，都曾在临淄齐国故城出土过。④ 五期墓葬M116出土的弧盖鼎和有盖舟（报告称盨），与临淄郎家墓⑤和平度东岳石⑥等齐国墓葬同类器物形制相近。这是鲁国与其他非姬姓国交往的证据。

尤其值得注意的是曲阜鲁墓中还曾存在越、楚文化因素，为以往所不知。

例如第六期墓葬M58出土的Ⅶ式铜鼎，在浙江、江西、广东、湖南等地多有出土，习惯上称为"越式鼎"。M52和M58出土的盉是浙江越墓中常见的形制。这两墓所出的4件青瓷罐，釉层均匀，釉色晶莹，胎骨纯净，呈红褐色，具有浙江战国青瓷的某些特点。而北方青瓷最早出现于北朝时期，其早期产品釉层厚薄不匀，胎中因大量含铁而呈现黑斑⑦，其工艺水平远逊于这4件青瓷罐。估计这4件青瓷器应是从越国传入的。第六期墓葬中的越文化因素在鲁墓中找不到其渊源，也无嬗递关系可寻，它可能是越文化影响下的产物，但更大的可能是直接由越国输入的。

曲阜鲁墓中楚文化因素的存在尤为突出。

1. M3和M54出土的Ⅰ、Ⅱ式高柄圈足陶壶（《报告》图八九：7—11，图版七二：1—4），是具有楚文化特色的器物。虽然三晋和燕国也流行高柄陶壶，但与楚器有所不同。其区别在于壶盖的形制各异，楚国高柄陶壶的壶盖

---

① 烟台市博物馆藏品。
② 王恩田：《概述近年来山东出土的商周青铜器》，《文物》1972年第5期（署名：齐文涛）。
③ 湖北随县曾国墓内也出土一件，形制与烟台上夼出土相同，当系由于某种原因从山东流入。
④ 山东省文物管理处：《山东临淄齐故城试掘简报》，《考古》1961年第6期。
⑤ 山东省博物馆：《临淄郎家庄一号东周殉人墓》，《考古学报》1977年第1期。
⑥ 中国科学院考古研究所山东发掘队：《山东平度东岳石村新石器时代遗址与战国墓》，《考古》1962年第10期。
⑦ 山东淄博陶瓷史编写组、山东省博物馆：《山东淄博寨里北朝青瓷窑址调查纪要》，《中国古代窑址调查发掘报告集》，文物出版社，1984年。

分两种：Ⅰ式是喇叭形钮，见于信阳楚墓①；Ⅱ式是弧形盖，见于江陵（今荆州市）望山一号墓②、云梦县珍珠坡一号墓③。这两种壶盖的子口均嵌入壶口之内，河北唐山贾各庄燕墓出土的高柄陶壶，其壶盖呈杯形，扣住壶口④，与楚器相去较远。辉县赵固魏墓出土的高柄陶壶，其壶盖与楚国Ⅱ式壶盖形制相近，但为平顶⑤，两者也有区别。曲阜鲁墓出土的高柄陶壶与楚器Ⅰ式相同。

2. M54出土的Ⅳ式陶釜（《报告》图八六：3，图版六九：4）与河南淮阳平粮台16号楚墓的Ⅰ式圜底罐⑥基本相同。

3. M3出土的长颈链壶（《报告》图版八二：3）在江陵雨台山⑦和长沙等地的楚墓中也有出土。

4. M3和M58出土的山字纹铜镜（《报告》图版一一一：1）是楚文化中的代表性器物。

5. M52和M58在棺内死者的身上身下各有一层玉璧。这种特殊的葬俗仅见于安徽长丰杨公楚墓。这里发现墓葬9座，其中M2在尸体上如鱼鳞般有序地放置大量玉器，仅玉璧就有36件。⑧这种葬俗当是良渚文化所盛行的玉殓葬的遗风。

有越、楚文化因素的墓葬均属望父台墓地的大型墓。望父台墓地共探出大、中型墓28座，发掘了其中的8座。大型墓的排列似有一定规律，至少有南北4排。大墓墓口均在100平方米以上，虽多数被盗，但仍出土有数量可观的金、银、玉石错金银铜器等贵重装饰品和用具。墓葬性质应属鲁侯或公室贵族坟墓。出土越、楚文化因素的M52、M58、M3等均属大型墓，其墓主身份亦应属鲁侯及公室成员，而不是楚灭鲁后埋葬的楚人墓。

---

① 河南省文化局文物工作队：《河南信阳楚墓出土文物图录》，河南人民出版社，1959年。
② 湖北省文化局文物工作队：《湖北江陵三座楚墓出土大批重要文物》，《文物》1966年第5期。
③ 云梦县文化馆：《湖北云梦县珍珠坡一号楚墓》，《考古学集刊》（1），中国社会科学出版社，1981年，第107页。
④ 安志敏：《河北省唐山市贾各庄发掘报告》，《考古学报》1953年第6期。
⑤ 中国科学院考古研究所：《辉县发掘报告》，科学出版社，1956年。
⑥ 河南省文物研究所等：《河南淮阳平粮台十六号楚墓发掘简报》，《文物》1984年第10期。
⑦ 湖北省荆州地区博物馆：《江陵雨台山楚墓》，文物出版社，1984年，图版三三。
⑧ 安徽省文物工作队：《安徽长丰杨公发掘九座战国墓》，《考古学集刊》（2），中国社会科学出版社，1982年，第47—59页。

综上所证，望父台战国中、晚期墓葬中存在越、楚文化因素是毋庸置疑的。《报告》认为这部分墓葬没有"随风从俗"，是不正确的。确切地说，这批墓葬应是"随越之风，从楚之俗"。

三

曲阜墓葬第六、七期墓葬中越、楚文化因素的存在，与越、楚在这一地区势力的消长密切相关。

春秋晚期，吴王夫差争霸中原，鲁哀公七年，吴伐齐"徵百牢于鲁"，没有什么结果。八年，"吴为邾伐鲁，至城下盟而去"。十三年，"吴召鲁、卫之君会于橐皋"。十四年又"北会诸侯于黄池"（《史记·吴太伯世家》）。可见吴在鲁国所得到的，仅是对其霸主地位的认可，且鲁作为吴之盟国不过七八年，因此在鲁墓中还没有看到吴文化因素的存在。

鲁哀公二十二年（前473），"越灭吴，上征上国，宋、郑、鲁、卫、陈、蔡执玉之君皆入朝"（《国语·吴语》）。"当是时，越兵横行于江淮东，诸侯毕贺，号称霸主"（《史记·越王勾践世家》）。从越灭吴至楚威王"大败越"，越国在这一地区称霸达130余年之久，鲁墓中存在有越文化因素是不足为奇的。

就在越国称霸期间，楚国势力也开始向东北方向发展。楚惠王四十二年（前447）灭蔡，四十四年（前445）灭杞，楚简王元年（前431）灭莒，楚国版图扩展到今山东。《史记·楚世家》："是时越已灭吴，而不能正江淮北，楚东侵，广地至泗上"，即指此而言。"泗上"即今曲阜一带。《史记·越王勾践世家》虽有越灭吴以后"与鲁泗东方百里"的说法，但这时鲁国力衰微，无力与楚抗衡，所谓"广地至泗上"，即鲁国实际上已成为楚国势力范围。此时事实上已经形成以横贯东西的泰沂山脉为界的齐、楚平分山东的局面。在这种形势下，鲁墓葬中出现楚文化因素自然是可以理解的。

还应指出，带有越文化因素的M52、M58同时还兼有某些楚文化因素。例如M58出土有楚文化的典型器物山字纹铜镜，又如M52、M58使用与安徽长丰杨公楚墓相同的以玉璧殓尸的葬俗等。这种越、楚文化因素共存的现象，应该是上述越国称霸期间楚势力已进入山东并开始向鲁国渗透这一历史事实的反映。

原载《楚文化研究论集》第一集，荆楚书社，1987年

校记：

1. 安徽长丰楚墓和曲阜鲁墓 M52 和 M58 在死者身上和身下放置大量玉璧的葬俗，即文献记载所说的"鳞施"。

2. 根据新泰周家庄战国墓群和新泰齐国官量陶文的发现，新泰杞国被楚灭后又被齐灭。"楚国占领山东南部达 222 年之久"的说法，应予纠正。

"鲁币"质疑

春秋战国时期的鲁国，商品经济的发展相对迟缓，没有像三晋、两周地区以及齐、燕、秦、楚等国那样铸造过本国的金属货币。只是在楚考烈王灭鲁（前249）前后，在原属鲁国的辖区内流通过楚国货币蚁鼻钱和郢爰、陈爰等金币，这已经是被无数考古发现所证实了的，是古史界和古钱界所熟知的事实。但自20世纪80年代以来，泉界出现了"鲁币"新说。主张春秋晚期的鲁国，已经出现了金属铸币。其说如能成立，在货币发展史上无疑将是一个重大突破。惜拜读后感到论据似乎不够充分，论证也嫌牵强。特就几点疑问谈谈个人的看法。

"鲁币"说是首先在《古钱新探》一书的《再记》中提出的[①]，继而《鲁币新获》一文对此展开了讨论[②]，而后又在《史学月刊》上撰文对此作了全面阐述和详细论证，并发表了"鲁币"的图片资料。[③] 此后又在《考古与文物》[④]《台北钱币》等刊物上以不同的题目阐述过同一主张。据介绍，"鲁币"是1981年春曲阜鲁城第二次发掘中发现的。"在一座春秋晚期墓葬中出土约五百八十八枚铜贝，另外碎片约二百枚，这批铜币的形状都是仿磨背式海贝，铸造都很工整，的（面？）有贝唇，两侧各有一道齿纹"，论者"肯定这五百多枚铜贝不是器物的构件或装饰品，而是鲁国的青铜铸币，这是建国以来有关鲁币最可靠的田野发掘记录"。又说："此外，在林前村被铺路扰乱的墓土中发现几枚包金铜贝的残片，包金极薄，无贝齿纹。……这次发现，从而证实鲁币中的确有包金贝。"论者由此得出结论："建国以来有关鲁币的

---

① 朱活：《古钱新探》，齐鲁书社，1984年，第315页。
② 朱活：《鲁币新获——探讨孔子货币观的一点启迪》，《孔子故里史迹考略》第二辑，《曲阜报》增刊，第64—70页。
③ 朱活：《鲁币管窥——兼谈建国以来山东出土的鲁国货币》，《史学月刊》1983年第2期。
④ 朱活：《齐鲁及齐鲁币制》，《考古与文物》1990年第5期。

田野发掘资料虽少，但已经揭示出鲁币的史影，……在交换中海贝、仿贝基本上和鲁国的国祚相始终，鲁国铸币的币材是青铜，青铜贝中有包金铜贝，铸币的时代上限不会晚于春秋晚期。"曲阜鲁城出土的铜贝、包金贝究竟是否属于金属铸币？本文准备从春秋鲁国的经济发展状况，铜贝、包金贝的用途以及马克思主义有关金属铸币的一般理论等诸方面对此加以考察。

"鲁币"说的论定是建立在对鲁国经济发展状况有关"史实"基础之上的。列举了如下三条论据：

1. "鲁国到春秋后期还存在着藉田制，……这种保守制度也必然会影响鲁国货币经济的发展"。"在'初税亩'以后的鲁国农业，纵令进入了农奴制的封建社会，也只是自给自足的自然经济占主要地位"。

2. "货币经济的发展，首先要有雄厚的工商业"，而鲁国"没有渔盐业，铁也落后于齐国。其手工业多半是专为贵族服务用的纺织品、工艺品或宫殿建筑，但这些不可能成为社会经济基础的重要组成部分，而替商业提供的货源也极为有限，因此鲁国的社会分工是缓慢的，甚至到了春秋时期，百工的身份还是低微的，并没有完全突破'工商食官'的牢笼"。

3. "鲁国的货币文化没有得到充分的发展，所以在《经》《传》中也找不到鲁币的正式记载。《左传》干涉财货约八十条，的确没有关于金属铸币的正式记录。这也说明鲁国的金属铸币在春秋晚期虽已出现，它的魅力还没有占领货币舞台"。①

应该说以上对鲁国经济发展状况的分析基本是正确的。鲁国在这样的经济环境中，怎么能够产生金属铸币呢？第一，"货币是交换和商品生产发展的最高产物"②，而据上述分析，春秋鲁国却是一个"自给自足的经济占重要地位"的国家。第二，论者一方面承认"货币经济的发展，首先要有雄厚的工商业"，而鲁国的工商业却"并没有完全突破'工商食官'的牢笼"，也就是说春秋鲁国还没有产生独立的工商业。这样，人们只能得出鲁国尚不具备产生金属铸币的历史条件的结论。既然"鲁币"不是"交换和商品生产

---

① 朱活：《鲁币管窥——兼谈建国以来山东出土的鲁国货币》，《史学月刊》1983年第2期。
② 《列宁选集》第二卷，人民出版社，1972年，第590页。

发展的最高产物"，那么它只能是存在于人们头脑中的空中楼阁而已。既然已经承认鲁城出土的铜贝、金贝"还没有占领货币舞台"，又怎么能称之为"鲁币"呢？可见论者对"鲁国的史实"的分析，显然不能证实春秋晚期的鲁国已经出现了金属铸币的"推论"。

　　近代考古学的发展，特别是新中国成立40年来文物考古事业的蓬勃发展，为古代货币的研究提供了丰富的资料，开辟了广阔的领域。但是应该看到，某些论著在利用考古材料时往往忽视文物的出土位置，也不重视考古工作者们的意见，便匆忙作出结论。如所周知，墓葬随葬品的放置是严格按照墓主人生前的实际需要而安排的。什么东西放在什么地方，都有一定的礼制规定。一般说来，象征财富的货币、贵重装饰品、作为信物的印章、随身配带的武器等等通常都放在棺内，而祭祀、宴享、出行等其他用品一般都放在棺椁之间。鲁币说所引用的鲁城出土的588颗铜贝目前尚未发表平面图，不详其具体位置，也不知道与其他随葬品的共存情况。那几枚包金贝的残片是从被扰乱的墓土中出土的，已经无法确知其出土位置，因而都无法判断其原来的用途。但鲁城以外其他地方有明确出土位置的铜贝、包金贝的例证可作为探讨此问题的参考。例如，山西保德的一座殷代墓葬中出土"铜贝109枚，另海贝112枚，与车马器共存"，发掘者认为其用途"似做以辔饰"[①]。又如山西侯马上马村春秋墓的发掘简报指出："随葬品在墓内多是以不同类别放置的。……东北角除一堆散乱的兽骨外，主要放置车軎、衔、合叶等车马器和成堆的铜贝、包金贝、骨贝和铜镞等。"又说："铜贝1600多枚，与车马器同出，可能为马饰。"[②]再如，根据山西潞城县潞河战国墓的平面图，该墓出土包金贝30余枚，放置在椁室西北角，与马衔、镳、车軎等车马器放置在一起。[③]古代有以贝作为马身上装饰的习俗。《周礼·春官·巾车》："翟车贝面。"注："贝面，贝饰勒之当面也。"《仪礼·既夕礼》："缨辔贝勒。"注："贝勒，贝饰勒。"勒指马头上的络头和笼嘴而言。上述山西各地殷代至战国墓葬中与车马器放置在一起的铜贝、包金贝、海贝、骨贝等无疑就是文

---

① 吴振录：《保德县新发现的殷代青铜器》，《文物》1972年第4期。
② 山西省文物管理委员会侯马工作站：《山西侯马上马村东周墓葬》，《考古》1963年第5期。
③ 山西省考古研究所等：《山西省潞城县潞河战国墓》，《文物》1986年第6期。

献中所说的"贝面"和"贝勒"。这从考古发现中已经得到证实。例如20世纪50年代在西周都城丰镐地区内的陕西长安（今西安市长安区）沣水西岸的张家坡西周车马坑内，发现有以贝作为装饰的马络头和笼嘴，在每根皮条上钉有三排、两排或单排的海贝。此外，"马腹两侧的皮带上钉若干组的贝"，车辕两侧髹带的"皮带上都钉两排贝"①。20世纪80年代初又在沣水以东的斗门镇花园村一带发现车马坑5座，其中3号和16号车马坑的马络头和马腹背之间的鞧带上也大都用贝缀成。②1987年在殷都安阳郭家庄西南发掘了3座殷代车马坑，其中52号墓的"两匹马的络头全由海贝组成"③。从殷代到战国的墓葬中海贝及骨贝、石贝等仿制品与车马器放置在一起的情况比比皆是。上述文献记载和考古发现雄辩地证明海贝及其仿制品用作车马装饰是其主要用途。海贝如此广泛地用作车马装饰，而它又是不易多得的贵重装饰品，在海贝不敷应用的情况下，人们就以铜贝等仿制品来代替海贝用作车马装饰。就其性质而言，铜贝与骨贝、蚌贝、石贝相同，都是海贝的仿制品，只不过铜贝的价值要高于上述其他仿贝而已。为了表示阔绰，或在铜贝上再包以金箔，但并不因此而改变其作为车马装饰的性质。鲁币说在没有对铜贝、包金贝的用途作出任何考察的情况下，就贸然作出鲁国在春秋晚期已经出现了金属铸币的结论，是不够妥当的。假如我们承认曲阜鲁城出土的春秋晚期的铜贝、包金贝是金属铸币，那么我们就应该承认其他时期和其他地区的同类物品都应是金属铸币。除上述山西境内发现过从殷到战国的铜贝和包金贝以外，山东临淄郎家庄战国墓中也出土过铜贝和包金铜贝。④如果把它们都视为金属铸币，就存在两个难以解释的矛盾：（一）既然在三晋和齐国流行铜贝和包金贝等"金属铸币"，为什么在上述地区又出现了布币和刀币这种携带起来远不如铜贝、包金贝方便的货币？（二）如果真是铜贝、包金贝与布币、刀币并行，则两者的关系如何？是主币与辅币的关系呢，还是其他的什么关系？不知鲁币说对此将作何解释？

---

① 中国科学院考古研究所：《沣西发掘报告》，文物出版社，1962年。
② 陕西省文物管理委员会：《西周镐京附近部分墓葬发掘简报》，《文物》1986年第1期。
③ 中国社会科学院考古研究所安阳工作队：《安阳郭家庄西南的殷代车马坑》，《考古》1988年第10期。
④ 山东省博物馆：《临淄郎家庄一号东周殉人墓》，《考古学报》1977年第1期。

按照马克思主义的货币理论，货币具有五种职能，其中之一是"货币储藏"。马克思指出："把货币从流通的洪流中拯救出来而不让它参予社会的物质变换，还明显地表现为窖藏。这样一来，社会的财富变成了地下的长久库藏。"[①] 在我国曾发现过春秋晚期的空首布、战国时期的各类布币、刀币、蚁鼻钱以及从秦汉到唐宋等各个时期的货币窖藏。大都是由于战争和社会的动乱，中断了货币的流通过程"变成了地下的长久库藏"，证明马克思关于货币储藏职能的论述是正确的。但奇怪的是从来没有发现海贝、骨贝、石贝、铜贝、包金贝的窖藏，充分证明海贝及铜贝、包金贝等仿制品没有具备"货币储藏"的职能，因而不可能是货币。

马克思还认为，作为货币这种特殊商品还应该具备必需的物理性质，如"可以任意分割的性质，各部分的一致性，和这种商品的所有各件的无差别性。当作一般劳动时间的物化，它就必须是同质的，只有量的差别的。另一个必须的性质是它的使用价值的耐久，因为它是要经常停留在交换过程中的"[②]。包金贝显然并不具备上述特性。包金贝有两种，一种是在海贝的外面包金，如山西长治分水岭 M126 出土海贝 1000 余枚，其中包金箔者 10 余枚。[③] 另一种则是铜贝外面包金。无论哪一种包金贝，它的内外两部分都不是"同质的"，不具有"各部分的一致性"。包金贝还不具备"使用价值耐久"的物理特性。包金贝上的金箔极易因"经常停留在交换过程中"由于长时间磨损而脱落。包金贝还往往因不耐挤压而破碎。包金贝的上述物理特性决定了它不可能用作货币。

货币的另一个重要职能是"价值尺度"。包金贝的这种内外不同质的特性，决定了它无法执行价值尺度的职能。海贝与金箔、铜贝与金箔相比较，都是价值悬殊的商品，现在把两者结合在一起，构成一种新的特殊商品，这就给衡量价值造成困难。除非把每件包金贝的金箔全部剥下来，把金和铜分别称量、分别计算各自的价值，否则包金贝的价值尺度的职能是无法实现的。另外也只有把金箔全部剥下来，才能观察到海贝和铜贝的真假和质量的

---

① 《马克思恩格斯全集》第13卷，人民出版社，1962年，第119—120页。
② 马克思：《政治经济学批判》，人民出版社，1959年，第22页。
③ 边成修：《山西长治分水岭126号墓发掘简报》，《文物》1972年第4期。

好坏。假如在商品交换中，每笔生意都要如此这般地把"货币"的金箔剥下来对其本身所具有的价值加以衡量，无疑是难以想象的。

马克思指出："当作铸币的货币，同当作计算货币的货币一样，有地方性和政治性，讲着不同的语言，穿着不同的民族服装。因而，当作铸币的货币的流通范围，是与商品世界的一般流通有别的，限于国界之内的国内商品流通。"① 战国时期诸国货币的形状、重量、铭文各有不同：三者同是使用布币，但肩、足形状有别，铭文也各异。齐、燕、赵均用刀钱，其形状、重量、文字也各不相同。足证马克思的上述论断是很正确的。如果确如鲁币说所主张的那样，铜贝、包金贝是货币的话，那么在山东、山西以及中原其他各地都出土包金贝和铜贝的情况下，包金贝和铜贝这种"货币"的"地方性和政治性"表现在哪里呢？"当作铸币的货币流通范围"岂不是没有了"国界"的限制吗？

综上所述，可见把铜贝、包金贝视为金属铸币，与马克思主义的货币理论是格格不入的。

1989 年 1 月初稿
1993 年 5 月改定

原载《考古与文物》2000 年第 4 期

---

① 马克思：《政治经济学批判》，人民出版社，1959 年，第 67 页。

关于齐国建国史的几个问题

山东号称齐鲁之邦。周代所分封的齐鲁两国在山东地方史的研究中占有重要地位。本文准备就齐国建国史的有关问题作些探讨，以就教于同志们。

一　齐国国名溯源

关于齐国得名来历，史籍中有明确记载。《史记·封禅书》：

> 始皇遂东游海上，行礼祠名山大川及八神，……八神将自古而有之；或曰太公以来作之。齐所以为齐，以天齐也。其祀绝，莫知起时。八神：一曰天主，祠天齐。天齐渊水，居临淄南郊山下者……

可见自古以来，齐国即有祭祀"八神"的传统。而天齐渊则被称为"天主"之神，位列八神之首。齐国即因天齐渊而得名。

天齐渊位在临淄城南十里的牛山脚下，《水经注》说天齐渊"五泉并出，南北三百步，广十步"。《齐乘》一书认为县东南八里的龙池即天齐渊，康熙《临淄县志》因其说，而《山东通志》则认为天齐渊即牛山脚下的温泉。"其泉时有通塞。里老相传泉出则岁丰。康熙二年泉出，知县邵嗣尧为《始见天齐渊记》正之"。以《史记》《水经注》所载方位按之，当以后说为是。

关于天齐渊的得名，解道彪《齐记》认为天齐泉水"有异于常，言如天之腹脐也"，而苏林则认为"当天中央，齐也"。古齐、脐一字，《左传》："后君噬齐。"脐作齐可证。[①] 天齐渊即因其泉水涌出像天之腹脐而得名。

齐国祀天齐渊的习俗，已为考古发现所证明。解放后齐故城的考古调查

---

① （清）王筠：《说文释例》，中华书局，1987年。

中曾采集到有"天齌"铭文的半瓦当，时代属战国或秦。《齐乘》也谈到天齐渊出土过带天齐字的瓦当，看来是可信的。齌即脐，亦即齐。《周礼·鬯人》："齌门用瓢赍。"注："齌读为齐，取甘瓠割柢去，以齐为尊"可证。金大定年间临淄故城内出土的北齐时代刻石，也提到过"天齐观"，可见齐国祀天齐的习尚源远流长。"齐所以为齐，以天齐也"的说法应与齐国祭祀天齐渊的传统同样古老，并非始自东汉应劭《地理风俗记》，亦不应斥为"一家之言"。

近来有一种说法，认为齐国得名与种植小麦有关，值得讨论。

《说文》"齐，禾麦吐穗，上平也"一语系释齐字，并非解释齐国得名来历，"禾麦吐穗"亦不专指小麦，麦之外尚有禾。《说文》："禾，嘉谷也。二月始生，八月而熟。"而且这里重点强调的齐字本意是"上平也"，即齐字像禾、麦吐穗时上平整齐之形。齐字在一期卜辞中写作♢♢♢（《乙》992），金文中或作♢♢♢（鲁司徒中齐盘），古钵"齐匋正貇"作♢♢♢，三体石经作♢♢♢，均为三符号平列而不参差，犹存造字初意。许慎说齐字属"象形"，但据"六书"古意，齐字更像是一个"指事"字。饶炯说齐字"义本通谓齐平，不专属禾麦。而形取于禾麦吐穗者，远取诸物以为指事也"（《说文解字部首订》）。因此，据《说文》对齐字解释，不能得出齐国得名与种植小麦有关的结论。

二　齐国的先住民族

春秋时代齐人晏婴在追述齐国沿革时指出：

"昔爽鸠氏始居此地，季荝因之，有逢伯陵因之，薄姑氏因之，而后太公因之。"（《左传·昭公二十年》）杜注："逢伯陵，殷诸侯。薄姑氏，殷周之间代逢公者。"

齐地的先住民族，殷代时先后有逢伯陵和薄姑氏。晏婴此说，已为考古材料证实。1924年，陕西凤翔西40里灵山出土的䜌方鼎，铭作：

> 隹周公征东夷，丰白、尃古，咸戈……①

"丰白"即"逢伯"，今寿光县（今寿光市）西丰城村，西距临淄故城55里，或即其地。在这一带发现过一处范围广而遗物丰富的殷代遗址，似与逢伯有关。"尃古"即"蒲姑"，亦作"薄姑"，地在今博兴东南15里柳桥，东南距临淄故城60里（《续山东考古录》）。足证晏婴之说确有历史事实为之根据。

五期征人方卜辞中习见"在齐㠯"（见《前》《后》等书），也称"在齐"，齐应为地名。又根据妇齐斝鬲（《愙斋》17.71）知齐曾与斝族通婚，证知齐不仅是地名，也是国族名。那么征人方卜辞中的齐，是否即临淄？殷代齐族是否即太公师尚父之族？它与逢伯、薄姑又有何关系？

由于古代国多重名，如虢国有陕西之虢、河南荥阳之虢、陕县（今三门峡市陕州区）之虢；曾国有山东之曾、河南睢县之曾，据考古发现，鄂北、豫南也有曾。重名之地例证尤多。故考证卜辞中所见地名不应简单地与后世文献相比附。探寻卜辞中齐地所在，必须首先明确人方的大体方位。帝乙、帝辛时代征人方不止一次，其中"十祀"征人方，似由攸族与人方的纠纷所引起。据卜辞记载，殷王在"大邑商"举行宗教仪式，卜问吉凶后与攸侯喜一同出发征人方（《前》3.27.6＋4.18.1），在攸地活动的时间最长，很可能这时直接与人方交锋（《哲菴》315，见《殷虚卜辞综述》图版二一），此后即班师返回。因此，确定攸地位置又是解决人方位置的关键。以往关于攸地的考证至少有下列五说：①安徽桐城南65里南巢故城说；②安徽永城之南部、宿县之西北说；③山东定陶说；④山东鄄城、巨野、菏泽之间说；⑤陕西境内说。

笔者认为探寻攸地位置，下述卜辞是特别重要的：

> 丑其遘，至于攸，若，王乩曰：大吉。（《前》5.31.1）

---

① 吴其昌：《金文历朔疏证》卷一，商务印书馆，1936年，第10页。

醜，族名，也称"小臣醜"（《林》2.29.1）。小臣醜为人名，系醜族首领。卜辞中族名、人名、地名往往不分。根据历年来铭醜字族徽铜器的出土地点及益都苏埠屯商代大墓的发掘，可以确定益都苏埠屯一带即醜族居地。遘即驲，训为驿传。① 全辞系卜问醜族的驿传到殷都来，已经到达攸地，是否吉利。王乩的结果：大吉。可知攸地必在益都到安阳的通道上。上引攸地考证的③、④两说近是。结合其他证据考虑，人方位在山东境内的可能性是很大的（当另文考证）。征人方所经之齐也应在山东境内。齐裴通婚，两族居地应相近。裴族地在今山东长清小屯，此地曾有若干批铭裴族族徽的铜器出土，亦可作为旁证。结合齐地祀天齐的古老传统考虑，征人方所经之齐即应位于临淄，似无疑问。

还可以指出，被周王封于齐的太公之族，应是原来当地的殷族土著。据齐之始祖太公的有关传说，证明太公其人应属东夷族。《史记·齐太公世家》说太公师尚父是"东海上人"，"尝事纣，……卒归周西伯"，"吕尚处士，隐海滨"三说中两说表明他原居东海之滨，一说曾为纣之臣属，可见太公原非周族而是殷族。第二，以日为名是殷族习俗，而西周早中期的齐国国君仍名丁公、乙公、癸公，使用以日为名习俗。齐史醂觯铭作"齐史醂作且辛宝彝"（《山东金文集存》），齐国使用以日为名习俗进一步为考古材料所证实。第三，受封于齐的太公之族属姜姓。传说时代的"北齐之国"，也是姜姓（《山海经·大荒北经》）。而且太公建国前殷代先民逢伯也属姜姓。《国语·周语》：

"我姬氏出自天鼋，……则我皇妣大姜之侄，伯陵之后，逢公之所凭神也。"韦注："大姜，大王之妃，王季之母，姜女也。……伯陵，大姜之祖，有逢伯陵也，逢公，伯陵之后，大姜之侄，殷之诸侯，封于齐地。"

可能薄姑亦属姜姓，否则齐胡公静时如何能一度徙都薄姑？传说时代的

---

① 于省吾：《甲骨文字释林·释遘》，中华书局，1979年。

"北齐之国"，殷代逢伯、薄姑，周代受封的太公之族同属姜姓这一事实，证明他们之间有血缘关系，很可能是同族，不能作其他解释。

关于太公受封，史有武王、成王两说。《史记》主武王说。《周本纪》说："武王即位，太公望为师，周公旦为辅，召公、毕公之徒，左右王师。"太公地位在周公、召公之上。武王伐纣时，四次提到太公，说他地位隆崇，战绩显赫，因而在灭殷后封"功臣谋士"时，位列"首封"。在《齐太公世家》中并进一步说，周文王之所以能够三分天下有其二，"太公之谋计居多"。这种说法疑点是很多的，例如：《齐太公世家》说太公是"年老"时才"以鱼钓奸周西伯"的。如据《说苑》"吕望年七十"归西伯，则伐纣时已是70岁的老人，如何还能充当先锋"与百夫致师，以大卒驰纣师"？又如管仲说："昔召康公命我先君大公曰：'五侯九伯，女实征之，以夹辅周室。'"(《左传·僖公四年》)如果太公果然位在周、召之上，如何还要受召康公之命？而且如太公果为武王所封，则"逢伯""薄姑"为乱，太公自应就近征讨之，何劳周公越俎代庖？再如《齐太公世家》说："盖太公之卒，百有余年，子丁公吕伋立。"而据《左传·昭公十二年》："昔我先王熊绎，与吕级、王孙牟、燮父、禽父，并事康王。"吕级（伋）显然与伯禽等均属康王时代人物。说太公死后百余年吕伋才即位亦属荒诞。尤其奇怪的是周公、召公屡见于金文，而位在他们之上的太公，金文中却渺无踪影？如果按照《汉书》的说法，太公是在成王时代受封的，则上述矛盾可迎刃而解。《汉书·地理志》："周成王时，薄姑氏与四国共作乱，成王灭之，以封师尚父，是为太公。"㽙方鼎的出土，进一步证实《汉书》之说可信。因此，有理由认为：太公之族原属夷族，系逢伯、薄姑的一支。周成王时，薄姑与四国为乱，周公征东夷，在伐逢伯、薄姑的基础上封东夷遗民太公之族于齐，以奉姜姓之祀。

三　关于营丘位置

关于营丘位置，史存两说：一说认为营丘即临淄。一说认为营丘在昌乐的营陵故城。营丘位置的确定直接关系到临淄齐故城的始建年代，有的同志不同意营丘即临淄城，因而把齐故城的始建年代定为齐国的第七个统治者齐献公时期。这有必要讨论清楚。

《汉书·地理志》"齐郡临淄"条注："应劭曰：'齐献公自营丘徙此。'臣瓒曰：'临淄即营丘也。'故晏子曰：'始爽鸠氏居之，逄伯陵居之，太公居之。'又曰：'先君太公筑营之丘。'"可见应劭主营陵说而瓒主临淄说。颜师古有时主临淄说，有时则调和两说，谓"临淄、营陵，皆旧营丘地"（《汉书·地理志》"北海郡·营陵"条注），郦道元主临淄说并详加论证。《水经注·淄水》：

> 《尔雅》曰："水出其前左为营丘。"武王以其地封太公望，赐之以四履，都营邱为齐。或以为都营陵。……余按营陵城南无水，惟城北有一水，世谓之白狼水，……由《尔雅》出前左之文，不得以为营丘矣。营丘者，山名也。《诗》所谓"子之营兮，遭我乎猺之间兮"……今临淄城中有丘，在小城内。周迴三百步，高九丈，北降丈五。淄水出其前，故有营丘之名，与《尔雅》相符。城对天齐渊，故城有齐城之称。

《太平寰宇记》、赵一清《释水经注》、阎愉《营丘辨》等书则主营陵说。

笔者于1964年曾前往营陵故城调查，此城城墙保存尚完好，唯文化遗物极为贫乏，急欲觅一可资断代之陶瓦残片而终不可得。这与临淄齐故城内文化遗存丰富，时代亦较早的特点适成鲜明对照。从考古角度无法证明营陵即营丘。至于营陵说者据《史记》"营丘边莱"的说法提出临淄去莱远，而营陵"去莱差近"的论点也值得讨论。"营丘边莱"之莱并非齐灵公所灭黄县之莱子国。无论临淄还是昌乐去黄县均数百里之遥，都不能称为"边莱"。笔者认为与太公争营丘的莱侯，实即齐国近邻纪国。纪，金文作己，异体作异。莱，金文作"釐"，金文中"己"也作"釐"。虢钟一、二铭曰："用追孝于己白。"而虢钟三铭则说："用乍朕文考釐白。"可证"己"即"釐"亦即"莱"。纪国故都在寿光县纪台附近，临淄距此不过六七十里，与"营丘边莱"说相符。春秋初年，纪为齐逼"大去其国"，迁于今黄县归城，即齐灵公所灭之莱。① 因此，临淄为太公所封营丘的说法可信。

需要指出，郦道元所谓营丘在临淄齐故城小城内的说法是错误的。郦氏所说"周三百步，高九丈"的土丘，今名"桓公台"，东汉时名"坏台"。桓、坏音近，桓公台当为坏台之讹变。据钻探，此台系夯土建筑台基，非自然形成的土丘。考古工作证明，小城城墙及包括桓公台在内的文化遗存，多属战国以后之物，桓公台不可能是营丘。

笔者认为今大城东北角"韩信岭"一带，具有地势高、遗物丰、时代早的特点。1971年春，在韩信岭西南边缘阚家寨的发掘中出土的陶鬲，与陕西长安普渡村墓葬出土的陶鬲形制相近，时代属穆王时期，临淄征集品中见有西周早期陶簋。因此，"韩信岭"很可能即太公所封之营丘。

四 齐国先民的生业

《史记·齐太公世家》："太公至国，修政。因其俗，简其礼，通商工之业，便鱼盐之利。"齐国系工商立国，史无异说。但近来却有人认为齐国的先民是种植小麦的民族，除上面已经讨论过的文字学方面的证据之外，还以今临淄一带是小麦高产区作为证据。

今天临淄一带是小麦高产区，并不意味着古代这里也必然是小麦高产区。临淄小麦高产区，主要集中在今齐故城范围以内的城关公社一带。故城以内小麦高产的主要原因之一，是由于这里有着很厚的灰土层，考古学上称为"文化层"，实即古代的垃圾层。这种肥壤沃土的优越条件，古代并不具备。恰恰相反，古代这里是一片不利于五谷生殖的盐碱瘠薄的土地。《汉书·地理志》：

"太公以齐地负海舄卤，少五谷，而人民寡。乃劝以女工之业，通鱼盐之利，而人物辐凑。"《食货志》注："舄卤之田，不生五谷也。"

---

① 王恩田：《纪、𩰫、莱为一国说》，《齐鲁学刊》1984年第1期。

《盐铁论·轻重篇》：

> 昔太公封于营丘，辟草莱而居焉。地薄人少，于是通利末之道、极女工之巧。

在齐国这片"少五谷"的"舄卤"薄地上，想成为一个以种植小麦为生业的民族，并能做到"富国强兵""财畜货殖，世为强国"恐怕是困难的。

据经传中释"来牟"为麦，证明山东半岛上与齐有"血缘关系"的"莱族""牟族"也是种植麦类的民族，并以此作为齐是种植小麦的民族说的旁证，亦可商榷。

说经传中"来牟"训麦是对的，但"莱"在经传中却并不训麦而训草。《诗·小雅·南山有台》："北山有莱。"传："莱，草也。"《齐民要术》引《诗义疏》曰："莱，藜也。"《玉篇》："莱，藜草也。"莱既可名之为藜，又具备《说文》所说的"蔓华"的特点，应即蒺藜。《尔雅·释草》："茨，蒺藜。"郭注："布地蔓生、细叶，子有三角，刺人。"由于蒺藜多生在荒地上，故经传亦名荒地曰莱。《周礼·遂人》："莱五十亩。"注："莱，谓休不耕者。"先民垦荒而居名之为"辟草来"。陆玑等人所说"其叶可食"的莱，不是蒺藜，但也是草名，而非麦。莱族得名可能与地处草莱丛生之地有关。《地理志》引《禹贡》曰："莱夷作牧。"师古注："莱山之夷，地宜畜牧。"因此，认为莱国系种植小麦的民族似无确证。至于牟族，曾见经传。《春秋·桓公十五年》："邾人、牟人、葛人来朝。"杜预、郦道元等均认为牟国即汉泰山郡之牟县，地在今莱芜县东 20 里。《山东通志》认为牟国原在今福山县境，齐献公灭牟迁于莱芜，而《续山东考古录》则认为齐迁牟国于今福山。如果牟国原在莱芜，则古代这里是否产麦区尚待确证。如果牟国原在福山，则与黄县的莱密迩，亦应属"莱夷作牧"的畜牧区。无论如何，均难把牟族与种植大麦扯上关系。

当然，说齐国仍以工商立国，并非说齐国无农业。不过齐国的农业不是以种植小麦为主而是以桑麻为主。《史记·货殖列传》说齐地"宜桑麻"，在谈到可与"千户侯"等富的例证时也举"齐鲁千亩桑麻"为证。显然这种种植桑麻，为"女工"之业提供原材料为特点的农业，是齐国能够号称"衣履冠带天下"的物质基础。

原载《东岳论丛》1981年第4期

校记：

一、关于营丘的地理位置，驳正昌乐营陵说是正确的。但据高青陈庄西周遗址的考古新发现，齐都营丘应在高青陈庄。

二、斐族，应据于省吾先生所考改为"举族"。

齐都营丘续考

营丘是西周齐太公师尚父始建国时的齐国都城。其地理位置自汉代以来即有临淄、昌乐二说之争。各有从者，迄无定论。笔者曾撰文讨论，认为临淄说是正确的，并进一步提出其具体位置很可能是在临淄故城大城内东北角的韩信岭一带。① 近年发表的《营丘初探》（省称《初探》）②和《齐都古营丘试探》（省称《齐都》）③对拙说提出商榷。《初探》提出古营丘应在益都臧台新说。《齐都》则仍赞同昌乐说。此外还看到古营丘在寿光窝宋台的一家新说。④ 都从不同角度对古营丘的地理位置进行了考证，推动了齐国史的研究。拜读后很受启发，但仍感到有不少可商之处。特草此文，一来就有关对拙说的批评略作申述；二是对上述诸说试作肤浅分析；三则对临淄说再补充一点文献和考古材料。以就教于同行。

一

《初探》对拙说提出三点批评意见："第一，《水经注·淄水》引《尔雅》曰：'水出其前，左为丘。'而韩信岭右（西）边无古河道，东西才有淄水流过；第二，韩信岭地势虽较高，但系平原，无丘无陵；第三，虽有西周早期文物在此一带出土，但仅以此来确定此即古营丘还是不行的。"就此申述如下：

第一，《水经注》引文系出自《尔雅》的《释丘》篇，今本原文是"水

---

① 王恩田：《关于齐国建国史的几个问题》，《东岳论丛》1981年第4期。
② 夏名采：《营丘初探》，《东岳论丛》1986年第2期。
③ 赵守诚：《齐都古营丘试探》，《东岳论丛》1986年第2期。
④ 张学海、罗勋章：《营丘地望考略》，中国古都学会编：《中国古都研究》，浙江人民出版社，1985年，第324—337页。

出其左营丘"。其，代词，意为彼，指丘而言。意思是说水在丘的左边时叫作"营丘"。《水经注》引文"其"字后面多一"前"字，意思是说水既在丘的前面又在丘的左边者叫"营丘"。"前"与"左"并列，标点时两者间应加顿号。王国维《水经注校》标点本①在两者间加了逗号，语意难通，是错误的。《初探》可能是根据了这种错误的标点本把营丘解释成水应在丘的右(西)边，这样就把方向完全搞拧了。《史记·周本纪》集解："《尔雅》曰：'水出其前而左曰营丘'，郭璞曰：'今齐之营丘，淄水过其南及东。'"(《礼记·檀弓》正义所引《尔雅》与此同)前与左之间以连词"而"相连接，表示并列关系，"而"意为与或及。"左"绝不可连下读，可证《初探》之误。

第二，据笔者在临淄的实地调查，当地群众讲，韩信岭解放前地势比现在要高得多。从岭这边看不到岭那边的村子，只是由于前些年大规模平整土地、兴修农田水利工程以后，才成了现在的地形。此外，"韩信岭"这一地名本身说明此地原来就是一座土山。《广雅·释丘》："岭，阪也。"《说文》："阪，……一曰山脊也。"《诗·东门之墠》疏："阪，是高阜。"《汉书·严助传》注："领，山领也。"《兰亭集序》："此地有崇山峻岭。"以山与岭并列等可证。《初探》以现在所见地形证明韩信岭"系平原，无丘无险"，其说非是。

第三，《初探》指出仅以韩信岭出土西周早期遗物来确定古营丘的位置是不行的，这是非常正确的，也是笔者所完全赞同的。但实际上拙稿的论点是建立在文献记载、地形地貌、考古发现三者结合的基础之上的，并非仅靠出土西周遗物的单打一。有拙稿在，读者可参看。

二

益都臧台和寿光窝宋台两种新说都是建立在"新的考古发现"基础之上的。臧台说的提出是由于在益都城北24公里处发现了以臧台、台后为中心的大型遗址群。窝宋台说则以寿光窝宋台周代遗址群和益都苏埠屯等两项考

---

① 王国维校，袁英光、刘寅生整理：《水经注校》，上海人民出版社，1984年，第850—851页。

古发现作为立论的依据。结论虽有不同，但却存在某些共同的可商之处。

1. 诚如《初探》所说古地考证不能仅据考古发现的遗迹和遗物，还必须结合文献记载、古文字和其他材料进行综合考察，才能得出可靠的结论。而上述两种新说都没能例举出任何一条可以证成其说的文献记载或其他材料。随着考古普查工作不断深入，还会有更多新的周代遗址群被发现。如果不结合文献记载和其他材料，每发现一处就指为古营丘，那将会不胜其扰。

2. 《国语·齐语》：齐桓公"正其封疆地南至于岱阴，西至于济，北至于河，东至于纪鄑"。韦昭注："纪，故纪侯之国。鄑，纪季之邑。"纪都在今寿光南纪台故城附近（说详下）。鄑，即战国田单封邑安平城，地在今临淄城东15里。在鲁庄公四年，纪"大去其国"以前的"纪鄑"，以及位于临朐的邢邑、安丘的郚邑、昌邑的鄑邑等均属纪国版图，都是见于记载灼然可考的。臧台西距鄑邑25里，东南距纪台故城35里。窝宋台南距纪台故城15里。这样两个夹在纪、鄑之间的臧台和位在纪都近郊之内的窝宋台，怎么可能成为齐都营丘呢？

3. 台和丘性质有别。人工修筑者为台，自然生成者为丘。《说文》："台，观四方而高者，……与室屋同意。"又说："丘，土之高也。非人所为也。"窝宋台遗址群调查时没有发现过大型建筑台基，究竟有没有还不敢说。而臧台和台后是有大型夯土建筑台基的。把它说成是"非人所为"的"营丘"，并以大型夯土建筑台基的存在作为论证古营丘的前提条件是不妥当的。

4. 营丘是齐国西周早期的都城。古营丘的确定除文献记载之外，还要求年代与之相应的遗迹遗物作为依据。而上述两种新说在确定遗迹遗物的年代方面还存在一些问题。臧台说确定臧台年代的唯一依据是素面半瓦当。如所周知，只有筒瓦才使用瓦当。考古发现表明筒瓦和半瓦当的出现最早不超过西周晚期。陕西出土的西周晚期的筒瓦和半瓦当饰有独特的与铜器相近的云雷纹或重环纹。这与山东境内出土的素面半瓦当及细绳纹筒瓦大异其趣。曲阜鲁故城H20出土的年代最早的筒瓦，与细柄突棱豆和斜壁浅盘豆共存，其年代不早于春秋早期。唯一的一件素面半瓦当，出土于东汉地层内，发掘报告定为战国遗物。[①] 目前尚无任何证据可以证明素面半瓦当的年代能够提

---

① 山东省文物考古研究所：《曲阜鲁国故城》，齐鲁书社，1982年，第78页。

前到西周早期。

窝宋台遗址群是1965年笔者与北京大学考古专业在临淄考古实习的几位同学对淄、弥两河流域联合进行考古调查时发现的。曾清理过一个西周中期的灰坑，还征集到铜爵等西周早期遗物，没有发现过任何可以确定为属于商代的遗物。但窝宋台新说为了证明窝宋台一带是蒲姑国的都城并把益都苏埠屯商代墓地说成是蒲姑国国君的陵寝，于是把窝宋台遗址群的年代提前至商代，同时又把苏埠屯商墓年代拖后至西周，说两者具有"共同的年代"，这是不妥当的。笔者曾两度主持苏埠屯商代墓地的发掘。一号大墓年代属殷墟文化三期。① 二号大墓稍晚，但不晚于殷墟文化四期。没有发现过任何西周遗物。解放前这里发现的几批铜器也都是商代的。② "共同年代"之说不可信。蒲姑都城一般都认为地在今博兴东南15里的柳桥一带。近年来北距窝宋台35里的寿光"益都侯城"故址出土了大批己（纪）族铜器③，年代与苏埠屯一号大墓相近，证明寿光窝宋台附近商代时即有纪国（族）存在。把这里说成是蒲姑国都毫无根据。益都苏埠屯南距博兴柳桥150余里，与蒲姑风马牛不相及。苏埠屯出土商代铜器铭文最多的是"亚醜"，郭沫若释醜为"召"、唐兰释"酗"，此字的形、音、义与蒲姑氏均毫不相干。只是由于苏埠屯商代大墓规模大、殉人多而被猜想为蒲姑国君的陵寝。④ 博兴柳桥没有进行过认真的考古调查，更没有经过科学的考古发掘，怎知将来不会在这一带发现与苏埠屯商墓相当甚至规模更大、殉人更多的商代大墓？

《青州府志》和《益都县志》中有关于臧文仲重修臧台的记载。按：臧文仲曾因鲁国遭灾，而"告籴于齐"，事见《左传·庄公二十八年》，不曾在齐定居，重修臧台说非是。《齐乘》卷五"臧台"条说："旧有宋碑云是臧武仲之墓。"按：臧武仲从"致防而奔齐"（《左传·襄公二十三年》），至臧武仲在齐闻鲁季平子伐莒取郠，用人于亳社（《左传·昭公十年》），臧武仲在齐定居至少在18年以上。如果臧台确系建筑台基，则结合文献记载，此

---

① 山东省博物馆：《山东益都苏埠屯第一号奴隶殉葬墓》，《文物》1972年第8期。
② 祁延霈：《山东益都苏埠屯出土铜器调查记》，《中国考古学报》1947年第2期。
③ 寿光县博物馆：《山东寿光县新发现一批纪国铜器》，《文物》1985年第3期。
④ 殷之彝：《山东益都苏埠屯墓地和"亚醜"铜器》，《考古学报》1977年第2期。

地很可能是臧武仲在齐时的居住遗址。臧台如果是齐太公始封之地的营丘，则必定建有太公宗庙，即所谓"宗邑"之地，是不能够随便赠送或交换的（说详下）。由此也可知臧台绝非营丘。

关于窝宋台遗址群，笔者曾提出应即纪国都城所在。《括地志》认为纪都即西汉菑川国所都之剧邑，即今之纪台故城，《方舆纪要》引刘昫说则认为纪都应在剧县之西。两者并非一地。考古调查表明，纪台故城地面暴露遗物多属战国、西汉而不见西周遗物。而窝宋台遗址群则多为西周、春秋遗物，而少见战国、两汉遗物。故而提出窝宋台一带实为周代纪国都城，而纪台故城实为战国时之剧邑，两汉之剧县。

刘昫关于纪都与剧县并非一地的意见是正确的，只是纪都应在剧县之北而不在其西。①

营丘在昌乐营陵说始自东汉应劭。《汉书·地理志》"齐郡临淄"条注引其说曰："齐献公自营丘徙此。""北海郡营陵"条注又引其说曰："师尚父封于营丘，陵亦丘也。"

按：《史记·齐太公世家》曰献公自薄姑徙临淄，应劭把薄姑误作营丘。孔颖达已指出其谬。应氏营陵即营丘之说，除"陵亦丘也"四字之外，更无他证。陵固然可以训为丘，但作为地名陵与丘却不能通借。营陵春秋时又名缘陵。营、缘音近相通。但缘陵从不称作"缘丘"。汉代也只称营陵，没有任何证据证明营陵可以称作营丘。古代地多重名，漫说陵与丘仅是意义相通，即使与营丘地名完全相同者，也不一定就是齐都营丘。如位在今辽宁境的古柳城县即有营丘城（《太平御览》卷一六二引《后汉舆地记》），显然那不可能是齐都营丘。应劭之说不过是文字游戏而已，不足信据。

清代阎愉《营丘辨》尊奉应氏之说，但未能例举其他证据以证成其说。只是抓住郦道元"营陵城南无水"的错误论证大作文章，以证明营陵的地理环境与《尔雅》所说的营丘相符（《嘉庆昌乐县志艺文考》）。其实，《尔雅·释丘》"水出其前左曰营丘"一语，系释师尚父都城营丘的得名来历，不能以此到处套用，把凡是符合上述条件的西周遗址都名之为营丘，都指为

---

① 王恩田：《纪、㠱、莱为一国说》，《齐鲁学刊》1984年第1期。

齐国始建的都城。

昌乐营陵说之所以是错误的，还在于它与其他文献记载相矛盾。例如，上面已经谈到西起淄河东岸的鄑邑，东至临朐、安邑、昌邑的邢、郚、鄙三邑这一广大地区均属纪国版图，昌乐恰在纪国领土之内，不容有齐都营丘杂厕其中。再如清代王先谦指出："《春秋·僖公十四年》，'诸侯城缘陵而迁杞'，杜注：'缘陵，杞邑。'按：此以缘陵与齐为近，故迁而庇之。若是营丘，则太公开国之地，岂得以居他国乎？"（《汉书补注》）这对于昌乐营陵说无疑是一个强有力的反驳。春秋缘陵即汉代之营陵。纪国"大去其国"后并入齐国版图。齐桓公时为挽救被淮夷侵犯的杞国而迁之于此。古代先君始封之地，为先君宗庙所在，故称"宗邑"。宗邑之地为诸侯国君或宗主所世守，绝不允许随便赠予他人或进行交换。经籍中例证甚多。如《左传·庄公二十八年》："曲沃，君之宗也。"注："曲沃，桓叔所封，先君宗庙所在。"《左传·襄公二十七年》："崔，宗邑也。必在宗主。"注："宗邑，宗庙所在。"《左传·哀公十四年》：宋桓魋"请以鞍易薄。公曰：'不可。薄，宗邑也。'"注："宗庙所在。"可以为证。如果营陵即太公始封之营丘，理应建有太公之庙，应属齐国"宗邑"，怎能随便赠予杞人修城建都？事实上太公之庙在临淄而不在昌乐（说详下）。昌乐营陵说之误显而易见。

《齐都》一文提出"文献资料要特别注意最早的记载"，这当然是正确的，但所列举的《史记·齐太公世家》却难以称为"最早的记载"。笔者所列举的《诗经》和《左传》的两条资料要比它早得多。该文还提出"应重视古地名和地方志的记载"，这当然也是对的。不过《昌乐县志》主昌乐营陵说，而《临淄县志》则主临淄说。两者又同属地方志，究竟哪种说法更正确些呢？为避县志"偏胜"之嫌，《齐都》还找来《青州府志》和《山东通志》的记载以为证。其实《青州府志》沿革表中昌乐、临淄两说并存。《山东通志》说"昌乐县本古营陵地"，没说昌乐就是营丘，都不能作为营陵即营丘的证据。《齐都》在列举了营陵城一带的村名营丘、古城、古城店、城前、城角头等古地名之后，说："这是临淄及其他诸说之地区所绝对找不到的"，这也未免"绝对"。《临淄县志》等方志就径称临淄小城为"营丘城"，称小城内的桓公台为"营丘"。位在大城北墙附近就有"东古城村"和"西古城村"的村名。《齐都》上述说法显然是作者未曾到过临淄的缘故。笔者认为对于古地名要作具体分析,并努力搞清其来龙去脉。例如昌乐的"营丘"村名的出现就是隋开皇六年和唐武德二年两度在昌乐境内设置营丘县的产物(《太平寰宇记》)。在此之前除了应劭"陵亦丘也"的曲解之外,找不到任何可以证明营陵即营丘的证据。

昌乐说根据《史记·齐太公世家》太公就国时,莱侯与之争营丘,认为营丘为齐之东隅,与莱接壤,故争之。若临淄则去莱较远,即与《史记》刺谬。

诚如以上所说营丘如在临淄,则其东邻是纪国,这就与《史记》"营丘边莱"的说法相矛盾。但如果营丘在昌乐,同样也存在着领土上的纠葛。如上所述昌乐的东面和南面是纪国的邢、郚、鄑三邑。昌乐的西面则是纪国的鄏邑。作为齐国都城的营丘怎能处于纪国领土的包围之中呢?此其一。胡公静由营丘徙都薄姑,献公山"乃与其党率营丘人袭攻杀胡公而自立",既然献公得到"营丘人"的支持,如果迁都,理应再迁回营丘,为什么却"都治临淄"呢?此其二。献公迁都临淄以后,如何处理这个太公始封之地的营丘呢,是白白赠送给纪国呢,还是由什么人世守呢?此其三。这些矛盾是昌乐说所难以解释的。而对于临淄说,则上述矛盾即不存在。但如何解决与"营丘边莱"的矛盾呢?笔者曾提出纪、莱本是一个国家。"营丘边莱"实为"营丘边纪"。与太公争营丘者实为纪侯。齐纪世仇即由此起。后来齐哀公时"纪侯谮之周",周烹哀公。齐襄公时齐又逼迫纪"大去其国",迁都于黄县归城,就是经传中所说的莱国。最后终为齐灭。[①] 这样临淄说与"营丘边莱"的矛盾亦可迎刃而解。

三

笔者认为唯有临淄即营丘说是正确的,曾列举两条史料为证。

其一:《汉书·地理志》引《齐诗》曰:"子之营兮,遭我虖嶩之间兮。"

[①] 王恩田:《纪、眞、莱为一国说》,《齐鲁学刊》1984年第1期。

师古注："之，往也。巇，山名也。字或作猲，亦作巁。音皆乃高反，言往适营丘而相逢于巇山也。"王先谦《补注》引钱坫曰："《说文》作猲。今山在青州府临淄县东南十五里。"

秦皇焚书之后，经籍依靠口耳相传才保存下来。《齐诗》是齐人辕固及其再传弟子后苍的传本。上引诗句出自《齐风·营》。营，《毛诗》作"还"。钱大昕曰："古书营与环通。《说文》，'营，币居也'。读如圜圞之圞。还与环音亦同也。"营即营丘，巇即猲，亦即《孟子·告子》中的牛山，地在今临淄县东南郊。诗意是说：你到营丘去，与我在牛山相遇。营丘与牛山相邻近，只能是临淄，不可能是其他什么地方。这是西周或春秋时的齐国人所作的诗，所言营丘与牛山相邻近的事实，自是最可信据的。

其二：《左传·昭公二十年》晏婴在追述临淄沿革时说："昔爽鸠氏始居此地，季荝因之，有逢伯陵因之，蒲姑氏因之，而后大公因之。"

大公即齐始封君太公师尚父。"大公因之"一语清楚地说明临淄即齐国始都之营丘。晏婴系春秋齐人，去古未远，所述本国的历史沿革，也应是最可信据的。《齐都》批评拙说没有列举"权威材料"，其实，上述两条史料是班固和臣瓒在论证临淄即营丘时所引用过的。两千年来在临淄说的反对者中，没有任何人对此提出过有力的反驳，应该说是最具有"权威"性的材料。现在还可以补充几条：

1.《左传·襄公二十八年》："齐庆封好田而耆酒，与庆舍政。……十一月乙亥，尝于大公之庙，庆舍莅事。"

尝，祭名。释文："大，音泰。"大公即齐太公师尚父。如上所述先君始封地建有先君宗庙，故称"宗邑"，齐太公始封于营丘，则大公之庙应在宗邑营丘。今太公之庙在临淄，足证临淄即营丘。

2.《史记·货殖列传》："太公望封于营丘，地潟卤，人民寡。于是太公劝其女功，极技巧，通鱼盐，则人物归之，繦至而辐凑。故齐冠带衣履天下，海岱之间敛袂而往朝焉。"

3.《汉书·地理志》："周成王时薄姑氏与四国共作乱，成王灭之以封师尚父，是为太公。《诗·风》齐国是也。临淄名营丘。……古有分土亡分民。太公以齐地负海潟卤，少五谷而人民寡，乃劝以女工之业，通鱼盐之利，而人物辐凑。"

营丘从齐国建国初期的一个地薄人少的都城，由于执行因地制宜发展工商业的政策，一跃而成为繁荣富庶、人口众多的"海岱之间一都会也"。这个大都会，除临淄外，谁能当之？史汉所述的这段临淄城市发展史，不容争辩地证明营丘即临淄。

4.《说苑·至公》："辛栎见鲁穆公曰：'周公不如太公之贤也。'穆公曰：'子何以言之。'辛栎对曰：'周公择地而封曲阜，太公择地而封营丘。爵土等，其地不若营丘之美，人民不如营丘之众。不徒若是，营丘又有天固。'"

鲁穆公（前407—前376）生当战国早中期之交。辛栎这番营丘地美人众的议论，与《史记》《汉书》所述太公时期营丘地薄人少的意见相左，应指鲁穆公所处的战国时期的营丘即临淄的情景。值得重视的是"营丘又有天固"的提法。"天固"意即天险。《周礼·夏官·序》："掌固"，郑玄注："固，国所依阻者也。国曰固，野曰险。"《战国策·秦策》："东有肴函之固。"高诱注："固，牢坚、难攻易守也。"临淄地处鲁中山地丘陵的北缘，南有牛山，即左思《齐都赋》所谓"牛岭镇其南"者也。北濒渤海，淄水绕其南及东，形成天然屏障。《晏子春秋·内篇杂》上在谈到淄河堤岸时说："民单服然后上。"其陡峭程度可见一斑。临淄城的这种依山傍海、山河险固的地理形势，显然与号称"天固"的营丘是非常合拍的。春战之交，山东诸国先后受到吴、越和楚国的征伐骚扰。尤其是楚国，惠王四十四年（前445）灭掉了位在新泰一带的杞国①，"楚东侵广地至泗上"（《史记·楚世家》），简王元年（前431）又吞并了莒国。山东南半部已成为楚国天下。穆公时代的鲁国正惶惶不可终日，而齐国则凭借泰沂山脉的阻隔才得以相安无事。因而鲁国人对齐都营丘这种得天独厚的"天固"形势印象特别深刻。甚至由此而认为自己的祖宗周公择都"不如太公之贤也"，自然不难理解。

除文献记载之外，还可以举出两条考古材料为证：

《益都县图志·金石志》上著录潍县郭氏所藏《北齐天统元年房周陁墓

---

① 杞有二国，周代分封的杞在河南杞县，齐桓公迁于昌乐缘陵。商代的杞国在山东新泰一带，为楚所灭。详见王恩田：《从考古材料看楚灭杞国》，《江汉考古》1988年第2期。

志》(今藏烟台市博物馆)："处士房周陁，字仁师。齐郡益都县都乡营丘里人。……以大齐河清三年九月十三日卒于营丘里。天统元年十月廿四日窆于鼎足山之阳。"

齐郡，汉置，治临淄，北魏以后移治益都。益都县，北齐置。临淄县于北齐时撤销，并入益都县，鼎足山位在今临淄县东南20里。牛山之东，山上有田齐的"二王家"。房周陁家居营丘里，而死葬临淄鼎足山之阳，足证"营丘里"即临淄。如果营丘在昌乐，则房氏死后要埋到一百四五十里以外的临淄鼎足山，这是不大可能的。

山东省博物馆于1973年冬在临淄辛店电厂发现了北朝崔氏墓地，并清理了其中的14座墓葬[①]，出土的《东魏元象元年崔混墓志》说："启浚源于姜川，肇崇基于大岳。"姜川即岐水，东迳姜氏城南为姜水。相传姜姓始祖炎帝神姜氏长于姜水(《水经注·岐水》)。大岳即太岳，今山西南部的霍泰山，相传也是姜姓的发源地，说明北朝临淄崔氏和周氏齐国姜姓崔氏系一脉相承。《北齐天统元年崔德墓志》则说："自惟周桢干，返葬营丘，因食邑为氏。"认为齐国崔氏曾是周王朝的支柱，返葬于营丘，因食邑于崔而命氏。崔氏是齐国望族，其家在临淄城内且近于公宫，故齐庄公私通于崔杼之妻"骤如崔氏"(《左传·襄公二十五年》)。其封邑崔在济南东朝阳县西北崔氏城(《左传·襄公二十七年》杜预注)，今章丘西北60里。墓志说崔氏"返葬营丘"，而墓葬却在临淄境内被发现，营丘自然指临淄而言。上述证据表明一直到北齐以前营丘均指临淄而不是指其他的地方。

一九八六年六月十二日初稿
一九八七年六月廿七日改定

原载《管子学刊》1988年第1期

---

① 山东省文物考古研究所：《临淄北朝崔氏墓》，《考古学报》1984年第2期。

高青新出申簋考释
——兼说高青陈庄齐国公室墓地的年代与墓主

高青陈庄西周城址M35是"甲"字形大墓。墓内出土的两件申簋，铭文相同，器盖对铭，8行74字。按行款，用通行字隶定如下：

一 释文

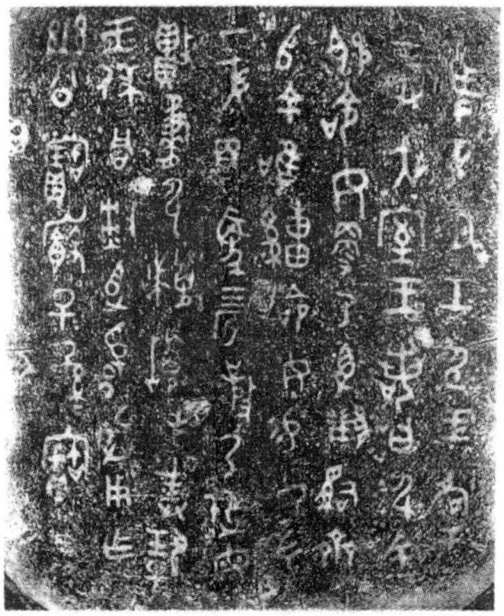

惟正月壬申，王各于
夆大室，王若曰：申，余
既命汝更乃祖𤔲嗣齐
𠂤，余惟䚻命汝。易（赐）汝彤弓
一，彤矢百。马四匹，敬乃御，毋
败坏。申頮（拜）稽首，奉扬
王休。同𤔲追，孚兵，用作
幽公宝簋，子子孙孙宝用。（图一）

图一 申簋器盖铭文拓片

各，通徦，至也。夆，地名，见于多友鼎。夆又通恭。恭大室，即懿王之父恭王的庙。大室，金文习见，是宗庙中的主体建筑，是周王祭祖和册命赏赐臣属的地方。①申，器主。金文初见。与地支的申字写法大同小异，应为申字异体。古文字中的人名、族名为了和干支字或数字相区别而往往使用一些特殊的写法。如甲的干支字作十，殷墟甲骨文人名"上甲"的甲写作田，金文人名"兮甲"写作⊕。又如丙的干支

---

① 王恩田：《岐山凤雏村西周建筑群基址的有关问题》，《文物》1981年第1期。

字作☐，族名的丙写作·☐、☐。申的干支字作?，族名的申写作?（《集成》7159），把两个短画写得特别长，遂成为一个难以辨认的字。本铭器主申的异体字也是为了与本铭"壬申"的"申"相区别。

《方言》："更，代也。"䚷，《金文编》入附录（第1191页），古往今来异释达十余家之多，从井声，释并、併近是。《说文》："兼，并也。"《广雅·释言》："并，兼也。"并、兼二字互训。嗣，通司，意为主持，职掌某事。?，是官字初文，经籍作舘、馆。齐?，即齐地的客馆（说详下）。

䵣，右旁从東、从田，或从甴、从田。䵣，旧释绍、董、缵。孙诒让、刘心源释緟，可从。《说文》："緟，增益也。"緟命，即重申上述任命。?、?，在弓、矢旁加彡，即彤弓、彤矢的合文。其中弓字的写法很不规范，如不与彤矢连言，很难辨认。《说文》："彤，丹饰也。"即以红漆为装饰的弓、矢。

稽首，金文也作稽手。申簋除一件器铭（M35：38）作"首"外，其余均作?，这个字应是毛字。金文手作?，毛应是手的错字。

奉扬，金文习见"对扬"，偶尔也作"奉扬"。

?，金文初见。从玦，从聿省，像手执玦形，麦声。玦，通缺，器破谓之缺。应是坏的本字。坏，微部。麦，职部。微、职通转。《说文》："坏，败也。"铭文"败坏"连称，今北方方言仍称器物毁坏为"败坏"，犹存古义。

?，金文初见。根据琉璃河燕侯墓地出土克罍、克盉的铭文，本铭此字可隶定为陕。为人名。

?，初释为"孚吕"二字合文。考虑到吕是两块椭圆形铜锭的象形而不是圆圈，应是从爪从孙，会意，是孚的异体字。

全铭意释：

正月壬申这天，王来到恭王庙的太室。王说：申，我曾命令你接替你的祖父兼管齐馆的职务，我现在重申对你的任命。赏赐给你红漆的弓一张，红漆的箭一百支，马四匹，谨慎驾驭，不要败坏了。申对王叩拜，颂扬王的好处。申与陕一同追击，俘获了兵器，用来作为祭祀幽公的宝簋，子子孙孙永远宝用。

二　几点认识

（一）申簋形制为附耳，有方座。器与盖均饰直棱纹，方座饰变形大鸟纹，无云雷地。除方座上的纹饰外，其形制和纹饰与晋侯墓地 M64 出土的䛗（蒋）休簋基本上是相同的。晋侯墓地 M64 年代虽然晚于宣王时代 M8 的晋侯苏墓，但直棱纹方座簋流行于西周中期后段至晚期前段的厉王时期，此后即被淘汰。申簋器形与直棱纹的作风与五年师事（金文作㫃，㫃通事）簋很接近，其年代应属西周中期后段懿王前后器。

（二）申簋器主申，即齐哀公同母少弟献公山。申，审母真部。山，审母元部。声母为双声。韵母真与元旁转，音近可通。据本铭可知申为献公山的本字，山为借字。

（三）申簋铭文中的"幽公"应即齐癸公慈母。《史记·齐太公世家》："乙公卒，子癸公慈母立。"《索隐》："《系本》作'庮公慈母。'"庮从酉声。幽与酉均属幽部，音近可通。由本铭可知，庮公为癸公的谥称，幽是本字，庮是借字。称癸公是沿袭殷商以来日名的旧制。谥称则是周制的创新。以往只知道西周齐国丁公、乙公、癸公仍然沿用日名旧俗，至第五代国君哀公才开始使用谥称。本铭证明哀公之父第四代国君癸公时已经使用谥称了。癸公既使用日名，同时又开始使用谥称，是新制谥称与旧制日名交替的过渡时期的反映。申簋应是齐献公山为其父齐癸公（谥为幽公）作祭器。

（四）嗣齐𠂤。𠂤，旧隶为自（古堆字），读作师。𠂤（自）、官（官）、𠂤（师）三字混淆由来已久，其实是形、音、义有别的三个字。我们已有专文予以辨正。①𠂤是官字初文，字形像两间并列的圆形房舍。后又赘加表示房舍的意符宀而成官。大量经籍记载和碑刻材料证明，官字本义指房舍不指官吏。经籍再加意符而成舘、馆。古代有客馆制度，即在都城内或主要交通干道每隔 10 里、30 里、50 里之处设有客馆，备有粮草以供宾客和过往行旅的食宿。馆还是屯驻戍卒的地方。戍卒由民间征调，定期轮换。金文"西六𠂤"

---

① 王恩田：《释𠂤（自）、官（官）、𠂤（师）》，《于省吾教授百年诞辰纪念文集》，吉林大学出版社，1996 年；王恩田：《释𠂤（自）、官（官）、𠂤（师）补正》，《第三届国际古文字研讨会论文集》，香港中文大学出版社，1997 年。

"成周八𠂤"就是周人设在各地的客馆。禹鼎铭文中用于征伐的"西六𠂤""殷八𠂤"都是屯驻在各地的戍卒。①齐馆是齐地的客馆。嗣，通司，司齐官，即管理齐馆内的事务，并统率馆内戍卒。嗣馆在金文中又作嗣还。

元年师旋簋"王册命师旋曰：備于大左，官嗣豐还，左右师氏"。備与服为古今字。服，任也。大左，郭沫若以为即大左师。左右师氏和虎臣等都是王的禁卫军。豐即酆京。"还"，群母元部。官、馆，见母元部。"还"与官、馆为准双声叠韵，"还"应是官与馆的借字。意思是说王任命师旋担任大左师之职，负责管理酆京客馆事务，同时又是禁卫军左右师氏的统帅。郭氏释"还"为苑囿的"苑"，与前后官职的左师、师氏等武官都无法协调。免簋"命免作嗣徒，嗣奠还廩，眔虞，眔牧"，是郭氏释"还"为"苑"的主要依据。其实客馆的主要功能是为宾客提供食宿，因而设有保障粮草供应的机构和职官。廩是负责粮仓的官吏，虞人是"守苑囿之吏"(《孟子·滕文公》"招虞人之旌"注)，牧人是"养牲于野者"(《周礼·地官·序官》注)。廩人、牧人，山虞、泽虞之类都是《周礼·地官·司徒》的属官，这与免簋中所说王任命免为司徒，职司管理郑地客馆的廩、虞、牧的事务是一致的。如释"还"为"苑"，不仅与守苑囿的虞人相重复，而且守苑囿的官吏，也不可能管理粮仓事务。嗣还应即嗣馆。

"嗣齐𠂤"与"官嗣豐还"同例。意为职司管理齐国客馆事务，同时又是齐馆内戍卒的统帅。

金文中人名前有师字的都应是武官，师旋就是武官。《史记·周本纪》武王伐纣时"武王使师尚父与百夫致师"，可见齐太公师尚父也应是武官。太公还曾担任"司营"的官职(《春秋繁露·五行相生》)。营，通还。《诗·齐风·还》"子之还兮"，《汉书·地理志》引作"子之营兮"。可证齐太公师尚父还曾和师旋一样也曾兼任嗣(司)还，即司馆之职。古代父子世官，申簋说周王任命申代替其祖父兼任"嗣齐馆"的职务。古文字中祖以上皆可称祖。申的祖父应指其五世祖太公。这与太公曾任司营的官职是相符的，这与太公本是武官，又曾兼任管理齐馆事务的文献记载也是一致的。

---

① 王恩田：《释𠂤、𩇯——兼论商代客馆与戍守制度》，《考古学研究》(六)，科学出版社，2006年。

（五）古代赏赐弓矢、斧钺，意味着授权征伐。《礼记·王制》："诸侯赐弓矢，然后征。"征伐王的敌人并有战功者，"王于是乎赐之彤弓一、彤矢百、旅弓、矢千"（《左传·文公四年》）。申簋铭文中的王赐申彤弓、彤矢，意味着授权于申与陕一道共同追击敌人。这与周王朝的召康公授命齐太公"五侯九伯，女实征之"（《左传·僖公四年》）是一致的。

（六）"同陕追"。申簋铭文中的𢒸是金文中的新见字。其中的市字偏旁，也见于北京琉璃河燕国墓地出土的克罍与克盉。罍与盉器盖对铭，有四篇内容相同的铭文。其中三篇铭文中所从的"市"字偏旁与申簋的写法相同。只有克罍的器铭写作𢒸① （图二）。于省吾教授曾释𣎵为秫。我们曾论证过这两个字，字形虽然相近，但仍有区别。秫字作𣎵，中间作折笔，是禾本科植物的枝叶形，市字作𣎵、𣎵、𣎵，是木本科树木象形字，中间所从的两竖一横，是捆扎笤帚的用具。两端竖画是竹木板，中间的横画像皮绳。使用时双脚踏住一端，另一端固定在腰间。在古文字中用作表示捆扎意的符号，也见于寻字，像捆扎秝稷类的秸秆，以为笤帚形。又见于乱字，像捆扎丝线，以为束。甲骨文的"市"字与秦系文字的"市"字一脉相承。古代"五十里有市"（《周礼·遗人》），并且"列树以表道"（《国语·周语》）。即在交通干道每隔50里的地方种植树木并在树上捆扎标识物，这就是市字的来历。克罍、克盉铭文"克宦匽"。市通至，意为克到达了匽地。申簋铭中的陕，是人名，应与师旋簋的器主"师旋"是同一个人。陕，从市声。市，定母之部。旋，从母之部。市与旋为准双声叠韵，可证陕即师旋。追，意为追击。《公羊·庄公十八年》："公追戎于济西。"注："以兵逐之曰追。""同陕追"意为器主申与陕共同追击。五年师旋簋"王曰师旋，命汝羞追于齐⋯⋯勿败速（绩）"。羞，进也。意为王命令师旋进击于齐，不准失

图二　克罍、克盉的市字
（采自黄德宽文）

罍腹　罍盖　盉腹　盉盖

---

① 黄德宽：《释琉璃河太保二器中的"宦"字》，《古文字学论稿》，安徽大学出版社，2008年。

败。师旋所追击的敌人是齐国人。申与陕共同追击的目标没有明言，具体说应是齐哀公。之所以不明确指出，是由于周王朝与齐国是"甥舅之国"（《左传·成公二年》）。器主申（即齐献公山）是哀公的"同母少弟"，是出于"为亲者讳"的缘故。这就是历史上著名的周王烹齐哀公事件。

《史记·齐太公世家》说："哀公时，纪侯潛之周，周烹哀公。"《史记》没有说烹哀公的是哪位周王。关于"潛"的内容，史籍失载。根据高青陈庄的考古发现，估计与筑圜丘，搞祭天活动有关。陈庄发现的中心为圆形、环形相套，有9层夯土堆积的祭坛，应是祭天的圜丘。明清以后称为天坛。祭天是天子特权，诸侯只能祭社稷，无权祭天。齐国筑天坛祭天，显然是僭越。①

烹哀公的周王有两说，徐广认为是夷王（《史记·齐太公世家·集解》引）。郑玄则认为是懿王。《公羊·庄公四年》何休注："郑氏云：'懿始受潛而烹齐哀公。'"《史记·周本纪·正义》引《竹书纪年》："三年致诸侯，烹齐哀公于鼎。""致诸侯"，意为召集诸侯开会，在会上烹杀了哀公。《纪年》又说"夷王衰弱，荒服不朝"，既然诸侯"不朝"则"致诸侯"烹哀公的王就不应是夷王，而是懿王。"致诸侯"烹哀公应是在"羞追于齐"和"同市追"的战争完成了追捕哀公的任务以后。因此，"三年"应是"五年"之误。申簋与五年师旋簋形制、纹饰应属懿王。懿王烹哀公的说法是可信的。

申簋没有纪年，据五年师旋簋作于懿王五年九月，所记王命令师旋"羞追于齐"是追捕齐哀公的战争的开始，申簋所记战争中俘获了兵器，是战争已经结束。因此，申簋应是懿王六年正月作器。

综上所证，可以得到如下的结论：申簋的器主申即齐献公山。幽公是齐献公之父癸公慈母的谥称。申簋是齐献公为其父幽公所作祭器。

申簋记述的主要内容是周懿王册命齐献公代替其祖齐太公师尚父兼任管理齐国客馆的职务，并有所赏赐。铭文中的陕是师旋簋记载的周王朝的大左师并兼管鄷京客馆职务的师旋。齐献公与师旋共同追击的战争，即懿王五年命令师旋追击齐国的战争，也就是追捕齐哀公并予以烹杀的战争。申簋铭文

---

① 王恩田：《高青陈庄西周遗址与齐都营丘》，《管子学刊》2010年第3期。

内容不见于史籍记载，可补其阙佚。

（七）陈庄齐国公室墓地的年代与墓主。唐兰先生利用"康宫"原则把昭王以后的铜器与武、成、康铜器加以区别。我们又根据葬谥制度以成王、成周为标尺进一步对成王和康王以后的铜器加以断代。[①] 目前陈庄墓地出土的铜器，没有属于成康时期的。陈庄墓地年代最早的是 M18，M18 出土的豐尊形制与黄县（今龙口市）归城小刘庄出土的启尊相同，启尊和同时出土的启卣是昭王时代的标准器。[②] M18 的年代应属昭王。这应是墓地的年代上限。

M18 出土的豐簋铭文"豐啟作厥祖甲齐公宝尊彝"，意为器主豐首次为其已故祖父日名为甲的齐公作祭器。据金文通例"公"字前加国名时，均指该国首任国君。齐公应是西周齐国开国君主齐太公师尚父。根据古人名与字相应的规律，齐太公之孙豐与太公之孙乙公得是同一个人，即乙公名得字豐，取所得丰厚之意。M18 应是乙公得之墓。[③]

M17 年代与 M18 相近，也应属昭王。据《元和姓纂》等姓氏书记载："丁公嫡子季子让国叔乙，食采于崔，遂为崔氏。"叔乙，应是乙公得，是后人的追称。估计 M17 应是丁公之子乙公之弟季子之墓。

M27 出土的四足铜盉，形制与陕西长安出土的微匃盉相同。由于微匃盉铭文中有穆王，根据葬谥制度，微匃盉的年代应是属晚于穆王的恭王时期。推测 M27 应是乙公得之子癸公慈母之墓。

M36 是带墓道的甲字形大墓。随葬铜器量少质差。报道称"棺内人骨架已散乱"，证明该墓是二次葬。估计应是被周王所烹杀的哀公之墓。

M35 也是带墓道的甲字形大墓，墓内出土的两件同铭申簋，据本文的考释，应是齐献公山为其父癸公慈母（谥为"幽公"）作祭器。M35 应是齐哀公"同母少弟"齐献公之墓。M35 的骨架也是"散乱"的，应是原葬于临淄后又迁葬于宗邑高青的营丘。齐献公与周懿王同时，这应是陈庄墓地的

[①] 王恩田：《"成周"与西周铜器断代——兼说何尊与康王迁都》，《古文字学论稿》，安徽大学出版社，2008 年。
[②] 王恩田：《概述近年来山东出土的商周青铜器》，《文物》1972 年第 5 期（署名：齐文涛）。
[③] 王恩田：《高青陈庄西周遗址与齐都营丘》，《管子学刊》2010 年第 3 期。

年代下限。

胡公静因徙都薄姑，被献公所杀，无谥称。"胡"与薄姑的"姑"，均从古得声。胡通姑。胡公是据地名称公。这与晋鄂侯的鄂是地名不是谥称，因而晋侯墓地中没有晋鄂侯的墓，道理是相同的。谥称是在下葬当天授予的，胡公无谥称，说明没有经过正规下葬。因此陈庄齐公室墓地中没有胡公静的墓。

20 世纪 80 年代初，在临淄河崖头春秋殉马坑的加固工程中，清理了三座出土有铭铜器的小墓。其中的陶簋底部刻有"侯"字，证明这一带应是齐国公室的墓地。这三座小墓的年代约属穆王，这与陈庄墓地的年代是相衔接的。河崖头墓地应是献公山"都治临淄"以后的公室墓地，这有助于解释陈庄墓地为什么没有发现其他公室成员的墓葬。至于陈庄墓地之所以发现献公墓，以及季子封地在崔，死后葬于陈庄，都是"返葬营丘"[①]的结果。《礼记·檀弓》说："太公封于营丘，比及五世，皆返葬于周。"陈庄墓地目前还没有发现太公、丁公的墓，但已经发现了三世乙公得、四世癸公慈母和五世哀公不辰和其弟献公山的墓。如今后在齐国境内也不会发现太公和丁公的墓，只能说"太公、丁公两世返葬于周"了。

原载《海岱考古》第四辑，科学出版社，2011 年

校记：

本文是 2010 年 4 月 12 日济南"山东高青陈庄西周城址专家座谈会"所提供的两篇论文之一。在会议召开之前，申簋铭文中"龚大室"中的"龚"（恭）字尚为锈掩。因此论文中此字缺释。本文发表时对此作了修改。

[①] 山东省文物考古研究所：《临淄北朝崔氏墓》，《考古学报》1984 年第 2 期。

高青新出申簋与《诗·烝民》的仲山甫

高青陈庄西周遗址内发现的一批墓葬中有两座出土有铭文铜器的墓葬。一座是M18，出土一批器主为丰为齐公祖甲铸祭器。我考证齐公即齐国始封君齐太公师尚父。丰是太公之孙第三代齐国君乙公得，名得字丰，寓意为所得丰厚。另一座是带墓道的"甲"字形大墓M35出土的两件器盖对铭70余字的申簋。铭文记载王重申对申的任命，继承其祖父管理齐国客馆的事务，并赏赐给申彤弓一，彤矢百，马四匹，并叮嘱申小心驾驭，不要败坏。申和师旋共同追击，用俘获的兵器为其父幽公铸作祭器。我考证器主申即齐国第五代国君齐哀公之弟献公山。申是本字，山是借字。幽公即献公山之父齐癸公。《世本》作厍公。厍是幽的借字。

现在还可进一步指出申簋的器主申即献公山，也就是《诗·大雅·烝民》中"仲山甫徂齐""城彼东方"的仲山甫。

《烝民》共八章，章八句，抄录如下：

天生烝民，有物有则。民之秉彝，好是懿德。天监有周，昭假于下。保兹天子，生仲山甫。

仲山甫之德，柔嘉维则。令仪令色。小心翼翼。古训是式。威仪是力。天子是若，明命使赋。

王命仲山甫，式是百辟，缵戎祖考，王躬是保。出纳王命，王之喉舌。赋政于外，四方爰发。

肃肃王命，仲山甫将之。邦国若否，仲山甫明之。既明且哲，以保其身。夙夜匪解，以事一人。

人亦有言，柔则茹之，刚则吐之。维仲山甫，柔亦不茹，刚亦不吐。不侮矜寡，不畏强御。

人亦有言，德轓如毛，民鲜克举之。我仪图之，维仲山甫举之。爱莫助之。衮职有阙，维仲山甫补之。

仲山甫出祖。四牡业业。征夫捷捷，每怀靡及。四牡彭彭，八鸾锵锵。王命仲山甫，城彼东方。

四牡骙骙，八鸾喈喈。仲山甫徂齐，式遄其归。吉甫作诵，穆如清风。仲山甫永怀，以慰其心。

《烝民》诗言"吉甫作诵"，说明《烝民》的作者是"吉甫"。由于尹吉甫是周王室时人，故《诗序》认为《烝民》是"美宣王"，即诗的年代属周王室。其实自古至今，人们喜欢用"吉"字作为名字，乃人之情。甫通父。金文中就有不少"吉父"的人名。如 1940 年扶风任村出土的吉父鼎（《集成》2515），善夫吉父（《集成》4530，又 9962），伯吉父（《集成》10226），兮伯吉父（《集成》4426，又 10174），遣叔吉父（《集成》4416—4418），三门峡上村岭 M2001 大墓出土的"小子吉父"甗（《新收》30），等等。金文中的这些吉父不可能是同一个人，当然更不可能都是《烝民》诗的作者。《诗序》定《烝民》为周宣王诗的说法难以成立。

《烝民》："王命仲山甫，城彼东方。……仲山甫徂齐。"

关于仲山甫其人自古以来，众说纷纭。毛诗"仲山甫，樊侯也"。郑笺"天子，宣王也，故生樊山甫，使佐之"。朱熹《诗经集传》："仲山甫，樊侯之字也。宣王命樊侯仲山甫筑城于齐，而尹吉甫作诗以送之。"孔颖达疏则认为王畿之内不称侯，不认同樊侯说。按：周宣王时代的仲山父，因食采于樊，故称樊仲山父。谥为穆，又称樊穆仲。新中国成立前，陕西扶风北岐山一带出土的善夫山鼎（《文物》1965 年第 7 期），应即此人作器。文献记载和金文均不称"樊侯"。孔颖达的意见是对的。

关于诗中仲山甫的年代国别、姓氏也有不同看法。《济阴太守孟郁修尧庙碑》："仲氏祖统所出，本继于姬周之遗苗。天生仲山甫，翼佐中兴宣平功遂，受封于齐。"（《隶释》卷一）明代何楷《毛诗古本古义》引唐代《权德舆集》："鲁献公仲子曰仲山甫，入辅于周，食采于樊。"

《汉书·杜钦传》："仲山父异姓之臣，无亲于宣，就封于齐。犹叹息永怀，宿夜徘徊，不忍远去。"颜师古《集注》："邓晨曰：诗言仲山父徂齐者，言衔命往治齐城郭也。而《韩诗》以为'封于齐',此误耳。晋灼曰:'《韩诗》误,而钦引之,阿附权贵,求荣媚也。'师古曰:《韩诗》既有铭文,而钦引以为喻,则是其义非谬,而与今说诗者不同。邓、晋诸人虽曰涉学未得专非杜氏、追咎《韩诗》也。"陈乔枞曰:"邓晨、晋灼并谓《韩诗》以仲山甫为封于齐。其说与毛异。今据孟郁修尧庙碑云:'仲山甫本姬周之遗苗',则与杜钦之说不合。窃以杜钦说《关雎》诗用鲁义,则此引《烝民》诗,当亦用鲁义也。考唐《元和姓纂》及《权德舆集》均以仲山甫为姬姓,与孟郁语和。唐时惟《韩诗》存,故得据以为说。然则仲山甫封齐之事,鲁、韩之说虽同,而一以为姬姓,一以为异姓,要自有别。"王符《潜夫论》云:"仲山甫庆姓。"张衡《吕公诔》云:"仲山甫,姜姓。"姜、庆古字通用。节信与平子均用《鲁诗》,益足证杜钦言仲山甫异姓之臣,为本之鲁说诗矣。①

按:《韩诗》《鲁诗》把《烝民》"仲山甫徂齐"解为"封于齐"是正确的。《韩诗》、汉杜钦、王符、张衡认为仲山甫是姜姓,也是正确的。《鲁诗》、汉孟郁、唐《元和姓纂》《权德舆集》等认为仲山甫为姬姓则是错误的。因为受封于齐的仲山甫不可能是姬姓,而只能是姜姓,但《权德舆集》说仲山甫是"鲁献公之子"则是值得重视的见解。鲁献公是鲁真公之父。而鲁真公时,周厉王奔彘。就是说仲山甫不是宣王时人而是厉王或早于厉王时人。

拙见以为《烝民》诗中的仲山甫不可能是姬姓,只能是异姓。因为诗言:"王命仲山甫,式是百辟,缵戎祖考,王躬是保。"郑笺:"戎,犹女也。躬,身也。王曰女施行法度,于是百君继女先祖、先父。始见王命者之功德,王身是安,使尽心力于王室。"孔疏:"汝施法度,于是百君谓百辟,卿士,通畿外诸侯。下云赋政于外,明百辟之言,兼畿外矣。言继汝先祖,明其先有功,先祖始封,必是始封之君,故云始见命者之功德也。"王对仲山甫说,继续你的先祖、先父保卫王身的平安。既然仲山甫的先祖、先父们曾经保卫过王的平安,说明仲山甫的祖先曾经是有功之臣,因而必然是始封之君。"王命仲山甫",显然使用对异姓臣属的口气。何尊诰训宗小子,即同姓

---

① (清)陈乔枞:《韩诗遗说考·烝民》。

同宗的臣属说："你们后者还是小子，没有知识。看公氏吧，有爵位在天上，完成了使命，敬受祭享啊！王有功德，顺天，教训我们不聪敏的"（译文据唐兰）。这里所说的"公氏"，是同姓、同宗小子们的先祖、先父。这里所说的"我们"，是指王和同姓、同宗的臣属，口气与"王命仲山甫"显然是不同的。

《烝民》诗中的仲山甫当然也不会是宣王时代的樊仲山父，而只能是齐献公山。因为诗中的仲山甫"出纳王命，王之喉舌"。所谓"王之喉舌"即王的发言人，代言人。理应与王保持"舆论一致"，而樊仲山父却是处处与宣王唱反调。"鲁武公以括与戏见王，王立戏"。樊仲山父谏曰："不可立也。"宣王"料民于太原，仲山父谏曰：'民不可料也'"（《国语·周语上》）。因此，《烝民》中的仲山甫不可能是周宣王时代的樊仲山父。

此外，诗言"王命仲山甫，城彼东方"，恐怕也不能如邓晨所说"衔命往治齐城郭"。构筑城郭，不是一件小事。单凭周王朝或齐国一国的人力物力难以克峻其事。齐桓公为迁杞，曾纠合鲁、宋、陈等8个诸侯国"城缘陵"（《春秋·僖公十四年》）。晋平公召集齐、鲁、宋等11个诸侯国为杞国筑城（《左传·襄公二十九年》）。其实，所谓"城彼东方"，恐怕是征彼东方的隐讳的说法。又如周宣王伐鲁，晋侯稣钟却说是"王亲遹省东国、南国"，分明是征伐了鲁国的附庸小国宿夷和鲁国的西部门户郓城，却讳言伐鲁。至于伐鲁的真实目的本是诛杀鲁君伯御，更是只字不提。分明是追捕烹杀齐哀公，在五年师旂簋中却说是"羞追于齐"，申簋中却说是"同陕（师旂）追"，道理是一样的。《烝民》中反复吟唱的"四牡业业""四牡彭彭""四牡骙骙"，与申簋王赏赐给申"马四匹"也若合符节。因此，有理由认为《烝民》中的仲山甫，就是申簋的器主申，也就是齐献公山。《史记·齐太公世家》说献公山是"哀公同母少弟"，这与《烝民》山甫排行为"仲"也是相符的。如上所述，《韩诗》《鲁诗》把"仲山甫徂齐"解为"封于齐"是正确的。不过仲山甫不是宣王时代的仲山甫，而是齐献公山。我们曾根据临淄河崖头殉马坑下面叠压的西周穆王时代三座铜器墓中出土的陶簋底部刻有"侯"字，论证献公山是徙都临淄后，才有称侯的资格，也就是说献公山迁都临淄后受封为侯。

《毛诗》虽然错误地把仲山甫解为"樊侯",但指出"东方,齐也。古者诸侯之居逼隘,则王者迁其邑而定其居,盖去薄姑而迁于临淄也",还是符合事实的,只是并非薄姑"之居逼隘",而是高青陈庄的齐都营丘"之居逼隘"。陈庄的夯土围墙面积仅有4万平方米,以其面积太小而为学者所诟病,是不承认陈庄遗址是都城的主要依据。《毛诗》之说可冰释其惑。

国子鼎的年代商榷

《考古学报》1977年第1期上刊登的《临淄郎家庄一号东周殉人墓》一文，在探讨国子鼎的年代问题上有两点值得商榷。

1. 该文说"按春秋中叶，齐国的大贵族国佐，在公室的争位斗争中，协助齐桓公取得了君位，国氏世为齐国上卿，是春秋中、晚期齐国最有势力的奴隶主贵族之一"。

国佐"协助齐桓公取得了君位"的说法与历史事实不符。国佐最早见于历史记载是《左传》宣公十年（前599），上距齐桓公取得君位（《左传·庄公九年》公元前685年）已有86年。这时的齐国，已经是历经桓公、孝公、昭公、懿公四易其君之后的惠公时代了。从国佐见于古籍记载到被杀（《左传·成公十八年》公元前573年），又经过了27年。也就是说，国佐从"协助齐桓公取得了君位"到死时历时113年。那么，国佐一生至少要享有一百三四十岁的高龄，这恐怕是不大可能的。《史记·齐太公世家》记桓公之立时，确曾提及"高、国内应"的重要作用。"高"指高傒，亦即高敬仲。"国"究竟指谁，史籍无征，不能认为"国"即"国佐"。

2. 该文又说"据《左传》《史记》等书记载，公元前489年，齐国新兴地主阶级的政治代表田僖子，在同奴隶主贵族的夺权斗争中，消灭了国、高两支最大的奴隶主势力"。这也是不对的。

田僖子即《春秋》中的陈乞，《左传》称陈僖子，《史记·田敬仲完世家》作田釐子乞。公元前489年，陈乞确与高、国之族有过斗争，斗争的结局是以国惠子夏和高昭子张的出逃而告终（《左传·哀公六年》）。《田敬仲完世家》谓："惠子奔莒、遂反杀高昭子。"与《左传》记载稍异。但无论《左传》还是《史记》都没有关于陈乞"消灭了国、高两支最大的奴隶主势力"的记载。文献中确曾有过田氏消灭国、高之族的记载，不过，那是说的"田僖子"的儿子陈成子，《史记》称为田成子或田常。这条记载见于《史记·司马穰苴列传》："其后及田常杀简公，尽灭高子、国子之族。"

该文认为"国子鼎"中的"国子"，"肯定是在这一事件（指田氏"尽灭国子、高子之族"。——引者）以前，国氏中的一位显赫人物"，国子鼎的年代"当然也不会晚于春秋末期"。这也值得商榷。首先，田常"尽灭高子、国子之族"这条记载不见于先秦史籍，也不见于《史记·田敬仲完世家》。事实上，田常政变以后，国、高之族的头面人物仍然活跃在齐国的政治舞台上。《左传》哀公十七年，即田常政变后的第三年（前478）"夏，六月，赵鞅围卫，齐国观、陈瓘救卫"。这时的国观，仍被称为"国子"，并且"实执齐柄"。直到战国时代的著作中仍然可以找到"高子"和"国子"的踪迹。《孟子·公孙丑下》："高子以告。"（赵注：高子亦齐人，孟子弟子）《战国策·齐策三》："齐欲伐魏，……国子曰：'秦破马服君之师，围邯郸。'"（高注：国子，齐大夫也）因此，《史记》中关于田常"尽灭高子、国子之族"的这条记载的可靠程度是值得怀疑的。其次"国子鼎"器群的组合、形制与郎家庄一号墓和平度东岳石村战国墓相近，其年代应属战国。铭文简约到只记器主名，字体小而方，与"陈侯午敦"和"陈侯因𦉢敦"相近，都是战国时代的特征。因此，国子鼎的年代仍以定为战国时代为宜。

原载《考古》1980年第1期，第83页，"读者来信"（署名：亦晓）

陈齐六冢的年代与墓主

临淄齐都故城南郊的鼎足山和牛山上，分别有两个一组和四个一组的高大坟墓，被称为"山上之山"，这是著名的二王冢和四王冢。《说文》："冢，高坟也。"高坟虽然也可以称为"陵"，但那是汉代以来对天子坟墓的专有名称。《水经·渭水注》："秦名天子冢曰山，汉曰陵"。《文选·西征赋》注引《三秦记》曰："秦名天子冢曰长山，汉曰陵。故通名山陵。"二王冢与四王冢时代属东周，不是汉墓，也并非天子的墓葬，故不能称为"六陵"，仍应遵照传统习惯合称"六冢"为是。本文认为冢的年代属战国，墓主是陈氏代齐的六位国君，故称"陈齐六冢"。

一　陈齐六冢概况

陈齐六冢位于临淄齐都故城东南约11.5公里。北距胶济铁路淄河店车站1公里。牛山偏在西南，鼎足山位于东北，隔胶济路相对峙。四王冢位于牛山上。牛山、康山、火石山等丘峦从西北到东南呈半圆形包围着四王冢。四冢东西并列，总长约700米，均方基圆坟。西起第一与第四冢的方基面积相同，都是南北245米，东西155米。第一冢圆坟高约8米。第二和第三两冢，南面的方基相连，规模小于第一、四冢。第一、三、四冢的北面分别有一小冢，也是方基圆坟，其中以第一冢相对的小冢规模最大。方基四边各长118米，圆坟高10米。二王冢位于鼎足山。山因紫荆、牛士、菟头三山呈三足鼎立形而得名。二王冢即位于三山之间的石灰岩丘岗山。两冢东西并列，方基相连。南北约190米，东西总长320米。两冢圆坟高约12米。东冢圆坟略矮。二王冢西北有小冢，一基二坟，方基东西150米，南北110米。其东北也有小冢，破坏过甚，已失原貌。①

二　历代有关六冢墓主诸说

关于六冢墓主，历史上异说甚多。为便于讨论，先将诸说罗列于次。

关于二王冢的墓主，有以下六说：

1. 桓公与管仲说　《北堂书钞》"桓公坟"条："魏武立齐桓祠云：近日路次齐郊，瞻望桓公坟垄，在南山之阿，管仲坟侧。"《括地志》："管仲冢在青州临淄县南二十一里牛山上，与桓公冢连。"《太平寰宇记》："鼎足山，桓公墓在上。按《郡国志》：山上有坟，是管仲陂。"

2. 桓公与其女说　郎蔚之《隋州郡图经》："齐桓公冢在齐城南二十里鼎足山上，因山为坟，东有女水。或云齐桓公女冢在其上。"

3. 桓公与景公说　《皇览》："景公冢与桓公冢同处。"（《史记·齐太公世家》集解引）

4. 桓公与孟尝君说　《皇览·冢墓记》："齐桓公冢在临淄城二十里淄水南。孟尝君与齐桓公冢同处。"（《太平御览》卷五百六十引）

5. 齐襄王与僖公说　伍辑之《从征记》："齐襄王墓在汝水西。墓西有僖公墓。"（《太平御览》卷五百六十引）

6. 太公吕尚与齐桓公说　《皇览》曰："吕尚冢在县城南，去县十余里。在齐桓公冢南，淄水南。桓公冢西北有晏婴冢。"（《后汉书·郡国志》注引）

按：二王冢系东西并列，故吕尚冢"在齐桓公冢南"一语，疑"南"字当"西"字之误。"桓公冢西北有晏婴冢"，当指二王冢西北一基二坟的小冢。

关于四王冢墓主有如下三说：

1. 四豪说　《魏书·地形志》和《水经注》称四王冢为"四豪冢"。"四豪"系何人，则不曾言及。伍辑之《从征记》在谈到二王冢后接着说："东有四旧墓，传云：倨、荣、黄、市也。墓皆方基圆坟。"倨、荣、黄、市又

---

① 张学海：《田齐六陵考》，《文物》1984年第9期。

系何人，前人亦皆失考。疑"四豪"即"四皓"之音讹，而倨、荣、黄、市四人即"四皓"。相传秦代末年，甪里、东园公、夏黄公、绮里季等四位老人隐居商山。年皆八十余，"须眉皓白"，时称"商山四皓"。据罗泌《辨四皓》考证：甪里先生在孔安国《秘记》及《汉纪仙传》中作"角蠡"，角蠡急言之而为"倨"。园公急言之为"荣"，夏黄省作"黄"。绮，古读见母歌部，市属邦母月部，古音牙喉不甚分晰，喉唇可通转，歌、月对转，绮、市音近可通。故倨、荣、黄、市即"四皓"，音讹而为"四豪"，实无可疑。据《史记·吕太后本纪》《汉书·张良传》记载，汉初高祖以"孝惠为人仁弱"，欲废太子。吕后用张良计，使太子"为书卑辞安车"，召四皓与之游，使高祖认识到孝惠有"彼四人为之辅，羽翼已成，难动矣"，从而打消了废太子的念头。罗泌考四皓俱葬于安陵（惠帝陵），可见四皓墓应在西安，不在临淄。疑后人因四皓中的夏黄公，本姓崔，是齐国人，因而把四王冢附会成四皓冢，音讹而成四豪冢。

2. 姜齐五公说 《齐乘》卷五："五公冢，临淄东南十里，齐昭公、灵公、惠公、顷公、孝公五坟相连。"

按：四王冢北面有三个方基圆坟的小冢，其中以西北角的一个为最大。于钦盖以此小冢与四王冢合称为"五公冢"。

3. 威、宣、湣、襄四王说 《水经·淄水注》：淄水"又东迳四豪冢北。水南山上有四冢。方基圆坟，咸高七尺，东西直列，是田氏四王冢也"。《齐地补遗》进一步指出"四王"即威、宣、湣、襄四王。顾炎武《四王冢记》进一步论证其说。

按："高七尺"当为"高七丈"之误，折后16米。今四王冢圆坟最高者8米，二王冢圆坟高12米。估计郦氏所说的高度是指圆坟和方基的总高度。惜目前尚未测量方基高度，不能判断与古代高度相差多少。

三　六冢年代

考证墓主，首先应明确墓葬年代。由于前人无法解决年代问题，因而其考证大都难信。六冢虽未经科学考古发掘，但仍然可以根据墓葬制度，并结合临淄考古发现确定其相对年代。

六冢均有"方基圆坟"的高大封土堆，这对于判断墓葬年代有着重要意义，封土是墓葬地面上的标志，它的出现与夫妻合葬制度密切相关。合葬与封土并不是自古以来就有的。《易·系辞下》："古之葬者，……不封不树。"《礼记·檀弓上》："武子曰：'合葬非古也'。……孔子既得合葬于防，曰：'吾闻之：古也墓而不坟。'"武子即季孙宿，比孔子略早，都是春秋晚期时人。根据上述记载，合葬与封土制度在春秋晚期还是刚刚出现不久的新生事物。近40年来的考古发现证明上述记载是可信的。如河南洛阳周墓、浚县卫墓、陕县虢墓、陕西雍城秦墓、山西曲沃晋墓、北京琉璃河燕墓、山东曲阜鲁墓等西周和春秋时期的墓葬，无论是大、中、小型墓，一般都是没有封土的。① 目前所发现的属于这一时期的有封土的墓有寿县蔡侯墓② 和临淄敬仲白兔丘的高子墓。蔡侯墓年代是从蔡昭侯二十六年迁州来（今安徽寿县）至蔡为楚灭，即前493—前447年期间的墓葬。相当于春秋战国之际。关于高子墓的年代，有人曾考证为春秋桓公时的高傒之墓，相当于春秋早中期之际，可商。高傒又称高子，谥曰"敬"，又称高敬仲。高子墓中出土有"高子戈"，该墓又在敬仲被发现，前述考证似乎是近情的。应该指出"高子"是一种称号，并非某个人的专名。齐国重臣国子、高子之族的宗子也可以承继封爵、官职、称号，世世代代都可称为国子、高子。③ 除高傒之外，见于经传的高固、高厚、高止、高张、高无丕等人，都可称为"高子"。直到孟子时代，仍有"高子"存在（《孟子·公孙丑下》）。因此不能一见"高子"，就认为一定是高傒。考证墓主，必须与墓葬出土遗物年代相一致。高子戈形制与蔡侯墓出土铜戈相近，而不具有锋部呈直线三角的春秋早中期铜戈特征，与高傒所处时代相左，与高子戈同时出土的还有一大批铜器。1971年，笔者在临淄阚家寨发掘期间曾目验过与高子戈共存的那批铜器。当时的印象

---

① 安徽屯溪西周墓有封土（安徽省文物工作队：《安徽屯溪西周墓葬发掘报告》，《考古学报》1959年第4期），不过和中原地区的墓葬不同，不挖墓穴，而是平地起坟，属于荆蛮族的特殊葬制，不能作为西周时期已经出现封土的例证。

② 安徽省博物馆：《寿县蔡侯墓出土遗物》，科学出版社，1956年。

③ 王恩田：《临淄国子墓和郎家墓的年代与墓主问题》，《考古与文物》1985年第6期。

是其年代比临朐公孙造器群略晚。笔者曾考证公孙造即见于经传记载的齐惠公之孙公孙灶。其人于齐景公三年（前 545）上台执政，死于景公九年（前 539）。① 高子墓年代也应是春秋晚期。据报道过"高子戈"②的张龙海同志讲，由于十年动乱，保管人员数度易人，现在已经搞不清高子戈与同时出土的那批铜器的共存关系了。根据上述对高子墓出土遗物的讨论，高子墓应属春秋晚期。春秋晚期的"高子"不止一人。高子墓的墓主究竟是哪位"高子"，目前尚无法确指。否定高子墓墓主是高傒，与"敬仲"的地名也并不矛盾。高子墓在敬仲发现，说明白兔丘一带应是高傒封邑，地名"敬仲"渊源有自。临淄方言"白"字读作 béi。"白兔丘"急言之而成贝丘。《史记·齐太公世家》作沛丘，齐襄公曾田猎于此。贝丘为高氏封邑，不见于经籍，高子墓的发现可补其阙。根据"族坟墓"制度，同一宗族成员埋葬在同一墓地。今后在白兔丘一带发现高傒和其他各位"高子"的墓葬是完全可能的。

高子墓的封土作圆形馒头状，没有像六冢那样的方墓，也比六冢矮小得多，这种差别并不是年代早晚的因素造成的，也就是说并不是先有圆形馒头状封土，然后才出现方基圆坟状封土，而是等级不同的反映。古代以封土之大表示地位的尊贵。《礼记·礼器》："有以大为贵者。宫室之量、器皿之度、棺椁之厚、丘封之大，此以大为贵也。"高子墓封土矮小而六冢封土高大，说明后者地位较前者尊贵。墓葬年代早晚与封土是否具有方基没有直接联系。秦始皇陵和西安汉代诸陵都和高子墓一样呈圆形馒头状而没有方基，显然不能说其年代都早于六冢。

综上所证，墓葬封土的出现，不早于春秋晚期。因此上举有关六冢墓主考证中的太公吕尚说，春秋桓公、管仲以及春秋早、中期齐国其他国君诸说便都可以排除。

六冢是否属于春秋晚期姜齐国君的坟墓呢？回答也是否定的。这是因为考古发现证明，春秋齐国国君墓地在大城城内东北角的河崖头一带。20 世纪 60 年代中期，山东省博物馆在临淄齐都故城进行考古勘探，在河崖头一

---

① 王恩田：《概述近年来山东出土的商周青铜器》，《文物》1972 年第 5 期（署名：齐文涛）。
② 李剑、张龙海：《山东淄博市临淄区出土高子戈》，《考古》1984 年第 9 期。

带发现大、中型两周墓葬30余座，清理了其中的4座中型墓。并发现了五号大墓四面环绕的大型随葬马坑。清理了北侧的一面，长54米，葬马145匹。估计共葬马约六七百匹之多。结合《左传·襄公二十九年》"齐人葬庄公于北郭"的记载，笔者曾指出："春秋时代齐国的最高统治者的墓地可能就在河崖头一带。"[1] 1972—1973年，清理了五号大墓。[2] 该墓现存墓口南北长26.3米，东西宽23.35米，其规模在东周各国的墓葬中是比较少见的。其南面有一条斜坡墓道。墓道古称"羡道"，在周代是只有天子和诸侯才能使用的葬制。结合随葬的大批马匹考虑，墓主身份必属齐侯无疑。五号墓出土的残鬲口沿与曲阜鲁城M202的陶鬲是相同的[3]，而M202出土的铜敦形制又与新出鲁归父敦相同。[4] 归父即鲁庄公之孙，东门襄仲之子公孙归父（前599—前591）。因此M202是典型的春秋中期墓。[5] 五号大墓年代亦应属春秋中期。根据墓葬年代、规模、葬制考虑，五号大墓的墓主很有可能是声名显赫的齐桓公。进一步证实河崖头一带必属春秋齐侯墓地无疑。而临淄南郊鼎足山、牛山上的六座方基圆坟的大墓及其周围的中型墓则应是取代姜齐的战国时代陈氏齐国国君的"族坟墓"。

四 六冢墓主

从陈氏太公和立为齐侯到王建时齐为秦灭，陈氏国君共8人，即太公和、侯剡、桓公午、威王因齐、宣王辟强、湣王地、襄王法章、王建。六冢究竟是哪6位国君的坟墓呢？王建降秦后，被迁于共（今河南辉县），其墓不可能在临淄，可以从中排除。另外4个一组的大冢，自郦道元首先提出"田氏四王"说，经《齐记补遗》特别是顾炎武进一步论证其为威、宣、湣、襄四王的坟墓，史无异说，可以定论。现在只剩下二王冢的墓主需要讨论。

---

[1] 王恩田：《概述近年来山东出土的商周青铜器》，《文物》1972年第5期（署名：齐文涛）。
[2] 山东省文物考古研究所：《齐故城五号东周墓及大型殉马坑的发掘》，《文物》1984年第9期。
[3] 山东省文物考古研究所：《曲阜鲁国故城》，齐鲁书社，1982年，图五六：8、图版三四：2。
[4] 王敏之：《河北唐县出土西周归父敦》，《文物》1985年第6期。
[5] 王恩田：《曲阜鲁国故城的年代及其相关问题》，《考古与文物》1988年第2期；王恩田：《从曲阜两周墓看鲁文化面貌及楚文化对鲁国的影响》，《楚文化研究论集》第一辑，荆楚书社，1987年。

有一种意见认为太公和的墓应在益都普通店，二王冢应是侯剡和桓公午之墓，可以讨论。

按：侯剡不见于《史记》。《索隐》引《古本竹书纪年》曰："齐康公五年，田侯午生。二十二年田侯剡立。后十年齐田午弑其君及孺子喜而为公。"又引《春秋后传》曰："田午弑田侯及其孺子喜而兼齐，是为桓侯。"可补《史记》阙佚。侯剡既为桓侯午所篡杀，连谥号都没曾有过，不可能再为其修建如此规模的大墓。桓侯午死后也不可能和他的冤家对头并穴而葬，故侯剡亦应从二王冢中排除。

太公墓在益都尧山以北普通店之说见于下列记载：

《述征记》曰："太公冢在尧山西。"（《太平寰宇记》卷十八，益都县条引。恩田按："西"字当为"北"字之误）

《续述征记》曰："太公冢在尧山北五里。平地为坟，高十丈。曾有发之者。冢数十仞，得一铜樽。金玉甚多。尚父五世葬周，斯实田和冢也。和迁齐君于海上，而别为诸侯，亦称太公也。"（《太平御览》卷五百六十引）

《齐乘》卷五："田和冢，府北二十里普通店。和为田齐之太公。《皇览》作太公吕尚冢。按《檀弓》云：太公封于营丘，比及五世，皆反葬于周。此不应有冢。……东南者谓是齐胡公冢。胡公，献公父，亦反葬于周。"

根据西周时齐国国君"五世反葬于周"的文献记载，证明普通店"太公冢"不是太公吕尚，当然是对的，但未必就是太公和之墓。如上所述古代盛行"族坟墓"制度，太公和系陈氏齐国始封之君，不可能远离六冢为核心的陈氏"族坟墓"而另葬于二三十里之外的益都普通店。假如太公和墓确在普通店，则二王冢只能是侯剡和桓公午之墓，前面已经讲过，这是根本不可能的。而且据《齐乘》讲，在普通店"太公墓"东南还有"齐胡公冢"。《水经·淄水注》也谈到尧山祠附近有个"胡公冢"，并说据"孙畅之所云：青州刺史傅弘仁，言得铜棺、隶书处"。这个"胡公冢"既然不可能是西周齐国国君胡公静，那么它又应该是何人之墓呢？如果孙畅之所说确是事实，在"胡公陵"内发现"隶书"，其年代充其量也不会早于秦代。普通店大墓墓主究系何人，可以继续研究，但不大可能是太公和墓，似乎可以定论。

根据上述分析，可以得出如下结论：二王冢不可能是侯剡和桓公午之墓，而只能是太公和与桓公午之墓。齐威王时始称王，故严格说只能称为"二公冢"。

原载《管子学刊》1989 年第 3 期

长岛战国铜器与"迁康公于海上"

1973年3月，山东长岛县南长山公社王沟大队社员发现一批战国铜器，长岛县文化馆予以征集并做了调查，知系四座墓葬出土。同时将这批铜器连同调查记录运送至山东省博物馆，交给作者，嘱为整理。通过整理，根据器物年代、墓主身份、地理位置等条件，认为长岛出土的这批铜器与陈齐太公和"迁康公于海上"有关。

一、M2和M3所征集的鼎、豆、壶是战国时代的常见组合。其中的高柄有盖豆，也见于平度东岳石战国墓。M3和M4所征集的环足敦，其形制与陈侯午十四年敦和陈侯因资敦相同。陈侯因资即齐威王因齐。陈侯因资敦是齐威王称王以前所铸。球形敦的年代约在公元前375年至公元前331年，应是战国中期。此外，M4征集的戈（M4:1）与陈侯因资戈形制相近，也应属战国中期。

二、M2征集的刻纹盘中的田猎画像中的车，文献称"木路"。《周礼·春官·巾车》："掌公车之政令，辨其用与其旗物而等叙之（注："等叙之，以封同姓异姓之次序"）……木路，前樊鹄缨，建大麾，以田，以封蕃国（注：木路，不鞔以革，漆之而已。……田，四时田猎。蕃国，谓九州之外夷服、镇服、藩服）。"由此可证，长岛刻纹盘中田猎画像中用于田猎的车，称为"木路"，其等级是异姓藩国。猎车后拖着长长的旗子，称为"旌"，也称"大麾"。旗子上有6组燕尾形的装饰，称为斾。《左传·昭公十三年》："八月辛未，治兵，建而不斾。"杜注："建立旌旗，不曳其斾。斾，斿也。"

《尔雅·释天》："长寻曰旐，继旐曰斾。"郭璞注："帛续旐末为燕尾者。"《公羊·宣公十二年》何休注也说"续旐如燕尾曰斾"。猎车后长长的旗子应该就是长八尺为寻的旐。旗子上的燕尾形装饰应该就是斾。但斾不是放在"旐末"，而是自上而下，共有六斾。上引杜注："斾，斿也。"斾与斿同物而异名。孙诒让《周礼正义》："《春官·司常》云：'孤卿建旜，大夫士建物者……'其斿亦依命数，孤依《通典·宾礼》引高堂隆说：'七命则当七斿，卿则六斿。'"①长岛刻纹盘田猎车的旒上用六斿，其身份应相当于卿。

1975年，我曾到长岛发掘工地参观，获悉在已发掘的墓葬中以10号墓规模最大，而且有一条斜坡墓道。新中国的考古发现证实，商周时期的墓葬凡是有一条墓道的甲字形大墓和两条墓道的中字形大墓，其身份应是诸侯。有四条墓道的亚字形大墓，墓葬身份应是王。因此，王沟战国墓地应是一方诸侯的公室墓地。

三、《史记·齐太公世家》：康公"十九年，田常曾孙田和始为诸侯，迁康公海滨。二十六年，康公卒，吕氏遂绝其祀。田氏卒有齐国"。也就是说，康公从十九年迁海滨，至二十六年康公卒，在海滨居留的时间只有7年。而据《史记·田敬仲完世家》："田庄子相齐宣公。……庄子卒，子太公和立。田太公相齐宣公。……宣公五十一年卒。……子康公贷立。贷立十四年，淫于酒妇人，不听政。太公乃迁康公于海上，食一城，以奉其先祀。……三年，太公与魏文侯会浊泽，求为诸侯。……周天子许之，康公之十九年，田和立为齐侯，列于周室，纪元年。齐侯太公和立二年，和卒。子桓公午立。……六年救卫，桓公卒（索隐：案《纪年》，梁惠王十二年，当齐桓公十八年，后威王始见，则桓公十九年而卒，与此不同）。子威王因齐立。是岁，故齐康公卒，绝无后，奉邑皆入田氏。"

按：据桓公午十四年敦，可知《田敬仲完世家》桓公午六年卒的说法是错的。如《田敬仲完世家》之说，则康公十四年迁海上，十九年太公和立为诸侯，二十一年太公和卒。二十七年桓公午卒，齐威王立，康公卒。康公在海上居留13年。但据《竹书纪年》："齐康公五年，田侯午生。二十二年，田侯剡立。后十年，齐田午弑其君及孺子喜而为公。"《田敬仲完世家》说："六年救卫，桓公卒（而《纪年》说"梁惠王十二年当齐桓公十八年，后威王始见，则桓公十九年而卒"）。子威王因齐立，是岁，故齐康公卒，绝无

---

① （清）孙诒让：《周礼正义》第八册，中华书局，2000年，第2208页。

后,奉邑皆入田氏。"则康公十四年迁海上,二十二年田侯剡立,三十二年桓公午杀田侯剡。十九年桓公午卒,相当于康公四十九年,此年威王立,康公卒,则康公在海上居留35年。我曾在北京图书馆所藏金文拓片册中,发现陈侯阎(剡)钟,证明《纪年》记载可信。《史记》的确存在脱漏了田侯剡以及桓公午六年卒的失误。长岛王沟出土的球形敦是桓公午和齐威王称王前的标准器。其年代属战国中期,证明康公在海上居留35年,应是可信的。

四、"迁康公于海上,食一城"。迁康公于海上,并非孤身一人,还有随同前往的皇亲国戚和各种服役人员,"食一城"即靠一城的租税为生,说明长岛原来是有人居住,并从事生产的。北长山岛出土的西周中期铜鼎证明长岛最迟在西周中期以来就有人居住,而且还可以铸造铜器。

五、除在一件铜钾上有一个族徽外,这4座墓葬出土的铜器连同1975年发掘出土的所有铜器,没有一件是有铭文的,这与亡国之君康公的身份也是相符的。

1988年5月10—13日,在"长岛县文物、博物新闻发布会"上的发言

临淄国子墓和郎家墓的年代与墓主问题

临淄地区建国以来发现过两座重要的东周墓葬。一座是城东南 6 里尧王村的凤凰冢，1956 年春在冢南 23 米处打井时出土一批铜器。其中鼎有铭文"国子"二字，当为国子之墓。① 另一座墓是 1971 年冬至 1972 年春，山东省博物馆在临淄城东南 2 里郎家庄发掘的一号墓。该墓虽经盗扰，但墓室结构基本完整。在棺室周围分布有 17 座殉人坑，殉人佩戴水晶、玉石等珍贵装饰品。此外，还出土金器、铁器、漆器等重要遗物。② 两座墓的器物形制比较接近，其年代应大体相当，以往在齐国范围内的临淄、平度、长岛、栖霞、诸城、长清等地，曾多次发现与上述两墓器物形制相同或相近的墓葬，过去均被定为战国墓，但是也有一种意见认为应属春秋晚期。因此，这两座墓葬年代的确定，对于齐国东周器物年代序列的建立具有重要意义。国氏为齐国望族，国子之名也屡见经籍，国子墓的墓主究竟是哪一位国子？郎家墓旧志以为即黔敖墓，这一记载是否可信？有必要讨论清楚。

一 关于国子称号

齐之国氏为姜姓。鲁叔孙穆子娶国氏之女为妻，名"国姜"可证。国氏之族的宗子称"国子"。国子与高子同属周王朝所命的"守臣"，均为齐国上卿（《左传·僖公十二年》杜预注）。据《齐语》《管子》记载，齐国在管仲改革以后，把全国人口和兵力分为三份，齐侯、国子、高子各统其一，其地位之隆崇于此可见。

根据铜器铭文中所见人名判断铜器年代，是金文研究中经常使用的可

---

① 杨子范：《山东临淄出土的战国铜器》，《考古通讯》1958 年第 6 期。
② 山东省博物馆：《临淄郎家庄一号东周殉人墓》，《考古学报》1977 年第 1 期。

靠方法，但是我们却不能根据国子鼎的铭文来确定它究竟是齐国历史上某个人的器物。这是因为"国子"是一种称号，而不是属于某一两个人的专名。有人认为齐国只有两个国子，一是国佐，一是国佐之孙国景子，亦即国弱。"根据书法及称名考之"，国子鼎当为国景子所造之器，其说非是。

犹如周王朝中周公、召公之族的宗子可以根据"父子世官"的原则，不仅可以承继周公、召公的封爵、官职，而且可以承袭其称号，代称"周公""召公"。齐国的国氏、高氏之族的宗子同样也可以承继国子、高子的封爵、官职和称号，世为齐国上卿，屡执齐之国政，世代称国子、高子。见于经传的国子有国庄子归父、国武子佐、国景子弱、国惠子夏等。国子中的庄、武、景、惠等是谥称，归父、佐、弱、夏等是其私名，他们都可以称"国子"。如：

《左传·僖公三十三年》："齐国庄子来聘……臧文仲言于公曰：'国子为政，齐犹有礼，君其朝焉。'"这是国归父称国子。

《左传·成公十七年》："齐庆克通于声孟子……鲍牵见之，以告国武子……（庆克）告夫人曰：'国子谪我。'"这是国佐称国子。

《左传·襄公二十六年》："国景子相齐侯……国子使晏平仲私于叔向曰：……"这是国弱称国子。

《左传·哀公五年》："公疾，使国惠子、高昭子立荼。"杜注："惠子，国夏。"这是国夏称国子。

《左传·哀公十一年》："齐国书将中军，……桑掩胥御国子。"这是国书称国子。

《左传·哀公十七年》："齐国观、陈瓘救卫。……子玉使服而见之曰：'国子实执齐柄。'"这是国观称国子。

此外，见于《礼记·檀弓》的尚有"国昭子""国子高"等。

综上所述，经传中所见国子至少有8人之多，可见那种以"齐有两国子"为前提，而得出的国子鼎系国景子所造器的结论是难以成立的。从而仅据铭文本身，难以确定国子墓的墓主究指何人。

二 关于田常尽灭高、国之族问题

把国子墓和郎家墓的年代定为春秋的主要依据是田僖子在夺权斗争中"消灭了国、高两支最大的奴隶主贵族势力"。其说并未征引具体史料。经籍中确有"尽灭高子、国子之族"的记载，不过，那并非"田僖子"，而是他的儿子田常。这条史料见于《史记·司马穰苴列传》。但是应该指出，《史记》的上述记载是有问题的。田常即田成子，也名陈恒、陈成子，《左传·哀公十四年》记载了陈成子发动的这次政变，只是说以阚止的被杀和"陈恒执公于舒州"为结局。《史记·田敬仲完世家》在谈到田常政变后镇压敌对势力时只是"尽诛鲍、晏、阚止及公族之强者"，都没有提到"尽灭高子、国子之族"。如上所述国、高之族的人口、兵力占有齐国的三分之一，这样多的人口和兵力可以在一次政变中被"尽灭"，是难以想象的，尤其重要的是田常政变以后，国、高之族的头面人物仍然活跃在齐国的政治舞台上。据《左传·哀公十七年》记载，田常政变后的第三年，齐之国观仍然统帅齐军救卫。这时的国观，仍被称为"国子"，而且是"实执齐柄"，仍然是举足轻重的实权人物。即使到了战国时期，国、高之族也未被斩尽杀绝，在历史上仍然可以看到他们的踪迹。

《孟子·公孙丑下》："高子以告。"赵岐注："高子亦齐人，孟子弟子。"

《战国策·齐策三》："齐欲伐魏，……国子曰：秦破马服君之师，围邯郸。"高诱注："国子，齐大夫也。"

马服君即赵奢，其人是在秦昭襄王三十七年（前270）"将击秦，打败之"以后被赐号为"马服"的（《史记·六国年表》）。秦围邯郸之役是秦昭襄王五十年（前257）。因此可以说直到战国晚期，国子之族的宗子仍袭有"国子"称号，并作为齐国的大夫而活跃在政治舞台上，故而可以确信司马迁关于田常"尽灭高子、国子之族"的记载是靠不住的。根据这种靠不住的史料来判断国子墓和郎家墓的年代，当然也难以令人置信了。

三 国子墓与郎家墓的年代

如上所证，我们既不能根据"国子"称号来判断年代，又不能根据田氏尽灭高、国之族的错误记载来确定国子墓和郎家墓的年代下限，从而只能根据两墓出土器物组合、形制及铭文款式字体等条件来探讨其年代。

郎家墓发掘报告曾提出五条论据，来论证国子墓与郎家墓的年代当属春秋晚期。但在结论中又说郎家墓的"陶器主要组合鼎、豆、壶（Ⅰ式）的年代，应属于春秋晚期。但是同出的Ⅲ式壶的年代则可能比Ⅰ式壶晚一些，而敦的形制又接近于战国中叶的齐侯因齐铜敦"，"因此，此墓的年代定为春秋战国之际较为合适"。

考古学断代常识告诉我们，早期与晚期的遗物共存时，自应以晚期遗物作为断代依据。上述早期加晚期被二除的断代方法显然是不妥当的。况且郎家墓陶器中的壶、罐都是没有底的，其他器物上的环钮也都是活动的，显然都是明器。在同一墓葬的明器中还要分早晚是毫无意义的。所举五条春秋晚期的论据也值得讨论。

第一条论据，主要是引用"文献记载"讨论国子鼎的年代。错误甚多，本人已经指出[①]，此不赘述。至于说以郎家墓的鼎与属于春秋晚期的洛阳中州路Ⅲ式鼎、蔡侯墓鼎比较，两者作风也并不"相似"。前者为浅腹，后者均深腹；前者鼎盖转角处略呈直角，后者则均为弧盖；蔡侯墓鼎盖上有6柱圈顶钮，这种盖钮在洛阳中州路春秋中期的铜簋（M6:21）上也可见到，而国子鼎和郎家墓鼎上却没有。两者的区别是显而易见的。

第二条论据认为，有盖豆在中原地区"其发展变化是柄部由高变矮"，郎家墓陶豆豆柄特别高，"应是有盖豆的最早型式"。

有盖豆柄部由高变低的演化规律，只是洛阳两周地区的地方特点，不能视为一般规律到处套用。在三晋地区的侯马，豆柄的发展变化就不是由高变低，而恰好是由低变高。[②] 在楚国东周墓中一般不见有盖豆，湖北松滋一期春秋战国之际的有盖豆柄部较低。[③] 而在寿县战国晚期楚墓中的"铸客豆"，其柄部特高，远远超过了松滋豆。在齐国春秋墓中一般不见有盖豆，柄部特高的有盖豆，如平度东岳石、诸城臧家庄、长岛王沟等地出土者，一般也都

---

① 王恩田：《读者来信》，《考古》1980年第1期，第83页（署名：亦晓）。
② 侯马市考古发掘委员会：《侯马牛村古城南东周遗址发掘简报》"器物分期图"，《考古》1962年第2期。
③ 湖北省文物管理委员会：《湖北松滋县大岩嘴东周土坑墓的清理》，《考古》1966年第3期。

是属于战国时期的。

第三条论据认为，郎家墓陶壶与唐山贾各庄Ⅰ、Ⅱ式陶壶极相似。而贾各庄墓葬年代"发掘报告定为战国早期，但有的同志则定为春秋晚期"。

唐山贾各庄墓葬年代并不单纯。[①]如M18铜器风格与浑源李峪相近，其年代应属战国早期，能否提前到春秋晚期，可以讨论。而以上提到的出Ⅰ、Ⅱ式陶壶墓的年代却是偏晚的，例如出Ⅱ式陶壶的M34，就出土有燕国明刀币，其年代应属战国中晚期。

第四条论据认为，齐国地区鼎豆壶组合的出现"目前还不清楚，考虑到此墓鼎豆壶（Ⅰ）的形制属春秋晚期，而且这种豆壶曾与鬲共出，因此齐国地区鼎豆壶的组合可能出现较早"。

郎家墓鬲鼎豆壶（Ⅰ）的形制并非属于春秋晚期（如上述），所说"豆壶曾与鬲共出"系指临淄于家墓地的材料，目前材料尚未发表，不便讨论。不过据笔者所知，三晋[②]、秦[③]、楚[④]等国战国时期是有鬲的。齐国地区的战国遗址和墓葬中也是有鬲的，不能一见与鬲共存，便认为一定属于春秋时期。

第五条论据认为，郎家墓"铜铺首的纹饰与春秋晚期蔡侯墓所出铜钟上的纹饰相似，压印金铂的纹饰也与蔡侯墓金铂纹饰相同"。

郎家墓铜铺首只发表了很小的照片，看不清纹饰，难以对比。就笔者所知，铜铺首这种装饰手法本身正是战国以后才出现和流行起来的。压印金铂纹饰也看不出与蔡侯墓金铂有何"相同"之处。我们倒是注意到郎家墓刻纹金铂上有一条绹状纹饰[⑤]，绹纹是战国早期铜器上常见的具有时代特色的纹饰之一。

综上所证，春秋晚期的五条论据是难以成立的。笔者认为国子墓与郎家墓是典型的战国墓。

目前齐国地区东周时期器物的年代序列尽管尚未建立起来，但是已经有

---

① 安志敏：《河北省唐山市贾各庄发掘报告》，《考古学报》1953年第6期。
② 侯马市考古发掘委员会：《侯马牛村古城南东周遗址发掘简报》"器物分期图"，《考古》1962年第2期。
③ 金学山：《西安半坡的战国墓葬》，《考古学报》1957年第3期。
④ 郭德维：《江陵楚墓论述》，《考古学报》1982年第2期。
⑤ 山东省博物馆：《临淄郎家庄一号东周殉人墓》，《考古学报》1977年第1期，第78页，图六。

了一批可资断代的标准器群,春秋与战国的器物是不难区分的。春秋晚期可以临朐杨善的公孙造器群为代表。笔者曾指出,公孙造即齐景公时代的公孙灶,造、灶音同字通。公孙灶于齐景公三年(前545)上台执政,死于景公九年(前539)。因此,公孙造器群可以作为春秋晚期齐器的断代标尺。① 战国器物以平度东岳石战国早期墓(M16)和诸城臧家庄战国晚期墓为代表。② 就器物组合与形制而言,国子墓和郎家墓均与公孙造器群相去甚远。公孙造器群不见有盖豆,因而尚未形成鼎豆壶的组合,而郎家墓则有鼎豆壶组合;公孙造器群鼎有无盖、有盖两种,有盖鼎腹极浅,平盖,盖有三矩形钮。郎家墓鼎只有一种,腹略深,盖微鼓,上有环钮;公孙造器群壶颈特长,最大腹径在下部近圈足处。郎家墓壶颈较短,最大腹径在中部;公孙造器群的敦束领、鼓腹、平底、弧形盖,盖、腹均有三个小兽蹄形足,周身饰乳丁。郎家墓的敦器盖均为半球形,各有三环钮;公孙造器群的舟无盖,郎家墓的舟(发掘报告误作"簋")有盖;等等。而郎家墓器物组合与形制则与平度东岳石M16极为相近。③ 如两者都有鼎、豆、壶、敦、舟、盘等器物组合;两者的豆均为有盖、高柄;两者的壶不仅形状相同,而且都没有底;两者器物上都有活动环钮;等等。并且两者都出土形体矮小、制作古朴、火候极低的陶俑。这种原始的陶俑,应即战国文献中所说的"土偶"。

郎家墓中的陶敦是极富时代特征的器物,它的形状像一个球体,俗名"西瓜鼎"。这种器物在春秋齐墓中从未发现过,是战国时代的新兴器物。根据诸城臧家庄、长清岗辛战国晚期墓葬中不曾见到这种器物推断,可能在战国晚期已经绝迹。陶敦的形制与传世陈侯午敦和陈侯因𰻞敦非常接近。陈侯午即田齐桓公午,陈侯因𰻞即齐威王,这是郎家墓年代必属战国的有力证据。郎家墓的敦为平底,仍保存了春秋平底敦的作风,其年代似应早于陈侯午敦和陈侯因𰻞敦,属战国早期。

郎家墓出土漆器上的某些纹饰也是战国墓葬中所常见的。如"浪花"

---

① 王恩田:《概述近年来山东出土的商周青铜器》,《文物》1972年第5期(署名:齐文涛)。
② 王恩田:《概述近年来山东出土的商周青铜器》,《文物》1972年第5期(署名:齐文涛)。
③ 中国科学院考古研究所山东发掘队:《山东平度东岳石村新石器时代遗址与战国墓》,《考古》1962年第10期。

纹①和"单线锯齿"纹②，分别见于辉县赵固一号墓的彩绘陶器和暗纹陶器。③漆圆盘周围的绚纹④见于山彪镇一号墓⑤，长治分水岭 14 号墓、16 号墓等战国早期的铜器之上。⑥点苔为地的作风也见于江陵拍马山战国楚墓漆器图案⑦，等等。

从铭文格式和书体来看，战国时代有铭铜器一般比较罕见。铭文辞例也一反西周、春秋时代铭功记赏和子孙宝用的滥调而趋于简约。国子鼎只记器主名，正是战国铜器铭文中常见格式。春秋时代铭文书体一般字体大而瘦长，战国时代铸铭则多趋向于小而近方形。兹择录几个不同时期的"国""子"二字以为比照（表一）。可以看出国子鼎书体与春秋中晚期的国差（佐）𦉥、蔡侯钟相去较远，而与战国中期的陈侯午敦、陈侯因𧊿敦最为接近。其"国"字与战国陶文"国"字也非常接近（图一）。

图一　战国陶豆铭文"国"字

表一　"国""子"二字书体对照表

时代	西周	春秋			战国		
	晚期	中期	晚期		中期		
器名	毛公鼎	国差𦉥	蔡侯钟	智君子鉴	陈侯午敦	陈侯因𧊿敦	国子鼎
书体							

综上所证，国子墓与郎家墓都是典型的战国墓，其相对年代郎家墓应属战国早期，国子墓年代稍晚，或可晚至战国中期。

---

① 山东省博物馆：《临淄郎家庄一号东周殉人墓》，《考古学报》1977 年第 1 期，第 101 页，图二八：8；图版十六：1、3。
② 山东省博物馆：《临淄郎家庄一号东周殉人墓》，《考古学报》1977 年第 1 期，第 101 页，图二八：13。
③ 中国科学院考古研究所：《辉县发掘报告》，科学出版社，1956 年。
④ 山东省博物馆：《临淄郎家庄一号东周殉人墓》，《考古学报》1977 年第 1 期，第 82 页，图一四。
⑤ 郭宝钧：《山彪镇与琉璃阁》，科学出版社，1959 年。
⑥ 山西省文物管理委员会：《山西长治市分水岭古墓的清理》，《考古学报》1957 年第 1 期。
⑦ 湖北省博物馆等：《湖北江陵拍马山楚墓发掘简报》，《考古》1973 年第 3 期。

四　国子墓与郎家墓的墓主及其身份

国子墓随葬8鼎、6豆、2壶。鼎为偶数，与"鼎俎奇而笾豆偶"的礼制未合。一种意见认为器物尚未出全，原应是九鼎成套，其身份应是卿。另一种意见认为8鼎是上大夫的葬仪。按：诸城臧家庄和长清岗辛战国晚期墓均殉4鼎为偶数，而且和国子墓的鼎一样都是大小基本一致。这与中原地区所见鼎为奇数，且大小相次的情况不同，估计应是齐国特有的礼制。其具体规定由于文献的缺佚而不能详知。至于8鼎为上大夫葬仪说，不知有何根据。礼制有上大夫用8豆、下大夫用6豆的规定。疑8鼎应为8豆之误。国子墓随葬6豆，其身份应属下大夫。这与前引战国时国子为齐大夫的记载是一致的。春秋时期国子爵位一直是上卿，今为下大夫，可见田氏代齐后，国氏虽未被尽灭，但其地位已大为降落，这就从另一个侧面证明国子墓的年代不可能是春秋而只能是战国。综上所证，国子墓的墓主应是战国时代国氏之族的某位宗子之墓，其身份为下大夫。

郎家墓旧志记载即"黔敖墓"。黔敖墓于光绪年间曾出土过大批铜器，这与郎家墓已被盗扰是一致的。黔敖事迹见于《礼记·檀弓下》："齐大饥，黔敖为食于路，以待饿者而食之。有饿者，蒙袂辑屦贸贸然来。黔敖左奉食，右执饮，曰：'嗟，来食。'扬其目而视之，曰：'予唯不食嗟来之食，以至于斯也。'从而谢焉，终不食而死。"

据下文"曾子闻之"，知黔敖与曾子同时，属战国早期人，这与郎家墓的年代相应。墓的规模较大，殉葬人众多，且多佩有水晶、玉石等装饰品，其豪华富有的情况与黔敖地位也相符，旧志记载应是可信的。

原载《考古与文物》1985年第6期

校记：

齐有两国子，国子鼎当为国景子所造之器的说法，是根据柯昌济先生给山东省博物馆的来信。

曲城齐仲簋与"丁公伐曲城"
——兼说铜资源与齐国强弱的因果关系

山东招远曲城遗址是胶东地区出土两周铜器最为集中的地区之一。《考古》1994年第4期《山东招远出土本西周青铜器》一文报道了东曲城村出土的一批青铜器，包括两件齐仲簋、两件弦纹鼎、盘、盆、甗、壶等共8件。[①]

招远曲城出土的两件齐仲簋，一件由烟台地区博物馆（今烟台市博物馆）收藏（图一）。另一件存招远县文化馆。1974年，我有缘参观招远县文化馆，见到过尚未发表的另一件齐仲簋和招远出土的其他两件铜器和小刀币，并曾传拓过。馆藏原始记录曾记载有器物出土地点：

一、齐仲簋两件，招远东曲城村村南城墙以北第五生产队农田里出土。

器形、纹饰、铭文相同。口径18.3厘米、足高7.2厘米、通高19.6厘米。两行5字（图二）：

齐中（仲）作
宝簋。

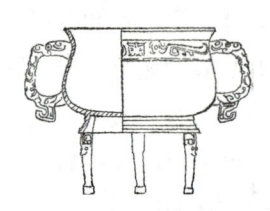

图一　齐仲簋及铭文拓本
上为1/5，下为原大。
采自《考古》1994年第4期

图二　齐仲簋及铭文拓片（招远馆藏）

---

① 李步青等：《山东招远出土西周青铜器》，《考古》1994年第4期。

二、白（伯）作鼎，金岭公社西店子村出土。

束颈立耳，下腹部微鼓。口沿下有夔纹带。柱足，足跟有兽面。器形与陕西长安长囟盉墓出土的鼎相近。口径17.3厘米、通高19.4厘米。铭一行三字（图三）：

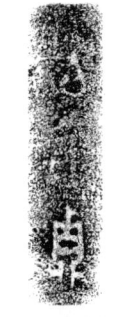

白（伯）作鼎。

图三 白（伯）作鼎铭文

三、两件弦纹铜鼎也是招远曲城出土的。形制基本相同，立耳，腹微垂。素面，口沿下有两条弦纹（图四：1、2）。

同时出土的还有一件春秋时代的铜铄（舟）。

四、剪去刀尖的小刀币，是华山公社北寨子水库出土的，约320枚。

上述三批铜器和小刀币，都没有注明出土时间，都应是我1974年参观以前出土的。见诸报道的齐仲簋和两件素面弦纹鼎以外的盘、盆、甗、壶等（图四：3—6）应是1974—1994年期间出土的，与齐仲簋并非同时出土。《考古》1994年第4期的报道有误。

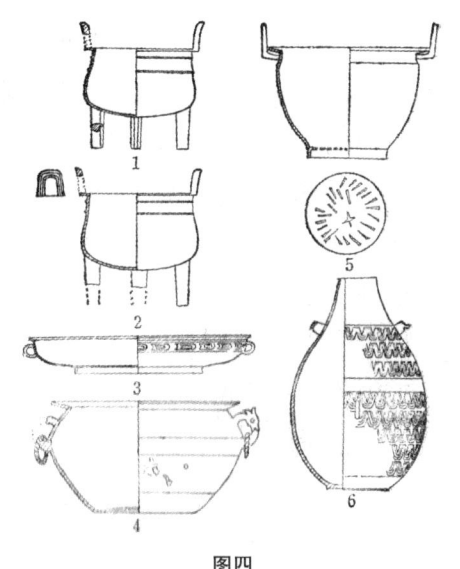

图四
1、2.鼎 3.盘 4.盆 5.甗 6.壶
采自《考古》1994年第4期

参观时还拓过一件小鼎。铭两行6字（图五）：

邑作父
丙宝彝。

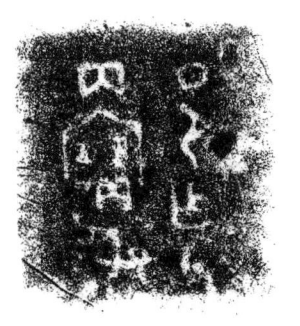

图五

可惜已忘记出处。是否与出自东曲城出土的两件弦纹鼎属于一批，有待查考。1994年的报道没有包括伯作鼎、春秋铜钾与邑鼎、实物今不知所在。

齐仲簋的形制为双耳，有珥，三条细高足。口沿下有花纹带，中间为浮雕小兽面，两侧各有长尾小鸟纹（图一）。其年代应属西周早期后段的昭王时期。报道定其年代为"西周中期"，显然偏晚。

簋铭"齐"即姜姓齐国。"中"通"仲"，仲是兄弟排行，古人以"伯仲叔季"作为字，往往用国名加字作为人名。例如河北唐县出土的归父敦，器主是"鲁中之子归父"。"鲁中"即鲁国春秋历史上以"杀嫡立庶"著称的公子遂，因行二，名仲遂，因居于东门，谥曰襄，又称东门襄仲，简称为仲。《左传·宣公十八年》："使我杀嫡立庶以失大援者，仲也夫。""仲"即东门襄仲。归父即襄仲之子。根据器物年代和称名惯例，"齐中（仲）"很可能即齐国第二代国君太公之子丁公吕伋。丁公行二，字仲。由此可知，丁公的"丁"是日名。吕是齐国始封的国名。伋，是私名。齐国西周早期国君有继续使用殷商时期以以日为名的习俗。如丁公之子名乙公，乙公之子名癸公，等等。根据高青陈庄齐国公室墓地 M18 出土一组豐器，器主豐应是乙公得。名得字豐，寓意为所得丰厚。豐为其"祖甲齐公"作器。"齐公"即齐国始祖太公师尚父。其日名为"甲"，可称为甲公。① 所有这些都是以往所不知道的新知识，充分证明考古发现补史证史的重要作用。

《左传·昭公十二年》说吕伋与伯禽等人"并事康王"，丁公生年下延及昭王时期是可能的。报道对于齐仲簋为什么出土于胶东地区的招远，提出了两种可能的推测。其一是齐仲与姜齐统治集团关系密切，受封或驻守于曲城，说明"齐国的疆域至西周中期时代已到达临淄以东170公里的胶东曲城了"；其二是"齐仲其人是齐国内乱中的失势者，携重器东迁至曲城，死后葬此"。

按：西周齐国的领土从未到达过胶东的招远。西周时代的纪国与齐国隔淄河东西相望。《春秋·庄公四年》，纪国为齐所逼"大去其国"以前，齐国领土从未越过淄水。因此，西周中期齐国疆土已扩展到胶东曲城的可能性可

---

① 王恩田：《跋唐县新出归父敦》，《文物春秋》1990年第2期。

以排除。至于齐仲逃亡于曲城的说法,只能是一种猜想,并无任何根据。其实,曲城出土齐仲簋,应与齐太公之子丁公吕伋伐曲城有关。其事见于《晏子春秋·内篇谏下》:

> 景公树竹,令吏谨守之。公出,过之,有斩竹者焉。公以车逐,得而拘之,将加罪焉。晏子入见,曰:"君亦闻吾先君丁公乎?"公曰:"何如?"晏子曰:"丁公伐曲沃,胜之,止其财,出其民。公日自莅之。有舆死人以出者,公怪之,令吏视之,则其中金与玉焉。吏请杀其人,收其金玉。"公曰:"以兵降城,以众图财,不仁。……"令舍之。公曰:"善!"晏子退,公令出斩竹者之囚。
>
> 张纯一《校注》:"城,旧作沃。王云:曲沃本作曲城,此后人所妄改之也。曲城一作曲成。《汉书·地理志》:东莱郡有曲城县。高帝六年,封虫达为曲城侯者也。其故城在今莱州府掖县东北。《史记·齐世家》云:'太公东就国,莱侯来伐,与之争营丘。'又云:'营丘边莱。'然则齐莱接壤,故丁公有伐曲城之事,若春秋之曲沃,即今之绛州闻喜县东,距营丘二千余里,丁公安得有伐曲沃之事乎?《艺文类聚》人部八引此正作'伐曲城',纯一今据改。"①

按:《校注》之"王云"即指王念孙《读书杂志》。王念孙考曲沃当系曲城之误是正确的,但引《史记》"营丘边莱"云:"齐莱接壤,故丁公有伐曲城之事"则不确切。古代征伐,未必一定要"接壤",长途远征者也不乏其例。如周昭王伐楚和齐桓公伐楚就是典型例证。如果按照以往考证,营丘在今临淄,而莱却在黄县(今龙口市)归城。营丘不可能边莱。事实上齐都临淄东隔淄水与纪都寿光纪台相望,营丘只能边纪,而不可能"边莱"。因此"营丘边莱"的正确说法应是"营丘边纪"。②《晏子春秋》一书内容多属寓言故事,治史者一般均不作为史料采用。曲城出土齐仲簋与《晏子春秋》"丁

---

① 张纯一:《晏子春秋校注》,《诸子集成》第四册,中华书局,1986年,第41页。
② 王恩田:《纪、夷、莱为一国说》,《齐鲁学刊》1984年第1期;《再说纪、夷、莱为一国》,《管子学刊》1991年第1期;《三说纪、夷、莱为一国——答郭克煜先生》,《管子学刊》1993年第3期。

公伐曲城"的记载若合符节，恐怕不能视为偶然巧合。证明《晏子春秋》并非完全属于向壁虚造，也应折射出一定的史影。招远曲城出土齐仲簋应是齐丁公伐曲城时，由于某种原因流落到曲城的。

招远历史上就是富产黄金的地区。齐丁公之所以要长途奔袭征伐曲城，估计应与掠夺招远的黄金资源有关。这从丁公伐曲城得胜后"止其财，出其民"可见端倪。"止其财，出其民"，即让曲城人把财货留下，而把曲城人赶走，只是发现曲城人抬死人出城者，其中藏有"金玉"，才"仁心发现"，认识到"以兵降城，以众图财，不仁"，于是把这个藏有金玉而冒充死人者予以放行，以表示"仁心"。其实，古代征伐大多是利益驱使的掠夺性战争。丁公长途奔袭征伐曲城，杀人越货，有何"仁心"可言。所谓"仁心"，不过是《晏子春秋》作者的说教而已。

目前可确认的齐国西周早期铜器极为罕见。如果拙说可信，齐仲簋即齐国第二任国君丁公作器，则应是现存年代最早的齐国铜器，弥足珍贵。

令人深感怪异的是，齐国号称"泱泱大国"，但齐国国君丁公吕伋所铸造的"齐仲簋"，通高尚不足20厘米，高青陈庄M18出土的乙公得铸作的豐器，也都是只有10余厘米的微不足道的小器。① 因此，不少学者据此否定高青M18的铜器是齐国第三任国君乙公得所铸的铜器。齐仲簋和高青乙公得所铸的豐器，与沂水纪王崮出土的名不见经传的华国铜器华孟子鼎，和江汉地区小国江国的江鼄君盂，都是口径与通高四五十厘米的重器，未免相形见绌。② 这与1965年临淄河崖头铜器窖藏出土的通高43.5厘米、口径62厘米的春秋时期的大铜盂，以及宋宣和年间临淄出土的大气磅礴洋洋四五百字的长篇铭文的齐灵公灭莱的叔夷钟、镈，更是天壤之别。原因何在？需要讨论。

拙见以为主要原因是与西周齐国的铜资源匮乏有关。无论是始封的西周齐国都城高青营丘，还是献公山迁都的临淄，都没有铜矿。高青出土的两件献公山所铸的有70余字长篇铭文的国之重器申簋，自称是"同陕追，孚兵，

---

① 王恩田：《高青陈庄西周遗址与齐都营丘》，《管子学刊》2010年第3期。
② 王恩田：《华孟子鼎与沂水纪王崮春秋大墓墓主——兼说城堡式国家》《邛鼄君季黶盂考释》，《齐鲁晚报》2012年4月23日。

用作幽公宝簋"①，就是说这两件铜器是在与师旋共同追捕齐哀公的战争中所缴获的铜兵器铸造的。可以充分证明这一点。

西周齐国铜资源匮乏，决定了其国力的衰弱。西周懿王时代的史密簋记载，齐国受到南夷和杞夷、舟夷等诸夷联军的征伐。只是由于依靠了周王委派的师俗和史密两员大将指挥齐师、纪莱、僰偪、遂人等多国军队联合作战②，才能克敌制胜，化险为夷。否则就不堪设想。

齐国铜资源匮乏的转折点是春秋早期。《春秋·庄公元年》："齐师迁纪邢、鄑、郚。"注："齐欲灭纪，故徙其三邑之民而取地。"《春秋·庄公四年》："纪侯大去其国。"《左传》："纪侯大去其国，违齐难也。"《史记·年表》称"齐襄八年伐纪，去其都邑"。鲁庄公元年（前693），齐国军队占领了纪国的邢、鄑、郚三个城邑。鲁庄公四年（前690）在齐国的威逼下，为躲避齐国的进犯，纪侯放弃了今寿光境内的都城，其实就是迁都。迁都于何地，史籍失载。根据胶东地区屡次出土纪（異）国铜器，纪国应是迁都于黄县（今龙口市）归城。③也正是由于齐国占领了纪国的今临朐东南的邢邑，从而结束了齐国没有铜矿的历史。因为著名的七宝山铜矿就在今临朐境内。

1977年秋和1981年春，临朐泉头村发现甲乙两座春秋早中期的墓葬。孙敬明、何琳仪、黄锡全三位先生合作的研究论文认为，甲墓出土的齐侯子行匜的器主是齐庄公赎，是错误的。其实，"齐侯子行"应是齐侯的儿子名行。他与乙墓孟姬鬲的器主齐趩父是同一个人，即齐侯的儿子名行，字趩父。《广雅·释训》："趩，行也。"名与字相应，属王引之《春秋名字释诂》中所订"义类"中的"同训"。甲乙墓是齐侯之子名行字趩父与其妻孟姬的并穴夫妻合葬墓。

临朐泉头村甲乙墓发现的重要性在于临朐泉头村位于临朐县城西南60里的嵩山，又名七宝山，是弥河北支流一处小支流的源头，故称泉头。附近

---

① 王恩田：《申簋考释——兼说高青陈庄齐国公室墓地的年代与墓主》，《海岱考古》第四辑，科学出版社，2011年。
② 王恩田：《重读史密簋》，未刊。
③ 王恩田：《纪、異、莱为一国说》，《齐鲁学刊》1984年第1期；《再说纪、異、莱为一国》，《管子学刊》1991年第1期；《三说纪、異、莱为一国》，《管子学刊》1993年第3期。

有北桐（铜）峪村与南桐（铜）峪村。临朐七宝山铜矿，见于《元史·食货志》"铜在益都者，至元十六年拨户一千。于临朐七宝山等处采之"。齐侯把儿子行（字趡父）分封在这里，显然与这里拥有铜资源有关。出土公子土父壶（公孙灶壶）器群的杨善①，位于临朐西南25里。公子土（徒）父被分封在这里，显然也应与七宝山的铜资源有关。齐国占领纪国的位于今临朐的郱邑，应是开辟了一条获取铜资源的铜路，这对于齐桓公的称"霸"，无疑奠定了雄厚的物质基础。

山东境内另外两个重要的铜矿，一是莒县的七宝山。《清一统志》："莒州（今莒县治）七宝山在州北一百里。《府志》：山出金银铜铁铝锡土。凡金银非此土不液，故曰七宝。"由此可知，临朐的七宝山，除铜矿外，也应有金银等其他矿藏。莒县天井汪出土春秋时期的编镈、编钟、列鼎等礼器21件，不乏重器。最大的鼎高48.2厘米，甗高40厘米，鉴口径50.6厘米。②这一大批莒器铸造所需的铜原料，显然来源于莒县七宝山。莒被楚灭后，又被齐灭。20世纪50年代和60年代，诸城葛布口（今属安丘）出土了两批战国铜器，诸城臧家庄也出土了大批战国铜器。③臧家庄出土的编钟、编镈有相同的铭文"陈翊立事岁十月己丑莒公孙潮子造器也"，器主应是莒公孙潮子。翊通举，陈举即陈氏齐国公室贵族，因直言敢谏，被齐闵王所杀。这批铜器应属战国晚期的莒国铜器。④诸城葛布口和臧家庄出土的三批莒国铜器，其铜原料来源，也只能是莒县七宝山铜矿。

山东另一处重要的铜矿是莱芜。《新唐书·地理志》："莱芜有铁冶十三、铜冶十八、铜坑四，有锡。"《明史·地理志》："济南府泰州莱芜县东北有原山，……又西南有冠山。西北有韶山。诸山多产铜铁锡。"《明一统志》："莱芜县阴凉山在县北三十里，产铜矿。又云出铜、铁。旧有冶，今废。"

莱芜封丘出土"陈得"战国时期齐国官量陶文⑤，和嬴城出土"釜"字战

---

① 王恩田：《概述近年来山东出土的商周青铜器》，《文物》1972年第5期（署名：齐文涛）。
② 王恩田：《概述近年来山东出土的商周青铜器》，《文物》1972年第5期（署名：齐文涛）。
③ 山东诸城县博物馆：《山东诸城臧家庄与葛布口村战国墓》，《文物》1987年第12期。
④ 王恩田：《莒公孙潮子钟考释与臧家庄墓年代——兼说齐官印"阳都邑"巨玺及其辨伪》，《远望集——陕西考古研究所华诞四十年纪念文集》，陕西人民美术出版社，1998年。
⑤ 朱志春：《莱芜文化通览》，山东人民出版社，2012年。

国时期齐国官量陶文①，证明战国时期莱芜已被齐国占领。此外，莱芜南邻的新泰，出土大量战国时代的齐国官量陶文。②证明战国时代新泰也已经属于齐国领土。足以证明莱芜诸多铜产地，悉数均被齐国揽入怀中。这样一来，莱芜、莒县一西一东，两大富产铜矿，为战国时代齐国称"雄"于世，甚或一度称"帝"，奠定了雄厚的物质基础。

拥有铜矿等多项矿产资源的临朐七宝山，其西紧邻博山。如能划归淄博，对于工业重镇淄博市的发展战略，无疑将会起到重要的促进作用。谨以此作为对"传统文化与现代化"的一点思考。

原载《管子学刊》2016 年第 4 期

---

① 徐祥法:《嬴城遗址出土两字陶文刍议》，莱芜新闻网，http://www.laiwunews.cn/html/2014/0623/125083.html，2014 年 6 月 23 日。

② 王恩田:《新泰齐国官量陶文考释——兼说杞分二国与楚、齐灭杞》，《海岱考古》第八辑，科学出版社，2015 年。

对三里墩出土齐小刀币铸行年代的讨论

一 问题的提出

齐国刀币分为大小两类。大刀币如"齐之法化"等,通长18厘米—19厘米左右,重40克—61克不等。小刀币面铸"明"字,背铸"齐化""齐化共金""平易冶宋"等不同铭文,长11厘米—14厘米左右,重11.7克—13.5克不等。这些小刀币一般都认为是燕乐毅伐齐时在齐国铸行的。由于以往出土的齐刀币大都出于窖藏,地层关系不清楚,而且没有其他任何共存遗物。即使有盛钱币的陶罐也大都丢失,给讨论刀币铸行年代带来一定困难。20世纪60年代中期,江苏涟水三里墩的一座墓葬内出土了一批小刀币,共重5斤,总数在300枚左右。墓内还出土有铜器、陶器、玉器等其他遗物。① 一次发现这么多的小刀币,而且有众多的遗物共存,在齐刀币发现史上还属首次,对于讨论小刀币的铸行年代,无疑有着极为重要的意义。但由于墓内还"出土"有五铢钱,故发掘简报将该墓年代定为"西汉",并且说:"墓内出土有大量的未经锉磨和使用的小刀币,从地理上看这里战国时属楚,不是使用刀币的地方,因此我们怀疑它是西汉时齐国的自铸币。"西汉初年币制混乱的确是事实。考古发现证明,汉初或曾有过沿用六国货币的现象。如山东曲阜董大城一次出土楚蚁鼻钱近16000枚。② 据说有两枚"半两"与之共存。如果确系未经扰动的汉代窖藏,可以视为汉初继续沿用六国货币的例证。但是,这种币制混乱的状况仅限于西汉初年。到了武帝元狩五年(前118)"三官初铸五铢钱",元鼎四年(前113)又"悉禁郡国铸钱,专令上

---

① 南京博物院:《江苏涟水三里墩西汉墓》,《考古》1973年第2期。
② 孔繁银:《曲阜董大城村发现一批蚁鼻钱》,《文物》1982年第3期。

林三官铸"(《汉书·食货志》),此后,西汉王朝即基本上控制了铸币权,结束了汉初以来币制混乱的局面。从发表的三里墩墓出土的五铢钱拓本看,朱字头均作方折,是西汉五铢的特点。左边的一枚五字中间两笔略直,是武帝至昭帝时期的特点。右边的一枚,五字中间两笔弯曲,字迹清晰,是宣帝、元帝时期的特点,其流行年代下限可延续至成、哀、平帝时期。[①] 如果小刀币果真与这类五铢钱在墓内"共存"的话,那就不仅是"汉初币制混乱"的问题,那将意味着直到西汉中晚期,在齐国地区仍然"沿用战国齐刀币或者承袭旧制自行铸造"这种小刀币。果真如此,则汉代货币史似乎应该重写。但事实并非如此。实际上三里墩的墓葬形制,以及除五铢钱以外的其他遗物的年代都是属于战国时期的,这是一座年代明确的战国墓。五铢钱系由于某种原因混入的。墓葬年代既非西汉,也不存在西汉时期的齐国仍然沿用或"自铸"小刀币的问题。

二 墓葬形制及其时代特征

齐在灭宋后,吞并了楚之淮北地区,涟水一带自然也就划归齐,齐国小刀币出土于此是正常的。三里墩位于涟水城北25里浅集村南三里,原是一个高7米—8米、长40米、宽20米的大黑土堆。"从实地调查可以看出墩下原有一新石器时代的遗址,到了西汉时期,这里又成为葬地"。由于历年挖取黑土,此墩已变成一个深4米多的大水塘。1965年2月,"当社员在此黑土塘的北部(已越出三里墩的北缘)扩大挖掘面积时,发现此墓"。墓口最上面是厚达2.2米的黄沙土,其下即为黑土层。"在黑土层的表面发现有明代青花瓷片等遗物"。黑土层往下20厘米即露出墓口。是一座长方竖穴墓,东西向。墓室长8.1米,宽6.1米,深1.3米。墓内用不规则的大石块垒成石椁。在距墓口深约0.8米的墓室内有一层南北向横铺的木条,在深1.2米处又有类似的一层木条,这两层木条应是椁盖和椁底。棺、椁及人骨已腐朽。从随葬品放置情况看,墓主头应向东。

---

① 中国科学院考古研究所编辑:《洛阳烧沟汉墓》第十章,科学出版社,1959年。

农民挖土时破坏了椁室南半部，挖出壶、鼎、牺尊、罐、盘、架等器物和小刀币。陶罐等放在椁室北侧。各种玉器放在墓室中部。五铢钱22枚，"出土于墓室中偏南部，深度距墓口0.8米"，南距被扰乱部分约1米。

新中国成立以来，在涟水所在的苏北地区及其北邻的山东临沂地区发现过不少两汉时期的墓葬。如涟水以南的扬州凤凰河[①]、七里甸[②]、盐城三羊墩[③]、涟水以北的连云港网疃庄[④]、临沂银雀山[⑤]、金雀山[⑥]等。这些墓葬都具有明显的地方特点，一般都使用木椁，由于使用很厚的黏土密封，棺椁木质一般都保存较好。随葬品以漆器为主，铜器已退居次要地位，等等。战国时期苏北、鲁南地区曾属楚国版图，上述葬制无疑是楚文化的遗风。而涟水三里墩墓则使用大型不规则卵石为椁，木质棺椁与人骨等俱已腐朽，盛行大量精美的铜器随葬，所有这些特点，与上述这一地区其他两汉墓葬区别很大，而与战国齐墓则非常接近。例如临淄郎家庄的战国墓葬黔敖冢就是使用巨型河卵石为椁的[⑦]，滕县（今滕州市）薛城战国时曾是齐靖郭君田婴、孟尝君田文的封邑，田婴、田文父子二人的墓也在这里。"文化大革命"期间遭破坏时看出，也都是使用巨型河卵石为椁的。以巨型河卵石为椁的葬俗，在齐国最晚从春秋时就出现了，如临淄河崖头五号春秋墓就是如此。[⑧]从葬制看三里墩墓的年代只能是战国，而不大可能是西汉。

三　遗物年代

简报指出：墓内出土铜器"与洛阳金村、浑源李峪村等地被认为是'战国墓'所出的同类器形相同或在形象及风格上有相似之处"。这是很正确的。

---

① 苏北治淮文物工作组：《扬州凤凰河汉代木椁墓出土的漆器》，《文物参考资料》1957年第7期。
② 南京博物院等：《江苏扬州七里甸汉代木椁墓》，《考古》1962年第8期。
③ 江苏省文物管理委员会等：《江苏盐城三羊墩汉墓清理报告》，《考古》1964年第8期。
④ 南京博物院：《江苏连云港市海州网疃庄汉木椁墓》，《考古》1963年第6期。
⑤ 山东省博物馆：《山东临沂西汉墓发现〈孙子兵法〉和〈孙膑兵法〉等竹简的简报》，《文物》1974年第2期。
⑥ 临沂金雀山汉墓发掘组：《山东临沂金雀山九号汉墓发掘简报》，《文物》1977年第11期；临沂市博物馆：《山东临沂金雀山周氏墓群发掘简报》，《文物》1984年第11期。
⑦ 山东省博物馆：《临淄郎家庄一号东周殉人墓》，《考古学报》1977年第1期。
⑧ 山东省文物考古研究所：《齐故城五号东周墓及大型殉马坑的发掘》，《文物》1984年第9期。

例如三里墩出土的错金银铜鼎（同刊图版一〇：2，图三：1。图版与图号均系原简报所用，下同），无论是形制和纹饰都和战国器物极为相似，特别是器盖上的兽纽和龙纹以及下腹的括号纹尤其惟妙惟肖。① 此外鼎盖上的兽纽与湖北江陵藤店一号战国墓②也很相近。下腹部的括号纹也见于辉县赵固战国墓的彩绘陶器上。③ 西汉铜器虽然也使用错金银镶嵌工艺，但一般不施之于铜鼎。西汉铜鼎一般都是素面的，即使是奢侈豪华的中山王刘胜夫妇墓出土的铜鼎也不例外。三里墩墓铜壶（图版九：1）与洛阳中州路战国中期的M1702所出的陶壶④形制相近。壶盖上展翅欲飞的立鸟，也是春秋以来常见的选型手法，而鲜见于汉代。牺尊（图版一〇：1）则与山西长治分水岭战国墓⑤、汲县山彪镇一号战国墓⑥所出同类型器物相近。而汉代这类器物已基本绝迹。盘、匜（银质）也是两周常见的组合形式，而汉代则罕见。"铜架"（图版九：2）与山东诸城臧家庄战国墓所出同类器物接近⑦，所不同的是三里墩墓出土者其上部是竖棍与圆圈相结合的支架，这与临淄尧王庄战国时代国子墓中出土者是相同的。⑧ 三环纽的大型铜镜（图版十二：3）与临淄商王庄出土战国错金银镶嵌大铜镜⑨的风格相近，与西汉时期各种类型的铜镜相去较远。Ⅱ式金带钩（图版十二：3）与辉县周围村五号战国墓⑩所出者相似。铜鹿（图版十一：1）与江陵藤店一号战国墓的木鹿⑪造型相近。铜俑（图版十一：2—3）作风古朴，与山西长治分水岭⑫、临淄郎家庄⑬等地战国墓的陶

---

① 〔日〕梅原末治：《战国式铜器的研究》，东方文化学院京都研究所出版，1936年，图三五。
② 荆州地区博物馆：《湖北江陵藤店一号墓发掘简报》，《文物》1973年第9期。
③ 中国科学院考古研究所：《辉县发掘报告》图版八三：1—2；图一三三：1—2，科学出版社，1956年。
④ 中国科学院考古研究所：《洛阳中州路》，科学出版社，1959年，图版七六：4。
⑤ 边成修：《山西长治分水岭126号墓发掘简报》，《文物》1972年第4期，图版一。
⑥ 郭宝钧：《山彪镇与琉璃阁》，科学出版社，1959年，图版十八、图九。
⑦ 王恩田：《概述近年来山东出土的商周青铜器》，《文物》1972年第5期（署名：齐文涛），图三〇。
⑧ 杨子范：《山东临淄出土的铜器》，《考古通讯》1958年第6期，未发表图，该器现藏山东博物馆。
⑨ 王恩田：《概述近年来山东出土的商周青铜器》，《文物》1972年第5期（署名：齐文涛），图版一。
⑩ 中国科学院考古研究所：《辉县发掘报告》，科学出版社，1956年，图版七四：1—2。
⑪ 荆州地区博物馆：《湖北江陵藤店一号墓发掘简报》，《文物》1973年第9期，图版四：1。
⑫ 山西省文物管理委员会：《山西长治市分水岭古墓的清理》，《考古学报》1957年第1期，图版二：1—3。
⑬ 山东省博物馆：《临淄郎家庄一号东周殉人墓》，《考古学报》1977年第1期。

俑风格相近，而与西汉时期常见的那种细腰、长衣曳地的作风迥然有别。

小刀币（图八），简报介绍说："弧背凹刃，刀柄有两道竖棱，柄端有环。长 13.5 厘米、中宽 1.2 厘米。边缘参差不齐，铸出后未加锉磨，可能尚未使用过。"又说："刀币形制较小，重量较轻，刀面、刀背都没有文字。就形制和尺寸而言，它与山东临淄出土的弧背凹刃的安阳明字刀相近，说明这种刀币既有战国时期刀币的特征，又有不同之点。"简报认为三里墩墓刀币具有齐明刀小刀币的特征，这是正确的。所谓"不同之点"主要是指三里墩墓小刀币面、背均无文字。这应如何解释？笔者认为齐"明"刀之所以面文铸有"明"字，是因为燕乐毅伐齐，下齐七十余城，在所征服的齐国领土上推行燕国币制的结果。齐"明"刀就是按照燕"明"刀的形状、大小和面文铸造的。三里墩墓小刀币之所以面、背皆无文字，说明燕国的势力尚未到达这一地区。但为了与齐国被占领土进行贸易，又不能不改变原来大刀币的形式、重量以与齐"明"刀相适应。不能以有无文字的差别作为小刀币年代属西汉的证据。

陶器方面，三里墩的陶敦（图九：1）是极富时代特征的器物。与陈侯午敦等形制相同，是战国中期的标准器，绝不见于汉代。饰细密方格纹的硬陶小罐（图九：3）与上海金山戚家墩战国墓[①]出土的同类器物作风相近。

总之，三里墩墓遗物年代均属战国，除五铢钱外，没有任何遗物是属于西汉时期的。考古发现表明晚期遗存中发现少量的、个别的早期遗物是常见的现象。但是像三里墩墓这样，经过秦的统一战争和秦末汉初社会大动荡一二百年以后的西汉中晚期墓葬，除五铢钱外从葬制到遗物都是属于战国时期，是难以理解的。

简报说 22 枚五铢钱的出土"深度距墓口 0.8 米"，而该墓的木椁底距墓口的深度为 1.2 米。也就是说五铢钱与其他遗物不同，不是放置在木椁底部，而是放在高出椁底 0.4 米的地方，而这里则应是木椁盖的位置。从简报的叙述中可知三里墩的地层关系不是很单纯的，除新石器时代的遗存外，还曾挖出过"与此次清理的墓葬大约同时期的铜器、陶器等遗物"。"到了西汉

---

① 上海市文物保管委员会：《上海市金山县戚家墩遗址发掘简报》，《考古》1973 年第 1 期。

时期，这里又成为葬地"。墓口以上黑土层的表面甚至还有明代的青花瓷片。而且三里墩墓是经农民挖土扰动过的，因此有理由认为五铢钱很有可能是由于椁顶塌陷或其他原因从上层混入的。所以说这是一座战国墓，出土的这些小刀币不是西汉时齐国的自铸币。

原载《中国钱币》1993年第3期

莒公孙潮子钟考释与臧家庄墓年代
——兼说齐官印"阳都邑"巨玺及其辨伪

臧家庄位于山东诸城北境。西临浯水，隔河与石埠子村（原属诸城，今归安丘）相望。石埠子村有古城。据《水经·潍水注》浯水"东北经姑幕县故城东"的记载方位看，此城应是姑幕故城。故城西侧的葛布口村在20世纪50年代曾出土过铜人擎双灯和铜勺，原定年代属汉。①灯的造型与河北平山中山王墓出土者颇为相似，其年代应属战国。20世纪50年代，葛布口还出土过两件战国铜鼎。1965年，又出土壶、罍、罐、炉、盘、匜等12件战国铜器。②葛布口应是姑幕城统治者的一处墓地。

1970年，臧家庄出土一批战国铜器，计有钟一组9件，镈一组7件，以及鼎、豆、壶、鹰首壶、杯形壶、镂孔奁形器（投壶）、罐、瓠形器等共38件。另有镞、铜器口沿、编磬等，估计是墓葬中出土的。③臧家庄应是姑幕城统治者的另一处墓地。

1976年，在铜器出土地点西北约10米处，发现并清理了一座古墓。还清理了古墓西北10米的一座埋有牛马的随葬坑。清理结果表明，出土青铜器的地方，是这座古墓的器物坑。主墓和器物坑、随葬坑原来都被压在高10余米、直径约30米的封土堆之下。主墓被盗已空，仅存两件高柄陶豆和一些小件器物。④

1986年，在钟、镈上都发现有铭文。⑤铭文所见部位很特殊。一般说来，

---

① 山东省文物管理处等：《山东文物选集》（普查部分），文物出版社，1959年，图一三七。
② 山东诸城县博物馆：《山东诸城臧家庄与葛布口村战国墓》，《文物》1987年第12期。
③ 王恩田：《概述近年来山东出土的商周青铜器》，《文物》1972年第5期（署名：齐文涛）。
④ 山东诸城县博物馆：《山东诸城臧家庄与葛布口村战国墓》，《文物》1987年第12期。
⑤ 山东诸城县博物馆：《山东诸城臧家庄与葛布口村战国墓》，《文物》1987年第12期。

铭文常常位于钲或鼓的两侧。但臧家庄钟、镈的钲和鼓的两侧均密布花纹，而铭文却位于鼓的下沿接近于的地方（图一）。因此长期以来铭文没有被发现。本文首先对铭文加以考释，进而讨论臧家庄墓的年代。

一　铭文考释

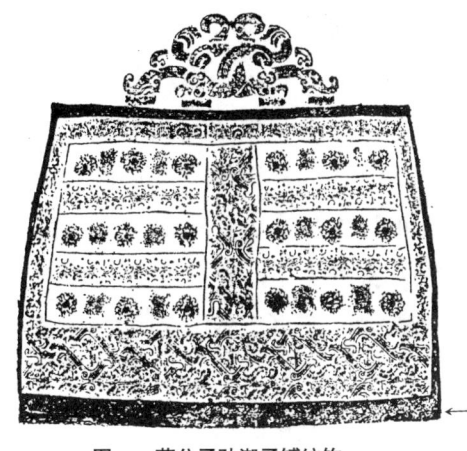

图一　莒公子孙潮子镈纹饰

钟铭内容相同，一般均为单行。5号钟双行自左而右横书（图二）。8、9号钟铭正面排满后，转入反面。共17字，释文：

　　陈䂮立事岁十月己丑莒公孙潮子造器也。

铭末"也"字，简报释"九"，认为是钟的数目，误。镈铭内容与钟相同。简报说是16字，没有最后一字。但所发表的4、7号镈铭末尾模糊，无法判断是否有"也"字，估计也应是17字，有待进一步查考。

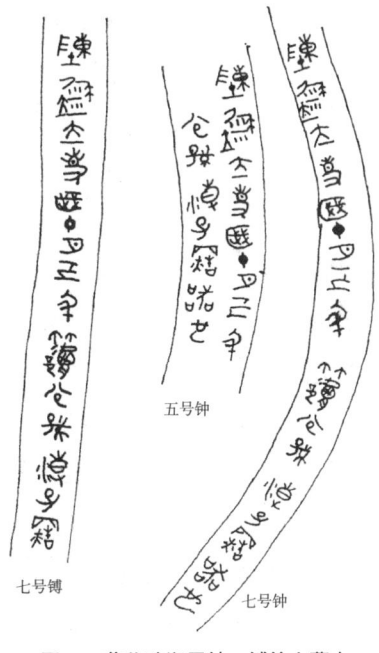

图二　莒公孙潮子钟、镈铭文摹本

陈䂮，人名。陈字从土，是齐国陈氏特有的写法。䂮字从匊、从立。匊字写法也见于齐国官玺（《古玺汇编》0198、0200—0202），也是齐国特有的写法。《说文》："匊，在手曰匊。"据《玉篇》匊之古文作臼。《字汇》谓臼为古举字。陈䂮即陈举，与齐闵王同时，是田齐宗室。《战国策·齐策六》："齐孙室子陈举直言，杀之东闾，宗族离心。"鲍本注："公孙家子，犹宗室云。"陈举被杀于闵王奔莒之前。《史记·田敬仲完世家》齐闵王四十年奔莒，《年表》同。据钱穆《先秦诸子系年》考证，闵王奔莒在十七年（前284），《史记》误。前284年应是这批铜器的年代下限。

"立事岁"是齐国特有的纪年格式。立，经籍或作涖、莅、蒞。"国之大事，在祀与戎"（《左传·成公十三年》）。"立事"即莅临其事。《国语·周语中》："敌国宾至，至于王吏，则皆官正莅事。"注："正，长也。莅，临也。"经籍中"莅事"多指主持国家的祭祀。① 例如：

《国语·晋语》："三大夫乃别蒸于武公。公称疾，不与。使奚齐莅事。"注："蒸，冬祭也。武公，献公之祢庙也，在曲沃。莅，临也。公称疾不自祭，而使奚齐者，欲风群臣使知意也。"

《左传·襄公二十八年》："尝于大公之庙，庆舍莅事。"

《左传·昭公十五年》："春，将禘于武公。戒百官。梓慎曰：禘之日，其有咎乎？……其在莅事乎……禘，叔弓莅事，偷入而卒。"

祭祀晋武公，本来应该由晋献公来主持，但献公为了让大臣们知道他有立奚齐为继承人的意思，因而让奚齐代替自己去主持祭祀。齐国的执政大臣是庆父的父亲庆封，由于庆封"好田而耆酒，与庆舍政"，庆舍才有主持祭祀太公的资格。主持鲁国禘祭的叔弓是鲁宣公叔弟肸之曾孙，叔老之子，位居鲁卿，后来也把主持国家政务称为莅事。如《韩非子·十过》："管仲死，君遂不用隰朋而与竖刁，刁莅事三年，桓公南游堂阜，竖刁率易牙、卫公子开方及大臣为乱。"铜器铭文中所见的立事者如春秋齐国的国佐（国差蟾）、公孙灶（公子土父壶）、赵国兵器"王立事"（《录遗》599、《河北》101剑）、"王何立事"（《山西》118戈）等。"立事"者都是国君、王或执政大臣，地位极高。过去把齐国陶文地名的"平门内"误释为"平门守"，遂有立事者属"都邑大夫或关尹之类"的说法，不确。"立事岁"是用某人主持祭祀或主持政务的时间来纪年，与督造器物毫不相干。正因为"立事"者都是

---

① 王恩田：《概述近年来山东出土的商周青铜器》，《文物》1972年第5期（署名：齐文涛）。

国君、王或执政大臣，才有纪年的意义。否则，"都邑大夫、关尹之类"人数甚多，不可能用他们从政或督造器物的时间纪年。"立事岁"之前所加的"再"或"叁"应指莅事的届数。多长时间为一届，待考。

莒公孙潮子，莒，铭文作𫟒，音同通假。莒，国名。其地在今山东莒县。潮，铭文作淖，淖与潮为古今字。《说文》："淖，于朝宗于海。从水，朝省。"公孙，姓氏。潮子为私名。

钟、镈为齐国铜器，而称"莒公"说明莒国此时已被齐灭。犹如齐灭薛后封靖郭君田婴为"薛公"（《战国策·齐策三》），齐灭莒后封其宗室子弟以为莒国封君，故称莒公。齐灭莒之年，史籍失载。据《史记·楚世家》楚简王元年（前431）灭莒，又据《战国策·齐策六》"燕攻齐，取七十余城，唯莒、即墨不下"，说明至迟在齐闵王十七年（前284）乐毅伐齐以前，莒国已为齐所有。潮子称"莒公孙"说明莒国为齐灭，至少已经过了三世。古代三十年为一世（《说文》）。由乐毅伐齐的公元前284年逆推三世90年，恰当田齐桓公午元年（前374）。桓公午时齐国开始强大，故陈侯午敦说"以诸侯献金"铸器。继桓公午而嗣位的齐威王时，国势大盛。齐威王曾对魏惠王说："吾臣有檀子者，使守南城，则楚人不敢为寇东取。泗上十二诸侯皆来朝。"（《史记·田敬仲完世家》）《索隐》："邾、莒、宋、卫之比。"南城，即南武城。因地在清河赵邑武城之南，故称南武城以示区别。地在今费县西南90里，原属鲁，后归齐。齐占有南武城之后，即割断了楚、莒之间的联系。"楚人不敢为寇东取"即指此而言。莒国很有可能是在田齐桓、威之世为齐所灭。故包括莒国在内的"泗上十二诸侯皆来朝"。如莒仍属楚，当然不可能朝齐。器主潮子的称谓姓氏与本文对陈𫖮即陈举的考证是一致的。钟、镈年代属战国晚期无疑。莒公孙潮子应该就是姑幕城的统治者。

二　臧家庄墓的年代

臧家庄器群发现之初，我们曾根据钟、镈、镂孔豆形器上的无首有爪龙纹与河北满城中山王刘胜墓中出土的鎏金环耳铜杯上的纹饰极为相似等特点，认为这批铜器的年代"在战国中也是比较晚的"。①钟、镈发现铭文以后，或释陈纯为田忌②，认为臧家庄墓葬年代应提前，"此墓年代以定在战国中期为宜"③。有必要通过讨论统一认识。

20世纪70年代以前，山东境内可资比较的成批战国墓葬材料极为有限，把臧家庄铜器认为战国晚期，还不能提供更多的证据。随着20多年来材料的不断积累，齐国东周铜器的年代序列基本上已经建立起来。春秋、战国各分三期，差不多每一期都有几组典型单位。④其中战国中期以青岛安乐村⑤、临淄尧王⑥、平度岳石M16⑦、章丘女郎山M1⑧、长岛王沟采集M2、M4⑨、长岛王沟M10⑩、阳信西北村⑪为代表。战国晚期以长清岗辛墓⑫、济南千佛山墓⑬、苏北涟水三里墩墓⑭、诸城臧家庄墓和葛布口墓为代表。战国中期和晚期铜器墓的主要区别：器类方面，中期流行的球形敦、有盖𬭚、提链壶等，战国晚期俱已消失。形制方面，中期鼎为高足，晚期为矮足；中期的盘为圈足，晚期则为平底；等等。纹饰方面，中期多为素面，刻纹铜器是其特点，而晚期出现镶嵌绿松石、错金银的新工艺。如长清岗辛墓、涟水三里墩墓中都有这类作品。臧家庄铜器纹饰繁茂纤细都是中期铜器所没有的，也没有中期流行的刻纹铜器。

---

① 王恩田：《概述近年来山东出土的商周青铜器》，《文物》1972年第5期（署名：齐文涛）。
② 任日新：《可喜的发现，有益的启示——诸城编钟编镈铭文的发现》，《中国文物报》1987年7月10日。
③ 山东诸城县博物馆：《山东诸城臧家庄与葛布口村战国墓》，《文物》1987年第12期。
④ 王恩田：《齐国东周铜器的分期与年代》，《中国考古学会第九次年会论文集》，文物出版社，1997年。
⑤ 孙善德：《青岛市郊出土一批东周青铜器》，《文物资料丛刊》（5），文物出版社，1981年。
⑥ 杨子范：《山东临淄出土的铜器》，《考古通讯》1958年第6期。
⑦ 中国科学院考古研究所山东发掘队：《山东平度东岳石村新石器时代遗址与战国墓》，《考古》1962年第10期。
⑧ 济青公路文物考古队：《章丘绣惠女郎山一号战国大墓发掘报告》，《济青高级公路章丘工段考古发掘报告集》，齐鲁书社，1993年。
⑨ 资料存长岛县博物馆。
⑩ 烟台市文物管理委员会：《山东长岛王沟东周墓群》，《考古学报》1993年第1期。
⑪ 惠民地区文物普查队等：《山东阳信城关镇西北村战国墓群物陪葬坑清理简报》，《考古》1990年第3期。
⑫ 山东省博物馆等：《山东长清岗辛战国墓》，《考古》1980年第4期。
⑬ 李晓峰等：《济南千佛山战国墓》，《考古》1991年第9期。
⑭ 南京博物院：《江苏涟水三里墩西汉墓》，《考古》1973年第2期。

中期有绝对年代可考的标准器球形敦,晚期墓往往出土小刀币可以作为断代的主要依据。

有绝对年代可考的球形敦,一是陈侯午十四年敦,二是陈侯因朁敦。陈侯午即田齐桓公午。据《古本竹书纪年》:"齐康公五年,田侯午生。二十二年田侯剡立。后十年齐田午杀其君及孺子喜而为公。"(《史记·田敬仲完世家》索隐引)据于鬯《战国策年表》,齐桓公午当周烈王元年(前375),桓公午十四年当周显王七年(前362)。陈侯因朁即齐威王因齐。据《史记·田敬仲完世家》齐威王二十六年(前331)"自称为王"。陈侯因朁敦称侯而不称王,齐威王二十六年应是陈侯因朁敦铸造年代下限。据此可知,球形敦的流行年代当在公元前375年至公元前331年之间,相当于战国中期。据笔者考证,长岛王沟战国墓群,是康公十四年(前391)田齐太公和"迁康公于海上"的姜齐公室墓地。齐威王即位之年(前375)"齐康公卒,绝无后,奉邑皆入田氏"(《史记·田敬仲完世家》)。长岛王沟墓群的年代应在公元前391年至公元前357年之间,是绝对年代可考的战国中期墓群。[①] 长岛王沟墓葬发掘报告,一方面同意王沟墓地是"迁康公于海上"的姜齐公室墓地的说法,另一方面又说有些墓的年代可以早到春秋晚期,这显然是自相矛盾,以臧家庄墓铜器与长岛王沟墓群铜器相比较,其区别是显而易见的。

战国时期的典型墓济南千佛山墓和涟水三里墩墓都出土有数量相当多的小刀币。乐毅伐齐以前的齐国墓葬迄今尚未发现过以钱币随葬的先例。估计与政府颁布不准以钱币随葬的规定有关。乐毅伐齐后,齐国开始出现以钱币随葬的习俗。这两座墓随葬的都是小刀币,是仿照燕国的匽刀而在齐国铸造的,形制、大小、重量都差不多,所不同的是匽刀刀背呈磬折形,匽字写法也有不同。涟水三里墩的小刀币没有发现文字。三里墩墓由于混入了五铢钱,过去曾把墓葬年代定为汉代,应予纠正。[②] 乐毅伐齐以后,差不多整个齐国境内全部流行齐制匽国小刀币,包括没有被攻下的莒邑也出土大量小刀

---

① 王恩田:《长岛战国铜器与"迁康公于海上"》,1988年5月在"长岛县文物、博物新闻发布会"上的发言。

② 王恩田:《对三里墩出土齐小刀币铸行年代的讨论》,《中国钱币》1993年第3期。

币钱范①，这是仿铸齐制匽国小刀币，以便与沦陷区相互贸易。齐制匽国小刀币的铸行年代明确，是公元前284年乐毅伐齐的产物，也是齐国战国晚期墓的年代上限。

从钟、镈铭文看，仅据器主潮子的"莒公孙"的称谓，铜器年代不可能是战国中期。如果臧家庄铜器年代属战国中期，如上所述"莒公孙"是齐灭莒三世以后才能出现的称谓，从战国中期逆推三世90年，已是战国早期。战国早期灭莒的是楚国而不是齐国，钟、镈铭文内容决定了臧家庄铜器年代只能是战国晚期而不可能是战国中期。

此外，我们过去曾列举过的臧家庄铜器中的无首有爪龙纹与西汉中山王刘胜墓铜器相一致的证据②，仍然是臧家庄墓必属战国晚期难以推翻的铁证。

三 "逦盟"玺考释与辨伪

知匊即臼为举之古文，则齐逦盟官玺中的"逦"字也应是可释的。《古玺汇编》收录有逦盟玺五方。其中0918八字印大字多，为印苑鸿宝，沂州（今山东临沂）出土。贾人孙海平"以八十千得去，转售郭申堂"③。一说"疑潍邑出土，为裴某所得，以八百贯质于郭氏"④。0200—0202三方均为4字。0200为吴县潘祖荫所藏。0201—0202为潍邑陈文懿所藏。0199据《陈簠斋手拓古印集》（简称《手拓》）著录。《手拓》是假冒陈簠斋的名义而杂凑的伪谱。⑤卷首两方一为巴蜀圆印，一为"王兵戎器"菱形印，都附有印钮形制花纹的拓本，并有陈簠斋手题记"光绪辛巳秋，簠斋所拓"9字，均出自簠斋之手，不伪。"簠斋所拓"是指印钮形制花纹的墨拓，不指印文。印文只须钤制，如拓则成反文，伪谱作者不明白这个道理，"手拓"二字即露出作伪马脚。《手拓》收入赝品之多，令人惊讶。该书第9页8字逦盟玺就是一件伪作。如上所述，该印为郭申堂所得。簠斋曾商之郭氏，欲以该印入

---

① 苏兆庆：《山东莒县出土刀币陶范》，《考古》1994年第5期。
② 王恩田：《概述近年来山东出土的商周青铜器》，《文物》1972年第5期（署名：齐文涛）。
③ 王献唐：《五灯精舍印话》，齐鲁书社，1985年。
④ 孙文楷：《鉴古斋印存》稿本。
⑤ 康殷：《印典》，国际文化出版公司，1993年。

《十钟山房印举》，被郭拒绝。郭氏以此印作为己编《续齐鲁古印捃》压卷第一印。① 盗用篮斋名义编制这本伪谱的作者，不了解这方印的收藏经过，把未经篮斋收藏，又没有得到藏家同意的这方印收入《手拓》之内，显然也是作伪的赃证。《手拓》的这方印是一件赝品，这只要与《续齐鲁古印捃》的原印相对比，就可明白。这方印的伪作至少有两件，均出自潍县人之手。一是诸城尹彭年嘱潍县作伪高手刘学师仿制，此人即篮斋信札中经常提到的"刘小鬼"。仿制品字锈逼真，彭年以重价售吴大澂。初吴恃以自傲曰：潍多巨眼，如此重宝，竟任其逸出耶？继而知印在郭处，乃深自懊悔。另一件售于津门某氏。②《手拓》所收，未知是两方中的哪一件？或者也许是《手拓》作者所刻，不得而知（图三）。

《古玺汇编》0199，出自《手拓》，印的形制与

真品《续齐鲁古印捃》　　伪作《陈篮斋手拓古印集》

图三　齐官印"阳都邑"巨玺印文

玺字写法都与上述4件真品不合，应是一件伪作。

郭藏逑盟8字巨玺，初经宋书昇考释，释为"阳向邑聚徒卢之玺"，其他三方4字玺的倒数第3字则释为"盒"；认为昜，即《春秋·闵公二年》"齐人迁阳"之阳。也就是《汉书·地理志》中的阳都，地在今沂水县境。向，即在兰山（今临沂兰山区）西南沭河东，与阳都相距百余里。③ 按：首字释阳，可信。第2字释向、释尚均误。齐国陶文中习见尚字，吴大澂首释为"者"④，朱德熙同其说。⑤ 释"者"在陶文文例中均可通读。如"蒦阳南里鲻者基"（《季》57.1）、"大蒦阳鲻者乙"（《季》59.8）等。鲻旧释陶，误。

---

① 王献唐：《五灯精舍印话》，齐鲁书社，1985年。
② 王献唐：《五灯精舍印话》，齐鲁书社，1985年。
③ 郭裕之：《续齐鲁古印捃·宋书升序》。
④ 吴大澂：《读古陶文记》。
⑤ 朱德熙：《战国陶文和玺印文字中的"者"字》，《古文字研究》第一辑，中华书局，1979年。

应是鳛，即国差鳛之鳛，是一种小口的罐。古代小口罐名䂱，《方言》："䂱，齐之东北海岱之间谓之瓺。""鳛者"，即专门制作小口罐的人。① 者字再加邑旁而为都。阳都，汉属莒国。汉高祖封丁复，宣帝封张彭祖为侯国，东汉献帝时封琅邪顺王刘容之弟刘邈为阳都侯。阳都地在沂水南，今属沂南县。著名的沂南汉画像石墓，墓主即阳都侯刘邈。② 邑下之字不识。第 5 字隶定作"逇"。第六字，皿上从⊕，或从△，或从△，都是"窗"字的象形，隶定作囧，即"明"字之省。此字疑盟字。如上所证，逇通举。举，立也（《左传·文公元年》注）。《公羊·隐公元年》："为其与公盟即也。"注："盟者杀生歃血诅命相誓以盟约束也。""逇盟之玺"是为了某种事情立盟以相互约束。八字逇盟大玺是阳都邑所专用。印上端有方形突起是这类印特有的标志，估计是用来合符用的。

原载《远望集》，陕西人民美术出版社，1998 年

校记：

逇盟玺第四字，宋书昇释聚，李学勤释为圣，均误。此字从臣，从壬。臣内的人，是为壬加注声符。臣，邪母之部。寻，邪母侵部。双声通转。壬与寻均为侵部。此字应读作"寻"。"寻盟"，经籍习见，意为续盟（拙稿《阳都邑沰盟玺简释》，复旦大学出土文献与古文字研究中心网站，2015 年 3 月 31 日）。

---

① 王恩田：《齐国陶文地名考》，《考古与文物》1996 年第 1 期。
② 王恩田：《齐鲁文化志》，上海人民出版社，1998 年。

上曾太子鼎的国别及其相关问题

山东临朐泉头村发现两座春秋墓葬，编号墓甲、墓乙，出土了齐、鄩、上曾等国铜器。① 其中的上曾太子鼎，已有的研究文章均认为"上曾"即山东境内的鄫国。笔者认为根据该鼎的形制、铭文书体、词语等多方面考虑，上曾太子鼎仍应是住在鄂北、豫南之曾国铜器。兹申述其说，并就齐、鄩铜器的释读、墓主、年代等问题谈点看法，以就教于方家。

泉头村甲、乙墓位于临朐县嵩山乡泉头村东，分别于1977年秋和1981年春发现。均为土坑竖穴墓，南北向。墓甲的墓室底长4米、宽3米、深5米。墓乙位于墓甲东南，相距约3米，墓室大小与墓甲相仿。

墓甲随葬器物放在墓室南端，出土铜器有鼎2、鬲5，铺、盘、匜、戈各1件，在铜器北面还放置有大量玛瑙串饰、骨管等。

墓乙随葬器物放在墓室南端偏西，出土铜器有鼎3，鬲、匜各2，盘、匜、拖链罐（简报称壶）各1件。墓室东、北两面发现大量玛瑙串珠、管饰及骨饰等。

墓甲出土的匜有铭文，3行15字：

齐侯子行作
其宝匜，子孙孙
永宝用享。

墓乙的二鬲、盘、匜、一鼎有铭文。
二鬲同铭，各16字：

---

① 临朐县文化馆、潍坊地区文物管理委员会：《山东临朐发现齐、鄩、曾诸国铜器》，《文物》1983年第12期。

齐趫父作孟姬宝鬲，子子孙孙永宝用享。

盘铭 3 行 20 字：

䣇中䞼中女子
宝盘，其万年无
疆，子子孙孙永宝用。

匜铭 3 行 22 字：

䣇中䞼中女以（姒）子子
宝匜，其万年
无疆子子孙孙永宝用。

鼎铭 5 行 38 字（图一）：

上曾大子般殷，乃
择吉全，自作䵼彝。
心圣若愭，哀哀利锥，用
考（孝）用享，既和
无测，父母嘉寺（之），多用旨食。

图一　上曾太子鼎铭文拓本
采自《集成》2750

鼎铭下部三排未铸全，多字系补刻。释文据简报。

一　上曾太子鼎的国别

孙敬明、何琳仪、黄锡全三位先生合作的研究文章认为"上曾"应是山东姒姓之曾。理由之一是上曾太子鼎"出在远离湖北、河南的山东临朐"。

理由之二是上曾太子鼎的"曾"字下部写作扁圆形，与山东之曾的写法相同，"而湖北之曾下作尖状或三角形"①。李学勤先生②和黄盛璋先生③也都认为"上曾"为山东姒姓之曾。

笔者认为，从形制看，上曾太子鼎为附耳，直腹而浅，底近平，三蹄形足（图二）。其形制与湖北京山曾侯中子游父鼎④（图三）、枣阳段营出土的曾子仲淒鼎⑤形制相同，是鄂北、豫南曾国极富有特色的器物，可以称为"曾式鼎"。在此之前，山东列国铜器中还从未发现过。

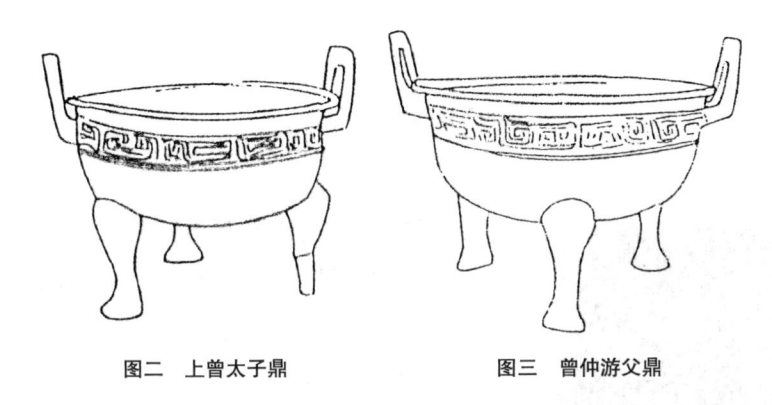

图二　上曾太子鼎　　　　　图三　曾仲游父鼎

用"曾"字写法判断国别是不正确的，事实上鄂北、豫南姬姓曾国的"曾"字两种写法都有。上举曾侯中子游父鼎，曾字下部所从的口作三角形，而曾子仲淒鼎则作扁圆形。甚至同一个人所做的铜器，"曾"字也可以有两种不同的写法。如湖北随县均川熊家老湾出土的曾伯文簋的曾字下部所从的口作扁圆形，而曾伯文罍的曾字则作三角形。⑥

杨树达先生指出在金文中老、孝、考、寿等字其他国家一般都从老省，唯独山东列国铜器则从充。⑦如齐、鲁、薛、邾、郜、杞、铸、夆（逢）等国铜器莫不如此。⑧上曾太子鼎中的"考"字从老省，而不从充，与山东列

---

① 孙敬明等：《山东临朐新出铜器铭文考释及有关问题》，《文物》1983年第12期。
② 李学勤：《试论山东新出青铜器的意义》，《文物》1983年第12期。
③ 黄盛璋：《山东诸小国铜器研究》，《华夏考古》1989年第1期。
④ 湖北省博物馆：《湖北京山发现曾国铜器》，《文物》1972年第2期，图版一〇：1—3。
⑤ 湖北省博物馆：《湖北省枣阳县发现曾国墓葬》，《考古》1975年第4期。
⑥ 鄂兵：《湖北随县发现曾国铜器》，《文物》1973年第5期。
⑦ 杨树达：《积微居金文说·齐太宰归父盘跋》，科学出版社，1959年。
⑧ 王恩田：《荆公孙敦的国别与年代》，《文物春秋》1992年第2期。

国铜器的写法不同。因此，不大可能属山东之曾。

上曾太子鼎称鼎为"鼐彝"也见于曾侯中子游父鼎和曾子仲诲鼎。上曾太子鼎铭中的"用考用享"，也见于上海博物馆所藏的曾子鼎。① 曾子斿与曾侯中子游父当为一人。上述词语在山东列国铜器中也是不多见的。

综上所证，上曾太子鼎的形制、铭文书体、词语等均与鄂北、豫南姬姓之曾相同，仍应是姬姓曾国的铜器，称"上曾"是为了与都城在湖北随县的曾国相区别。古人以西、北为上。"上曾"应在随县以西，或以北的方向中探求。

二 鄂中匜铭文释读

鄂中盘、匜铭文基本相同（图四），都是鄂中为其女所作媵器，所不同的是盘铭中其女为"中女子"，而匜铭作"中女以（姒）子子"，比盘铭多出了"以子"二字。"以"字很像是英文字母中的"C"，李学勤先生未释，而读作"中女子子"，孙、何、黄三位先生认为，"C"是未完成的?字上半部。即写到"C"时，因考虑到以下的行款布局，废掉"C"，而在其下接写"子"。为便于说明或区别起见，又在"子"下标明类似重文符号的"="以示之。本铭子下的"="不是一般的重文符号，而是"弃字"符号。

图四　鄂仲匜铭文拓本
采自《集成》10266

笔者认为"C"是"以"字不太规范的写法，金文"以"字作ᘿ（酓忎鼎）、ᘿ（中山王兆域图）。本铭"以"字与之相近，弯笔写得不到位，或由于铸范缺陷所致。"子"下的"="，系重文符号，读作"中女子以（姒）子"。"以"通"姒"，鄂中之女为姒姓与《史

---

① 马承源：《记上海博物馆新收集的青铜器》，《文物》1964年第7期。

记·夏本纪》合。

三　齐侯子行匜与齐趞父鬲及其墓主

墓甲出土齐侯子行匜，孙、何、黄三位先生认为齐侯子行即齐庄公赎。《史记·齐太公世家》庄公名购，《史记·十二诸侯年表》《世本》庄公名赎。据本铭知赎是本字，购为借字。"赎"与"子行"有意义上的联系。"赎"是庄公的名，子行是字。墓甲的墓主是齐国贵族，子行匜似为齐侯所赐之器。李学勤先生认为"齐侯子行"当解作齐侯之子名行。墓甲"可能就是这个齐公子的墓"。李说可信。"齐侯子行"，犹如上举"曾侯中子游父"。如果去掉表明游父行辈的"中"字，与"齐侯子行"的称谓格式全同。

墓乙出土齐趞父作孟姬鬲、鄱中盘、匜、上曾太子鼎，其间相互关系颇为复杂。李学勤先生认为"齐趞父"系齐人，"孟姬"称姓不称国氏，应为趞父的女儿。两件鬲为齐姬姓贵族为其庶长女所作用器。鄱中盘、匜是鄱仲为其次女所作陪嫁之器。墓乙为上曾太子墓，"趞父和寻仲的女儿都嫁给了上曾太子"。上曾太子卒葬于齐，是"由于其朝内纷争之故"。孙、何、黄三先生则认为，"齐趞父作孟姬宝鬲"是"齐趞父娶姬姓女而为之作器"。上曾太子鼎和寻仲匜"很可能是由于某种历史原因辗转到齐趞父之手，为孟姬生前所用，后来随葬入墓。如果甲乙墓是夫妇墓，那么，墓主就可能是齐趞父和孟姬"。后说基本上是正确的，但应作如下补充订正。

第一，"齐侯子行"与"齐趞父"是同一个人。"行"为其名，"趞父"是其字。行与趞同义，《广雅·释训》："趞，行也。"根据名与字相应规律，名行字趞父，属王引之《春秋名字解诂》所订"义类"中的"同训"。为什么说以"行"为名，以"趞父"为字而不是相反呢？这是因为根据古代命名原则人始生三月而有名，年二十行冠礼而有字。"父"或"甫"是男子的美称，故常在字的后面加"父"或"甫"字。五十以后再去掉"父"或"甫"字，在字的前面加上所在兄弟排行的位次。例如孔子名丘，二十而冠，字曰尼父（甫），五十岁以后字仲尼（参看《仪礼·士冠礼》贾公彦疏）。齐侯子行字趞父，说明器主铸器时的年龄当在二十岁至五十岁之间。

第二，墓甲为齐侯子行（字趞父）之墓。"齐趞父作孟姬宝鬲"，是齐趞父为其妻孟姬作器。按照金文通例，为女作媵器时，一般都书"媵"字，不书"媵"字者，一般都是为其妻作器。因此，墓乙当是齐侯子行（字趞父）之妻孟姬墓。墓甲与墓乙系夫妻并穴合葬墓。

第三，鄀中为其女所作媵器出土于墓乙，可能与古代实行"诸侯娶一国，则二国往媵之"（《公羊·庄公十九年》）的制度有关。如鲁嫁女伯姬于宋"晋人来媵"（《春秋·成公九年》），"齐人来媵"（《春秋·成公十年》）。齐公子行（趞父）不是诸侯，故只有鄀一国来媵，鄀中盘、匜可能是齐趞父娶孟姬，鄀人来媵时所作器。

第四，上曾太子鼎出土于墓乙，是因为春秋早中期之际，山东与鄂北、豫南之间曾有过一次大规模的文化交流。除上曾太子鼎出土于山东临朐外，位于河南淮阳的陈国铜器陈大丧史中高铃钟一组9件和位于豫南潢川县的黄国铜器黄太子盆两件出土于山东沂水刘家店子春秋中期的墓中。① 烟台上夼春秋早期墓出土的敞口、细颈、鼓腹的编织纹壶② 是纪莱地区很富于特色的器物。与此形制、纹饰完全相同的壶也出土于湖北随县熊家老湾春秋早期墓中。③ 上述铜器都不是为嫁女所做的媵器。山东烟台、沂水、临朐与豫南、鄂北相距两三千里之遥，各自的铜器不止一次地出土于异域他乡，自非偶然，很有可能与齐桓公三十年（前657）伐楚有关。上曾太子鼎很可能是齐公子行（趞父）在伐楚战役中缴获的战利品。

四　泉头村甲、乙墓的年代

孙、何、黄三位先生定泉头村甲、乙墓的年代为两周之际。李学勤先生定为春秋前期偏晚。其主要根据是"戈锋已不是三角锋的"。在盘、匜之外，出现了单耳的铷（简报称舟），也是较晚的标志，临朐一带春秋初属纪，甲、

---

① 山东省文物考古研究所、沂水县文物管理站：《山东沂水刘家店子春秋墓发掘简报》，《文物》1984年第9期。
② 王恩田：《概述近年来山东出土的商周青铜器》，《文物》1972年第5期，图版七：3。
③ 鄂兵：《湖北随县发现曾国铜器》，《文物》1973年第5期。

乙墓都有齐器出土，年代当在纪国灭亡以后。李说可信。临朐春秋初年以前属纪国郱邑。《左传·庄公元年》："齐师迁纪郱、鄑、郚。"注："齐欲灭纪，故徙其三邑之民而取其地。郱，在东莞临朐县东南。"今临朐境内发现齐公子行（趞父）夫妻墓，其墓葬年代上限当不早于鲁庄公元年（前695）。墓乙出土有曾太子鼎，如拙说可信，则其年代下限当不晚于齐桓公三十年（前657）伐楚之役。泉头村甲、乙墓的年代应属春秋早、中期之际。

附记：本文草成后，又看到新发表的两份材料，一是《中国文物报》1994年5月22日刊载的杨平《西周中胡二穿戈》，介绍1990年河南洛宁县境内出土的一件有铭铜戈。铭4字，在内，原释"䊊之肘戈"，第三字从告，应释造，曾字从女，初见。可能与"上曾"有关。铭文四周有模印边框，从形制看似应属春秋晚至战国早期遗物。

二是《中国文物报》1994年7月31日刊载关于山东海阳嘴子前出土青铜器墓。报道说从铭文看"有铭重器可能来自陈国贵族"，此墓"可能正是属于一位田氏封邑中的贵族"。从发表的甗、钟、盂、匜的形制看，年代早于临朐杨善公子土父壶（公孙灶壶）器群，应属春秋中期偏晚。如果确系陈国铜器，很有可能与沂水刘家店子莒墓出土的陈大丧史中高铃钟、黄太子盆等铜器一样，都是齐桓公征楚时所俘获的。海阳一带在春秋鲁襄公六年（前567）齐灵公灭莱以前，仍属莱国领土，不可能有陈（田）氏封邑。据史书记载，莒、莱不曾参加齐桓公征楚战役，考古发现可补其阙佚。

1994年12月15日　又记

原载《江汉考古》1995年第2期

跋陈乐君歔甗与耶盂
——兼说齐桓公伐楚

山东省海阳县盘石店镇嘴子前村春秋墓地M4出土一批青铜器，计有甬钟一组7件，钮钟2件，有盖鼎1件，无盖鼎一组6件，敦（原报告称盆）2件，方壶2件，甗、盂、匜、盂各1件。其中甗、盂有铭文。①

陈乐君歔甗铭在腹，4行17字（图一）：

陈乐君歔
作其旅甗
用祈眉寿
无疆永用之。

图一　陈乐君歔甗腹内铭文

陈，虞舜后裔，妫姓。周武王"以元女大姬配胡公，而封诸陈，以备三恪"（《左传·襄公二十五年》）。恪，苦洛切，读作客。相传周武王封黄帝、尧、舜后裔为"三恪"（《礼记·乐记》）。一说周得天下，封虞、夏、商后裔为"三恪"（《左传·襄公二十五年》杜预注）。陈国都城位于"陈丘，宛丘之侧"（《史记·陈杞世家》正义引《诗谱》），地在今河南淮阳。春秋早期陈宣公时"陈人杀其大子御寇。陈公子完与颛孙奔齐"。齐桓公"使为工正"（《左传·庄公二十二年》）。逃亡于齐国的陈公子完的后裔，称陈氏。《史记》以陈与田音同而称田氏。为了与其祖国的"陈"相区别，齐国陈氏的陈一律在字下面加土作墜。甗铭中的陈，不加土，应是河南

---

① 烟台市文物管理委员会等：《山东海阳县嘴子前春秋墓的发掘》，《考古》1996年第9期。

淮阳陈国器，而非齐国陈氏器。

乐君，乐为封邑名。欨，是乐君的私名。

寿字从老省，而山东列国铜器的"寿"字一般均从"克"，而不从老省，也可证知此甗绝非齐国田氏器。

聑盂铭在器的口沿，刻款，一行7字（图二）：

聑所献为下寝盂。

聑字从耳，从四口。

殷商时代有国族名聑。见于甲骨文记载：

1. 庚午卜，宍，贞，令聑仕㠯。（《甲骨续存》1.79）

1辞聑为人名，是聑族首领。仕通延。《说文》："延，安步延延也。"㠯，国族名，又称"㠯方"（《合集》2779）。该族首领担任与狩猎有关的"犬"的官职，又称"犬㠯"。"贞，呼犬㠯于京"（《合集》5667）。京，即春秋郑国共叔段的封邑，又称京城（《左传·隐公元年》），也称亳。《春秋·襄公十一年》："秋七月己未，同盟于亳城北。"《左传》作"秋七月，同盟于亳"。亳，《公羊》《穀梁》并作"京"。唐代徐彦《公羊》疏说："左氏《经》作'亳城北'，服氏之《经》亦作'京城北。'"因此，臧寿恭《左传古义》说："亳亦称京。"《续汉书·郡国志》："荥阳有薄亭，薄通亳，即亳亭。"惠栋《公羊古义》："京，郑地，在荥阳。隐元年《传》谓之'京城大叔'是也。"可证亳即京，地在今郑州荥阳。郑州屡出战国"亳"字陶文。亳即春秋郑地之亳，亦作京。郑州还出亳、昃二字陶文（《古陶文汇编》6.121）。亳，地名。昃，人名，即制陶作坊主人名，还出有"京昃"二字陶文（《古陶文汇编》6.48），与亳、昃二字陶文为一家眷属。足证亳、京同地异名。"京昃"以地名"京"为氏名。邹衡先生利用郑

图二 聑盂口沿铭文

州出土"亳"字陶文证明郑州商城即成汤都城亳。① 卜辞又称："癸卯卜，宁，贞，令郭巠在京奠。"(《合集》6) 郭通虢。即东虢，春秋前为郑所灭，改称"制邑"，一名虎牢，地在今郑州汜水西。商代时为巠的封邑，故称"郭巠"。这条卜辞意为命令郭巠在京地进行祭奠。综上所证，此条卜辞意为命令䏍到巠族或巠地去。

2. 戊子卜，贞，翌庚寅延䏍企束。(《甲骨文零拾》31)

2 辞意为到䏍地去。"企束"意未详。

3. 勿伐，在䏍。(《殷墟文字甲编》5556)

商代人名、族名、地名不分。䏍，地名，即䏍族居地。

综上所证，䏍为殷商时代的国族名。其地与郑州的京（亳）和巠的封邑地在郑州汜水西的郭（东虢）相临近。

为，动词，意为作为，并非妫姓之妫。妫字从女，一般多用作女人的名字，不单独使用，不能根据"为"字定为陈国铜器。

寝字写法怪异，似为梦寝二字合文。寝可以作为居处燕息之地的宫寝，也可以是庙寝之寝。

全铭大意是：把䏍族所贡献之物作为下寝用的盂。铭中省去补语，没说贡献者为何物。铭为刻款，估计很可能䏍所贡献的就是这个盂。接受者的国族未详。

上述两件有铭铜器，陈乐君歔甗是国别明确的陈国器。陈国地在河南淮阳，陈器何以会埋入胶东地区的墓中？这就要首先弄清这件陈器的年代以及墓葬的年代与国别。

陈乐君歔甗，为甑、鬲分体圆甗，颈饰重环纹。重环纹盛行于西周晚期

---

① 邹衡：《郑州商城即汤都亳说》，《文物》1978 年第 2 期；《再论"郑亳说"——兼答石加先生》，《考古》1981 年第 3 期。

和春秋早期，但西周晚期的甗均为甑、鬲合体。分体甗是春秋早期出现的新形制。此甗的形制与曲阜鲁城望父台墓地M48出土的鲁中齐甗相同。① 鲁城望父台M48的年代属春秋早期。② 陈乐君欧甗也应属春秋早期。

嘴子前M4中除了这件铜甗和耶盂外，其他铜器可以分为两组。甲组包括无盖鼎、方壶、甬钟、钮钟等。纹饰粗率，以卷云纹（报告称"变形龙纹"）为主。其中鼎为浅腹，底近平，立耳外侈，三细蹄足集于器底。其形制与洛阳中州路M2415③、曲阜鲁城M201出土者相同④，其年代应属春秋中期。⑤ 乙组包括有盖鼎、敦、匜，花纹纤细，以三角勾线纹和勾线纹为主。这两种花纹是春秋中期新兴起的特有纹饰，而且这种新兴的三角勾线纹与西周晚期以来的粗线条的纹饰共存，是春秋中期铜器的一个显著特色。这种作风在新郑郑伯大墓⑥、洛阳中州路M2415⑦、鲁城M201⑧等墓葬出土的铜器中都可以看到。新郑郑伯大墓出土的王子婴次炉⑨是楚令尹子重铸器，该器应是鲁成公十六年（前575）鄢陵之战楚师战败时遗留在郑国的。新郑郑伯大墓的年代应属春秋中期。敦的形制为浅腹、平底、束颈，体侧有扁环耳。盖为浅盘形，盖沿有三小爪与器相扣合，喇叭形钮，其形制与河北唐县新出鲁归父敦相同。归父敦为鲁国东门襄仲之子归父铸器。归父于鲁宣公十年（前599）初见于经籍记载，宣公十八年（前591）逃亡于齐。归父敦是春秋中期后段的标准器。⑩ 嘴子前M4乙组铜器也应铸于此时。除此之外，匜为封口流、三矮蹄足、兽鋬、素面，流部用失腊法铸镂孔繁缛花纹。与此形制相同的匜也见于新郑郑伯大墓。耶盂宽沿外折、深腹微鼓、平底、体周有四个兽面大耳，颈腹饰四条双身顾首龙纹。其形制、纹饰与鲁城M201出土者相

---

① 山东省文物考古研究所等：《曲阜鲁国故城》，齐鲁书社，1982年。
② 王恩田：《曲阜鲁国故城的年代及其相关问题》，《考古与文物》1988年第2期。
③ 中国科学院考古研究所：《洛阳中州路（西工段）》，科学出版社，1959年。
④ 山东省文物考古研究所等：《曲阜鲁国故城》，齐鲁书社，1982年。
⑤ 王恩田：《曲阜鲁国故城的年代及其相关问题》，《考古与文物》1988年第2期。
⑥ 孙海波：《新郑彝器》，1937年；关百益：《郑冢古器图考》，1940年。
⑦ 中国科学院考古研究所：《洛阳中州路（西工段）》，科学出版社，1959年。
⑧ 山东省文物考古研究所等：《曲阜鲁国故城》，齐鲁书社，1982年。
⑨ 孙海波：《新郑彝器》，1937年；关百益：《郑冢古器图考》，1940年。
⑩ 王恩田：《跋唐县新出归父敦》，《文物春秋》1990年第2期。

同，唯后者仅有双耳。①

综上所述，嘴子前 M4 出土的铜器应属春秋中期后段，与临朐杨善春秋晚期的公子土父壶（原名公孙灶壶）器群相比较，无论器类、器形、纹饰等均不相同，其年代显然不能定为春秋晚期。另外嘴子前 M1 出土的敦（报告称盆）形制与归父敦尤为相近。嘴子前 M1 出土的鼎也饰春秋中期流行的勾线纹，其年代，报告定为春秋中期是正确的。② 因此，海阳嘴子前墓地的年代下限应为春秋中期后段。

春秋中期后段以前，胶东海阳一带属莱国领土。嘴子前墓地属莱国墓葬。春秋晚期鲁襄公六年十二月，"齐侯灭莱"（《春秋·襄公六年》）。在此以前，海阳一带不可能有齐国的"田氏封邑"。

既然海阳嘴子前是莱国墓葬，而不是齐国的陈（田）氏墓葬，陈乐君欥瓺是陈国铜器，而不是齐国陈（田）氏铜器。河南淮阳的陈国与海阳遥隔两三千里，陈国铜器何以会在山东半岛的黄海之滨出土？陈国铜器出土于山东，已经不是第一次了。自 20 世纪 70 年代以来，豫南、鄂北诸国铜器不断在山东出土，而山东铜器也曾在湖北有所发现。例如 20 世纪 70 年代初，我们曾撰文介绍过山东新出土的商周青铜器，其中烟台上夼一座春秋早期的纪（己）国墓葬中出土了一件三角编织纹壶，器形与花纹都很独特，是从未见过的新形制。③ 此后在日照崮河崖莱白嫁女铜器群④、莱阳前河前纪侯壶器群⑤、曲阜鲁城望父台 M48 出土的侯母壶⑥ 上都曾发现过这种独特的纹饰，证明是纪莱地区青铜器中所特有的。鲁城望父台 M48 出土的侯母壶与同墓所出土鲁司徒中齐诸器，无论是器形、花纹、铭文都迥然有别。证明侯母壶不是鲁器，而是由于某种原因从纪莱地区流入的。无独有偶，与烟台上夼春秋墓出土的三角编织纹壶形制、花纹完全相同的铜壶在湖北随县熊家老湾的曾国墓葬中也出土过 1 件。这件三角编织纹壶在同墓出土的铜器中犹如鹤立鸡

---

① 山东省文物考古研究所等：《曲阜鲁国故城》，齐鲁书社，1982 年。
② 滕鸿儒等：《山东海阳嘴子前村春秋墓出土铜器》，《文物》1985 年第 3 期。
③ 王恩田：《概述近年来山东出土的商周青铜器》，《文物》1972 年第 5 期（署名：齐文涛）。
④ 杨深富：《山东日照崮河崖出土一批青铜器》，《考古》1984 年第 7 期。
⑤ 李步青：《山东莱阳县出土己国铜器》，《文物》1983 年第 12 期。
⑥ 山东省文物考古研究所等：《曲阜鲁国故城》，齐鲁书社，1982 年。

群，显然是从异域他乡的山东半岛纪莱地区流入的舶来品。① 又如沂水刘家店子春秋中期的一号大墓中出土大批青铜器，其中有 1 件鄗（莒）公戈，过去都认为是一代莒公的大墓。② 但沂水东去莒国都城（今莒县）一二百里之遥，显然不会是莒国公族墓地。该墓出土的莲花钮器盖的有盖豆，自铭"公簋"，很富有鲁国铜器的风格，与相传出土于曲阜林前村的鲁厚（邱）氏元豆③，以及曲阜鲁城药圃墓地出土的仿铜彩绘陶器莲花钮有盖壶、豆等④ 作风相同。因此沂水刘家店子这两座春秋大墓很可能是鲁国逃亡于莒国的公族成员的墓葬。刘家店子一号大墓中出土了两件黄太子白克盆和一组九件陈大丧史中高铃钟。黄国位于豫南潢川县境内，春秋早期为楚国所灭。陈国是虞舜妫姓后裔的封国，地在今河南淮阳县，后来也被楚国所灭。再如临朐泉头村甲、乙墓曾出土过齐、鄀、上曾等国铜器，其间关系错综复杂。关于墓主的国别看法歧异，尚无定论。但对于其中出土的上曾太子鼎的国别，各家意见倒是颇为一致，都认为应属山东境内的夏裔姒姓鄫国的铜器。其实，就上曾太子鼎的形制而言，颇富特色。附耳旁出，直腹而浅，底近平，三蹄形足，是豫南、鄂北姬姓曾国的特有器物，可称为曾式鼎，在此以前，山东境内从未出土过这种形制的鼎。上曾太子鼎铭文称鼎为"鬻彝"以及"用考（孝）用享"的习惯用语，也都是姬姓曾国的特有习俗。其铭文中的"寿"字从老省也和山东列国铜器"寿"字从"克"的写法相左。⑤ 凡此种种都足以证明上曾太子鼎不可能是姒姓鄫器，而只能是姬姓曾器，称"上曾"是为了与湖北随县的曾国相区别。根据古代称北为上、称西为上的习俗，上曾地望虽然无法确指，但只能在随县以北或以西的方向去寻求。关于临朐泉头村甲、乙墓的墓主，墓甲出土齐侯子行匜，墓乙出土齐趫父作孟姬鬲。古代人名与字相应，趫可训为行。《广雅·释训》："趫，行也。"由此可如，齐侯子行匜与齐趫父作孟姬鬲是同一个人之器，子行是齐侯之子名行，字趫父。齐趫父作

---

① 鄂兵：《湖北随县发现曾国铜器》，《文物》1973 年第 5 期。
② 山东省文物考古研究所等：《山东沂水刘家店子春秋墓发掘简报》，《文物》1984 年第 9 期。
③ 容庚：《商周彝器通考图录》399。
④ 山东省文物考古研究所等：《曲阜鲁国故城》，齐鲁书社，1982 年。
⑤ 杨树达：《积微居金文说·齐太宰归父盘跋》，科学出版社，1959 年。

孟姬鬲是子行为其妻姬姓妇女孟姬作器。泉头村甲、乙墓是子行与其妻孟姬的夫妇合葬墓。墓乙还出土有鄀中䤿女子盘和鄀中䤿仲女姒子匜。鄀即夏商姒姓斟鄀。鄀国嫁女媵器之所以会在齐国子行之妻孟姬墓内出土，是因为古代有"诸侯娶一国，则二国往媵之"的制度。子行不是诸侯，故只有鄀国一国来媵。鄀中盘、匜也是齐国子行娶妻孟姬时，鄀中以其仲女姒子来媵时铸器。这样，有关临朐泉头甲、乙墓的国别与墓主的纠葛均可迎刃而解。① 海阳出土陈国铜器，又为这一文化现象增加了一个新的例证。

以上的考古发现提出了一个值得思考的新问题：山东半岛与豫南、鄂北遥隔数千里，是什么原因造成列国相互间的铜器传播？

一般说来，铜器的传播不外乎嫁女、馈赠、迁徙、战争掠夺诸途径。古代嫁女作器称为媵器，一般在铜器铭文中都署有器主某人为其女某作媵器的内容以示区别。上述三角编织纹壶、黄太子白克盆、陈大丧史中高铃钟、上曾太子鼎以及海阳出土的陈乐君歔甗等，都不是媵器，嫁女的原因可以排除。因迁徙而发生铜器随之转移的例证很多。如周武王灭殷后，殷人一支南迁，原殷都近畿的邶国贵族逃亡到湖北江陵，定居下来，因此，在此地发现了周穆王时期的北子铜器群。② 另外一支殷人南徙至湖南洞庭湖周围，故而在这一地区不断发现带有殷人族徽的大型精美铜器出土。③ 又如蔡国原封地在河南上蔡，春秋晚期为楚所逼，迁都于安徽寿县。战国晚期楚国被秦所逼，先迁河南淮阳陈国故都，后又迁都于安徽寿县。因此在寿县境内既发现了蔡侯墓铜器群，又发现了楚王铜器群，等等。但豫鄂与山东相互传播的上述铜器都不是成群，而是孤立的一件和一组出土于异域他乡的墓葬，不能证明上述墓葬的墓主都是逃亡者，迁徙的原因也可排除。孔子说："唯器与名不可以假人。"（《左传·成公二年》）"器"即青铜礼器，应代代相传，"子子孙孙永宝用"，不能随便拿来送人。因此，以馈赠为由解释铜器的传播和转移时应特别慎重。当然少数馈赠的例证也是存在的，例如，齐国把"纪侯之

---

① 王恩田：《上曾太子鼎的国别及其相关问题》，《江汉考古》1995年第2期。
② 王毓彤：《江陵发现西周铜器》，《文物》1963年第2期；李健：《湖北江陵万城出土西周铜器》，《考古》1963年第4期。
③ 王恩田：《湖南出土商周铜器与殷人南迁》，《中国考古学会第七次年会论文集》，文物出版社，1992年。

甗"送给鲁国（成公二年，《春秋》三传）、鲁国把"吴寿梦之鼎"送给晋卿荀偃（《左传·襄公十九年》）等，不过这都是把通过不同途径，主要是战争掠夺中得来的别国铜器转赠他人，而不是把自己世代所守的重器送人。著名的湖北随县曾侯乙墓出土的楚王酓章镈是真正以楚国名义送给曾国的铜器。① 铭文中的"惟王五十有六祀"指楚惠王熊章五十六年（前433）。"楚王酓章作曾侯乙宗彝，寘之西阳"，"宗彝"即宗庙的彝器。称"曾侯乙宗彝"，说明曾侯乙这时已死。而又不称其谥号，知铸器时曾侯乙还没有埋葬，因为谥号是在埋葬的当天举行"大遣奠"仪式时授予的。铭文中的"返自西阳"，主语是楚惠王熊章。全篇铭文大意是说楚惠王五十六年，惠王（吊唁曾侯乙）从曾国都城西阳归来，为祭祀曾侯乙的宗庙铸作了彝器，放置在西阳，永远用于祭祀。可见这是楚惠王专门为祭祀曾侯乙铸造的彝器，也并非用本国的礼器送人，因此馈赠的原因也应排除。

唯一可能的原因是战争掠夺。春秋时期战争频仍，最具有可能性的战争是齐桓公伐楚。作这样的推断是基于如下两点：第一，黄、陈、上曾等国都是齐桓伐楚的必由之路。《公羊·僖公四年》就有"桓公假涂于陈而伐楚"的说法。第二，上述铜器年代都集中在春秋早期，这与齐桓公伐楚在时间上也是吻合的。

桓公伐楚是齐桓霸业执行"尊王攘夷"策略的重大举措。伐楚的借口有二：一是楚国没有及时向周王朝进贡祭祀时用来"缩酒"的"苞茅"；二是周昭王南征伐楚落水而死，没有回来，故而兴师问罪。楚国使者屈完不卑不亢，答应今后将向周王进贡苞茅。至于昭王溺死水中，请齐国向江河的水神去问罪。如果齐国敢于动武，则"楚国方城以为城，汉水以为池，虽众，无所用之"。遂与齐国"盟于召陵"（《左传·僖公四年》）。齐桓伐楚，兴师动众，虽然没能从楚国那里捞到什么好处，但却在途经各国时顺手牵羊，掠夺了不少财宝。上举黄、陈、上曾等国铜器出土于山东，就是明证。而湖北随县曾国墓葬中出土的纪莱铜器三角编织纹壶，则是纪莱军队随齐桓公伐楚时遗留在那里的。

---

① 湖北省博物馆：《曾侯乙墓》，文物出版社，1989年。

出土上曾太子鼎的临朐泉头村春秋墓是齐国墓葬。墓主"齐侯子行"是春秋早期的齐国人，随同齐桓公伐楚，从上曾掠得了铜器，随葬于墓中，顺理成章，不难理解。如果拙说可信，则沂水刘家店子春秋墓的墓主是鲁国逃亡于莒国的公室成员，而鲁国是参加了齐桓伐楚之役的。因此墓主作为鲁国公室成员参加伐楚之役，并把掠得的黄太子白克盆和陈大丧史中高铃钟随葬于墓中，也是情理中事。据文献记载，纪莱不曾参加齐桓伐楚之役。为什么陈国铜器出土于莱国墓葬？莱国铜器又出土于湖北随县曾国墓葬之中呢？应稍加说明。

纪、異、莱原是一国。纪，金文作"己"或作"異"。莱，金文作釐。烟台上夼春秋墓出土了两件有铭铜鼎，一件器主是異侯之弟叟，另一件是己华父。老年人头发花白谓之华首，或称华发。叟与华父名字相应。墓主名叟字华父。两件铜鼎为同一人作器，证明異与己（纪）确系一国。传世己白钟一组五件（《三代吉金文存》1.17—18），其中第1、2、4件称"追孝于己伯"，而第3件则称"文考釐（莱）伯"。在师袁簋中"異釐（莱）"连称与齐师并举，而在新出土的史密簋中则改称"釐（莱）伯"与齐师并举。"異釐"为国名，"釐伯"为其国君。可见纪（己）、異、釐（莱）为一国。① 纪莱都城原在寿光纪台附近，隔淄河与齐都临淄相望。鲁庄公四年（前690）纪国为齐所逼，"大去其国"，把都城迁往黄县归城。这就是为什么胶东半岛的黄县、烟台、莱阳等地屡次出土纪（己）、異铜器的原因所在。鲁庄公四年，纪"大去其国"以前，《春秋》经传称纪国。在此以后，《春秋》经传改称莱国。据《左传·襄公二年》记载："齐姜薨，……齐侯使诸姜宗妇来送葬。召莱子，莱子不会。"齐国对纪莱俨然像主子对奴仆那样，颐指进退。因此，纪莱迁都于胶东黄县以后，尽管还没被齐国所吞并，但实际上已经堕为齐之附庸了。因此，纪莱很可能是参加了齐桓伐楚之役，由于地位卑微，没能书之于会罢了。理应根据考古发现补充经籍记载之阙佚。

原载《中原文物》1998年第1期

---

① 王恩田：《纪、異、莱为一国说》，《齐鲁学刊》1984年第1期。

校记：

一、与海阳嘴子前春秋墓发掘简报同时发表的《海阳嘴子前春秋墓试析》一文，有不少错误：

1. 把盂铭中的"为"视为"妫"的假借字，定盂为陈器。按：金文中的"为"绝不借为"妫"。妫姓也绝不简化作"为"。

2. 甗铭"陈"字不加土，是河南陈国器，与齐国陈氏无关。在春秋中晚期之交的齐灵公灭莱（前567）以前，包括海阳在内的胶东地区均属莱国领土。嘴子前墓区是春秋早期的莱墓，与春战之交的田常封邑无关。

3. M4出土的盆（M4:78）的形制与春秋中期后段的标准器归父敦相同。这也是嘴子前春秋墓的年代下限。把嘴子前墓群年代定为考古学上的春秋晚期，认为海阳嘴子前属于田常的封邑之内，是错误的。

二、嘴子前M4因用青膏泥封填，墓内漆木器得以完好无损，鲜艳如初。用青膏泥封填墓葬，是楚国的"专利"。嘴子前春秋早中期莱墓之所以拥有这种技术，与陈乐君欧甗是随同齐桓公伐楚时掠夺来的一样，也是随同齐桓公伐楚时学来的，也属于齐桓公伐楚战争所形成的双向文化交流的产物。

读考古报告《海阳嘴子前》

备受学术界关注的考古报告《海阳嘴子前》已经出版。嘴子前墓地是山东地区一处十分重要的春秋墓地。20世纪70年代，山东海阳嘴子前村不断出土青铜器，烟台市博物馆和海阳市博物馆于1985—2000年曾三次进行抢救性清理发掘，出土了重要的青铜器达百余件，其中带铭文的有两件。《海阳嘴子前》一书包括5篇报告、4篇论文和2篇纪实文章，客观、全面地总结了嘴子前墓地历次发掘经过和发掘成果。

山东地区目前发现的周代贵族墓地比较多，如曲阜鲁故城、莒国墓地、沂水刘家店子大墓、淄博后李和郎家大墓、济南郱国墓地和章丘女郎山大墓等。胶东半岛则有归城、村里集、王沟和嘴子前墓地等。这些大墓的规模和出土器物表明，墓主多为级别较高的贵族。这些贵族墓地的发现和初步研究，确立了山东周代考古的基本框架，对研究山东周代古国史具有重要的学术价值。

海阳嘴子前春秋墓地是东周考古的重要发现。陈乐君欹甗铭文中的"陈"字写法与齐国特有的"陈"字加"土"旁的写法不同，是典型的河南淮阳陈国铜器。听孟硕大无朋，铸造精工，是一件国家级文物，曾赴京参加"全国考古新发现精品展"，还曾赴日本、中国台湾等地展出。由于墓内使用了"青膏泥"密封，木质棺椁及大量漆木器得以保存下来，这除了湖南、湖北的楚墓之外，在全国东周墓葬中是极为罕见的。

嘴子前铜器群中不乏年代明确的标准器，如陈乐君欹甗为分体甗，是春秋早期出现的新形制，与曲阜鲁城望父台墓地M48的鲁中齐甗相同，属春秋早期。M4所出敦（报告称盆）与河北唐县新出鲁归父敦形制相同，时代为春秋中期后段。难能可贵的是这些标准器与陶器共存同出，对于纠正以往胶东乃至全省东周墓葬断代失误具有重要意义。

本书编者就这批文物做了较为深入的研究。如对铜器群的风格，认为与楚地青铜器颇为接近。对两件铜器铭文，则进一步考订为陈国之器。结合陈国历史，作出了嘴子前墓地属齐国贵族田氏的结论。但依笔者之见，对这个问题的考察视角仍可再放宽一些。

多年来，山东地区多次出土过陈国铜器，而且还出土过豫南、鄂北诸国铜器，湖北也发现过山东的铜器。除海阳嘴子前出土过陈国铜器外，沂水刘家店子春秋中期一号大墓出土了一组九件陈大丧史中高铃钟，发现者认为是莒国贵族墓。然而刘家店子距莒都（今山东莒县）约一二百里之遥，公族墓如何会埋在这里？笔者认为这可能是鲁国公族逃亡于莒地的墓葬。而山东与豫南、鄂北遥隔数千里，是什么原因造成列国相互间的铜器传播？

一般说来，铜器的传播不外乎嫁女、馈赠、迁徙、战争掠夺诸途径。古代嫁女作器称为媵器，一般在铜器铭文中都署有器主某人为其女某作媵器的内容以示区别。陈乐君欤瓵等都不是媵器。青铜礼器应代代相传，"子子孙孙永宝用"，不能随便拿来送人，因此馈赠也应排除。因迁徙而发生铜器随之转移的例证很多，如蔡国原封地在河南上蔡，春秋晚期为秦所逼，先迁河南淮阳陈国故都，后又迁都于安徽寿县。因此，在寿县境内既发现了蔡侯墓铜器群，又发现了楚王铜器群等。但豫鄂与山东相互传播的上述铜器都不是成群，而是孤立的一件和一组出土于异域他乡的墓葬，不能证明上述墓葬的墓主都是逃亡者，迁徙的原因也可排除。所以，这很可能是战争掠夺所致，而最具可能性的战争是齐桓公伐楚。齐桓伐楚，兴师动众，虽然没能从楚国那里捞到什么好处，却在途经各国时顺手牵羊，掠夺了不少财宝。上述陈国铜器出土于山东，就是明证。虽然在文献记载中，纪莱不曾参加齐桓伐楚之役，但很可能是因为作为齐之附庸的纪莱在齐桓伐楚之役中地位卑微，没能书之于会。以上便是笔者对海阳嘴子前墓地的一点浅见，聊供参考。

目前，山东各贵族墓地的考古资料有的已在《考古学报》《考古》等刊物发表，有的还在编写中。《海阳嘴子前》是近年来编写得比较细且快的一部考古报告，可以说是山东目前已发表的第一部周代贵族墓地的专著。其编写体例很具特色：上篇"考古报告"，中篇"考古研究"，下篇"考古者足迹"。把"考古报告"与"考古研究"分开来编写是一个创新，避免了把编写者的意见强加于人，也避免了编写者按照自己的观点取舍材料等缺点，保证发表材料的全面、客观。"考古者足迹"部分则真实记录了文物的发现、征集、发掘、整理的全过程。

《海阳嘴子前》发表资料翔实，图表齐备，文字描述准确严谨，线图、拓本、照片、印刷均属上乘，是一本学术水平较高的考古发掘报告。

原载《中国文物报》2003 年 3 月 21 日

邛鼗君盂考释

沂水县泉庄镇纪王崮春秋大墓出土邛国铜器鼗君季䢼盂，7 行 37 字（图一）。按通行字隶定：

惟王正月初吉
丁亥，邛白厚之孙
鼗君季䢼自
作滥盂，用祀用飨，其眉寿无
疆，子子孙永宝
是尚。

图一

"邛"，国名。《说文》："邛，地在济阴县。从邑工声（渠容切）。"汉代山东有邛成侯国，四川有邛都国。与汉代的邛不同，金文中的邛，即见于《春秋》经传的江国。江国初见于《春秋·僖公二年》，鲁文公四年（前 623）为楚国所灭。

"邛伯厚之孙"。金文有"邛仲之孙"（《考古图》5.1），邛叔盉（《集成》677）。因此，伯有可能是伯、仲、叔、季的兄弟排行。邛国的国君可以称邛君（《集成》9639）。

"鼗君季䢼"，鼗、䢼二字金文初见。季为兄弟排行，䢼为私名。周王朝之外的各诸侯国，无论大小，都可以在本国领土范围之内进行分封。被分封者可以称君。例如邾国分封的郳国（也称小邾国）国君可以称"郳君庆"，也可称"郳君庆"①。鼗君即邛国分封的国君。因此，邛伯厚的"伯"，也有可能是爵名。

---

① 枣庄市政协台港澳侨民宗教委员会、枣庄市博物馆编：《小邾国遗珍》，中国文史出版社，2006 年。

"盨盂"，盨通鉴。盂是水器。根据铭文中"用祀用飨"，很有可能是盛饭用的食具。

"是尚"，尚通常。《诗·闷宫》："鲁邦是常。"笺："常，守也。"是尚，意为经常守护。

全铭意译：周王某年的正月丁亥这天，邛国国君伯厚的孙子鼗君季瓢自作用于祭祀和宴享的盂。祈求长寿没有尽头，子孙们要永远守护着。

江国位于河南南部，东北距山东沂水千里之遥，江国铜器为什么出土于沂水？山东出土豫鄂之间诸国的铜器已经不是第一次了。在此以前有临朐泉头村齐侯子行墓出土的上曾太子鼎，海阳嘴子前村出土的陈乐君欰甗，以及沂水刘家店子出土的两件黄太子伯克盆和一组九件陈大丧史中高铃钟，等等。沂水纪王崮出土的江器已经是第四批了。上述四批铜器的年代都是属于春秋早期的，而山东胶东半岛莱国的标志性器物三角折线纹铜壶在湖北随县曾国墓葬也出土过一件。这种奇怪的反常现象，唯一的可能与齐桓公伐楚有关。我已有专文讨论[①]，不赘述。

原载《齐鲁晚报》2012 年 4 月 23 日

追记：

本文曾在 2012 年 4 月 22 日山东省文物局组织的"沂水春秋大墓专家论证会"上宣读。2012 年 10 月，上海古文字研究会第十九届年会上从林沄先生的论文《华孟子鼎等两器部分铭文重释》中获悉，有学者在 6 月 1 日自己的博客中撰文认为鉴盂不是江国铜器。并从该盂器形纹饰与智君子鉴相近，定其年代为春秋晚期，江国被灭是春秋中期，所以春秋晚期的作器者自称江伯之孙，"自是不忘古国先祖，也是为了光扬门楣"。其说可商。

判断器物年代，应以自身的铭文为主要依据。铭文自称是江伯厚之孙，没有理由说它"不是江国之器"。江国是春秋中期被楚国所灭。盂的年代就只能是春秋中期以前，这是基本的事实。江国既然被楚国所灭，其宗庙、社稷必然

[①] 王恩田：《跋陈乐君欰甗与㝬盂——兼论齐桓公伐楚》，《中原文物》1998 年第 1 期。

被毁，彝器必然被掠夺。江国国君及其子孙和国人必然被系累变成楚国的奴隶，怎么可能还会有人自称江伯之孙铸造通高、口径都在五六十厘米的大型重器？一个被灭亡的小国"门楣"，有什么可以"光扬"之处？如果不是按照我们的推断，这件铜盂与齐桓公伐楚有关，是伐楚战役中缴获的战利品，那么，请问这件铜盂怎么会千里迢迢地出现在沂水春秋墓之中？

纪、異、莱为一国说

在山东东部古国中，有几个尚待解开的谜。齐国东邻的纪国，春秋初年为齐所逼"大去其国"，去向何方？清季以来，山东境内不断出土周代異国铜器，異与纪究竟是一国，还是两国？山东半岛上还有一个莱国，其都城在何处？为齐灭后"迁莱于郳"的郳，又在哪里？莱国与纪、異又有何关系？

20世纪60年代中期以来，笔者曾会同其他兄弟单位一道围绕上述问题陆续做过一些考古工作。如1965年春两次对寿光纪台故城的调查；1965年秋与北大考古专业联合对纪齐两国周围的淄河与弥河流域的考古调查；1965年秋对莱都黄县归城的调查与测绘，以及对黄县归城出土異器的南埠村墓地两座墓葬的发掘；1975年春与烟台地区文物部门联合再次到黄县归城调查，以及对莱阳中荆公社前河前村纪国墓地的发掘，等等，为上述问题的解决提供了一定线索。本文准备首先勾画出纪、異、莱史地的大致轮廓，讨论与之有关的问题，并在此基础上对上述悬而未决的疑案加以探讨。

一　说纪

西周时的纪国，史料缺乏，仅知为姜姓，曾与齐国有过纠纷。《史记·秦始皇本纪》正义引《帝王世纪》云："周之纪国，姜姓也。纪侯谮齐哀公于周懿王，王烹之。《外传》曰：纪侯入为周士。"《史记·齐太公世家》集解引徐广的说法，认为此事发生在周夷王时，与此有异。

春秋时的记载相对的要多一些，总的说纪与周王朝和鲁国的关系密切。周桓王曾娶纪女为后（《春秋·桓公八年》），纪侯则娶鲁女伯姬、叔姬为夫人（《春秋·隐公二年》《春秋·隐公七年》）。齐纪关系则依然紧张。随着齐国的逐渐强大，纪国日益受到齐的威胁，曾多次会见鲁侯，意图依靠周王朝及鲁、郑的斡旋，缓和与齐的矛盾，均无结果。

《春秋·桓公六年》:"夏四月,公会纪侯于成。"

《左传·桓公六年》:"夏,会于成,纪来咨谋齐难也。"杜预注:"齐欲灭纪,故来谋之。""冬,纪侯来朝,请王命以求成于齐,公告不能。"

《春秋·桓公十七年》:"春正月丙辰,公会齐侯、纪侯盟于黄。"

《左传·桓公十七年》:"春,盟于黄,平齐、纪,且谋卫故也。"杜预注:"齐欲灭纪,卫逐其君。"

鲁庄公元年,齐国进一步吞并了纪国的郱、鄑、郚等三邑(《春秋·庄公元年》)。后来纪侯弟纪季又以酅邑入于齐国以为附庸。鲁与郑会盟于滑,谋救纪之计,郑伯则感到无能为力而没有取得具体成果(《左传·庄公三年》)。纪国终于敌不过齐之威逼,于是"大去其国,违齐难也"(《左传·庄公四年》)。

纪,金文作己。纪、己古通用,文献中有不少例证,林义光、陈槃已有论述。传世纪侯作器,有下列三件:

己侯貉子簋(《代》8.2.2)

己侯簋(《代》7.27.4—5)

己侯钟(《代》1.2.1)

其中己侯貉子簋时代属西周中期偏早,铭言"己侯貉子分己姜宝,乍簋"。应是纪侯为嫁女作媵器。传世有貉子卣,铭言"王令士道归(馈)貉子鹿三",此貉子与己侯貉子疑为一人。己侯簋与己侯钟时代属西周晚期。己侯簋铭言"己侯乍姜縈簋",亦应是媵器。据上述纪器可知:纪女名"己姜""姜縈",证明纪为姜姓。纪侯受王赏赐,与周王室关系密切。《外传》"纪侯入为周士"说可信。

关于纪国都城位置,史存三说:

1. 江苏赣榆县东北说(《水经·淮水注》)

2. 纪国即西汉淄川国所都之剧城(《史记·孝景本纪》《正义》引《括地志》)

3. 汉剧县西说,《读史方舆纪要》引刘昫说:"剧县西有纪城,亦曰纪亭,故纪国也。"

赣榆东北说系误将纪子帛之国与莒之纪鄣城相混淆。纪之国土西起寿光，东至胶东半岛，其都城不可能在苏北沿海，此说非是。由于"纪侯钟"传为清乾隆间出土纪台，故一般均信从《括地志》之说，以为寿光南31里的纪台为纪国都城。1965年春，笔者曾前往寿光纪台城调查。该城位于弥河东岸，距河5里。城略呈方形，城西墙和西南角一带保存尚好，残高约3米，夯层厚10余厘米。夯筑特点与临淄汉代修补城墙的夯筑技术相同，纪台城的修建年代应属汉代。所谓"纪台"，位在城中偏北部，巍然尚存，系一夯筑建筑台基。城内堆积多为战国和汉代砖瓦、陶片，无早期遗物。当地群众中亦无关于出土铜钟的传闻。同年秋，笔者偕北大考古专业实习同学对淄、弥两河流域进行考古调查，笔者再次到纪台调查，亦未发现早期遗物。初步判断所谓纪台城，应系战国剧邑和汉之剧县，而非纪国都城。

在1965年秋弥河流域的考古调查中，位于寿光城南18里弥河西岸的呙宋台、郑家、鲍家、钓鱼台等七八个毗连的村落之间，曾发现大面积西周、春秋遗址。其遗址的密集、遗物的丰富，在山东境内同时期遗址中是罕见的。其中尤以呙宋台一带为最重要。《水经注》说辟闾浑墓侧"有一坟甚高大，时人咸谓之为马陵而不知谁之丘垄也"，即指此而言，《齐乘》名为"过宋台"。此台高约七八米，台上遍布灰土。在台的断崖上清理了一个残灰坑，时代属西周中期。另在这一带征集到铜爵、仿铜陶簋，并采集到陶鬲等大量遗物。呙宋台一带隔河与纪台城相望，相距约6公里，方位在纪台北和西北方。从地理位置和遗址情况估计，这一带很可能是纪国都城所在。"纪侯钟"有可能出土于这一带。据此可知顾祖禹引刘昫说纪城与剧县是二非一的意见可信。

纪国"大去其国"后去往何方？高士奇引《城冢记》说："邹县东南二十五里有纪城及纪侯冢，相传为纪侯去国避难处。"按：邹县东南12公里的"纪城"又名"纪王城"，实为春秋邾国故城，与纪无关。

从考古发现看，纪侯"大去其国"后，逃往烟台地区的可能性较大。1974年12月，莱阳中荆公社前河前村出土铜器9件，计圆鼎2件，有盖鼎1件（盖失），壶2件，簋、甗、盘、匜各1件。甗、簋、盘、匜的形制与虢国墓地出土铜器相近，一壶与烟台上夼和湖北随县出的编织纹壶相近。另一壶与鲍壶相似，唯为直领。有铭在底外，铭作"己侯作铸壶，事小臣其汲，永宝用"（图一）。事通使。其，副词。甗也有铭文，但在器主处断裂，可以肯定，器主不是纪侯。1975年春，山东省博物馆与烟台地区文物部门联合对出土地点作了调查，查明上述铜器系墓葬出土，并作了清理（编号M2）。同时还清理了其他4座墓葬和一座车马坑，证明系西周、春秋墓

图一　己侯壶（《集成》09632）

地。M2为中型墓，一棺一椁，铜器即出土于棺外椁内的头厢。墓主颈部佩鸡血石、玉石等串饰，身下及棺椁间殉儿童4人，另有鬲、豆、簋、罐等陶器108件。从墓葬规模及壶铭看，墓主身份不会是纪侯，可能是纪侯身边主持杂役事务的嬖大夫之类。据铜器和陶器的形制、铭文看，墓葬时代应属春秋早中期。该墓的发现，无疑对探寻纪侯"大去其国"后的去向提供了重要线索。结合1969年烟台上夼村"己华父鼎"的出土，以及黄县归城出土的己侯钟、己侯鬲，可以认为纪国"大去其国"后并未迁出山东，也未到邹县"纪城"去避难，很可能是放弃了寿光县的旧都及位在今昌潍地区的大部国土，而收缩到今胶东半岛一带。其新都有可能就在黄县归城。

二　说異

異国，除《类编》"異，古国名。卫宏说与杞同"一条极为简略而又有错误的记载外，不见于其他典籍，只能依据考古材料了解其史实的梗概。殷、周两代各有異国。殷墟卜辞中有異与異侯。殷代有大批異器传世，其特点是異写作其，或加声符己作異。異或異侯常置于亚形之中，或加疑字族徽组成复合族徽，或单铭一个疑字。有使用日名习俗。周代異器異字增亓。不使用族徽形式，不使用日名。殷代異族直到周代早期仍然铸造铜器，在年代上与周代異族有交叉，今分别称殷異与周異以示区别。但山东只发现周異而

不曾发现过殷злобж铜器。本文仅讨论周злобж。殷злобж有关问题另文讨论。

据王献唐先生《黄县злобж器》（以下省称《злобж器》）一书统计，周злобж铜器计5器。其中"安白злобж柰壶"原释"器主为安白злобж柰，是一位злобж国长女名柰，嫁于安国或安氏"。实则柰乃生字误释。злобж生为安白之名，确切地说是安器而非злобж器，应予剔除，实有4器。

злобж公作叔姜匜，宋代时已不明其形制，薛尚功定名为匜。郭沫若据铭文自称改名壶。《злобж器》以"金文盥字，类用于盘、匜，不用于壶，此称盥壶，与例弗合"为由，仍从薛说不改。按壶的用途一般作酒器，自铭为"醴""畬（饮）壶""荐壶"，也可用作其他用途，如"弄壶"。还可以作为水器，莱阳新出土的"己侯壶"就是用来汲水的。既可汲水，当然也就可以用于盥洗。传世"区君壶"（《代》12.18.3，器在台北）也正是自铭为"盥壶"的。应从郭说更名为壶。

传世4件злобж器之外，1951年黄县归城南埠村出土过一批злобж器。王献唐先生著《злобж器》一书收录了8件。据调查，同时出土的尚有甗上的甑和一件穿带小壶，今藏青岛市博物馆。这批злобж器中有铭者6器：4簋，盘、匜各1。器主名"злобж白侄父"。《злобж器》误释父字为左，解为"侄氏女子名左者嫁为злобж妇"，以侄左为姜无之女，已有"书评"指出其误。正确的释读应是злобж为国名，白为氏称，侄父为其字。簋铭"злобж伯子侄父"，意为侄父为злобж伯之子。这批злобж器实为злобж白之子侄父为嫁女姜无所作媵器。我们在这里清理了两座小墓。其中一座出土了鼎、盘、匜3件铜器，可惜没有铭文。同时还对黄县归城大小城进行了测量，并重新绘制了平面图。

1969年，烟台上夼村发现一座墓葬，出土有铭铜鼎2件。一件铭作"злобж侯易（锡）弟叟嗣戒，弟叟作宝鼎，其万年子子孙孙永宝用"。另一件铭作"己华父乍宝鼎，子子孙孙永用"，其他尚有壶、匜、钟、铃、戈2、鱼钩等。传世"王妇злобж孟姜匜"，陈簠斋钤"山左土物"章，注明系山东出土，而不详具体出土地点。злобж白侄父器解为媵器，对于探寻злобж国地望意义不大。"злобж侯鼎"的出土，第一次提供了一件出土地点明确的злобж器，为探讨злобж国地理提供了重要依据。злобж器与己器共存，对于探讨两者关系也具有重要意义。

关于周злобж铜器年代，《злобж器》认为"大体都是春秋期物……没有一件为西周中叶或初叶时器",其说可商。

各家以往著录的"룝仲作佣生壶"是一件壶盖。《双剑誃吉金图录》（上27）著录其器形和铭文，北京大学历史系考古教研室收藏。壶盖呈椭圆形，喇叭形钮，饰一周夔纹带，与西周早期的盖形制相近。仅就"铭文词例书体"看，明显具有西周早期作风。值得提出的过去一直未见著录的壶器今陈列于上海博物馆。现北大已将所藏壶盖拨赠上海博物馆收藏，使这件久经失散的器物得以团聚。最近笔者有幸目验聚合后的原器。器形不大，通高约20厘米。

图二 룝仲壶

器作卣形，只是没有提梁，故仍可依自铭称之为壶。壶腹饰一双相对的大鸟，足饰夔纹带与盖相应。铭在器底，与盖对铭（图二）。器与盖的子母口也密合无间。虽因埋藏或收藏条件不同，色泽略异，但确属同一器物无疑。从壶的形制、纹饰、铭文看，壶的年代应属昭王时期，不会晚于穆王。可见룝器中没有一件周早、中期时器的说法以及룝器西周写作"己"，春秋写作"룝"的说法都是不能成立的。

根据上述룝器可以明确如下数事：룝女名叔姜、孟姜、姜无，知룝为姜姓；据"룝仲作佣生壶"知周룝最晚在昭穆时代已经建国；룝为山东东部古国，其东境达今烟台一带；룝国君称"룝公""룝侯"，使用伯、仲、叔、季称名方式。룝女孟姜嫁周王为妇，룝与周王朝通婚。"룝甫人匜"铭称"룝甫（夫）人余，余王口獻孙"，前余字为룝夫人名，后余字为徐国之本字，或增邑作郐。据此知룝也曾与徐通婚。

三 说莱

莱国也为姜姓。《左传·襄公二年》："齐姜薨，……齐侯使诸姜宗妇来送葬。召莱子，莱子不会。"可证。孔颖达据杜预《世族谱》不知莱国之姓，认为"齐侯召莱子者，不为其姓姜也。以其比邻小国，意陵蔑之，故召之，欲使从送葬诸姜宗妇来向鲁耳。莱子以其轻侮，故不肯会"。按前句明言"诸姜宗妇"，莱子如非姜姓，为何召之？莱虽属"比邻"，却非"小国"。与齐比邻之国多矣，为什么独欲"陵蔑"莱子？孔氏所疑毫无根据。子姓之来应为郑地之郲，《春秋·隐公十一年》作"时来"，《左传》作"郲"。杜预认为即荥阳东之釐城。京相璠曰："釐音来，今荥阳县东四十里有故釐城。"

经籍中所载莱之史实亦极有限。西周时仅知齐太公建国时"莱侯来伐，与之争营丘"（《史记·齐太公世家》）。春秋时也只是由于齐、鲁联合伐莱而始见史乘（《春秋·宣公七年》《春秋·宣公九年》）。鲁襄公二年，齐灵公再次伐莱，鲁襄公六年（前567）卒为齐灭。

经籍莱、釐一字。《说文》："莱，蔓华。"《尔雅·释草》作："釐，蔓华。"《说文》："赉，赐也。"《诗·江汉》传："釐，赐也。"例证甚多，不备举。除上引釐器外，山东也出土过釐鼎（《山东金文集存》下16）。

关于莱都位置，史多异说，据民国《黄县志》统计共六说，如下：

1. 泛指黄县　服虔、杜预、马端临等主其说。

2. 故黄城　《元和志》《寰宇记》《通志》《路史》主其说。引者按：《括地志》亦主此说。

3. 黄县东南　《明史·地志》。引者按：《方舆纪要》亦主其说。

4. 龙门山莱子关《齐乘》《通志》《府志》、旧《县志》主其说。

5. 归城　康熙、乾隆、同治《县志》等主其说。

6. 即墨　县人士考订。

还可补充如下数说：

7. 不夜城　孙福海《古不夜城记》。

8. 临朐　《黄县彝器》。

9. 昌邑东南　杨伯峻《春秋左传注》。

以上9说实际上可以分为两大派。1—5说是黄县说，不夜城说亦可附入。余三说可称非黄县说。首先对黄县说提出异议的是叶圭绶。他认为莱国原来的都城"断不出古即墨、夷安诸县境"。齐灭莱后，迁莱于郳，郳即黄县南10里的归城。其主要根据有二：《史记·齐太公世家》："营邱边莱。"其时莱为侯爵，律以周制，侯封已无都黄而边营邱之理；"考东阳城在临朐东境，莱如都黄，相去三四百里，城东阳能逼之耶"？光绪《登州府志》亦以为莱国都城在青莱之间，其论据与即墨、临朐、昌邑等说一样都不外上述两点。《夔器》还根据姜姓夔国媵器出土于黄县归城，而古代有同姓不婚的规定，证明黄县归城的统治者不可能是属于姜姓的莱国。上述观点难以成立。

第一，所谓"周制"，不过是指《礼记·王制》所叙述的王者班爵授禄原则。其内容是"天子之田方千里，公侯田方百里，伯七十里，子男五十里"。《礼记》成书甚晚，为孔子弟子及二传、三传弟子所记。《礼记·王制》所言是否"周制"很成问题。郭沫若早已指出周代金文中无五等爵制。考古发现证明就在距周人的老家凤翔、岐山最近处只有数十里的宝鸡、汧阳、陇县一带，存在着一个矢国。也就是这个不见经传的小国居然在周王朝的心脏地区称王，其国祚且与西周王朝相始终。这一重要的考古发现彻底揭穿了《礼记·王制》的杜撰。同时也证明了据"周制"而断言莱之国土不可能边营邱之说是难以成立的。

第二，东阳位于临朐东境之说最早见于唐代杜佑《通典》。而早在汉代东阳即不再设县，东阳在临朐东境说究竟有何根据，值得考虑。古代地多重名，以临朐而论，《汉书·地理志》齐郡有临朐，东莱郡也有临朐。怎知东阳定在齐郡临朐之东而不在莱郡临朐之东？

下面的这条史料对于正确判断莱都位置无疑是非常重要的。

《左传·襄公二十八年》："冬十月，庆封田于莱，陈无宇从。丙辰，文子使召之。……庆嗣闻之，曰：'祸将作矣！'谓子家：'速归！祸作必于尝，归犹可及也。'子家弗听，亦无悛志。十一月乙亥，尝于大公之庙，……庆封归，遇告乱者，丁亥，伐西门，弗克。"

十月庆封到莱打猎，丙辰这天庆嗣判断尝祭时家里要出乱子，于是劝庆封立即回去采取对策时间还来得及。尝祭是十一月乙亥，距丙辰19天，也就是说从莱到临淄"速归"的话，19天之内可以到达。由于庆封对此事毫不在意，走了31天即十一月丁亥才到达临淄。如果莱都在临朐，则临淄距临朐不过百余里，不可能要走19天，更不可能走一个月的时间。而黄县距临淄约600余里，古代日行军速度一般每天为30里，即所谓"三十里为一舍"。以此速度则由莱到临淄需20天，与19天相符。因此莱都在黄县是比较合理的。

第三，古代婚姻关系比较复杂，因此在利用嫁女的媵器来探讨国族地望时要格外慎重。至少在春秋以前，妇女"从一而终"的观念并未完全确立。妇女往往由于离异或夫死便回娘家或另行改嫁。例如鲁文公死后，其妻"姜氏归于齐"（《春秋·文公十八年》）。又如若敖死，其妻归于䢵（《左传·宣公四年》）。因此夫妻合葬习俗并不盛行，即所谓"合葬非古也"。这就是为什么"王妇㠱孟姜匜"本应出土于宗周或成周王室墓地，但却出土于其娘家㠱国山东的缘故。又如蔡侯墓内出土一件"蔡侯盧"，是蔡侯为大孟姬作器。铭言"敬配吴王"，也应是一件媵器。既是蔡国所作媵器，为什么却在蔡侯墓内出土？郭老的解释是"铭中无媵字，知非初嫁时媵器，乃已嫁之后，为器以赠之，但因吴国已亡，故器留于蔡，而入声侯之墓"。再如近年来河南固始一座大墓内出土一件勾敔夫人簠。勾敔即吴国，此器是宋景公为其妹嫁于吴国时所作媵器。为什么会在河南固始出土？笔者结合同墓共出的鄱子成周钟，以及河南固始附近的信阳、潢川一带不断出土番（即鄱）器，指出系吴国夫人因夫死或离异后又改嫁于鄱子成周的缘故。又如曲阜鲁故城内墓葬中出土铜盘铭作"鲁白者父乍孟姬媽媵盘"，发掘报告认为是鲁女嫁于商遗民时所作媵器。当然，这并不排除同姓婚的可能性，因为曲阜鲁故城内发现鲁国铜器不少，迄今还没有发现过一件商遗民作器，城内是否有商遗民居住，尚待证实。可见媵器的情况是比较复杂的。如果把这一复杂问题简单化，根据同姓不婚原则，认为"王妇㠱孟姜匜"出土山东，证明姜姓㠱国不在山东；因蔡侯盧的出土证明该墓不是姬姓蔡侯之墓，寿县不是姬姓蔡国都城；因鲁孟姬媽盘的出土证明姬姓鲁国的都城不在曲阜鲁故城，岂不大谬？

另外，关于如何正确理解"同姓不婚"的含义，也还值得研究。以往的理解"同姓不婚"即姬姓之间、姜姓之间等不能结婚。那是以母系为本位的社会的规定。但事实上古代却存在大量同姓相婚的事例。《陔余丛考》列举了周文王子聃娶郑女，鲁昭公娶吴女两例。其实事例还多，如晋为姬姓，但晋献公娶狐姬（《国语·晋语》），娶贾女（《左传·庄公二十八年》），贾为姬姓（《世本》《元和姓纂》），娶骊戎之女，《国语·晋语》韦昭注："骊戎……姬姓。"所以晋献公至少有3个姬姓之女为妻。晋平公有4个姬姓夫人（《左传·昭公元年》）。晋也曾与姬姓吴国通婚（《左传·襄公二十三年》）。齐桓公"内行则姑姊妹之不嫁者七人"（《荀子·仲尼》），卫灵公"闺门之内，姑姊妹无别"（《说苑·尊贤》），《公羊·桓公二年》："楚王之妻媦。"何休注："媦，妹也。"金文中例证也甚多。如"鬻镈"，鬻女名中姜，而其"皇妣"却名"惠姜"，也是同姓相婚。又如裏盘曰"用作朕皇考奠白奠姬宝盘"。奠即郑，姬姓。郑伯妻郑姬，也是同姓婚。再如寿县蔡侯墓出土吴王光鉴是光为其女叔姬所作媵器，知吴蔡通婚。又上引蔡侯盧是蔡侯为大叔姬嫁吴所作器也可证蔡吴通婚，而蔡、吴均为姬姓国。上述大量同姓为婚的例证，当然不能完全斥为"非礼"。实际上进入父系为本位的社会以后，是否同姓，完全依婚姻双方男性家长的姓氏而定。所谓"男女辨姓"，即要"辨于其大夫之族姓"（《左传·襄公三十一年》）。例如齐崔杼欲娶东郭偃之姊棠氏，偃不同意，说："男女辨姓，今君出自丁，臣出自桓，不可。"杜预注"同姜姓，故不可婚"（《左传·襄公二十五年》）。其实在齐国除由他国流亡的少数异姓之外，差不多均为姜姓后裔，是用不着加以"辨姓"的。如果男女所辨的姓就是指的"同姜姓"，东郭偃只须声明双方都是姜姓就够了，没有必要列举双方的祖宗来证明不能通婚。可见在东郭偃看来，不能与崔氏通婚的理由不是由于"同姜姓"，而是由于丁公与桓公的后裔之间的亲属关系太近的缘故。又如卢蒲癸娶庆舍之女为妻，有人反对说"男女辨姓，子不避宗何也"（《左传·襄公二十八年》）。可见"同姓不婚"的实质就是要"避宗"，"男女辨姓"者就是要辨宗。也就是前边说的要辨"族姓"。什么叫宗？《左传·昭公三年》注："同族曰宗。"《楚辞·思古》："思古宗鬼神之无次。"注："同姓为宗。"可见宗就是同一祖先的后裔，具有共同姓氏的集合体。吕思勉先生早已正确地指出："中国古代的姓，相当于现在社会学上的所谓氏族。"因此"同姓不婚"，实为"同宗不婚"，即氏族内不准结婚。反之不同宗者，氏族以外者即可通婚。东郭偃与崔氏、卢蒲癸与庆舍之所以不能通婚，不是由于"同姜姓"，而是由于同宗，因而要"避宗"。上引晋、吴、蔡等国虽同属姬姓，由于他们并不同宗，即不属同一氏族，故仍可通婚而不得称之为"不知礼"。齐桓公、卫灵公、楚国等娶姑姐妹为妻，不能理解为近亲婚配，应是宗以外的同辈或不同辈分的女性。因同姜姓、姬姓、芈姓而被称为姑姐妹。如果把"同姓不婚"理解为"同姬姓"、"同姜姓"者不准结婚，那么齐国以东除少数的异姓杂居其中之外，基本上都是姜姓天下。这只有少数上层贵族有条件到异国他乡去寻找一个"异姓"配偶，一般民人如果都必须千里迢迢去讨"异姓"老婆，去嫁"异姓"丈夫，怎么得了。因此以"同姓不婚"原则为依据，把姜姓异国媵器出土于黄县归城，作为否定归城为姜姓莱国都城的看法是不妥当的。

关于莱国都城位置，笔者认为莱与纪为一国（详下），西周时纪都在寿光。《春秋·庄公四年》，纪国为齐国所逼，"大去其国"，离开寿光的都城，迁于黄邑，即黄县归城。第一，莱国与莱山密切相关。古代齐国曾盛行祀八神的习俗，其中的"月主"就是祭祀"莱山"。按《汉书·地理志》黄县有"莱山松林莱君祠"，惤县（今黄县西南25里）有"百支莱王祠"。长广（今莱阳）有"莱山莱王祠"。今莱阳境内无大山，汉宣帝神爵元年所祭祀的也是黄县的莱山。长广之说可疑。黄、惤二县的莱山实际是一山，位于今黄县城南20里。今或名骡山，骡、莱一声之转，骡为莱之讹。归城即位于莱山脚下，其外城就建在莱山以北的余脉上。今归城南一里仍有村名"莱山庙马家"，西南二里有村名"莱山庙周家"。这对于确定莱都位置是非常重要的。第二，从齐伐莱"堙之环城，傅于堞"的情况看，莱都是有城的。齐国以东有城且多次出土大批铜器者，唯有黄县归城可以当之。而且从归城内文化堆积情况看，以西周和春秋的文化层最为丰富，出土铜器也大都属于这一时期之内的。这与史载春秋晚期"齐侯灭莱"亦若合符节。第三，从莱与临淄相距里程看，莱都也应在黄县。以上已经讨论过，庆封在打猎的莱，如果速归，回到齐都临淄需要19天才能到达。古行军日行30里为一舍，19天的行程将近600里。这与临淄与黄县的距离是相符的。

另外，鲁国曾参与齐伐莱之役。而黄县石良村于光绪十六年秋曾出土过"鲁士商䘏匜"（此器未经著录，今藏旅顺博物馆）应与此役有关。也可以作为莱在黄县的旁证。

既然黄县归城为莱都，为什么这里没有出土过莱国铜器？迄今还没有发现过以莱为国号的铜器，估计与称名习惯有关。莱人称其祖考时可以称为釐王、釐公、釐伯……但对于国号并不自称为釐或莱，而称己或㠱。莱都黄县归城内恰恰是出土过己侯钟、己伯鬲和㠱白8器，等等。可见莱的本名是釐，经籍借为莱。

四 关于纪、㠱、莱的关系

最早提出纪、㠱为一国的是清方濬益。他对宋代以来引用卫宏说证明㠱与杞同之说表示怀疑，正确地指出㠱为姜姓，杞为姒姓，两者不是一国，并进一步提出㠱国即姜姓纪国。郭沫若、曾毅公、陈梦家、杨树达诸先生并从此说。容庚先生对纪、㠱一国说曾表示怀疑，但并未详加讨论。《㠱器》一书也对纪、㠱一国说持否定态度，列举两条论据：

第一，纪国铜器"几乎全是西周作品"，这是由于"庄公四年，纪便灭亡"。应该指出"庄公四年，纪便灭亡"之说是对《春秋》"纪侯大去其国"的误解。关于"大去"的解释，三传有所不同。《左传》说："纪侯不能下齐，以与纪季。夏，纪侯大去其国，违齐难也。"杜预注："以国与季，季奉社稷，故不言灭；不见追逐，故不言奔。大去者，不反之谓。"而《公羊》则说："大去者何？灭也。孰灭之？齐灭之。曷为不言齐灭之？为襄公讳也。"以灭纪的齐襄公为贤者。而《穀梁》则说："纪侯贤而齐侯灭之。不言灭，而曰大去其国者，不使小人加乎君子。"以被灭的纪侯为贤者而齐襄公为"小人"。可见《公羊》《穀梁》的解释全凭个人好恶，信口而言，不足为据。应从《左传》及杜预之说。其次，如上所证，"㠱仲作佣生壶"是一件西周早期昭王时器，而莱阳新出"己侯壶"则是春秋早中期器。因此说㠱无西周早中期与纪无春秋器的"时间矛盾"实际并不存在。

第二，纪国"经传史籍都作纪，金文都作己，从来没有把纪写作㠱的证据，更没有把己写作㠱的证据"。

烟台上夼村㠱侯鼎与己华父鼎共存于一墓的事实，无疑对这一说法是一个有力的反驳。但是纪国都城本在寿光，现在距此800里之遥的烟台出土了纪器，纪国的领土有无可能伸展到这里？如果墓葬年代属于鲁庄公四年以后，可以用纪侯大去其国，前往今胶东一带来解释。现在墓葬的年代有可能早到西周晚期，对此应如何解释？需要加以说明。另外，如上所证莱国都城在今黄县归城，而据《齐地记》，莱子曾在今文登东北的成山头一带设不夜城，烟台应属莱国领土或其势力范围。今烟台出土纪国铜器，纪、莱关系也有待说明。

笔者认为：根据文献记载，原来纪国领土西与齐国为邻，往东可以一直伸展到胶东半岛一带。关于纪国的大体疆域，由于春秋三传时常把纪、杞相混，给研究纪国史地造成困难。但仔细分析，脉络尚能分辨。大体说庄公四年纪"大去其国"前，经传所记多为纪国史实。据下述史料可以大体窥知纪国疆域及其势力范围。

1.《左传·隐公元年》："纪人伐夷。"杜注："夷国在城阳庄武县。"《太平寰宇记》即墨"壮武故城在县西六十里，古夷国"。今蓝烟铁路始点蓝村车站北8里有故城村即其地。

2.《春秋·隐公二年》："纪子帛，莒子盟于密。"杜注："密，莒邑。城阳淳于县东北有密乡。"江永《春秋地理考实》："《汇纂》：今山东莱州府昌邑县东南十五里有密乡故城。"其地今名密埠店，西距纪国都城140里，西北距纪国鄑邑（今昌邑瓦城村）55里。而西南据莒国故城（今莒县城关）300里之遥。莒之疆域恐不能到达这里。杜注以为密为莒邑，盖非是。纪、莒在密会盟，密邑非莒即纪，当以属纪为是。

3.《春秋·桓公十七年》："公会齐侯、纪侯盟于黄。"杜注："黄，齐地。"洪亮吉《春秋左传诂》："按《地理志》，东莱郡黄县，春秋时属齐，此盟于黄，疑即是。"洪诂以为黄即东莱郡黄县是正确的，但黄县在齐灵公灭莱前属莱，此时不可能属齐。杜、洪之说非是。鲁、齐、纪会盟也不可能在不参加会盟的其他国家进行，莱、纪为一国（说详下）。黄实属纪邑。

4.《春秋·庄公元年》："齐师迁纪邢、鄑、郚。"杜注："齐欲灭纪，故徙其三邑之民而取其地。邢在东莞临朐县东南。郚在朱虚县东南。北海都昌县西有訾城。"邢城《括地志》以为在临朐县东30里（《齐乘》卷四）。今李家西部、刘家西部一带有大面积周代遗址，并出土过3件铜鼎和1件提梁壶^①,时代属春秋晚期至战国初期。鄑城在今昌邑西北40里,俗名瓦城,《太平寰宇记》误作县西北15里。

5.《春秋·庄公三年》:"纪季以酅入于齐。"杜注:"酅,纪邑。在齐国东平安县。齐欲灭纪,故季以邑入齐为附庸。"《括地志》:"安平城在青州临淄县东十九里。古纪之酅邑也。"(《史记·赵世家》《正义》引)今临淄故城东10里皇城公社石槽村一带有故城,俗名石槽城。城内有丰富的周代文化遗存,即齐地。江永因"酅邑甚近齐",因而怀疑《括地志》东19里乃90里之误,显系臆断不足据。

据此可知纪之疆域西至淄水,隔河与临淄相望,北至海滨昌邑的瓦城。南至临朐、安丘一线,东北至黄县,大体相当于今昌潍地区和烟台地区的一部分。因此,纪国铜器出土于烟台,与其疆域并无矛盾。

关于纪与莱的关系,笔者认为两者也应是一国。

第一,两者均为姜姓,而且其领土都是西与齐国为邻,东至胶东半岛一带。纪国大体疆域已如上述。莱国都城在黄县,其西边的领土据《史记·齐太公世家》"营丘边莱",知亦与齐国为邻。同属姜姓而领土又相密合,知两者应属一国。

第二,师袁簋中"異釐"(莱)连称,作为征淮夷的一支军事力量与"齐师"并举。而且在金文中己与釐(莱)还可通用。如传世的"己白钟"共5枚(《代》1.17—18),其中1、2、4枚器主虐与蔡姬说"追孝于己白",而第3枚却说"用作朕文考釐白"可证。

第三,烟台地区博物馆藏"己侯钟",铭作"己侯作宝钟"。另有一件"己侯鬲"均为黄县归城出土。莱国都城出土己器,也可证两者为一国。

第四,齐灭莱后"迁莱于郳,高厚、崔杼定其田"(《左传·襄公六年》)。杜预注:"迁莱子与郳国,定其疆界。"《说文》:"郳,齐地,从邑儿声,春秋传曰:'齐高厚定郳田。'"郳即小邾国。郳之地望,沈钦韩谓在今滕县城东1里。王献唐先生《春秋邾分三国考》以为即滕县东南50余里的郳犁城,地近峄县西北境。清嘉庆二十二年(1817)邹县峄山西南20余里

---

① 山东文物管理处,山东省博物馆编:《山东文物选集》(普查部分),文物出版社,1959年。

的卧虎山出土王莽天凤三年的莱子侯刻石。徐森玉先生考证与"迁莱于郳"有关，这是非常正确的。这里还要介绍与𬀩莱有关的一项重要考古发现，据王献唐抄录光绪戊申（1908）十一月吴县陶眉叔"𬀩甫人匜"拓本题跋说："光绪乙未峄县出土，同出有大尊、大罍各一对，并四簋、三鬲、一破牺尊。除匜外，余皆无字。然尊罍之大乃未曾有。余亲见之。"乙未即光绪二十一年（1895），峄县今属枣庄市峄城区。这是迄今所见这批铜器唯一的最为翔实的记录，弥足珍贵。据刘承幹《希古楼金石萃编》说：𬀩甫人匜于1931年春尚在津沽市上。今已不知所往。𬀩国本土在山东半岛东部，𬀩甫人匜又非媵器，为何在峄县出土？笔者认为𬀩甫人匜是齐迁莱于郳以后作器，该器在峄县出土为纪、莱一国说提供了重要旁证。

据上述分析，笔者的初步结论是纪、𬀩、莱为一国。

关于纪、𬀩、莱关系问题，在山东古国研究中占有重要地位。清代以来，虽有不少学者对此已有所涉及，但限于资料不可能作进一步阐述。黄县归城南埠村出土𬀩白㑶父器群以后，王献唐先生著《黄县𬀩器》一书，对纪、𬀩、莱史地的有关问题作了详细论证，提出了不少新颖的见解，在国内外有一定影响。其中的纪、𬀩非一国说对于笔者的影响就很大。直到撰写《概述山东近年来出土的商周青铜器》（《文物》1972年第5期）一文时，虽然看到烟台上夼𬀩器与己器共存的事实，也未能对纪、𬀩关系加以讨论。直到莱阳己国墓地的发现以后，才逐渐改变了上述看法，进而对《𬀩器》的其他论点也产生了怀疑，遂于1980年撰写此文对纪、𬀩、莱史地的有关问题重新作了探讨。这次会前又做了修改。篇幅虽然长，但有些问题仍然说得不深不透。谬误之处，敬请指正。

初稿完成以后看到李白凤先生《东夷杂考》一书，内有《莱夷𬀩族考》一篇，其中有不少大胆的推论。如说𬀩族"可以断言它和龙山文化是有着某种血缘的深度，……它是和至今还没有被实物证明的'赤铜文化'有着一定的关系。……它和夏族似乎并不属于一个系统，但是，却和自中原东迁来的有鬲氏、昆吾氏、斟灌氏、斟鄩氏、戈、过等各夏族的中原文化（也许是仰韶文化）有某些接触，而他们之间是存在着古代氏族型的战争的"。又说"夐族居地最初似以黄县为中心,大约在先殷时,因受殷人侵略,一部分经过当时的尚未陆沉的老铁海峡(即今之庙岛群岛)迁徙到辽东半岛上去。……肃慎两次朝周,以经老铁山海峡到山东为捷径"。关于铁字的考证说:"据说东夷首先发明用铁,故从'夷',或海峡因此得名。"虽然涉及的都是比较重要的学术问题,结论也都新奇的惊人,但却举不出什么证据,因而不便讨论。此外还有许多明显的错误,如说"亚形图像"之器多源出于其夐族,"凡具有此'亚形图像'之铜器,多半出自山东东北部一带,其最远的极限止于益都",如说"'鳌季'即'莱夐'的同音字",如误释醜字为蓋醢,即"齏"字初文,并与夐族拉上关系,等等。以上错误,只须指出即可,本文不再加以讨论。

原载《齐鲁学刊》1984年第1期(1983年7月黄县"山东东部古国史讨论会"论文)

后记:
本文发表后,又看到如下几批材料:
1. 北京顺义县牛栏山周初殷夐族徽的一批铜器(《程长新:《北京顺义县牛栏山出土一组周初带铭青铜器》,《文物》1983年第11期)。周初封箕子于朝鲜,当与此有关。
2. 山东枣庄市峄城区出土的两件与烟台上夼出土的纪莱标志性铜器编织纹铜壶形制、纹饰均相同的铜壶(《枣庄文物博览》,齐鲁书社,2001年,图版第35页),证明"迁莱于郳"的"郳"即滕县(今滕州市)境内的小邾国。

校记:
1. 仪真已根据烟台上夼己器与夐共存,认为己(纪)、夐为一国。
2. 1964年秋我们所测绘的黄县归城内外城的平面图,曾以底图晒蓝,送给烟台地区博物馆一份。
3. 1975年春,我们在莱阳前河前村清理发掘四五座西周、春秋墓和一座车马坑的材料,被以参加"批林批孔"运动名义,不准整理,后来又以各种借口阻止整理。

4. 日照崮河崖出土的釐国媵器，证明釐（莱）国也可使用国名铸器（《考古》1984 年第 7 期）。

5. 本文根据虘钟（己伯钟）一组五枚（《代》1.17—18）其中的一、二、四枚器主称亡父为"己伯"，而第三枚却称亡父为"釐伯"，证明己（纪）与釐（莱）可通用。有人批评说"作器者称已故父亲为'己伯'认作纪国铜器，导致研究上的失误"，而并未说明"误"在何处。如果"己"不是纪国，是什么？是谥称吗？还是自己的"己"？

再说纪、𢎑、莱为一国

宋代金文著作中曾著录过一件𢎑公壶，系𢎑公为其女叔姜所作媵器。清代山东境内出土过王妇𢎑孟姜匜，也是𢎑国为其女嫁给周王时所作媵器，这个姜姓𢎑国和文献中的姜姓纪国是否一国，近代曾有争论。1969年，烟台上夼的一座墓葬中出土了𢎑侯鼎和己华父鼎，𢎑器与己器共存于一墓的事实结束了已往的争论，证明𢎑、纪（己）确系一国。1974年，莱阳一座墓葬中再次出土纪国铜器己侯壶。烟台市博物馆收藏一件己侯钟，与清代寿光出土者铭文有别，传系黄县归城出土。于是在山东古国史研究中提出一个新的课题，胶东系莱国领土，为什么屡次出土纪国铜器？纪国和莱国究竟是什么关系？笔者曾撰文讨论，提出纪与莱为一国的主张[1]，对此同行中尚存有异议。[2] 在此期间王献唐先生遗著《山东古国考》问世，对纪、莱史实有所论述。同时还接触到一些新材料和新观点，深感有必要就此再作进一步探讨。

一　莱国姓氏

纪、莱一国说的前提是两者必须具有共同的姓氏。纪属姜姓，已为文献和金文材料所证实，无争议。关于莱国姓氏，目前看法歧异。已知有姜、子、纪、嬴诸说，须加分析。

《路史·国名纪》系莱国于"商氏后"，似乎是主子姓说的，但罗泌所说的"商氏后"所含诸国的姓氏庞杂。除子姓外，尚包括曼、御、庆等诸姓，而又不言莱属何姓，可见罗氏对于莱国姓氏也不甚了了。但他明确指出："云时来、莱芜俱非。"并别出"时（郲）"国条，谓"春秋之时来，郑地，子姓"。在"周氏侯伯"中又谓"郲，郑地时来也，预云荥阳东釐城"，

---

[1] 王恩田：《纪、𢎑、莱为一国说》，《齐鲁学刊》1984年第1期。
[2] 史振东：《山东东部古国史学术讨论会举要》，《东岳论丛》1983年第6期。

可见罗泌认为莱国与子姓之"时来"无关。

陈梦家先生是主张莱为子姓说的，曾引《史记·殷本纪》《世本》《春秋大事表》以为证。① 按《殷本纪》中所说的子姓之"来"，即《路史》所说的"时"和"郲"，也即《世本》子姓中的"时来"（《左传·隐公元年》正义引），春秋时属郑。《春秋·隐公十一年》："公会郑伯于时来。"《左传》作"郲"，杜预注："时来，郲也。荥阳县东有釐城，郑地也。"可见子姓之来与山东莱国无关。又检《春秋大事表》卷五《列国爵姓及其存灭表》莱国条云"姜姓，子爵"，陈氏误以爵称为姓氏，非是。

李白凤先生主莱为纪姓。② 另有嬴姓说，都是从莱为少昊后裔的前提下加以论证的。李氏引无夔卣和告田彝以为证。按：所引无夔卣系器铭，铭作"囧无夔作父丁彝"（《代》13.23.6）。另有盖铭作"囧父己、母癸"（《代》13.10.8），《西清古鉴》16.33 著录器形。《三代吉金文存》因器盖非对铭而分列为两器是错误的。囧与囧均是族徽。这两种族徽还共存于父癸卣（《代》13.32.4—5）、母癸方罍（《汇编》1092，今藏日本帝室博物馆）。族徽既然是族的标志，为什么会有两种不同的族徽同时在一件铜器上出现呢？笔者曾指出：这种在同一件铜器上有两种以上族徽共存的现象，可称之为"复合族徽"。复合族徽的出现与族的繁衍有关。③ 囧字《金文编》收入附录，旧释"弓矢在格形"。徐同柏、吴式芬释"亚中射臬形"。日本高田忠周释"稑"，日本赤冢忠引加籐说释"亚来"，以为即《史记·殷本纪》之"恶来"。李白凤释"莱"，均误。孙诒让释"朿"，谓"上耑锐出即象芒朿形也"（《古籀余论》2.8），可从。《说文》："朿，木芒也。象形。……读若刺。"此字即刺字初文，像树木上有刺之形。上端刺形下面的一横为指事，强调芒刺在此之意。古文字中来字绝无上端作刺形者，故以此为莱器殊误。告田彝中有"𪓐侯"，李氏引吴大澂说释为"来"字繁文，以来为鶆鸠，亦即少昊氏之鶆鸠。按：此奇字左偏旁应释麦，卜辞麦字从来、从左手（《前》2.10.3）与此同，也写作从来、从右手（《戬》10.8），像以手拔麦之形。金文始讹

---

① 陈梦家：《西周铜器断代》（五），《考古学报》1956 年第 3 期，第 111 页。
② 李白凤：《东夷杂考·莱夷嬴族考》，齐鲁书社，1981 年。
③ 王恩田：《陕西岐山新出薛器考释》，《古文字论集》（一），《文物与考古丛刊》第 2 号，1983 年。

"又"为夕。刘心源谓即《集韵》中麳字之假借，读作"麦"。不能视为来字繁体，也难与少昊的后裔鹨鸠氏扯上关系。

《春秋大事表》《春秋会要》等以莱为姜姓说是正确的。王献唐先生曾引用《左传·襄公二年》所载：齐姜薨，……齐侯使诸姜、宗妇来送葬，"召莱子，莱子不会"一条史料作为莱为姜姓的证据，认为"莱为姜姓，故使与诸姜、宗妇送葬"[①]。但孔颖达为这条史料所作的注解，则否认莱为姜姓。孔疏："诸姜，同姓之女也，宗妇，同姓之妇也。夫人齐姜是齐国之女，故使其宗亲之妇女来会葬也。齐为姜姓历世多矣，不可姜姓之女，姜姓之妇令其皆来鲁国。庄二十四年：'大夫宗妇觌用币者'，宗妇是同姓大夫之妇，知此宗妇亦是同姓大夫之妇，然则诸姜是齐同姓之女嫁与齐大夫之为妻者也。"于是进一步结论说："齐侯召莱子者，不为其姓姜也，以其比邻小国，意陵蔑之，故召之。"如据孔说，齐姜死后齐侯召来为之送葬的都是一些"同姓之女"和"同姓之妇"，或者说成是"齐同姓之女嫁与齐大夫之为妻者"和"同姓大夫之妇"，总之是一些姜姓女子和姜姓大夫的夫人。假如莱非姜姓，为什么齐姜死后要召来一个既非姜姓又非妇女的莱子杂厕其中呢？"陵蔑"小国，可以随便找一个借口，甚至完全不需要任何借口，为什么偏要在齐姜死时让一个与姜姓毫不相干的异姓莱子为之送葬呢？孔疏显然不能自圆其说。其实，"诸姜"并不指"姜姓之女"，而指姜姓诸国。《国语·郑语》："姜、嬴、荆芈，实与诸姬代相干也。"《左传·僖公二十八年》："汉阳诸姬。"《左传·襄公二十九年》："诸姬是弃。""诸姬"皆指姬姓诸国而言。《左传·隐公十一年》："不敢与诸任齿。""诸任"即任姓诸国。不言而喻，"诸姜"自应指姜姓诸国。杜预解《左传·庄公二十四年》"大夫、宗妇"为"同姓大夫之妇"，当然是对的，但在这里"宗妇"却不能再如上解，而应解为宗国之妇。同祖为宗，宗国即同姓诸侯国。《孟子·滕文公上》："吾宗国鲁先君莫之行。"赵岐注："滕鲁同姓，俱出文王。""诸姜、宗妇"意即姜姓诸国的国君及其妻子。莱为姜姓诸国之一，故齐侯召之，莱必姜姓无疑。胶东地区"姜格（家）庄"等以姜姓命名的村镇各县所在多有，姜姓居民至今

---

① 王献唐：《山东古国考》，齐鲁书社，1983年，第133页。

仍是这一地区最兴旺的姓氏之一，可以作为莱属姜姓的重要旁证。

二　纪、莱的都城及其疆域

在探寻纪国和莱国的关系时，首先会遇到两者的都城及其疆域中有几个纠缠不清难以解释的问题。

纪国最初的都城在寿光。《春秋·庄公四年》："纪侯大去其国。"迁往何方？史付阙如。笔者曾根据考古材料，认为很可能是迁于今胶东半岛一带。王献唐先生《山东古代的姜姓统治集团》一文亦主此说①，与愚不谋而合。这里存在一个问题，据文献记载胶东古属莱国疆土，即使不同意属莱国，原来也总应有土著在此居住，怎能容忍纪国略土迁民而不予抵抗？王献唐先生解释说："周初的封建，也只到齐、纪，邻近的莱国，并不听他统辖。由此以东，这个半岛角落，似乎在这一段漫长时期内，为部落散处的自治化外区。""这个半岛区域，在春秋时候没有达到国家组织的正规化，在一种散漫辽阔的状态下，几乎成了山东中部国家灭亡以后的移民区。"其说难以令人同意。黄县归城小刘庄出土启卣、启尊，铭言器主启曾跟随周昭王南征。归城姜家还出土过一批典型的穆王时代铜器。笔者曾经指出："至少在昭王末期和穆王时代，周人的统治势力已经到达了胶东地区的黄县。"②把周代的胶东半岛视为"化外"地区显然不妥，即使处在建立国家以前的氏族、部落时期，"一个部落的领土，包括村落所在地，及该部落从事渔猎的，且能防御其他部落侵略的周围地带"③。因此把氏族、部落时期的居民设想成视领土为任人侵占的无所谓的东西，与实际情况并不相符。只有承认纪、莱为一国，纪国的"大去其国"才能顺利地完成都城的迁徙，领土的收缩，居民的转移而没有遭到任何抵抗，否则便难以作出合理解释，此其一。

如上所述，胶东地区屡出纪国铜器，胶东本不属纪国领土，为什么却出土纪国铜器？有的学者解释说："纪国青铜器出于烟台、莱阳，……证明

---

① 王献唐：《山东古国考》，齐鲁书社，1983年，第188—192页。
② 王恩田：《概述近年来山东出土的商周青铜器》，《文物》1972年第5期（署名：齐文涛）。
③ 马克思：《摩尔根〈古代社会〉一书摘要》，人民出版社，1965年，第104页。

这些地方均在纪国境内，通行历史地图把山东半岛大部标为莱夷，是不对的。"① 这种扩大纪国疆域，压缩莱国领土的办法，固然可以对胶东屡出纪器作出合理解释，但却不可避免地与基本史实相抵牾。据文献记载，莱国版图并不仅局限于黄县一隅。《左传·襄公六年》杜预注："棠，莱邑也。北海即墨县有棠乡。"古即墨在今平度东南60里的北城子一带，俗称朱毛城，亦名康王城，棠地亦应在此附近。《史记·管晏列传》说晏婴是"莱之夷维人也"，正义引《齐记》以为夷维即汉之夷安，即今之高密县治。《史记·齐太公世家》说："营丘边莱。"营丘位置，古有临淄、昌乐二说，笔者同意前说。但无论营丘在临淄，还是在昌乐，西周初年，莱国西部边界已达今之淄弥流域似无可疑。因此历史地图把山东半岛大部标为莱夷并没有错。现在的问题是怎样才能既不违背文献记载，又能对纪器出土于胶东地区的考古发现作出合理解释，这除了承认纪、莱为一国外，别无他途，此其二。

纪国早期都城在寿光，纪之鄑、郱、郚三邑分别在今昌邑、临朐、安丘。而莱国西周时代的西部边界在今之淄弥流域一带。这种纪、莱领土犬牙交错的局面，王献唐先生形象地称之为"插花地"。纪和莱这样两个领土同是西起淄弥流域，东至胶东半岛的国家，从西周至春秋长达五六百年的时间内，居然可以累世至死不相往来，也从未发生过任何摩擦与战争，这简直是不可思议的。只有承认纪、莱为一国，这种奇怪的现象才能得到合理解释，此其三。有此三点理由，笔者认为纪、莱必为一国。

三　几个问题的讨论

关于齐灭莱时莱之都城，历代地志著作大多认为在今黄县境内，但也存异说。服虔注《左传》谓莱为齐东鄙邑，而不言具体地点。《路史·国名纪》罗苹注："莱乃齐境上青之临朐。"按齐国"庆氏之难"，大夫国佐被杀。国佐之子国弱奔鲁，国佐之党"王湫奔莱"（《左传·成公十八年》）。如果莱在临朐，则早在100年前的鲁庄公初年，齐国吞并了纪国的鄑、郱、郚三邑

---

① 李学勤：《试论山东新出青铜器的意义》，《文物》1983年第12期。

之后，临朐以及其东的安丘、昌邑等地已属齐国版图，王湫的逃亡连国境都不曾逾越，何其愚哉？庆氏也居然不加缉拿，王湫又何必逃走？叶圭绶《续山东考古录》显然已经注意到罗说之误，而把莱国位置挪出齐国边境之外，认为莱"断不出古即墨、夷安诸县境"（今平度东境和高密一带）。其说虽与齐国疆域、莱国都邑均不矛盾，但其所定莱国位置西距临淄300余里，距昌乐也200余里，这就使"营丘边莱"的记载难以解释。笔者曾就叶氏之说的种种论据予以辩驳，其他论据也有必要进行分析。

1. 叶氏提出："景公时齐东不越姑尤。黄在姑尤之外，非莱故国明矣。"《左传·昭公二十年》杜预注："姑、尤，齐东界也，姑水、尤水皆在城阳郡东南入海。"《齐乘》："姑即大姑河，尤即小姑河。姑水起北海至南海。"按大姑河源出招远县东北栾家河村和大官里庄一带，其地恰在莱山之阳，而莱山北麓山脚下即莱国都城所在的黄县归城。因此不能说"黄在姑尤之外"。齐灵公灭莱后，占有了黄县、招远一线的莱国领土。因而齐景公时晏婴才说齐国领土在"姑、尤以西"。这与莱都在黄县说并不矛盾。

2. 《左传·襄公六年》："齐侯灭莱，……迁莱于郳。高厚、崔杼定其田。"杜预注："迁莱子于郳国。"郳即小邾国，以往考证说法不一，但大都认为在滕县境内。清末邹县出土西汉时代的莱子侯刻石，徐森玉先生考证与"迁莱于郳"有关。笔者在《纪、夋、莱为一国说》中曾引用王献唐抄录吴县陶眉叔"夋甫人匜"拓本题跋可知，夋甫人匜器群是峄县（今枣庄市）出土的，证明夋甫人匜器群亦应是"迁莱于郳"后，纪（莱）国作器。郳在鲁中南邹滕峄地区应无疑问。《路史》则提出"齐人迁之郳曰东莱"的说法，叶圭绶进一步论证其说，并以此作为齐灭莱时莱都不在黄县的依据。他说："莱本在西，齐迁之郳，遂名东莱。……小邾本名郳，为鲁附庸，齐何得迁莱于彼耶？……此郳当是东夷小国，早附庸于齐者。"叶氏以郳为"东夷小国"之说毫无根据。以小邾为鲁附庸之说亦系主观臆断。恰恰相反，小邾并非鲁国附庸而系齐之属国。就在鲁襄公二年齐侯伐莱的同一年，以晋为首的诸侯国曾在戚两次会盟。其中秋天的一次会盟，齐、滕、薛、小邾都没参加。齐国不参加是由于崔杼曾明确表示齐国"不服晋"，而"滕、薛、小邾之不至，皆齐故也"（《左传·襄公二年》）。杜预注："三国，齐之属。"只是在主盟的晋知武子派孟献子劝说齐国改变主意以后，"冬，复会于戚，齐崔武子及滕、薛、小邾之大夫皆会"。小邾等三国参加会盟与否，全以齐之马首是瞻，可证杜预关于小邾等三国为"齐之属"的说法信而有征。郳既为齐之属国，齐灭莱后把莱国国君迁于其属国郳国领土之内，自是顺理成章，并无不好理解之处。当然所谓"迁国"，无非是沽"继绝世"之名而已。灭国后被迁的莱君，在郳国境内不可能再像以往那样拥有广大的国土和众多的居民，这是毋庸赘言的。

3. 齐灭莱后，莱君逃往棠邑。如果莱都在黄县，这是否意味着"向离齐军更近或向齐军进攻的方向逃跑"？按棠邑位在今平度东南60里的古即墨城附近，约在大泽山东南60里—70里的地方，确切地说是位在莱都黄县归城的正南稍偏西而非"西南"。而齐灭莱的进军路线很可能是沿大泽山西麓，即沿今之烟潍公路而进入黄县的。这条路线不仅距离近，而且道路平坦，利于车战。沿线的招远曲城等地分布有西周时期的遗址，说明这条路线是周人开发胶东地区的必由之路。这条路线才真正是处于黄县的西南方向。因此莱君奔棠和"正舆子、王湫奔莒"一样，都是由黄县向南，不能视为向齐军进攻的西南方向逃跑。春秋兵力，大国兵车不过数千乘，"平丘之会"晋车四千乘而齐人惧。可见齐灭莱时所拥有的兵力、兵车不过两三千乘，军队不超过10万人。① 以这样的兵力远征600里以外的莱国，没必要也不可能对其进军路线经过的广大地区加以攻占并派兵驻守。因此退一步说，即使莱君奔棠是朝着齐军进攻的方向逃跑，也并无难以理解之处。论者认为莱君只有往东跑才算合理，殊不知往东再有300里就到海边的"天尽头"，齐军如果穷追不舍怎么办？只有往南才有广阔的回旋余地。莱人显然是懂得这一点的。

4.《书·禹贡》说："潍淄其道。"又说："莱夷作牧。"是否可以作为莱夷的中心地区应在淄潍流域而不在黄县的证据？

《禹贡》一书是按照九州的划分，分别叙述每个州的山川、地理环境及其物产的著作。以上所引是有关"青州"的情况，《禹贡》的青州指东起海滨，西至泰山的广大地区。其中谈到潍、淄，也提到汶、济，都是这一地区

---

① 童书业：《春秋左传研究》，上海人民出版社，1980年，第200—205页。

的主要河流。同时也论述了"海滨""岱（泰山）""莱夷"的特产。"莱夷"与"潍淄"之间并无直接联系。如前所述，笔者认为莱国的中心地区有过变化。自西周至鲁庄公四年以前莱（纪）的中心地区在淄弥流域，扩大一点说成"潍淄"流域也可以，都城在寿光。"纪侯大去其国"以后中心地区转移到胶东地区，都城在黄县归城。《禹贡》所说的"莱夷"，颜师古以为指"莱山之夷"，《地理志》东莱郡黄县"有莱山"。《元和志》说在黄县东南20里，山之阴即莱都所在地的黄县归城。琅邪郡长广县也"有莱山莱王祠"，据《一统志》长广故城在今莱阳县东。说明《禹贡》所指的"莱夷"，已是纪莱东迁后以黄县、莱阳为中心的地区，与"潍淄其道"毫无关系。

四 关于纪、莱国名问题

既然纪、莱为一国，为什么"莱、纪在《左传》和铭文中并提"？经籍和金文中一国两名者不乏其例。如"邹即邾、楚即荆、小邾即郳、甫即吕"（王梓材：《世本集览通论》）。又如淳于即州，梁即魏等不胜枚举。而且同国异名者往往还可以同时并提。如殷即商，殷、商又可并提，荆与楚亦可并提，均是其证。因此，不能由于纪、莱并提就断然否认两者为一国。如果把《师衰簋》中的眔釐视为两国，则据语法惯例铭文应书作"齐师、眔师、釐师……"，或"齐、眔、釐……诸师"，否则如标点为"齐师、眔、釐……"，显然不合语法。如视"眔釐"为一国，则与"齐师"并列即可省去师字。因此，只能根据通行的断句，"眔釐"连续读，而不能从中断开，作为纪、莱并非一国的证据。

五 纪莱铜器与纪莱史

研究莱国史倍感困难的是不仅文献记载过分简略，而且可资利用的铜器铭文为数也不多。一方面是由于莱器出土不多，另一方面还有相当一部分莱器的国别尚待进一步确认，也是一个重要原因（说详下）。

对于莱史具有头等史料价值的铭文首推宋宣和年间出土于临淄的叔夷钟

和叔夷镈。铭文长达491字，记载了齐灵公灭莱以后，对莱国都邑和人民的赏赐。铭言："余易（赐）女（汝）釐都□□，其县三百，余命女（汝）嗣辥釐造或徒四千，为女（汝）敌寮。……余易（赐）女（汝）车马戎兵，釐仆三百又五十家。"可补史乘阙失。铭中莱字作釐。孙诒让曰："釐，疑即莱，故莱国。左襄六年传齐侯灭莱，又哀公五年传：'齐置群公子于莱'是也。字亦作郲。襄十四年传：'齐人以郲寄卫侯'。莱、郲并从来声。来、釐古音同，经典多通用。"孙氏释釐为莱的属创见，这就为进一步辨认莱器奠定了基础。

传世有釐鼎，铭作"釐作宝齍鼎"，器盖对铭（《小校》2.35.3）。曾毅公先生谓系山东出土。釐即莱，古代人名、国族名、地名往往不分。此器应属莱国或莱族作器。不详其器形，从字体看应属西周早期。

1976年，日照崮河崖出土一批铜器，其中四鬲同铭，铭作"釐白媵女子麋宝鬲，子孙永宝用"①。第三字简报未释，经目验原器确认系"媵"字，女子下一字，从鹿，从衣，应隶作麋，即古文"表"字（参见《集韵》）。表为莱女之名。"女子"一词金文屡见，意即妇女或女儿。如女子鼎，亚形族徽外铭女子二字（《代》2.40），子卣"女子母庚"（《代》13.35），小臣儿卣"女子小臣儿完作己□彝"（《代》13.35），临朐新出寻中盘"寻中媵中女子宝盘"。②

古代男称氏，女称姓。按照金文惯例，媵器一般均书女之姓。莱既为姜姓，其女应名姜表。铭言"女子表"，系省去其姓。上引寻中盘，铭言"寻中媵中女子"，寻为姒姓，其姓亦省，都是金文中的变例。当然，根据铭文通例，也可释"子"为女姓，表为其名。清末黄县归城东鲁家沟出土一批铜器，其中一鼎，铭作"釐白作旅彝"。首字柯昌济释棶，王献唐释华，陈梦家释釐，即莱。李孝定以为"金文釐字均从来或朱，未见从华作者"，以王氏所释，"于字形为近，说似较长"。按卜辞犛字或作釐（《京》4173），与此形近，只是末笔拖长而已。陈释釐可信。釐伯鼎的出土，为莱在黄县说提供了重要依据。

笔者曾引"己白钟"第一、二、四枚铭文说"追孝于己白"，而第三枚则说"用作朕文考釐白"，己、釐通用，证明己（纪）、釐（莱）为一国。

---

① 杨深富：《山东日照崮河崖出土一批青铜器》，《考古》1984年第7期。
② 临朐县文化馆等：《山东临朐发现齐、鄩、曾诸国铜器》，《文物》1983年第12期。

香港中文大学友人赐函商榷，认为"金文中'釐'多有'福'意，如舀壶'用作朕文考釐公口壶'、秦公簋'鲁多釐眉寿无疆'，他如'降余多福繇釐'等例皆然"。不同意解"釐白"之为国名。这一问题牵涉到一大批纪、莱器国别的断定，有必要略作申述。

金文釐字有两种用法。一是器主祈求多福多寿时的用语，上举秦公簋和叔向簋"降余多福繇釐"，又克鼎"赐釐无疆"是其例。另一用法是作国族名和人名。这里又有两种不同情况，用作器主名时，往往放在铭文开头，如上举三例中的釐鼎、釐白鼎、釐白鬲等。如果用作器主祖考的名字时，则一般放在铭文中间或末尾。如录白𣫏簋"用作朕皇考釐王宝障簋"（《代》9.27.2），师兑簋"用作朕皇考釐公𥂴簋"（《代》9.30.1—2），称"釐公"者尚有上举舀壶（《代》12.29）。周代盛行以伯、仲、叔、季作为兄弟排行命名和命氏的习俗，釐器也有此例。如康鼎"用作朕文考釐白宝障鼎"（《代》4.25.2），豆闭簋"用作朕文考釐叔宝簋"（《代》9.18.2），无㠱簋"无㠱用作朕皇祖釐季障簋"（《代》9.1—3）。称"釐季"者尚有善夫克鼎（《代》4.28—31）。上述诸器中的"釐"显然只能解释为国族名，而不能解释为"福"。根据同样的道理，还可以确定一批纪国和纪族铜器。王献唐先生已经把卫作己中鼎、霍作己公鼎、大作己白鼎、沈子它簋、䵼作己白钟、兮中作己白钟等列为纪器。还可补入叔鼏作己白父丁鬲（《遗》109）、歔㱃作己公鼎（《遗》92）、亳作己公鼎（《汇编》644）等。上述纪器、莱器有些是陕西境内出土的，如莱器中的善夫克鼎，就是清光绪十六年陕西的岐山法门寺任村出土的。1975年，扶风法门公社庄白大队发现伯𣫏墓，伯𣫏即称其父为"釐王"的录伯𣫏。莱国铜器为什么出土于陕西？这应与纪、莱的族源问题有关。王献唐先生《山东古国考》一书中提出山东诸姜姓国属于山东土著的东夷族。笔者以往也曾认为姜姓齐国原属东夷族[①]，现在看来此说值得怀疑，对此将专文讨论。

原载《管子学刊》1991年第1期

---

① 王恩田：《关于齐国建国史的几个问题》，《东岳论丛》1981年第4期。

三说纪、𢆶、莱为一国

1983年秋，山东东部古国史学术讨论会上，笔者提交了题为《纪、𢆶、莱为一国说》的论文①，会上曾引起热烈讨论。②1985年5月，山东古国史第三次学术讨论会上，又提交了论文《再说纪、𢆶、莱为一国》③，针对几点批评意见以及与拙说相左的主张进行讨论。会议期间承蒙郭克煜先生厚爱，以他的大作《纪莱一国说质疑》（本文省称《质疑》）相赠。郭先生针对拙说的四条论据，逐一作了批驳，同时还申述了几点不同意的理由。④纪、莱关系是当前山东古国史研究中的热点，郭先生是专攻山东古国史的知名学者，他的这篇大作又是迄今为止全面系统地批驳拙说的力作，具有一定代表性。故草此文作答，一来是向郭先生请教，二来是冀望能借此引起更为广泛深入的讨论。

一

《质疑》在批驳拙说的第一条论据时认为纪为姜姓，可以肯定无疑。"至于莱为姜姓一说，至今仍争论不休……莱为何姓既无定论，用纪莱同为姜姓，证明纪莱应属一国，未免不够慎重。而且，即使肯定纪莱均为姜姓，同姓未必同国，历史上这样的事例举不胜举。怎能以纪莱同属姜姓，便肯定同为一国呢"？又说："所谓纪莱领土都是西与齐国为邻，这一结论，无疑是可以成立的。……问题在于，如果肯定凡是国之西境与齐为邻者，便属于同一个国家，则令人难以信服。"

---

① 王恩田：《纪、𢆶、莱为一国说》，《齐鲁学刊》1984年第1期。
② 史振东：《山东东部古国史学术讨论会举要》，《东岳论丛》1983年第6期。
③ 王恩田：《再说纪、𢆶、莱为一国》，《管子学刊》1991年第1期。
④ 郭克煜：《纪莱一国说质疑》，《曲阜师范学院学术讨论会论文选》，1984年。

纪莱一国说的论据之一是纪莱"同属姜姓,而领土又相密合"。这里包括两个要点:一是同姓,二是领土重合,两者是密不可分的有机整体。郭先生首先把"同姓"与领土重合两个要点割裂开来,着重讨论"同姓未必一国"。当然"同姓未必一国"的"事例"的确可以举不胜举。现在的问题是能不能找到既属同姓,领土又相重合,但却不是一个国家的"事例"呢?我想是不可能有的。莱国是否姜姓,目前尚有争论,而且还会继续争论下去。但不能等到莱国的姓氏问题解决以后再来讨论纪莱是否一国。笔者主张姜姓说,认为《左传·襄公二年》齐姜薨,"齐侯使诸姜宗妇来送葬。召莱子,莱子不会"一条史料是莱属姜姓的最有力的证据。既然纪莱一国说的前提是"同属姜姓",反对者尽可以举出有力证据。驳倒莱为姜姓说,纪、莱一国说无疑就会不攻自破。但目前还没有看到这样的证据。

退一步说,即使把莱国是否姜姓问题的讨论暂且搁置起来,专门来讨论纪莱领土重合是否是一个国家的问题,也找不到领土重合但却不是一个国家的例证。所谓"领土重合"包括双重含义,一是"西与齐国为邻",二是"东到胶东半岛一带",两者同样不能割裂开来讨论。从理论上讲,说西与齐国为邻的国家未必一国是对的,但实际上除纪、莱之外,再也举不出其他西与齐国为邻的国家。所举的莒都介根,介葛卢之介国,纪人伐夷之夷国,其实介与介根,犹如邾与邾娄一样,是一个国家的不同称呼。介国和夷国在纪国"大去其国"以前,都是西与纪国为邻,而不是西与齐国为邻的国家。

《质疑》自己也感到其反驳"令人感到空泛,缺乏说服力",于是又"用春秋初年纪莱两国国都并不重合,来论证纪莱决非一国",这也是不可以的。

纪莱一国说的前提之一是领土的重合,而不是都城的重合。《质疑》自己设立的这一命题显然是无的放矢,毫无意义。何况春秋初年莱国都城究竟在哪里,目前看法并不一致。传统看法大多认为在黄县。唐代杜佑以降,部分学者主张在临朐以东。我们认为春秋早期鲁庄公四年以前的纪莱都城在寿光。鲁庄公四年纪"大去其国"以后,都城迁到了黄县归城。《质疑》提出:"由于有《春秋》《左传》二书的记载,莱之都城究在何处,还是能够考察出来的。从晏弱两次城东阳以逼莱来看,莱之都城当与齐之东阳城相近。不然晏弱城东阳以逼莱就无意义了。"对于齐之东阳城，杨伯峻先生说："东阳，杜预谓'齐境上邑'，疑在今临朐县东。"

在这里《质疑》想要证明的是"春秋初年纪莱两国国都并不重合"，但使用的却是春秋晚期鲁襄公二年晏弱城东阳的史料，这是不妥当的。因为春秋初年鲁庄公四年纪"大去其国"以前，齐纪两国的国境大体以淄水为界，临淄东15里淄水东岸的郱邑已是纪国领土。如果东阳是"春秋初年"的"齐境上邑"，则东阳不应在淄水以东。"春秋初年"纪国的东部边境领有郱（临朐）、鄑（今昌邑）、郚（今安丘）等地，东阳如在临朐县东，那么东阳就不会是"齐境上邑"，而应是"纪境上邑"。再者，杨伯峻先生说东阳城"疑在今临朐县东"，所谓"疑"者，不能确指之谓也。不仅杨先生不能确指，唐代杜佑以降，主张东阳位于临朐东境之说的学者，没有任何人可以确指东阳城的具体位置。东阳城不能确定，"城东阳以逼莱"的莱国都城也就成了空中楼阁。所谓"春秋初年纪莱两国国都并不重合"，岂不是"空对空"吗？

在讨论东阳位于临朐东境之说时，笔者曾指出："早在汉代，东阳即不再设县，东阳在临朐东境说，究竟有何根据，值得考虑。古代地多重名，以临朐而论，《汉书·地理志》齐郡有临朐，东莱郡也有临朐，怎知东阳在齐郡临朐之东，而不在东莱郡临朐之东？"《质疑》认为"这一反驳不能成立。……《左传》昭公二十二年载晏婴谈齐之疆域时说：'东至于姑尤'。……是直到鲁昭公时代，齐之东境尚仅限于今莱西县之西。掖县北境之临朐，即使虽有东阳一地，也决不在齐国国境之内。因之用《汉书》有两临朐，来否定东阳在今临朐东境一说，是毫无根据的。因为东阳城即使不在今临朐之东，当时齐东境之界限也不会在今黄县境内"。这里有三个问题需要搞清楚：

1. 流经莱西县西境的是小姑河，不是大姑河。《齐乘》说姑即大姑河，尤即小姑河。小姑河在西，大姑河在东。

2. 大姑河虽然不流经黄县，但大姑河的源头隔莱山而与莱都黄县归城相望。因此，黄县归城及其以北地区也应包括在齐东境之内。鲁襄公六年（前567）齐灵公灭莱，黄县归城一带被齐所占有，因此40多年后的鲁昭公二十二年（前520）晏婴才说齐境"东至于姑尤"。

3. 东莱郡之临朐地望，早已失考。郭先生考证出当在今掖县北境，但不知有何根据。如果承认郭说可信，那么为什么却得出位在"掖县北境之临朐""绝不在齐国国境之内"的结论？

《质疑》在反驳拙作的第二条论据时认为"冀厘连称，并不能证明冀与莱为一个国家"。因为"冀厘一词的含义，可有两种解释：一是冀厘与齐师一词并例（列），齐师者，齐国之师也。同样，冀厘者冀国之厘也。而僰尸者，僰人中之尸部落也，……二是如果把冀厘僰尸，各视为一种军事力量，与齐师并列，也可以解释得通，即除齐师之外，尚有冀、厘、僰、尸等国军队。可以肯定，无论哪一种解法，也绝得不出冀厘为一国的结论"。

笔者认为，师衮簋中"今余肇命汝率齐师、冀厘、僰尸、左右虎臣征淮夷"这句话，只能使用一种标点法，即郭沫若先生所使用过的把冀厘与齐师并列而不断开。这样"冀厘"就成为与"齐师"并列的成分。"冀厘"和"齐"一样，都是国名。古代同国异名现象不乏其例，而且可以把两个不同的名称同时并提。如"商"又可以称为"殷"，殷与商可并提，如《诗·大明》"自彼殷商"，"楚"又称"荆"，荆与楚也可并提，如《诗·殷武》"奋伐荆楚"。按照郭老的断句和我们的理解，"冀厘"为一国，其武装力量应称"冀厘师"或"冀厘之师"，在与齐师并列时则省称为冀厘。《质疑》虽然同意可以使用这样的标点法，但却把"冀厘"解为"冀国之厘"，这种解释是找不到文献依据的。退一步说，即使可以把"冀厘"解为"冀国之厘"，那么厘也应该是属于冀国的一部分，两者理所当然的应是一国。尽管把"冀厘"解为"冀国之厘"与纪、冀、莱一国说没有实质性的区别，但却不能令人接受。因为没有任何证据可以证明厘（莱）是冀（纪）国的一部分，也没有任何证据证明厘是冀的附庸。

如果照《质疑》的读法，把"齐师"以后的 4 个字断开，理解为"除齐师之外，尚有冀、厘、僰、尸等国军队"，那么照语法惯例应书作"齐师、冀师、厘师……"，如《春秋·桓公十三年》："齐师、宋师、卫师、燕师败绩"是其证。也可书作"齐、冀、厘……之师"，如《春秋·昭公二十三年》"吴败顿、胡、沈、蔡、陈、许之师于鸡父"是其例。像《质疑》这样，标点为"齐师、冀、厘、僰、尸"，是违背语法规律的。令人高兴的是，陕西安康新出土史密簋再次提到了齐师、曩厘、僰尸等三支武装力量,但是师衮簋中所说的"曩厘"史密簋却改称为"厘伯"①,"厘伯"即曩厘国的国君。证明郭老的断句和我们把"曩厘"理解为一个国家的国名是正确的。

《质疑》还不同意金文中己(纪)与厘(莱)通用从而证明己(纪)与厘(莱)为一国的说法。理由是己、厘并非国名。

《质疑》列举了金文中"己"字的五种用法,如下:

1. 用为国名。如己侯貉子卣,己侯钟等。

2. 用为人名。如父己、祖己等。

3. 用为干支纪日。如己卯、己亥等。

4. 用为自己之己。如《沈子簋》之"己公""多公",郭沫若释云"犹言我公,幽公也。多公则周公、鲁公、考公、炀公"。

5. 用为庙号,如《大簋》"用作朕皇考剌伯尊簋"而《大鼎》则为"用作朕剌考己伯盂鼎"。据郭沫若同志的意见,此"大"即同簋之吴大父,簋与鼎为一人所作之器。鼎铭之"剌考己伯"即簋铭之"皇考剌伯",烈乃生称,己乃庙号。

关于第一点,用为国名,无争议。第二、三两点均为天干字,实为一类。父己、祖己用以记人,但非人名而是庙号。关于四、五两点是值得讨论的。

金文中没有把"己"字用作自己之己的例证。作为第一人称的物主代词常见的有三种,或用"朕",如朕文考、朕皇祖;或用"我",如我邦我家(毛公鼎);或用"余",如择余吉金(徐王义楚鍴)。绝对没有用"己"作为第一人称物主代词的先例。假如可以释"己公"为我公,释"己伯"为我伯,则"卫鼎""卫肇作厥文考仲宝鬲鼎""兮仲钟""追孝于皇考己伯"按照《质疑》的理解,文考己仲、皇考己伯只能解为"父亲自己的老二""父亲自己的老大",这显然是不通的。其实,郭老很早就发现并纠正了称"己"为"我"旧说的错误,指出《大系》中的沈子簋考释"语焉未详,且亦略有未谛处",而改释为"己公疑即姬公,上文之周公也"(郭沫若《金

---

① 李启良:《陕西安康市出土西周史密簋》,《考古与文物》1989年第3期。

文丛考》)。《质疑》把郭老早已放弃的"略有未谛"的旧说,作为讨论问题的依据,怎能令人信服。当然郭老的新说仍然"略有未谛"。古代男称氏,女称姓,史汉以后姓氏才混而为一。姬姜等姓为女子所专用。"周公"不可能称为"姬公",因而释"己公为姬公"也不妥当。实际上"己公"的"己"应释为国名,王献唐先生定此器为纪国器是对的。

释大鼎中的"己白"为庙号,亦可商。皇帝死后,升祔于太庙,特立名号谓之庙号。如汉文帝生时立庙曰顾成、景帝庙号德阳、武帝庙号龙渊,等等。东汉以后以某祖、某宗称庙号,如刘秀死后庙号为世祖,"有司奏上尊庙为世祖"(《后汉书·明帝纪》)。谯周认为:"夏殷之礼,生称王,死称庙,皆以帝名配之。天亦帝也,殷人尊汤,故曰天乙。"周王朝庙号有金文中常见的"周庙"即周人的庙。"康宫"也称"康庙",即康王的庙。"康昭宫",即昭王的庙。"康穆宫"也称"穆庙",即穆王的庙。吴(虞)大庙,即吴(虞)人的庙。可见庙号可称"宫",也可称"庙"。如果"己白"是庙号,那么为什么不称"己宫"或"己庙"呢?"己白"是哪一个国家的庙?

《质疑》还列举了金文中"釐"字的用法:

1. 用为国名;

2. 用与赉同,善夫克鼎"锡釐无疆"(应为"克鼎"。——引者);

3. 用为福义,叔向簋"眉寿繁釐"(按:"叔向簋"无此语,应出自"者减钟"。——引者);

4. 由福义引申作为谥号。例如:

善夫克鼎"用作朕文祖釐季宝宗彝"("用"应改作"克"。——引者)。

师兑簋"用作皇考釐公䵼簋"("皇考"前夺"朕"字。——引者)。

无叀簋"用作朕皇祖釐季尊簋"。

舀壶"用作朕文考釐公尊壶"。

㝬鼎"用作朕文考釐叔尊鼎"。

录伯䥙簋"用作朕皇考釐王宝尊簋"。

芮伯簋"芮伯启作釐公尊簋"。

按:赉、赐意同,均可训予(《说文》《尔雅·释诂》),"锡(赐)釐无疆"一语,釐如训赉,则语意重复难通,仍应训福。2、3 用法相同。

如果把"釐"解为谥号，那么"录伯威簋"中的"釐王"究竟是西周王朝哪一位王的谥号？"谥号"说难以成立。《质疑》所引7器中的"釐"字只能解作国名而不能作他解。

在金文凡言为祖考作器时，其祖考后所附人名的第一字往往是国名或姓氏。如季舍簋"作厥文考井叔宝隣彝"，井即邢，国名，或称井侯（麦盉）、井白（长甶盉）、井公（舀壶）、井季（井季卣）等。又如义仲鼎："义仲作厥父周季尊彝"，裹盘："用作朕皇考奠白奠姬宝盘"，黄尊"作文考宋白旅尊彝"等，周、奠（郑）、宋等显然均为国名而不能解作谥号。把虘钟和上述7器中的"釐"解作谥号是不妥当的。

这里有两个问题需加说明，上引芮公壶"芮伯启作釐公尊彝"，釐如果是国名，岂不与国名芮相重复？按：根据此铭知芮与釐（莱）同族。芮公出自釐，因封地在芮，故改称芮公。芮国有姬姜之别。《书·旅巢命》传："芮伯，周同姓，圻内之国。"《世本》："芮伯，姬姓。"芮公鬲"芮公作铸京氏妇叔姬媵鬲"就是姬姓芮国。《古本竹书纪年》晋武公："七年，芮伯万之母芮姜逐万。"雷学淇《竹书纪年义证》："盖周之芮在同，殷之芮在解。"陈槃《春秋大事表譔异》："芮伯万之母称芮姜（《左传·桓公三年》），此芮姜当是芮之旧族（殷商所封之芮）姜姓者之女。"即指姜姓之芮。雷、陈指出芮有周、殷之分是正确的。但雷云周芮在"同"（今陕西大荔）、殷芮在"解"（今山西解州）则非是。《诗·大雅·绵》："虞芮质厥成。"虞在周原西北虞山一带，芮与虞相近，故称"圻内之国"。文王时代周人势力尚未能到达山西平陆东北的虞国一带，而位在陕西大荔的才是姜芮。宋代时这里曾出土过芮公簋，清咸同年间陕西出土的芮伯壶很有可能也是在这里出土的。1980年，黄县庄同一座周墓中出土了两件同铭簋，铭作"芮公叔作牌宫宝簋"，芮伯启称其祖考为釐公，而现在芮器又出土于釐（莱）都黄县，当非偶然巧合，为芮、釐（莱）同族提供了重要旁证。

另外一点需要说明的是上述釐器中有些是陕西出土的。如善夫克鼎即清光绪十六年陕西岐山法门寺任村出土的。又如1975年扶风庄白大队发现伯威墓，伯威即称其父为釐王的录伯威。应如何解释？釐（莱）器出土于陕西与纪莱族源有关。王献唐先生认为山东诸姜姓国属东夷族，可商。诸姜本为大岳之裔，原居今山西中南部的太岳山一带。周文王时齐国始祖师尚父归周，武王伐殷后，纪（異）厘之祖箕子又归周。周代初年诸姜随周成王东征，在鲁北地区相继建立了诸姜姓国（另文考释）。

《质疑》所反驳的第三条论据是在莱国领土内的黄县、烟台、莱阳等地屡次出土纪国铜器。《质疑》认为："纪侯大去其国之后，到齐国东方今莱阳黄县、烟台一带暂居，完全有此可能，既在此地居住，由于种种原因，纪器在该地出土，亦属十分自然。怎么能因己器出土于这些地方，便认为己莱为一国呢？"

孔子说："唯器与名，不可以假人，君之所司也。"正因为铜器，特别是青铜礼器是等级、权力、财富的象征物，所以，除媵器、战利品等特殊情况外，铜器出土地点对于探寻国族地望、研究古国史地具有重要意义。"江汉之间，随为大"，但在随国领土之内，却屡次出土曾国铜器，特别是举世震惊的曾侯乙大墓，于是随与曾的关系引起人们极大兴趣。李学勤先生曾提出曾、随为一国的主张，是正确的。周初分封的杞国，初居河南杞县，春秋时因避淮夷的侵扰，齐桓公迁杞于缘陵（今山东昌乐）。但清末时新泰境内却出土过大批杞国铜器。从许瀚开始不少学者对此加以讨论。笔者据此提出杞分二国的主张，即除周代分封的杞国之外，在新泰还应有一个至少在殷代就已经建立的杞国。郭克煜先生也曾对此作出过自己的解释。对莱国领土内屡次出土纪国铜器这一非常重要的考古发现，不应采取冷漠态度，指责"离开自己的国家，到国外寄居的情况"，无疑是有的。如鲁昭公"孙于齐，次于阳州"（《左传·昭公二十五年》），又如"卫侯出，奔齐"，"齐人以郲寄卫侯"（《左传·襄公十四年》）。但鲁昭公当年冬天即离齐返鲁，居于郓，卫侯居莱12年后也返国。烟台、莱阳出土的纪国铜器，均出土于墓葬，这种老死他乡的情况，视为"寄居"恐怕不很妥当。莱阳前河前纪国墓地，墓葬年代从西周中期至春秋中期，长达三四百年，这显然不是"暂居"，而是定居。这就不单纯是"携带一批己器"问题，而要有一定的疆土，有都城的设置。齐国之所以能够把鲁昭公安排在阳州，把卫侯安排在郲即莱"暂居"，那是因为阳州和莱都已是齐国疆土。而黄县、烟台、莱阳春秋时属莱国领土，为什么却容忍一个与自己毫不相干的纪侯这样一个外来户来此"暂居"

达三四百年之久，而无任何反抗呢？此外还有一个灭国问题。莱为齐灭见于史乘。那么这个"有计划逃亡"的纪国又是在什么时候被谁所灭呢？

《质疑》反驳的第四条论据，是不同意齐灭莱后"迁莱于郳"的"郳"就是位于滕县境内的小邾国。不同意用邹滕出土的莱子侯刻石、峄县出土的夔甫人匜作为纪莱一国说的旁证。理由之一是"'迁莱于郳之郳'，是否即小邾之郳，历史上并无肯定说法，各家尚在争论。……用来证明夔甫人匜乃莱迁郳以后所作之器，实嫌根据薄弱"。

关于"迁莱于郳"的确有不同理解，但孰是孰非不难搞清。《说文》解郳为"齐地"而不能确指其地。《路史》则提出"齐人迁之郳为东莱"的说法。叶圭绶进一步论证说："莱本在西，齐迁之郳，遂名东莱。……小邾本鲁附庸，齐何待迁莱于彼耶？……此郳当是东夷小国，早附庸于齐者。"

《说文》以郳为"齐地"其根据是"齐高厚、崔杼定郳田"。由于高、崔均齐国人，因而推论郳也应是"齐地"，这显然是望文生训，不足为据。《路史》"齐人迁之郳为东莱"之说，叶氏以郳为东夷小国之说都是毫无根据之妄说。叶氏以小邾为鲁国附庸之说也是主观臆断。恰恰相反，小邾并非鲁国附庸，而是"齐之属国"。对此，《再说》一文中已经讨论过，不赘述。"迁莱于郳"的郳即小邾国实无可疑。

理由之二：关于邹滕地区出土的莱子侯刻石。《质疑》认为"光绪版《峄县续志·金石部》上说'按莱子侯不知何人'，在尚未弄清楚莱子侯的历史之前，就肯定与迁莱于郳的莱有关，未免太冒险了"。《峄县续志》对莱子侯的来历不甚了了，只能说明其作者孤陋寡闻。徐森玉先生结合文献记载认为与"迁莱于郳"有关，确系高见卓识，是一大突破。无视当代科研成果，而以前人的不知不解作为立论依据，虽不"冒险"，但未必妥当。关于莱子侯的历史究竟是春秋被迁国的莱子宗祀的延续呢，还是王莽时所新封，暂时虽还无从查考，但莱子侯的得名必然与"迁莱于郳"有关是毋庸置疑的。否则邹滕地区的古国很多，如邾、滕、薛、郳（小邾）等，为什么王莽封侯不延用这一地区的古国名，却偏要使用一个远隔千里以外的莱国的名称命名呢？显然这是无法作答的。

理由之三：王献唐先生《黄县夔器》一书引用了大量夔器（包括殷周两

代），据王先生考证其中大部分殷代𢐗器便出土于今河南安阳。安阳能出土𢐗器，山东峄县（今枣庄市峄城）为什么就不可能出土𢐗甫人匜呢？

同一国族而不同时期的铜器出土于不同地区是可能的。如殷代𢐗器多出土于安阳，而西周早期的𢐗器却出土于北京顺义，春秋𢐗器多出于山东，等等。同一国家同一时期甚至同一个人的铜器在不同地区出土也是可能的。如鲁士商𢈉匜出土于黄县，杞白每亡器不仅出土于新泰，也出土于滕县，等等。研究者的责任在于发现问题并作出合理解释。如果只是去设问：鲁器为什么不可以出土于黄县？杞器为什么不可以出土于新泰和滕县？那么古国史研究岂不失去了其存在的意义。

二

《质疑》还列举了四条不同意拙说的理由。第一个"重要理由"是"把纪莱资料按时间顺序，加以排比"，列出了一个《纪莱历史比较表》，包括了见于《春秋》《左传》的纪莱史料共 16 条，其中自鲁隐公元年（前 722）至鲁庄公四年（前 690）共 12 条属纪国史料。自鲁宣公七年（前 602）至鲁襄公六年（前 567）共 4 条，属莱国史料。然后结论说"从上表所列纪莱两国史实来看，如果肯定纪莱一国，实与史实不符"。其实，这张《纪莱历史比较表》恰恰清楚地看出被《质疑》所忽略的一个基本事实：即鲁庄公四年（前 690）纪国"大去其国"前，《经》《传》只记载有关纪国的史实，而不见莱国。而在此以后至灭莱止，又只见莱国而绝不见纪国。应该怎样解释这种奇怪的现象呢？用纪、莱一国说解释，事情本很简单。纪国从西周初年至鲁庄公四年"大去其国"以前，称纪（𢐗）、称莱（釐）本没有严格限制。可以称"纪"，也可以称"莱（釐）"，还可以连称"𢐗釐"。即使在同一组铜器中，既可称"釐伯"，又可称"己（纪）白"。纪国"大去其国"逃往胶东以后，在本国仍然保持着这种"纪（𢐗）釐"称名不分的传统。但是齐鲁等其他国家为了与"大去其国"以前都城在寿光的纪国相区别，对于逃亡到胶东的纪莱（釐）一律称莱（釐），不再称纪。笔者在 1986 年 5 月滕县山东古国史讨论会的大会发言中已经阐述了上述看法。

第二个理由:"莱被诸夏人称之为夷,如'莱夷作牧'。而对于纪国,则不见有称之为夷者。"按:称莱为夷,仅见于《禹贡》。该书虽托名为禹,实为战国著作,已成定论。而据《古本竹书纪年》,有夏一代,所见夷人甚多,唯独不见莱夷。商周金文和文献中所见的釐(莱),也不称夷,足证莱夷之称出现甚晚。此外,古代夷夏划分并不十分严格,或居夷地,或用夷俗,均可以夷目之。《左传》《史记》《穀梁》均有例证,纪、莱是否称夷,对于讨论纪、莱是否一国,并不具有多大实际意义。

第三个理由:《质疑》认为如果纪国属夷人,则诸夏人不可能与之通婚。但实际上《春秋》《左传》《公羊》记载的大量史实证明,夷夏通婚者所在多有,夷夏不婚说难以成立。

第四个理由:"莱被齐灭……上距纪之灭亡,已有百余年之久。仅从两国灭亡时间而论,它们也绝不可能为一个国家。"如上所述,"大去其国"者,意即"大去其都",指迁都而言,不能理解为"纪之灭亡"。《质疑》一方面把"大去其国"理解为"离开自己的国家,到国外去寄居",另一方面又说"虽非亡国,实与亡国无异"。可见"纪之灭亡"完全是分析出来的,没有任何根据。"大去其国"既然不能理解为纪之灭亡,以两者灭亡时间不同作为否定纪、莱一国说,显然没有什么说服力。

纪(郳)莱关系是根据考古发现提出的一个新课题,其研究范围已超出山东,涉及河南、陕西、山西、河北、北京、辽宁等省市,甚至于远及邻国朝鲜。牵涉到的学术问题也很多。对于山东古国史研究中的这样一个重大研究课题,必须群策群力、集思广益,才能有所收获,有所前进。而任何一点突破,都必须建立在大量的科学的论据之上,诚如郭先生所说:"纪莱是否为一个国家,绝不会以某人的意志为转移,应当以历史事实为依据。"简单的肯定与否定是毫无意义的。愿以此与郭先生以及学林同行所共勉。

原载《管子学刊》1993年第3期

校记:

本文引用的李学勤先生在《曾国之谜》中提出的曾随为一国说,发表在

《光明日报》1978年10月4日。据谭维四先生介绍，最早提出曾与随为一国的是石泉先生。1978年夏，擂鼓墩曾侯乙墓正在进行发掘的时候，6月10日，石泉教授应邀向全体考古队员作题为《古代曾国—随国地望初探》的学术报告时，首先提出了"曾、随为同一国家"的见解。（谭维四：《曾侯乙墓》，文物出版社，2001年，第67—68页）

山东胶东地区周代考古的重要发现与纪、𬊤、莱史研究

山东胶东地区指胶莱河以东的半岛部分而言，大体相当于原烟台地区及青岛市的北部。胶东古属莱夷之地，历来被视为经济文化的后进地区。30多年来的考古发现表明，早在旧石器时代晚期，已有先民在此劳动生息。蓬莱县村里集曾采集到打制石器，石门口村曾发现人股骨化石。① 新石器时代遗址更是遍布全区，尤以沿海一带遗址分布最为密集。除大汶口文化和龙山文化外，还发现了以烟台白石村、蓬莱紫荆山等遗址为代表的比大汶口文化还要早的文化遗存，以及比龙山文化晚的岳石文化遗址。② 其经济文化发展水平较之中原地区并无逊色。

胶东地区，周代属莱国。清光绪二十二年（1896）在传为莱都的黄县归城东南25里的鲁家沟因出土一批周代铜器而引人注目。③ 20世纪50年代初，黄县归城内南埠村出土一批𬊤国媵器，王献唐先生据此著《黄县𬊤器》。其后又在归城内小刘家④、烟台南郊上夼⑤、莱阳中荆公社前河前村⑥、黄县归城东石良公社庄头⑦等地相继出土纪国、𬊤国以及其他重要铜器。纪、𬊤、莱史的研究随之空前活跃起来。1983年7月，在黄县、长岛举行的"山东东部古国史学术讨论会"对纪、𬊤、莱国史地有关问题展开热烈讨论。《齐鲁学刊》《东岳论丛》于1984年第1期同时选登了其中的部分文章，对于

---

① 李步青：《山东蓬莱县发现打制石器》，《考古》1983年第1期。
② 北京大学考古实习队等：《山东省海阳、莱阳、莱西、黄县原始文化遗址调查》，《考古》1983年第3期。
③ 王道新：《黄县志·金石目》稿本，今藏山东博物馆。
④ 王恩田：《概述近年来山东出土的商周青铜器》，《文物》1972年第5期（署名：齐文涛）。
⑤ 山东省烟台地区文物管理委员会：《烟台市上夼村出土𬊤国铜器》，《考古》1983年第4期。
⑥ 李步青：《山东莱阳县出己国铜器》，《文物》1983年第12期。
⑦ 王锡平、孙敬明：《莱国彝铭试释及论有关问题》，《东岳论丛》1984年第1期。

纪、昷、莱史的研究起了一定的推动作用。当前的研究重点，集中在如下几个问题：

一　莱都位置及其疆域

关于莱国都城，汉代以来各家考证都以为应在黄县，但具体方位则略有不同。服虔、杜预、《文献通考》泛指莱都在黄县而不言具体方位。《元和志》《寰宇记》《括地志》《路史》《方舆纪要》并云莱都在黄县东南 25 里的故黄城。《齐乘》《府志》谓在县东南龙门山。同治县志据当地群众传闻以为黄县东南 15 里的归城即莱之故都。清季以来不断有人对莱都在黄县说提出异议。叶圭绶《续山东考古录》提出莱都"断不出古即墨、夷安诸县境"，主要论据是：周初"营丘边莱，其时莱为侯爵，律以周制，侯封已无都黄而边营邱之理"；齐侯伐莱，"晏弱城东阳以偪之"（《左传·襄公二年》），"考东阳城在临朐东境，莱如都黄，相去三四百里，城东阳能逼之耶？……景公时，齐东不越姑尤。黄在姑尤之外，非莱故国明矣"。叶氏的主张影响甚大，不少学者多信从其说。最近有的同志还根据莱都为齐所破后，莱君奔棠的逃跑路线对叶说加以补充，认为"若莱都在黄县，而棠在其西南，这样，莱侯奔棠是向离齐军更近或向齐军进攻的方向逃跑，显然这是不可能的"①。上述论据不无可商之处。所谓"周制"侯封的范围，不过是指《礼记·王制》所叙述的班爵授禄原则，即"天子之田方千里，公侯田方百里，……"。《礼记》成书甚晚，《王制》是否"周制"很成问题。考古发现证实，就在距周天子的故都——周原几十里的宝鸡、千阳、陇县一带曾存在过一个夨国，就是这个不见经传的小国，居然在周天子的心脏地区称王，其国祚且与西周王朝相始终，证明《王制》所述"周制"难以作为衡量国家大小的根据。所谓东阳位在临朐东境之说，最早见于唐杜佑《通典》。而早在汉代，东阳即不再设县。古代地多重名，以临朐而论，汉齐郡有临朐，东莱郡也有临朐（《汉书·地理志》），怎知杜佑所说的临朐以东的东阳，一定是指齐郡

---

① 迟克俭：《古莱国初探》，《齐鲁学刊》1984 年第 1 期。

临朐之东而非东莱郡临朐之东呢？据前人考证，姑即今大姑河，尤即今小姑河。大姑河源出招远，西南流入胶州湾。小姑河为其支流。黄县位在大姑河以北而不在其东。莱都在黄县与齐景公时东境在"姑尤以西"的说法并不矛盾。至于莱侯会不会朝齐军进攻的方向逃跑，这要根据当时战争的特点加以分析。春秋兵力，大国兵车不过数千乘。齐桓公时兵车约为千乘，军队 3 万人左右。春秋晚期，"平丘之会"上，晋车四千乘而齐人惧，可见齐国灭莱时拥有兵车，也就是二三千乘之多，军队总数不超过 10 万人。① 以这样的兵力征伐远在 600 里以外的莱国，没必要也不可能对其进军路线所经过的广大地区均加以攻占并派兵驻守。因此，莱君在莱都为齐攻破后向齐军的进攻方向的棠邑逃跑并无难以理解之处。

目前不少同志虽赞同叶说，但所考定的莱国疆域则有所不同。一说认为周初莱国在淄潍流域一带，"从平度东境至临淄外延的广大地带，大致就是周代莱国的地理范围"②。一说认为莱国疆域"南应以沂山为界，南为莒，北为莱；东南则与异国接壤；西到临朐，经白狼河、胶莱河，直至大沽河一带"，包括现在的潍坊、昌邑、安丘、平度、高密、胶县等地。③ 也有的同志则根据考古调查中在诸城北部的斗鸡台遗址发现西周至春秋时期的一个大型夯土建筑台基以及斗鸡台以北的安丘临浯一带发现龙山至西周时期的遗址三十多处，考证这里就是晏婴的封邑"莱之夷潍"（按：夷潍即汉夷安，在今高密县治，其考非是。——引者），也就是齐晏弱伐莱时所建的东阳城。认为"当时莱国的政治中心应在潍水中游附近"。④

笔者认为，西周时的莱国都城及其疆域与春秋时相比，其间发生过相当变化。应分别加以讨论。根据《史记·齐太公世家》"营丘边莱"的说法，认为西周莱国的统治中心在淄潍流域和其以东地区这当然是正确的。不过根据文献记载，这一地区同时又是纪国的领土及其势力范围。这里就有一个与纪国的关系问题需要加以讨论。只有在承认纪、莱为一国的前提下（说详

---

① 童书业：《春秋左传研究》"军数"条，上海人民出版社，1980 年。
② 周昌富：《莱国姓氏与地望考》，《齐鲁学刊》1984 年第 1 期。
③ 迟克俭：《古莱国初探》，《齐鲁学刊》1984 年第 1 期。
④ 杜在忠：《莱国与莱夷古文化探略》，《东岳论丛》1984 年第 1 期。

下），上述矛盾才能迎刃而解。因此西周莱国都城，实际上就是纪国都城，地在今之寿光境内，因地近齐都临淄（即营丘），故史称"营丘边莱"。春秋初年纪为齐逼，"大去其国"，放弃了淄潍流域的大片国土，莱国的中心地区已转移到今胶东地区，其都城就在黄县归城。有如下证据：1.莱国与莱山密切相关。战国时齐国所祀八神之一的"月主"即莱山。汉志黄县的莱君祠和㠇县（今黄县西南25里）的莱王祠都是指今黄县以南的莱山。而莱都黄县归城即位在莱山之阴。2.从齐伐莱时"堙之环城，傅于堞"的记载看，莱都是有城的。齐国以东有城，且多次出土大批周代铜器者，唯有黄县归城可以当之。归城内文化堆积以西周和春秋时期为最丰富。这与春秋晚期"齐侯灭莱"的记载亦相符。3.清末，归城东南的鲁家沟出土的器群中有一件厘（莱）伯鼎。归城内出土过己侯作宝钟（器藏烟台地区博物馆）。4.据《左传·襄公二十八年》记载，十月庆封到莱打猎，丙辰这天庆嗣判断尝祭这天家里要出乱子。于是劝庆封立即赶回去采取对策，时间还来得及。尝祭是十一日乙亥，距丙辰19天，也就是说从莱到临淄，"速归"的话，19天之内可以到达。由于庆封对此毫不介意，走了31天即十一月丁亥才到达临淄。如果莱都在临朐，则距临淄不过百里，如果据叶氏考证在古即墨、夷安（今高密县治），也不过三四百里，不可能要走19天，更不可能走一个月的时间。而临淄至黄县约600余里，古代行军每宿为一舍，每舍30里，以此速度计算，要走20天，与19天接近。因此，莱在黄县较为合理。5.鲁国曾参加齐伐莱之役（《春秋·宣公七年》）。而黄县归城以东10里的石良村清末曾出土过鲁士商歔匜，应与此役有关，为春秋莱都在黄县说提供了物证。①

二 关于"迁莱与郳"

《左传·襄公六年》齐灭莱后"迁莱于郳，高厚、崔杼定其田"。杜预注："迁莱子于郳国。"郳国即小邾。其地理位置《兖州府志》以为在滕县东一里。张立志《山东古地名表》以为即今滕县东南50里的郳犁城。王献

---

① 王恩田：《纪、曩、莱为一国说》，《齐鲁学刊》1984年第1期。

唐《春秋邾分三国考》以为"郳城地近峄县西北境",要之皆以为在滕峄一带。《齐乘》则以为地在今苍山县(今兰陵县)西北30里的鄫城南,未确。《路史·国名纪》首先提出郳在东莱的主张。《康熙黄县志》《续山东考古录》并从其说。叶圭绶进一步论证说"小邾本名郳,为鲁附庸,齐何得迁莱于彼耶?……此郳当是东夷小国,早附庸于齐者"。目前仍有同志同意此说。其实叶氏关于郳为鲁之附庸的说法是毫无根据的。恰恰相反,郳为齐之属国。就在鲁襄公二年齐侯伐莱的同一年,以晋为首的诸侯国曾在戚地两度会盟。其中秋天的一次,齐、滕、薛、小邾没有参加。齐国不参加是由于崔杼曾表示"不服晋",而"滕、薛、小邾之不至,皆齐故也"(《左传·襄公二年》)。杜预注:"三国,齐之属。"可见郳确为齐之属国。叶氏关于郳是"东夷小国"的说法也是毫无根据的。莱灭后确被迁往滕峄之郳,还有考古材料为之证实。清嘉庆二十二年,邹县峄山西南20余里的卧虎山出土王莽天凤三年的"莱子侯刻石",徐森玉先生考证与"迁莱于郳"有关,其说甚是。

三　莱国姓氏问题

关于莱国姓氏,由于《世本》《世族谱》等早期姓氏典籍皆失载,经传中也无莱女姓名可资稽查,给研究莱国姓氏造成困难。目前主要有子姓、姜姓两说。主子姓说者引《史记·殷本纪》所载"契为子姓,其后分封,以国为姓。有殷氏、来氏……"以为证。认为来氏即东夷莱国无疑。[①]按:来、莱虽读音相同,但"来"在经籍中训为麦,而"莱"则是蒺藜,是一种杂草[②],经籍中"来""莱"一般并不相互借用。"来氏"恐非莱国。主姜姓说者则引《左传·襄公二年》"夏,齐姜薨,……齐侯使诸姜、宗妇来送葬,召莱子,莱子不会"以为说,认为"莱为姜姓,故使与诸姜、宗妇送葬"[③]。因此判断莱国是否姜姓,关键在于弄清"诸姜、宗妇"的含义。孔颖达疏解"宗妇"为"同姓大夫之妇",而解"诸姜"为"齐同姓之女嫁与齐大夫之为

---

① 周昌富:《莱国姓氏与地望考》,《齐鲁学刊》1984年第1期。
② 王恩田:《关于齐国建国史的几个问题》,《东岳论丛》1981年第4期。
③ 王献唐:《黄县㠱器》,山东出版社,1960年,第143页。

妻者"，并进一步说"齐侯召莱子者不为其姓姜也。以其比邻小国，意陵蔑之"。齐侯如欲陵蔑莱子，不难找到其他任何借口，为什么偏偏要让一个与"诸姜、宗妇"毫不相干的异姓国君莱子来送葬呢？这是说不通的。实际上"诸姜"与经传中姬姓诸国的"诸姬"、任姓诸国的"诸任"同例，指姜姓诸国而言。宗妇这里指宗国国君之妇。同祖为宗，宗国即同姓诸侯国。"诸姜、宗妇"应解为姜姓诸国的国君及其夫人。莱子只能是姜姓，齐侯才能"召之"，莱为姜姓国是毫无疑问的。

四 西周纪国都城及"大去其国"后的去向

纪国，姜姓。金文作己。西周时西邻齐国。其都城位置史多异说。

《水经·淮水注》认为原在江苏赣榆县东北；《括地志》认为即西汉淄川国所都的剧县，今寿光县南纪台城；《读史方舆纪要》引刘昫说则以为在剧城之西。由于清季纪侯钟传说出土于纪台下，故一般学者均信从《括地志》之说。经考古调查，纪台城多为战国与汉代的文化堆积，应是战国剧邑与汉之剧县故址。而在纪台城西北10里的冉宋台，郑家、鲍家等七八个毗邻的村落之间，发现大面积周代遗址。估计这里才是纪国都城所在，刘昫说应是可信的。

纪、齐累世交恶。至春秋初年，纪国敌不住齐之威逼，"大去其国"迁往他乡，其去向一直是一个悬而未决的疑案。1969年，烟台上夼村出土一批铜器，其中有一件己华父鼎[①]，系墓葬出土。1974年12月，莱阳中荆公社前河前村也出土一批铜器，计圆鼎、壶各2件，有盖鼎（盖失）、簋、甗、盘、匜各1件。其中一壶形似匏壶而为直颈，有铭在底外，铭作"己侯作铸壶，令小臣以汲，永宝用"[②]。据清理系一座中型墓出土，墓主佩鸡血石等装饰，身下及棺椁间殉儿童4人。从有盖鼎及随葬陶器的形制看，墓葬年代应属春秋早中期。从墓葬规模及壶铭看，墓主不可能是纪侯，应是纪侯身边主

---

① 山东省烟台地区文物管理委员会：《烟台市上夼村出土曩国铜器》，《考古》1983年第4期。
② 李步青：《山东莱阳县出土己国铜器》，《文物》1983年第12期。

持杂役事务的嬖大夫之类人物。此外，烟台地区文管会还收藏一件纪侯钟，铭作"己侯作宝钟"，传为黄县归城出土。胶东地区屡次出土纪国铜器，而莱阳纪国墓葬年代又晚于纪"大去其国"的鲁庄公四年，因此有理由认为纪"大去其国"后，很可能是放弃了寿光县的旧都，及今淄潍流域的大部国土，逃往胶东半岛一带，这就是春秋时为齐所灭的莱国。

五　纪、异关系

早在宋代即有异公壶传世，薛尚功引卫宏说以为异即杞国。陈篆斋、董作宾从其说。方濬益正确地指出异为姜姓、杞为姒姓，两者并非一国，异国应即姜姓纪国。郭沫若、曾毅公、陈梦家、杨树达诸先生并主此说。容庚先生对纪异是否一国曾表示怀疑，但未详加讨论。王献唐先生《黄县异器》一书对纪异一国说持否定态度，例举两条证据：1. 纪国铜器"几乎全是西周作品，没有春秋时器"，而异国铜器则刚好相反，"都是春秋期物，……没有一件为西周中叶或初叶时器"，"这是纪、异铜器最主要的时间矛盾"。2. 纪国"经传史籍都作纪，金文都作己，从来没有把纪写作异的证据，更没有把己写作异的证据，这是异、纪国名书体一条很分明的界限"。

其实上述莱阳出土的己侯壶器群就是一批时代明确的春秋纪国铜器。各家著录的"异中作倗生壶"系壶盖，原藏北京大学，其器似卣而无提梁，未经著录，今藏上海博物馆。最近北大已将壶盖拨赠上海博物馆陈列，使这件久经失散的器物得以团聚。壶腹饰相对大鸟，出现于西周昭王时期而盛行于穆王时期。其年代是很明确的。足证王氏所谓纪器均为西周、异器均为春秋的时间矛盾并不存在。此外，烟台上夼墓葬出土的有铭铜器，除己华父鼎外，还有一件异侯鼎铭作"异侯易弟叟嗣戒，弟叟作宝鼎，其万年子子孙孙永宝用"。两鼎形制及铭文书体如出一手。《简报》认为己华父与异侯之弟叟为一人①，显然是正确的。纪器与异器共出一墓，王氏所谓纪、异国名书体界限的说法已为考古事实所推翻。方濬益纪、异一国说确不可易。

---

① 山东省烟台地区文物管理委员会：《烟台市上夼村出土异国铜器》，《考古》1983年第4期。

六　纪、莱关系

根据文献记载，纪国都城在寿光、所属郱邑在临朐，郚邑在安丘，鄑邑在昌邑。纪国曾征伐过位在今即墨西60里的夷国。可证齐国以东为纪国领土和势力范围。而据考古发现，胶东地区屡次出土纪（己）国铜器，说明其疆域应包括胶东地区在内。李学勤先生根据考古发现认为烟台、莱阳"均在纪国境内"，是正确的。但同时还认为江苏赣榆一带也属于纪；并认为"通行历史地图把山东半岛大部标为莱夷，是不对的"[①]。其说可商。《水经注》关于纪国本都于江苏赣榆之说，尚待考古发现的证实。即令其说可信，纪迁都寿光后，仍然能够跨越莒国的广大国土而领有纪郚，似乎不大可能。至于莱国疆域，曾与齐都营丘相邻，莱之潍邑在今高密，莱之棠邑在今平度，都是见于文献记载斑斑可考的。因而把山东半岛大部划为莱夷版图无可非议。现在的问题是齐国以东地区既是纪国，又属莱国疆域，纪、莱关系如何，需要作出合理解释。

笔者认为纪（己）莱均为姜姓，疆域又相密合，而且在文献中不曾发现两者有过什么交往、矛盾和纠纷，两者只能是同国异名，否则难以解释。而且在金文中己与厘（莱）可以通用。如传世獣钟共5枚（《代》1.17—18），其中1、2、4枚器主獣与蔡姬说"追孝于己白"，而第3枚却说"用作朕文考厘白"可证。如上所述在"迁莱于郳"的郳国附近的邹县出土过莱子侯刻石，为"迁莱于郳"提供了物证。而且据王献唐抄录吴县陶眉叔拓本题跋，己甫人匜于清光绪二十一年（1895）出土于郳国附近的峄县。己国本土在山东东部，己甫人匜又非媵器，之所以在此出土应与齐"迁莱于郳"有关。此器的出土为纪莱一国说提供了重要的实物旁证。[②] 李白凤《东夷杂考·莱夷己族考》也主张莱、己同源，但其论证错误较多。如说"厘季"即"莱己"的同音字；如误释益都苏埠屯出土铜器中的醜字为盍、醓，即齍字初文，并与己族拉上关系；再如误释无夔卣亚中𣚤字为莱，其实应是束，即刺字初

[①] 李学勤：《试论山东新出青铜器的意义》，《文物》1983年第12期。
[②] 王恩田：《纪、己、莱为一国说》，《齐鲁学刊》1984年第1期。

文。均难以令人凭信。另外还有同志根据莱阳新出祀父乙陶盉铭中祀字偏旁巳字,考释与纪、㠱、齐为一字,进而论证三者为一国①,这无论从字形、字音、字义看都是不对的,但它的确是一件非常重要的器物,值得进一步深入研究。

原载《先秦史研究动态》1985 年第 1 期

---

① 李步青、刘玉明:《"巳盉"铭义初释及其有关历史问题》,《东岳论丛》1984 年第 1 期。

东岳泰山考辨
——徐子氿鼎与徐国本土

我国名山首推五岳，而东岳泰山又是五岳之首，享有"五岳独尊"的盛誉。《泰山缘起》（省称《缘起》）[①]一文，对泰山的名称、地理位置等问题作了考证。提出"泰山原是大山的泛称"，"并非某山的专名"，泰山这一山名，历史上"曾有过移动"；"西周、春秋初年所谓泰山，是位于今平邑、蒙阴、费县三县交界处的蒙山"；费县台子沟出土的徐子氿鼎是徐国祭泰山的遗物；是"徐子祭山后埋在墓中的礼器"。观点虽属新颖，惜论据并不充分。愿就此略陈浅见，请批评指正。

一 泰山名称"移动"说剖析

《缘起》提出"泰山这一山名在历史上，或因时代不同或因文化中心转移，曾有过移动；移动范围，就在泰沂山系之中。推本溯源，原始义作为大山的泰山，或许指横贯鲁中南地区泰沂山系诸山"。曾例举三条证据，今分别讨论。

（一）"泰山原是大山的泛称。……并非某山的专名"

《缘起》指出泰、太、大三字互通，泰山的原始义为大山是对的，但说泰山是大山的"称泛"而非"专名"却不正确。在甲骨文和金文中只有"大"字而无"太""泰"。后者是为区别"大"字而新造的后起字。而"太山""泰山"则是为区别"大山"这一泛称而设的专名。专名一旦出现，即

[①] 王树明：《泰山缘起》，《东岳论丛》1985年第3期。

具有了特定的含义。泰山、太山可以因音近借作"大山",但作为泛称的"大山"却不能与专名"泰山""太山"相通假。犹如中岳嵩山的原始意义为高山(《尔雅·释诂》"嵩,高也。"),但是嵩山一旦作为专名出现,作为泛称的"高山",即不能再与"嵩山"相通假。其道理是一样的。因此泰山是泛称而非专名的说法不妥。

(二)"今山东境内泰沂山系,以泰山命名之山,凡四处之多"

古代地多重名,而且有些重名确实是由于"因文化中心转移",地名也随之移动而形成的,但却鲜见"因文化中心转移"山名也随之移动之先例。例如,春秋楚国都城名郢,地在今湖北江陵纪南城,后迁都于陈(今河南淮阳),再迁于寿春(今安徽寿县),其所迁新都仍名之为郢。郢这一地名随楚国都城的移动而移动。楚国初曾居于荆山,因而国名有时也称"荆"或"楚荆"。但楚虽多次徙都,而荆山这一山名却并不因楚国"文化中心转移"而移动。除湖北的荆山而外,山东诸城,河南禹县,安徽芜湖、怀远,陕西富平等地均有荆山,显然不能解释为"因时代不同或因文化中心转移"山名也随之移动的结果。此外《山海经·东山经》中除东岳"泰山"外,尚有在剡山以东的"太山",《中山经》中也有"太山"。清人考证"此太山在郑(今河南)"。这些泰山的重名显然也并非因"文化中心转移"山名也随之移动而产生的。

在称名惯例上往往因事物相互之间有某些相似因素,因而被赋予相同的名称,不过一般均须加区别字以免混淆。如青岛与小青岛、黄河与小黄河是其证。山名中也不乏其例,如江西有庐山,湖南益阳县南60里有小庐山;皖南有黄山,皖北宿县则有小黄山;四川有峨眉山;河南郏县则有小峨眉山;等等。显然小庐山、小黄山、小峨眉山的存在,不能作为庐山、黄山、峨眉山等山名"曾有过移动"的根据。《缘起》所说的"四处泰山",实际上是指除泰安的泰山以外的新泰、肥城、临朐等三处"小泰山"而言。这三处"小泰山"与上述称名惯例中的例证相同。"小泰山"者,虽与泰山有某些相似,而不及泰山之高大者也。小泰山可以有三个乃至更多些,但泰山却只能有一个。因此,三个小泰山的存在不能作为泰山山名"曾有过移动"的根据。

（三）泰山"也还有求山、东陵、西泰山诸名称"

泰山有无多种别名与讨论泰山山名是否"移动"过，以及泰山究竟是"专名"还是"泛称"似乎关系不大。不过，既然已经提到"西泰山"这一山名，顺便谈谈历史上曾经有过偷梁换柱，妄图以封东泰山取代封泰山的故事，也许有助于加深对这一问题的理解。

泰山又称"西泰山"的这一别名，是为了与汉朱虚县（今山东临朐）的东泰山（又名小泰山）相区别而产生的。为了易于区别故有时也称泰山为西泰山。据《史记·封禅书》，汉武帝时，济南人公玉带诡称："黄帝时虽封泰山，然风后、封巨、岐伯令黄帝封东泰山，禅凡山，合符然后不死焉。"汉武帝听信了他的话，"既令设祠具，至东泰山"。但是由于东泰山"卑小，不称其声，乃令祠官礼之，而不封焉"。后来仍然"还泰山，修五年之礼如前"。封禅史上的这段小插曲，清楚不过地说明，"小泰山"之类，虽有泰山之名，因"卑小"而无泰山之实。尽管公玉带之流能言善辩，也难以达到以东泰山取代泰山的目的。

二　驳泰山即蒙山说

《缘起》考证春秋初年以前的泰山即蒙山，例举四条证据。

（一）引证《考古》1983 年第 2 期发表的一篇简讯，报道了费县上冶公社台子沟出土的徐子氽鼎。简讯根据这一发现推测费县台子沟一带"可能是徐国的汤沐之地"，徐子氽鼎"可能是当年徐国祭祀泰山的遗物"。《缘起》全面接受了这一"揣测"，并进一步论证"徐子祭的泰山就是蒙山"；"费县台子沟之台基，大概就是徐子来此祭山时建筑的坛台"；徐子氽鼎"就是徐子祭山后埋在台基中的礼器"。其说可商。

首先，蒙山主峰龟蒙顶位在今平邑境内，海拔 1155 米。出土徐子氽鼎的台子沟位在蒙山以东的一个山峰——玉皇顶南坡脚下。玉皇顶位在费县境内，海拔 1001 米。既然徐子所祭的泰山就是蒙山，为什么徐子氽鼎不埋在蒙山主峰脚下，却埋在距主峰数十里之外的而又比主峰低 150 余米的玉皇顶脚下？这是说不通的。

其次，据《大戴礼·保傅》注"负土石于泰山之阴为坛而祭天也"谓之封，"除地于梁甫之阴为墠以祭地也"谓之禅。山北为阴，据礼制可知祭祀泰山的坛应筑在山的北面。1954年，泰安城关东更道村出土楚国祭祀泰山的礼器楚高缶和特大铁盘的祭祀坑就恰好位在"泰山之阴"。而出土徐子汓鼎的土台以及《缘起》所谈到的其他土台均位在山的南面，与祭祀泰山之礼不符。此外，如上所述封泰山为祭天之礼，禅梁甫为祭地之礼。《缘起》所引用的几条祭泰山礼制的文献均属祭地之礼，从而混淆了封与禅的区别。在引用文献时也不够谨严，如引《周礼·春官宗伯·大宗伯》一条实为郑玄注解而非经文；《礼记·祭法》一条经文"瘗埋于泰折"夺"于"字；注文误"坛折"为"泰折"，且夺"也"字。

再次，《缘起》认定徐子汓鼎并非出土于墓葬，未免失之武断。徐子汓鼎曾于1972年被送来济南参加山东出土文物展览。临沂县文物组已故张鸣雪老先生曾告诉笔者，与徐子汓鼎同时出土的，除一件无铭小鼎外，还有铜箭头等其他遗物。他推断这批遗物系墓葬中所出。尤其重要的是徐子汓鼎铭文本身已经标明系随葬用的"明器"。徐子汓鼎铭曰："余子汓之鼎，百岁用之。"（《缘起》误"之鼎"为"作鼎"）余即徐国之徐，文献和金文或增邑作"郐"。汓为徐子之名。"百岁"，古人以为人寿不过百岁，故谓死曰"百岁"。《诗·唐风·葛生》："百岁之后，归于其居。"笺："居，坟墓也。"意思是说，人死后埋入坟墓。《史记·春申君列传》："而王无子，即百岁后，将更立兄弟。""百岁"均指人死而言。鼎铭自言"百岁用之"，知此鼎必为随葬所用明器无疑。徐子汓鼎是一个高仅20多厘米的小鼎，与楚祭泰山的礼器楚高缶等庞然大器相比较真是小巫见大巫。徐为东方大国，山西侯马上马村出土的徐王之子庚儿鼎，安徽舒城九女墩出土的徐器鼓座、甬钟等都是一些宏伟巨制的重器。徐国既然有能力铸造大型铜器，为什么在庄严的祭泰山礼仪中却使用徐子汓鼎这样一个微不足道的小鼎来充数，岂不有损国家体面！要之，徐子汓鼎为徐国祭泰山礼器说难以成立，由此而派生的泰山即蒙山说当然也只能是以讹传讹，不足凭信。

应该着重说明，既然是徐国墓葬，为什么会在山东费县境内出土？这里牵涉到徐国本土的地理位置这样一个重要的学术问题。关于徐国本土的传统看法一般均信从《汉书·地理志》之说，认为地在今苏皖北境。而《说文》则说"鲁东有郊城"，郊即徐。《书·费誓》序："徐夷并兴，东郊不开。"《费誓》："我惟征徐戎。"徐国造反而鲁"东郊不开"，鲁伐徐戎而在费地誓师。《鲁颂·閟宫》在谈到鲁之疆域时说，"奄有龟蒙"，"遂荒徐宅"，都证明徐国旧居确在鲁东龟蒙地区的费县一带。今徐子氽鼎出土于距古费城（今费县城北25里鄪城村）不远的台子沟，为探寻徐国旧居提供了确证。班固、杜预所说系徐国南迁后的国土。

（二）《缘起》引证《春秋》及三传隐公八年的一条史料，说郑国原有祭祀泰山的"汤沐邑"——祊，地在今费县境内。而鲁国也有一块到"京师"洛阳朝见周天子的"朝宿之邑"——许田。郑拟以祊来换取鲁之许田。《缘起》认为：祊城"东去今泰山数百里之遥。郑伯由河南新郑来祭今之泰山，歇脚的汤沐之邑，断不能设于泰山以东数百里之祊城"。于是得出结论说"郑伯祀泰山之邑就在费县，说明其所祀泰山距费不远"。

今泰山距费县祊城直线距离约300里，祭泰山的"汤沐邑"为什么不在泰山附近而在300里之外的费县，似乎不好解释。其实，古地多重名，祊是否一定在费县也还值得研究。祊与邴音近，祊与防均从方得声，故此三字可通假。《春秋·隐公八年》："郑伯使宛来归祊。"《公羊》《穀梁》祊均作邴。《春秋·隐公九年》："公会齐侯于防。"《公羊》防也作邴。据此可知祊与防亦可通用。古代名防的地名很多，仅鲁国即有三处：一在费县东北六十里之华城（《春秋·隐公九年》注）；一在曲阜县东之防山（《春秋·僖公十四年》）；一在金乡县西（《春秋·隐公十年》）。名邴的地名除上引费县境内的祊城、华城以外，宋国也有邴。《说文》："邴，宋下邑。"前人考证即金乡县西之邴。因此，郑祭泰山的"汤沐邑"是否一定在费县祊城尚待进一步证实。即使郑的祊城果在费县，也不能以此作为泰山即蒙山的证据。如所周知，"许田"无论解作"许国之田"还是解作"近许之田"，都应距许不远。而许国地在今河南许昌一带，距成周洛阳的直线距离也是300里。如果按《缘起》的逻辑，我们也可以这样设问：鲁国朝见周天子的"朝宿之邑"，为什么不在洛阳附近而远在300里之外的许昌附近呢？如果也照《缘起》的论证方法，由此得出结论说洛阳并非周天子的"京师"成周，成周应在许昌附近，岂非大谬？

（三）《缘起》引证《论语·八佾》"夫颛臾，昔先王以为东蒙主"（按：《八佾》无此语，应作《季氏》。——笔者），《左传·僖公二十一年》杜注"颛臾，在泰山南武阳县东北"等两条文献，考证说："很清楚，杜预说的泰山就是蒙山，而不是今之泰山。"

这是一个误会。杜预这里所说的"泰山"系郡名而非山名。杜预注释古地名时往往省去郡（国）字，如《春秋·庄公七年》注："谷，齐地。今济北谷城县。"又如《春秋·僖公二十三年》注："缗，宋邑。高平昌邑县东南有东缗城。"济北、高平均为郡名而省去郡字。例证甚多，不遑枚举。泰山在这里同样是汉郡名，而南武阳县则是泰山郡之属县（《汉书·地理志》泰山郡条）。如果泰山就是蒙山，为什么孔子不说"先王以为泰山主"，使颛臾主祭泰山呢？而且在"先王以为东蒙主"的后面还有一句"且在邦域之中矣"，就是说颛臾国位在鲁国的疆域之内。顾栋高据此以为颛臾为鲁国之附庸显然是正确的。而据文献记载，鲁国有祭泰山的礼俗（说详下），假如颛臾主祭的不是东蒙而是泰山，那将置其宗主国鲁国于何地？

（四）《缘起》"发现"了一个"文献无征"的"许由故城"，于是进而考证说："因为'徐'、'许'声音相近。此'许由城'很可能是'徐子城'，即当年徐子祭祀泰山——蒙山的汤沐邑的讹传。"

按：徐、许古音并不相近。徐从余得声，古读作塗，属定母，舌音。许古体作鄦，从无得声，古音属晓母、喉音。文献和古文字中从无徐、许通假的例证。

其次，所谓"许由城"并非没有"文献记载可稽"的新发现。此城原名许田城，后讹作"许由城"。

《一统志》卷一百九："许田城，在兰山县（今临沂。——引者）西北五十五里。《春秋》《左传》隐公八年，郑伯使宛来归祊，请祊易许田，后人以是名，为许田城。"

《山东通志》卷九："许田城，在县东境涑河（《县志》指出："当作祊河。"——引者）之南，郑以祊易许田，鲁与之易而仍以许田名城，所未详也。土人讹为许由城。"

《光绪重修费县志》"许田城"条考证了"许田"讹作"许由"的原因。"按许由之称因箕山而讹（县东南，其人亦名旗山，俗讹为箕山）"。

许田城见于文献记载，斑斑可考，不可谓"文献无征"。其得名来历系本自郑以祊易许田的史实，即所谓"许田本鲁邑，易祊后仍以旧邑名之"。由于传说许由曾在"箕山之下隐"，故县志认为许田城因箕山而讹作"许由城"是有根据的。但因"田""由"形近而讹的可能性也是存在的。不管怎样，此城均难与"徐子城"扯上关系，显然也不能作为论证蒙山即泰山的依据。

泰山即蒙山说的错误还在于它与经籍记载相矛盾。

《诗·鲁颂·閟宫》："泰山岩岩，鲁侯所瞻。奄有龟蒙，遂荒大东。"传："龟，山也。蒙，山也。"

《书·禹贡》："海岱及淮惟徐州，淮沂其治，蒙羽其艺。"疏："《地理志》云：蒙山在泰山蒙阴县西南，羽山在东海祝其县南。"岱即泰山。

《孟子·尽心上》："孔子登东山而小鲁，登泰山而小天下。"东山即《论语·季氏》中所谓"东蒙主"的蒙山，因"正居鲁四境之东，一名东山"（焦循《孟子正义》）。

在上引文献记载中泰山与蒙山同时并提，泰山不可能是蒙山。《缘起》说，"东周以来，不能记远"，因而不知道"西周、春秋初年所谓泰山，是位于今平邑、蒙阴、费县三县交界处的蒙山"。《鲁颂·閟宫》系"颂僖公"之诗。诗末言"奚斯所作"，知诗的作者是奚斯，此人见于《左传·闵公二年》，生当春秋早中期之际。如果说《閟宫》作者奚斯"不能记远"到了连西周乃至春秋初年时泰山和蒙山究竟是一个还是两个这类常识问题都还搞不清楚的程度，这是难以想象的。

三　泰山与封禅

《缘起》认为泰山之所以成为"我国诸山之尊"，"肯定与中华民族古代文化的起源发展有关"。例举四条论据：（1）沂源、新泰出土的猿人化石，证明泰沂山区"历史相当久远"；（2）大汶口文化、龙山文化的"文化发展水平"为其他省份新石器时代文化"无法与之媲偶";(3)商的远祖是太昊、少昊和帝舜;(4)商文化与大汶口文化有继承关系。于是得出"泰沂山系是我国人类的发祥地之一","也是我国古代文明的摇篮"的结论。

云南元谋、陕西蓝田、北京周口店等地出土的猿人化石同样可以证明上述地区的历史也是"相当久远"的,而且其年代要比山东还要古老得多,但在上述地区并没有出现像泰山这样声名显赫的名山。中原地区的仰韶文化、甘青地区的马家窑文化、江浙地区的河姆渡文化和良渚文化、燕山脚下长城内外的红山文化等其他省份的新石器时代文化,也各在不同方面为灿烂的中国古老文化做出自己的贡献,也都可以被视为"我国人类的发祥地"和"我国古代文明的摇篮"。但在这些地区同样也没出现像泰山这样的"诸山之尊"。可见泰山能够成为五岳之首虽与远古的历史与文化不无关系,但毕竟还不是唯一的原因。至于商族与东夷族有血缘关系之说则有可商。如所周知,同一祖先的后裔无疑应具有相同的姓氏,即所谓"同姓同祖也"(《诗·杕杜》笺)。而太昊为风姓、少昊为嬴姓、舜为妫姓、商为子姓,这些姓氏不同的族属怎能具有共同的祖先和血缘关系?大汶口文化的直接继承者是山东龙山文化,商文化的相对年代又晚于山东龙山文化,这已是考古学的常识,商文化如何能超越山东龙山文化阶段去承继大汶口文化的某些文化因素呢?所例举的商文化中的觚、爵等器物都可以在河南龙山文化和二里头文化中找到其祖型,而大汶口文化中则根本没有爵这种器物。所举苏北邳县刘林的"墓葬殉狗、崇拜乌龟"的习俗在商代墓葬中从未发现过,而在河南淅川的仰韶文化墓葬中却可以见到。可见商与东夷族存有血缘关系之说并无过硬根据,从而并未找到"泰山缘起"的正确答案。

泰山之所以能够成为五岳之首,首先是由于它自古就是一座充满神话传说的"神山"。

《后汉书·乌桓传》:"使护死者神灵归赤山。……如中国人死者魂神归岱山也。"注:"《博物志》:'太山,天帝孙也,主召人魂,东方万物始,故知人生命之长短。'"(《三国志·魏书·乌丸传》与此略同。岱山作泰山。——引者)在原始社会,由于生产力发展水平的低下,由于"原始人对自然斗争的软弱无力"(列宁语),古代世界各民族中差不多都曾盛行过"灵物崇拜"，山岳、丛林等往往"被认为是某些精灵所喜欢居住的处所"（柯斯文《原始文化史纲》）。上述"中国人死者魂神归岱山"的传说就是这种"灵物崇拜"的反映。我国古代盛行崇拜山神的习俗。《山海经·东山经》："自尸胡之山至于无皋之山，凡九山，六千九百里。其神状皆人身而羊角。其祠：用一牡羊，米用黍。"《中山经》："苦山、少室、太室皆冢也，其祠之太牢之具，婴以吉玉。其神状皆人面而三首，其余属皆豕身人面也。"此类记载在《山经》中比比皆是。因此，并非如《缘起》所说，只有"古代东夷部族，有崇拜山神的习俗"。既然并非只有泰山之上为鬼神栖止的处所，为什么泰山的地位可以凌驾于群山之首，享有"五岳独宗"的盛誉呢？笔者认为这主要是与它所独自具有的帝王封泰山的封禅制度有关。

何谓"封禅"？封和禅是同一制度中的两个不同的方面，其原意都是指"坛"即土台子，"封谓坛也"（《周礼·肆师》注）。"禅者除地为墠"（《礼记·礼器》疏），墠即坛。但封与禅又有所区别。封是祭天之礼，在泰山上举行；禅是祭地之礼，在泰山以外的梁甫、社首、亭亭、云云等其他的小山上举行。

封禅始于何时？《史记·封禅书》引《管子·封禅篇》之说以为无怀氏、虙羲、神农、炎帝、黄帝、颛顼、帝喾、尧、舜、禹、汤、成王等都曾封禅，似乎自开天辟地以来就曾有封禅之举。后世有识之士多不相信这种神话。南朝梁许懋《封禅对》斥封禅为"纬书之曲说"，正确指出"七十二君燧人之前，世质民淳，安得泥金检玉？结绳而治，安得镌文告成？妄亦甚矣"。章俊卿《封禅论》："以封禅为非古者，王仲淹也；以封禅为不经者，李泰伯也；以封禅为不足信者，苏子由也。夫六经无封禅之文，帝王无封禅之事。著是文者管仲疏其源，史迁浚其流，季仲推其波，张说助其澜。"清梁玉绳《史记志疑》："三代以前无封禅，乃燕齐方士所伪造。昉于秦始，侈于汉武。"可见《缘起》关于"历代诸儒，对无怀氏至周代封禅泰山的传说，从未有过怀疑"的说法显然是不正确的。《缘起》指出关于传说时代的"诸帝"封禅之说"近于谎（荒）诞"，这无疑是正确的，但关于商汤、周成王等有关封禅之说则不置可否。笔者认为梁氏"三代以前无封禅"之说是可信的。

殷人尚鬼神，事无巨细均须占卜以定吉凶。但像"封禅"这样的大事则毫无踪迹可寻。甲骨文中有关于祭山、求山的卜辞总计约50余条。除"莽山"（《库》652）一例有可能是山的专名外，一般不见山的专名。山前有时加数词，如"寮于十山"（《掇》1.376），意即以燔柴之礼祭十山。"又于五山"（《邺》3.40.10），"又"借为侑，也是祭名。"十山""五山"都包括哪些山则不得而知。殷人认为"岳"掌握着降雨和年成的丰歉，因而祭岳的卜辞远较祭山的卜辞为多，而且祭礼也很隆重。如"酒岳"（《粹》34），即以酒祭岳。"舞岳"（《前》6.20.2），即以舞祭岳。"寮岳"（《甲》2334），即以燔柴之礼祭岳。其他尚有"祀岳"（《乙》6881），"㞢（侑）岳"（《前》1.50.3）等等，名堂很多。祭岳时一般都要杀牛宰羊，最多时使用了三羊九牛（《库》264）。奇怪的是岳字前面不加东、西、南、北、中等区别字，证知"五岳"的观念这时尚未产生。根据卜辞中祭岳常与祭河并举（《前》7.5.2、《粹》23、《佚》146），知岳应近于河。河即黄河，因此卜辞中的岳很有可能即指泰山而言。由于中岳嵩山、西岳华山也去河不远，另外，山西霍太山，古称太岳，也与河相近，当然也不排除岳指嵩山、华山或霍太山的可能性。甲骨文中有"封"字，除残辞未审何义外，可看出辞义的有人名"宰封"（《佚》518），余为地名。谈作邦，如"二邦方"（《后》1.2.16），"三邦方"（《后》1.18.2）等等，"禅"字则迄无一见。据此有理由认为殷人有祭山、祭岳习俗，但封禅之礼是不存在的。

据《公羊·隐公八年》："天子有事于泰山。"注："有事者巡守祭天告至之礼也。"如其说可信，则周天子奉行祭泰山之礼。《春秋·僖公三十一年》："犹三望。"《公羊传》："三望者何？望，祭也。然则曷祭？祭泰山、河、海。"《礼记·礼器》："齐将有事于泰山。"疏："有事于泰山，谓祭泰山也。"齐国所祭的"八神"中的"地主"即泰山，证知鲁国和齐国也祭泰山。但关于周代封禅之说，除《管子》说周成王曾封禅这条有问题的记载外，无论是经籍和金文中迄无一见，足证梁氏之说可信。

封禅肇始于战国时代流行的神仙传说。其时齐燕方士盛行，"为方仙道，形解销化，依于鬼神之事"。诡称渤海中有神山，"诸仙人及不死之药皆在焉，其物禽兽尽白，而黄金银为宫阙。未至，望之如云。及到，三神山反居水下。临之，风辄引去，终莫能至云"(《史记·封禅书》)。日本泷川资言《史记会注考证》："盖望海上蜃气以为神山也。"山东蓬莱、辽宁旅大一带，每逢春季，有时可以在天空中看到山脉、宫室等神奇的幻景，即"海市蜃楼"。这是由于光线透过不同密度的空气层，发生显著折射，把远处的景物显示在空中而形成的。古人不能对这种奇妙的自然景观作出科学解释，因而杜撰出各种各样的神仙传说，这就是为什么神仙之说盛行于齐燕的缘故。秦始皇兼并天下，齐国方士上书，言海中三神山及仙人事(《史记·秦始皇本纪》)，秦始皇于是派人入海求仙人，并四次亲自东巡郡县至渤海沿岸的山东半岛和碣石(今河北秦皇岛)，其主要目的之一就是求仙人神药。汉武帝"尤敬鬼神之祀"，有方士李少君者言上曰："祠灶则致物，致物而丹砂可化为黄金。黄金成，以为饮食器则益寿。益寿而海中蓬莱仙者乃可见，见之以封禅则不死，黄帝是也。"齐方士公孙卿曰："封禅七十二王，唯黄帝得上泰山封。……上封则能仙登天矣。"齐方士丁公曰："封禅者合不死之名也。"(《史记·封禅书》)可见封禅之说确系齐燕方士所伪造，而封禅的重要目的就是要升仙登天乞求长生不死。封禅之说非古也，还可以从儒生不善于此道以为旁证。秦皇、汉武欲封禅，都曾召集儒生们征求意见，目的不过是借用"儒术"以为封禅说的文饰。由于三代无封禅之事，经籍中无封禅之礼，故儒生们"不能辨明封禅事"，老实一点的儒生"牵拘于诗书古文"而不能驰骋幻想，胡说八道。狡黠者便胡诌什么登泰山时须用蒲草把车轮裹起来以免伤害草木呀，所造封禅祠器"不与古同"等"乖异"难以实行和不识时务的谬说。于是秦皇"绌儒生"，汉武"尽罢诸儒不用"。这就从另一侧面证明封禅之说确实非古也。秦皇汉武以后，历代帝王竞相仿效，封禅的仪式越搞越繁缛神秘，封禅的目的也由乞求升仙不死发展成改朝换代、天下太平的告成庆功之礼，即所谓"增泰山之高以报天，附梁甫之基以报地，明天之所命，功成事就有答于天地"(班固《白虎通·封禅篇》)。泰山之地位也随之越来越高。道教兴起以后，泰山又为掌管人间生死之神，即所谓"主治死生、百鬼之主帅也"。唐玄宗时封泰山神为"天齐王"，元世祖忽必烈又尊封为"东岳天齐大生仁圣帝"，简称"东岳大帝"，各地也纷纷建立东岳庙、天齐庙以奉祀之，泰山神的影响进一步扩展至民间。笔者所知道的"泰山缘起","大抵如此"。

后记：

这篇小文草成于 1985 年 9 月，是与同年刊登在《东岳论丛》上一篇题为《泰山缘起》进行讨论的文章。寄出后不知编辑先生出于何种考虑而予以退稿。1991 年 9 月初，曾作为泰安"泰山文化暨秦汉史国际学术讨论会"论文宣读。近日华松先生指名索要此文发表。适逢最近获悉同一位作者还曾在台北《故宫学术季刊》第十五卷第三期上发表《东岳泰山新诠》一文，尚无缘拜读。仅从题目上看估计是新瓶陈酿，深感有必要老调重弹，兹从尘封的旧稿中拣出应命。

2002 年 1 月 2 日于商泺馨室

原载《济南教育学院学报》2002 年第 3 期

从考古材料看楚灭杞国

杞为夏族后裔建立的姒姓国家。司马迁虽曾为之立传，由于"杞小微，其事不足称述"，"微甚，不足数也"，故《史记·陈杞世家》所载杞国史实极为简略，且多错误疏漏之处。诸如迁国于山东、与鲁国的领土纠纷、楚灭杞等见于经传的不少重要历史事件均付之阙如，致使杞国史的研究疑窦丛生。例如，周初建立的杞国本在今河南杞县，鲁僖公十四年（前646），东迁缘陵（今山东昌乐），但在此70多年前的《春秋》隐公四年（前719）已有"莒人伐杞，取牟娄"的记载。莒伐之杞与河南之杞是一国还是两国？又如春秋时杞国与鲁国交往频繁且有领土纠纷，这个杞国在哪里？再如，春秋时，杞已迁缘陵，但《史记·楚世家》说楚惠王之四十四年，灭杞，"楚东侵广地至泗上"，为楚所灭的杞国又在哪里？第四，殷代卜辞和铜器铭文表明，殷代已有杞国。殷代杞国和周代杞国是否为 国？第五，清代山东新泰曾出土一批杞国铜器，而并非媵器，又应如何解释？王献唐先生遗著《山东古国考》所收四篇文章中有三篇对杞国史地进行过探讨[①]，其主要观点是殷代始封的杞国在河南杞县，殷周之际杞祀断绝。周武王封山东诸城姒姓娄国中的一支为杞国国君，仍号杞国。周末，杞为邻国所迫迁回诸城本土。桓公六年赶走州国，迁都淳于。僖公十四年再迁缘陵，襄公二十九年又回淳于。战国时为楚所灭。总之，主张杞国只有一个。笔者认为，只承认一个杞国，难以对上述问题作出合理解释。实际上杞分两国。殷代时建立的杞国在今新泰一带，春秋时屡世为晋之盟国，曾与莒、鲁发生过领土纠纷，战国时为楚所灭者，就是这一杞国。而周武王分封的杞国，初在河南杞县，齐桓公时为淮夷所"病"而迁缘陵，其后很可能为齐国吞并。

---

① 王献唐：《山东古国考》，齐鲁书社，1983年。

一　周代杞国

周代杞之建国（省称周杞）《史记》有明确记载。《史记·陈杞世家》："杞东楼公者，夏后禹之后苗裔也。殷时或封或绝，周武王克殷纣，求禹之后得东楼公，封之于杞，以奉夏后氏祀。"

史家对东楼公有不同理解。索隐："东楼公号谥也。"《路史·国名纪·丁》："娄，楼也。本作偻，商所封，即牟娄。曹东之地，一曰无娄。密之诸城有娄乡，牟夷国也，说谓封杞而号东楼，缪。"王献唐先生以为"不谬"，指出："所谓东楼公者，即东娄公。周初河南之杞祀断绝，别求禹后于东土娄地，得而封之，后嗣因号曰东楼公。"①

关于周杞的地理位置，《地理志》、《郡国志》、《世本》宋衷注并以为在陈留郡雍丘县，即今河南杞县治（《一统志》），春秋时迁于缘陵。缘陵即营陵，地在今昌乐东南40里。周杞见于如下记载：

《春秋·僖公十三年》："公会齐侯、宋公、陈侯、卫侯、郑伯、许男、曹伯于咸。"
《左传》："会于咸，淮夷病杞故，且谋王室也。"
《春秋·僖公十四年》："诸侯城缘陵。"
《左传》："诸侯城缘陵而迁杞焉。"

据此知鲁僖公十三年，以齐桓公为首的8个诸侯国的国君在咸开会，议程之一是研究淮夷威胁杞国的对策。次年执行会议决议诸侯国修筑缘陵而迁杞国。

《公羊》的解释与此不同。传曰："孰城之？城杞也。曷为城杞？灭也。孰灭之？盖徐、莒胁之。曷为不言徐、莒胁之？为桓公讳也，……"

按：上问"谁筑城"，下答"筑的是杞城"。上问"谁灭杞"，下答曰"大概是徐、莒威胁杞国"。"灭""胁"含义有别，答非所问，不知所云。救

---

① 王献唐：《山东古国考》，齐鲁书社，1983年，第246页。

邢、存卫、迁杞是齐桓霸业"存亡继绝"的三大主要业绩，何讳之有？傅隶朴《春秋三传比义》评之为"卤莽灭裂"，信而不诬。还应指出，杞在河南杞县，淮夷位置虽不能确指，解作"淮水上之夷也"（《地理志》师古注）总不会有错。周杞东南与淮夷为邻，故受其威胁自属情理中事。而徐国在苏北泗洪一带，西北与杞县相距七八百里，且中有淮夷相阻隔，莒国距此更远，故《公羊》自觉不合情理而加"盖"字，推测而已，不足为据。

《管子·大匡》说"宋不听，果伐杞，桓公筑缘陵以封之"，把危害杞国安全的敌人说成是宋国。宋国是僖公十三年咸之会的参加者。次年诸侯"城缘陵而迁杞"，是执行咸之会的决议，虽未明言何国参加筑城，但必属会议的参加国无疑。宋君如果确曾"伐杞"，不会参加旨在援助杞国的会议和筑城活动。如果被迫参加，也不可能不在会议上受到谴责和处分。今经传对宋的参加未予置评，足证《管子》之说有误。

周杞为谁所灭，于史无征。但不会是为楚灭，楚灭者为殷杞，在"泗上"（说详下）。鲁庄公四年，"纪侯大去其国"后，昌乐一带即属齐有，估计当为齐灭。

二　楚所灭的杞国

为楚所灭的杞国的地理位置，旧说以为在雍丘，即河南杞县。《史记·项羽本纪》："沛公、项羽乃攻定陶。定陶未下，去，西略地至雍丘。"《正义》："雍丘，今汴州县也。《汉书·地理志》云'古杞国'。武王封禹后于杞，号东楼公，二十一世简公为楚所灭，即此城也。"按：张守节《正义》认为楚国所灭的杞在雍丘，即今河南杞县是错误的。笔者认为今河南杞县的杞国，春秋时因受到淮夷的侵略，齐桓公已迁之于山东昌乐的缘陵，已如上述。楚国所灭的杞国应是殷商时已经建国，今称殷杞以示区别。

如上《史记》所述，杞国"殷时或封或绝"，知商代时已有杞国。《大戴礼·少闲篇》："成汤卒受天命，……乃放夏桀，散亡其佐，乃迁姒姓于杞。"卜辞"丁酉卜，殻贞：杞侯光弗其祸凡有疾"（《后》2.37.45）。杞即杞。《路史》引卫宏说以为"杞"即金文中所见"曩"字。董作宾先生据此即把杞与異相混淆。其实杞为姒姓，異为姜姓，并非一国。方濬益已予纠正。据上引卜辞，商代时杞已称侯。商王卜问杞侯是否生病，可证杞与商王朝关系密切。杞妇卣铭作"亚醜，杞妇"。亚醜为商代方国，地在益都苏埠屯一带。据铭文知杞国曾与亚醜族通婚。因此，王献唐先生认为殷代时已有杞国存在，完全正确。现在问题是商代建立的杞国在何处？《列子》释文引《世本》曰："殷汤封夏后于杞，周又封之。"《路史》也认为"商封"之杞在今河南杞县。王献唐先生同意旧说，认为"商代所封之杞，在河南杞县，殷末杞绝，周初别求禹后，就地重封之。山东诸城，时有姒姓宗族之国名娄，武王从以求得东楼公，使奉夏杞，仍沿旧名曰杞。……迨后杞在幽厉之间，为他国兼并，乃率其公室族类，东回旧土，就原有区域别立杞国"①。因此结论说"周代有杞国，商代也有杞国，通是一家"②。笔者认为，殷杞与周杞地域不同，存灭各异，并非"一家"。

杞，卜辞作杏。祖甲时王曾在此田猎（《后》1.13.1），是五期征人方卜辞中的一个重要地点。考证殷杞地望，下举卜辞至关重要。

　　丙戌卜，才䵼贞：今囧王步于□，亡灾。
　　庚寅卜，才㛗贞：王步于杞，亡灾。
　　壬辰卜，在杞贞：今日王步于䕬，亡灾。
　　癸巳卜，在䕬贞：王迖䍃，往来亡灾，于官北。
　　甲午卜，在䕬贞：王步于剌，亡灾。（《前》2.8.7）

䕬，或释商，不确，大邑商或天邑商的商字作䇂或省作䒑（《通别》二、一），与此有别。应隶作䒑，字不识，地名。此辞表明杞与䒑之间为一日路程。甲午这天又从䒑动身去剌，不知何日到达。另辞可作参考。

　　戊……㛗……夕……

---

① 王献唐：《山东古国考》，齐鲁书社，1983年，第247页。
② 王献唐：《山东古国考》，齐鲁书社，1983年，第64页。

□午卜……㡭贞，□夕亡祸。（《珠》264）

此为贞问晚上是否安宁的卜辞。董作宾先生补其干支为戊子在㚔，甲午在剢（《殷历谱》）。这就是说甲午从竞出发，当天即到达剢。这样从杞至剢需两天的路程。

根据考古发现，剢地可以确定。1972 年，兖州颜店公社中李宫村（又名田家集）出土一批铜器，计卣、觚、爵、刀、锛、勺等 6 件。卣、爵有铭文，卣铭"剢册父癸"，爵铭"剢父癸"。时代属殷末周初。剢即鲁分殷民六族的"剢氏"。剢器的出土对于确定人方位置具有重要意义。笔者曾认为"人方位在山东境内的可能性是很大的"①，剢器的出土就是重要证据之一。剢地既可确定，杞必在距兖州的两日路程之内。

新泰杞器的出土为考定殷杞位置提供了重要依据。据咸丰四年六月许瀚《周杞白敦铭跋》"近岁新泰某掘地得古铜器多品，铭首皆有杞白二字。知为杞国物，未久颇散失，沂水袁竹侯为此县教谕、拓敦铭寄余属为考释。……杞国东迁，书史不详其地，以此器证之，知在新泰一带矣。"曾毅公先生认为这些杞器均道光、光绪年间出土，《简目》认为系道光年间出土。现在可以确知系咸丰四年前数年内出土。据《二十三家金文目》（未刊）统计，收藏这批杞器的有：李宗岱，簋（原称敦）1 件；吴式芬，簋、壶、匜各 1 件；陈子良，鼎 1 件；潘祖荫，簋两件。又据《簠斋藏古目》，陈氏题曰"杞伯敏父鼎，有平盖，无文"，"出新台"（按：当为"新泰"之误。——引者）。《山东金文集存》收集拓本计：鼎 2、簋 5，壶、匜、盆各 1。与新版《大系》对照，《大系》簋四是《集存》所没有的。《大系》簋二与《集存》簋一器同而盖不同，原有簋至少为 7 件。武汉市还收集到 1 件同铭铜簋，这样就有 8 件簋。与 8 簋相配应是大牢 9 鼎，故至少还有 7 鼎未见著录。杞伯身份应为诸侯国君。

这批杞器铭文，鼎 16 字，簋、盆各 17 字，壶 21 字。鼎铭"杞白每亡作鼄嬳宝鼎子子孙孙永宝用"。它器分别自名宝簋、宝盆、宝壶。壶铭多出

---

① 王恩田：《关于齐国建国史的几个问题》，《东岳论丛》1981 年第 4 期。

"万年眉寿"和"用享"等字。其中一鼎,器盖分别书作杞、杏,证明杞字书作左右结构与上下结构并无区别。亡字旧多未释,郭沫若释为"剥之或作",以为"每亡"即"谋娶公"①。杨树达以为即梁字所从偏旁。②按:此字与卜辞中亡字写法全同,应释亡,读作无。鼀即邾,鼎铭或作"殽",并从朱得声,可通假。嬛字孙诒让以为与曹通,即邾之姓,"鼀嬛即邾曹也"③。王国维同其说,这批杞器是杞白每亡为其妻邾嬛作器,知杞、邾通婚。或据此以为"杞是嬛姓",误。杞器成批出土,而又非滕器,知新泰古属杞国领土。不过这并不如许瀚所说是"杞国东迁"之杞,而是殷杞。可惜的是不知这批杞器出土的具体地点。根据文献记载和其他考古发现,杞国都城应在新泰西境。此处与杞(今兖州中李宫)相距150里,恰在二日行程之内,证知殷代杞国和征人方所经过的杞应在新泰西境。

传世有杞白鼎(《小校》2.55.5),《武英》《通考》著录图形,时代属穆王或略早,是目前所知最早的一件杞器。杞字作杏,文下有合文记号,字形较特殊,属哪一个杞国所有未敢定。

曾毅公先生还收集到一件杞子每亡鼎,杞字锈蚀不清,据每亡之名曾氏补杞字,鼎铭称子。古代爵称并非如《春秋》经传所说的那样严格,称公、侯、伯、子无别,有些不见经传的小国甚至可以称王。此称"子",自非贬称。此外,滕县木石公社南台大队还曾出土过一件杞鼎,21字,铭与杞白每亡壶同。④承滕县博物馆万树瀛馆长见告,系一座残墓中出土。清代发现的杞器是否也出于此地呢?考虑到当时身在新泰的袁竹侯所述系"某掘地"所得,另外根据以下即将讨论的杞、鲁两国领土纠纷所涉及的成邑位置,笔者认为新泰出土的说法是可信的。滕县所出土系由于某种原因所传入的。

关于这批杞器的年代,以往多定为西周晚期。据《大系》著录的鼎的图像,系附耳有盖鼎,这种形制的鼎,一般是春秋中期以后出现的,其年代应定为春秋中期。每亡即谋娶公的说法与铜器年代也是不相符的。

---

① 郭沫若:《两周金文辞大系考释》,第197页。
② 杨树达:《积微居金文说》,科学出版社,1959年,第172—173页。
③ 孙诒让:《古籀余论》卷二,杞白盆。
④ 万树瀛等:《山东滕县出土杞薛铜器》,《文物》1978年第4期。

《春秋》经传中有关杞国史实较为丰富。其中齐桓公称霸期间，由于淮夷威胁杞国安全，曾纠合诸侯国迁杞于缘陵的有关史料，系河南杞县的周杞的史实。除此之外，经传所载均属被楚所灭的位于新泰的殷杞历史。

杞国与晋国的关系非常密切。自鲁成公五年（前586）杞国参加了在虫牢举行的以晋为首的诸侯同盟以后，至鲁定公四年（前506）召陵之会，80年的时间内，杞国共参加晋国主持的各种盟会25次之多，如伐楚、伐郑、伐秦、伐齐、灭偪阳等历次战役，如救蔡、纳鲁昭公、城成周等救援行动。其他如向戌的弭兵，镇压晋国叛乱的"锢栾氏"，协调同盟关系的执莒、邾国君等等举凡与晋国霸业有关的种种活动，杞国都是积极的参加者和支持者。当然杞国在支持晋国霸业的同时，也得到实际的好处。杞在参加同盟以前不断遭受邻国鲁、莒的侵犯，入盟后再未发生过类似事件。特别是与晋国攀亲以后，晋对杞之援助尤为突出。

鲁为杞之邻国。虽然鲁杞通婚，鲁女伯姬、叔姬等相继下嫁杞侯，杞女定姒曾嫁鲁成公为妾，但鲁国仍然以杞国国君朝见鲁侯时"不敬""用夷礼"为借口，再三侵入杞国。杞国加入晋国主持的同盟以后，鲁、杞关系虽有所缓和，但鲁国仍然霸占杞国领土不予归还，故杞国长期对鲁国怀有不满情绪，即平丘之会上叔向所说"邾、莒、杞、鄫之怒"是也。

晋平公之母为杞国之女，故晋国召集齐、鲁、宋等11个诸侯国为杞国修筑城墙，并讨还被鲁国侵占的领土，鲁未全部归还（《左传·襄公二十九年》）。9年后，晋对鲁朝楚王怀恨在心，再次向鲁讨还侵杞之田。在强晋的压力下，鲁国终于把成邑归还给杞国（《左传·昭公七年》）。因此成邑位置的确定，对于考证杞国地望至为关键。下述记载对于探寻成邑方位非常重要。

《春秋·襄公十五年》："齐侯伐我北鄙，围成。"

《左传·昭公二十六年》："齐师围成，成人伐齐师之饮马于淄者。"

《左传·定公十二年》："堕成，齐人必至于北门。"杜预注："成在鲁北境故。"

据此知成邑位在鲁国北部边境的"北鄙"，而靠近淄水。淄水又名柴汶河。《水经·汶水注》:"淄水又西南迳柴县故城北……世谓之柴汶矣,淄水又迳郕北。"《括地志》:"故郕城在兖州泗水县西北五十里。"《明兖州府志》:"郕城在宁阳县东北九十里。"顾祖禹、江永、洪亮吉等并同此说。今宁阳东北县境东庄乡西故城和南故城村一带有古城,应即成邑故城,柴汶水自东先后流迳柴县故城和成邑故城,西北流经大汶口入汶水。与上述记载方位、里程均相符,属成邑故城无疑。宣统《山东古迹调查表》(未刊)以此为梁父城,误。此外,20世纪60年代新泰楼德公社西城前村出土过一件殷代铜爵,铭文即成字,传世尚有同铭的鼎(《代》2.12.13)、卣(《代》12.41)诸器,亦应属同族铸器。西城前村西距东庄乡故城仅20余里,可证殷代时这一带即属成族活动范围,也为成邑确在这一地点提供了重要旁证。属于鲁国北鄙的成邑位置既已确定,则包括成邑在内的以及成邑以北、以东地区(即今新泰、宁阳、泰安三县交界地区)原应属杞国领土。其次,据《史记·楚世家》,楚惠王四十二年(前447)灭蔡,四十四年(前445)灭杞,"是时越已灭吴,而不能正江淮北,楚东侵广地至泗上"。楚灭杞以后,其疆界才扩展到鲁中南的泗水之上。春秋时昌乐一带早属齐之版图,楚不可能深入鲁北的齐国腹地去灭掉杞国。即使十余年后的楚简王元年(前431),"北伐灭莒"后,也没有再翻越沂蒙而北进。此后齐国为"备楚"而修筑了长城,齐楚形成隔长城南北对峙的局面。因此楚国所灭的不可能是由河南迁来鲁北的周杞,而只能是原居山东的殷杞。据以上考证殷杞恰在"泗上"的新泰境内。

据《广韵》记载,杞简公为楚所灭后,其弟佗奔鲁。鲁顷公因佗为夏禹之后,授爵为侯,谓之夏族,因而命氏,称为夏侯氏。今曲阜城西南20里有西夏侯、东夏侯村,应即杞国后裔夏侯氏居地。

三 杞都三迁、四迁说质疑

《春秋》经传记载,齐桓公曾迁杞于缘陵。但以往关于杞国迁都还有另外的说法。《汉书·地理志》说杞国"先春秋时徙鲁东北"。杜预则进一步首创杞都三迁说,《春秋·隐公四年》注:"杞国本都陈留雍丘县。推寻事迹,桓六年,淳于公亡国,杞似并之,迁都淳于;僖十四年,又迁缘陵;襄二十九年，晋人城杞之淳于，杞又迁都淳于。"杜说影响很大，唐孔颖达、宋罗泌、清阎若璩等并同其说。

沈钦韩曾对杜说提出怀疑："杜预以为杞即都淳于，然州公之国尚未亡，杞何由得都？僖十四年杞为淮夷所病，乃迁缘陵，则齐之东境，淮夷在徐方，若杞先都淳于，无由为淮夷所病。"并批评孔疏"以雍丘、淳于虽郡别而竟（境）连"的说法是"尤孟浪不知方员者矣"。①

王献唐先生赞同杜注孔疏之说，并力图对旧注中的种种孔隙加以弥合。王氏认为杞之迁都共有四次，他"推测"杞国第一次迁都"在谋娶公以后，武公以前"。最初不是迁到安丘淳于，而是"迁到山东诸城的牟娄一带"。这样既解决了杞国东迁与"莒人伐杞"之间的时间矛盾，又回答了沈钦韩淳于未亡，"杞何由得都"的指责。对于桓公六年杞国的第二次迁都，他假定淳于公的（国危）是受杞国的威胁，国亡是被杞国占领。关于僖公十三年的第三次迁徙，认为不是由河南，而是由淳于迁缘陵。《左传》说迁杞是由于"淮夷病杞"，王氏采用周悦让之说认为淮夷不在淮水流域而是潍水流域的潍夷，又进一步认为"淮夷即是莱夷"。因此他推测威胁并占领杞都的"大抵是莱国"。关于襄公二十九年的第四次迁都，是由缘陵又回到故都淳于。"尽管莱国占领的淳于为齐国所有，迫于晋国的威力，不得不让。"②

其实杜注的三迁说和王氏的四迁说中真正可信的只有僖公十三年的一次，即周代所建立的杞国从河南杞县东迁至昌乐的缘陵。尽管古代淮、潍音近可通，《水经》潍水正作淮水。但淮夷在金文和文献中均指淮水之上的淮夷，也称"南淮夷"，而绝不指潍水之夷，更不指莱夷。《禹贡》"潍淄其道"是讲青州境内的两条主要河流，"莱夷作牧"是说青州境内莱夷的主要经济生活，两者之间并无必然联系，不能作为潍夷即莱夷的证据。至于淳于公为何失国，失国后又为何者占领，于史无征，不便作更多的推测。

班固的"先春秋时"杞已东迁说，以及杜预的第一次和王氏的第一、二次杞国的迁国都是牵合"莒人伐杞"这条史料而"推寻""假定"出来的，

---

① 沈钦韩：《春秋左氏传地名补注》，中华书局，1985年。
② 王献唐：《山东古国考》，齐鲁书社，1983年，第202—204、241页。

没有任何可靠的根据。至于襄公二十九年的迁淳于则是对祁午"城淳于"说的误解,因此有必要对上述两条史料加以分析。

《春秋·隐公四年》"莒人伐杞,取牟娄"这条史料显然在杞史的研究中造成不小的混乱。由于以往只知道有一个杞国,便不得不把迁杞的时间提前到"先春秋"时期。这样又和齐桓公时代的杞迁相冲突,于是《公羊》又把"淮夷病杞"改说成"徐、莒胁之"。周悦让则把淮夷改释为潍夷,沈钦韩反对把杞迁的时间提前,但又苦于无法对上述史料作出合理解释,于是认为"莒人伐杞"为伐纪之误。笔者过去曾相信沈说①,应予纠正。

其实,齐桓公迁杞前,山东自有另一个杞国存在。已如上述,莒国所伐的杞国,与城缘陵而迁的杞国不是一码事,故两者的时间矛盾并不存在。

以往关于牟娄地望的考证是造成混乱的另一个重要原因。杜预注:"牟娄,杞邑,城阳诸县东北有娄乡。"《清一统志》则分牟娄为二邑,以为牟城在寿光东北20里,娄在诸城西南40里。杜预以牟娄为一邑是正确的。牟娄即《春秋》《左传》昭公五年"莒牟夷以牟娄及防、兹来奔"中的牟娄。牟夷即牟国,《汉书·地理志》《郡国志》《水经注》并以为牟国地在泰山郡之牟县。牟国故城在今莱芜县东20里辛庄乡前城子、后城子一带。牟娄既为牟国属邑,当距此不远。牟娄在莒伐杞后为莒所有,现在由于"牟夷"的叛逃,又入鲁国版图。莒国自然不甘心,于是上诉于晋而无结果,又兴师讨鲁而败于蚡泉。如果牟娄地在诸城,西距鲁国500余里。鲁僖公时代东部国土因能领有百余里的"龟蒙"而被称颂(《诗·鲁颂·閟宫》)。时隔百年,鲁之国力是否增长到足以领有500里外疆土的程度,值得怀疑。莒国领土东北曾占有介根,《左传·襄公二十四年》:齐"伐莒,侵介根"。介根地在胶县西南7里,西南距莒国仅二百六十七里。如果牟娄在诸城西南40里,则西南距莒国仅百里,本在莒国疆域之内。牟夷叛莒,莒国只须像以往伐杞那样,不必兴师动众,即可轻而易举地手到"取"来,何必朔晋讨鲁,劳而无功,自找麻烦。因此牟娄只能位在莱芜牟国故城一带。莱芜西邻殷代杞国,又邻近鲁国,故一切时间和地域矛盾均可迎刃而解。由于杞国的微弱,故莒

---

① 王恩田:《纪、巳、莱为一国说》,《齐鲁学刊》1984年第1期。

伐杞便很容易地把牟娄"取"去。现在牟娄已属鲁有，莒国再想讨还，之所以遇到了麻烦，就是这个道理。

　　杜预和王献唐先生所主张的杞国由缘陵迁淳于的主要根据是襄公二十九年经传所说的以晋为首的诸侯国"城杞"。而《左传·昭公元年》晋祁午在追述赵文子"相晋国以为盟主"的功绩时，却把"城杞"说成是"城淳于"。假如襄公二十九年以晋为首的同盟国城杞以前，杞都不在新泰而在缘陵，将由此而引起上面已经讨论过的一系列矛盾。此外，如果祁午所说的城淳于就是指安丘东北30里的淳于城，就意味着杞国迁都于安丘，则为什么杞国远迁以后，晋国还一再向鲁国讨还为其侵占的杞国领土，即"治杞田"，直到鲁国交还了成邑为止？那岂不是意味着在远离杞都安丘淳于四五百里的鲁国北鄙一带，出现了一块为杞国所领有的"飞地"吗？确如王献唐先生所说，齐灭莱后，安丘一带已属齐有。既然作为晋之主要同盟国的鲁国，在晋的压力下，归还被其侵占的杞国领土，尚且颇费周折，怎能设想屡次与晋抗衡的齐国，居然"迫于晋国的威力"会轻易允许要在自己的国土上"城淳于"以为杞之都城，而无任何反抗呢？鲁国参加了"城杞"活动，晋国特派使者前来致谢。齐国同样也参加了"城杞"，而且为此还"割让了自己的领土"，但晋国却谢鲁不谢齐，而齐国对此似乎也毫无反响，岂不怪哉？晋人仅仅由于借用齐国羽毛而不归还，齐国便脱离晋盟，"不畏盟主"兴兵伐鲁以为报复（《左传·襄公十四年》《左传·襄公十五年》）。为什么在领土问题上却如此胆小怕事忍气吞声？实在难以理解。如果只承认位在安丘淳于的杞国，则楚惠王四十四年灭杞，必须深入齐国腹地，难免会与齐国发生领土纠纷，而且与楚灭杞后"东侵广地至泗上"的记载相悖。而事实上晋"城杞"，即"城淳于"，和楚灭杞都没有与齐国发生领土纠纷，足以证明晋所城的淳于和楚灭的杞国都不会在安丘境内。古代地多重名，距新泰楼德西北60里的泰安满庄乡就有淳于村。如果祁午之说不误，则杞之淳于虽不能确指在何处，但必在新泰境内或其附近则可断言。由于对"城淳于"地点的错误考证，安丘淳于城又被称为"杞城"，《齐乘》又讹作"起城"，都是错误的，应予纠正。

　　以上根据考古材料结合文献记载，对虽属有限而又解说纷纭的杞国史料初步爬梳出一个头绪。除了周初封于河南杞县，齐桓公时迁都于山东昌乐缘陵的杞国之外，还找到了一个殷代已经建国，历经西周、春秋至战国早期为楚所灭的杞国，这个杞国一直是鲁国的北邻，位在新泰一带。对于只承认一个杞国而造成的似乎相互背谬的许多矛盾，给予了较为合理的说明。当然据现有资料只能勾画出一个极其初步的轮廓，诸如殷代杞国都城的确切位置、"城杞"与"城淳于"的关系、牟夷与杞国的关系等重要问题尚有待于考古发现和进一步深入探讨。

原载《江汉考古》1988年第2期

校记：

1972年，兖州中李官村（又名田家集）发现剌族铜器，我曾在兖州文化馆孙华铎先生指引和陪同下，赴中李官村调查，并与华铎先生商定联合发表这批铜器和馆藏兵器等其他文物，而且已经形成了初稿。

本文初名《杞分二国考》，是1985年滕州"山东古国史第三届年会"上散发的三篇论文之一。参加此次年会的郭克煜先生会后去了兖州，1990年在《文物》上发表郭等四人署名的文章《索氏器的发现及其意义》。一方面袭用了我的观点，也认为兖州剌器中的"索氏"即"鲁分殷民六族"中的索氏。另一方面又提出索氏是"随伯禽东来时被安置在这一带的"。这样就在实际上否定了拙说"杞分二国考"以及帝辛十祀征人（夷）方途经的剌在兖州的观点。余已有专文《兖州剌器调查》予以讨论，可参看。

新泰杞国铜器与商代杞国

——全国首届杞文化研讨会学术报告

今天晚上是大会安排的专题学术讨论会，就杞国历史地理问题谈谈看法。没有当过研究生，研究生是要进行论文答辩的。今天晚上的会，就算是一次论文答辩吧。在座的都是我的论文答辩老师。如果有什么错误，希望能够毫不客气地提出批评指正。

杞国是夏代后裔建立的国家。司马迁《史记》为它立了传，这在先秦古国中是比较少见的。它和陈国放在一起，叫《陈杞世家》。虽然立了传，但是遗漏了很多重要内容，例如西周世系存在的问题就相当多。其他如迁徙和灭国根本没有谈。因此，在杞国的历史、地理方面，可以说是一团乱麻，矛盾重重。也正因为这样，所以好多学者都对它感兴趣，进行过研究。

根据《史记·陈杞世家》记载，西周初年，周武王克殷以后，"求禹之后，得东楼公，封之于杞"。周武王封的这个杞国，汉代以来一般都认为在汉代的陈留郡雍丘，也就是今天河南的杞县，没有争议。另据《春秋》和《左传》记载：鲁僖公十三年到十四年，由于"淮夷病杞"，就是说淮夷对杞国侵略骚扰，齐桓公在咸这个地方开过一个会。有两个议题，一个是"谋王室"，再一个就是迁杞于缘陵。也就是今天山东的昌乐，离临淄比较近，在泰沂山脉的北侧。我认为这两条材料是基点，是不能动的。第一，周代分封的杞在河南杞县，过去没有任何争议。其次，杞迁缘陵见于《春秋》《左传》记载，也不应该轻易怀疑，或作些别的解释。

就是这样一个杞国，和《春秋》记载有好多矛盾。如鲁僖公十四年齐桓公迁杞以前70年的鲁隐公四年，《春秋》就有记载说："莒伐杞，取牟娄。"莒距杞直线距离800里，实际距离恐怕在1000里以上。莒国是一个小国，它的兵力是不是能打到河南，而且说莒"取牟娄"即占领了牟娄这个地方，是不是有必要、有可能跑那么远去占领那么一个城邑，这是一个很大的疑问。为了解决这个矛盾，历史上有不少学者和著作就来弥合矛盾。例如《管子·大匡》说"宋伐杞"，宋靠近杞，以此来解决莒伐杞相隔太远的空间矛盾，说"宋伐杞"我想没什么根据。因为齐桓公为迁杞而召开的咸之会，宋国是参加了的，执行会议决议的"城缘陵"活动也应该是参加了的。如果咸之会的召开是由于"宋伐杞"的缘故，而不是"淮夷病杞"，那么宋国必然在会上要受到谴责和制裁，事实上《春秋》经传中没有这方面的记载。所以说"宋伐杞"毫无根据。《公羊》说齐桓公迁杞，是因为"徐莒胁之"。"莒伐杞"与河南杞国不是存在相隔太远的矛盾吗，把"淮夷病杞"改成"徐莒胁之"，让徐国也参加到侵略者的行列中来，徐靠近杞，不是就可以解决矛盾了吗？殊不知位于今苏皖交界的泗洪、泗县一带的徐国，西北距河南杞县直线距离600余里，比莒国近不了多少，不过是"五十步"与"百步"之差。而且徐与杞之间还隔着淮夷，徐要胁杞，首先就要胁淮夷，只有吞并了淮夷，或使淮夷臣服于自己，徐国才有可能去"胁"杞。因此《公羊》的说法，只能造成新的混乱，不能解决任何矛盾。

　　班固在《汉书·地理志》自注中说杞国"先春秋时徙鲁东北"，把迁杞的时间提前到"先春秋时"，来解决僖公十四年迁杞与70多年前隐公四年"莒伐杞"这两条史料之间的时间矛盾。用"徙鲁东北"让杞靠近莒国，以解决莒伐杞相距太远的空间、地理上的矛盾。班固的解释捉襟见肘，因为杞国既然早在"先春秋时"就已经迁走了，那么《春秋》《左传》关于鲁僖公十四年齐桓公纠合各诸侯国"城缘陵而迁杞"的这条记载就无法交代。而且班固在《汉书·五行志》中干脆说是"莒灭杞"，更加荒唐，不可靠。杜预的杞国三迁说，影响很大，其实问题很多。他是在为《春秋·隐公四年》"莒伐杞"这条史料作注时提出三迁说的，目的显然也是为了解决矛盾。他自称三迁说是"推寻事迹"而得出来的。"推寻"就是推测，是没有历史记载为依据的猜想。他的第一迁说："桓六年，淳于公亡国，杞似并之，迁都淳于。"所谓"桓六年，淳于公亡国"是指《春秋·桓公五年》"冬，州公如曹"。同年《左传》："冬，淳于公如曹，度其国危，遂不复。"杜预说："淳于，州国所都，城阳淳于县也。国有危难，不能自安，故出逃而遂不还。"

经称"州公",而传称"淳于公",显然是一国二名。杜预把淳于说成是杞都,是不对的。诚如王献唐先生所指出:"如果淳于为州都,便不能以都名为国名,加于公上。犹齐都临淄,其统治者不叫临淄侯,鲁都曲阜,不叫曲阜侯。哪能州都淳于,便叫淳于公?"《春秋》经传只是说州(淳于)公去了曹国。考虑到国家有危险,就没有再回国,没说"亡国"。国君逃亡并不意味着国家灭亡。周厉王出奔,周王朝并没有灭亡;鲁昭公出奔,鲁国也没有灭亡。它可以再立别的国君。国君走了,它的人民并没有走,不等于它灭亡。杜预把州(淳于)公逃亡,说成是"亡国",是不正确的。即使是"亡国",淳于南有莒,北有莱,西有齐,周围可能还有其他一些知名或不知名的国家,都可以就近兼并之,轮不到远隔千里之外的杞国。杜预说"杞似并之",一个"似"字说明他自己承认这是猜想,没有什么根据。而且州(淳于)公如曹是鲁桓公五年(前707),上距鲁隐公四年(前719)还有12年,不能弥合鲁隐公四年莒伐杞与鲁僖公十四年迁杞这两条史料之间的时间、空间矛盾。杜预后边的两迁也不正确。他说:"僖十四年,又迁缘陵。"僖十四年迁缘陵,实有其事,不过应该是初迁,并且是唯一的一次迁都,不是"又迁"。况且也不是从淳于迁,而是从今河南杞县迁都缘陵。杜预的第三迁"襄二十九年,晋人城杞之淳于,杞又迁都淳于"。襄公二十九年《春秋》经传记载晋国纠合各诸侯国"城杞"。而三年以后的鲁昭公元年,晋国人祁午把这次"城杞"说成是"城淳于",显然这也是一国二名。需要加以说明的是,这个淳于不是安丘的那个淳于,那是姜姓的淳于,它见于《水经注》,在安丘是没有问题的。祁午说的淳于也就是杞国,又名淳于,是姒姓,也就是我们要在下面即将谈到的新泰的杞国。晋国帮助杞国筑城目的是防备鲁国的入侵,因为在此以前鲁国曾经两次攻入杞国。当时曾有人批评晋国"城杞"是"夏肆是屏"。肆就是馀,就是后裔。屏是屏障,即城。就是说晋国为夏人后裔筑城。晋国城杞的杞不可能是齐桓迁缘陵的杞,因为那里已经有城了,晋国不必再筑一次。当然也不可能是如同杜预所说是杞迁淳于的杞。因为鲁襄公六年"齐侯灭莱"以后,今安丘的淳于已属齐国版图,齐国不可能让晋国在自己的领土上为别人筑城。我过去在一篇小文中说"事实上晋'城杞',即'城淳于'"。当时,还不知道新泰出土过淳于戈。《中国文物报》报道了新泰出土的两件淳于公戈，这就为我的说法提供了考古学物证。现在淳于公戈越出越多了。我过去曾指出距新泰楼德西北 60 里的满庄乡就有淳于村。现在新泰邻县泰安城关又出土了淳于公戈，新泰博物馆马培林馆长告诉我，最近新泰境内又出土了一把，一共是 4 把。新泰不仅出土了杞国铜器，又屡次出土了淳于公戈，足以证明杞国和淳于是一国二名。同时，也足以否定杜预把淳于说成是杞国的一个地名，从而杜撰出他的杞都第三迁。

其他如唐代孔颖达居然把相隔千里之遥的河南雍丘与山东安丘淳于说成是"虽郡别而竟（境）连"。清代沈钦韩把"莒伐杞"改为"莒伐纪"，周悦让把"淮夷病杞"说成是"潍夷病杞"，等等，都是力图弥合矛盾，结果都只能是治丝益棼，造成新的混乱。

除了以上所说的鲁隐公四年莒伐杞与僖十四年迁杞于缘陵这两条史料间的矛盾之外，还有两条史料也与僖十四年迁杞于缘陵相矛盾。一条是《左传·襄公二十九年》谈到杞鲁存在领土纠纷，晋国向鲁国讨还被鲁侵占的杞国领土，而无结果。《左传·昭公七年》晋国再次向鲁讨还侵占杞国的领土，在强晋的压力下，终于把成邑归还给杞国。成邑即孟孙氏的封邑，位于鲁国北鄙，今曲阜、宁阳、新泰三县交界处。根据《春秋》经传记载，这时河南杞国已经迁到缘陵来了。缘陵在泰沂山脉以北距离这儿很远，怎么能有一块领土和鲁国发生纠纷呢？另一条史料是《史记·楚世家》说战国时代楚惠王四十四年（前 445）"灭杞"。楚国要想灭掉被齐桓公迁之于缘陵的杞国，必须翻越泰沂山脉，还要穿过齐国为"备楚"而在泰沂山脉上修建的齐长城，这几乎是不可能的。《楚世家》在楚灭杞之后，紧接着说"是时越已灭吴，而不能正江淮北，楚东侵广地至泗上"。这两条史料几乎已经把问题挑明了，就是说在鲁国的北邻，在泗水流域还应该有另外一个杞国。如果说这个杞国的位置还不能确指，清道光年间新泰出土的一批杞国铜器，指明了这个杞国就在新泰境内。

1985 年，在滕县（今滕州市）召开的第三届山东古国史学术讨论会上，我提交了 3 篇论文。其中有一篇题目叫《杞分二国考》，主要观点认为杞国有两个：一个是周武王分封的，可称周杞，位于今河南杞县。齐桓公时代因受到淮夷的侵略而被迁之于缘陵，后来可能被齐吞并；另一个杞国是成汤所封，可称商杞。成汤所封的杞国究竟在哪里，虽然现在还不好说，但最晚在商代晚期商代杞国应在新泰，这个杞国经西周、春秋，一直到战国时期被楚所灭。《春秋》《左传》中除了咸之会和"城缘陵而迁杞"这条记载是周杞的，其他所有记载都是属于商杞的。杞分二国说的观点可以解决上边所说的一系列矛盾。譬如说，"莒伐杞，取牟娄"，牟娄并不在诸城，更不是两个地方。"牟娄"急言之就是牟，"邾娄"急言之就是邾，这是东方民族的语言特点。牟在今天莱芜城东20里的牟国故城。新泰和莱芜是邻县，莒国伐杞取牟娄，就是把这个地方拿走了。拿走后牟国的首领投奔了鲁国，莒国为争夺这个地方和鲁国打了一仗，即蚡泉之战。结果莒国战败了，它也没拿走。如果这个杞国放在新泰，这条史料不存在地理、时间上的矛盾。关于争夺成邑也解决了，"城杞""城淳于"的问题也解决了，楚国灭杞国的问题也解决了。（《杞分二国考》这篇文章改名《从考古材料看楚灭杞国》，发表在《江汉考古》1988年第2期）

  杞分二国这一观点的形成，可以追溯到30年前。兖州出土了一批剌族铜器，最初出土地点不能肯定，一说在兖州中李宫（又名田家集），另一说是汶上颜珠集。后来经过核实，确是兖州中李宫出土。我曾去调查过，是一处规模相当大的商周遗址。

  兖州剌族铜器的出土，提出了很多重要的学术问题，首先就是"殷民六族"的问题。"殷民六族"中有索氏，索氏应该就在兖州中李宫。其次，征人方材料中也有这个剌。前人关于人方即夷方的考证众说纷纭，分歧很大。我想剌如果能定下来，其他各家说法就可以此为基点去考虑。我在1985年滕州第三届山东古国史研讨会上提供的论文《杞分二国考》这篇小文中指出：剌即鲁分殷民六族的"剌氏"，剌器的出土对于确定人方位置具有重要意义。[①]《文物》1990年第7期刊载的一篇4人联名介绍剌器的文章说：剌"我们认为应为'索'字"，"我们认为此次出土器物的作者，应即是殷民六族中索氏的成员"。我的看法要比他们早了五年。不说明这一点，别人会误认为我是抄袭他人之说。

[①] 王恩田：《从考古材料看楚灭杞国》，《江汉考古》1988年第2期。

其次就牵涉到杞分二国了。因为征人方路线中不仅有剗，而且还有与剗相邻近的杞。既然新泰出土过杞国铜器，商代的杞是不是也在新泰呢？紧接着又有一项重要发现。"文化大革命"期间在滕州的八一煤矿，具体方位就在轩辕庄，出土过一件东周时的戈，戈的内部有铭文"龖人之孙犀作其秉戈"。戈的出土地点我去调查过，这件东西可惜现在不知下落，万幸的是我手头有拓本。这个龖，我认为和甲骨文攸侯喜的攸是一个字，卣和攸在《禹贡》和《汉书·地理志》中是音同通用的。而且20世纪50年代在距轩辕庄不远的后黄庄还出土过一大批癶族的铜器，这个癶和攸读音也是相近的，癶器也就是攸器。癶和攸这两个国名是否可以通假？我觉得可以。远的不用说，莒国就可以写成"笞"，也可以写成"簹"，这就是一个音近通假问题。因此根据这两项考古发现就可以确定甲骨文中的攸就在今滕州后黄庄和轩辕庄一带。还可以举一条甲骨文材料作为旁证。"醜其逶，至于攸。若，王乩曰：大吉"（《前》5.30.1）。醜，氏族方国名。20世纪60年代我们在益都（今青州市）苏埠屯曾经发掘过醜族的商代大墓，证明醜族居地应在这一带。于省吾先生据《尔雅·释言》驲字条下《经典释文》的解释认为逶是驲的本字。按《六书故》："驲，人质切，置马代驰，取疾也。以车曰传，以骑曰驲。"商代还没有骑马术，这里指传车。这条卜辞的意思是说王占卜醜族的传车到达攸是否顺利，王占的结果是大吉。由王的占卜看，传车必定是前往殷都安阳的。从益都到安阳途经攸，攸地必然位于益都至安阳的通道上。已往把攸考证在长江北岸，甚至在陕西，显然就不可能了。而我们考证攸在滕州，恰在益都与安阳之间，证明考证可信。

再有一个重要发现就是䚅鼎，这个字从"永"不从"人"，应该是永字繁体。在甲骨文中称"攸侯喜鄙永"，证明永是攸国的边鄙城邑。这件鼎出土在滕州金庄，距离后黄庄50里。再有一项非常重要的考古发现就是泰安出土的两件商丘叔匜，这就提出一个商丘的位置问题。现在的商丘是宋的都城，原名宋，后来改名睢阳。甲骨文里就有"宋白歪"，可见宋是商代旧有的国名。《史记·宋微子世家》说微子"国于宋"，可能就是利用原来的地名作为国名。《世本》说"宋更曰睢阳"，证明西周微子建国后把都城宋改名睢阳。春秋时期，因为宋是商的后裔，所以有时候也把它叫"商"。宋灭亡以后宋都故地就被称为商丘，商丘大概就是这样来的。因此它的正确说法应该叫宋丘。丘者，墟也，就是废墟。原来有过，灭亡了，搬迁后，这个地方就加上"丘"字形成一个新的地名。丘者墟也，这样的解释在古代典籍中可以举出很多。这种命名惯例应该是周代以后的事情。在甲骨文中，丘字大多用来表示地形地貌，用作地名时，一般都是放在地名的前面，如丘商、丘雷、丘剌等。加丘字表明这个地方是丘陵、高地。丘剌，也就是我们前面谈到的剌。出土剌族铜器的这处商周遗址就位于一条东北—西南走向的黄土台地上，证明我们对丘的解释是可信的。商丘叔既然以商丘这一地名命氏，表明出土商丘叔匜的泰安道朗龙门口水库很有可能就是"商"的故地。甲骨文中以商为地名的除了大邑商是安阳殷墟以外，还有丘商、中商、商方，此外还有一个从水旁的商字，等等。泰安的商究竟相当甲骨文中的哪个商，当然还可以继续研究。过去王国维考证曾有"相土东都在泰山下"的说法。泰安的商目前看恐怕还早不到相土时代，但王国维的考证对于探讨商丘地望仍然是一个重要启发。清末也出土过两件商丘叔匜，归王懿荣，见《日光室藏器目》。其中一件后归端方，今在美国。我曾把泰安商丘叔匜的初拓本与清末出土的两件核对过，铭文内容、书体完全一致，证明清末出土的两件也应该是泰安出土的。此外我的印象中龙门口水库还出土过商代和周代的其他铜器，都收藏在泰安市博物馆，证明龙门口一带确是商周时代一处值得特别注意的地点。我认为"商"这个地点在泰安龙门口一带，除了出土商丘叔匜的铜器的证据之外，还根据我所排的十祀征人方日程表，商与前后相邻地点的日程、里程都很合适，如把商放在今河南商丘就不合理。根据上述重要发现加上新泰杞器可以确定的地点一共是5处。再加上根据文献记载可以确定的地点扈、乐、淮等，这样十祀征人方的路线就可以确定下来。然后用古代行军日行30里为一舍的规律去核实，看两个已知地点之间一共走几天，现在的里程是多少，一除看看他超不超过每天走30里，超过的少一点没关系，超过的多到80里、100里就不大可能了。检验的结果证明大多是少于日行30里，日行10里、20里的都有。这很容易理解，从这里到那里中间有些停留，干些田猎等别的事情，完全可能。因此整个这条路线是经得住考验的。1991年

9月，国际夏商文化学术研讨会在洛阳召开，我提供给会议的论文题目是《人方位置与征人方路线新证》。文中根据上述最新考古发现，全面阐述了我对征人方路线的看法。重点论证了杞分二国，商代杞国在新泰的主张。[①] 今天看来，主要论点还没有什么大的问题，只是关于亳的考证需要加以纠正，关于䲵的考证需要补充。

关于亳的考证，我当时曾根据王国维的考证，放在今天的曹县。不少学者同意王国维的这一看法。我放在那里是不得已，心里总感到不踏实。因为如果把亳放在那里，将意味着商汤都亳的亳在曹县，对此我是不同意的。因为成汤相当于考古学中的二里岗商文化下层，而目前山东境内的商代遗址没有一处可以早到二里岗下层的。但亳这个地点在十祀征人方路线中又不能回避，无奈在没有其他证据之前，暂且放在那里。现在好了，李学勤先生有一篇文章提到这个亳字过去认错了，不是亳，应该从高从草，就是蒿。亳社就是蒿社。过去认错的亳字从草这一点，罗振玉当年释亳的时候就已经注意到了，但是他认为草和乇这两个偏旁可以通用，这当然是不对的。另外山东大学的丁山先生也认为这个字从草，但他把这个字释成堡垒的堡，当然也不对。那么蒿在哪里呢？我认为就在泰安附近的蒿里山。民国年间这里出土过唐玄宗和宋真宗封禅的玉简，对于确认这里是封禅的蒿里是很重要的证据。蒿如果在这里，与泰安龙门口一带的"商"就很近了。十祀征人方路线中还有一个"䲵"，过去我没有办法考证。现在认为这个䲵就是春秋时代《左传·昭公八年》鲁国"大蒐于红"的红。在这里举行蒐礼，就是打猎，有点阅兵式的性质，把东起根牟，西边到商、卫，全国所有的车一千乘都集中到红这个地方。我认为这个红就是甲骨文里征人方里的䲵，《山东通志》说红在泰安的南部，很有可能就是洪沟这个地方。洪沟这个村子相当大，七八个自然村，都叫××洪沟。这样，从龙门口水库第一站到了蒿里山的蒿，第二站到了洪沟的䲵，第三站就是新泰的杞了，这条路线就更顺了。因此，这个路线目前我自己看还没有大的问题。

在这里我要向大家介绍，商代杞国在新泰的主要依据，这就是李学勤先

[①] 王恩田：《人方位置与征人方路线新证》，《胡厚宣先生纪念文集》，科学出版社，1998年。

生用过的一组祖甲田猎卜辞：

> 己卯卜，行贞，王其田，亡灾。在杞卜。(《后》上，13.1)
> 壬午卜，行贞，……在丘雷卜。
> 甲申卜，行贞……在剌卜。(《南明》395)

贞人全是祖甲时的"行"，日干支可以衔接系联成表（引用时有省略），从己卯至甲申5天。从新泰的杞到兖州的剌约200余里，平均每天走40余里，与古代日行军30里为一舍的规律相符，证明商代的杞在新泰的说法是可信的。反之，如果杞不在新泰而在河南杞县，那么从河南杞县至兖州直线距离近400里，必须日行80里，甚至100里，经过5天的急行军才能到达，就不大可能了。兖州出土了商代的剌族铜器，证明商代剌应在兖州，这是基点，不能动的。如果承认剌在兖州，就应该承认杞在新泰，否则就没办法解释。这就是我认为商代杞国在新泰的主要依据。欢迎批评指正。谢谢大家。

> 原载《先秦史研究动态》1999年第1期。又发表于《齐鲁文史》2003年第1期，题为《新泰杞国铜器与商代杞国》，有删节

校记：

1. 李学勤先生认为原来释为"亳"的字，其实应该是从高省从屮（草）(《释郊》，《文史》第36辑，中华书局，1992年)是对的。但甲骨文中的这个字，不仅从屮，还可以从屮（《甲骨文编》245页，1996年9月）。古代毛、髪二字有别，以人披长发形作为髪字初文。以短髪作为毛字初文。即老、考、寿等字所从的偏旁， ，省人而作屮、屮，（拙稿《两版征人方卜辞缀合校正》，《中国文字》新29期，台北艺文印书馆，2003年）。

2. 鲁士商歔匜（《集成》10187）。鲁，国名。士，身份。商，封邑名。歔，私名。商丘叔匜的出土，证明歔的封邑商应位于泰安龙门口。商，应是"商丘"之省。

杞国史料的甄别与应用

杞国是夏族后裔建立的姒姓国。国家虽小,却很重要。甲骨文中称其国君为"杞侯",西周初年成周之会上被尊称为"夏公"。历来被视为"夏礼"的代表。从成汤建国至战国时为楚所灭,存在了1100余年,是先秦古国中国祚最长的国家之一。研究先秦史,不能不研究杞国。

杞国史料素感匮乏,孔子已有"文献不足"的慨叹。再有一个重要的特点就是"乱"。不仅各种记载歧异纷纭,同一种史料中也矛盾重重。这就给杞国史地研究造成了极大的混乱,有必要加以甄别梳理。

地不爱宝,考古发现中发现了不少重要的杞国史料,可惜缺乏正确的诠释。有些重要的考古发现,尚不为外界所知,直接影响了杞国史地研究的深入发展,有必要加以介绍。

一 史料分类

研究杞史,首先应该对史料分清档次。《春秋》是鲁国的国史,所记载的与鲁国直接有关的史实是最可信据的。《左传》是对《春秋》最有权威的注释与补充,在三传中史料价值公认是最高的。《春秋》《左传》是讨论杞国历史地理问题的主要依据,是第一等史料。《史记》也应该具有很高的史料价值,但可惜的是《史记·陈杞世家》有关杞国史实记载极为简略,没能提供研究杞国史地所需要的多少有用的材料。幸运的是《史记·楚世家》中有关于楚灭杞的记载,也应该列为第一等史料。《公羊》重在阐述"微言大义",他把齐桓公迁杞的主要原因"淮夷病杞",改说成是"盖徐莒胁之",一个"盖"字便泄露天机。推测而已,不足为据。《管子》是子书,不是史书,不仅成书甚晚,而且内容七拼八凑,前人已经指出有抄《论语》《孟子》甚至有抄《大学》《中庸》的地方。我发现它还有抄《国语·越语》的地方,其史料价值可以想见。其中《大匡》说"宋伐杞"。宋是齐桓公咸之会的参加国，会议主要议程之一是由于"淮夷病杞"而谋求救杞的对策。如果不是淮夷对杞国安全构成威胁，而是"宋伐杞"，宋国有什么理由参加这样的会议，一方面"伐杞"，同时还要救杞，哪里会有这样的事？即使参加了会议，按照会盟惯例，也必然在会上受到谴责和处分。而经传没有这方面的记载，证明"宋伐杞"之说有误。因此《公羊》《管子》之类有关杞国史实的记载，除了造成混乱之外，毫无史料价值。至于班固《汉书·地理志》杞国"先春秋时徙鲁东北"的自注，于史无征。如果杞国于"先春秋时"就已经迁走，淮夷病谁？齐桓公纠合各诸侯国迁谁？咸之会岂不是空对空？班固在《五行志》中甚至说"莒灭杞"尤其荒唐无据。杜预《春秋·隐公四年》注中提出的杞国三迁说，毫无掩饰地说是"推寻事迹"。即便是推测、寻找，也应合情合理。三迁说就不合情理。杜预说"桓六年，淳于公亡国，杞似并之，迁都淳于"是为一迁。所谓"桓六年，淳于公亡国"，其实是指《春秋·桓公五年》"冬，州公如曹"，同年《左传》："冬，淳于公如曹，度其国危，遂不复。"《左传·桓公六年》接着又说："六年春，自曹来朝。书曰寔来，不复其国也。"州和淳于是一个国家的不同名称，属姜姓国，位于今安丘县东北30里。这条史料的意思是说州（淳于）公考虑到国家有危险，于是就跑到曹国，次年又从曹国到了鲁国，就不再回国了。这里只说国君逃亡，没说"亡国"。国君逃亡，还有臣民在，他们可以另立新君。周厉王出逃，周没有亡。鲁昭公出逃，鲁也没有亡。"亡国"之说，毫无根据。"国危"，其危险可以是来自国内，也可以是来自国外。如果是国外，州（淳于）国南有莒、北有莱，西有齐、纪，都可能对其构成威胁，反正不会是远隔千里位于今河南杞县的那个又小又弱的杞国。"杞似并之"，从何说起？"迁都淳于"，又有何根据？杜预又说："僖十四年，又迁缘陵。"是为二迁。僖十四年，杞迁缘陵，见于经传，绝对可信。但不是"又迁"，而是仅有的唯一的一次迁徙。迁徙的原因是由于"淮夷病杞"。照杜预的说法，既然鲁桓公六年（前706）杞已迁都淳于，那么60年后的鲁僖公十三年（前647）位于今山东东北部安丘的杞国，怎么还会被位于今安徽一带远隔千里的淮夷所"病"呢？杜预还说"襄二十九年，晋人城杞之淳于，杞又迁都淳于"，是为三迁。时代不同了，两次筑城的起因、目的各不相同，齐桓公城缘陵迁杞，原因在于"淮夷病杞"，目的是为了躲避淮夷的侵略。鲁襄公二十九年晋平公的"城杞"，起因虽然没有明讲，但这是出于鲁国对杞的侵略是很清楚的。因为在此以前，鲁国再三进犯杞国，其中有两次攻入杞之国内。城杞不是迁都躲避而是就地防卫鲁国的入侵，即所谓"夏肆是屏"。"夏肆"即夏的后裔，指杞国，屏即屏障，"是屏"，即指为杞筑城之事。齐桓公和晋平公为杞国的这两次筑城活动显然不是一码事。否则，齐桓公已经为杞国在缘陵筑过城了，晋平公为什么还要再次"城杞"，岂不是多此一举。杜预之所以把晋平公的这次"城杞"说成是"城杞之淳于"，事出有因。由于晋国的这次"城杞"是发生在赵文子武执政期间，因此，三年以后的鲁昭公元年，晋国人祁午在追述赵武的政绩时曾经谈到过这次"城杞"。不过祁午却不说"城杞"，而说是"城淳于"。于是杜预为之作注说："襄二十九年城杞之淳于，杞迁都。"把淳于解释为杞国的一个地方，未尝不可。问题在于淳于在什么地方。如果是安丘的淳于，那么鲁襄公六年齐灵公灭莱以后，姑尤二水（今之大姑河、小姑河。指北起今之龙口，南至胶州湾一线）以西尽归齐有，安丘已属齐国版图。齐桓城缘陵（今山东昌乐），那是在自己疆域内筑城。现在晋国要在齐国领土内筑城，谈何容易？尽管齐之国力与晋相比，稍逊一筹，但也并不好惹。晋范宣子借用了齐国的"羽毛"而不归还，齐国便脱离晋盟，"不畏霸主"，兴兵征伐晋之同盟鲁国以为报复，怎能轻易容忍他人"太岁头上动土"。而且经传只说襄公二十九年"城杞"，或称"城淳于"，根本没提"迁都"。杜预"杞迁都"之说显然是"增字解经"，不足为训。杞国史地研究如果把《公羊》《管子》、班固、杜预的上述捉襟见肘、漏洞百出的说法作为依据，只能是治丝益棼，不可能得出正确的结论。

二　史料的矛盾

《春秋》经传中有关杞国的材料，多而零碎，总数约有百余条，去其重复，几十条总是有的。仅杞国参加晋国主办的各种盟会活动就有 25 次之多。但与杞国史地研究直接有关的，可以概括为三组。按时间顺序第一组春秋早期《春秋·隐公四年》："莒伐杞，取牟娄。"与此有关的还有三条，一是齐鲁会盟于牟娄（《春秋·宣公十五年》），二是牟夷带着牟娄的地盘投奔了鲁国（《春秋·昭公五年》），三是莒鲁为争夺牟娄酿成蚡泉之战（《左传·昭公五年》）。第二组，淮夷病杞、齐桓公在咸地会盟，迁杞于缘陵。第三组，杞鲁有领土纠纷，争夺成邑。晋平公为杞国之甥，助杞抗鲁，见于春秋晚期鲁襄公二十九年前后的经传记载。再加上《史记·楚世家》战国早期楚灭杞，一共是四组。

四组材料间相互矛盾，有的史料自身也有矛盾，这在杞国史地中造成了极大的混乱。其中尤其以第一、二两组矛盾最为突出。春秋早期莒伐杞时，杞还在今河南杞县，两者相距千里之遥，莒是一个小国，能否远征千里之外的杞国。不仅是伐，而且还要"取"其领土牟娄。按照经传的条例来解释："书取，言易也。"就是说莒国征伐杞国，很容易地就把杞国领土牟娄拿了过来。这事发生在莒国身上，的确容易启人疑窦。因此，自古以来为调和这两条史料之间矛盾的种种说法就应运而生。班固把齐桓迁杞的时间提前到"先春秋时"，以弥合隐公四年与僖公十四年这两条史料间的时间矛盾。其他如《管子》的"宋伐杞"说、《公羊》的"徐莒胁之"说、杜预的"淳于公亡国，杞似并之"说、孔颖达"雍丘、淳于虽郡别而竟（境）连"说、沈钦韩的"伐杞"即"伐纪"说、周悦让的淮夷病杞即"潍夷病杞"，等等，都是为了拉近莒杞之间的距离以弥合两条史料之间的空间矛盾。堪称一人一说，十人十说，无一中的。其实，解决问题的关键在于牟娄位置的确定。以往多从杜预所考，以为牟娄即城阳诸县（今山东诸城）的娄乡。于钦《齐乘》更把安邱的朦胧山附会成牟娄。因而都无法解决两者之间的矛盾，阎若璩联系另外两条材料指出杞都位置"与之莒州及曲阜县相邻也可知"（《四书释地续》），极有见地。如果能够摆脱班固、杜预的束缚，再前进一步，联系莒鲁争牟娄、齐鲁会盟于牟娄的史料，综合考察，必将会进一步得出牟娄必介于莒、鲁、齐三者之间。而今莱芜东20里的牟国故城就恰恰符合这一条件，那距离确定杞都地望的目标并进一步解决这两条史料之间的矛盾就会为时不远了。杞鲁的领土纠纷、杞鲁争夺成邑这组史料，对于确定杞国位置，解决第一、二两组史料的矛盾，具有决定性的意义，可惜很少有人注意到这组史料。再加上这组史料中"城杞"又被说成"城淳于"的史料自身的矛盾，而为问题的解决增加了难度。第四组材料"楚灭杞"的后面，紧跟着有一句很重要的话："越不能正江淮北，楚东侵广地至泗上。"几乎就等于告诉你杞国的大体位置了，可惜这句话也往往被学者们所忽略。就这样这条极有价值的史料，经过腰斩，却成了一条容易造成混乱的史料了。试想，齐桓公所迁的杞国位于今之昌乐，即使相信杜预之说又从昌乐迁到淳于吧，淳于在安邱，昌乐与安丘却位于今泰沂山脉北侧，再加上齐为"备楚"而沿泰沂山脉构筑长城，楚国灭杞不仅要翻越泰沂山脉，还要穿越齐长城，何其难哉。

三 考古发现

正当"山穷水尽疑无路"，杞国史地研究陷入困境的时候，咸丰年间新泰境内突然出土了一大批杞国铜器。铭文内容基本上相同，都是杞白每亡为其妻邾曹作器。证明新泰境内应该有一个杞国，迫使人们对杞国史地研究重新思考。"柳暗花明又一村"，杞史研究由此而出现了新的契机。但由于旧说影响太深，新泰杞器的重要发现反而成了班固谬说的物证。再加上古文字学家考证杞白每亡"即谋娶公。新泰杞器属周厉王时代的铜器"，这一结论更使杞国"先春秋时徙鲁东北"说如虎添翼，几乎已成为不刊之论。

本世纪甲骨文的发现为杞国史地研究注入了新的活力，武丁卜辞中有商王为杞侯光占卜疾病的内容，证明商代时确有杞国存在。《大戴礼·少间篇》关于成汤"乃迁姒姓于杞"的记载是可信的。但多数学者仍相信传统旧说认为商代杞国和五期征人方途经的杞地也是在今河南杞县。

新中国成立以来，特别是 20 世纪 70 年代以来，有关杞国史地研究的考古发现层出不穷。主要有如下几项：

1. 20 世纪 70 年代初兖州中李宫剌族铜器的发现。

当时，在县文物部门的帮助下，我曾对铜器出土地点作过实地调查，证明是一处规模较大的商周遗址。

剌即鲁分"殷民六族"的索氏。结合费县出土的徐子鼎和后面即将提到的滕州出土与攸（条）氏有关的考古发现以及文献记载中提到的长勺之战，萧在苏北一带，等等，使我们有理由确信"殷民六族"很可能是原来居住在曲阜鲁国周围的殷人。所谓鲁分"殷民六族"不过是划归鲁国统辖，或许还有些贡纳关系，不一定就是原来想象的种族奴隶等各种名称的奴隶。

剌族铜器的发现对于征人方路线和人方位置的确定具有重要意义。而在征人方卜辞中剌又与杞同版（《前》2.8.7），两地应相邻近。结合新泰出土杞器和文献，于是提出了杞分二国的主张：即商代杞国在新泰，经西周、春秋到战国时为楚所灭。西周武王分封的杞国在今河南杞县，齐桓公迁之于今之昌乐。换句话说《春秋》经传记载中除了淮夷病杞、齐桓公迁之于缘陵这组史料是属于周代分封出的杞国的，此外，其他《春秋》经传中的有关杞国的记载，都是属于新泰商代杞国的。这样，杞国所有史料中存在的种种矛盾疑难之处都可以迎刃而解了。①

2."文化大革命"期间滕州八一煤矿出土东周铜戈，内部两面有字：

鼂人之孙犀（正面）
作其秉戈　（反面）

首字是卣字繁体，卣、攸音同字通。卣就是五期征人方卜辞中到殷都搬求救兵，随殷王一道征人方的攸侯喜的攸。攸，又通条，也就是"殷民六族"的条氏。

承蒙滕州博物馆原馆长万树瀛先生见告，八一煤矿所在地是轩辕庄，与50年代出土爻族铜器群的后黄庄相邻近，攸与爻读音极为相近，这样攸族只见甲骨文记载而不见族徽铜器的答案也找到了。即爻是本字，甲骨文的攸是借字。

3.醽鼎。

滕州金庄出土有铭铜鼎，时代属商末周初。铭作：

醽作父庚鼎。

---

① 王恩田：《从考古材料看楚灭杞国》，《江汉考古》1988年第2期。

首字当是永字繁体。永,是五期卜辞中的贞人,又是征人方途经之地,称"攸侯喜鄙永",当是攸之边鄙城邑。金庄在轩辕庄西北约 30 公里。

4. 商丘叔臣。

60 年代初,泰安道朗龙门口水库出土,时代属西周晚期至春秋早期,两件,铭文相同,器盖对铭。

    商丘叔作其

    旅臣其万年

    子子孙孙永宝用。

商丘,地名。丘,意为墟。《楚辞·哀郢》:"曾不知夏之为丘兮。"注:"丘,墟也。"称"商丘",犹如今天称夏都故地为夏墟,殷都故地为殷墟。表示地形地貌的丘字在甲骨文中往往写在地名的前边,如丘雷、丘剌、丘商等等。商丘叔以商丘地名命氏,说明泰安一带曾经是名商之地。传统看法一般都认为甲骨文中的商应在今河南商丘,其实今之商丘,本是宋国都城。《史记·宋微子世家》:"乃命微子开代殷后,……国于宋。"《集解》引《世本》曰:"宋更曰睢阳。"由此可知,宋国都城原名宋。以宋地作为国名,宋这个地名见于武丁卜辞,是商代固有的地名。微子开建国沿用旧名,周代建国沿用旧名者例证不少,如鲁、齐、曹、薛、卫等都是。微子建都于宋之后,改名为睢阳。宋国灭亡后,其都城照理应称宋丘。但由于宋为商殷之后,春秋时或称宋为商,因此宋都故地即被称商丘。可见河南商丘地名并不甚古。商丘叔臣的发现,关于商代地名商在河南商丘的观念应该加以更新。

商丘叔臣清末出土过两件,初为福山王懿荣所藏,见《日光室藏器目》,几经易手后,其中一件流入美国,归纳尔逊博物馆收藏。与现在出土的两件器形、花纹、铭文内容全同,估计与泰安的两件系同坑出土。

根据上述考古发现加上新泰杞器,再结合文献记载考证咠在范县东南 50 里的顾城、乐在济南趵突泉等,即可绘出新的十祀征人方路线图。

在这里我想借此机会对我所考证的新的征人方路线作一点重要的更正。我曾根据传统看法把途经的亳定在今曹县。因为这里曾是宋之宗邑薄,薄通亳,这将意味着我有同意成汤都亳的亳在曹县之嫌。而实际上我是不同意的。因为考古发现证明,截至目前为止,相当于成汤时期的二里岗下层的遗址,在山东境内没有任何线索可寻,但也别无他法,只有勉为其难,以待新证。近年来李学勤先生提出新说,认为原来释为亳的字是认错了,应是从草的蒿字。认为甲骨文中的"亳社"实为蒿社,也就是郊社。这一新说对我是一个很大的启发,我认为蒿很可能就是泰安城西南近郊的蒿里山,又称社首山。山虽不高,但却非常重要,是帝王上封泰山,下禅蒿里(社首)之地。新中国成立前曾出土过唐玄宗、宋真宗封禅的玉简,实物今藏台北故宫博物院。应该加以说明的是,这个从高省,把草旁写在高下的蒿(畣),与从林从高的蒿(《京》3456),从草、从林、从高的蒿(《菁》9.10),以及从草从高的蒿(《甲》3940)不是一个字。后者也见于周原甲骨,应即丰镐的镐。①

十祀征人方路线中与蒿相邻近的地名鸿,应即红,鲁国曾"大蒐于红"(《左传·昭公八年》),其地《山东通志》认为在泰安南。今泰安南有地名洪沟,是一个包括七八个自然村的大聚落,应即鸿地所在。这样从泰安道朗龙门口的商,东行至蒿,再沿北汶水折而向南到鸿,再往西南行到达位于新泰的杞,路程更顺,也更合理了。

这里我还想介绍一组与考证商代杞国在新泰密切相关的卜辞,是李学勤先生曾经用过的一组祖甲田猎卜辞,见于《后》1.13.1、《粹》1570、《南明》395等三版,八条,是同一个贞人"行"所卜。自戊寅至乙酉日程8天。其中己卯在杞,而甲申在剌。日程5天。如前所证杞在新泰、剌在兖州,两地相距200余里,平均日行40余里,符合古代行军日行30里为一舍的规律。反之,假如杞地不在新泰而在河南杞县,两地直线距离近500里,平均日行100里,显然是不合情理的。因此商杞可以肯定应在新泰,河南杞县之说应该排除。②

综上所述,根据对文献史料的梳理排比,表明西周分封的杞国在今河南杞县,因"淮夷病杞",齐桓公迁之于缘陵(今山东昌乐)。除此之外,《春

---

① 王恩田:《甲骨文中的位祭》,《中国文字》新24期,台北艺文印书馆,1998年。
② 王恩田:《人方位置与征人方路线新证》,《胡厚宣先生纪念文集》,科学出版社,1998年。

秋》《左传》中其他有关杞国的史料和《史记·楚世家》所灭杞国的记载，都是商代所封的杞国。清末新泰出土的杞国器群和50年代以来山东境内的其他考古发现，以及对甲骨文十祀征夷方（人方）卜辞的研究证明，商代所建立的杞国位于新泰境内。

原载《古籍研究》2000年第3期

商代杞国在新泰

杞国是夏王朝后裔建立的国家，由于保存着夏人的礼乐制度和文化传统，国虽小却又很重要，故孔夫子研究夏礼不能不提到杞国，司马迁也不嫌其小而在《史记》中为它立传。

杞国史地研究中，存在不少未知数。文献记载说，成汤灭夏以后，封夏代后裔于杞，建立了姒姓杞国。甲骨文中有商王武丁占卜杞侯疾病的记载，帝乙、帝辛（即商纣王）卜辞中有征伐夷方时经过杞地的记载，证明商代的确有杞国存在。周武王灭商以后，也分封了一个杞国，春秋早期这个杞国由于受到淮夷的侵略骚扰，齐桓公曾纠合各诸侯国在齐国的缘陵（今山东昌乐）筑城，迁杞国于此。历代学者一般都认为商代的杞国和周代的杞国都位于汉代的雍丘，即今天的河南杞县。如果只承认一个杞国，就存在着与《春秋》《左传》等其他记载的诸多矛盾。例如，在齐桓公迁杞以前70多年的《春秋·隐公四年》说"莒伐杞，取牟娄"。莒的国力能否远征千里之外位于今河南的杞国并占领其国土牟娄，是一个很大的疑问。又如春秋晚期晋平公曾强迫鲁国把侵吞的杞国领土成邑归还给杞国。杞国这时早已北迁缘陵，南距成邑数百里之遥，怎么可能会与鲁国发生领土纠纷？再如晋平公也曾为杞国筑城。齐桓公已经为杞国在缘陵修过城，晋平公为什么还要多此一举？尤其让人感到奇怪的是三年后的晋国人祁午把这次"城杞"说成是"城淳于"，应作何解释？再有《史记·楚世家》说战国时楚灭杞。如果被楚所灭的杞国是位于今昌乐的杞国，必须翻越横亘在山东中部的泰沂山脉，还要穿越为"备楚"而修建的齐长城，是否可能？历代学者为了弥合上述种种矛盾提出了不少假说，最为著名的和颇具影响的如东汉班固"先春秋时（杞）徙鲁东北说"、晋杜预三迁说，等等，都存在不少捉襟见肘的漏洞，无法自圆其说。清代晚期新泰境内出土了一批杞国铜器，是杞伯每亡为夫人铸造的铜器。证明新泰应该有一个杞国，可惜以往误认为只有一个杞国，没能把这次重要的考古发现作为解开杞国史地之谜的钥匙。

20世纪50年代以来，山东境内接二连三地出土数批重要的商周铜器。如滕县（今滕州市）后黄庄商代夌族器群和东周羉人戈，兖州中李宫出土的商末周初的索器，滕县（今滕州市）金庄的商代永鼎，泰安的春秋商丘叔匠等，这不仅为探寻商代杞国位置提供了依据，而且还涉及商纣王征东夷这一重大学术课题。《左传》说："纣克东夷而殒其身。"商纣王征伐东夷过程中国力大伤，周武王乘机诛纣灭商，建立了西周王朝，这是先秦史上最为重大的历史事件之一。而帝乙、帝辛时代的甲骨文中就有很多伐夷方的材料，可以系联编排成日程表。郭沫若、董作宾、陈梦家、加拿大明义士（James Mellon Menzies）、日本林泰辅等中外前辈学者都曾对此进行过深入研究。但大多根据文献记载立说，而古代又地多重名，见仁见智，分歧很大，如对夷方位置的考证就有山东说、安徽说、安徽与山东说、陕西说，等等，难以取得共识。我们采用了新的考释方法，即以商周族名、国名铜器出土地点为主，以文献记载为辅的方法来考证征夷方往返途经地点。据铜器出土地点考证的地名有杞在新泰、夌在滕州后黄庄、攸国的边鄙城邑永在滕州金庄、索在兖州中李官、商在泰安道朗龙门口，等等。据文献记载考证的地名有雇在范县东南60里的顾城、乐在济南趵突泉齐鲁会盟的泺、蒿在泰安蒿里山、春秋鲁国"大搜于红"的红在泰安南的洪沟，等等。在上述考证的基础上重新编排了征夷方日程表并绘制了征夷方往返路线图。还根据费县出土的举族器群，确认帝辛十年征伐的夷方就在滕州东邻的费县境内。

确认商代杞国在新泰，除了新泰出土杞伯器群的证据之外，还根据祖甲时期的一组田猎卜辞，计3版8条，都是同一个贞人"行"占卜的，包括从戊寅到乙酉共8天的行程。其中第二天己卯在杞（《后》上13.1），第7天甲申在索（《南明》395），由杞到索用了5天。上面说过杞在新泰、索在兖州中李宫，两地相距200余里，平均日行40余里，基本上符合古代日行军30里为一舍的规律。否则，如果杞不在新泰而在今河南杞县，则两地相距四五百里，要经过四五天日行百里的急行军才能到达，违背日行30里为一舍的规律，是不合理的。

在对甲骨文征夷方问题研究的基础上，我们提出了杞分二国的主张，即商代的杞国在新泰，战国时为楚灭。周代分封的杞国在河南杞县，齐桓公迁之于昌乐，后来可能为齐吞并。这样就从根本上解决了二千年来无法解释的杞国史地中的种种矛盾。原来《春秋》《左传》中有关杞国的记载，除了齐桓公迁杞之外，其他的记载全部都是新泰杞国的，这样上面所列举的种种矛盾就都可以迎刃而解了。祁午把"城杞"说成是"城淳于"，说明杞国又名淳于，这和位在安丘的姜姓州国又名淳于一样，都是一国二名，不足为奇。70年代以来新泰境内和邻地泰安屡次出土淳于戈，可以充分证明这一点。

原载《大众日报》2000年5月28日

滕国考

滕国是周代在山东滕县境内建立的姬姓国。关于该国的始封及存灭、"滕城"与汉公丘城的关系等问题，历史上曾存有争议。20世纪50年代以来，考古工作者在这一地区做了大量工作，有不少重要发现，为上述问题的解决提供了重要依据。此外，为滕国得名及其先住民族的探讨也提供了初步线索。

一 滕国的始封

关于滕国的始封，文献有明确记载：

《左传·僖公二十四年》："管蔡郕霍、鲁卫毛聃、郜雍曹滕、毕原酆郇，文之昭也。"注："十六国皆文王子也。"

《世本》："错叔绣，文王子。"（《汉书·地理志》师古注引）"错叔绣封滕"（《路史·后纪》卷十注引）。

《世族谱》："滕，姬姓。文王子错叔绣之后，武王封之居滕。今沛郡公丘县是也。"

据此可知滕为文王之子错叔绣的封国，武王所封。但《汉书·地理志》则以错叔绣为周懿王之子。《水经·泗水注》同其说。杨守敬疏："《春秋隐七年》疏引《汉志》作周文王子。《古今人表》亦作文王子，与《僖二十四年》文昭之言合。则今本《汉志》懿王之误无疑。"

考古发现进一步证实今本《汉志》关于错叔绣为懿王子说之误。1978年3月，滕县城西南7.5公里的与滕城村相毗邻的庄里西村发现一座西周墓，出土有铭铜器3件。其中吾鬲铭作"吾作滕公宝𨎚彝"。簋2件同铭。[①] 1982

---

① 万树瀛、杨孝义：《山东滕县出土西周滕国铜器》，《文物》1979年第4期。

年3月，再次在此发现一座西周墓，出土铜器6件，其中有滕侯方鼎铭、滕侯簋铭。此外还有鬲2件，壶和扁足鼎各1件，无铭。①简报定这两墓为西周早期，是正确的。两墓的铜簋腹部和圈足较低矮，与武成时期的大丰簋、德簋、叔德簋等腹部和圈足较高的情况有所不同。而与穆王时代的录簋、长甶墓的铜簋相近。铜鬲的下腹部鼓出，也是时代较晚的特征。故两墓的年代约属昭王，或能早至康王。吾鬲和滕侯簋都是为滕公作祭器，这与鲁侯熙（即炀公）为其父鲁公作器的情况是相同的。炀公为伯禽次子，属第二代鲁侯。鲁公系鲁国的始封君伯禽。滕公亦应指滕国的始封君错叔绣，其年代应属康王或能早至武王或成王。因此，错叔绣为文王之子说可信。而今本《汉志》以为错叔绣属于西周中期的懿王之子显然是错误的。西周时周人在山东地区建立了不少新的国家。根据目前的考古发现，滕国是唯一的一个可以证明确系建国于西周早期的国家。据文献记载，鲁国早在周公或其子伯禽时就已经建国，但当时的鲁国是否在山东曲阜还有不同看法。而目前已经发表的曲阜鲁城考古发掘材料②，其年代上限是属于西周晚期的。这不仅不能证明周公或伯禽说，甚至连证明炀公徙鲁也是困难的③，但这并不意味着可以就此否定文献记载关于鲁于周初建国说的可靠性。据新出史墙盘铭文记载，周武王、成王时期周人势力已进入山东是毫无疑问的。滕县庄里西的考古发现，进一步证明周代初年周人势力不仅已进入山东，而且建立了像滕国这样的姬姓国，证明傅斯年先生《大东小东说》关于周代初年周人不曾在山东建国的说法是不对的，也为在山东地区寻找鲁国等其他姬姓国的西周早期文化遗存展示了光明的前景。

二 滕国的基本史实与考古材料

由于文献记载的阙佚，除滕的始封以外，关于西周时代的滕国历史几乎毫无所知。春秋时期的滕国作为大国霸业的支持者比较活跃。齐桓称霸期间

---

① 滕县博物馆：《山东滕县发现滕侯铜器墓》，《考古》1984年第4期。
② 山东省文物考古研究所等：《曲阜鲁国故城》，齐鲁书社，1982年。
③ 王恩田：《曲阜鲁国故城的年代及其相关问题》，《考古与文物》1988年第2期。

曾与以齐国为首的其他诸侯国"同盟于幽"。狄破卫后，又和共国一道为卫国提供了五千移民，助卫复国（《左传·闵公二年》）。滕南邻于宋，宋远较滕为强大，故不时侵扰欺凌。在宋襄短命的霸业活动中，曾拘捕过滕宣公婴齐（《春秋·僖公十九年》）。盖在宋的胁迫下，滕国参加了以宋为首的诸侯国的伐郑（《春秋·僖公二十二年》）。宣公九年、十年，宋国又乘滕昭公死亡的机会和以"滕人恃晋而不事宋"为借口，两次征伐滕国。襄公二十七年在宋国举行的弭兵之会上，宋以滕为己之属国为由而不使其"与盟"。诸侯国"城成周"时，宋国还居然提出让滕、薛、郳三国代替自己服功役（《左传·定公元年》），俨然以滕为己之附庸。在晋楚争霸期间，滕国是晋的同盟国，除昭公四年曾参加过楚国为首的诸侯国召开的申之会以外，晋国所主持的不少外事活动和征伐，滕国都是积极的支持者。滕鲁关系一直是比较好的，即鲁人穆叔所谓"曹滕二邾实不忘我好"（《左传·昭公三年》），滕视鲁为其"宗国"（《孟子·滕文公上》），多次朝见鲁侯。当滕、薛争长时，鲁支持滕国（《左传·隐公十一年》）。此后在一切滕薛同时参加的盟会活动中，均把滕排在薛的前面。战国时期所知滕国的史实不多，仅知滕文公曾欲行"仁政"与孟子有过交往。

滕国青铜器以及与滕史有关的铜器以往曾有零星发现，其中时代最早的属滕虎簋，铭作"滕虎敢肇作厥皇考公命中宝隣彝"（《代》7.29.1）。滕从火不从水，旧释然、释朕，孙诒让释滕。王国维认为器主滕虎即《礼记·檀弓上》中滕伯文的叔父滕孟虎，乃定此簋为周中叶以后物。[1] 按：此器图像见于《商周彝器通考》，方座双耳有珥，腹和方座饰垂冠大鸟。容庚先生定为西周前期，以为王国维所定年代"未免过晚"。容说可信。此器约属昭王时期，滕伯文及其叔父孟虎亦应属此时或略晚。郑玄以为"伯文，殷时滕君也"。按：殷不以"孟""伯"为字，此为周时习俗，郑说误。

滕侯穌盨"滕侯穌作厥文考滕中旅盨，其子孙万年永宝用"。器形未见，据字体其年代约属西周中期后段。滕侯穌之父名滕中（仲），知其父行二。史界传统看法认为西周实行嫡长继承制。笔者曾指出包括周王朝在内的西

---

[1] 王国维：《观堂集林·释滕》，中华书局，1959年。

周各国所实行的继承制度是一继一及制，其继承规律是传子—传弟—再传子—再传弟……① 滕侯之父不是长子而是次子，为拙说增一佳证。郑伯御戎鼎系郑伯御戎为其妻滕姬作器，知郑滕两国通婚。

庄里西滕国墓地还出土4件一组的滕司马楸镈，铭文连续接读，共84字，我已有专文讨论。②

传世有滕侯耆戈（《代》19.39.3），山西崞县梁上椿旧藏。滕侯耆疑即春秋时的滕顷公结。耆古属群母脂部。结属见母质部。群、见均牙音，脂、质对转，音近可通。滕顷公于鲁昭公二年（前514）即位，卒于鲁哀公四年（前491）。

传世尚有滕侯昃戈（《代》20.13.3），铭"滕侯昃之造戈"6字。造字从舟、从告、从酉，为造字异构。戈字从金。1980年，滕县城南西寺院村出土同铭戈一件，铭"滕侯昃之造"。造字从舟、从告。1982年，滕县洪绪公社杜庄村发现滕侯敦，均属同人作器。以往或释昃为吴，认为滕侯昃即滕隐公虞母。按：昃书作 ，从日从矢，即昃字，读作侧。《说文》："昃，日在西方时侧也。"徐铉注："今俗别作昃，非是。"今金文确作昃，与俗体同，大徐说误。吴字从口，不从日，两者有别，释吴误。戈的器形与陈侯因𬱃戈相近，陈侯因𬱃即齐威王。敦为球形腹，盖有三环钮，腹有左右对称的二环钮。底有残痕，原来可能是一种高柄豆，这种形制的豆也是属于战国时期的。因此，定为滕隐公作器与年代也不相符。

滕县博物馆由废品仓库中拣选出一件王子反戈，铭"王子反铸寝戈"③。寝戈为亲兵护卫用戈。《左传·襄公二十八年》："使执寝戈，而先后之。"杜预注："寝戈，亲近兵杖。"随县曾侯乙墓新出"曾侯乙之寝戈"与此同例。

王子反，"王子"表身份，与公子意同，即国君之子，因称王故称王子。反为其名，亦可简称子反。戈的形制属春秋。春秋时宋国有子反，鲁国孟孙氏有孟之侧，字反。但春秋时宋、鲁不曾称王，与铭文不符。王子反应即楚大夫公子侧，字子反。楚国虽曾称王，但《春秋》经传贬称曰"公"，故公

---

① 王恩田：《从鲁国继承制度看嫡长制的形成》，《东岳论丛》1980年第3期。
② 王恩田：《滕楸编镈与滕用夏正——兼论器主、器名和年代》，《华夏考古》2016年第4期。
③ 中国社会科学院考古研究所山东队：《山东滕县古遗址调查简报》，《考古》1980年第1期。

子侧实即王子侧、王子反。子反初见于鲁宣公十二年（前597），死于鲁成公十六年（前575）。晋楚邲之战时统帅左军，鄢陵之战时任司马，统帅中军，是楚庄王、共王时掌权重臣。鄢陵之战因醉酒致使战争失利而被杀。鄢陵之战时鲁是晋之盟国，晋曾至鲁乞师，滕也是晋之盟国，估计也应是晋方的参战国。经籍只言晋至卫、齐、鲁乞师，盖因滕为小国故不曾提及。王子反戈在滕县发现，估计是鄢陵之役作为战利品流入鲁、滕等国的。

三 滕之灭国

关于滕之亡，历史上曾有不同说法。《世本》"齐景公亡滕"，服虔《左传·昭公四年》注亦同此说。但《世本》又说："隐公之后仍有六世为君。"滕隐公属于春秋末年，其后六世已入战国，显然前后矛盾。故孔颖达指出"齐景公亡滕"说是错误的。《古本竹书纪年》："于粤子朱勾三十四年灭滕。"史家多信从其说。按越王朱勾三十四年为公元前414年，此时孟子（前372—前289）尚未出生，故此说与《孟子·滕文公》篇所载孟子曾与滕文公相交往的史实相抵牾。此外，《纪年》还记载，越灭滕的次年，即朱勾三十五年灭郯，而据《史记·楚世家》顷襄王十八年（前281）楚人还说："驺、费、郯、邳者罗鹜也……膺击郯国……。"可证此时郯国仍存。故《纪年》越人灭滕、灭郯说可疑。童书业先生认为"孟子时之滕国，盖为越人南还后复建之滕"，系为弥合《纪年》越灭滕说的矛盾而发，似无确证。《战国策》主宋灭滕说。《宋策》："宋康王之时……于是灭滕伐薛，取淮北之地。"宋康王即宋君偃，偃于十一年称王（《史记·宋微子世家》），王偃立四十七年（前286）为齐灭。宋灭滕当在称王和齐灭宋的这段时间之内。于鬯《战国策年表》系"灭滕伐薛，取淮北之地"于宋君偃十一年的一年之内，未必可信。宋灭滕说与其他史实较少矛盾，应是可信的。宋为齐灭后，滕地入齐，《汉书·地理志》"滕三十一世为齐所灭"说盖由此起。滕城文公台曾出土齐国陶量，此量已残，有柄，复原后直径与高仅10厘米左右，与子禾子釜、陈犹釜相去悬殊，而与齐量豆的容积相近。应系误钤"釜"印。齐国量器出土于滕国故城内，证知滕确曾属齐。前284年，燕将乐毅率燕、秦、韩、赵、魏五国联军破齐，楚国也乘机攻占淮北之地，滕有可能又入楚手。

四 滕城与汉公丘城的关系

　　滕国，秦时置滕县，后分置蕃县，属鲁。武帝时改为公丘，属沛郡。后汉、魏属沛国，晋属鲁郡，后废。关于滕国故城与汉公丘故城的关系有两种意见。一说认为汉公丘城即滕城。《汉书·地理志》、邓晨《汉书》注、《世本》宋衷注等主此说，《史记·夏侯婴传》正义从之。另说认为两者非一城。又有不同说法：《水经·泗水注》说公丘"县故城在滕西"，《春秋·隐公七年》杜预注："滕国在沛郡公丘县东南。"《元和志》：古滕国在滕县西南14里，公丘故城在县西南15里，《路史》则说："本徐属县后迁公丘，而地为小邾。"

　　笔者认为滕城即公丘的一城说是正确的。《水经·泗水注》：南梁水"北水枝出……又西迳滕城北，……邓晨曰：今沛郡公丘也……其水又溯于公丘焉，县故城在滕西北，城周二十里，内有子城。按《地理志》即滕也"。今本脱城周以下9字，赵一清据《名胜志》校补。全祖望、戴震补同。郦道元指出公丘城"城周二十里，内有子城"这一点非常重要，而且又引《地理志》之说以为公丘即滕。故道光二十六年《滕县志》《读史方舆纪要》等，均引此为滕城之范围。据考古调查，今之滕城，位在县城西南14里。全城轮廓清楚，呈不规则的长方形。城内包括东滕城和西滕城两个自然村，有"滕文公台"。附近西周陶片较多，而在滕城西南一里的庄里有一堌堆遗址，包含了自龙山文化直至汉代的遗存，俗称为"城顶"，传为公丘故城址，但并未见城墙痕迹。[①] 两次发现西周滕国铜器墓也正是在这一带。因此有理由认为今之"滕城"实为郦道元所说的公丘城的子城，其周围还应有一个周长20里的外城，而庄里的堌堆遗址及其村西的西周墓地应该包括在外城之内。可能由于公丘县的治所在庄里一带，于是郦道元便说公丘在滕西北，而杜预

[①] 中国社会科学院考古研究所山东队：《山东邹县滕县古城址调查》，《考古》1965年第12期。

则说滕国在公丘东南,李吉甫则说两者均在今县城西南而相差一里。说法虽有不同,但结果只能是一个,即两者是一城。否则,两城相距一里,而其中一个方圆 20 里,这种情况当然并非完全不可能,不过汉武帝时为什么要舍弃原有的滕城而在其西北仅一里的地方另建一座新城呢?难以理解。此外,就范围而言,今"滕城"周长仅 2795 米,按汉代每里约合今 400 米计算,周长仅 7 里,长宽尚不及 2 里。古人以"三里之城、五里之郭"和"五里之城、七里之郭"来形容城郭之小。"滕城"作为内城来说也是极小的,作为一个国家的外城则难以想象。曾和滕国"争长"的薛,与滕一样也是小国,但其都城城周实测为 10615 米,合汉里 26.5 里,长宽 6.5 里,接近"七里之郭"。另一个小国邾都纪王城城周实测总长 9200 米,合汉里 23 里,长宽各 5 里多,相当于"五里之郭"。就范围而言,"滕城"面积相当于薛城十四分之一,相当于邾都纪王城的十一分之一。同属于小国而都城面积如此悬殊是不可能的。因此,今之"滕城"只能是滕都的"子城",周长 20 里的公丘城才是真正的滕城。旧志载邾都纪王城城周 20 余里,今实测 23 里。如《水经注》公丘城周 20 里的记载可信,则滕城较邾城规模略小。山东古国史研究会第三次年会在滕县召开,会议期间曾组织至滕城参观。发现在小城城东仍保存有大城东墙,应即郦道元所说"城周二十里"的滕城外城。因时间关系,未能详细勘察。建议通过钻探,查明外城范围。

原载《东夷古国史研究》第一辑,三秦出版社,1988 年

郳器与郳国

枣庄市山亭区东江村春秋墓地近年来被盗，当地文物部门进行抢救性发掘。3座墓葬内共出土有铭铜器13件。枣庄市博物馆李光雨馆长嘱为考释。枣庄市山亭东江及其邻近地区以往多次出土有铭铜器，涉及诸多国族、姓氏以及婚姻制度。其错综复杂的关系也有待进一步梳理，有必要结合这批新出土的铜器加以讨论。

一　释文考释

1. 郳友父鬲（M1:3）

郳旮（友）父朕（媵）其子臦（胙）嬿宝鬲其眉寿永宝用。

传世有同铭鬲，内容、字数、书体与此相同，应是一家眷属。徐同柏《从古堂款识学》（7.24）率先著录。据《徐籀庄年谱》，徐氏卒于咸丰四年（1854），该器出土当在此以前。

旮通友。郳友父其人，郭沫若"疑即《春秋》郳子益之字，与鲁哀公同时"（《大系》考释193页下）。曾毅公谓"友父疑即小郳之始封君友"（《山东·郳》16）。曾说可信。

臦字，金文初见。方濬益"疑作召二字合文"（《缀遗》27.30）。郭沫若隶为"夘"而无说。杨树达认为此字不从夕，而从肉，"余疑其为胙之或字也"，并认为胙即见于《左传·僖公二十四年》周公后裔"邢、凡、茅、胙、祭"中的胙国。"友父之子嫁于胙，故称臦嬿矣"（《积微》第187页）。李孝定则认为此字不从乍而从勺，当隶定作"朐"（《金文诂林·附录》3589）。

按：传世和本铭二器均从乍，清晰可辨，非从勺，李说非是，杨说可从。但据杜预注"东郡燕县西南有胙亭",地在今河南省东北部延津县,东距枣庄直线距离380里。郳友父嫁女于胙,其媵器为何出土于枣庄东江,将在下面讨论。

2. 霝父君瓶（M1：6）

霝父君命父作其仓瓶,眉寿无疆子子孙孙永宝用之。

霝父,国名,金文初见。命父为霝父国君的私名。其下二字金文初见,原释"仓瓶"。《说文·仓部》仓,奇字作仝,与本铭写法相近。《说文·缶部》瓶字或从缶,或从瓦,并声。本铭此字从并得声,唯形符写法怪异,应是瓶字异构。仓瓶,义未详。

3. 郳君庆壶（M2：2）16字,器盖对铭。

郳君庆作秦妊醴壶,其万年眉寿永宝用。

秦字从三禾为以往所不见。此为郳君庆为其妻秦妊作器。秦为国族名,应是妊姓。

4. 倪庆鬲（M2：10）

倪庆作秦妊羞鬲,其永宝用。

倪字不从邑,时代较早。此为倪庆为其妻秦妊作器。郳君庆壶与倪庆鬲均为M2出土,又均为秦妊作器,知郳君庆与倪庆为一人。郳与倪为一国二名。

5. 鲁宰觥臣（M2：12）12字,器盖对铭。

鲁宰觥作旅簠,其万年永宝用。

鲁,即姬姓鲁国。宰,官名。以往曾见于邹县七家峪出土的鲁宰驷父鬲。另有官名大宰。见于传世鲁大宰原父簠（《三代》8.3.1）。宰下一字从双虎，首尾相对，疑即虤。《说文》："虤，虎怒也，从二虎。"

6. 鲁酉匜（M2∶11）20字，器盖对铭。

鲁酉子安母肇作匜，其眉寿万年子子孙孙永宝用。

一般情况下为女作媵器时均书"媵"字。但有时也可省"媵"而不书。如清道光十年（1830）滕县凤凰岑出土的鲁伯俞父器群，鬲铭"鲁伯愈父作邾姬仁媵羞鬲"，而匜铭作"鲁伯俞父作姬仁匜"。"仁"为邾姬私名。匜铭既省"邾"又省"媵"，可证。鲁宰虤匜与鲁酉匜共出于一墓，疑虤与酉当是同一人名与字的关系。

7. 繣俞匜（M2∶11）16字，器盖对铭。

正叔之士繣俞作旅匜，子子孙孙永宝用。

正叔，人名。宋代传世器有鲁正叔盘（《啸堂》74.1），器主为"鲁正叔之穴"。不仅均名正叔，而且正叔与器主之间均加"之"字的称名习俗也相同，故应是同一个人，因此本铭的正叔也应是鲁人。士为器主身份，以往曾见有鲁士浮父匜和鲁士商甗匜等。士下一字像双耳独角兽形，即廌。相传古代用独角兽解廌（疑即犀牛）断狱，解廌"怒触不直"，以此来判断原告与被告是非曲直。故法律之法的本字即从廌。廌，通豸。《汉书·司马相如列传》："弄解廌。"《史记》作"解豸"。本铭廌字角下从系，故应隶定为繣。繣，通綟。《周礼·地官·封人》："置其綟。"注："綟，著牛鼻绳，所以牵牛者，今时谓之雉。"繣俞为器主名。

8. 毕仲匜（M2∶13）23字，器盖对铭。

毕仲寧作为其北義善（膳）匜，其万年眉寿子子孙孙永宝用之。

毕，国族名。《说文》："毕，田罔也。"本铭毕字，下从田网的毕形，其上所从是田的简化，左右两侧加手会意。

中通仲。仲下一字从宀，从草。草，通造，可以视为私名，也可解为造作的"造"。金文作、造可以连用。如秦子戈"秦子作造公族元用"。又如申鼎"筥大史申作其造鼎"，当读作"其作造鼎"。传世郜造遣鼎"郜造遣作宝鼎"，又有郜遣簋"郜遣作宝簋"，两者当是同一人作器。器主实为郜遣。造字应连下读。这种释读的根据是金文中有铭文倒置，应颠倒读序的例证。如传世邾来隹鬲"邾来隹作鼎，万寿眉其年无彊用"（《山东·邾》14 下）。曾毅公读作"邾来隹作鼎，其眉寿万年无彊用"，曾读可信。其实还可以进一步把"邾来隹作鼎"读作"隹（唯）邾来作鼎"。唯，用作发语词，无意。金文器主名前加"唯"的例证很多，如伯其父匜"唯伯其父□作旅匜"（《三代》10.18.4），深伯友鼎"唯深伯友□林作鼎"（《三代》3.45.2），番仲匜"唯番仲□自作宝匜"（《三代》17.35.1）等，不备举。邾来，即郳（小邾）国始封君友父之曾孙犁来。《春秋·庄公五年》："秋，郳犁来来朝。"杜预注："附庸国也。东海昌虑县东北有郳，犁来，名。"犁来急言之而为来。犹如邾称邾娄，牟称牟娄，是东夷族语言惯例。北，人名。北下似为"羲善（膳）"二字合文。为人名，存以待考。

9. 子皇母匜（M2：14）15 字，器盖对铭。

　　子皇母作饙匜，其万年眉寿永宝用之。

子皇母为器主名。子通女，疑当是某人之女的省称。

10. 邾公子害匜（M3：11），4 行 21 字，器盖对铭。

　　邾公子害自作匜，其万年眉寿无彊，子子孙孙永宝用。

11. 兒（郳）庆鬲（M3：8）11 字。

　　兒庆作秦妊羞鬲其永宝用。

上述二器，害、庆均私名。害有伤、危、灾、患诸义，是利的反义词。《韩非子·六反》："害者，利之反也。"庆有福、善、吉诸义。古人名与字相应，即所谓"闻名即知其字，闻字即知其名"（《白虎通》）。王引之《春秋名字解诂》总结古人名与字之义类有五，其中之一为"对文"。如《左传·襄公二十九年》："郑伯有使公孙黑如楚。"注："黑，子晳。"晳义为白。黑与白对文。又如《左传·昭公二十七年》楚卻宛，字子恶。宛通婉，意为美好、和顺。美与恶对文。本铭庆与害二器同出一墓，也应属名与字的"对文"义类。

12. 昆君壶（M3：1），3 行 18 字。

昆君婦媿霝作旅壶，其年迈子子孙孙永宝用。

传世有鼎（《三代》3.27.8）、盉（《三代》14.10.4）与此铭文相同。首字阮元释为"○内作子未成形，是古包字"。认为即褒姒之褒（《积古》4.4）。方濬益曰："勹中从昆，亦人之象形，与篆文从已同意，释为古文包字说自可通。"（《缀遗》14.33）柯昌济谓"○"内为熊字省文（《韡华》第67—68页）。刘心源谓"○"中所从为倒友，即囿字（《奇觚》16.4），诸说均有未安。方氏谓"○"中所从为"昆"，可从。昆，通蚰，即昆虫之昆的本字。昆、混、浑音同通用（《汉书·景武昭宣元成哀功臣表》集注）。《左传·文公十八年》："谓之浑敦。"注："浑敦，不开通之貌。"《素问·疟论》："无刺浑浑之脉。"注："浑浑，言无端绪也。"本铭所从的"○"，为意符，既表示混沌未开之貌，又像无端绪可寻之意。从昆得声，应即浑敦之浑的本字。

浑，通昆，为国名。昆君妇媿霝，可以解为昆国国君为女性。媿，姓。霝，名。商周之际的秦祖蜚廉之子女防，又作女妨，应是一位女性。周孝王时代的秦国国君非子"号秦嬴"，也应是一位女性。昆国国君为女性也是可能的。当然也可解为昆国国君为其女妇媿霝作器。如上所证，铭文读序有时可以颠倒，"作"字提前，读作"昆君作妇媿霝旅壶"。

周代有陆浑之戎，原居瓜州。《左传·僖公二十二年》："秦晋迁陆浑之戎于伊川。"注:"允姓之戎。"本铭昆为媿姓。媿即晋国受封的"怀姓九宗"之"怀"(陈公柔说)。昆国地望应即春秋晋邑昆都,位于今山西西南部汾水南。《左传·僖公十六年》:"秋,狄侵晋。取狐厨、受铎、涉汾,及昆都。"注:"狐厨、受铎、昆都,晋三邑。平阳临汾县西北有狐谷亭。汾水出太原,南入河。"疏:"汾水从平阳南流。折而西入于河。临汾县在汾水北。狐谷疑是狐厨。乃在县之西北。则狐厨、受铎皆在汾北。狄自北而侵。南涉汾水至于昆都,昆都在汾南也。"据本铭可知媿姓昆国与䣙通婚。

"壶"字下从双手。据此与传世昆君盂铭中作字下从双手的字对勘,可知为"壶"字之省。本铭其下一字,上从禾,斜置,下从刃,疑为"年"字异构。年,泥母真部。刃,泥母文部。文真旁转,可知本铭年字从刃得声。传世同铭鼎、盂铭文中"其"下怪异难识的字,也应是年。"年迈(万)"当为"万年"倒文。

二 东江墓地的年代与墓主

东江墓地已清理发掘的3座墓葬(M1—M3)共出土陶器17件,均为陶罐,形制虽有区别,但时代特征不甚明显。出土铜器中年代最早的是M2的罍(M2:17),属殷代晚期。其他大部分铜器都是西周晚期至春秋早期的常见器物。铜鼎很富特色,立耳,直领,浅腹外鼓,片状平盖,形制与陕西长安普渡村长甶墓铜鼎极为相似。如单独发现极易被误认为是西周穆王时代的器物。但50年代鲁南峄城地区水利工程中这种类型的铜鼎曾与春秋早期铜器共存(实物今存山东博物馆)。临朐泉头村曾出土过一件,也与春秋早中期之际的铜器共存。现在东江M2和M3中这种铜鼎再次与春秋铜器共存,不会是偶然巧合,应该视为枣庄地区春秋铜器的地方特色。东江三墓铜器中年代偏晚的铜器有3件,一件是M2出土的戈(M2:19),三角锋,援长而窄,比春秋早期的标准器虢太子元戈、䣙侯戈、栾左库戈等[1]年代略晚,

---

[1] 王恩田:《〈商周青铜兵器〉读后记》,《商周青铜兵器暨夫差剑特展论文集》,台北历史博物馆《史物丛刊》,1996年。

当属春秋早中期之际。另一件是M3出土的匜（M3：16），椭圆形腹，腹两侧有外突的长方形浅槽，短流，口腹平齐，无錾无足。类似的形制见于曲阜林前村大司徒元盂、薛国故城M2、邹平大省庄M1出土的匜，年代约属春秋中期。因此东江3座墓葬年代应属于春秋早中期。第三件是提链壶，是山东春秋时代的常见器物，器身上所饰的纠结蛇纹，也是春秋中期开始出现的纹饰。

东江三墓中有两座是使用一条墓道的"甲"字形大墓。墓道称为隧或羡。墓道有无和多少是墓主身份高低的标志。只有国君等级的贵族才有资格使用墓道。[①] 如山西北赵晋侯墓地中19座墓葬中有17座使用一条墓道的"甲"字形墓，两座使用两条墓道的"中"字形大墓。就规模而言，东江M2墓室东西长5.58米，南北宽5.7米，深5.7米，比北赵晋侯墓地M64规模略小，而略大于北赵其他的晋侯墓。因此，东江三墓主身份应是诸侯国国君的墓葬。

东江三墓出土铜器铭文中的邾友父是郳国开国君主。铭文中又有邾君庆、郳庆、邾公子害，可见东江墓地应是郳国（小邾）国君墓地。

三 郳国都城在山亭东江

关于郳国都城以往有下列诸说：

1.《春秋·庄公五年》杜预注："东海昌虑县东北有郳城。"昌虑城在今滕州市东南60里。

2.高士奇《春秋地理考略》、王掞等《春秋传说汇纂》、顾祖禹《读史方舆纪要》等主张郳城在滕县城东6里。《兖州府志》则认为郳城在滕县城东1里。

3.乐史《太平寰宇记》、马端临《文献通考》主张在沂州府峄县，即古承县（今之枣庄市峄城区）。

4.于钦《齐乘》认为在缯城南。缯城在今峄城区东80里。

---

① 王恩田：《鹿邑太清宫西周大墓与微子封宋》，《中原文物》2002年第4期。

东江考古工作证明：在东江邾君墓地的西、北两面还残存着夯土城墙。墙基底部残宽 21 米（南侧为农田石坝所压，未到边），残高 2.6 米，属棍夯法。城墙外有护城河。夯土中夹杂有西周晚至春秋早期的陶片。棍夯法夯筑城墙年代大都是春秋时代以前的，因此，城墙年代下限当不晚于春秋。

东周考古发掘经验表明，春秋以前的国君墓地往往位于都城内。如齐国西周春秋国君墓地位于临淄故城大城城内东北角的河崖头一带[①]，滕国两周时代国君墓地位于滕州故城大城（汉公丘城）城内西部的庄里西一带，等等。东江邾君墓地位于古城城内西北角的城市布局证明东江古城就是邾国都城。

四 邾国国名

东江 M2 出土邾君庆壶，又出土郳庆鬲，证明邾君庆与郳庆为同一人。同时也证明邾与郳为一国二名。《路史·国名纪·丙》把邾国分为"从齐勤王"的小邾子、"高厚定郳田"的郳国以及位于滕县的小邾国等 3 个国家，显然是错误的。

王献唐先生指出："小邾一称，亦非国名之正。立国不自称小，邻邦亦不能以小呼之。时人以非旧邾，而原出于邾，于邾上加小为别。习俗相沿，史家因之，遂号小邾，小邾非其正名也，既非正名，又无定名，故在受爵以后，春秋或仍称郳，……郳甾父鬲，甾为友，即夷父之子初封于郳者。又称邾，不称郳。其称郳者，沿郳国旧称也，称邾者，沿邾国旧称也。"[②] 东江铜器铭文称兒，如兒庆，或称邾，如邾友父、邾君庆、邾公子害等，从不称"小邾"，证明王献唐先生的说法是正确的。根据"名从主人"的原则，并考虑到与其母国邹城的邾相区别，以称郳为宜。

所谓"其称郳者，沿郳国旧称"，"旧称"是指殷商郳国而言。"郳伯"见于武丁卜辞（《合集》3397）。一般认为殷商时代的郳伯之国就是春秋时期今山东境内的郳国。随着东江郳国都城的确定，寻找殷商郳伯之国的任务自

---

① 王恩田：《概述近年来山东出土的商周青铜器》，《文物》1972 年第 5 期（署名：齐文涛）。
② 王献唐：《春秋邾分三国考》，齐鲁书社，1982 年。

然也就被提到日程上来。而东江 M2 出土的殷商铜罍为探寻殷商郳伯之国展现出美好的前景。

五 传世二邾铜器的区别

如上所述，既然郳国也可以自称为邾，那么传世二邾铜器如何加以区分就成为必须考虑的问题。

陈公柔先生认为除个别的例证（邾友父鬲）外，从蛛形、朱声者为邾国器，而从朱从邑者为郳（小邾）器。①朱江郳器中的邾君庆壶、邾公子害臣等诸器中的邾字都是从蛛形朱声的字，而并不从朱从邑，证明上述区分原则是不正确的。其实，一般说来金文中国名、地名加邑旁是战国时代的特征，而不能用来作为区分国别的依据。

东江铜器给我们的一个重要启示是郳国国君自称为"君"，而不称"公"。春秋以前"公"是公、侯、伯、子、男五等爵之首。只有像宋、秦、齐等异姓诸侯国国君才可以称"公"。传世邾公牼钟即见于《春秋·襄公十七年》的邾宣公所铸。邾公华钟，华即见于《春秋·昭公元年》的邾宣公之子悼公，证明邾国也是有资格称"公"的。因此，把邾字从邾从邑的邾公钘钟定为郳器是不正确的。此外邾国既然可以称"公"，其分职设官也应与此相应，司空、司马等六卿的设置必不可少。郳国不能称"公"也就未必有六卿的设置。因此，邾器中带有六卿之类官衔的邾太宰臣和邾大司马戈等就应属于邾器，而不能根据邾字的写法定为郳器。

六 一国嫁女　多国来媵

东江铜器中与郳国有婚姻关系的国族有：

1. 鲁，见于鲁西子安母臣、鲁宰骕臣。

---

① 陈公柔：《滕国、邾国青铜器及其相关问题》，《中国考古学研究——夏鼐先生考古五十年纪念论文集》，文物出版社，1986 年。

2. 秦，见于邾君庆壶、郳庆鬲、郳庆匜、郳庆鼎。

铭文称邾君庆和郳庆为秦妊铸器。一般说来，出嫁妇女姓的前面往往加本国国名或夫家的国族名，秦也应是国族名。《春秋·庄公三十一年》："秋，筑台于秦。"可知秦地春秋时属鲁，《清一统志》：今山东范县旧城南三里有秦亭。铭文称"秦妊"，知秦为妊姓，可补史籍记载的阙佚。《左传·庄公三十二年》："公筑台临党氏，见孟任。"知党氏为妊姓，与此同例。

3. 毕，见于毕仲匜。

据《世本·氏姓篇》："任姓：谢、章、薛、舒、吕、祝、终、泉、毕、过。"据此可知毕是任姓十国之一。近年邹城市城东南20里大庄四村出土毕簋，证明这里应是任姓毕国居地。

4. 䎽父，见于䎽父君命父瓶。

䎽父，国名，命父为䎽父君的私名。䎽父国，无考。

5. 昆，见于昆君壶。铭言"昆君妇媿䎽作旅壶"。传世有昆君鼎(《三代》3.27.8)、昆君盉(《三代》14.10.4)，铭文与此相同，当系一家眷属。昆国疑即《左传·僖公十六年》狄伐晋取三邑中的昆都。《读史方舆纪要》"平阳府南有昆都聚"，其地在今山西临汾县境内。山西媿姓国族与山东诸国通婚可以举出胶东栖霞桃庄出土的甯莽生鼎，铭作"甯莽生作成媿媵鼎"(《山东文物选集》97)。甯又作倗，倗为媿姓见于倗仲鼎(《三代》3.23.4)。曹姓郳(小邾)与媿姓通婚有着悠久的历史。《大戴礼·帝系》："陆终娶鬼方氏，鬼方氏之妹谓之女嬇氏，产六子，其五曰安，是为曹姓，曹姓者，邾氏也。"传世邾公钘钟"陆䍐之孙邾公钘"。王国维考释陆䍐即陆终，证明文献记载可信。由此可知曹姓邾国始祖陆终娶鬼方氏之妹女嬇而生邾祖安。嬇与媿双声叠韵，女嬇即女媿，鬼方氏之妹名女媿，可证媿姓与晋之"怀姓九宗"实为鬼方后裔。由此可知，早在曹姓邾人始祖陆终时就开始与媿姓通婚了。

6. 胙，见于邾友父鬲。

铭言邾友父为其女胙嬛作媵器。胙字从乍，从刀，从肉。杨树达释胙，即周公诸子的封国"邢、凡、茅、胙、祭"中的胙，嬛即曹姓之曹的本字。邾友父是邾国国君，他为嫁女所做的媵器，为什么出土于郳君墓地？这是由于春秋时代出嫁的妇女,丈夫死后可以返归娘家另行改嫁。故可把媵器仍然带回来。

以上6个国族的媵器除了M1出土的郑友父鬲,其他5个国族的媵器出土于M2和M3两座墓中,其中还不包括其他一些没有表明国族名的媵器。这么多不同国族的媵器集中出土在一两座墓内,应该是与古代一国嫁女、多国来媵的习俗有关。无论是文献记载还是金文中都有不少例证,笔者曾经论及①,此不赘述。

原载《小邾国文化》,中国文史出版社,2006年

校记:

上海博物馆征集到郳公戟父镈,年代属春秋晚期(周亚:《郳公镈铭文及若干问题》,《古文字研究》第二十九辑,中华书局,2012年)。小邾国称公始见于《左传·襄公七年》:"小邾穆公始来朝。"而《春秋·襄公七年》仍书"小邾子来朝"。郳公戟父镈的发现证明《左传》是而《春秋》非。

周亚先生指出本文说郳"不称公"的说法是不完整的,完全正确。郳称公以后,应该不会再使用"邾"的国名。因此,邾太宰臣、邾大司马戈理应属邾器,不可能是郳器。

---

① 王恩田:《上曾太子鼎的国别及其相关问题》,《江汉考古》1995年第2期。

小邾不小，邾分多国
——《小邾国文化·序》

先秦时代的山东，列国林立，据统计不下六七十国。有以鲁、滕为代表的诸姬姓国，有以齐、纪为代表的诸姜姓国，有以薛国为代表的诸任姓国，还有邾、莒等原土著民族建立的国家。除了齐、鲁等大国有较多的文献记载外，其他国家大都存在着"文献不足征"的缺憾。因此，以往对古国史的研究，只能根据极为有限的文献记载，以列表的形式对古国的姓氏、爵称、存灭、地理位置等方面加以表述。例如宋代罗泌《路史·国名纪》、清代顾栋高《春秋列国爵姓及存灭表》以及民国时期的张立志《山东古国表》等莫不如此。故而研究各国的历史与文化只能依靠地下出土的材料。无数事实证明，考古材料也确实起到了补史证史的重要作用。例如我们曾根据胶东地区古代莱国的疆域内屡次出土纪国和㠱国铜器，并结合其他金文材料提出纪、㠱、莱为一国的主张。又如根据清末新泰出土一大批杞国铜器，并结合甲骨文征夷方的研究，提出杞分二国，商代杞国在山东新泰，周初分封的杞国在河南杞县的观点。再如20世纪80年代初，我们曾根据滕县（今滕州市）、平邑、泗水屡次出土史族铜器，并结合甲骨文和其他铜器铭文，提出薛国是商代史族建立的国家的论断。滕州薛国故城城东一里的前掌大商周墓地，80年代中期以来，多座墓葬内出土史族铜器，累计已达四五十件之多，证明了我们的这一推断。

20世纪30年代，滕县安上村出土邾义白鼎等一大批铜器，王献唐先生据此作了《邾分三国考》等系列研究。所谓邾分三国，是指都城在今邹城市纪王城的邾国，都城在今枣庄市山亭区西集镇郳犁城的郳（小邾）国，以及今滕州市东南羊庄镇土城村的滥国。实际上根据考古发现，不只是邾分三国而是邾分多国。例如邹城市东邻平邑县蔡庄出土邾叔虎父臣器群，证明这里应是邾叔虎父的封地。又如上引1933年滕县东南安上村出土的邾义白鼎器群，安上村东南距郳犁故城和滥国故城都在四五十里以上，既不属郳国也不属滥国疆域，而应是邾义白的封地。再如安上村南约20里的木石村的一座春秋残墓中出土杞伯每亡为其妻邾孃（曹）作的鼎。铭文内容与新泰杞伯每亡器群相同。春秋时代的妇女丈夫死后可以返回娘家或另嫁他人。滕州木石出土的杞伯每亡鼎显然是邾孃（曹）在其夫杞伯每亡死后返回娘家时由杞国带回来的，也就是说滕州木石的这座春秋墓应是邾孃（曹）之墓。滕州木石应是另一位邾国封君的领地。此外清道光十年滕县城东北80里凤凰岭沟涧中出土一大批鲁伯愈父为其女邾姬所作媵器，其女名邾姬，显然是嫁给邾国某位封君为妻，滕州凤凰岭一带应是某位邾国封君的领地。1965年，邹县田黄公社七家峪村出土鲁宰驷父鬲器群，是鲁宰驷父为嫁女姬沦所做的媵器。邹县田黄公社属邾国领土，姬沦之夫也应是邾国的某位封君。田黄一带也应是这位邾国封君的领地。

此外根据文献记载《说文》：" 郐，邾下邑地。从邑余声，鲁东有郐城。"郐通徐。据费县徐子氽鼎的出土，知徐国本土应在今费县境内。鲁僖公时代与齐国联合伐徐，迫使徐国南迁，鲁国一度占有了徐国领土。因此，《诗·鲁颂》说"遂荒徐宅"。《说文》既然说"郐，邾下邑地"，可见邾国领土往东可以到达今费县北境的费城一带。另据《左传·昭公二十三年》"邾人城翼"，顾栋高《春秋大事表》考翼在费县东90里，应是邾国之东南边境。又据《左传·哀公七年》鲁伐邾，邾大夫茅夷鸿以茅叛。又鲁襄公十三年鲁伐郳，《公羊传》："郳，邾娄之邑也。"据王献唐先生考证，茅和郳都在今邹城西南、鱼台东北、济宁东南一带，应是邾国的西境。此外邹城东北50里，泗水西南与曲阜交界的尼山，是孔子诞生地的陬邑。今曲阜东南10余里有西陬、东陬村。陬通邹，也即邾，原来应是邾国北境。正因邾鲁领土相密迩，才有"鲁击柝闻于邾"（《左传·哀公七年》）的说法。根据上述考古发现和文献记载，可知邾国疆域不仅奄有今邹城市全境，往东可以到达平邑，东南可以到达费县东90里，往南辖有枣庄市滕州东南部分和山亭区全境，西至济宁东南、鱼台东北一线，北至泗水西南并直达鲁都曲阜近郊。因此《太平寰宇记》把邾国说成是"鲁附庸国"是完全错误的。古代把国土不足方圆 50 里的小国称为"附庸"。邾国不仅不是鲁国附庸，恰恰相反，正是由于强大邾国的存在，构成了鲁国对外扩张的最大障碍。东周时代的大国，莫不是由于蚕食吞并周围的小国而形成的。齐国往西吞并了谭国等诸小国。往东先是挤走纪国，尔后又灭掉莱国，统一了鲁北，形成了春秋五霸、战国七雄之一的大国。而鲁国终春秋之世，在与邾国交恶过程中并没有占得什么便宜，更没有灭掉"泗上十二诸侯"，最终沦落到"鲁为小侯"的局面。

　　上述考古发现证实的邾分多国的这一事实，证明"分封"并非周王朝的特权。每个国家都可以在自己的疆土内实行分封，分封其实就是氏族的分化。随着人口的不断增殖，氏族也必然不断地分化出新的氏族。因此凡是存在氏族的地方，就会存在着"分封"现象。

　　2002 年六七月间，枣庄市山亭区东江春秋邾国墓地的发现与发掘，在 3 座春秋墓中共出土青铜器 63 件，其中 24 件有铭文。在查获的该墓地被盗掘的文物中也还有一大批精美并有铭文的青铜器。我们曾根据墓葬的规格、规模与铜器铭文等各个方面论证山亭东江墓地是邾国（小邾）国君墓地，邾国都城在山亭东江。应该指出这一结论并不排斥历史上关于邾国地理位置的论述。例如据《左传·襄公六年》记载，齐灵公灭莱后"迁莱于邾。高厚、崔杼定其田"。杜预注："迁莱子于邾国。"关于邾国位置，《太平寰宇记》和《文献通考》都认为在沂州府峄县（今枣庄市峄城区）。据清末吴县陶眉叔"曩甫人匜"拓本题跋称"光绪乙未峄县出土，同出有大尊、大罍各一对，并四簠，三鬲，一破牺尊。除匜外，余皆无字"。我们曾引用这条材料作为纪、曩、莱为一国说的证据之一，同时也为邾在峄城说提供了物证。现在还可以再补充一条材料，《枣庄文物博览》著录的峄城出土的铜壶，其器形纹饰与胶东烟台、莱阳等地西周春秋纪、曩墓葬中出土者几乎完全相同。此外相同纹饰的铜壶在日照崮河崖莱国腰器中也有出土，应是纪莱文化的标志性器物。今出土于峄城，为"迁莱于邾"和邾在峄城说提供了更为有力的佐证。应加说明的是"迁莱于邾"的邾不指邾国都城，而指邾之国土。所谓"高厚、崔杼定其田"是指从邾国土地中划出一部分用以安置被迁来的莱国君民。

　　山亭区政协非常重视东江邾国墓地的重要考古发现，为深入研究邾国历史，弘扬优秀传统文化，组成《小邾国文化》编委会。由朱道来同志主编的《小邾国文化》一书，从文史资料的角度出发，搜集了前人有关小邾国历史的论述，选编了2004年"中国·山亭——小邾国文化学术研讨会"的部分论文，收集了山亭东江墓地文物部门考古发掘出土的铜器资料，尤其是还收集到我们向往已久难得一见的由公安部门查获的东江墓地被盗掘的铜器资料。相信该书的出版，必将对小邾国历史、文化的研究起着重要的促进作用。编委会征序于余，爰就所知，拉杂陈之以应命。

原载《小邾国文化》序，中国文史出版社，2006年

费奴父鼎与山东费国与费邑

河南和山东境内古代都有费地。河南之费是姬姓滑国的都城，故历史上滑国又称"费滑"。其地在今偃师县南 20 里缑氏故城。山东境内之费则颇多聚讼，基本上可概括为两种意见。顾炎武《山东考古录》认为山东境内只有一费，即春秋季氏封邑，地在今费县境内；江永《春秋地理考实》则主二费说，除季氏封邑之费外，另有费伯食邑，地在鱼台西南；顾祖禹《读史方舆纪要》于鱼台县列"费亭"条，于费县列"费城"条，似乎属二费说，但又认为均属春秋费伯食邑，从而把两费混淆起来；张立志《山东古国表》列"费国"条，而在《山东古地名表》中又分列费县与鱼台之二费邑，他考费国地理"约在今费县境"，而认为费县之费邑地在"今费县西北二十里"，似乎费县境内既有费国，又有费邑。表面看来是主张三费说的，但他在论证费国和鱼台之费邑时又都是引用《左传·隐公元年》"费伯帅师城郎"的同一条史料。这是因袭顾祖禹之误，实际上仍是二费说。我认为二费说是正确的。鱼台之费为春秋费伯食邑，古音读如其字。费县之费为春秋季氏封邑，古音读秘（bì）。《经典释文》以为两者均读"秘"，其说非是。前者称费国，后者称费邑以示区别。本文拟在前人研究成果的基础上，利用考古材料并结合文献记载对费国和费邑虽属有限，却又是解释纷纭的史料，初步梳理出一个头绪，并力图搞清其历史源流。对存有争议的问题表明一下自己的见解，冀望能够做到不治丝益棼。谬误之处，请同志们指正。

一　费国

（一）费国姓氏及其渊源

春秋有费伯，见于下述记载：

《左传·隐公元年》:"夏四月,费伯帅师城郎。"杜预注:"费伯,鲁大夫。"

《左传·隐公二年》:"司空无骇入极,费庈父胜之。"①注:"庈父,费伯也。"

关于费伯姓氏及其渊源,旧有姬姓、嬴姓、姒姓三说。宋邓名世《古今姓氏辨证》认为系鲁懿公之孙,姬姓。于钦《齐乘》虽也认为系伯国、姬姓,但却认为系鲁隐公之孙。江永指出其误。

费伯不可能属姬姓,这是由于费为国名或邑名,而费伯属以邑命氏,这不符合鲁国命氏的传统。

《左传·隐公八年》:"无骇卒,羽父请谥与族。公问族于众仲。众仲对曰:'……诸侯以字为谥,因以为族。官有世功,则有官族。邑亦如之。'"

众仲这里所举以字、以官、以邑等三种命氏方式,是列国的普遍原则。而鲁国公族主要使用以字为氏的方式。杜预注说:"诸侯之子称公子,公子之子称公孙。公孙之子以王父字为氏。无骇,公子展之孙,故为展氏。"服虔指出:"公之母方,则以长幼为氏。贵适统、伯仲叔季是也。庶公子则以配字为氏,尊公族展氏、臧氏是也。"服氏还认为以官命氏和以邑命氏是异姓各国所用习俗,并举宋司城和韩、魏为例。事实证明确如服氏所说,终春秋之世,鲁国公族未曾发现过以邑命氏的例证。张澍辑《世本》把厚、郈分为二氏,并解郈氏为"孝公八世孙,成叔为郈大夫,因以为氏",似乎可以作为鲁国存有以邑命氏之例。按:张氏此说不确。鲁孝公后裔之成叔属厚氏,即《左传·襄公十四年》之厚孙,厚成叔。1932年,曲阜林前村出土的鲁大司徒厚氏元器群,即属厚氏做器。厚字作㪗、㪗。②厚字因音同而借为

---

① 庈,今本或作"庌",据足利本改(山井鼎:《七经孟子考文》)。
② 曾毅公:《山东金文集存》,台联国风出版社,1980年。

"郈",或借为"后"。《左传·昭公二十五年》之郈昭伯,《汉书·古今人表》作"厚昭伯",《五行志》又作"后氏",《风俗通·过誉篇》亦作"后"。《礼记·檀弓》郑玄注:"后木,鲁孝公子惠伯鞏之后。"孔颖达疏:"《世本》:'孝公生惠伯革,其后为厚氏。'……《世本》云厚,此云后,其字异耳。"可证,厚、郈是一非二。本作厚氏,音近借为郈、后。并非以郈邑命氏。"成叔为郈大夫"一语也毫无历史根据,纯属张氏杜撰。或评张澍所辑《世本》"每多以意删改引文,致失原文之真。虽逐条注释,而考订不精,往往转增读者的疑惑"①。信哉,此言不诬。实则郈邑本属叔孙氏封邑,地在今东平县东南,即《春秋·定公十二年》"叔孙州仇帅师堕郈"者也。而叔孙氏成员也未曾闻有以郈为氏的例证。因此,可以说鲁国并无以邑命氏传统,费伯不可能是姬姓、鲁懿公之孙。

宋洪适《隶释》汉费汎碑考释认为音茝之费,嬴姓,出于伯翳。而《史记·夏本纪》则认为费为夏禹之后,姒姓。

"禹为姒姓,其后分封,用国为姓,故有夏后氏、有扈氏、有男氏、斟寻氏、彤城氏、褒氏、费氏"。《索隐》:"《系本》:费作弗。"(《系本》即《世本》,唐人避李世民讳改。——引者)

费为姒姓已为考古材料所证实。20世纪70年代初,邹县纪王城附近出土"弗奴父鼎"②,铭3行17字(图一):

  弗奴父乍孟姒
  𦉢塍鼎,其眉
  寿万年永宝用。

图一 费奴父鼎铭文拓片

---

① (汉)宋衷注,(清)秦嘉谟等辑:《世本八种》,商务印书馆,1957年,出版说明。
② 王言京:《山东邹县春秋邾国故城附近发现一件铜鼎》,《文物》1974年第1期。

鼎为蹄足，浅腹，腹饰窃曲纹和变形夔形纹，从形制及铭文看应属春秋早中期。

"弗"作🈚，中间两笔丨丨像不平之直两物，𠃊像绳索，即所谓"韦"。此字像不平之直两物，而以绳索束之，使之平直之形。①《说文》："弗，挢也。从丿、从乀，从韦省。"徐铉注："韦所以束枉戾也。"弗即费，国族名。

"奴"字作🈚，以手捉女会意。原释敏，未确。奴父，铸器者名。人以奴名，犹晋惠公名其子曰圉，名其女曰妾之义（《左传·僖公十七年》）。

"姒"字作🈚，从女目声。古目、以一字。娰即姒。🈚字不识，为孟姒名。《说文》："孟，长也。"《广雅·释亲》："孟，姊也。"此鼎是弗奴父为嫁长女孟姒作媵器。古男子称氏，女子称姓。弗奴父之女名孟姒，知弗属姒姓。《史记·夏本纪》："禹为姒姓，其后分封，故有夏后氏、有扈氏、有男氏、斟鄩氏……费氏、杞氏、缯氏。"《索隐》："《系本》：费，作弗。"也证明《系（世）本》的说法可信。"弗奴父鼎"的出土为司马迁费属姒姓说提供了确凿证据。

弗氏见于甲骨文和金文，殷末贞人有弗。卜辞作🈚（《粹》1581），即弗字繁体。卜辞中人名、族名、地名往往不分。贞人弗应属费氏。陕西长安普渡村西周墓出土一件"弗且辛爵"，弗字作🈚。②宝鸡竹园沟也出土过一件"弗父丁鼎"，弗字作🈚。③亦系费族铸器。器在陕西出土，有两种可能，一是周人由山东掠去。陕甘地区西周墓葬和窖穴中往往有多种族徽铜器同时出土，其中有些确知原属山东、河南一带商族铸器，系周人在灭殷及伐殷东五国等战役中掠去的战利品。两件费器在陕西相继出土，也应属此情况。另一种可能应是秦人之费氏，即嬴姓之费。传世有"弗且甲罍"（容庚藏拓本），弗作🈚，亦属弗族铸器。此外尚有"叔皮父簋"，铭作：

叔皮父乍朕文考弗公衆朕文母季姬障簋，
其万年子=孙=永宝用囗。（《代》8.30.2）

---

① 周法高：《金文诂林》，香港中文大学出版社，1975年，第6889页。
② 石兴邦：《长安普渡村西周墓葬发掘记》，《考古学报》1954年第8期，第109—126页。
③ 宝鸡市博物馆等：《宝鸡竹园沟等地西周墓》，《考古》1978年第5期。

此器系叔皮父为其父母作祭器。叔皮父称其父为"弗公",知其人亦应属费氏。

费氏称"公",文献中称"伯",费自应为国名。唯杜预注谓"费伯,鲁大夫",岂不矛盾?按:费伯之国春秋时依附鲁国为附庸小国,它臣属于鲁,其国君自可称为鲁大夫。但在国内仍可尊称其始封君曰"公",曰"伯"。甚至某些小国国君可以称王。如金文所见𢦤王(《代》14.9)、鳌王(《校》8.32)、矢王(《代》11.19)等皆是。

综上所证,费为殷周古国,夏禹之后,姒姓。西周和春秋时其国君称"公"、称"伯",为鲁之附庸。

文献记载中也有不少关于费氏的传说。《史记·秦本纪》说费属大费柏翳之后。柏翳即《尚书·舜典》中的伯益,赵翼《陔余丛考》已详考之。① 虞舜时柏翳曾任管理草木鸟兽的"虞"官。其后裔蜚蠊和恶来在传说中也颇有名气。蜚蠊一作飞廉。蜚、飞与费音同,蜚蠊即费廉(徐旭生说),疑与大廉为一人。蜚蠊为夏后启时人。《墨子·耕柱篇》:"昔者夏后开使蜚蠊,折金于山川。"夏后开即夏后启,汉人避景帝刘启讳改。或说蜚蠊与其子恶来为殷纣时人。恶来一名费仲恶来(《韩非子·外储说》《晏子春秋》卷一)。关于费氏族属,下述传说值得注意:《路史》说费氏始祖伯益为少昊之后,伯益掌管鸟兽,其后裔之一支名"鸟俗氏"。后裔中还有名仲衍者"鸟体人言",而蜚蠊则为"鸟身鹿头"等传说与少昊氏以鸟名官的传说若合符节。周公践奄时"驱飞廉于海隅而戮之"。上述传说表明费氏应属东夷族。周公践奄并逐飞廉的传说暗示周人对费氏的征服。鲁国是在践奄的基础上受封的,故费氏很可能在鲁国建国之初即沦为鲁之附庸。《秦本纪》《潜夫论》并以为费氏属嬴姓,即上引洪适说之所本。但《秦本纪》在综述嬴姓后裔以国为氏者却不列费氏,可见司马迁对费为嬴姓说持保留态度。《夏本纪》《秦本纪》关于费氏二姓记载的歧异,盖属传闻异辞,姒是而嬴非。当然也不排除二费异源的可能性,不过费为嬴姓说尚待新材料的证实。至于费为秦赵之

---

① 赵翼以《秦本纪》之大费为国名,并引胡应麟所见汲家书有费侯伯益之语证。按:费侯伯益见于今本竹书纪年。钱大昕以为此条与束晳、刘知幾所引各别,故定今纪年为伪托(参见钱大昕:《十驾斋养新录》卷十三)。

祖可有两种解释，一是秦赵为费氏一支由山东西上所建立的国家；二是秦赵与费并非同源，秦赵之所以要以伯益为祖，盖由于托名圣贤，以华其所自出的缘故。

（二）战国时代的费国

费国不仅有悠久的历史渊源，而且源远流长。据文献记载，直到战国晚期，费在激烈的大国角逐中仍然幸存下来。

《孟子·万章》："费惠公曰：'吾于子思，则师之矣。'"

《史记·楚世家》："邹、费、郯、邳者，罗鸢也。"

《说苑·尊贤》："鲁人攻鄪，曾子辞于鄪君曰：'请姑毋使狗豕入吾舍'……鲁人果攻鄪而数之罪十而曾子之所争者九。鲁师罢。鄪君复修曾子舍而后迎之。"

《吕氏春秋·慎势》："王者之封建也，弥近弥大，弥远弥小。海上有十里之诸侯，以大使小，以重使轻，以众使寡，此王者之所以家以完也。故曰：以滕、费则劳，以邹、鲁则逸。"

曾子（前505—前436）生当春战之际，《说苑》所载鲁攻鄪事也应在此时。费惠公曾师事子思（前483—前402），子思为战国早期人，费惠公应年幼于子思，殆战国早期或中期人。《史记·楚世家》所载议论系楚弋人对楚顷襄王所发。楚顷襄王（前298—前263）已是战国晚期人，可见直到战国晚期费国犹存。1955年，枣庄市峄城区曾出土过两件铭"丕伯罍"的铜器①，属战国早期。丕即上引楚弋人设喻时与费并举的邳。足证《楚世家》上述记载确实信而有征。毛奇龄所谓战国并无费国的说法，毫无根据。

关于战国时代的费国渊源，前人亦多异说。

惠士奇《春秋说》认为系滑伯之后。

滑一名费，犹宋一名商。《孟子》所谓"费惠公"者，滑伯之后也。自

---

① 王献唐：《邳伯罍考》，《考古学报》1963年第2期。

秦人灭滑，而滑或属周，或属晋，或属郑。属周者曰"冯滑"，见《定公二年传》；属晋者曰"虚滑"，见《成公十七年传》；属郑者曰"费滑"，见《襄公八年传》。

惠氏此说颇多谬误。首先，所谓"冯滑""虚滑"者，冯、虚皆邑名。杜预言之甚明。惠读断句有误。其次，"滑一名费"之说，于史无征。滑称"费滑"，见于《左传·成公十三年》《左传·襄公十八年》。惠言襄公八年系出于误记。最后，楚弋人所举郯、邳、邹、费均在今鲁西南一带，即古代所谓"泗上十二诸侯"。断不会其他三国均在山东，独费国远在七八百里之遥的豫西偃师。其说非是。

宋王应麟《困学纪闻》认为战国之费国即季氏食邑之费。费惠公者为季氏僭称。

"《孟子》引费惠公言谓小国之君也。春秋时费为鲁季氏之邑。《史记·楚世家》有邹、费、郯、邳。盖战国时以邑为国。意者鲁季氏之僭欤？"

金仁山《孟子集注》、顾炎武《日知录》、阎若璩《四书释地续》并从王说。

所谓费惠公乃鲁季氏僭称国号之说，不过是以"意"为之，并无任何根据。僭称说难以成立。第一，季氏子孙世为鲁卿，对于封邑费而言，季氏仅收赋税而不居其地（说详下）。第二，"以邑为国"说与鲁俗未合，已如上述。第三，阎若璩引《鲁世家》悼公时，鲁侯早于三桓之家以证季氏僭称说，亦未妥。据《说苑》所述鲁攻鄫形势乃鲁大鄫小，鲁强鄫弱，以彼证此，亦不合情理。

《费国考》①一文同意季氏僭称说，并从另外的角度加以论证：

> 刘向《说苑》鲁人攻鄫，曾子辞于鄫君。夫曾子武城，何为辞费君？疑是时武城已为费所并。观鲁攻费，责费之罪十，而曾子所陈者九，季氏强横之情况犹如昨也。如云属费庈父之费，武城距鱼台几三百里，风马牛不相及者。曾氏亦安能与其君相周旋耶。

---

① 《光绪重修费县志》附录。

其说亦可商。据《元和志》曾子所居之武城在"费县南九十里",而季氏封邑之费又在费县城北20余里,则武城实距古费邑百里以外。费乃弹丸小国,其辖境能否远至百里之外的武城颇值得怀疑。论者显然已察觉到这一漏洞,故假设"武城已为费所并"之说以为塞责。即使承认这一假设可信,则鲁攻者乃费,而并非百里之外的武城,曾子要费君保护其住宅岂非杞人之忧。其实,对武城而言,百里之外的费县之费与"几三百里"的鱼台之费相较,不过是五十步与百步之差而已。无论是哪一个费,曾子从所居武城与鄪君相周旋,恐怕都很困难。战国诸子为推行其主张,或游说列国,或至异国为士与讲学者不乏其人,故所居无定处。以曾子而论,除武城外,尚曾居于曲阜。《水经·泗水注》"昔曾参居此,枭不入郭"。如果以其时曾子曾居于鄪国来解释,《战国策·秦策二》甘茂曰"昔者曾子处费",则上述矛盾自可迎刃而解。

张惕庵、薛方山、樊廷枚[①]等人主张战国时期费国即春秋费伯费庈父之费,其说可信。春秋有姒姓费国,既有文献记载,又经考古材料证实。其国君可以称公,亦可以称伯已如上述。战国之费惠公自应是春秋费公,费伯之承嗣,唯薛方山认为费庈父乃懿公之孙,不确。说见前。

(三)费国的地理位置

关于费国地理,顾祖禹认为地在今鱼台县西南。《读史方舆纪要》鱼台县条:"费亭,在县西南。春秋时鲁大夫费伯食邑也。《晋书地道记》:湖陆西有费亭城,魏武初封费亭侯,即此。"

高士奇、江永并同其说。叶圭绶非之,认为说湖陵之费亭"即春秋初之费国,古无此说"。

按:两汉之地,多以亭名,其中不少是因袭古国名或邑名。如斟灌国名灌亭,寒国名寒亭,介国名介亭,诗国名诗亭,郓邑名郓亭等不胜枚举。曹氏侯邑之费亭,其得名也应与古费国或费邑有关。晋朝王隐《晋书地道记》谓"湖陆县西有费亭城",晋之湖陆即春秋宋国之湖陵。秦置湖陵县,汉因

---

① (清)阎若璩:《四书释地续补》,清嘉庆二十一年刻本。

之。地在今鱼台东南 60 里，与春秋初费伯活动有关的郎和极又均在鱼台左近。《左传·隐公元年》杜预注："郎，鲁邑。高平方与县东南有郁郎亭。"高平方与即春秋宋之方与邑。汉设县，地在鱼台城北。极，江永引《汇纂》说谓亦在鱼台境。故费国在今鱼台西南说可信。

二　费邑

鲁季氏封邑之费，《春秋》经传中有下述记载：

《左传·僖公元年》："公赐季友汶阳之田及费。"

《春秋·襄公七年》："城费。"

《左传·襄公七年》："南遗为费宰、叔仲昭伯为隧正，欲善季氏而求媚于南遗，谓遗：'请城费，吾多与而役'。故季氏城费。"

《左传·昭公十二年》："季平子立而不礼于南蒯。南蒯谓子仲：'吾出季氏，而归其室于公，子更其位，我以费为公臣'。……南蒯惧不克，以费叛如齐。"

《春秋·昭公十三年》："叔弓围费，费克，败焉。平子怒，令见费人执之以为囚俘。冶区夫曰：'非也。若见费人，寒者衣之，饥者食之。为之令主，而共其乏困。费来如归，南氏亡矣。……'平子从之，费人叛南氏。"

《左传·昭公十四年》："南蒯之将叛也，盟费人。司徒老祁、虑癸伪废疾，使请于南蒯曰：'臣愿受盟而疾兴。若以君灵不死，请侍间而盟。'许之。二子因民之欲叛也，请朝众而盟。遂劫南蒯曰：'……费人不忍其君，将不能畏子矣。子何所不逞欲？请送子。'请期五日，遂奔齐。……司徒老祁、虑癸来归费。"

《左传·定公五年》："桓子行东野，及费。子洩为费宰，逆劳于郊，桓子敬之。劳仲梁怀，仲梁怀弗敬。子洩怒，谓阳虎：'子行之乎'。……阳虎囚季桓子及公父文伯，而逐仲梁怀。"

《春秋·定公十二年》："季孙斯、仲孙何忌帅师堕费。"

《左传·定公十二年》:"季氏将堕费,公山不狃、叔孙辄帅费人以袭鲁。公与三子入于季氏之宫,登武子之台。费人攻之,弗克。……费人北。国人追之,败诸姑蔑。二子奔齐,遂堕费。"

上引史料表明,费虽属季氏封邑,但季氏世为鲁之宗卿,并不居于费地。费邑的实际统治者现有南氏的南遗和南蒯,后是公山不狃。对此焦循已辨之甚详,其说可信。唯焦氏云阳虎居费,未确。虎为季氏家臣(《左传·昭公二十七年》注),曾居郓、阳关以为政(《左传·定公八年》)。又入讙,阳关以叛(《左传·定公八年》),实未尝居费。

值得提出的是费宰南蒯和公山不狃先后反叛,俨然与季氏为寇仇。南蒯之叛,虽季氏亲征也未能取胜,不得不采用怀柔政策,叛乱才平息下去。特别是公山不狃的叛而袭鲁,直捣都城曲阜,围定公及三桓于季氏宅,鲁国险遭灭国之灾。费邑事实上已成季氏心腹大患,故有定公十二年"堕费"之举。此后终春秋之世30年内再也不曾见到费邑踪影,盖已被彻底摧毁。直到战国晚期,费邑才再度见于记载。《鲁连子》:"陆子谓齐湣王曰:'鲁费之众臣甲舍于襄贲者也。'"(《水经·沂水注》引)费邑何时恢复未详,"鲁费"是否仍属季氏封邑亦未可知。可见战国时季氏子孙据费而僭称公号说实不足信。

费邑历史最早可以追溯到《尚书·费誓》。《书序》:"鲁侯伯禽宅曲阜,东郊不开。作《费誓》。"传:"徐戎,淮夷并起为寇于鲁。故东郊不开。""鲁侯征之于费地而誓众也。"前人并以为《费誓》为鲁侯伯禽征伐徐戎淮夷时所作。果如此,则费邑周初时已经存在。

近人余永梁《枈誓的时代考》[①]提出《费誓》为鲁僖公时所作的主张。《枈誓》即《费誓》,费古本作枈(说详下)。其论据:(1)徐在最早应称徐方而不应称徐戎,戎狄蛮夷之称在春秋时最流行;(2)《费誓》文章最近似"兮甲盘"铭与《秦誓》。《秦誓》是秦穆公所作,那时鲁是僖公;(3)《鲁颂·閟宫》和《春秋》僖公十二年、十五年经传等所记徐戎、淮夷事与《费誓》所记都是一件事。其说可商。

---

① 顾颉刚:《古史辨》第二册,景山书社,1930年。

戎夷蛮狄均为春秋时国族名，本无蔑称之意。戎、夷之称谓至少可以上推至殷周之世。古夷、人一字，夷方即人方，是殷代一个强大的方国。甲骨文和金文中保存有大量关于人方的史料。戎在殷周之际也是国族名，金文中有大量铭戎字族徽的铜器为证。戎之初文作🀄（《遗》342），⛨即盾之象形，即"甲"字初文。金文或作⛨、⛨形。此象人执盾、执戈会意，即戎之本字。或省人作🀄（《奇觚》7.27）。西周金文中作戎（盂鼎）、戎（虢季子白盘），小篆作戎。《说文》："戎，兵也，从戈，从甲。"值得注意的是铭戎字族徽的铜器在费县南邻苍山县东高尧村集中出土。在同一座墓葬中出土8件礼器，除两件铭文不清楚，余6件铭戎字。① 这种同铭族徽的铜器集中出土的情况，证明苍山县东高尧村一带，应是殷末戎族的聚居地区之一。徐称"徐戎"虽尚不能肯定即指苍山戎族而言，但总是一个值得注意的现象。总之，仅据"徐戎"称谓难以确定系鲁僖公所作。至于余氏所据以立论的"公伐郯鼎""公伐郯钟"系伪刻，不便据为典要。

《费誓》与"兮甲盘"铭极似，只能证明《费誓》的可靠性，同样不能作为僖公所作的证据。所谓《费誓》与《秦誓》"篇首几句完全相同"，也只能是"人无譁"与"听无譁"一句相似而已。即使果真有"几句完全相同"，也难以下此断语。因为语言文字既有时代性，又有延续性，只能在确定某些词语确属秦穆公、鲁僖公时代所特有而不可能产生于西周初年的情况下，上述论点才能成立。而余氏显然未曾提供这种证据。

《鲁颂·閟宫》的确是"颂僖公"诗，但诗中所谓"淮夷来同""遂荒徐宅"，只能说淮夷、徐戎这时已臣服于鲁，并未说这是僖公征伐淮夷、徐戎的结果。历史上淮夷、徐戎与周的关系总是时服时叛。周征淮夷、徐戎并非一次，如周初即曾征伐之。《书序》说："成王东征淮夷，遂践奄，作《成王政》"，"小臣谜殷""虘鼎""旅鼎""彔𢐗卣"都是关于周初征东夷、淮夷事。西周晚期历王时也有征伐淮夷、徐戎之举。古本《竹书纪年》："淮夷入寇，王命虢仲征之，不克。"（《后汉书·东夷传》注引）《诗·大雅》中《常武》《江汉》以及金文"虢仲盘"等都是记述西周晚期征淮、徐事。把不同

---

① 张鸣雪等：《山东苍山县出土青铜器》，《文物》1965 年第 7 期。

时代的征淮夷、徐戎事统统算在鲁僖公一人账上显然是不妥当的。

至于僖公十二年和十五年经传中所记淮徐事也均与鲁僖公无直接关系。僖公十二年的"戎难"和"平戎于王",其戎并非徐戎,而是"扬拒、泉皋、伊雒之戎",所侵者并非鲁国而是周京师王城。故而有次年夏"咸之会"上的"谋王室"又有"秋,为戎难故,诸侯戍周"之举。咸之会之另一项议题是"淮夷病杞",所侵者为杞国也非鲁国,故而有次年城缘陵迁杞之举。平戎戍周和迁杞活动都是以齐国为首。齐侯派出平戎者是管仲,致诸侯戍卒于周者是齐仲孙湫。僖公十五年楚伐徐,诸侯救徐,虽然鲁派公孙敖帅师救徐,仍是以齐为主。故而"楚败徐于娄林,徐恃救也。"杜预注:"恃齐救。"要之余氏所举的戍周、救徐活动都是齐桓霸业的一部分,鲁国的参加只是扮演追随者的角色,根本不可能得出余氏所谓"淮夷来侵,僖公伐徐,以匡王室,并保鲁境"的结论。

费字今音读如其字,而其古音据陆德明《经典释文》应读作"秘"(bì)。《光绪费县志》说今费县当地土音读季氏封邑"鄪"仍作"秘",犹存古音。

费之所以古音读如"秘",是因其字古本作"柴"。《说文》引《费誓》即作《柴誓》。段玉裁认为柴作费系《尚书》卫包本所妄改:

> 《尚书·柴誓》即今所用卫包妄改本之《费誓》也。《周礼》《礼记》《曾子问》郑注皆云《柴誓》。裴骃、司马贞注《史记》皆云《尚书》作柴。司马贞当开元时。卫包本犹未行,至包乃改作"费"。至宋开宝陈谔乃将《尚书音义》之柴改费,学者莫知古本矣。……《史记》作《肸誓》,徐广曰"一作鲜,一作狝"。盖伏生作肸、作鲜、作狝。古文作柴,音正相近。

桂馥之说与段异,《说文义证》:

> 盖柴者古文费字也。蝌蚪文古文《尚书》用柴字。孔安国以隶古定之故变为费字。

两说虽不同，但均认为费誓本作柴誓。柴因音近亦作肸、鲜、狝。

《说文》："柴，恶米也，从米比声。"（原作柴，从米北声，据段注改。）段注："粟不成者曰秕，米之恶者曰柴，其音同也。《庄子》：'尘垢粃糠'，粃即柴字。"

关于费邑位置，《费誓》传："费，鲁东郊之地名。"《水经·沂水注》："治水又东南流经费县故城南，《地理志》东海之属县也，为鲁季孙之邑。"杨守敬注："《地形志》：费县有费城，在今费县西北二十里。"江永说同此。《费县志》："古费城：……遗址在今县治西北二十五里。周围十余里。治水迳其南，鄪城湖在城西，久湮。城内有季桓子井，有村曰古城，城外附近村曰东鄪城、西鄪城。"《史记·鲁周公世家》索隐以为季氏封邑鄪与汶阳为一地，并谓"费在汶水之北"，其说非是。陈梦家先生以为"季氏之费在今山东费县西南七十里"[①]，未知其所本，不足留据。

有人根据《费誓》，费为鲁东郊地名，而季氏封邑之费去曲阜且三百里，故而对两者是否一地表示怀疑。按：《礼记·王制》："公侯田方百里。"《孟子·告子下》："周公之封于鲁。为方百里。"《书》传既言"费，鲁东郊之地名"，其地应在曲阜东百里之内。上述怀疑似乎有道理。但《礼记·明堂位》说："成王以周公为有勋劳于天下，是以封周公于曲阜，地方七百里。"《王制》说王田"千里之外，设方伯。……分天下以为左右曰二伯"。郑玄注："春秋传曰：自陕以东周公主之；自陕以西。召公主之。"孔颖达疏："《礼记》云七百里者，监此七百里之内之诸侯，故得帅之以征戎夷。"盖方百里者为鲁国本土，方七百里者实为鲁之势力范围。这犹如召康公所指定齐国的势力范围"东至于海，西至于河，南至于穆陵，北至于无棣"（《左传·僖公四年》），两者性质是相同的。费邑东距曲阜近三百里，适在七百里范围之内，故《费誓》之费即季氏封邑之费殆无可疑。

---

① 陈梦家：《殷虚卜辞综述》，中华书局，1988年，第252页。

济阳刘台子夆器与周人灭逄

20世纪70年代初，德州地区举办文物干部培训班，邀余讲课，结识了学员济阳图书馆王尔俊和禹城县文化馆陈骏。此后，王尔俊先生持济阳刘台子1967年出土的斿鼎等文物嘱为鉴定。不久，陈骏调往德州地区主持文物工作，我曾建议对济阳刘台子作些调查试掘工作。调查证实刘台子是一处西周墓地，遂有了地区和县文物部门联合的第一、二次发掘。① 由于地下水位太高，没有对已经探出的M5和规模最大的M6进行发掘，留待来年开春水位下降时再发掘。由于种种原因，山东省文物考古研究所发掘了M6。② 因水位太高无法进行正规发掘，只能根据现场存留的墓圹痕迹和当事人的记忆，草绘了刘台子西周墓地平面示意图。③

刘台子西周墓地连同采集的斿鼎，共出土铜器11件。其中夆器7件，京器1件，季器1件，王季器1件，"王□作龙姒宝尊彝"鼎1件。另外承王尔俊先生告知M6出土的5件铜簋中至少有1件铭作"京□作父□宝尊彝"，则京器应有2件。其中"王□"鼎的第二字不识，像人肩荷两个齿的农具形，应是器主王氏的私名，是"王□"为其妻龙姒作器。

关于刘台子西周墓地的族属，论者大多根据墓地出土的夆器，认为应是逄伯陵之族的居地。其实，据《左传·昭公二十年》晏婴在回顾齐都临淄的沿革时说："昔爽鸠氏始居此地，季萴因之，有逄伯陵因之，蒲姑氏因之，而后太公因之。"杜预注："逄伯陵，殷诸侯，姜姓。"《国语·周语下》："则我皇妣大姜之侄，伯陵之后，逄公之所凭神也。"韦昭注："伯陵大姜之祖有

---

① 德州行署文化局文物组、济阳县图书馆：《山东济阳刘台子西周早期墓发掘简报》，《文物》1981年第9期；《山东济阳刘台子西周墓的第二次发掘》，《文物》1985年第12期。
② 山东省文物考古研究所：《山东济阳刘台子西周六号墓清理报告》，《文物》1996年第12期。
③ 佟佩华等：《刘台子西周墓地玉器研究》，山东省文物考古研究所编：《山东济阳刘台子玉器研究》，众志美术出版社，2010年，第3页。

逢伯陵也。逢公，伯陵之后，大姜之侄，殷诸侯，封于齐地。"古代逢、逄一字。逄应是殷代封于齐地的诸侯国。《汉书·地理志》齐郡、临朐，自注："有逢山祠。"补注："《巨洋水注》：洋水出石膏山。……东南迳逢山祠。西又历逢山下。……《一统志》：故城今临朐县治。逢山在县西二十五里。"《齐乘》："逢山，临朐西十里。"《春秋地名今释》引《一统志》："今山东淄川县西北四十里有逢陵城。"《续山东考古录》："考《寰宇记》：淄川县逢陵故城在县（阙）四十里。"按：淄川东南为临朐县。《一统志》"淄川县西北四十里有逢陵城"当为东南四十里之误。由此可见，逢国地望应在今临朐、淄川一带，不在济阳。

据帝辛十五祀征夷（人）方卜辞：

癸亥在乐。
癸酉在寻。
癸未在𢀛。（《合集》36904）

由此可知，自乐至寻，需 10 天的行程，自寻至𢀛也需 10 天行程。古代日行军 30 里为一舍，则自乐距寻 300 里，自寻距𢀛 300 里。余曾考证乐通泺，即今之济南。① 寻通斟，即斟鄩氏，也就是临朐出土鄩仲盘、匜中的鄩国。② 𢀛通逢，即殷代封于齐地的逢公之国。

寻，即斟寻。《左传·襄公四年》："寒浞，伯明氏之谗子弟也。"注："寒，国。北海平寿县有寒亭。……使浇用师，灭斟灌氏及斟寻氏。"注：乐安寿光县有灌亭，北海平寿县有斟亭。《春秋地理考实》：《汇纂》："今斟城在莱州府潍县西南五十里。"

据此可知，则寻在今潍坊市潍城区，则寻在济南以东 300 里。

总之，根据寻西距济南的乐为十日程，寻又距𢀛十日程，无论据《齐乘》逢在临朐西十里，还是如《一统志》所说逢陵城距淄川西北还是东南

---

① 王恩田：《关于济南和趵突泉见于甲骨文记载的几点说明》，《济南日报》2001 年 12 月 7 日。
② 临朐县文化馆等：《山东临朐发现齐、鄩、曾诸国铜器》，《文物》1983 年第 12 期。

四十里，逢都应在临朐或淄川境内。逢国断然不会是位于淄川、临朐西北二三百里开外的济阳。而且也无法解释与夆器共存的王□器、季氏器、京氏器。唯一可能的解释是济阳刘台子西周墓出土的夆器是西周王族、季氏族和京氏族伐灭逢国所俘获的战利品。塱方鼎："惟周公圬征伐东夷，豐伯、敷古咸戈……"（《集成》2739）陈梦家把东夷、豐伯、敷古解为"三国"。考证"豐国在今曲阜之西南方"[①]，是错误的。豐和敷古都是借字。豐伯即逢伯，敷古即薄姑。豐伯、敷古也就是曾都于临淄的逢伯陵和薄姑氏。刘台子西周墓地的族属应是随从周公征东夷，伐逢伯、薄姑的部分将士，没有返回陕西的周人故土，而定居在今济阳一带的周族。

徬通逢。如上所证，逢国地在今临朐、淄川一带。临朐东北距潍城区直线距离 120 里，淄川东北距潍城区直线距离 200 余里。根据帝辛十五祀征夷方卜辞，徬即逢距济南的"乐"600 里的行程。徬即逢，不可能是今已划归济南与济南隔黄河相望的济阳。

---

① 陈梦家：《西周铜器断代》上册，中华书局，2004 年，第 18 页。

"二王并立"与虢国墓地年代上限
——兼论一号、九号大墓即虢公忌墓与虢仲林父墓

20世纪50年代发现并发掘的三门峡上村岭虢国墓地,共发现墓葬234座,车马坑3座和马坑一座,其中身份最高的当属M1052的虢太子墓。[①] 1990—1999年,又进行第二次发掘,共发掘墓葬18座,车马坑4座,马坑2座。其中级别最高、遗物最多的M2001(简称一号大墓)的虢季墓和M2009(简称九号大墓)的虢仲墓应属虢国国君的墓葬。发掘表明20世纪50年代发掘的属墓地南区,90年代发掘的属墓地北区,两者之间有界壕相区隔。北区应是公室墓地,南区应是诸氏族的国人墓地。[②]

西周时期虢分二国,西虢在雍即今陕西宝鸡,东虢在制即今河南荥阳。东虢于春秋初年为郑国所灭。而三门峡市的虢国则是西虢东迁的产物,春秋早期为晋国所灭。关于虢国墓地的年代下限应是晋灭虢之年,即公元前655年,学术界对此没有争议。而关于其年代上限则由于对西虢东迁年代的主张不同而分为两大派。多数学者主张三门峡虢国是西虢,早在西周晚期已经东迁建国,其间又有厉宣说和幽王说的不同。少数学者则认为三门峡虢国是西虢随平王东迁后的产物,其年代上限应是春秋始年。[③] 半个世纪以来未能就此达成共识。

造成分歧的主要原因是《国语·周语》和《史记·周本纪》关于两周之

---

① 中国科学院考古研究所:《上村岭虢国墓地》,科学出版社,1959年。
② 河南省文物考古研究所、三门峡市文物工作队:《三门峡虢国墓地》(第一卷),文物出版社,1999年。
③ 郭宝钧:《商周铜器群综合研究》,文物出版社,1981年,第71、72页;李学勤:《三门峡虢墓新发现与虢国史》,《中国文物报》1991年2月3日;朱凤瀚:《古代中国青铜器》,南开大学出版社,1995年,第866—873页;彭裕商:《三门峡虢季墓新考》,《东方考古》第2辑,科学出版社,2005年。

际"二王并立"的这段历史语焉未详。误以为幽王被杀后，西周灭亡，诸侯立平王，平王东迁洛邑是为东周。而历史事实是，幽王被杀，西周未亡，虢公翰又立幽王之子余臣是为携王。而申、鲁、许等国则拥立幽王嫡子宜臼是为平王。形成携王与平王"二王并立"的政治格局。直到晋文侯杀携王才结束了东西周对立的局面。在携王被杀之前西虢没必要也不可能东迁。三门峡的虢国当然也不会是随平王东迁的产物，虢国东迁只能是在晋文侯杀携王（前760）以后，这也就是虢国墓地的年代上限。只有搞清两周之际的这段历史，才是解决虢国墓地年代上限问题，并进一步解决一号、九号两座大墓墓主归属的关键。

一　虢国墓地年代

（一）西周晚期虢国东迁说析疑

1. 根据《国语·郑语》记载，西周幽王时代的司徒桓公问史伯曰："王室多故，余惧及焉，其何所可以逃死？"史伯对曰："……当成周者……西有虞、虢、晋、隗、霍、杨、魏、芮……"韦昭注："虢，虢叔之后，西虢也。"既然幽王时期成周之西已经有虢国存在，证明西周晚期西虢已经东迁。这就是虢国墓地年代上限被定为西周晚期的主要根据。

其实史伯所说的虢，韦昭注说是"西虢"，未必就指三门峡之虢。此外，古籍辨伪的研究成果表明，《国语》中的多数篇章都属可靠的先秦文献，唯有《齐语》《郑语》的史料价值不宜过高估计。顾颉刚先生曾指出，《左传》引《郑书》两条：（1）子产引《郑书》"安定国家，必大焉先"；（2）司马叔游引《郑书》"恶直丑正，实繁有徒"，均不见于今本《郑语》。"故《左传》作者及《史记》作者所见之《国语》，非今本《国语》"[①]。史伯既然预言南方楚将大，周衰晋兴，齐、秦亦将兴，说明今本《郑语》作者已经了解到春秋乃至战国时期楚、晋、齐、秦强大的历史事实，其成书年代当不早于战国。因此，史伯所说的成周之西有虢国，如果这个虢国不指西虢，而指三门

[①] 顾颉刚：《〈春秋〉三传及〈国语〉之综合研究》，中华书局（香港）有限公司，1988年。

峡之虢国，那么这条史料所反映的只能是春秋时代西虢已东迁三门峡的历史事实，不能作为西周时西虢已东迁三门峡的证据。

2．周幽王"七年，虢人灭焦"的史料也被作为幽王时西虢已东迁的根据。不过这条史料仅见于伪书《今本竹书纪年》，不见于《古本》，而且还与晋灭焦的记载相矛盾。晋人灭焦见于《左传·襄公二十九年》："虞、虢、焦、滑、霍、扬、韩、魏，皆姬姓也。晋是以大。若非侵小，将何所取。武献以下兼国多矣……"不能据此作为幽王时西虢已东迁的证据。

3．九号大墓出土的圭形玉片上记有所赠物品和送葬者姓名，其中有"南仲"①。南仲是周宣王时代人物，以此作为宣王时西虢已东迁的证据。

南仲其人见于《诗·出车》《常武》。《常武》："王命卿士，南仲大祖，大师皇父，整我六师……"梁玉绳《汉书·人表考》卷三："宣王时太师皇父已于南仲称太祖，安得为宣王将哉？"对南仲是否一定为宣王时人表示怀疑。而且南为国族姓氏，仲为兄弟排行，犹如不同历史时期都可以有名虢仲、虢叔者，未必只有宣王时期才能有南仲。

4．考古学的断代法则要求以年代最晚的器物和文化因素为准。虢国墓地的确出土有西周晚期的铜器，但不能以偏概全，把所有的铜器都定为西周晚期。事实上，以小子吉父甗为代表的四足分体方甗、高圈足附耳鱼龙纹盘，以梁姬棪为代表的小罐等等都是春秋时代器物而不见于西周晚期。鱼龙纹盘还往往与直角平盖鼎和封口流的铜匜共存。而这种形制的鼎和匜的确是春秋早期后段出现的。② 在器物形制上也出现了一些新的文化因素。例如圆鼎，西周晚期流行深腹，而春秋早期则趋向于浅腹。例如毛公鼎腹深等于二分之一腹宽。而虢国墓地 M1602、M1705、M1706、M1762、M2010 等墓出土的圆鼎，其腹深均小于二分之一腹宽，开春秋中期以洛阳中州路 M2415 出土铜鼎为代表的浅腹鼎的先河。又如铜匜也由流部高翘趋向于流和腹略呈水平。

5．虢国墓地出土的铜鼎明器，其形制与西周中期的垂腹、柱足的铜鼎

---

① 许永生：《从虢国墓地考古新发现谈虢国历史概况》，《华夏考古》1993 年第 4 期。
② 王恩田：《湖熟文化的分期与土墩墓的年代问题》，《东南文化》1990 年第 5 期；《东周齐国铜器的分期与年代》，《中国考古学会第九次年会论文集》，文物出版社，1997 年。

相仿。还有一些明器如尊、爵、觯、方彝等都是西周中期以前所流行的器类①，也被作为虢国墓地年代属西周晚期而不属春秋时期的证据。

晚期墓葬出土的明器中，出现早期的器形，或具有早期的文化因素，可称之为明器"返祖"现象，这是周代考古的一个新的课题。尽管目前对这一现象出现的原因还不能作出合理的解释，但是这种现象在晋侯墓地中年代最晚的 M93 中也有发现。M93 已往认为是晋文侯之墓，我们重新考定，认为应是晋哀侯之墓，其年代下限应是春秋早期后段的公元前 710 年。②明器"返祖"现象也见于被定为"春秋早期早段"的应国墓地八号墓。③由此可以认为青铜明器的"返祖"现象是春秋早期墓葬的一个重要特征，而不能作为虢国墓地年代属西周晚期的依据。

6. 从虢国墓地 M2006 东侧与 M2006 并列的一座贵族墓盗掘出土的铜器中，有器主虢硕父和国子硕父。④虢硕父是否是幽王卿士虢石父，也很有必要讨论。

虢石父（甫）见于《国语·晋语一》《郑语》《史记·周本纪》和《汉书·古今人表》等史籍。其人巧于媚从、善谀、好利，幽王立以为卿士。硕字从石得声，文献中虽然有时可以通用，但作为人名，虢石父在史籍中绝不称虢硕父。虢硕父应是《郑语》中与郑桓公讨论何地可以"逃死"的史伯。其人见于北宋至正元年虢州（今河南灵宝市）出土的史伯硕父鼎（《啸堂集古录·九》），铭作"惟六年八月初吉己巳，史伯硕父追孝于朕皇考釐仲王女泉女尊鼎……"。是绝对年代可考的幽王六年标准器。⑤

---

① 河南省文物考古研究所等：《上村岭虢国墓地 M2006 的清理》，《文物》1995 年第 1 期。
② 王恩田：《西周制度与晋侯墓地复原——兼论曲沃羊舌墓地族属》，《中国历史文物》2007 年第 4 期。
③ 河南省文物考古研究所等：《河南平顶山应国墓地八号墓发掘简报》，《华夏考古》2007 年第 1 期。
④ 河南省文物考古研究所、三门峡市文物工作队：《三门峡虢国墓地》（第一卷），文物出版社，1999 年。
⑤ 据张培瑜《历表》幽王六年八月壬辰朔，（《工程简表》谓："八月辛酉朔"，误）不合。其实如果按幽王五年失闰推，《历表》六年八月（实为九月）辛酉朔，己巳为九日，合。如按五年豫闰推，《历表》六年八月（实为七月）壬戌朔，己巳为八日，亦合。《历表》是根据实际的天象编制的，而并非真正的周历。《历表》与周历之间经常出现的或早或晚一个月的误差，是由于周历置闰不当所造成的，而并非建正游移的结果。任何历法只能使用一种建正。目前流行的所谓"周正游移说"是一种毫无实用价值的纸上谈兵。如果在建子与建丑之间游移一次，第三年再建子，其第二年必然只能有 11 个月，这当然是非常荒谬的，另文讨论。

硕父鬲铭曰"虢仲之嗣国子硕父",可见虢硕父的身份是"国子"。《汉书·礼乐志上》:"国子者,卿大夫之子弟也。""虢仲之嗣"即虢仲之子。虢硕父是虢仲子嗣,显然尚未继位为虢国国君。而且虢仲即春秋虢国第二代国君的虢仲林父(说详下),年代也不合。可证虢硕父并非幽王时的虢国国君虢石父。

7. 如果虢国墓地的年代上限属周宣王,则从宣王元年(前827)至虢为晋灭(前655)长达172年的时间内周王朝共有7王在位。鲁国有10侯在位。晋国翼侯一支11侯,曲沃一支2公,共13位晋君在位。郑国则有11公在位,而虢国墓地只有虢季、虢仲两位国君,加上晋灭虢后逃亡而没有葬入墓地的虢君,共有3位虢君在位,平均每人在位60年以上。如从周厉王元年算起,平均每人在位70年以上,这当然是不可能和不合情理的。

8.《左传·隐公六年》:"我周之东迁,晋郑焉依。"晋郑两国是周室东迁的主要依靠力量。如果虢国在宣王前后已经东迁,为什么没有成为周室东迁的依靠力量呢?由此可证周室东迁时西虢尚未东迁,除此之外,不可能再有其他的解释。

(二)"二王并立"与西虢东迁

《国语·周语上》:"十一年,幽王乃灭。周乃东迁。"《史记·周本纪》:"幽王以虢石父为卿用事,国人皆怨……又废申后去太子。申侯怒,与缯、西夷、犬戎攻幽王……遂杀幽王骊山下……于是诸侯乃就申侯而共立故幽王太子宜臼,是为平王以奉周祀。平王立,东迁于雒邑辟戎寇。"

《周语上》和《史记》所述幽王被杀以后的历史有所疏漏。《古本竹书纪年》可补其阙佚:

一组:周纪

《纪年》曰:幽王八年,立褒姒之子曰伯服,为太子。 《太平御览》卷一四七引

《纪年》曰:幽王立褒姒之子伯盘,以为太子。 《太平御览》卷八五引

《汲冢书纪年》云：平王奔西申，而立伯盘以为太子。（《左传·昭公二十六年》正义引）

二组：周纪

《汲冢书纪年》：（伯盘）与幽王俱死于戏。先是申侯、鲁侯及许文公立平王于申，以本太子，故称天王。幽王既死，而虢公翰又立王子余臣于携。周二王并立。（《左传·昭公二十六年》正义引）

《汲冢纪年》曰：幽王死，申侯、鲁侯、许文公立平王于申，虢公翰立王子余，二王并立。（《通鉴外纪》卷三引）

三组：晋纪

《汲冢书纪年》：二十一年，携王为晋文公所杀。以本非适，故称"携王"。（《左传·昭公二十六年》正义引）

《汲冢纪年》曰：余为晋文侯所杀，是为携王。（《通鉴外纪》卷三引）

上引一组的"伯盘"，盘通般，形近讹作服。"平王"是谥称，其生称应是宜臼。

二组"戏"，地名。《国语·鲁语》："幽灭于戏。"韦昭注："戏，戏山，在西周也。"皇甫谧曰："今京兆新丰东二十里戏亭是也。"（《左传·昭公二十六年》正义引）

"携"，也是地名。《新唐书·大衍历议》："丰、岐、骊、携皆鹑首之分，雍州之地。"临潼曾出土过秦代"雟亭"陶文。① 雟，从隹，从弓，或释焦，误。《说文·隹部》："雟，肥肉也。从弓，所以射隹。长沙有下雟县。"今秦代陶文确从弓，应是提携之携的本字。许慎显然是把从弓的携与雟永的雟因

---

① 秦俑坑考古队：《秦始皇陵东侧马厩坑钻探清理简报》，《考古与文物》1980年第4期；王恩田：《陶文图录》，齐鲁书社，2006年，6.400.1—4。

形近相混。携，群母支部，戏，晓母鱼部。群、晓旁纽，支、鱼旁转。携、戏音近可通。疑携、戏本为同地而异名。幽王被杀于戏，即被杀于携。虢公翰拥立幽王子余臣为王于携，故称携王。携是地名，与余臣是否嫡子无关，《纪年》"以本非适，故称携王"之说是错误的。

三组《左传》正义引"携王为晋文公所杀"，"晋文公"为"晋文侯"之误。

王国维《辑校》以为"二十一年"当属晋文侯，可从。朱右曾《存真》以为当属周平王，系据《今本》立说，误。①

《古本竹书纪年》所载幽王死后的携王史实，虽不见于《史记》，但却见于《左传·昭公二十六年》："至于幽王，天不吊周，王昏不若，用愆厥位。携王奸命，诸侯替之，而建王嗣，用迁郏鄏，则是兄弟之能用力于王室也。"足证《古本竹书纪年》关于携王的记载应是可信的。

晋文侯杀携王一事，在《书·文侯之命》中也有所反映，伪孔传曰：《文侯之命》"所以名篇，幽王为犬戎所杀，平王立而东迁洛邑，晋文侯迎送安定之，故锡命焉"。孔颖达疏引王肃曰："幽王既灭，平王东迁。晋文侯、郑武公夹辅王室者为大国功重，故平王命为侯伯。""迎送安定"平王的除晋文侯之外，还有郑武公，也就是《左传》中周桓公所说的"我周之东迁，晋、郑焉依"。如果平王仅仅是为了表彰"迎送安定"之功，则晋文侯之外，还应有《武公之命》才是，而事实上是没有的。因此，《文侯之命》除表彰晋文侯"迎送安定"之功外，更重要的是表彰文侯杀携王之功。所以平王才说"汝多修，扞我于艰"，又说"父义和，其归视尔师，宁尔邦"。伪孔传曰："乃扞我于艰难，谓救周诛犬戎。"其实晋文侯并未参与"救周诛犬戎"的战争。所谓"扞我于艰"，是指晋文侯杀携王扞平王于"二王并立"的艰难、尴尬的处境。所谓"归视尔师"，显然是代平王慰劳参加文侯杀携王战役的将士。而晋文侯杀携王，结束"二王并立"的历史功绩，《史记·晋世家》只字未提。无怪乎梁玉绳对此质疑道："案文侯仇与卫（郑？）武公同为功臣，《书》是以有《文侯之命》，《世家》无一言及之，何也？"太史公显然是把平

---

① 方诗铭、王修龄：《古本竹书纪年辑证》（修订本），上海古籍出版社，2005年。

王对晋文侯的册命张冠李戴，误置于晋楚城濮之战大胜楚军的晋文公的头上。

根据上述记载，可以明确如下史实：

第一，幽王三子：申后所生名宜臼，即平王。褒姒之子曰伯般（服），与幽王俱死于戏。三曰余臣，或单名余，未知所出。被晋文侯所杀。

第二，幽王废太子宜臼而立伯般（服）为太子。宜臼奔申，申侯、鲁侯、许文公立宜臼为太子。

第三，幽王与伯般（服）死后，虢公翰立余臣（余）为携王。申侯、鲁侯、许文公拥立宜臼为"天王"，即平王。

第四，以幽王立太子伯般（服）和申、鲁、许立宜臼为太子为标志，形成了事实上的东、西周对立。结局以幽王、伯般（服）的被杀而告终。幽王立为卿士的虢石父也应死于是役。以虢公翰拥立余臣为携王和以申、鲁、许拥立宜臼为平王以及晋、郑迎立平王于洛所形成的"二王并立"的政治格局，最终以晋文侯杀携王为标志宣告了西周的彻底覆灭。在东、西周对立的过程中，幽王卿士虢石父和拥立携王的虢公翰都应属于西虢。充分证明在幽王时乃至此后的携王与平王"二王并立"时期，西虢尚未东迁。

第五，三门峡虢国东迁，应在晋文侯杀携王，西周覆灭以后。虢国墓地的年代上限不超过周平王十一年的晋文侯杀携王之年，即公元前760年。虢国墓地年代应是公元前760年至公元前655年，属春秋早期。

二　春秋虢国史实

春秋虢国历史，首见于鲁隐公元年，相当于周平王四十九年（前722）。

（一）虢对郑的依附关系

《左传·隐公元年》："郑共叔之乱，公孙滑出奔卫。卫人为之伐郑，取廪延。郑人以王师、虢师伐卫南鄙。"杜预注："虢，西虢国也。弘农陕县东南有虢城。"

王师、虢师参加郑人伐卫之役，表明周平王与虢国对郑庄公镇压共叔之乱采取支持的态度，也反映出周王朝和虢国对郑国的依附关系。《左传·隐公十一年》"冬十月，郑伯以虢师伐宋"，进一步说明这一点。

（二）虢公忌父

春秋虢国的第一任国君是虢公忌父。初见于鲁隐公三年，当周平王五十一年（前720）。平王即死于是年。

1.《左传·隐公三年》："郑武公、庄公为平王卿士。王贰于虢，郑伯怨王。王曰无之，故周、郑交质。……王崩，周人将畀虢公政。四月，郑祭足帅师取温之麦。秋，又取成周之禾。周、郑交恶。"

杜预注："虢，西虢公，亦仕王朝，王欲分政于虢，不复专任郑伯。"俞正燮《癸巳存稿》："王贰于虢，贰，欲兼任两用。"

杜预又注："卿士，王卿之执政者，言父子秉周之政。"贾逵曰："卿士之有事者，六卿也。""贰"的本意即"分政""兼任、两用"之义。可见"卿士"本是独一无二的执政正卿，不泛指"六卿"，贾说误。所谓"王贰于虢"是说郑国自武公庄公以来，一直都是周王朝的卿士。平王晚年有让虢公与郑武公共同执政的意思，于是引起郑武公的不满。而平王却又不敢承认自己的打算，于是周、郑交换人质，以此作为双方信守不让虢公执政的承诺。但平王死后，周人却要按照平王的本意办事，准备让虢公执政。于是郑国军队掠取毁坏周人的庄稼以表示不满。周、郑关系趋于恶化。

郑武公、庄公一直担任周王朝卿士这一事实与平王迁洛"晋郑焉依"的记载是一致的，也证明西虢并非随平王迁都洛邑。否则幽王时的虢石父和拥立携王的虢公翰早已是王室卿士了。为什么平王迁洛邑四五十年以后的平王晚年，才考虑让虢公担任卿士，与郑庄公共同执政呢？

2.《左传·隐公五年》："曲沃庄伯以郑人、邢人伐翼。王使尹氏、武氏助之。翼侯奔随。……曲沃叛王。秋，王命虢公伐曲沃，而立哀侯于翼。""王命虢公伐曲沃"亦见于《史记·晋世家》。

《左传·隐公六年》："郑伯如周，始朝桓王也。王不礼焉。周桓公言于王曰：'我周之东迁，晋郑焉依。善郑以劝来者，犹惧不蔇，况不礼焉。郑不来矣！'"

《左传·隐公八年》："夏，虢公忌父始作卿士于周。"

《左传·隐公九年》："郑伯为王左卿士。"

由于周人将使虢公与郑伯共同执政，因而引起周、郑关系的恶化。郑人的反对并未能阻止此事。虢公忌父在周王与曲沃的斗争中，受到王的重用，命伐曲沃，立哀侯，终于被任命为王的卿士，实现了平王以来的夙愿。郑伯既然被任命为左卿士，虢公必然是右卿士。古以右为上，可见虢公位在郑伯之上。

（三）虢仲林父

春秋虢国的第二任国君是虢仲林父。

1.《左传·桓公五年》："夏，齐侯、郑伯朝于纪，欲以袭之。纪人知之。王夺郑伯政，郑伯不朝。秋，王以诸侯伐郑，郑伯御之。王为中军，虢公林父将右军……周公黑肩将左军……战于繻葛……王卒大败，祝聃射王中肩……郑伯使祭足劳王，且问左右。"

纪、齐是世仇。西周懿王时，纪曾谮齐于王，懿王烹齐侯。由于郑国卷入纪、齐的纠纷，联齐袭纪，引起周桓王的不满，罢了郑庄公的官，郑伯不再朝见周王，于是导致了周伐郑的繻葛之战。周人大败，周桓王也蒙受被射中王肩之辱。但虢公林父却从这场斗争中受益，成为周王朝独揽政权的执政。

2.《左传·桓公七年》："冬，曲沃伯诱晋小子侯，杀之。"《左传·桓公八年》春，"灭翼"。"冬，王命虢仲立晋哀侯之弟缗于晋。"

《左传·桓公九年》："秋，虢仲、芮伯、梁伯、荀侯、贾伯伐曲沃。"

晋昭侯封文侯弟成师于曲沃，号为桓叔，曲沃邑大于晋都翼。曲沃桓叔及其子孙庄伯、武公日益强大，不断攻伐翼都，杀掠晋侯。虢仲林父是周桓王支援晋侯，抗击曲沃入侵的主要依靠力量。

3.《左传·桓公十年》："虢仲谮其大夫詹父于王。詹父有辞，以王师伐虢。夏，虢公出奔虞。"

虢仲林父在和他属下的大夫詹父的诉讼中败诉，因而被迫逃亡于虞。但他不久就会回国，因为古代有对逃亡者的优待政策："有故而去，则君使人导之出疆。又先于其所往。去三年不返，然后收其田里。"（《孟子·离娄下》）意思是说如果因故逃亡，国君会派人送出国境，还要派人先期到达其所要逃亡的国家，宣传此人如何贤良。逃亡三年后仍然不回国者，才没收其土地和住房。《春秋》经传中有不少"三年而复之"的记载,说的就是这类事情。①

(四)虢叔丑

春秋虢国的第三任国君是虢叔丑。也就是在他的任内,曲沃武公完成了对晋侯缗的兼并,"尽以其宝器赂献于周釐王"(《史记·晋世家》)。而周釐王则使虢叔丑"命曲沃伯以一军为晋侯"(《左传·庄公十六年》)。也正是在他的任内,"晋灭虢,虢公丑奔京师"(《左传·僖公五年》)。

三 虢国墓地一号、九号大墓墓主

如上所述,三门峡市的虢国,是从晋文侯二十一年杀携王和西虢的虢公翰以后建国的。至周惠王二十二年(前655)为晋所灭,共有三位虢公在位。虢公丑国灭出逃,不会葬入虢国墓地,只能有虢公忌父和虢公林父应该被葬入虢国墓地。而虢国墓地中符合国君条件的只有一号和九号大墓。这当然不会是偶然的巧合,一号和九号大墓的墓主只能是虢公忌父与虢公林父。

九号大墓出土铜器器主是虢仲②,其墓主应是春秋虢国的第二任国君虢仲林父。而一号大墓的墓主只能是虢公忌父。一号大墓出土铜器器主名"虢季",史籍中忌父只称"虢公",未称"虢季",但一号大墓内出土的小子吉父甗,自名"小子吉父"③,证明一号大墓墓主必属虢公忌父无疑。古人名与字相应,即《白虎通·姓名》中所谓"闻名即知其字,闻字即知其名"。吉与忌属名字义类中的"对文"。虢公忌父原应是名忌字吉父。忌父中的"父"字应是衍文。虢国墓地和一号大墓、九号大墓的考古发现可补充、纠正史籍记载的阙佚与失误。

原载《华夏考古》2012 年第 4 期

---

① 王恩田:《〈管子·四时〉"复亡人"与齐国土地制度》,《管子学刊》1995 年第 1 期。
② 《虢国墓地发掘又获重大发现》,《中国文物报》1992 年 2 月 2 日。
③ 河南省文物考古研究所、三门峡市文物工作队:《三门峡虢国墓地》(第一卷),文物出版社,1999 年。

戎生编钟与秦晋史实疏证

《保利藏金》一书著录戎生编钟一套8件，同时还收录了5篇论文，[①]对戎生编钟的形制、纹饰、铭文释读、年代、音乐学等多方面进行研究，取得了积极的成果。但有关戎生的家世与戎生编钟的国别、年代，秦晋两国的史实以及“刧遣卤积”“征繁阳”的释读等各方面，还存在可商之处。本文拟在已有研究成果的基础上，再谈几点不同意见。供参考。

一　释文

戎生编钟一套8件，共154字。按通行字隶定：

一号钟　惟十又二月乙亥，戎生
曰：休辪皇祖宪公趄趄
趩趩，启厥明心，广堊其猷，越爯穆

二号钟　天子[illegible]霝，用建于兹外
土，僪嗣繺戎，用旐不
廷方。至于辪皇考邵伯，遠遠

三号钟　穆穆，懿敓不朁。鬻匹
晋侯，用龚王命。今余弗叚，勿灋其覭光，对扬其大福。

四号钟　刧遣卤責，卑谮征繁汤，取
厥吉金，用作宝协钟。厥音雍=

五号钟　鎗=鏞=，琼=鴇=

① 王世民：《戎生编钟（一套八件）》；马承源：《戎生钟铭文的探讨》；裘锡圭：《戎生编钟铭文考释》；李学勤：《戎生编钟论释》；王子初：《戎生编钟的音乐学研究》。《保利藏金》编辑委员会编：《保利藏金》，岭南美术出版社，1999年，第113—128、361—386页。裘文收入《裘锡圭学术文集·金文及其他古文字卷》，复旦大学出版社，2012年，第102—121页。李文又见《文物》1999年第9期。

　　　　　既穌叚盅，余用邵（各），追孝于皇
六号钟　祖皇考，用旟（祈）鞾（绾）賸（眉）寿，戎生其
七号钟　万年无疆，黄耇又鏊，畎
八号钟　保其子孙，永宝用。（图一）

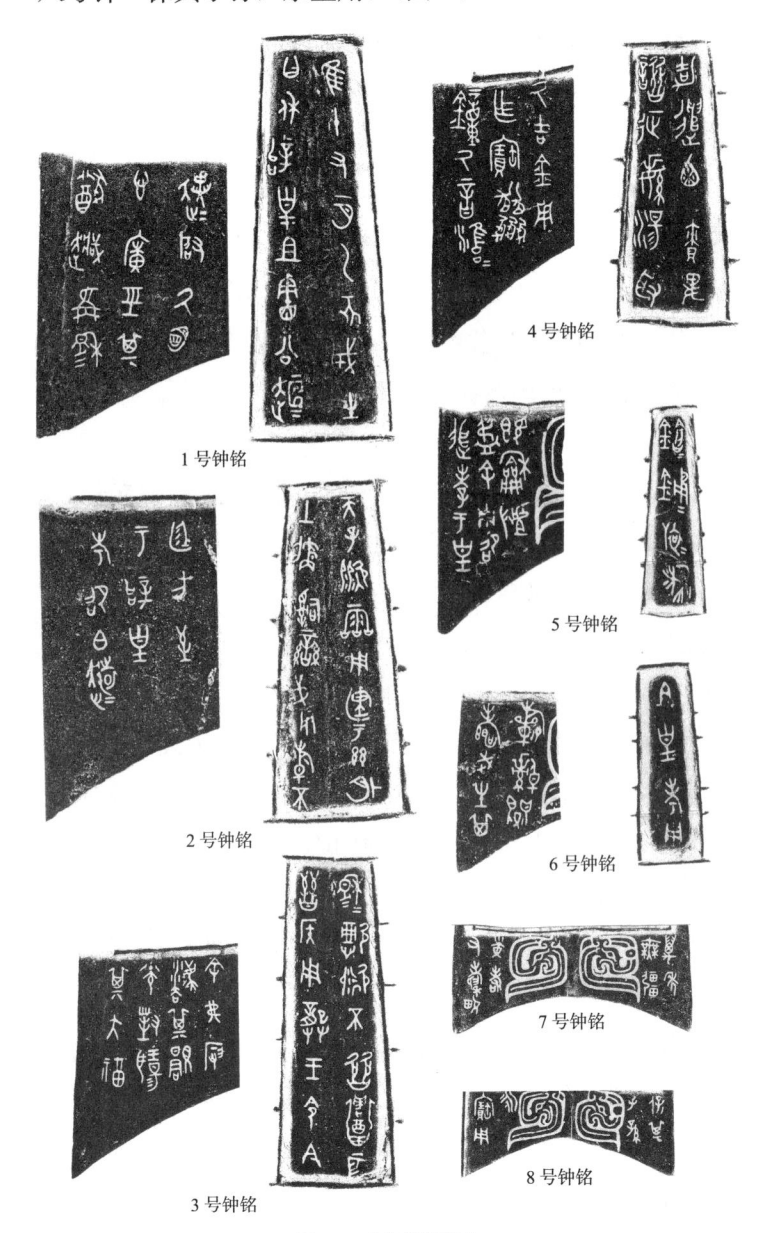

1号钟铭

2号钟铭

3号钟铭

4号钟铭

5号钟铭

6号钟铭

7号钟铭

8号钟铭

图一　戎生编钟铭文

二　考释

惟十又二月乙亥

一种意见释十又一月。裘锡圭则释十又二月,认为"'二月'为合文,借'月'字外框的上部为'二'字的下一横"。其说可信。

戎生,是器主。生读作甥。① 戎生是其父与戎女所生,应是戎族的外甥。

休辥皇祖宪公

《尔雅·释诂》:"休,美也。"辥,金文常见。方濬益曰:"辥,即台。"《尔雅·释诂》:"台,我也。"又"予也"(《缀遗》2.22)。皇,从王,省掉一横画。《尔雅·释诂》:"皇皇,美也。"《说文》:"皇,大也。"《左传·定公元年》:"薛之皇祖奚仲。"注:"皇,大也。"《尔雅·释诂》:"皇,君也。"意为器主戎生赞美伟大的国君我的祖父宪公。

趄趄趯趯

趄通桓。《诗·泮水》:"桓桓于征。"毛传:"桓桓,威武貌。"趯趯,裘锡圭谓即翼翼。《诗·大明》:"惟此文王,小心翼翼。"郑笺:"小心翼翼,恭慎貌。"意为既威武而又恭敬谨慎。

启厥明心,广巠其猷

启,开启。厥,指示代名词,他的。《吕览·尽数》:"明,智也。"广,《史记·淮南衡山列传》《集解》引如淳曰"广,谓拓大也。"巠通经。《孟子·尽心下》:"经德不回。"注:"经,行也。"猷,《诗·采芑》:"克壮其猷。"郑笺:"猷,谋也。"句意为开启他的聪明才智,扩大他的行为谋略。

臧禹穆天子㶕霝

臧字从戕声。古文字中从口的戕与从臣的臧有别。戕,即戕否之戕,意为美善。而臧则是臧获之臧。《方言》:"骂奴曰臧,骂婢曰获。"战国陶文中犹有戕字②,而秦篆则把两者混同起来,此后臧存而戕亡。《说文》:"臧,善也。"禹读作称,即称颂、赞美。㶕,是新见字,应是从渊,从欠。王孙钟

---

① 张亚初:《两周铭文所见某生考》,《考古与文物》1983年第5期。
② 王恩田:《陶文字典》,齐鲁书社,2007年,第30页。

肃字作𬳿，从聿从淵，䰛镈肃字从竹从淵作𥰫，钟铭的𥸤，显然是𥸤的讹变，所从的入则是丆或𠃊的讹变。因此，𣆶应是从淵，欠声。淵，亦声。淵，影母真部，玄，群母真部，旁钮叠韵。玄与欠，一声之转。"𣆶霝"读作玄灵。《文选·班孟坚封燕然山铭》："光祖宗之玄灵。"《广雅·释天》："玄，天也。"玄灵即在天之灵，穆天子即周穆王，意为宪公赞美、颂扬周穆王的在天之灵。

王国维首创王号生称说，论者赞成其说，认为"姬满已生称为穆王或穆穆王"。按：宪公颂扬穆天子在天之灵，证明"穆"并非生称，而是谥称。古代"男有氏，女有姓"，穆王不能称"姬满"。只能称周王满，或王满，或自称"满"，如㝬簋，厉王自称"㝬"，可证。

用建于兹外土，濡嗣蛮戎，用旍不廷方

用，介词，以也。"建"即分地建国。《周礼·天官·序官》："惟王建国。"注："建，立也。"《礼记·祭法》："分地建国。"注："建国，封诸侯也。"兹，指示代名词，此也。外土对中土而言。中土指中原，外土指边疆。意为在边疆之地建国。

濡嗣蛮戎。濡，群母物部。怀，群母微部。双声对转，濡读作怀。《左传·僖公七年》："怀远以德。"注："抚远方之人。"《晋语》："戎狄怀之。"注："怀，归也。"《礼记·学记》："近者悦服，而远者怀之。"注："怀，来也，安也。"嗣通司。《说文》："司，臣司事于外者。""蛮"并非南蛮，而指荒远的国土。《周书·职方》："其外方五百里为蛮服。"《国语·周语》："蛮夷要服。"注："蛮，蛮圻也。……《周礼》'卫圻之外曰蛮圻，去王城三千五百里，九州之界也。'""戎"即西戎。"濡嗣蛮戎"，意为怀柔安抚荒远之地的戎人。

用旍不廷方，旍，从早声，读作讨。"不廷方"也见于《毛公鼎》"率怀不廷方"。或省作"不廷（庭）"。《左传·隐公十年》："以王命讨不庭。"《左传·成公十二年》："谋其不协，而讨不庭。"《诗·韩奕》："榦不廷方，以佐戎辟。"《文选·西京赋》注引《韩诗章句》："榦，正也。"陈奂《诗毛氏传疏》："榦不庭方，言四方有不直者则正之。"今戎生编钟铭作旍，不作榦。"四方有不直者则正之"一语，迂曲费解，颇疑榦字是传抄过程中出现的错字。廷,即朝廷之廷,即所谓"君臣谋政事之处也"(《礼记·曲礼》"在朝言朝"注)。国君与卿、大夫开会的地方称为"内朝",在庙门内的院落"中庭"举行。金文作"中廷"。国人、民众开会的地方称外朝,在庙门外的广场即所谓"大庭"举行。① 廷都是露天的,逢雨则辍朝(戴震说)。后世的朝移在宫殿内举行,故廷加广以为庭。朝字也引申为朝见,即"诸侯者见天子曰朝"(《诗·沔水》"朝宗于海"笺),也有定期的"五年一朝"(《艺文类聚》卷三九引《白虎通》)。方,即方国。"䚄不廷方"意为讨伐不来朝见天子的方国。秦公簋和秦公钟镈都有"鎛不廷方"的说法。鎛从昊声,读作讨,"鎛不廷方"即"讨不廷方"。

据《史记·秦本纪》记载:秦宪公二年(前714)"遣兵伐荡社,三年,与亳战,亳王奔戎,遂灭荡社"。集解:"徐广曰,荡音汤。"索隐:"西戎之君,号曰亳王,盖成汤之胤,其邑曰荡社。"既然成汤后裔自称"亳王",《诗》曰"天无二日,人无二王",亳王称"王",触及礼制底线,亳王自然不会去朝见周天子。宪公予以讨伐,"亳王奔戎,遂灭荡社",这是对"䚄不廷方"最具说服力的例证和注解。

至于辟皇考邵伯

至,转接连词。句意为到了我的伟大的父亲邵伯。

趩趩穆穆

趩通远。远,影母元部,勤,群母文部。旁钮旁转,远,读作勤。穆,勖,双声叠韵。《说文》:"勖,勉也。""趩趩穆穆"意为非常勤勉。相当于今人所谓"勤勤恳恳"。

懿㰤不僭

㰤为肃之省,《左传·文公十八年》:"忠肃其懿。"疏:"懿者,美也。保己精粹,立行纯厚也。"僭,《汉书·王子侯表上》集注:"古僭字。"不僭,《诗·桑柔》:"朋友已僭。"笺:"僭,谓不信。"无信谓之僭。"不僭"指有信。句意为具有纯厚和言而有信的美德。

---

① 王恩田:《岐山凤雏村西周建筑群基址的有关问题》,《文物》1981年第1期。

余弗叚（勿）瀍其覲光

此语颇费解，学者多释覲为显，但未对"瀍其覲光"一语加以解释。疑即晋姜鼎"余不叚忘宁……勿瀍文侯覲令"一语的省略。"弗叚"，"不叚"，裘锡圭认为应释为"不会"。相当于现代汉语的"没"，可从。"忘宁"读作康宁。意为我不会苟安。瀍通废。钟铭瀍前脱一"勿"字。覲从见，与页可通用。金文何尊的"顺"字即从见。覲即顡。顡，与训旁钮叠韵。"覲"读作训。《说文》："训，说教也。"《国语·周语》："右启先王之遗训。"注："训，教也。"光，阳部，令，耕部。阳耕旁转。"覲光"即"覲令"。晋姜鼎"勿瀍文侯覲令（命）"。钟铭"（勿）瀍其覲光"。其，代名词，指文侯，句意为我不会苟安，不会废弃文侯的遗训教诲。

对扬其大福

对扬，古籍、金文习见。通常"对扬"多用于颂扬感谢君王或上司封赏的美意。而这里的"对扬"却放在器主颂扬其父邵伯的功绩，以及器主本人对文侯遗命的表态之后，这种用法较为罕见。此外，由于以往关于"扬"字初文"昜"的训释有误，故"对扬"的确切含义古今学者都没能讲清楚。①其实，扬字初文"昜"的正确说解，保存在《说文》鍚字条内："鍚，马头饰也。"昜字初文像马头上所饰的圆形特大铜泡。因是铜质，故而加金旁而为鍚。周代的鍚除用作马头上的装饰外，还可以缝缀在头盔上。由于盔鍚位在人额，故人头眉上部位称为昜，经籍作"扬"。《诗·君子偕老》："扬且之皙也。"传："扬，眉上广。"疏："扬者，眉上之美名。"王念孙《广雅疏证》："人眉上谓之扬。"此外，古代诸侯朝见天子、诸侯之间相互聘问，都须执玉以为进见礼。《左传·哀公七年》："执玉帛者万国。"注："诸侯执玉。"金文扬字写法多达15种，其原始字形像人双手举玉，昜声。《广雅·释诂》："对，向也。"又"当也。"因此，"对扬"的本义应是举玉与眉上的位置相对。"对扬"或作"奉扬"，奉，读作捧，"奉扬"意为捧玉与眉上的位置相对，以表示下对上的尊敬。孟光"举案齐眉"以表示对其丈夫的尊敬，犹存

---

① （宋）程大昌：《考古编》十，《对扬》；沈文倬：《对扬补释》，《考古》1963年第4期；林沄、张亚初：《对扬补释质疑》，《考古》1964年第5期。

古礼。对扬的引申义为赞扬、颂扬。①其,代名词。这里指戎生之祖与其父。福,意为佑助。《礼记·祭统》:"必受其福。"注:"世所谓福者,谓受鬼神之佑助也。""对扬其大福",意为颂扬感谢已故的祖父和父亲福佑之恩。

劼遣卤賓

对此有不同的解释,一曰:"劼,《说文》解作慎也,从力,吉声。《尔雅·释诂》云'固也'。据晋姜鼎铭,劼宜读作嘉,卤也就是盐,賓是委积。……晋文侯遣赐于晋姜的卤积有千辆之数,钟铭只云卤积,没有数量。'劼遣'者为晋侯。"二曰:"劼,《说文》训'慎',《广雅·释诂》释'用力'。此句'劼'字之义待考。晋姜鼎'劼'字过去误释为'嘉',可据此铭纠正。……'卤'当指盐池等咸地所出之盐。……賓,读为积。……'劼遣'也许有努力积聚遗给后人的意思。"三曰:"'劼'字实系'嘉'字的省体。'嘉',《释诂》:'善也。''賓'读作'积','卤积'当指食盐而言。晋地产盐,详见《汉书·地理志》河东郡关于盐池的叙述。"

也有学者认为:"嘉遣我者,当是晋公嘉晋姜之贤能,遣其出征。'卤賓千两'者,賓疑鱏省。《尔雅·释鱼》:'贝,小者鱏,又云蟥,小而椭。'盖以此为干糇也。"②最早释"卤积"为盐的是唐兰先生,他说:"卤是盐的一种。晋姜鼎说'卤賓千两',即指河东安邑盐池之盐。"③

上述各家之说均有未安。劼释嘉,不误。嘉不是形容词和动词,而是人名,即晋国政坛上著名的嘉父。

　　《左传·隐公六年》:"九宗、五正,顷父之子嘉父逆晋侯于随,纳诸鄂。晋人谓之鄂侯。"

　　《左传·隐公五年》:"曲沃庄伯、郑人、邢人伐翼,……翼侯奔随。……曲沃叛王。秋,王命虢公伐曲沃而立哀侯于翼。"注:"春,翼侯奔随,故立其子光。"

---

① 王恩田:《释易》,《黄盛璋先生八秩华诞纪念文集》,中国教育文化出版社,2005年。
② 郭沫若:《两周金文辞大系考释·晋姜鼎》,上海书店出版社,1999年。
③ 唐兰:《西周青铜器铭文分代史征》,中华书局,1986年,第375页,免盘注2。

由于去年周桓王已经立了鄂侯的儿子哀侯光于翼，所以九宗、五正和嘉父虽迎接了鄂侯，只能安置在鄂。嘉父既然可以与九宗、五正迎接并安置晋的国君鄂侯，足证他必然是晋国执政之类的实权派人物。由嘉父派遣晋文侯夫人晋姜和戎生出征繁阳，自是情理中事。遣的主语既不是"晋侯"，也不是"晋文侯"，更不是"晋公"。因为翼城晋国国君只称"侯"，而从不称"公"。"劼遣卤积"即晋姜鼎"嘉遣我，赐卤积千两（辆）"之省文，没有谈到"千两（辆）"的数量，是省略。不能理解为赏赐给戎生的"卤积"不如晋姜多。

卑（俾）谮（潜）征繁汤（阳），取厥吉金，用作宝协钟

《尔雅·释诂》："俾，使也。"《左传·哀公六年》："潜师闭涂。"注："潜师，密发也。"意为派遣（戎生）秘密征伐繁阳，用征伐繁阳所缴获的铜，铸造这套宝贵协和的编钟。

把"卤积"解为盐，是错的。"积"是被赐予物品的主体，"卤"则是修饰"积"的成分。积，指供客馆所需的粮草之类，即所谓"居则具一日之积"（《左传·僖公三十三年》注："刍、米、禾、薪"）。晋姜鼎"卤责千两（辆）"，卤通旅，卤积即旅途中所用的粮草。[①] 还可以进一步指出，卤又通路，"卤积"意为路途中所用的委积，即《周礼·遗人》"凡宾客、会同、师役，掌其道路之委积"。"师"指军事征伐。戎生编钟和晋姜鼎中的"卤积"，都是指"征繁汤"路途中所需用的粮草。

余用邵（各），追孝于皇祖皇考

裘锡圭认为邵下脱一"各"字。各，即格的本字，格通假。"邵各"即《诗经》中屡见的"昭假"。其说可信。戴震《毛郑诗考正》"《诗》凡言昭假者，义为昭其诚敬以假于神，昭其明德以假天。精诚表见曰昭。贯通所至曰格"。由于"昭假"的对象不同，其含义也会有所区别，如《诗·噫嘻》，戴震以为"此诗春夏祈谷于上帝之所歌，故《噫嘻》于神而言成是王事，昭假在此以为民祈祷"[②]。而《诗·泮水》"昭假烈祖"，应是向祖宗祈祷，钟铭

[①] 王恩田：《释⻊、𩡧——兼论客馆与戍守制度》，北京大学考古文博学院编：《考古学研究》（六），科学出版社，2006年。

[②] （清）戴震：《毛郑诗考正》，《清经解·清经解续编》肆，凤凰出版社，2005年，第4611页。

"追孝于皇祖皇考"，《诗·文王之声》"遹追来孝"，朱熹《诗集传》"特追念先人之志，而来致其孝耳"，句意为我祈祷祖宗，追念祖父、父亲之遗愿，以表达我对他们的孝心。

三 讨论

（一）戎生编钟的国别与戎生的家世

一种意见认为戎生编钟是戎国器，"戎生是戎国的国君"。戎国即《左传·隐公二年》鲁隐公"会戎于潜，修惠公之好也"，位于陈留郡济阳县东南的戎国。另一种意见认为"戎生的祖父宪公、父亲昭伯和他自己，似是周王朝所建立的一个小邦的三代君主"。这个小国位于"与晋国毗邻的澘水一带"，还有一种意见认为，"铭文称宪公'受封在兹外土'，可见由宪公到戎生，居地并无变迁。戎生之父昭伯，'绍匹晋侯，用恭王命'已经不属王朝，而是晋臣了，这可能是宪公以来的封地被晋国兼并的结果"。以上各家所考，俱不可信。

按：戎生自称其父邵伯"豐匹晋侯"，邵伯应是晋臣，其子戎生应是晋人，戎生编钟自应是晋器。金文人名中的"生"，当读作"甥"①。戎生应是戎族的外甥，即其父邵伯娶戎女所生。晋人或与戎人通婚，如晋献公妻是骊戎之女骊姬（《左传·僖公四年》），晋献公娶犬戎狐姬（《国语·晋语四》韦昭注）。

邵伯，各家均释为昭伯。以昭为谥称，不妥。邵与赵，旁钮叠韵，邵伯读作赵伯。赵伯本是秦人，周幽王时，由周入晋，投靠晋文侯。关于其身世，《史记·赵世家》言之甚详：

> 赵氏之先，与秦共祖。至中衍，为帝大戊御。其后世蜚廉有子二人，而命其一子曰恶来，事纣，为周所杀，其后为秦。恶来弟曰季胜，其后为赵。季胜生孟增。孟增幸于周成王，是为宅皋狼。皋狼生衡父，衡父生造父。造父幸于周缪王。……缪王使造父御……而徐偃王反，

---

① 张亚初：《两周铭文所见某生考》，《考古与文物》1983年第5期。

缪王日驰千里马，攻徐偃王，大破之。乃赐造父以赵城，由此为赵氏。自造父已下六世至奄父，曰公仲，周宣王时伐戎，为御。及千亩战，奄父脱宣王。奄父生叔带。叔带之时，周幽王无道，去周如晋，事晋文侯，始建赵氏于晋国。

由此可证，邵（赵）伯就是幽王时"去周如晋"的秦人赵氏叔带。邵伯不仅是晋人戎生之父，也是日后三家分晋的主角之一的赵氏始祖。

（二）钟铭邵伯"肇匹晋侯，用龏王命"，对于确定戎生编钟的大体年代至关重要。由于"肇匹晋侯"即赵伯叔带"事晋文侯"，则"用龏王命"的"王"，只能是与晋文侯同时的周平王。因为"曲沃庄伯以郑人、邢人伐翼，王使尹氏、武氏助之，翼侯奔随"（《左传·隐公五年》）。这里的"王"已是平王之子桓王。由于桓王帮助曲沃庄伯伐翼，迫使翼侯（即晋侯）奔随，桓王已经成为晋侯的敌方，戎生之父赵伯当然不可能再"用龏王命"。

（三）宪公，西周晋国国君只称侯，不称公。邵伯本是秦人，秦国国君虽有宪公，但年代较晚。秦宪公即位时（前715），上距晋文侯之死（前746）已有31年。秦宪公不可能是"事晋文侯"的邵伯的父亲。钟铭"用建于兹外土，濔嗣蛮戎，用旆不廷方"的只能是周宣王时建国的秦襄公。《史记·秦本纪》：

秦襄公将兵救周，战甚力，有功。周避犬戎难，东徙雒邑。襄公以兵送周平王。平王封襄公为诸侯，赐之岐以西之地。曰："戎无道，侵夺我岐丰之地，秦能攻逐戎，即有其地。"与誓，封爵之。襄公于是始国。

襄，阳部。宪，元部。阳元通转。因读音相近，襄公误作宪公。襄公之子文公十三年（前753）"初有史以纪事"（《史记·秦本纪》）。襄公仍处在无史官记事时期，襄公被误为宪公，不足为奇。况且，《史记·秦本纪》还曾把襄公之曾孙宪公误作宁公。因此，襄公误作宪公是完全可能的。

（四）"劫遣卤积"的历史意义

后世战争讲究"兵马未动，粮草先行"。意思是说，发动战争之前，必须做好粮草供应的后勤保障工作，不能让军队开赴前线以后，再等待粮草送上来。而商周战争并非如此。例如卜辞商纣王征东夷，往返行程数千里，时间长达七八个月之久。如果携带粮草，需要几千辆大车同行，但甲骨文中并没有这方面的记载。金文西周昭王伐楚，也没有谈到多少辆大车运载委积。此外还有一个住的问题，如何解决？是不是还要带上建筑器材，每到一地都必须临时修建兵营？队伍开拔时再拆掉？如此建来拆去，将不胜其扰。其实古代行军、田猎，全靠设在沿途的客馆解决食宿问题。古代在都邑或主要交通干道上每隔10里、30里或50里都设有客馆，备有粮草以供过往宾客、行人食宿（《周礼·遗人》）。甲骨文中的𠂤、𠂤𠂤和金文中的𠂤，就是客馆之馆的馆字初文。由于误释卜辞中的𠂤、𠂤𠂤和金文中的𠂤为师，因而使商周时代的客馆制度掩而不彰，从而无法回答商周时代的远征，如何解决军队的食宿问题。据《礼记·大传》记载："牧之野，武王之大事也。既事而退，柴于上帝，祈于社，设奠于牧室。"注："柴、祈、奠，告天地及先祖也。牧室，牧野之室也。古者郊关皆有馆焉。先祖者，行主也。"古代征伐、田猎，必须带上先祖和社的牌位，称为行主，随时祭祀、祈请，以示不专。武王伐纣，就曾在牧野的客馆内食宿，而且还在这里祭告天地和先祖。这个牧野的客馆就是金文小臣谜簋中的牧𠂤。①

晋姜鼎和戎生编钟关于"征繁阳"中携带千辆大车装载大量粮草同行，是古代战争史上的一大转变，说明客馆制度已开始遭到某种程度的破坏。一旦客馆制度废弃之后，"兵马未动，粮草先行"的时代就开始了。由此可以断言，上引《周礼·遗人》关于"道路之委积"的记载并非商周古制，而是春秋以后的制度。晋姜鼎和戎生编钟关于"卤（旅、路）积"的记载是这一制度首见的实例，其重要性，即在于此。

（五）"征繁阳"与"繁阳之金"

各家误释"卤积"为盐。李学勤先生释"卤积千两"和"征繁阳"为

---

① 王恩田：《释𠂤（𠂤）、𠂤（官）、𠂤（师）》，《于省吾教授百年诞辰纪念文集》，吉林大学出版社，1996年；《释𠂤（𠂤）、𠂤（官）、𠂤（师）补证》，《第三届国际中国古文字学研讨会论文集》，香港中文大学出版社，1997年；《释𠂤、𠂤𠂤——兼论客馆与戍守制度》，1987年安阳国际殷商文化讨论会论文；北京大学考古文博学院编：《考古学研究》（六），科学出版社，2006年。

"晋国派遣大批车队运输食盐，前往繁阳交换铜料"。其说可商。首先，钟铭言"卑（俾）潜（潜）征繁汤（阳），取厥吉金，用作宝协钟"。即用征繁阳所缴获的铜料，铸造了这套编钟，而并非"前往繁阳用盐交换"来的铜料。其次，"运输食盐前往繁阳交换铜料"，必须满足两个条件：一是繁阳是否缺盐，二是繁阳是否产铜。

繁阳见于《左传·襄公四年》："楚师为陈叛故，犹在繁阳。"杜预注："繁阳，楚地，在汝南鲖阳县。"《汉书·地理志》汝南郡鲖阳，《集解》：《一统志》"故城今新蔡东北七十里"。按：今新蔡北有鲖城，属安徽省淮北的临泉县。淮北与淮南的两淮盐场，是我国四大盐场之一，所产之盐营销今苏、皖、湘、赣、鄂、豫六省，而鄂、湘、豫、皖四省先后属楚国疆土。因此不仅皖北的鲖阳不缺盐，楚国境内均不缺盐，不存在用盐交换铜料的需求。

繁阳是否产铜呢？河南洛阳出土"繁阳之金剑"，报道说"繁阳产铜"。《管子·揆度》就指出繁阳所在的汝河汉水一带产铜："夫楚有汝汉之金。"[1] 其实，《管子·揆度》所说"黄金起于汝汉水之右衢"，意思是说汝汉水的右衢出产黄金，不能用来证明"繁阳产铜"，事实上鲖城的繁阳并不产铜。李学勤先生把繁阳说成是铜的会集地，也有问题。古代"工商食官"，铜矿的开采控制在氏族方国之手。铜产品除供自用外，有余还可赠送他人。如《左传·僖公十八年》"郑伯始朝于楚，楚子赐之金"。楚国没有以铜作为商品进行交换的例证，更没有必要也不可能把铜"会集"到繁阳，等待与晋国交换食盐。

其实，"繁"是假借字。繁，并母元部。泌，邦母脂部。邦、并旁钮，脂元和韵（江有诰《老子韵读》）。繁阳读作泌阳。泌阳以产铜著称。《明一统志》："南阳府泌阳县（今县）铜山在县东四十里。东流为淮，西流为泌，同源异流。相传邓通鼓铸其上。""大胡之支山，旧产铜，俗传邓通鼓铸其下，下有邓庄村，其东有小铜山。"泌阳产铜还见于《明史·地理志》与《河南通志》。曾伯霎簠："克逖淮夷，印燮繁汤。金道锡行，具既卑方。"郭沫若先生认为此簠与晋姜鼎同时，"盖晋人与曾同伐淮夷也"[2]。按：簠铭

---

[1] 洛阳博物馆：《河南洛阳出土"繁阳之金"剑》，《考古》1980年第6期。
[2] 郭沫若：《两周金文辞大系图录考释》，上海书店出版社，1999年。

"克",能也。"逑"读作适。《说文》"适,之也。"至也。"克逑淮夷",意为能够到达淮夷。"印",影母真部。紧,见母真部。旁钮叠韵,"印",读作紧。"燮",心母叶部。接,精母叶部。旁钮叠韵,"燮"读作接。"繁汤"即繁阳。"印燮繁汤",意为紧密连接着繁阳。"金道锡行",意为铜和锡的物流通道。"具",俱也。"既",尽也。《说文》"卑,益也"。《周易·既济》:"高宗伐鬼方。"干氏注:"方,国也。""具既卑方",意为全都对国家有好处。簠铭意思是说:曾国能够到达紧密靠近铜矿繁阳的淮夷,这一带是铜与锡的物流通道。这对我们曾国是非常有利的条件,而且这与泌阳"东流为淮,西流为泌"的地理位置也是相符的。簠铭中没有谈到晋国,不能据此记载认为"晋人与曾同伐淮夷",也不应与晋姜鼎和戎生编钟的"征繁阳"混为一谈。

(六)晋姜鼎、戎生钟与晋侯墓地 M64 和 M93 的墓主

如上考证,戎生编钟"劼遣卤賷"的"劼",也就是晋姜鼎中的"嘉遣我,卤賷千两"中的"嘉"。"嘉"即与九宗、五正迎接并安置晋鄂侯的顷父之子嘉父。嘉又通家。晋叔家父器主即嘉父,而晋叔家父壶出土于北赵晋侯墓地的 93 号大墓。[①]嘉父以晋叔家父壶为 93 号大墓助葬,证明 93 号大墓墓主只能是晋哀侯,而不可能是晋哀侯的五世高祖晋文侯。此外,晋姜自称:勿废文侯之训命。文侯即杀周幽王之子携王,结束东周平王与西周携王"二王并立"政治格局,从而受到平王嘉奖,并有《书·文侯之命》传世的晋文侯仇,这就必然涉及北赵晋侯墓地墓主的考证。以往关于晋侯墓地墓主考证,问题不少。一是把 9 组并列墓都认为是夫妻合葬墓。而实际上商周时代的并列墓往往是同性而不是异性。如滕州前掌大商周墓地的 6 组成对并穴墓,同属男性或同属女性。[②]周代男性贵族有以佩戴玉珩、玉璜的颜色来区别身份的"佩玉制度"。《礼记·玉藻》:"古之君子必佩玉。"天子佩白玉(珩),公侯佩山玄玉(珩),大夫佩水苍玉(珩)。一命、再命幽珩,三命葱珩。命即册命。而北赵晋侯墓地 M91+M92 的一组并列

---

① 北京大学考古系、山西省考古所:《天马—曲村遗址北赵晋侯墓地第五次发掘》,《文物》1995 年第 7 期。

② 中国社会科学院考古研究所:《滕州前掌大墓地》,文物出版社,2005 年。

中，M91 有五璜玉佩随葬。M92 有四璜、四珩玉佩随葬。[①]证明是一对男性墓，而不是夫妻合葬。晋侯墓地 9 组并列墓葬中，真正经过性别鉴定确认的女性只有 2 人。一位是 M9+M13 一组中的 M13，M13 应是一位女性国君。与周孝王同时的秦国国君号"秦嬴"的非子，就是一位女性。另一位女性是 M93+M102 一组中的 M102，这才是真正的夫妻合葬。正因为她是 M93 的妻子，所以不使用墓道，因为使用墓道是诸侯的特权。进入"男尊女卑"的父权制时代，妇女地位一落千丈，作为 M93 妻子的 M102 的墓主，不使用墓道葬制是合情合理的。由此也可以反证晋侯墓地中使用墓道葬制的并列大墓，不可能是夫妻合葬墓。二是把被杀的国君昭侯、孝侯、哀侯排除在墓地之外，是错误的。事实上谥称是在下葬当天授予的。凡是有谥称者都是经过正规下葬的，墓地中都应有其位置。三是把南排最西边一组并列的 M64+M62+M63 三座墓的墓主由东而西分别定为晋穆侯及其正夫人和次夫人之墓。如据此说，作为晋穆侯的 M64 和正夫人的 M62 都是只有一条墓道的甲字形大墓，而作为次夫人的 M63 却使用两条墓道的中字形大墓的葬制，而且随葬有作为男性贵族身份标志的佩玉的玉璜多达 45 件之多。其规格不仅超过了正夫人的 M63，而且远远超过了其丈夫晋穆侯的 M64。在男尊女卑的父权制时代，这种现象是不符合情理的。晋侯墓地第五次发掘简报认为上述墓主的考证"显然与规矩不合"，因而推断 M63 不是穆侯次夫人，而是北排 M93 的晋文侯夫人墓。而与 M93 同组的 M102 则"有可能是妾属之类"[②]。殊不知这样的安排，作为丈夫的晋文侯 M93 埋在北排，而其夫人 M63 却隔着中排，埋在南排。而且与穆侯 M64 及其正夫人 M62 埋在一起，这样的安排显然是更加的不合理。

《诗经》中爱情诗的充斥，证明西周时期的妇女仍享有充分的性自由。所实行的并非以"男女有别"为主要特征的一夫一妻制。"从一而终""夫死不嫁""生是男家人，死是男家鬼"的伦理观念尚不存在。夫死后，其妻回

---

① 北京大学考古系、山西省考古所：《天马—曲村遗址北赵晋侯墓地第五次发掘》，《文物》1995 年第 7 期。

② 北京大学考古系、山西省考古所：《天马—曲村遗址北赵晋侯墓地第五次发掘》，《文物》1995 年第 7 期。

归本氏族或另行改嫁，因而就不会有夫妻合葬墓的存在。成书于战国时期的《礼记·檀弓》说"合葬非古也"。可见直到数百年以后的战国时期，夫妻合葬还是出现不久的新生事物。大量西周墓葬考古材料表明，"绝大多数是单人葬"①。因此，晋侯墓地中除年代最晚的 M93+M102 属于夫妻合葬墓，以及 M94+M92+M93 是文侯、昭侯、孝侯之墓以外，其余的并穴大墓都应是具有兄昭弟穆的昭穆关系的成组墓葬，而并非夫妻合葬。M64 不是穆侯墓，而是文侯墓。M62 是昭侯墓，M63 是孝侯墓。M93+M102 不是文侯夫妻合葬墓，而是哀侯夫妻合葬墓，而且是晋侯墓地唯一的年代最早的夫妻合葬墓。②晋侯墓地出土的铭文铜器，证明此说可信。例如，M64 出土的"晋叔家父盘"，实为"晋叔夋父"之误释。③夋通友，晋文侯名仇，字友父，属名字相应规律中的"对文"，证明 M64 确实是晋文侯之墓。又如，M64 出土的记载"入金九万钧"的楚公逆钟，证明楚国确是富产铜的国家。楚公逆钟出土于 M64，应是晋文侯伐楚，征繁阳所缴获，这对于晋姜把征繁阳说成是"文侯训命"，是有力的物证。进一步证明 M64 的确是晋文侯之墓。至于 M64 出土的"晋侯邦父鼎"的器主，应是被文侯所杀的殇叔。晋文侯杀殇叔后，用殇叔的铜器随葬，合情合理。

晋侯墓地年代最晚的 M93 的墓主，过去曾有文侯说、殇叔说、穆侯说、昭侯说等诸说，或认为应是哀侯。④嘉父既然可以迎接安置哀侯之父鄂侯，哀侯死后，嘉父以自己铸作的"晋叔家父壶"助葬，自然也是情理中事。晋哀侯的祖父孝侯被曲沃庄伯所杀。其父鄂侯因曲沃庄伯的攻伐而出奔于随。哀侯又被曲沃武公所杀（《国语·晋语一》）。翼城晋国政权风雨飘摇，岌岌可危。哀侯身为国君，在位八年（前717—前710），其惶惶不可终日的地位不难想象。除墓内出土的铜盘尚未除锈，内容不详外，居然在表明身份的主要礼器五鼎六簋（其中一件为明器）和两套16件编钟上均未铸上通常所

---

① 中国大百科全书总编辑委员会《考古学》编辑委员会、中国大百科全书出版社编辑部编：《中国大百科全书·考古学·西周墓葬》，中国大百科全书出版社，1986年。
② 王恩田：《西周制度与晋侯墓地复原》，《中国历史文物》2007年第4期。
③ 刘克甫："北赵晋侯墓地即晋墓"一说质疑，《晋侯墓地出土青铜器国际学术研讨会论文集》，上海书画出版社，2002年。
④ 王恩田：《西周制度与晋侯墓地复原》，《中国历史文物》2007年第4期。

见的铭功记赏的铭文。很难设想 M93 大墓墓主就是杀携王,结束"二王并立"政治格局,接受平王"文侯之命"册命的晋文侯,而且与晋文侯曾孙鄂侯、玄孙哀侯同时的"晋叔家(嘉)父"壶却出土于 M93 的文侯墓中,也无法作出合理的解释。因此,M93 的墓主应是哀侯。

(七)戎生编钟与晋姜鼎的年代

马承源认为戎生编钟的年代在恭王之后;裘锡圭认为其应为厉王时期;王世民根据戎生编钟的形制、纹饰及铭文的排列定为西周晚期至春秋早期;王子初根据戎生编钟的形制、内腔结构、调音锉磨手法和内唇的情况均表明编钟的时代应在春秋初期,即公元前 770 年后不久。李学勤主张春秋初的晋昭侯六年,李说近是。

如上所述,赐给戎生征途中所用的粮草,派遣戎生"征繁阳"的是嘉父,而嘉父又曾迎接并安置鄂侯(《左传·隐公六年》),则戎生编钟的相对年代应在鲁隐公六年(前 717)前后。其绝对年代可以根据晋姜鼎和戎生编钟的记时加以推求。晋姜鼎说"勿废文侯"之命,根据葬谥制度,说明此时文侯已死,晋姜鼎的相对年代应在文侯之子昭侯时期。晋文侯三十五年卒。从文侯三十五年(前 746)至昭侯二年(前 744),是昭侯的居丧期,不宜出征。计算晋姜鼎的绝对年代应从昭侯三年(前 743)开始。晋姜鼎记时为"惟王九月乙亥",查张培瑜《中国先秦史历表》,符合昭侯九月乙亥的有昭侯三年至六年等 4 个数据。晋姜鼎的绝对年代应在昭侯三年(前 743)至昭侯六年(前 740)之间。

戎生编钟的记时是"惟十又二月(合文)乙亥",符合昭侯十二月乙亥的只有昭侯三年(前 743)。张表昭侯三年,闰十二月丁未朔,乙亥是二十九日。就是说,戎生编钟的绝对年代应是昭侯三年(前 743),这也应是晋姜鼎的绝对年代。

小　结

由于以往对戎生编钟中的几个重点,如戎生的家世、刼遣卤賷与征繁阳的释读不当,未能说清楚诸如戎生钟的国别、戎生的祖父为什么要颂扬穆天子的在天之灵、派遣戎生征繁阳的主语是谁，以及"卤賷"与征繁阳的关系等问题，而且还造成了用盐换铜的误会。

正确的说解应是戎生是其父邵伯娶戎女所生，戎生是戎人的外甥。其父邵伯"绍匹晋侯"，应是晋臣，戎生是晋人，戎生编钟是晋国铜器。把戎生之父邵伯读作昭伯，以昭为谥，是错的。邵伯应读作赵伯，赵伯名叔带，本是秦人，其初祖造父为周穆王御。因平叛徐偃王之乱有功，穆王"赐造父以赵城，由此为赵氏"。叔带是造父的七世孙。因"周幽王无道"，叔带去周入晋，成为晋文侯的臣属，即钟铭所说的"绍匹晋侯"。戎生祖父"宪公"，应是"襄公"之误。秦襄公率兵救周有功，并护送平王，平王封为诸侯，并与其盟誓：如能驱除犬戎，夺回被戎人侵占的丰岐之地，则归其所有。这就是钟铭中所说的"用建于兹外土"。从而弄清楚了戎生其父、其祖的来历，找到了作为晋人的戎生的祖父为什么要颂扬周穆王在天之灵的正确答案。"劫遣卤賷"的"劫"，不是形容词和动词，而是人名。劫，即晋姜鼎中的嘉，也就是与"九宗五正"共同迎接并安置晋鄂侯的嘉父，是晋国权倾朝野执政之类的实权派人物。"卤"不是盐，卤通旅，又通路。积是委积，即粮草。"卤积"是供攻伐途中所用的粮草。"劫遣卤賷"即晋姜鼎"嘉遣我赐卤賷千两（辆）"之省文。意为嘉父派遣（戎生）并赏赐给他征伐途中所需的粮草。古代远征，依靠沿途所设的客馆解决食宿问题。戎生、晋姜征繁阳，携带千辆大车的粮草同行，证明客馆制度遭到某种程度的破坏。一旦客馆制度被废弃，战争史上"兵马未动，粮草先行"的时代就开始了。戎生与晋姜征繁阳是战争方式转变的首例，具有划时代的意义。

"征繁阳"的繁阳即今安徽淮北的临泉县，这里并不产铜，由于邻近淮北盐场，也不缺盐。释"征繁阳"为运送盐来交换铜料，是错的。繁阳读作泌阳，即汉代邓通铸钱的铜矿所在地。明代属南阳府，以产铜著称，铜山在县东40里。"东流为淮，西流为泌"，是淮水与泌水的发源地。曾伯霥簠"克逖淮夷，印燮繁汤，金道锡行，具既卑方"，句意为：曾国能够到达靠近铜矿泌阳的淮夷。这一带是铜和锡的物流通道，对曾国极为有利。簠铭没有谈到晋人，不能解为"晋人与曾伐淮夷"。钟铭"征繁阳，取厥吉金，用作宝协鼎"，意为利用征伐泌阳得到的铜，铸造了这套编钟。解为运送食盐到繁阳交换铜料，当然是错的。

晋文侯杀幽王之子携王，结束了携王与平王"二王并立"政治格局，从而受到平王嘉奖，并有《文侯之命》传世。晋文侯与郑武公是平王东迁的主要依靠力量（《国语·晋语四》），即所谓"晋郑焉依"（《左传·隐公六年》）。文侯时期翼城一支的晋国极盛一时。天马—曲城晋侯墓地原被定为晋穆侯的 M64，实为晋文侯墓。墓内出土的楚公逆钟原被认为是周宣王赏赐给穆侯的，其实应是晋文侯伐楚所缴获。楚公逆钟自称他所得到的"金九万钧"，证明楚的确是富产铜的国家。这就对晋姜鼎把"征繁阳"说成是文侯遗命，作出合乎情理的解释。

晋文侯之死，是翼城一支的晋国由盛而衰的转折点，此后，晋国内忧外患频仍。先是晋国大臣潘父杀昭侯，昭侯子孝侯诛潘父。孝侯及其以后相继嗣位的哀侯、小子侯、侯缗先后被曲沃一支的晋国所杀，导致了翼城晋国的覆亡。因此，戎生和晋姜的征繁阳缴获铜料，应是翼城晋国征伐史上的绝唱，同时掀开了"兵马未动，粮草先行"军事战争史上新的一页。戎生编钟所阐述的晋秦史实，所传递的信息大抵如此。

"曲沃叛王"与晋公戈年代再议

台北古越阁王振华、淑华伉俪收藏的古代兵器蔚为大观。① 其中不乏具有历史、考古价值的精品。其中的晋公戈,一面世就曾引起学界的广泛关注。

晋公戈,铭文在胡,两行19字:

唯四年六月初吉丁亥,晋公作岁之榮车戈三百。

戈铭"唯四年六月初吉丁亥",记时四要素俱全,是以往兵器铭文中所仅见。学界对晋公戈的年代分歧很大,有晋釐侯四年(前837)说②,"如为晋纪年,当为悼公四年,如为周纪年,则为周敬王或周景王"③。春秋晋文公说④,周僖王四年(前678)说⑤,晋献公四年说⑥等等。我曾指出翼城一支的晋国国君自始至终均称"侯",不称"公",戈铭称"晋公",只能是曲沃一支晋国国君。这样就排除了翼城一支晋国国君的可能性。从形制特征看,晋公戈的三角锋的特点决定了其年代不可能是春秋晚期的。晋公戈的铸造年代应是春秋中期周顷王四年六月初一,相当于晋灵公六年(前615)。⑦

近年来重新思考,认为包括笔者在内的上述各家关于晋公戈的年代都不妥当,于是提出两点新的看法:一是根据最新的考古发现和研究成果,认为与晋公戈形制相同的三角锋戈的年代下限应是春秋早期后段的前710年。

---

① 王振华:《商周青铜兵器》,古越阁,1993年。
② 李学勤:《古越阁所藏青铜兵器选粹》,《文物》1993年第4期;《晋公戈的年代问题》,《四海寻珍》,清华大学出版社,1998年,第178页。
③ 黄盛璋:《古越阁藏商周青铜兵器》,《商周青铜兵器暨夫差剑特展论文集》,台北历史博物馆:《文物丛刊》(10),1996年,第143—159页。
④ 李伯谦:《走马观花谈感想》,台北历史博物馆:《文物丛刊》(10),1996年,第39—43页。
⑤ 孙华:《古越阁藏先秦兵器札记三则》,台北历史博物馆:《文物丛刊》(10),1996年,第81—95页。
⑥ 赵世纲:《晋公戈的年代小议》,《华夏考古》1996年第2期。
⑦ 王恩田:《商周青铜器笔谈后记》,台北历史博物馆:《文物丛刊》(10),1996年,第27—37页。

二是曲沃一支国君称"公"的标志是《左传·隐公五年》的"曲沃叛王",鲁隐公五年(前716)应是晋公戈的年代上限。

关于晋公戈的形制(图一:1),我原来认为与虢国墓地戈、栾左库戈、鄀侯戈、秦子戈比较接近。其实,栾左库戈援部中线起脊,秦子戈三角锋上翘,援部上缘略弯,都与晋公戈有所区别,与晋公戈相近的只有50年代发掘的虢国墓地戈(图一:2)、鄀侯戈(图一:4)、晋侯墓地M93出土的戈(图一:5)以及三门峡虢国墓地M2001大墓出土的铜戈(图一:3)等。鄀侯戈的年代上限不早于楚文王都鄀的楚文王元年(前689),下限不晚于楚文王十三年(前677)。虢国墓地年代以往多认为属西周晚期至春秋早期被晋所灭的前655年。根据第二次发掘的M2001虢季大墓出土的小子吉父甗,虢季大墓的墓主应是虢公忌父("父"为衍文),名忌字吉父,虢公忌死于桓公五年"虢公林父将右军"之前。鲁桓公五年(前707)即虢季大墓的年代下限。[①] 而虢季大墓出土的铜戈(图一:3)的形制与晋公戈基本相同。M93以往认为是晋文侯之墓。我们重新论证,应是晋哀侯之墓。墓内出土的晋叔家父壶,家父即《左传·隐公六年》"晋九宗、五正、顷父之子嘉父",M93的年

1. 晋公戈

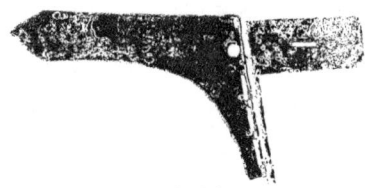

2. 虢国戈

3. 三门峡虢国墓地M2001大墓

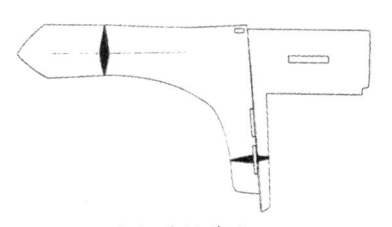

4. 鄀侯戈

5. 北赵晋侯墓地M93

图一

---

① 王恩田:《"二王并立"与虢国墓地年代上限——兼论一号、九号大墓即虢公忌墓与虢仲林父墓》,《华夏考古》2012年第4期。

代下限应是前 710 年。① 郜侯戈年代上限前 689 年。虢季墓戈年代下限为前 707 年，晋哀侯戈年代下限为前 710 年。因此，晋公戈的年代下限应是前 710—前 689 年的 22 年范围之内。

晋国国君称"公"是晋国春秋史中的重大历史事件，对于确定晋公戈的年代至关重要。据《史记·晋世家》曲沃君第一代称曲沃桓叔。第二代称曲沃庄伯。第三代即改称曲沃武公。桓、庄、武均为谥称。而据《左传·隐公五年》春"曲沃庄伯以郑人、邢人伐翼，王使武氏、尹氏助之，翼侯奔随"，而在当年的夏季，"曲沃叛王。秋，王命虢公伐曲沃，而立哀侯于翼"。这里的"王"即周桓王，"曲沃"指曲沃庄伯。据《路史·余论五》"春秋用周正"条引《汲冢纪年》："晋起自殇叔。至庄伯十一年，鲁隐之元年也。"鲁隐公元年当曲沃庄伯十一年，则鲁隐公五年，当庄伯十五年亦即周桓王二年（前 718）。关于"曲沃叛王"的内容，史籍失载。从庄伯之子改称武公看，所谓"叛王"，应是不经周王册命，而擅自称"晋公"。庄伯十五年称"晋公"。据《年表》庄伯称公以后两年的鲁隐公七年（前 716）"庄伯卒，子称立，为武公"。则晋公戈铭文的四年，不可能是庄伯纪年，而只能是庄伯之子武公及其以后曲沃一支国君的纪年。而据《史记·年表》晋侯缗二十八年"曲沃武公灭晋侯缗，以宝献周，因命武公为晋君，并其地"。次年"晋武公称并晋，已立三十九年，不更元，因其元年"。《史记·晋世家》："晋侯二十八年……曲沃武公伐晋侯缗，灭之。尽以其宝器赂献于周釐王。釐王命曲沃武公为晋君，列为诸侯。于是尽并晋地而有之。曲沃武公已即位三十七年矣，更号曰晋武公。"《左传·庄公十六年》："王使虢公命曲沃伯，以一军为晋侯。"鲁庄公十六年为前 678 年，继武公而嗣位的晋献公元年为前 677 年，献公在位二十六年，死于前 651 年。如上所述，从晋公戈的形制看其年代下限应是前 710—前 689 年，可见晋公戈的晋公不可能是武公之子晋献公，而只能是晋武公。《晋世家》所说的武公已即位三十七年是前 679 年。武公为晋君后的第三年（前 677）即已死去。因此晋公戈的"四年"不可能是周"釐王命曲沃武公为晋侯"以后的四年，只能是武公即位的四年

---

① 王恩田：《西周制度与晋侯墓地复原》，《中国历史文物》2007 年第 4 期。

（前714）。武公之父庄伯死于鲁隐公七年（前716），武公元年应是前715年，武公四年应是前712年。

由于武公之父庄伯已经"叛王"，武公不可能再使用周王纪年，也不可能再使用周正，而只能使用夏正。查张培瑜《春秋朔闰表》前712年夏正六月庚辰朔，丁亥为八日，与戈铭"四年六月初吉丁亥"相符。应该指出：上引《晋世家》"更号曰晋武公"说法是错误的。"武"是谥称，不是生称。所谓"更号"是周王朝更改了称号，承认的"曲沃叛王"自称"晋公"的事实。晋公戈的发现证明，最晚在晋武公四年（前712）曲沃国君不仅已经自称"晋公"，而且已经开始使用自己的纪年和历法了。

楚高缶与楚公子高伐东夷
——春秋晚期大铁盘的发现及其重要意义

楚高缶，旧称"楚高罍"。本是盛沐浴用水的水器，应正名为"浴缶"。器形矮胖，圆鼓腹，双龙形耳，耳啣双环。小口，矮颈，器盖盖住器口，盖有圆环形捉手，盖面下凹，盖上和腹部饰突起的圆饼。器盖、器腹和圆饼上均饰细密蟠螭纹，通高37厘米、口径25厘米，重12.4公斤（图一）。口沿处刻有铭文"征胥楚高、右征胥楚高"等9字（图二）。

图一 楚高缶（国家博物馆收藏）

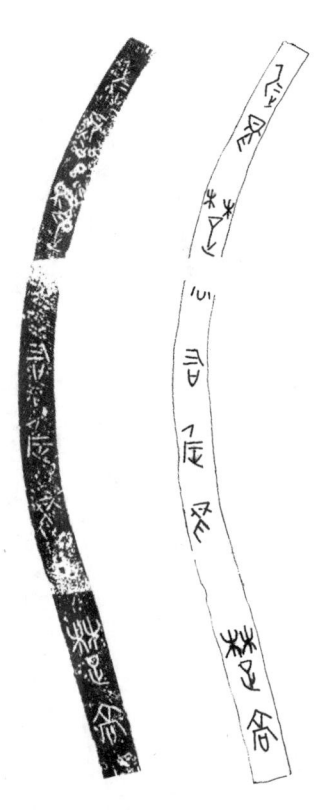

图二 楚高缶铭文拓片及摹本

另一件楚高缶刻有"右征尹楚高"的 5 字铭文（图三）。

图三　楚高缶与铭文拓片
采自《山东出土文物》，第 115 页

楚高缶是山东泰安县（今泰安市）东更道村出土的。1954 年 4 月，泰安县城西 500 米，东更道村南（即灵应宫前）窑厂出土三件铜罍和一件大铁盘。通过清理，又出土三件铜罍。这批器物并非出于墓葬，也非窖藏。其埋藏方式比较特殊，由东而西排成一条直线。北面正对着泰山主峰日照峰。每件器物都放在一个长方形坑的南头，坑与坑相距 3.45 米左右。距地表 3.9 米。土坑都用一块大石盖住。[①] 实物除 6.186 号缶和大铁盘已调往中国历史博物馆（今中国国家博物馆）以外，其余均收藏在山东博物馆。6 件楚高缶的器号与大小、重量的原始记录见下表：

表一

器号	通高（厘米）	口径（厘米）	重量（1 市斤 = 16 两）	备注
6.183	33.1	22.8	31 斤 14 两	
6.184	35.6	22.4	27 斤 14 两	
6.185	35.6	23.8	26 斤 4 两	
6.186	37	25	24 斤 8 两	调入中国国家博物馆
6.187	29.3	22.3	16 斤 14 两 2 钱	
6.188	34.1	24.8	21 斤	

---

① 袁明：《山东泰安发现古代铜器》，《文物参考资料》1954 年第 7 期，第 128—129 页。

以往关于这批器物的年代与性质有两种不同的看法，一种意见认为其年代属于战国，可能是公元前249年"楚灭鲁后为祭泰山而设"①。另一种意见则刻意回避了器主楚高，仅仅根据"右征（冶）钼（尹）"三字写法与河北省赤城县龙关镇南瓦窑出土的勾连纹敦相同，认为其年代应属战国前期。"从文字考察，它们实为燕器，解释为燕人侵齐望祀泰山的遗迹，要更近理些。"②

此后一些研究楚国铜器的论著都根据上引燕器说，不把楚高缶列为楚国铜器。其实浴缶是东周时期楚系铜器具有代表性的器物。而且器主名"楚高"，应是楚人。古代贵族有在人名前加国名的习俗。如晋文公践土之盟的载书称晋文公重耳为晋重，称鲁僖公申为鲁申，称卫叔武为卫武，称蔡庄侯甲午为蔡甲午等等（《左传·定公五年》）。由此可知，楚高即大名鼎鼎的楚国的叶公子高。定为楚器是对的，定为燕器则不可信。其形制与细密的浪花式蟠虺纹与春秋晚期的河南淅川春秋楚墓M1—M4③以及蔡侯墓④极为相近，其年代应属春秋晚期，定为战国，显然偏晚。

楚国公子高即《左传·哀公十六年》与《史记·楚世家》中镇压楚太子建之子白公胜叛乱的叶公子高。由于白公胜叛乱时杀掉了令尹子西和司马子期，平定叛乱后，公子高身兼令尹、司马二职。国家安定后，子高任命子西之子宁为令尹，任命子期之子宽为司马。自己则告老还乡，回到封邑叶，足证子高其人是一位具有远见卓识、有勇有谋、高风亮节的政治家与军事家，绝不会是刘向《新序·杂事》寓言故事《叶公好龙》那位滑稽可笑的人物。

楚公子高之父名沈尹戌。《左传·昭二十九年》杜预注："戌，庄王曾孙叶公诸梁父也。"沈，国名。《左传·文公三年》楚伐沈，得其部分土地以为楚县（《左传·宣公十二年》杨伯峻注）。沈尹，即沈县之大夫。子高因其父是沈县大夫，以地为氏，名沈诸梁。《左传·哀公十六年》："楚沈诸梁字子高。"王引之曰：诸梁，读作都梁，山名，故字子高。⑤《世本》："叶

---

① 杨子范：《山东泰安发现的战国铜器》，《文物参考资料》1956年第6期，第65页。
② 李学勤、郑绍宗：《论河北近年出土的战国有铭青铜器》，《古文字研究》第七辑，中华书局，1982年，第123—138页。
③ 河南省文物研究所等：《淅川下寺春秋楚墓》，文物出版社，1991年。
④ 安徽省文物管理委员会等：《寿县蔡侯墓出土遗物》，科学出版社，1956年。
⑤ （清）王引之：《春秋名字解诂》，《清经解》，凤凰出版社，2005年，第9299页。

公名诸梁,楚大夫。食采于叶,字子高(《礼·缁衣》正义、《论语·述而》疏)。"雷学淇按:"《潜夫论》'左司马戌者,庄王之曾孙,叶公诸梁者,戌之第三弟也'。弟疑子字之误。"①

楚有令尹,无征尹,但令尹子西已被白公胜杀害,估计是在平定白公胜叛乱之后,在任命子西之子宁为令尹之前,为征伐东夷而临时设置的官名。古代以右为上。征尹上加"右"表示地位尊崇,可能不会再有左征尹。犹如楚官只有柱国、上柱国,而无下柱国。

楚公子高曾于平叛三年后征伐东夷。

《左传·哀公十九年》:"春,越人侵楚,以误吴也(注:误吴,使不为备)。夏,楚公子庆、公孙宽追越师,至冥,不及,乃还。"

"秋,楚沈诸梁伐东夷(注:报越),三夷男女及楚师盟于敖(注:从越之夷,三种。敖,东夷地)。"

江永《春秋地理考实》哀公十九年,东夷:"今按当时瓯越之地,温台滨海之处。"三夷:"今按当时温、台、宁波三府地。"江永之说已为杨伯峻②和吴静安③所引用。

其实,杜预注是错误的,江永更是以讹传讹,错上加错。杜预的错误是把越人伐楚与楚伐东夷这两件毫不相干的历史事件相混淆。越人伐楚的真实目的是要伐吴,而欲使吴不加防备。因此就虚晃一枪,然后逃之夭夭。楚公子庆和公孙宽没能追赶上越军,就班师回国,这次战争就此结束了。杜预把楚伐东夷说成是为了"报复越国",那就应该去攻打越国,为什么要伐东夷?而且仍然应该派遣楚公子庆和公孙宽去伐越,为什么楚国决策人物国之重臣沈诸梁要亲自挂帅出征呢?而且在《春秋》经籍中东夷出现11次,除江永释东夷为瓯越以及《公羊·僖公四年》何休注"东夷,吴也"之外,没有任何人把"东夷"解为吴越。《左传·昭公五年》:"楚子以诸侯及东夷伐

---

① (汉)宋衷注,(清)秦嘉谟等辑:《世本八种·雷学淇校辑本》,商务印书馆,1957年,第42页。
② 杨伯峻:《春秋左传注》(四),中华书局,1981年,第1714页。
③ 吴静安:《春秋左氏传旧注疏证续》(四),东北师范大学出版社,2005年,第2224页。

吴。"如果按照何休"东夷，吴也"的说法，加以替代，岂不是楚子以诸侯"及吴伐吴"了吗？何休注显然是错的。沈钦韩《左传地名补注》哀公十九年，只考证了"追越师至冥"中"冥"的地理位置，对于"东夷""三夷"则无说，显然是审慎的态度，而不像何休、江永那样"孟浪不知方圆者矣"（沈钦韩语）。

东夷与蛮越迥然有别，不容混淆。《周礼·职方氏》把"四夷"与"八蛮"对举。《史记·越王勾践世家》《太史公自序》称勾践为"蛮"。东夷与蛮越在风俗习惯方面都有所区别。孔子说："微管仲吾其被发左衽矣。"（注："行夷礼。"）新出史密簋径称杞为"杞夷"。因此，楚沈诸梁所伐的"东夷"应是包括杞国在内的东夷三国。杜预注说"敖，东夷地"是正确的。敖即敖山。《国语·晋语九》："范献子聘于鲁，问具山、敖山，鲁人以其乡对（注：言其乡之山也）。"《方舆纪要》："敖山在蒙阴县西北三十五里。"方向正确，里程嫌短。敖山应是蒙阴西北五十五里的新泰市区内的敖山。敖，也写作鳌。古代称山南为阳，山北为阴，现今敖山的南北两边分别有鳌阳村和鳌阴村。山下东边有鳌山东村，证明敖山确在新泰市区内。清代以来，根据民间荒诞不经具有迷信色彩的"平步青云"传说，改称青云山，理应恢复两三千年来显赫的固有名称。楚伐东夷而在位于新泰的敖地与三夷男女盟誓，则东夷必在山东新泰及其附近一带，而不会远在浙江。根据笔者的研究，杞分二国，西周分封的杞国在今河南杞县。为避淮夷之侵扰，齐桓公迁之于缘陵（今山东昌乐）（《左传·僖公十四年》），商代的杞国在新泰。① "三夷男女"应指杞夷、牟夷、莒夷。牟夷又称牟娄。牟娄急言之而为牟。称其人则曰牟夷。称其地则曰牟娄。牟娄原属新泰杞国的领土。《春秋·隐公四年》："莒伐杞，取牟娄。"成为莒国领土。《春秋·昭公五年》："夏，莒牟夷以牟娄及防兹来奔。"牟夷又归顺了鲁国。"莒人来讨，不设备。戊辰，叔弓败诸蚡泉，莒未陈也。"莒国为争夺牟娄与鲁国在蚡泉打了一仗，战败而未得逞。牟娄之所以被争来夺去，无非是看重其富有铁矿资源。《汉书·地理志》嬴，

---

① 王恩田：《考古发现与杞分二国》，全国首届杞国文化研讨会学术报告，《先秦史研究动态》1999年第1期；王恩田：《人方位置与征人方路线新证》，《胡厚宣先生纪念文集》，科学出版社，1998年；王恩田：《从考古材料看楚灭杞国》，《江汉考古》1988年第2期。

自注:"有铁官。"牟,自注"故国"。牟国故城在莱芜城东 10 公里的后城子村。而铁矿位于莱芜城东南 10 公里的颜庄,颜庄距牟国故城 10 公里。这一带目前已划归莱芜市钢城区。

楚伐东夷的战争,在地理位置上相距遥远。在时间上楚国刚刚平叛不久,挂帅人物是楚国决策者国之重臣的沈诸梁。因此,关于这次战争的起因和目的似乎难以理解,需要分析。

进入春秋时期,铁登上了历史舞台,而且日益显示其重要作用。古代山东以产铁著称。《汉书·地理志》设铁官者有泰山郡、莱芜的嬴等八处。莒和鲁也是产铁地区。《后汉书·郡国志》琅琊国莒,有铁。豫州鲁国,有铁。而《汉书·地理志》中原春秋战国楚国故地今湖北境内无一处设铁官。因此,楚公子高的伐东夷,应与攫取铁资源有关,是毋庸置疑的,也只有这样理解,楚国在刚刚平叛三年过后,就匆忙由决策人物国之重臣沈诸梁亲自挂帅出征,伐东夷的重要性和紧迫性凸显无遗,否则就会令人感到唐突费解。日后楚惠王的灭杞(前 445)、楚简王的灭莒(前 431)、楚考烈王的灭鲁(前 248),显然也是出于同样的目的。楚公子高伐东夷,也可以说是灭杞、灭莒、灭鲁的前哨战。

楚高缶上的铭文刻款,以及 6 件楚高缶的形制、纹饰各异,应是临时杂凑的,而大铁盘则应是专为祭泰山而铸造的。如上所述,牟夷的所在地莱芜,汉代时曾设有铁官,以冶铁著称于世。大铁盘很有可能是在莱芜当地铸造的。中国考古发现证实铁器出现于春秋早期。如三门峡虢国一号大墓出土的玉柄铜柄芯铁剑和铜内铁戈,山西天马—曲村遗址出土的生铁残片,陕西韩城梁带村 M27 出土的铁援铜戈和铁刃铜刀,甘肃灵台景家庄出土的铜柄铁剑,礼县秦公墓地赵坪 M2 出土的鎏金镂空铜柄铁剑,等等,都是春秋早期的。其中三门峡虢国墓地的年代被认为可以早到西周晚期。根据我们的研究,虢国墓地的年代上限不早于晋文侯二十一年(前 760),晋文侯于此年杀虢公翰所立的幽王之子携王余臣,灭西周,结束了携王与平王"二王并立"的局面。一号大墓的墓主虢季即虢公忌字吉父[①],也就是说中国铁器的出

[①] 王恩田:《"二王并立"与虢国墓地年代上限——兼论一号、九号大墓即虢公忌墓与虢仲林父墓》,《华夏考古》2012 年第 4 期。

现不早于春秋早期。考古发现的这类青铜镶铁刃和拥有金玉其身包装的早期铁器,证明把铁器称为"恶金",的确是一种"疏失"。由于把楚高缶年代定为楚灭鲁的公元前 248 年,已属战国末年,特大铁盘被摒除在冶金史视野之外[①],自然不难理解。现在我们改定楚高缶的年代属楚公子高伐东夷的春秋晚期鲁哀公十九年(前 476)。伴随着特大铁盘年代的提前,楚国特大铁盘的发现,理应在中国冶金史上写下浓重的一笔。调入中国国家博物馆收藏的楚国特大铁盘,也堪称国之重宝了。

除攫取铁资源外,俘获冶铁工匠也是重要的目的。因为在春秋晚期能够铸造出这样大型的铁盘,在当时是其他各国尚未掌握的尖端技术。既攫取铁资源又俘获了冶铁工匠,为楚国日后发展冶铁业和楚国称雄于战国提供了坚实的物质基础。楚高缶和春秋晚期特大铁盘的发现其重要性即在于此。

原载《江汉考古》2018 年第 1 期

---

① 中国大百科全书总编辑委员会《考古学》编辑委员会、中国大百科全书出版社编辑部编:《中国大百科全书·考古学·东周铁器》,中国大百科全书出版社,1986 年,第 107 页;《东周时期的铁器》,中国社会科学院考古研究所:《中国考古学两周卷》,中国社会科学出版社,2004 年,第 406—407 页。

楚公家钟与楚武王熊达称王

楚公家钟凡四器,其中三件原归黄县丁芾臣,后归陈篮斋,今在日本泉屋博古馆(《集成》42—44),另一器今不知所在(《集成》45)。铭14字重文2(图一):

楚公家自铸鍚
钟孙＝子＝其永宝。(《殷周金文集成》42)

其余3器铭(图二、图三):

楚公家自作宝大敉(林)钟
孙＝子＝其永宝。(《殷周金文集成》43—44)

鍚,从金,楊声。金文初见,《说文》所无,读作璗。《说文·玉部》:"璗,金之美者,与玉同色。"鍚钟,即用美玉般金属铸造的钟。

图一 《集成》42　　　图二 《集成》43　　　图三 《集成》44

豤，徐同柏释"受之变文"，刘心源释遂，杨沂孙释为又，或释家。孙诒让、丁佛言释寫，高田忠周释"从貑，省声"①。郭沫若谓"豤盖為字之异。古文為作豤，形甚相近。公豤当即熊罴之子熊仪。仪、為古同歌部"②。上引诸说均误。张振林先生认为"其音义如嫁。长沙出土楚帛书有'豤女取臣妾'与秦简日书之取妇家女和取妻嫁女同意"③。其说可信。

按："家"古音读巨牙，古胡二切。家，韵母为鱼部，爪为宵部，鱼宵旁转。豤字系加注爪音，强调应该读巨牙切。嫁，见母鱼部。达，透母月部。鱼部、月部通转，证知楚公豤即熊达。豤为本字，达为借字。

楚公豤应即《史记·楚世家》之武王熊通。楚武王始见《左传》桓公六年（前706）。据《楚世家》：楚武王五十一年，"周召随侯，数以立楚为王。楚怒，以随背己，伐随。武王卒师中而兵罢"。楚武王五十一年（前690）卒。

楚武王《史记·楚世家》作熊通。而据梁玉绳《人表考》考证，今本《史记·楚世家》楚武王熊通应是熊达之误。如《左传》文公十六年疏、《左传》宣公十二年疏、《左传》昭公二十三年疏（梁玉绳引误作昭二十二）、《经典释文》《汉书·地理志》《困学纪闻》十一、《淮南·主术》注等所引《史记·楚世家》，楚武王熊通均作熊达，可证。④

熊达称王，事见《史记·楚世家》：

（武王）三十五年，楚伐随。随曰："我无罪。"楚曰："我蛮夷也。今诸侯皆为叛相侵，或相杀。我有敝甲，欲以观中国之政，请王室尊吾号。"随人为之周，请尊楚。王室不听，还报楚。三十七年，楚熊通怒曰："吾先鬻熊，文王之师也，蚤终。成王举我先公，乃以子男田令居楚。蛮夷皆率服，而王不加位，我自尊耳。"乃自立为武王。

按："武"为谥称（《史记·楚世家》），"乃自立为武王"，应即"自立

---

① 周法高：《金文诂林》第四册卷三下，0348。
② 郭沫若：《两周金文辞大系考释》，上海书店出版社，1999年，第164页。
③ 容庚：《金文编》，中华书局，1985年，第177页，引张振林说。
④ （清）梁玉绳等：《史记汉书诸表订补十种》，中华书局，1982年，第697—698页。

为王"之误。《史记·楚世家》说武王"二十九年，鲁弑其君隐公"，则楚武王三十年相当于鲁桓公元年。楚武王三十七年称王相当于鲁桓公八年（前704），这应是楚公豪钟的年代下限。据《史记·十二诸侯年表》，楚公熊达元年相当于周平王三十一年（前740），则楚公豪钟的绝对年代应是前740—前704年，是春秋早期的标准器。同人所做的楚公豪戈（《集成》11064）也应是春秋早期标准器。

鹿邑太清宫西周大墓与微子封宋

河南省周口市鹿邑县太清宫镇传为老子故里。1997年,河南省文物考古研究所与周口市文化局联合组成的太清宫考古队在太清宫遗址进行发掘时,除发掘了大面积的唐宋建筑基址外,还发现了春秋时期的马坑与西周早期的大型墓葬。《中原文物》《收藏家》《考古》相继报道了大墓的有关情况。① 种种迹象表明,太清宫西周大墓应与微子封宋有关,也就是说这应是西周宋国开国国君微子的墓葬。

一 基本情况

鹿邑位于河南东部,北距商丘、西距淮阳均为50公里左右,东邻安徽亳州。太清宫镇西距鹿邑县城5公里。大墓位于镇西北角500米的太清宫遗址上。遗址早年地势较高,当地称为隐隐山。遗址四壁断崖及地面常见陶片、石器、骨器。以往经常出土玉圭、玉龙和铜器,是一处新石器时代至汉代遗址,尤以龙山文化和商周遗存最为丰富。② 大墓位于遗址东南部,在其周围有商代夯土、陶窑以及春秋时期的马坑等。

大墓平面呈"中"字形,南北各有一条斜坡墓道,全长47.5米。墓室长9米,宽6.63米,深8米。椁室呈"亚"字形,两椁一棺。墓主头北脚南,为60岁左右的男性。在南墓道口、东西二层台、棺椁之间和腰坑内共殉13人,多为男女青少年,最小者10岁左右。随葬狗1只。

墓内随葬大批精美遗物,包括青铜器百余件,玉器近百件,陶瓷器近

---

① 韩维龙、张志清:《鹿邑太清宫长子口墓出土青铜器》,《中原文物》2000年第1期;《鹿邑长子口墓出土文物举要》,《收藏家》2000年第4期;河南省文物考古研究所:《河南鹿邑县太清宫西周墓的发掘》,《考古》2000年第9期。

② 尤翰青:《河南鹿邑县隐隐山发现古代遗址》,《文物参考资料》1955年第8期。

200 件，以及大量骨、石、蚌器。青铜器中礼器 79 件，编铙 6 件，有铭文者 50 余件。报道说："铭文绝大多数为'长子口'，亦有'子口'和'子'的。个别器物铭文为'父己'、'戈丁'和'析子孙'等。"报道根据铭文把大墓定名为"长子口墓"。

二 年代

三篇报道所介绍的青铜器可以分为两组，"析子孙"方鼎、方尊、方罍、簋形觥、铜铙等为一组，年代应属殷商晚期。其中乳丁纹方鼎稍早些，兽面纹方鼎稍晚些。两件形制相同的四耳簋和形制相同、大小有别的卣为另一组。四耳簋是西周早期的典型器物，其年代又有早晚的不同。年代偏早的如武王时代的大丰簋（也称天亡簋、朕簋）、成王时代的太保簋（又称余簋）等，共同特点是深腹高圈足。偏晚的如江苏丹徒烟墩山出土的宜侯夨簋（也称虞侯夨簋）、故宫博物院收藏的荣簋等，其特点是浅腹高圈足。太清宫大墓出土的四耳簋与宜侯夨簋、荣簋形制相同或相近，属年代偏晚的一类。王世民先生等定这类四耳簋的年代为康王[①]，或许可以晚至昭王。太清宫大墓出土的卣（M1:129）形体略为低矮，腹略下垂，与形体瘦高的成王时期的太保卣有着明显的差别而接近于竞卣，或可晚至昭王。这也应该是太清宫大墓的年代。

三 墓主身份

太清宫大墓无论就规模还是规格而言，都超过了以往发现的西周各诸侯国国君大墓。太清宫大墓墓室上口长 9 米，宽 6.63 米。而北京琉璃河最大的燕侯墓 M1193，墓室长 7.68 米，宽 5.25 米—5.45 米。[②]山西天马—曲村北赵晋侯大墓墓室一般长 6 米左右，宽 5 米左右。以规模较大的 8 号晋献侯

---

① 王世民、陈公柔、张长寿：《西周青铜器分期断代研究》，文物出版社，1999 年。
② 中国社会科学院考古研究所、北京市文物研究所、琉璃河考古队：《北京琉璃河 1193 号大墓发掘简报》，《考古》1990 年第 1 期。

苏大墓为例，墓室长6.65米，宽5.6米。[①] 太清宫大墓的规模显然超过了燕、晋等重要的姬姓诸侯国。

墓道是显示墓主身份的重要标志。墓道古称隧和羡。春秋晋文公平定周王朝内乱，纳襄王于成周而诛叔带。晋文公凭如此大功而申请使用"隧"的葬礼，而遭拒绝。襄王曰"王章也。未有代德而有二王，亦叔父之所恶也。与之阳樊、温、原、欑茅之田，晋于是始启南阳"（《左传·僖公二十五年》）。周王朝宁肯多多赏赐给晋国土地，也不肯答应晋文公使用"隧"的葬礼。这是因为"隧"是王的典章制度，是王的标志，如果答应，就意味着晋与周并列成为"二王"，因此是绝对不能允许的。诸侯不能使用"隧"，但可使用"羡"。《史记·卫康叔世家》："共伯入釐侯羡自杀。"《索隐》："羡，音延。延，墓道。"隧和羡有何区别，古籍中没有记载。根据考古发现，诸侯国国君大墓可以使用一条墓道的甲字形墓室结构，也可使用两条墓道的中字形墓室结构，但尚未发现使用四条墓道的亚字形大墓。琉璃河M1193虽有四条墓道，但墓道位在大墓的四角，并非亚字形，不在此例。估计只有周王才能使用亚字形墓室结构，也只有亚字形墓室结构才能称为"隧"。而诸侯则只能使用甲字形和中字形的"羡"。

甲字形与中字形似乎也有等级的区别。晋侯墓地17座大墓中只有年代偏晚的两座大墓（M63和M93）是两条墓道的中字形大墓，其他大墓有14座是只使用一条墓道的甲字形大墓，另有一座大墓M102，是M93大墓墓主的夫人墓，不使用墓道。

太清宫大墓是使用两条墓道的中字形大墓，其规格要高于同期晋侯大墓。晋、鲁、卫是周王朝最为亲密的同姓诸侯国，三国在受封时受到最为隆重的优待（《左传·定公四年》）。太清宫大墓葬制级别高于晋国，说明它绝不是一般的诸侯国。这一点对判断墓主身份是至关重要的。

[①] 北京大学考古学系、山西省考古研究所：《天马—曲村遗址北赵晋侯墓地第二次发掘》，《文物》1994年第1期。

四　族属

报道指出太清宫大墓"属于殷人墓葬",墓主应是商代方国的诸侯。周灭商后,臣服于周,死后按殷礼埋葬。

按:太清宫大墓中出土陶器以罐类器为主,没有商周墓葬中常见的陶鬲,尤其以带盖器居多,器盖多达 79 件。此外,南墓道与墓室连接处埋殉葬人,腰坑殉人与狗,两侧有台阶与二层台相连接等特点与益都苏埠屯商代墓地,特别是和苏埠屯二号大墓的情况是一致的。因此,报道认为墓主族属"并非周人"的论断是正确的。

还可以补充一点,即大墓内与大多数"长子口"铭文共存的还有"子"字族徽铭文。"子"以往多解为儿子的子,或解为"王子"、爵称、尊称等,我认为应是族徽,因为它和其他族徽的用法相同,不仅可以单独存在,与日名相结合,而且也可以与其他族徽组成复合族徽。如子、刀、犬、山(《三代》14.55.2),子、眢、弓、箙(《三代》12.5.2),子、不、蝠、何(《华夏考古》1994 年第 2 期,第 112 页)等。其中的"子"只能解为族徽,别无他途。[①] 与其他族徽不同之处在于"子"是殷人最为原始的始出之族,同时又是殷人的姓氏。《诗·商颂》说:"天命玄鸟,降而生商。"《史记·殷本纪》中有殷人始祖契,其母简狄吞鸟卵"因孕生契",因而"赐姓子氏"的记载。《论衡·奇怪》也说:"契母吞燕卵而生契,故殷姓曰子。""子"就是卵。今北方仍称卵为子,称鸡蛋为"鸡子",鹅蛋为"鹅子"等,犹存古音古义。太清宫大墓铜器铭文中有"子"族徽,证明墓主应和殷王相同,都是子姓。

五　国别

鹿邑北邻商丘,相距约 60 公里。商丘传为宋国都城。据《史记·宋微

---

① 王恩田:《多子族复合族徽举例》,载北京大学考古文博学院:《高明先生九秩华诞庆寿论文集》,科学出版社,2016 年。

子世家》周公平息武庚和管蔡叛乱之后"乃命微子开代殷后,奉其先祀……国于宋"。宋本是殷商时期旧有的国名,武丁卜辞中就有"鼓其取宋伯盃"(《合集》20075)的记载。《史记·宋微子世家·索隐》引《世本》曰:"宋更曰睢阳。"《汉书·地理志》"梁国睢阳"条注:"故宋国,微子所封。"《一统志》:"故城今商丘县南。"但没有说明相距若干里。中美联合考古队从1991—1996年经过了6年的时间,在商丘县老南关和郑庄一带钻探出一座古城,周长12985米,面积10.2平方公里,年代属于东周时期。[1] 没有确凿的证据证明它是属于商末周初的,西周宋国都城有待进一步探寻。鹿邑太清宫西周大墓的发现为此提供了重要线索。

西周初年的分封,除了同姓诸姬,异姓诸姜、诸任等同盟、甥舅之国外,还分封了夏、殷二王之后的杞国和宋国,同时还分封了虞舜之后的陈国以"备三恪"(《左传·襄公二十五年》)。夏王后裔的姒姓杞国位于今开封市杞县。殷王之后的子姓宋国位于今商丘地区的商丘县。虞舜后裔的妫姓陈国位于今周口地区的淮阳县,恰呈鼎足三分之势。"三恪"和尧的后裔唐国地位高出于一般诸侯国。它们的国君可以称"公"而不称"侯"。成周之会上,堂上周天子南面而立,唐叔、荀叔、周公、太公望分列左右。堂下唐公、虞(陈)公、殷(宋)公、夏(杞)公分列左右,皆南面而立,其他如郭(虢)叔、应侯、曹叔以及"伯舅、中舅"等异姓国和"伯父"等同姓国依次东面、西面而立(《逸周书·王会解》)。西周时代帝王后裔封国的地位之高由此可见一斑。因此在杞、商、陈等"三恪"的周围不可能有一个与三国并驾齐驱,甚至地位高出"三恪"之上的、不见经传的"长国"存在。这个子姓诸侯国的国君,居然可以使用连周初晋侯都不敢使用的中字形墓室结构,非子姓宋公莫属。墓主应即宋国开国君主微子启或其弟微仲衍。

---

[1] 张长寿、张光直:《河南商丘地区殷商文明调查发掘初步报告》,《考古》1997年第4期;中国社会科学院考古研究所、美国哈佛大学皮保德博物馆、中美联合考古队:《河南商丘县东周城址勘查简报》,《考古》1998年第12期。

六　长、微纠葛

根据以上列举的种种条件，不难作出鹿邑太清宫西周大墓的墓主应即西周宋国开国君主微子启兄弟二人的判断。但是为什么三篇报道认为是长国国君"长子口"之墓呢？这是因为长、微二字混淆由来已久，目前一般都释此字为"长"的缘故。因此这个字的正确释读就成为解决问题的关键。

太清宫大墓出土有铭铜器50件，只在《考古》上发表了两件铭文拓本，作为国名的首字都不清楚。但在《中原文物》的报道中引用过湖北黄陂鲁台山M30出土的"长子狗"鼎①，并提出"同为'长子'，墓葬形制的大小和随葬器物的多寡"为什么会如此悬殊的疑问。而"长子狗"鼎的"长"字（图一：5）显然是"微"字的误释。在杨育彬、张志清、方燕明诸位先生的帮助下，笔者有幸看到了太清宫大墓出土的铜器铭文拓本和部分实物。"长"字写法比较复杂，但大多与"长子狗"鼎的写法相同，与"长子狗"鼎不同的写法中也鲜见从手杖形的写法。因此太清宫大墓铜器铭文中的国族名也应释"微"。

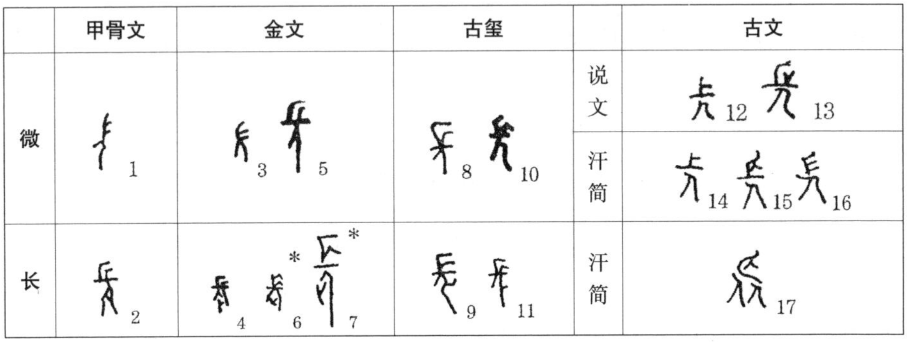

	甲骨文	金文	古玺		古文
微	1	3　5	8　10	说文	12　13
				汗简	14　15　16
长	2	4*　6　7*	9　11	汗简	17

图一　微、长二字比较

1.京都2146　2.后1.19.6　3、4.墙盘　5.长子狗鼎　6.㝬羌钟　7.中山王壶　8.玺0795　9.玺0798　10.张耳印　11.玺0849　12、13.《说文》　14—17.《汗简》*长子偏旁

---

① 黄陂县文化馆、孝感地区博物馆、湖北省博物馆：《湖北黄陂鲁台山两周遗址与墓葬》，《江汉考古》1982年第2期。

早在许慎时代就已经搞不清长、微二字的造字初义与二字的主要区别了。《说文·卷九下·长部》："长，久远也。从兀、从匕，兀者高远意也，久则变化，亡声。仄者倒亡也。"《说文》中没有微字的独体字。《说文·卷八上·人部》："散，妙也。从人，从攴，岂省声。"《说文》对这两个字的说解，都是据讹变后的字形立说，俱不可信。在甲骨文、金文中这两个字的初文都像人有长发之形。所不同的是"长"字多了条拐杖，而"微"字则没有（图一：1—7），这可以从新出墙盘中得到证实。"文武长刺"的"长"像长发之人手拄拐杖（图一：4）。微用作地名和族名时也像人有长发形（图一：3）。长与微的主要区别在于"长"字有手杖，而微字则没有手杖。长为杖字初文。《说文·木部》："杖，杖也。"除去后来赘加的意符"木"，应该解为"长，杖也"，借为长幼的长和长短的长。枨字后来成为门两侧立木即门框的专字，又别造一个从木、从丈的字作为杖的专字。微字是发的本字，像人有长发之形。发，古音属邦母物部。微属明母微部。邦、明旁纽。微、物阴入对转。发、微音近通假，借为微小、微妙的微。久借不归，后来又别造一个从犮声的发字。

造成长、微混淆的原因有二：第一是《说文》所引长字古文（图一：12、13）有误。主要表现在两个方面：1.《说文》所引长字古文是经过讹变后的字形，其人头与身体是分离的，而甲骨文、金文中的长字头、身两部分是合而为一的。从中山王壶与长城的长字偏旁看，两者已经分离（图一：7），证明身首分离的长字当不晚于战国；2.《说文》所引长字古文有误，可从《汗简》所引古文长字得到证实。《汗简》卷四收录了4个"长"字古文，其中3个下从一人，1个下从二人，出于贝丘长碑，而全书无微字（图一：14—17）。这个下从二人的"长"才是真正的长字，左边所从的人应是杖形的讹变，其他3个下从一人者实为微字古文。《说文》对长字的误解，说明许慎时代长字讹变已久，已经搞不清长字的造字初义了。因此出现误引"长"字古文这类指鹿为马的错误自不足怪。自然也就不能把《说文》的误引古文作为考释文字的依据。

造成长、微混淆的第二个原因，是古玺中的微字以往均被误释为长。古玺中已经被释为"长"的字，也不从"杖"形，大都作为姓氏出现在私名印中。据《古玺文编》统计"长"共有百余件之多，算得上名列前茅的大姓了。奇怪的是"以国为姓"的韩、赵，虽然数量不像"长"字那样多，也各有数十件之多。而作为"三家分晋"的另一个主角魏，在私名印的姓氏中却迄今无一见，这是难以理解的。其实，古玺中这个不从杖形的"长"，也是"微"字的误释，因与魏字音同而借微为魏。《汉书·古今人表》鲁魏公，同书《律历志》作"微公"可证。

我们还可以引用一个具体实例证明古玺中释微为长之误。20世纪70年代，河北石家庄发现了一座汉初大型中字形土坑木椁墓。发掘简报根据墓葬规模、葬制及墓葬地理位置和墓内出土的"长（张）耳"印章确认即楚汉之际项羽分封的常山王和汉初改封的赵王张耳之墓，是很正确的。[①] 须加纠正的是"长耳"的印章其实也是"微耳"之误。《史记·张耳陈馀列传》说："张耳者，大梁人也。"大梁是魏国都城。张耳以国为姓，原名应是魏耳，因秦灭魏后，追捕张耳，"乃变名姓"逃亡至陈。可见张耳是逃亡至陈以后所改的"名姓"。墓内出土的"长耳"，实即"微（魏）耳"，是原来的名字。传世的"张耳"印则是"变名姓"以后用印。犹如与张耳初为生死之交，后来反目成仇的陈馀，也是大梁人，原名也应是魏馀，"变名姓"逃亡于陈后，又以陈的国名为姓，改名陈馀，道理是一样的。

如果把古玺中这类不加拐杖的字均释为微即魏的借字，常用字"长"在古玺中就不存在了，这也无法理解。其实，古玺中这类不加拐杖的字包括两部分，其中的一部分在人的下肢右侧往往加弯勾，或加短横。以往有学者解为燕系文字中所加饰笔，但古玺

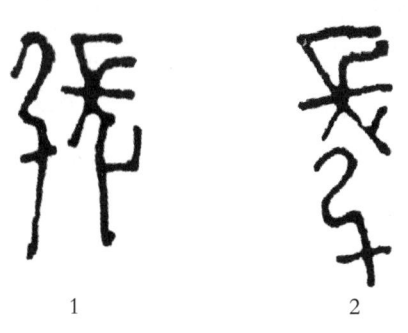

图二 古玺"长"字
1. 玺 3861　2. 玺 3422

中这类字未必全属燕系。古玺中张字写法很具启发性。《古玺文编》所收9个张字都有这类饰笔（图二），原来这是古玺中长字的特殊写法。这样就可

---

① 石家庄市图书馆文物考古小组：《河北石家庄市北郊西汉墓发掘简报》，《考古》1980年第1期。

以把古玺中不从拐杖的这类字分为两部分：没有饰笔的释微，用作姓氏借为魏（图一：8）。张耳印无饰笔也应归入这一部分（图一：10）。有饰笔者释长，用作姓氏时是"张"字省文（图一：9、11）。

七 结语

综上所证，鹿邑太清宫西周大墓是西周宋国国君的墓葬。墓内遗物，特别是铜器大多属于殷代晚期，墓葬仍保持殷末的葬俗。墓主年龄60多岁，这位跨越殷周两个朝代的墓主，只能是宋国开国君主微子启或其弟微仲衍，以微子启的可能性最大。铭文中常见的微子口，微是封宋以前的旧有国名，子是否为爵称，口是否为私名，口与启是否为名与字的关系，待考。

湖北黄陂鲁台山M30出土铜器铭文中多数为"公大史作姬口宝障彝"，此墓应是公大史或其妻"姬口"之墓。墓内出土的唯一的一件"微子狗"圆鼎应是战争掠夺或其他原因从宋国流入的，不能据此认为这里也有一个"长子之国"。

微子口与陕西周原扶风庄白铜器窖藏中的微氏家族应是同祖同源的两支。[①] 饶有兴味的是两者都出土了"析子孙"的族徽铜器，不仅证明两者同祖同源，也为探寻两者族源提供了依据。

鹿邑太清宫西周宋国微子口大墓的发现，为确定西周宋国都城地望提供了依据。商周国君大墓一般都距都城不远，例如齐国，其国君墓地就在都城之内今临淄齐国故城大城的东北角河崖头一带。如能跟踪追击，在太清宫附近进行勘查，西周宋国都城的发现只是时日问题了。如果上述分析不误，商丘郑庄东周宋城也可以得到合理的解释，即西周宋国都城在鹿邑太清宫一带，后来迁都于商丘，只是宋国迁都之举没有见诸文献记载而已。

原载《中原文物》2002年第4期

---

① 陕西周原考古队：《陕西扶风庄白一号西周青铜器窖藏发掘简报》，《文物》1978年第3期。

校记：

1.《史记·张耳陈馀列传》："秦灭魏数岁，已闻此两人魏之名士也。购求有得张耳，千金。陈馀，五百金。张耳、陈馀乃变名姓，俱至陈，为里监门以自食。"本文则说"因秦灭魏后，追捕张耳"。误，应纠正。

又《列传》开头说"张耳者，大梁人也。……张耳尝亡命游外黄"。《索隐》："晋灼曰：'命，名也。谓脱名籍而逃'。崔浩曰：'亡，无也。命，名也。逃匿则削除名籍。'"由此可见，张耳在秦灭魏以前，就已经"变名姓"，改变姓氏了。

2.宜侯夨簋（虞侯夨簋）的年代应是属于康王时代，不能下及昭王。

鹿邑微子墓补证
——兼释相侯与子口寻（脂）

1997年冬至1998年春，河南鹿邑太清宫老子庙唐宋遗址的调查发掘中，意外地发现了一座西周早期大墓。规模之大、规格之高、遗物之多而精美，不仅超过了已往发掘的卫、虢、燕、鲁等周代各诸侯国的墓葬，也超过了蜚声中外的晋侯墓地中的任何一座大墓，堪称西周考古空前的重大发现。我曾撰文指出，这应是西周宋国开国君主微子之墓。[①] 文章发表后，日本松丸道雄先生暨《每日新闻》书道会组团来华访问，参观鹿邑大墓出土文物，实地考察了鹿邑太清宫西周墓地，并与河南省考古界同行就鹿邑大墓的相关问题进行了座谈讨论。《每日新闻》报道了这次活动[②]并刊发了松丸道雄先生的两篇文章。[③] 我有幸应邀随团参加活动，并与松丸先生深入交换意见，获益良多。此外，还拜读了《鹿邑太清宫长子口墓》发掘报告[④]和有关讨论文章[⑤]以及松丸先生惠赠新作[⑥]，愿就相关问题再谈几点看法作为补证，同时对与拙见相左的诸说也略事申辩。

---

① 王恩田：《鹿邑太清宫西周大墓与微子封宋》，《中原文物》2002年第4期。
② 〔日〕《每日新闻》2002年11月23日、2002年11月29日。
③ 〔日〕《每日新闻》2002年11月23日、2002年11月29日。
④ 河南省文物考古研究所、周口市文化局：《鹿邑太清宫长子口墓》，中州古籍出版社，2000年。
⑤ 杨肇清：《长国考》，《中原文物》2002年第4期；张长寿：《商丘宋城与鹿邑大墓》，《揖芬集——张政烺先生九十华诞纪念文集》，社会科学文献出版社，2002年；林欢：《试论太清宫长子口墓与商周"长"族》，《华夏考古》2003年第2期；高西省：《从"长子口方鼎"谈太清宫大墓墓主身份》，《中国文物报》2004年4月23日；汤威：《此"微"非彼"微"也——周原微氏家族与微子启族属关系刍议》，《中国文物报》2004年12月31日；林沄：《长子口墓不是微子墓》，《黄盛璋先生八秩华诞纪念文集》，中国教育文化出版社，2005年；高西省：《长子口墓铜方鼎及相关问题》，《黄盛璋先生八秩华诞纪念文集》，中国教育文化出版社，2005年。
⑥ 〔日〕松丸道雄：《河南鹿邑県長子口墓をめぐる諸問題——古文献と考古学との邂逅》，《中国考古学》第四号，2004年11月15日。

一　老子，宋国相人也

鹿邑县太清宫镇传为老子故里。关于老子籍贯和太清宫镇的沿革，以往没有能够搞清楚，误认为这里就是被楚国灭掉的赖（厉）国。有必要作进一步讨论。

关于老子里籍，史存异说。《史记·老子韩非列传》说："老子者，楚苦县厉乡曲仁里人也。"裴骃《集解》引《地理志》曰："苦县属陈。"司马贞《索隐》："按《地理志》：苦县属陈国者误也。苦县本属陈，春秋时楚灭陈而苦又属楚，故云楚苦县。至高帝十一年，立淮阳国，陈县、苦县皆属焉。裴氏所引不明，见苦县在陈县下，因云：苦属陈。今检《地理志》苦实属淮阳郡。"张守节《正义》："按《年表》云淮阳国，景帝三年废。至天汉修史之时，楚节王纯都彭城，相近，疑苦此时属楚国，故太史公书之。"

按：今鹿邑太清宫镇西距陈都淮阳、北距宋都商丘里程相若，均为百余里。春秋时代陈小宋大。据顾栋高《春秋大事表》考春秋宋国疆域，兼有宿、偪阳、曹、杞、戴、彭城等六国之地。其封域不仅全有河南归德府一州八县之地，而且兼及开封府之杞县、封丘县、兰阳县，辉卫府之滑县，陈州府之睢宁县、西华县，徐州府之铜山县、沛县、萧县，颍州府之太和县，山东兖州府之金乡县、峄县、泰安府之东平州，曹州府之曹县、菏泽县、定陶县。"共跨三省九府二州二十三县之地。"老子故里太清宫所在的鹿邑县即属明清归德府所辖八县之一。因此，太清宫一带春秋时只能属宋而不可能属陈。宋国不仅春秋时襄公一度称霸，而且在战国时代楚惠王灭陈以后，宋君偃还曾一度称王。这时的宋国曾经"东败齐取五城，南败楚取地三百里，西败魏军"（《史记·宋微子世家》）。可见即使在楚灭陈以后，太清宫一带是否成为楚国疆土也是一个很大疑问。因此，太史公所谓老子"楚苦县"人之说，应如张守节《正义》所考当属西汉楚国之苦县。

《汉书·地理志》"淮阳国苦县"条，自注："莽曰赖陵。"师古注："《晋太康记》云：'城东有赖乡祠，老子所在地。'"与班固的说法不同，《后汉书·郡国志》"陈国苦县"条进一步指出"春秋时曰相，有赖乡"。这一说法的主要根据是东汉延熹八年（165）陈相边韶所撰《老子铭》。铭曰："老子姓李，字伯阳。楚相县人也。……相县虚荒，今属苦。故城犹在，在赖乡之东，涡水处其阳。"（《隶释》卷三）据《陈留风俗记》记载："边韶祖于宋平公。"边韶既为陈相，又为宋平公后裔，追述老子里籍应是可信的。《续汉志》苦县"春秋时曰相"的说法也应信而有征。须加纠正的是，如上所证，春秋之相既不能属陈，也不能属楚，只能属宋。因此，关于老子籍贯的正确说法应是"老子者，宋国相人也"。

应该指出赖（厉）既有齐、楚之分，又有南北之别。《左传·哀公六年》齐陈僖子逐高、国，立悼公阳生，"使胡姬以安孺子如赖"，以及《左传·哀公十年》晋赵鞅伐齐，"侵及赖而还"的赖，属齐邑。《春秋·僖公十五年》"齐师、曹师伐厉"，有一派意见认为应在鹿邑的赖乡。而《春秋·昭公四年》被楚国灭掉的厉国（《左传》作"赖"），地在今随州厉山店。与鹿邑的赖乡，一北一南，并非一国一地，不宜混淆。

还应指出鹿邑赖乡与相县也并非一地。《水经·阴沟水》："东南至沛为涡水。"郦道元注："涡水又东迳苦县东南，分为二水。枝流东北注于赖城入谷，谓死涡也。涡水又南东屈，迳苦县故城南。《郡国志》曰：'春秋之相也。'……涡水又东北屈，至赖乡，谷水注之。……谷水又东迳赖乡城南。……谷水自此东入涡水。涡水又北迳老子庙东。……涡水又曲东，迳相县故城。其城卑小实中。边韶《老子碑》文云：'老子，楚相县人也。相县虚荒，今属苦，故城犹存，在赖乡之东。涡水处其阳。'疑即此城也。自是无郭以应之。"据此可知相县故城在赖乡之东。另据《地形志》武平有赖乡城，在今鹿邑县东十里。《寰宇记》相县在濑水东，在今鹿邑县东十五里。可知相县故城在赖乡东五里。

鹿邑大墓发现之前，在大墓所在地太清宫镇隐隐山遗址的考古调查和发掘中，在遗址的东部和东南部曾发现过夯土墙基址。东侧已发现该墙40余米。据说20世纪50年代该墙还保存较为完好。这应该就是相县故城了。城的规模不大。北面城外的护城河还清晰可见。大体说隐隐山遗址就是相县故城的范围。这与《水经注》所说相县故城"卑小实中"是一致的。郦道元说相县故城"自是无郭以应之"，深以为怪。估计相县故城的外面还应该有郭，有待调查确认。

二 微子与相侯

明确了鹿邑太清宫镇"春秋时曰相",对于进一步确认微子墓地和宋国西周早期都城至关重要。

第一,相、商、宋三字读音相近可以通用。相与商都是阳部字。相为心母,商为审母,声母为准双声。因此,"春秋时曰相"也可以说是"春秋时曰商"。商既是国名,也是殷商的都城名。卜辞中称为"大邑商"或"天邑商"。因此,不仅如《史记·宋微子世家》所说周公"乃命微子开代殷后,奉其先祀",而且微子还沿用了商的国号和都城的名称。正因为如此,宋国的开国史诗被称为《商颂》,春秋宋国又称商国,才能得到合理的解释。

相与宋不仅声母相同,而且在韵母中相为阳部、宋为中部,中阳旁转。相与宋也可以通用。因此周公命微子"国于宋",也可以说是"国于相"。此外春秋宋襄公一度迁都的都城地名相,应是沿用西周都城的名称。《汉书·地理志》沛郡治相县。《水经·睢水注》:"睢水又东迳相县故城南,宋恭公之所都也。"《水经注疏》熊会贞按:《史记·曹相国世家·正义》引《舆地志》:"宋共公自睢阳徙相子城,又还睢阳。"由此可知,春秋宋恭(共)公时曾一度迁都于相,显然是沿用西周早期宋国都城相的旧名。相又称"相子城",系以人名城,"相子城"如上所证当然也可称为商子城或宋子城。

第二,在明确了鹿邑太清宫镇"春秋时曰相",对金文中所见"相侯"应重新讨论,重新认识。

传世有相侯簋(《三代》8.28.2)西周早期器,今在上海博物馆。铭中的"相侯",前人无考。

1976年出土的陕西扶风庄白一号铜器窖藏中有一组器主名㠱的铜器。其中的尊、觥、方彝诸器有"王在斥,命作册㠱兄(贶)望土于相侯"的记载。黄盛璋先生认为相侯之相即位于内黄东南十三里的河亶甲的都城①,其说可商。成王、周公平定武庚与三叔叛乱之后,封康叔于卫,建立了卫国。今内黄均属卫国版图,在西周早期的卫国境内不可能有相侯与卫侯共存。因此

---

① 黄盛璋:《西周㠱家族窖藏铜器群初步研究》,《中国历史博物馆馆刊》1979年第1期。

西周金文中的相侯与相州无关。西周相侯之相应是鹿邑太清宫镇春秋时之相。相侯也就是上引《舆地志》提到的"相子",如上所证也就是宋侯。旅器铭文中王"命作册旂兄（贶）望土于相侯",土、都双声叠韵,望土即望都,也就是《书·禹贡》中的明都,《汉书·地理志》引作盟诸,《史记·夏本纪》引作明都,也就是《左传·文公十年》中田猎地的孟诸,并音近通用（《辞通》卷三"孟豬"条）。望诸,宋国大泽名。《尔雅·释地》："宋有孟诸。"《汉书·地理志》"梁国睢阳"条,班固自注："故宋国微子所封,《禹贡》盟诸泽在东北。"王先谦《补注》："《禹贡》山水泽地篇'明都泽在睢阳县东北',与《志》合。《济水注》：《尚书》：'导菏泽,被孟豬。'孟豬在睢阳县之东北。《十三州记》云：'不言入而言被者,明不常入也。水盛方覆被矣。'《一统志》：'孟豬泽在今商丘县东北,接虞城县界。'虞城县北有孟猪台,俗谓之崓台,亦故泽也。杜预所谓水草之交曰麋者也。元时屡为河水冲突,禹迹不可复问矣。"由此可知,汉代以前的睢阳,"故宋国微子所封"之地,是宋国都城,也就是后来的商丘。商丘东邻虞城,两地相距最多也就是七八十里。望诸泽既然在商丘东北,接虞城县界,那么望诸泽的位置应属宋都商丘近郊之地。既然在西周旂所处的时代,周王才让旂把望诸赐给相侯作为采地,说明在此以前望诸并非相侯即宋侯所有。由此推知,宋国微子的最初封地未必在睢阳。今微子墓地在春秋时之相的鹿邑太清宫被发现,说明鹿邑太清宫的相才是微子初封之地,受赐望诸之后才开始迁都的。因此,金文中的相侯应是鹿邑太清宫相地之侯。相侯也就是微子。只有这样我们在理解《世本》"宋更曰睢阳"（《史记·宋微子世家·集解》引）这句话才不会感到唐突。原来微子最初受封时,都于相,故称相侯。周王赏赐给相侯采地望诸以后,微子又迁都于望诸,并把望诸更名为睢阳。当然这里的相侯未必就是宋国始封君微子启（开）。究竟是哪一位微子,还要视旂器年代和鹿邑大墓的铜器年代而定。

关于旂器年代,黄盛璋定为康世,或可上及成王。唐兰定为昭王。从器形看商周之际和胶县西庵出土的西周早期的方彝相同,腹瘦高,腹壁平直。而旂方彝则与令方彝相同,腹矮胖,腹壁外鼓。令方彝铭文中有"康宫",年代不能早于康王。西周的觚形尊发展规律是由细高变为粗而低矮。旂尊比成王时代的标准器噉士卿尊和保尊要粗矮些,而比穆王时代的丰尊又要细高得多。定为昭王是比较适宜的。从旂器的铭文格式看,也由武成时代的字体大小不一,每行字数多少不定而趋向于整饬。旂器的方彝、尊和觥三器都是每行7字,这在武成时期是不曾有过的。这种每行铭文字数相等的整饬化是从康王后期开始出现的。如康王二十三年的大盂鼎就是每行15字(合文按一字计算),但这时还不能做到字的间距也相等。发展到穆王恭王时代就已经是竖成行、横成排了,如墙盘、微㝬盉等是其证。从铭文书体看,旂器中已经没有了康王时期所特有的波磔。因此旂器年代只能属昭王时期而不可能属康王,更不可能上及成王。旂器中的"王"也只能是昭王。而旂器中的"相侯"也只能是第二代或第三代微子。

关于鹿邑大墓铜器年代,我们曾据年代最晚的四耳方座簋(M1:84—85)和喇叭钮盖、低矮粗胖垂腹的卣(M1:129)考定大墓年代可以晚至昭王。发掘报告中发表的浅腹而垂的簋(M1:158)和漆壶、铜扣盖和座的贯耳壶(M1:14、M1:52、M1:53)也都是穆昭时代的常见器物。鹿邑大墓年代不可能早到成康时期,因而墓主不可能是微子启,而只能是第二代或第三代微子。

三 春秋马坑与宋公墓祭

如果上述分析不误,则迁都后的鹿邑太清宫的相都的相仍会因保留有微子的宗庙而成为宋国的宗邑。宗邑是不能赠予或分封给他人的。从而也就排除了鹿邑大墓是长子墓的任何可能性。

此外,古代有"墓而不坟"的说法。考古发掘证明,除个别例证外,一般说来春秋晚期以前的墓上是没有封土的。殷墟妇好墓、滕州前掌大商代大墓墓上有建筑遗址,应是墓祭的坛位。《周礼·小宗伯》:"成葬而祭墓为位。"注:"位,坛位也。"证明殷商时代有在墓上建坛实行墓祭的习俗。鹿邑太清宫西周大墓"墓室正中上部有一直径约6米的夯土圆台",应是墓上的坛位,证明鹿邑西周大墓仍然保存着殷人墓祭的习俗,而且在大墓被发现以前的考古调查中就曾发现过两座祭祀马坑,据了解以往在该遗址区也曾零星出土一些祭祀物品，如铜碗、玉圭、玉龙等。大墓的发掘还证明，南墓道的南端有一马坑打破墓道，内埋葬马4匹，马头朝向墓室，两两相对。马头上饰有革带、铜泡等，每两匹马头之间放置陶盆或陶罐一个。从陶器的形制看其时代应为春秋，因此发掘报告根据马坑所在位置看，认为马坑应与墓葬有关，"可能是春秋时期祭祀所为"。

现在的问题是，春秋时期究竟是什么人可以对鹿邑大墓实行墓祭？如果按照我们的看法，鹿邑大墓是微子墓，鹿邑春秋时的相是宋国的宗邑，春秋时代的宋人或宋君到宗邑来对其始祖微子墓实行墓祭，顺理成章，没有什么矛盾。反之，如果是春秋时代的长国人到鹿邑来实行对长子墓的墓祭就不合情理。如果说对西周初年宋国领土范围还不太清楚，那么春秋时期一度称霸的宋国，今之鹿邑应在宋国疆域之内，不应有何疑问。难道春秋时代强大的宋国会允许长国人在自己的领土上修建马坑进行墓祭活动吗？这当然是不可能的。因此鹿邑西周大墓上春秋祭祀马坑的存在，成为大墓墓主应是微子的铁证。

四　微子封宋与"世为长侯"

张长寿先生在讨论鹿邑大墓国别时认为"无论从墓葬的规模、等级，随葬品的文化内涵，墓葬的年代，能和鹿邑大墓的实际相应的，只能是西周初年封微子于宋的宋国"。这与拙说是不谋而合的，但是张先生又认为"商丘、鹿邑相距不过百里，都城和陵墓的分布格局，是可以理解的"。这与当年殷之彝论证益都苏埠屯亚醜大墓是蒲姑国君的陵寝，以及其他学者论证滕州前掌大商周墓地是奄国墓地的思路如出一辙，则是不能同意的。先秦墓地距都城甚近，甚至就在城内。例如殷王墓地就在与殷都安阳小屯仅一河之隔的西北岗。西周和春秋时代的齐国国君墓地位于大城内东北角河崖头一带。战国时代的陈氏齐国的二王冢、四王冢位于城南牛山，距城不过10里。鲁国春秋公室墓地位于大城内林前村一带，而战国鲁公室大墓位于林前村西邻的望父台一带。河北易县燕下都战国大墓也是位于大城以内的。例证不胜枚举，像秦始皇墓在临潼，唐陵在乾县，宋陵在巩县，清陵在易县等等那样的都城与陵墓相距百里开外，甚或数百里之遥的分布格局，在先秦时代是根本不存在的。因此益都苏埠屯商代亚醜大墓的发现只能证明亚醜族居地应在益都苏埠屯左近。亚醜大墓不可能是距此一二百里之外的蒲姑国君的"陵寝"（《水经注》说"秦曰山，汉曰陵"，严格说汉代以后的帝王墓才可以称为"陵"。根据名从主人的原则，秦代和先秦时代的君王墓葬是不宜称"陵"的）。滕州薛国故城城东一里的前掌大商周墓地也不应该是奄国墓地而只能是薛国墓地。同理，鹿邑太清宫微子墓的发现，只能证明西周早期宋国都城就在鹿邑太清宫。更何况太清宫遗址已经发现了早期的城墙，而且大墓就位于城内，这与上述商周时代都城与大墓的分布格局是一致的。至于商丘出土的西周铜簋，蒙商丘王子超先生惠赠器物照片，能够看出其器形和纹饰的确可以早到成康时期。有可能是微子迁都商丘后由鹿邑带过去的，不能用以证明宋国西周早期都城在商丘。据伏滔《北征记》："梁，国名。故宋国微子所封。城再重，大城梁孝王所筑。"（《太平御览》卷一九二引）据此商丘古城应是有城有郭的两重城墙。至于目前发现的"商丘宋城"，是否"梁孝王所筑"，有待进一步肯定或否定。

张长寿先生在上引该文后记中说近读陈奇猷先生《读江晓原〈回天〉后》一文，文中引《吕氏春秋·诚廉》"世为长侯，守殷常祀"的一段话，并引陈先生之说："世为长侯云云，就是说封微子世代为长侯之爵。"为此张长寿先生说："此或可为鹿邑长子口墓作一注释。"松丸道雄先生是赞成拙说的，他也认为鹿邑大墓就是微子墓，并进一步论证就是宋国开国君主微子启之墓，但是他同意发掘报告的意见认为应释"长"，而认为我改释"微"的意见不能接受。① 松丸先生认为之所以造成墓是微子墓而墓中铜器铭文却是"长"字的矛盾，是由于后世传抄文献时把"长"字讹误为"微"。当得知《吕氏春秋》中有武王封微子"世为长侯"一语时，认为证实了他的推论。

首先，其实《吕氏春秋·诚廉》的这段话又见于《庄子·让王》，本来

---

① 〔日〕松丸道雄著，常耀华译：《文献与考古学的邂逅——实地考察鹿邑周初大墓》，《中国文物报》2004年2月6日。译文中的"这些文字与'长'字没什么不同。我们认为王说可以接受"，而据河南省旅游局张建平先生的译文，这句话应是"现在的这个'长'字是没有错的。故王的观点不好让人全盘接受"。应以张译为是。

是讲伯夷、叔齐西见周武王的故事,却并没有接下来的"又使保召公就微子开于共头之下,而与之盟曰:世为长侯,守殷常祀,相奉桑林,宜私孟诸"的这段话。可见关于微子"世为长侯"的这段话,是吕不韦的门客们"层累"上去的。庄子好为寓言以申其说,所述故事已难凭信,更何况微子"世为长侯"之类的"层累"的故事呢?那是不能当作真实史料据以立说的。

其次,陈奇猷先生关于"世为长侯云云,就是说封微子世代为长侯之爵"的这句话,语义较为含混,从中看不出"长侯之爵"的长是否国名。但是有一点是可以肯定的,陈奇猷先生在《吕氏春秋校释》一书中对"世为长侯"一语中的"长"字并未加国名符号(旧的标点符号),而对"守殷常祀"的"殷"字却加了国名符号。① 充分证明陈先生并不认为"长侯"的长是国名。因此林沄认为"此处的'长'应读为居长之长"的意见是正确的。除了林氏所举的滕薛争长的例证外,还可以举出《穆天子传》卷六:"天子赐之,上姬之长。"注:"令盛栢(即成伯。——引者)为姬姓之长位,位在上也。"又《公羊·僖公元年》疏:"以其长于一方,故《公羊》称为方伯。"总之,《吕氏春秋》"世为长侯"的这段话难以据为典要,不能作为释微为长的依据。

五　子口寻与微子之孙腯

鹿邑大墓铜器中的子口扁足圆鼎(M1:43)有铭文,发掘报告只释出了铭文中的"子口"和"作"等3字。其实,铭文虽比较漫漶,但仍然可以看出系"子口寻作文母乙彝"等8字,是大墓中铭文字数最多的一件。铭文中的寻字像舒展双臂之形。甲骨文中有此字,多异体,或在右旁加一竖,或在右旁加席形囵,或在字下加口,前人释谢、爰、汎,酹、揖、度,均未确。唐兰释寻,于字形、字义均确不可易。松丸道雄先生辨认出了子口扁足圆鼎中的"寻"字,但却认为铭文中的"寻"字不能作为人名。我们的看法相反,寻是人名。"子口寻"即微子启之孙腯。《礼记·檀弓上》:"微子舍其孙腯而立衍也。"注:"微子適子死,立其弟衍,殷礼也。"《经典释文》:"腯,

---

① 陈奇猷:《吕氏春秋校释》,学林出版社,1984年,第634页。

徐本作遁。徒本反，又徒逊反。"脤、遁均属文部，寻属侵部。文侵通转。据本铭可知，寻是微子之孙名的本字。脤、遁为借字。我国有些少数民族实行父子连名制，即父子两代的名字相联结，儿子名字前面的字与父名后面的字相同，而孙子名字前面的字又与儿子后面的字相同，依次类推。如彝族古侯家中的人名中有：古侯——古侯海子——海子黑得——黑得木瓦……。又如景颇族格老家的人名中有：毛磨陇——磨陇拱——拱麻薄——薄斯作……。本铭中的子口寻与鹿邑大墓铜器铭文中常见的"微子口"，似乎也应是父子连名制。如此分析不误，则微子口应是子口寻之父。鹿邑大墓中多数铭文称"微子口"或"子口"，大墓墓主应是微子启之子，第二代微子之墓。微子启之子的名字失载，鹿邑大墓的发现可补史籍的阙佚，当然也不排除墓主是子口寻之墓的可能，据此即可排出微子世系：

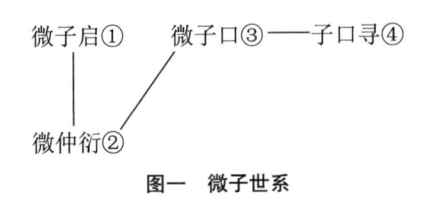

图一　微子世系

六　微子与亚长

就在拙稿发表后不久，安阳花园庄东地 54 号墓发掘简报发表了。[①] 该墓未经盗扰，共出土有铭文铜器 104 件，均有"亚长"二字。其中长字的写法头上的发形比甲骨文长字和鹿邑大墓铜器铭文多出了一个折角。下半部分最突出的特点是手下有一条拐杖，而且是手指分开作拄杖形（图一：6），这与甲骨文中仅见的两个长字的写法是完全一致的（图一：1、2）。鹿邑大墓铭文中所误释的"长"与"亚长"铭文中的长字最重要的区别是既没有分开的手指也没有拐杖。鹿邑大墓 54 件有铭铜器（不包括未打开盖子的壶）中，大量的"微"字都不从杖，仅个别的从手，从口。另有一件方罍

---

① 中国社会科学院考古研究所安阳工作队：《河南安阳市花园庄 54 号商代墓葬》，《考古》2004 年第 1 期。

	长	微（魏、尾、美）		
商代 甲骨文	𠂂 1	𠂂 2	𠂂 3	𠂂 4	𠂂 5
商代 金文	𠂂 6	𠂂 7		
西周 金文	𠂂 8	𠂂 9	𠂂 10	𠂂 11
春秋 金文	𠂂 12			
战国 金文	𠂂 13	*𠂂* 14	𠂂 15	
战国 陶文	𠂂 16	𠂂 17		
战国 玺印	*𠂂* 18	*𠂂* 19	𠂂 20	𠂂 21
楚简 包山	𠂂 22	𠂂 23		
楚简 郭店	𠂂 24	𠂂 25	𠂂 26	𠂂 27

图二　长、微字形比较表

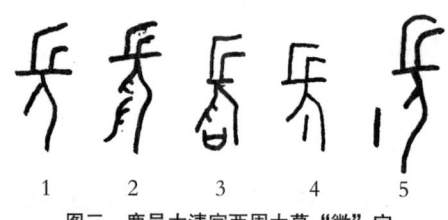

图三　鹿邑太清宫西周大墓"微"字
1. 觥（M1：92）　2. 卣（M1：13）
3. 爵（M1：199）　4. 方罍（M1：124）5. 圆鼎（M1：194）

（M1：124）的微字，在人的胯下有一竖画。还有一件圆鼎的微字，在距离手臂很远的左下方有一竖画，两者既没有分开的手指，也没有把这一竖画写在手下（图二），很难视为手拄杖形。"亚长"铭文的发现为正确区分长、微二字，为拙说有拐杖者为长、无拐杖者为微提供了进一步坚实的证据。

林沄先生批评拙说"没有分清'长'和'微'的字形区别在人形上部之不同"，此外，林先生还把"手部表现为分叉的手指"和"在简单的人形头上多加一些线条"作为是否为微字的区别。所谓"人形上部之不同"，可以包括许多方面。如头发形状是曲、直，还是折角或双折角；又如头发飘动的方向，是斜上方、斜下方还是水平；再如头发的多少，是三根、两根还是一根；以及头发是从竖画上长出，还是从横画上长出；等等。我认为长与微的共同点都是像人有长发形。至于以上的种种"不同"没有任何意义。因为事实上甲骨文同是四方风名刻辞中的微（林释彡，读作飘），可以是手上举，手指分叉（《合集》14294；图一：3），也可以是手臂下垂，手指不分叉（《合集》14295；图一：4）。又如克罍（林称太保罍）的微（林释彡），头上有三根"线条"，而且是像波浪形的曲笔，手指不分叉，手与臂呈"卜"字形（图一：9），而同铭克盉中的微字头上只有两根"线条"，而且直而不弯，手指分叉，手与臂呈"十"字形（图一：10）。再如甲骨文的长字头上有两根"线条",却是一个折角,而花东 M54 亚长族徽的长字分别有一根、两根与三根"线条"的不同,而且有两个折角。因此长、微二字的区别标准只能是我在前文中所论证的有拄杖形者为长,无拄杖形者为微。林沄先生主张以有无拄杖形作为长与髟字的区别标准[①],但却不同意以有无拄杖形作为长与微字的区别标准,这是说不通的。至于把人发的折角混同于刀上的扉牙,那就更加错误了。

林沄先生列表(图四)举证商、西周和东周的长字中有不拄杖形的例子,着重讨论郭店楚简《老子》中的长字"一律都不附加杖形",以证明拙说"是根本不能成立的"。尽管林表中所列的几个字都没有注明出处,但却不难查到。林

	商	西周	东周
长			
微			

图四 林沄先生列表

表商代一栏列举了甲骨文中仅见的两个长字,其中左边的一个不拄杖的长字,出自《后》1.19.6(《合集》27641;图四),原拓手指叉开作拄杖形(图一:1)。《甲骨文编》(386 页 1133 号)对这个字的摹本很精确。而《殷墟卜辞综类》(第 11 页)则既没摹出分开的手指,也没有摹出杖形是错误的。《殷墟甲骨刻辞摹释总集》(第 615 页)和《殷墟甲骨刻辞类纂》(第 33 页),《甲骨文字字释综览》(第 270 页)沿袭了岛邦男的错误。林沄先生也没有根据拓本而是根据了错误的摹本,难免以讹传讹。林表西周左边的一个不从

图五 《后》1.19.6(部分)

杖形的"长"字,出自"长日戊鼎"(《三代》3.16.4),与《金文编》(第 665 页)所收入的"长由盉"等其他 6 个西周的"长"字,所根据的都是材料发表者的误释,从来没人论证一定就是"长",释为"微"较为稳妥。可见林表中所举出的商周文字中的长字不作拄杖形的例证是不可靠的。

---

① 林沄:《说飘风》,《于省吾教授百年诞辰纪念文集》,吉林大学出版社,1996 年。

至于东周的不从杖形的"长"字，也很值得讨论。大家知道，战国时代商品经济飞速发展，人们的思想异常活跃。学术上"百家争鸣"，文字上"百花齐放"，新字形、新书体大量涌现。除了传统的拄杖形的"长"字外（图一：12—14、16），人们还想出各种办法对长与微这两个极易被混淆的字加以区别。林表中东周栏内中间那个不从拐杖的长字，出自古玺。我在前文中已经指出，在人腿上加点或弯钩的长字，意为长肢在此，是一个"指事"字，而不加点或弯勾的是微，音同借为魏。《古玺文编》没有注意到这一细枝末节，把长与微加以混淆，于是造成古玺中三晋的韩、赵二姓大量存在，而没有一个魏姓的奇怪现象。全赖古玺中张字所从的"长"都有这种区别符号（图一：18—19），才得以窥破这一奥秘。

林表东周栏内左边的一个不从杖形的长字，可能出自楚简，大概就是批评拙说"信口雌黄""主观地认定'长'一定要有附加的杖形"的主要根据了。其实，与古玺不同，楚简用另外的办法来区别长、微二字，而又各有不同。例如我们已经讨论过的包山楚简中是以加人旁（似为杖形的讹变）者为长（图一：22），不加者为微，音同借为尾（图一：23）。包山二号墓遣策有"豹尾"，是用来表示诸侯身份的车上的装饰（蔡邕《独断下》）。如果释为长，借为韔，即盛弓用的弓袋，就扞格难通。这是因为按照常理，弓与弓袋应一起随葬，不可能只随葬弓袋，而且弓袋也不可能用作车上的装饰。①而在郭店楚简和上博楚简中则用头发飘动的方向来区别长、微二字。向右者为长，向左者为微，音同借为美恶的美。例如郭店楚简《老子》中"可以长旧（久）"的长，头发飘向右（图一：24），而美恶的美，头发指向左方（图一：26—27）。可见林表用来否定拙说的东周不从杖形的两个长字，也没有什么说服力。古文字学的常识告诉我们，考释文字、分析字形应以原始字体为准。拙说长字像人拄杖形是据商周文字立论。其根据是《说文》"长，杖也"，不应视为"主观"。从商周到战国，千年之久，战国文字讹变特甚，尤以楚系文字为最。"轻舟已过万重山"了，还要"刻舟求剑"去到千年以后诡异多变的楚简中去找拄杖形的长字，不是有点近乎迂腐吗？

---

① 王恩田：《释晋、异、弈——兼说界、弇字形》，《古文字研究》第25辑，中华书局，2004年。

七 鹿邑大墓是微子墓

　　林沄先生不同意鹿邑大墓是微子墓，除了不同意把长改释成微的理由外，所举出的其他的理由并不多。只是引《汉书·地理志》梁国睢阳条自注"故宋国，微子所封"和"盟诸泽在东北"就断言"微子之墓不可能葬到鹿邑"，认为"要把鹿邑长子口墓附会成微子启的墓，是讲不通的"。班固说汉代睢阳是古代宋国以及盟诸泽在睢阳东北，都是对的。说睢阳是"微子所封"的宋国都城以往也的确"无异议"。考古学的重要作用在于补史之阙，正史之谬。鹿邑大墓的发现提出了新问题，人们有理由怀疑微子始封的宋国是否一定在睢阳。如果鹿邑大墓不是微子墓，那么非此即彼，就一定是长子墓了，但《汉书·地理志》"上党郡首县长子"条自注"周史辛甲所封"。王先谦《补注》："吴卓信曰：刘向《别录》：'辛甲，故殷之臣，事纣。七十五谏而不听。去周，召公与语，贤之。告文王，文王亲自迎之，以公卿封于长子。'"对于周文王所封纣臣辛甲所建立的长子国在今山西上党长子县，同样也是史无异说的。林沄先生说宋国都城在睢阳，"微子之墓不可能葬到鹿邑"，这当然是对的，而且我们已经在上面论证过。诚然微子墓不可能葬到距都城百里之遥的鹿邑，但山西长子距河南鹿邑千里之遥，长子之墓埋葬到鹿邑不是更加"不可能"吗？把鹿邑大墓"附会"成长子墓，不是更加"讲不通"吗？

　　我们考证鹿邑大墓即微子墓是经过了多方面论证的，其中最重要的一点是鹿邑大墓的规模、规格与微子的身份相称。正如我们以往所论证而且是经过林沄先生所同意的一个重要事实是西周宋国地位"很特殊"而"尊贵"。正因为如此，微子墓使用两条墓道事在情理之中。众所周知，晋国是武王之子、成王之弟唐叔虞的封国，受封时与鲁、卫两国都受到过隆崇的待遇（《左传·定公四年》）。就地位而言，成周之会的排列位次，唐叔在堂上，而殷（宋）公在堂下。晋国地位高于宋国，但西周晋侯墓地8组16座大墓全都使用一条墓道，只是到了西周末年和春秋早期才有两座大墓使用两条墓道。宋国特殊而尊贵的地位可见一斑。长子是一个不见《春秋》经传的小国，如果不是由于班固和刘向《别录》的点滴记载，人们对它将会一无所知。其地位不要说与宋国相比，即使与晋国相比，也有天壤之别，而且最晚至春秋晚期以前已为晋灭，成为晋邑（《左传·襄公十八年》）。仅就鹿邑大墓使用两条墓道的中字形墓葬形制而言，也只能是微子墓而不可能是长子墓。

据参加过鹿邑大墓发掘的学者介绍，类似的大墓尚有三座，有可能是微子启、微仲衍等其他三位微子的墓，看来应是一处微子墓地。故撰此文，一来是进一步申述拙说，更重要的一点是期望借此能够引起有关方面对微子墓地的重视与加强保护，以免重蹈晋侯墓地惨遭盗掘的覆辙。

原载《中原文物》2006 年第 6 期

校记：

李学勤先生初释"微"为长幼的"长"，"长子"意即大儿子（《长子、中子和别子》，《故宫博物院院刊》2001 年第 6 期）。其实，西周时期的"大儿子"统称为"伯仲叔季"的"伯"，绝无称"长子"的先例。其后，虽然承认"有学者认为墓主是宋国始封之君微子启，或继之为君的微仲衍，是有道理的"，但同时又说"不过'长'字无法改释为'微'，墓主又明明名'口'，讲成微子、微仲都不妥当"（《关于鹿邑太清宫大墓墓主的推测》，《商丘日报》2006 年 9 月 7 日），显然是自相矛盾。我们曾例举大量证据，对"长"与"微"加以区别。李先生完全可以例举一二证据，证明"长"字为什么不能改释为"微"。只有这样才能"以理服人"。

微子墓论证侧记

一　质疑长子口墓

　　河南省鹿邑县太清宫镇微子墓地和许多重大考古新发现一样都是可遇而不可求的重大发现。太清宫镇传说是我国著名思想家老子的故里，从探寻和确定老子故里的目的出发，河南省政府指示省文物局组织力量对此作些考古调查和挖掘工作。1997年，在太清宫的后宫发掘出规模宏大的唐宋时期的建筑遗址。虽然还没能找到老子故里的物证，但却"买羊得王"意外地发现一座西周大墓，其规模之大、规格之高、遗物之多而精美前所未有，尤为难得的是出土50多件有铭文的铜礼器，不仅超过了以往发掘的卫、虢、燕、鲁等西周诸侯国的公室墓葬，也超过了蜚声中外的晋侯墓地同时期的任何一座大墓，堪称西周考古空前的重大考古发现，挖掘者根据铜器铭文定名为"长子口墓"。

　　1998年5月4日北大百年校庆，见到同窗好友郝本性先生，他兴奋地向高明先生和我通报了"长子口墓"的重要新闻。郝本性先生曾任河南省文物考古研究所所长，是古文字学大师唐兰先生的研究生，是河南"当代的许慎"。因此，当时并没有对"长子口"的释读有所怀疑，只是觉得周文王封殷人辛甲于长子，长子国位于晋东南上党地区的长子县，距鹿邑千里之遥，鹿邑为什么会发现长子墓？深以为怪。

　　以后陆续读到关于长子墓的多篇报道、简报，文章中或者没有发表铭文拓本，或者有拓本而"长"字模糊不清，但却提到长子口的长字与湖北出土的"长子狗鼎"的长字写法相同。而我对"长子狗鼎"的长字的释读是有所怀疑的，长与微二字字形相近，两千年来混淆不清。值得庆幸的是西周重器墙盘的出土，为区别长微二字提供了依据。墙盘铭文中有3个与长微相关的字。除了对"微伐夷童"中微字的释读还存在很大的分歧之外，对于"文武长烈"的长字,和作为国族名的微字的释读则没有任何分歧。长字和微字的偏旁都像人披长发形,而长字有拐杖,微字的偏旁没有拐杖,因此也应释微,释长是错的。长子口铭文中的长字写法如果确实与"长子狗鼎"相同,也没有拐杖,当然也应该释微。如果长子口墓是微子墓,其重要性自然是不可同日而语了。事关重大,决定前往看个究竟。2000年10月,借赴洛阳参加中国文字起源讨论会之便,返回途中专程到郑州河南省文物考古研究所参观鹿邑大墓出土铜器。在同窗好友省文物考古研究所原所长杨育彬先生的帮助下,参观了该墓出土的二三十件铜器,铭文中的"长"字都没有拐杖。意犹未尽,唯恐有所遗漏,又在鹿邑大墓发掘者和发掘报告整理者张志清副所长和《华夏考古》编辑部主任方燕明先生的帮助下,看到了即将出版的《鹿邑太清宫长子口墓》发掘报告校样中的拓本,被释为"长"字的写法五花八门,有从口的,从手的,从半月形的,有在人的胯下加一竖画的,还有在距离手臂很远的地方加一竖画的,但多数是没有拐杖的,像墙盘铭文那种手指叉开作拄杖形的长字的标准字形,是一件也没有的,证明长子口墓的"长"字确实是误释。这时,郝本性先生闻讯赶来与我见面。我估计长字是他所释,于是请教释长的依据。告知一是与《说文》长字古文写法相同,二是与战国古玺"长"字写法相同。我也谈了对长、微二字的区别。虽然未能形成共识,但毕竟了解到释微为长的依据,知己知彼,有助于日后的讨论。

二 微子墓的论证

《中原文物》2002年第4期发表了我的讨论文章《鹿邑太清宫西周大墓与微子封宋》。从年代、墓主身份、族属、国别、长微纠葛等多方面论证鹿邑大墓是西周宋国国君微子之墓,重点讨论了长、微二字的区别。早在许慎时代已经搞不清长、微二字的造字本义了。《说文》对长、微二字的说法俱不可信,当代虽能认出了微字,但从未有人论证过释微的依据,可谓知其然而不知其所以然。我提出墙盘中的微字偏旁像人披长发形,是头发之发的本字,音同借为微小、微妙和国族名的微,或姓氏的魏。久借不归,后来又另造一个从攴(音拔)声的发字。长字虽有人论证是用长发表示年长的长,但不可信。因为人的体质特征不同，长发的人未必年长。恰恰相反，在通常情况下老年人往往不是发长而是发短，甚至脱顶。长字的正确说解保存在《说文》杖字条内。"杖，杖也"，可见长的本意是指拐杖，由于杖是木质，故加木旁以为杖。古文字考释的经验证明，《说文》的正确说解往往不是保存在独体字内，而是保存在形声字中。例如《说文》："官，吏事君也。"清代以来不少治《说文》的学者利用大量文献和碑刻材料论证官字的本意指房舍，不指官吏。我们曾指出官字的正确说解保存在形声字馆字条内，《说文》："馆，客舍也。"古代客舍就是今天的宾馆、招待所，因设有饮食以供过往宾客食宿，故加食旁而成馆。又如《说文》："易，开也。从日、一、勿。一曰飞扬，一曰长也，一曰疆者众貌。"治《说文》的学者知许慎的说解有误而不知错在何处。其实，易字的正确说解保存在鍚字条内。《说文》："鍚，马头饰也。"商周车马坑中的马头上往往有一个特大铜泡。人的头盔上也有一个铜泡，而且有铭文者自名为"易"。考古发现证明鍚字的本义是指马头上的圆形铜泡装饰。圆形像铜泡，圆形中的一横是铜泡背面供穿系用的横梁。圆形下的横画指马头，弯笔像马背，两斜画表示马足。铜泡是铜质，故加金旁而成鍚。《说文》认为从阳声是错的。《说文》"杖，杖也"的长字正确说解对于我们的上述看法又增加了一个新的佳证。长子口墓的长字应是微字的误释，鹿邑长子墓应是微子墓无疑。

三　会见松丸道雄

微子启是商纣王之兄，因不满于商纣王的倒行逆施，数谏而纣不听，故而投奔了周武王。与比干、箕子并称为"三仁"。周公平定武庚与管叔、蔡叔叛乱后封微子于宋。声名显赫的微子墓的论证自然会受到学界的关注。

2002年10月中旬，相继接到山东省与河南省旅游局以及日本《每日新闻》书道会电话，告知松丸道雄先生将组团来华访问，希望能在郑州与我就微子墓的相关问题交换意见。松丸先生是日本研究商周考古的权威，著作等身、成就斐然。曾在1987年安阳国际殷商文化学术研讨会与我有过一面之交，此后又曾互赠过论文，是我神交已久的学者，自然欣然应命。见到松丸先生后他告诉我的第一句话就是看了我关于微子墓的文章，简直就像是触了电似的感觉，非常震惊。认为这是考古学与文献记载相结合的重大收获。他最感兴趣的问题是怎么会联想到头发的发字是微的本字。我解释说古人造字很有分寸，后世"毛发"往往连称无别。古代则以短发为毛，长发为发，音同借为微小、微妙的微和姓氏的魏。毛字初文像人头上有短发形。今人多误释为"先"。老、考等字所从的偏旁就是毛的本字。因此《说文》说"老，从人、毛、匕"，匕其实是拐杖的讹变。后世把人形简化掉就变成了今天所见到的毛字。由于老年人头发生长缓慢，脱落稀少，因此，就以人的短发形作为毛的本字，并把老年人称为毛，把花白头发和白头发的老人合称"二毛"。古代战争"不禽二毛""不获二毛"就是不把老年人作为战争的俘虏。松丸先生对我的解释感到满意。

郑州之行除与松丸先生进行过两次深入的交谈外，还接受了《每日新闻》资深记者荒井魏先生的采访，并随团参加与郑州考古界同行的座谈，参观鹿邑大墓的出土文物，实地考察鹿邑西周墓地。归途中还参观了商丘宋都故城和商丘县正在大兴土木的旅游景点"微子墓"。据说该墓已经暴露出了石椁，应是一座汉墓。没想到一天之内既参观了真微子墓，又看了微子墓的假古董，上演了一出真假李逵，不禁令人哑然失笑。

松丸先生一行回国后，《每日新闻》2002年11月23日，以整版篇幅醒目标题《日中学者联合论证殷王之兄微子墓》，报道了这次民间的中日文化交流活动，还连续刊发了松丸先生的两篇有关微子墓的文章。据说在日本引起了相当的轰动。

四 讨论在继续

随着时间的推移和新材料的公布，微子墓的研究不断在深化。

1.鹿邑太清宫镇相传是老子故里，关于老子里籍，司马迁就没能搞清楚，误认为是楚苦县人也。唐代为《史记》作注的学者们对此就有不少批评和争论。我们根据年代最早的老子庙的碑刻东汉边韶撰《老子铭》和《后汉书·郡国志》《水经注》等文献记载，认为老子里籍的正确说法应该是"老子者，宋国相人也"。

2. 确认鹿邑太清宫镇春秋时代名相，那么新出土的西周微氏家族铜器铭文中的周王赏赐"望土于相侯"的这句话就应该重新加以诠释。望土即望都，是宋都商丘东北近郊的大泽名。微子初期都于相，称相侯。周王赏赐给望土以后，才迁都于今之商丘，改国名为宋。

3. 发掘报告发表的铜鼎铭文中的"子口寻"即文献记载中的微子启之孙腯，也作遁。寻是本字，腯和遁是借字。

4. 据参加发掘的学者介绍，与鹿邑大墓规模、规格相同的大墓在当地还有3座。看来太清宫镇应是微子的公室墓地。

与自然科学不同，人文科学的新发现、新观点，不可能一呼百应，立即达成共识。微子墓的文章发表后，迄今已有10多篇文章参加讨论。赞成者有之，反对者也有之，这很正常。由于微子墓牵涉的问题很多，相信还会有更多的学者参加进来。目前讨论仍在继续，但微子墓的论证，证据确凿，达成共识只是时日问题而已。

原载《盛世收藏》2006年第2期

随州叶家山西周曾国墓地的族属

2011年和2013年，湖北省考古研究所对随州叶家山西周曾国墓地进行了两次发掘。共揭露面积8700平方米，发掘墓葬140座，马坑7座，出土各类文物2100余件（套），包括有大量带有曾侯铭文和多种族徽铭文的铜器，双面铜头神像、纯铜铜锭、1件铜镈和4件铜钟，是西周考古空前的重大发现，而且在多家刊物上第一时间发表了发掘简报和发掘报告，迅速及时地将重要材料和研究成果公布于世，充分反映了发掘者的事业心、责任感和职业道德，值得充分肯定和大力提倡。

第一次发掘之后的专家笔谈除了发掘者黄凤春之外，几乎一边倒地认定叶家山西周曾国墓地的族属不是姬姓周人，而是"殷遗民"。2013年1月，在台北"商周考古、艺术与文化国际学术研讨会"上，我向黄凤春先生谈了我的看法，认为叶家山曾国墓地族属不是"殷遗民"，而是姬姓周人。看到叶家山墓地第二次发掘的相关材料后，更坚定了我的这一看法。

一 "殷遗民"说商榷

叶家山西周曾国墓地的族属持非姬姓周人而是殷遗民说的主要论据是使用族徽、日名、腰坑、东西墓向等等，都需要通过讨论分析，作出判断。

（一）关于腰坑

以腰坑的有无作为判定是否殷人墓葬是目前考古界流行的研究方法，其实是靠不住的。事实上殷人并非普遍使用腰坑。例如在安阳殷墟西区第一墓区的143座殷墓中，使用腰坑葬俗的只有45座，占31.4%，而不使用腰坑的有89座，占62.2%，不能确定的9座，占6.4%。[①] 不使用腰坑的比使用

---

① 中国科学院考古研究所安阳工作队：《1969—1977年殷墟西区墓葬发掘报告》，《考古学报》1979年第1期。

腰坑的多出了一倍。殷墟郭家庄墓地使用腰坑者所占比例要比殷墟西区第一墓区多一些，在郭家庄194座墓葬中有腰坑者125座，占64.4%，不使用腰坑者69座，占36.6%。[①] 但也并非全部使用腰坑，甚至也还不能说绝大多数殷人使用腰坑葬俗。

周人墓葬也并非绝对不使用腰坑，也有或多或少的周人使用腰坑。多者如陕西长安沣镐二京的客省庄与张家坡，在182座西周墓中，有55座使用腰坑，占30.2%。[②] 只比殷墟西区第一墓区少了一个百分点。因此，根据叶家山西周墓地140座墓葬中只有M1和M3区区一两座墓使用腰坑来论证叶家山墓地族属属于殷遗民，其说并不具有说服力。

（二）关于墓向、头向

《礼记·檀弓下》："葬于北方北首，三代之达礼也。之幽之故也。"郑玄注："北方，国北也。"孔颖达疏："言葬于国北及北首者，鬼神尚幽闇，往诣幽冥故也。"意思是说：墓地位于都城的北面，墓主头向朝北，是夏商周三代通行的葬制。考古调查与发掘的实践证明"北方北首"并非商周墓地的"达礼"。例如殷墟王室墓地位于殷都小屯村西北的侯家庄西北岗，而包括中字形大墓在内的另一处贵族墓地却位于小屯村东的后岗。又如临淄齐都故城内的西周春秋姜齐国君墓地位于大城内东北角的河崖头村一带。而战国时代陈齐国君墓地则位于城南5公里的鼎足山、牛山上。再如滕州两周时代滕国国君墓地位于滕国故城以西的庄里西一带，而商周时代的薛国国君的墓地则位于薛国故城以东的前掌大和狄庄一带。

就墓向、头向而言更是五花八门。殷墟西区八个墓区，除有墓道的中型墓都是南北向外，其他小墓都是南北向和东西向并存，甚至在南北向墓葬中也有头南和头北的区别。

陕西长安沣西张家坡西周墓地的墓向与头向大体与殷墟西区墓地相同，

---

① 中国科学院考古研究所安阳工作队：《安阳殷墟郭家庄商代墓葬1982—1992年考古发掘报告》，中国大百科全书出版社，1998年。
② 中国科学院考古研究所：《沣西发掘报告》（1955—1957年陕西长安县沣西乡考古发掘资料），文物出版社，1963年。

不仅南北向与东西向杂厕其中（图一），而且还有头对头、足对足组成长方形环状的排列方式（图二）。

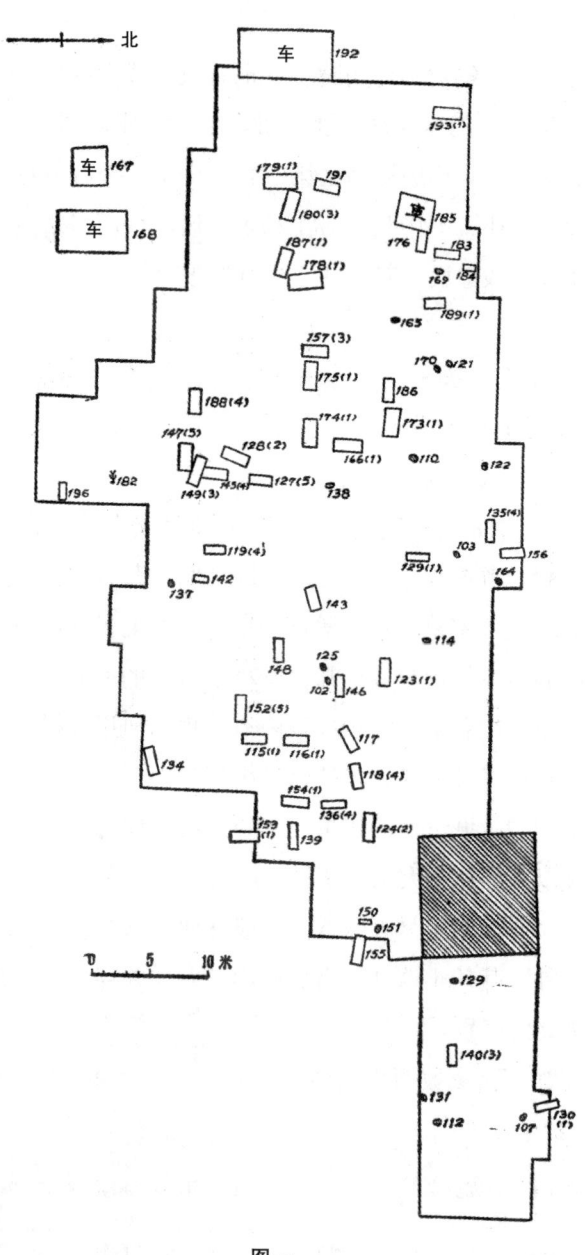

图一

图二

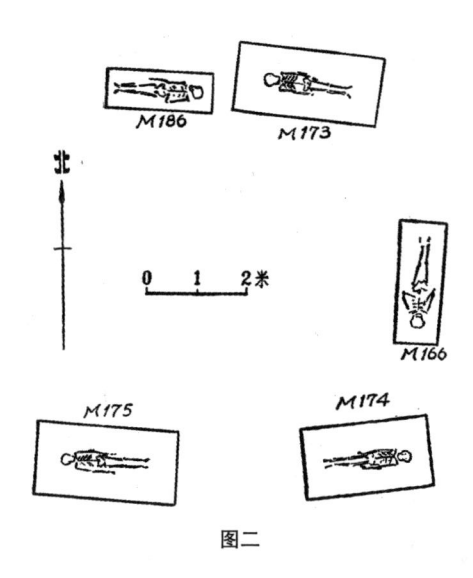

山西天马—曲村晋国国人墓地不仅有南北向，也有东西向，而且南北向墓和东西向墓之间可以划出一个分界线（图三）。

图三　天马曲村1980、1982、1984年发掘J4区西周墓葬分布图
区隔线系笔者所加

面对商周墓地中纷纭复杂的墓向、头向事实，就不应再根据七十子后学们的礼制著作中实际上并不存在的"葬于北方北首"的所谓"三代之达礼"作为论证叶家山墓地族属不是周人而是殷遗民的论据，而应具体情况具体对待，对各种墓向头向事例作出合乎情理的分析。

"事生如事死，礼也"（《左传·哀公十五年》）。葬制是现实生活的反映，与死者生前的宗教信仰、乡土观念、生活习俗密切相关。例如云南有些少数民族，为了夜间取暖，有围绕火塘睡觉的习惯，称为环卧。长安张家坡西周墓地中的头对头、足对足形成的长方形环状的墓葬排列方式，并非学者们所论证的昭穆制度，而应是环卧生活习俗的反映。另据《后汉书·乌桓传》记载，乌桓族虽然被汉武帝迁于辽东，但仍然保持着死者灵魂一定会返归距辽东五郡西北数千里以外的故土赤山的信念。因此叶家山西周墓地多呈东西向，大墓墓道朝西，应是死者灵魂西归陕西周人故土信念的反映。叶家山墓地东西墓向非但不能用来作为其族属是殷遗民的证据，恰恰相反，倒是其族属必属周人的证据。

（三）关于族徽与日名

叶家山西周墓地M1出土了"师作父癸""师作父乙"铭文铜器，学者们据此认定叶家山墓地族属不是周人而是殷遗民。奇怪的是90年代周人不用族徽日名说的倡导者与其说的信奉者持有异议，认为"曾侯""曾侯谏"所作铜器上，"均不见日名与族徽，这又为'周人不用日名说'添一佳证"[①]。具有讽刺意味的是第二次发掘的等级最高、规模最大、遗物最多的M111出土的曾侯作父乙铜方鼎上也使用了"父乙"日名。另外在第一次发掘的M27出土的白生盉的铭文末尾所署的"曾"，其实也是族徽。现在的问题是叶家山曾国墓地铜器铭文使用族徽和日名是否可以作为其族属不是周人而是殷遗民的证据，是需要讨论的。

周人不用族徽日名说由来已久。早在20世纪50年代以来就有学者提出"没有一件确知为周族祭器，上作祖甲、父乙等名号的，也没有一件确知

---

① 张懋镕：《谈随州叶家山西周曾国墓地》，《出土文献》第三辑，中西书局，2012年。

为周族祭器或用器而上作族徽的"①。"凡徽识铜器皆来自殷代，大抵皆为周之异姓。因为姬姓铜器皆不用"②。因此90年代兴起的周人不用族徽、日名说不过是袭用前人之说并非发明创造。其实周人不用族徽、日名说是对族徽、日名一知半解没有作过系统深入研究的皮毛之论。实际上商周时代的铜器上存在大量的周人族徽和日名。例如，周人有始祖姜嫄履大人迹而生弃的感生神话，于是产生了"足迹形"族徽，如足迹罍（《考古图》4.64）、足迹彝（《考古图》4.38）。足迹形可以隶定为止，如止爵（《集成》7470）、亚止罍（《集成》9769）。止、姬读音相近，借止为姬，芷阳又作茝阳可证。因此，足迹形和止字族徽又可称为姬字族徽。

又如周人以农立国，周人始祖"周弃能播殖百谷蔬"（《国语·郑语》），"好耕种"，被举为"农师"，"号曰后稷"（《史记·周本纪》）。故以向田间撒播种子的会意字"周"字初文田（《佚存》975）作为国号，并以"周"字的简体字田（田）、田（田）、田（田）作为族徽。周字族徽和复合族徽铜器粗计不少于35件。③

此外，周人有刘氏，以刘字初文"卯"字作为族徽，见亚卯方鼎（《集成》1413）。从卯、从金、从刀的"劉"字是后起字。

周人有荣氏，以荣字作族徽　见荣簠鼎（《集成》8240）

周人有单氏，以单字作族徽　见甕卣（《集成》5308.1—2）

周人召康公曾任太保，其后裔以大（太）保为族徽，见大保方鼎（《集成》2157—59；《集成》2372）。

周人使用日名的习俗也较为普遍，如周父癸斝（《三代》13.51.7），周父辛觯（《三代》14.45.12），周父庚方彝（《集成》986），周父丙爵（《集成》8436），甘肃灵台洞山一号墓出土的周壬鼎（《集成》1299），据唐兰先生考证属周康王铸作的王作母癸簋④，召公后裔伯龢作召伯父辛鼎（《集成》2407），憲作召伯父辛鼎（《集成》9430），洛阳北窑M347出土的叔造作召公尊铭文

---

① 王献唐：《黄县夔器》，山东人民出版社，1958年。
② 黄盛璋：《长安镐京地区西周墓新出铜器群初探》，《文物》1986年第1期。
③ 王恩田：《释罢、畀、畁——兼说畀、畁字形》，《古文字研究》第25辑，中华书局，2004年。
④ 唐兰：《西周青铜器铭文分代史徵》，中华书局，1986年，第139页。

中的父乙①，匽侯旨作父辛鼎（《集成》2269）等等。彻底终结周人不用日名说的是1989年河南平顶山应国墓地8号墓出土的应公鼎，铭文计4行18字（含合文）（图四）：

应公作塍
彝簠鼎
珷帝日丁子子
孙孙永宝。②

图四　应公鼎铭文

已有学者撰文讨论③，还可以有如下不同的释读。

应公是应国国君。簠，从卤声，不从西，并非簋字。簠读作脀。《广雅·释器》："脀，肉也。"王念孙《广雅疏证》："脀通作旅。《盐铁论·散不足》：'肴旅重叠，燔炙满案。'旅之言臚也，肥美之称。"簠鼎意为用来煮肥美肉的鼎。

周武王灭商后，有在文王、武王、昭王等周王的名号旁加"王"字，或在国号周字旁加"王"的习俗。本铭的"珷"是武王二字合文，不能读作"武"字。"帝，尊号也"（《春秋繁露·三代改制质文》），"卒葬曰帝"（《大戴礼记·诰志》）。本铭"帝"字是对已故国君的尊称。如帝尧、帝舜、帝乙、帝辛等等。周原甲骨文还把帝乙尊称为"文武帝乙"。称"帝"者未必是器主的父亲，与直系旁系也没有必然的联系。"日丁"是武王日名。日名不指生日、死日，而指葬日。周武王日名为丁，证明武王是在丁日那天下葬的。"珷帝日丁"不应与"子子孙孙永宝"一气读。而属于宾语前置，其句型应与"曾侯作父乙方鼎"（M111∶85）、"曾侯作父乙宝塍彝"相同，读作"应公作武王帝日丁塍彝簠鼎，子子孙孙永宝"。《左传·僖公二十四年》："邘、晋、应、韩，武之穆也。"应国是武王之子的封国，应公鼎是应公为始祖武王作祭器，证明文献记载可信，说"珷帝"是武王的父亲文王，说"日

---

① 洛阳市文物工作队：《洛阳北窑西周墓》，文物出版社，1999年，第87页。
② 河南省文物考古研究所等：《河南平顶山应国墓地八号墓发掘简报》，《华夏考古》2007年第1期。
③ 李学勤：《新出应公鼎释读》，《古文字论稿》，安徽大学出版社，2008年。

丁"是文王的庙号是错误的。应公鼎年代是西周晚期，不仅证明周人同样使用日名，而且周人使用日名习俗至少沿用到西周晚期。

应该指出，周人虽然和殷人一样，也有使用腰坑葬俗，也有使用族徽、日名习俗，但就规模及数量而言，确实是大为减少了。原因何在，需要加以分析。

殷人热衷于田猎，殷墟甲骨文中田猎卜辞比比皆是。田猎离不开"田犬"，腰坑埋狗葬俗，显然是象征墓主生前田猎时把狗带在身边。如上所述，周人以农立国，田猎并非主要的生活方式。因而腰坑埋狗葬俗并不普遍。张家坡一座周人墓葬仅有腰坑，但并不埋狗。腰坑显然已经成为没有实用价值的象征和符号（图五），充分证明了这一点。

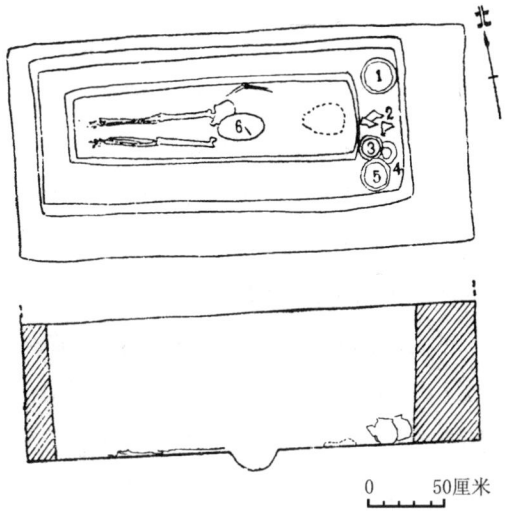

图五　张家坡西周早期小型墓 M2 平剖图

此外，从古公亶父开始实行"贬戎狄之俗"和周文王"改法度"的政策有关（《史记·周本纪》），也是腰坑葬俗，族徽、日名习俗逐渐减少的一个重要原因。

二　叶家山曾国墓地属于姬姓周人

从文化因素的分析入手是解决叶家山墓地族属的关键。文化因素包括自身的文化因素和外来的文化因素。自身文化因素如铜簋，殷人流行无耳簋，而周人不见无耳簋。殷代晚期出现双耳簋，但殷人的双耳簋圈足甚矮，而周人的双耳簋圈足特别高。太保簋的圈足几乎与簋腹等高，而且还出现了方座簋的新形制。叶家山墓地 M28 出现了方座簋。而墓地出土的铜簋的圈足都很高，一般约为器高的三分之一，或超过三分之一，这是殷人铜簋中绝对没有的现象。又如西周早期出现一尊配大小二卣的周人特有的组合形式，如卿组尊卣、沣伯组尊卣、北京琉璃河燕国墓地出土的圉组尊卣等。叶家山M28和M111都发现一尊配大小二卣周人的特殊组合形式。① 在纹饰方面，西周早期出现了周人特有的涡龙纹，也称团龙纹，见于大丰簋、叔德簋和效父簋等。而M28和M111的铜罍上，M27的方座簋上也都饰有周人这种独特的纹饰。再如，周人认为殷人嗜酒成风，是导致殷人亡国的重要原因。据成书年代可靠的《书·酒诰》记载：殷人"庶群自酒，腥闻在上。故天降丧于殷"。以酒器陶觚、陶爵随葬是殷墓中常见的标志性器物组合。即使像山东益都（今青州市）苏埠屯M1亚字形和M2中字形的商代大墓也不例外。而在叶家山西周墓地的报道中只见食器陶鬲，而不见酒器陶觚、陶爵组合。证明其族属不可能是殷遗民。

叶家山墓地出土的至少16种族徽铜器属于外来文化因素。绝大多数的确属殷商氏族，但不能以此作为叶家山墓地族属应是殷商后裔的依据。恰恰相反，倒是叶家山墓地族属必属周人的证据。多种族徽共存于一墓是周人故地陕甘地区西周早期墓葬常见的现象。20世纪80年代以来，我们就曾指出这些多种族徽的铜器是周人灭殷和征伐东夷战争中掠夺的战利品②，也就是《书·分器》中所说的"武王既胜殷，……班宗彝，作《分器》"③。即向战争中有功将士颁发、分配所掠夺来的铜器。由此证明凡是出土多种族徽铜器的墓葬的墓主都应是参加过灭殷或征伐东夷战争的周人将士，而且根据这些多种族徽铜器还可以证明周人曾经征伐过哪些国家和氏族。例如岐山出土的亚薛史铜鼎是周人征伐山东的薛国所掠夺的战利品。④ 又如山东长清和费县等地多次集中出土大批举族铜器，而叶家山M27出土举父丁壶，M28出土的举母辛觯，应是叶家山的曾国国君与贵族曾参加周王朝征伐东夷时，从山东举族中掠夺的战利品。

叶家山西周墓地出土的铜戈分为两类：一类是形制相同、保存完好、装

---

① 王恩田：《"成周"与西周铜器断代——兼说何尊与康王迁都》，《古文字学论稿》，安徽大学出版社，2008年。
② 王恩田：《关于鲁国建国史的两个问题》，《齐鲁学刊》1981年第6期。
③ 王恩田：《沣西发掘与武王克商》，《考古学研究》（五），中国社会科学出版社，2003年。
④ 王恩田：《陕西岐山新出薛器考释》，《古文字论集》（一），《考古与文物丛刊》第二号，1983年。

有秘柄、集中放置的铜戈。例如第一次发掘的 M65,"出于墓室南边二层台上,……整体取出未及整理,有的保存秘杆朽痕"的数件铜戈应是曾人自己使用的兵器。另一类形制各异、被折断、砸弯、分散放置的是战争中缴获的敌方的兵器,属于外来的文化因素。应是《荀子·儒效》"周武王之伐纣也,……反(返)而定三革,偃五兵"中所说的"偃五兵"[1]。杨倞注:"偃,仆也。"《说文》:"仆,顿也。"《书·多士》传:"不顿兵伤士。"疏:"顿,折也。"《左传·襄公四年》:"甲兵不顿。"注:"顿,坏也。""偃五兵"即折断、毁坏兵器,估计是用以象征对敌人反抗的摧毁、歼灭。这种折断、砸毁兵器的现象,往往与多种族徽铜器并存,也是西周早期周人墓葬所独有的葬俗。因而也是叶家山西周曾国墓地必属周人的重要证据。

曾,文献作随,姬姓。1979 年,随县城郊县城东 1.5 公里的季氏梁春秋墓出土两件有铭铜戈。一件铭"穆王之子,西宫之孙,曾大攻(工)尹季怠之用"。另一件铭"周王孙季怠孔戚元武元用戈"[2]。"穆王"二字裘锡圭先生所释。或释"穆侯",误。穆下有重文符号,读作穆穆王,曾大工尹季怠,自称系"穆穆王之子,西宫之孙",又自称"周王孙"。可知周王孙实即周穆王之孙,属穆王支系西宫后裔,清楚不过地证明曾为姬姓国。

另据黄凤春先生介绍,2009 年文峰塔墓地采集的一件铜钟称"曾侯□曰余稷之后也……"。[3] 稷即周人始祖后稷,进一步证明曾为姬姓。

综上所述,认为叶家山西周曾国墓地族属是殷遗民证据不足。实际上应属姬姓周人墓地,证据确凿,铁案难移。

原载《江汉考古》2014 年第 3 期

校记:

本文在发表时略有修改,附图均被删除。收入本书时恢复原貌。

---

[1] 王恩田:《〈齐语〉的史料来源与成书年代》,《管子学刊》编辑部:《齐文化综论》,华龄出版社,1993 年。

[2] 随县博物馆:《湖北随县城郊发现春秋墓葬和铜器》,《文物》1980 年第 1 期。

[3] 黄凤春:《关于叶家山曾国墓地的族属问题》,2013 年随州叶家山西周墓地国际学术研讨会论文。

曾侯與编钟与曾国始封

—— 兼论叶家山西周曾国墓地复原

随州叶家山西周曾国墓地是西周考古空前的重大发现。学界首先关注的自应是年代与族属、都城等问题。关于始封与始祖问题还较少涉及。随州文峰塔春秋曾国墓地出土的曾侯與编钟①，铭文内容涉及曾国开国史与曾楚关系，是极为重要的出土文献。已有多位学者加以考释，有不少创获。也还有一些值得进一步研究的问题。笔者已有小文参与讨论。②关于曾国的始封，叶家山墓地有几位曾侯，有没有曾侯与夫人的合葬墓，以及墓地中除姬姓周人外，墓地能否分区等问题也很有必要讨论。故草此小文，权作引玉之砖请教。

一 曾侯始封与周初南公世系

关于曾侯與编钟一号钟（M1:1）铭文中曾国始封与"南公"其人，目前还有较大分歧。有必要通过讨论，明辨是非。为便于讨论，按通行字隶定如下：

> 曾侯與曰：伯括上庸，佐佑文武，挞殷之命，抚定天下。
> 王遣命南公，营宅汭土，君比淮夷，临有江夏。

伯括即南宫括。上庸，庸通容。"上容"是南宫括的本名，"伯括"是其

---

① 湖北省文物考古研究所：《随州文峰塔 M1（曾侯與墓）、M2 发掘简报》，《江汉考古》2014 年第 4 期。
② 王恩田：《曾侯與编钟释读订补》，复旦大学出土文献与古文字研究中心网站，2015 年 1 月 17 日。

字。括即包括、包容。《后汉书·蔡邕传》:"包括无外,皆容受之义也。"名上容,字伯括,与孔子弟子鲁人南宫括字子容相同,都属于王引之所定名字义类中的"连类"①。

"遣"与册双声,"遣命"即册命。"遣"也可训为改易的"易"。遣命即变更原来的册命。例如宜侯夨簋"王命虞侯夨曰:迁侯于宜"(《集成》4320),即虞侯夨改封于宜。

"汭",泥母祭部。随,定母歌部。声为旁纽,歌与祭阴入对转。"汭土"读作"随土"。"营宅汭土"即在随地营建居处,封邦建国。

"君比淮夷",比,或隶为"此",释为"南公受命统治淮夷地区"。"君"或解为"统治","比"读作庇,表明东南的淮夷国族均在其管理之下。

据兮甲盘"淮夷旧我帛晦臣"(《集成》10174),直到西周晚期,淮夷一直是对周王朝纳贡称臣的国家。既不是周王朝的统治地区,也不在周王朝的管理之下。西周早期的周王不可能命令南公统治或管理淮夷。

按:"君",尊称,并非专指国君。"天子、诸侯、公卿、大夫、士,有地者皆曰君"(《仪礼·丧服传》)。"比",从土,从匕。据叶家山 M2 出土的分裆鼎(M2:2)的铭文有"戊午"二字合文,和"夭邕"二字合文,故这个字也可以视为"土比"二字合文。《汉书·诸侯王表》:"诸侯比境。"注:"比,谓相接次也。"比即比邻。"君土比淮夷",意为国土与淮夷相邻。"临",《穀梁·哀公七年》:"《春秋》有临有天子之言焉。"注:"临有,抚有之也。"《国语·晋语》:"临长晋国者。"《一切经音义》引贾逵注:"临,治也。""临有江夏"即抚有江夏,治理江夏,也就是辖有江夏。

上段钟铭讲的是南公括辅佐文王、武王伐纣灭殷,平定天下的历史功勋,学界无异辞。而下段钟铭"王遣命南公"中的"王"和"南公"究竟是谁,目前分歧还比较大。一种意见认为"王"即周成王,"南公"即上段铭文中的"伯括"。而叶家山 M111 的犺簋的器主犺比大盂鼎器主盂长一辈,可估计为康王时人。② 另一种意见赞成唐兰先生的考证,认为大盂鼎的盂是

---

① (清)王引之:《经义述闻·春秋名字解诂》,《清经解·清经解续编》(柒),凤凰出版社,2005 年,第 9272—9299 页。

② 李学勤:《曾侯腆(與)编钟铭文前半释读》,《江汉考古》2014 年第 4 期。

文王幼子、武王幼弟聃季载。① 后又根据犺簋铭文，犺是"南公"之子的犺簋和曾侯舆编钟修正其说，认为大盂鼎的"南公"不是聃季载，而认为犺簋的"南公"和大盂鼎的"南公"是同一个人。并根据曾侯舆编钟的"南公"认为曾国的始封者是"伯括"，即南公括。②

与上述各家的看法不同，拙见以为钟铭"王遣命南公"的"王"应是廿三祀盂鼎的"王"，即康王，不是成王。钟铭的"南公"是廿三祀盂鼎中受封的盂，而不是南宫括。廿三祀盂鼎中的"南公"，是盂的祖父，即南宫括。叶家山 M 111:67 犺簋"犺作刺考南公宝尊彝"中犺的父亲"南公"，也是盂鼎中受封的盂。犺不能比盂长一辈，而是犺比盂晚一辈。另据 M 111:85"曾侯作父乙"方鼎可知，犺的父亲南公盂日名为乙，也就是说曾国的始封君是南公盂。根据卅五祀盂鼎，康王三十五年③时盂还曾征伐鬼方，并献俘于康王。可知盂仍留相王室，并未就封。而由盂之子犺就封，成为第一代曾侯。这与周公受封于鲁，而实际就封成为鲁国始封君的却是周公之子伯禽，召公受封于燕，实际就封的却是其子旨或克的史实如出一辙。

根据西周"父子世官"的传统，康王理应册封南宫括之子，为什么却册封南宫括之孙盂？南宫括之子第二代南公是谁？拙见以为他应是《书·顾命》中的"仲桓南宫毛"。《书·顾命》："翌日乙丑王崩，太保命仲桓南宫毛，俾爰齐侯吕伋以二干戈、虎贲百人，逆子钊于南门之外。"伪孔传："冢宰摄政，故命二臣。桓、毛名。"按：周人名字制度先字后名，字在名上，又有以伯仲叔季的兄弟排行为字的习俗。"仲桓"应是南宫毛的字，而不是名。伪孔传"桓，毛名"的说法是错误的。仲桓南宫毛应是南宫括之子，第二代南公。但却不是盂的父亲，而是其叔父。因为在卅五祀盂鼎中，盂为"囗伯"作器，可证盂的父亲应是长子。而"仲桓南宫

---

① 黄凤春、胡刚：《说西周金文中的"南公"——兼论随州叶家山西周曾国墓地的族属》，《江汉考古》2014 年第 2 期。

② 黄凤春、胡刚：《再说西周金文中的"南公"——二论叶家山西周曾国墓地的族属》，《江汉考古》2014 年第 5 期。

③ 《夏商周断代工程》（简本）西周年表，康王在位 26 年。《三代吉金文存》小盂鼎拓本为"惟王卅五祀"。参见拙稿《西周王年的调整》，《考古学研究》（十）——《庆祝李仰松先生八十寿辰论文集》，科学出版社，2012 年。

毛"则是次子。此外,南宫乎钟所说的"先祖南公,亚祖公仲"(《集成》181.2)"先祖南公"应即南宫括。作为"亚祖南仲"行二的"南仲",应是南宫括的次子仲桓南宫毛。

清华简第三辑中的《良臣》篇载有上古黄帝以至春秋的历代明君及其辅弼之臣。谈到文王及其良臣时说:

文王有闳夭,有泰颠,有散宜生,有南宫适,有南宫夭。

《良臣》的记载与《书·君奭》是不同的。《君奭》在谈到文王之臣时说:"有若虢叔,有若闳夭,有若散宜生,有若泰颠,有若南宫括。"又说"武王维兹四人"。伪孔传:"虢叔先死,故曰四人。"《良臣》中没有虢叔,而加上了"南宫夭",是可疑的。证据表明《君奭》是可靠的西周文献。著名金石学家王懿荣于光绪三年(1877)在给陈簠斋的信中指出《周书·大诰》中的"宁王"是"文王"之误。因为"文"字在西周金文中从"心",前人在隶定时因字形相近而误作"宁"。从而证明《大诰》是可靠的西周文献。①10年后吴大澂《字说》中也有与此相同的看法。举一反三,《君奭》中也有文王被误作"宁王"的例证。证明《君奭》也应是可靠的西周文献。而且《君奭》中所说的"虢叔",见于《左传·僖公五年》:"虢仲、虢叔,王季之穆也。"虢叔应是文王之弟,是实有的历史人物。虢叔以外的其他四人,即"武王维兹四人"都见于《史记·周本纪》等文献记载。而《良臣》的"南宫夭",却不见于任何文献记载,因而是可疑的。此外,《良臣》中所说的"黄帝",不见于以尊祖敬宗著称的殷人的甲骨文记载,也不见于商周族徽。《尚书》是现存年代最早的典籍,其中居然也没有黄帝。黄帝虽见于《史记·五帝本纪》,但《太史公自序》中说:《史记》一书"述陶唐以来,至于麟止"。由此可见《史记》开宗明义的第一篇应是《陶唐本纪》,《五帝本纪》不可能出自司马迁之手。太史公又说:"《尚书》独载尧以来,而百

---

① 王恩田:《王懿荣与金石学——为纪念甲骨文发现一百周年而作》,《纪念王懿荣发现甲骨文一百周年论文集》,齐鲁书社,2000年。

家言黄帝，其文不雅训，缙绅先生难言之。"太史公既然认为众说纷纭的黄帝事迹荒诞不经，不可能出自严谨的学者之口，号称"良史"的司马迁不可能根据"黄帝"的这类荒诞不经的传说，在《史记》中为黄帝立传。"黄帝"首见于战国中期齐威王所作的"陈侯因𬙂敦"（《集成》4649），而年代早于陈侯因𬙂敦与齐威王同宗的陈曼所做的鼎，其铭文末尾却并不署黄帝"轩辕氏"族徽，而署有"吴"字族徽（图一）。① 吴通虞，即虞舜。陈曼鼎以虞舜的"虞"字作为族徽，这与《史记·陈杞世家》"陈胡公满者，虞帝舜之后也"的记载是完全一致的。足以证明作为陈国后裔的齐威王认黄帝为始祖实为"数典忘祖"，不足为训。黄帝传说很可能出自战国时代齐燕方士之手。清华简《良臣》中提到黄帝，证明其成书年代也不可能早于战国。因此，清华简《良臣》中的"南宫夭"只能是子虚乌有的杜撰，不可信据。

图一 陈曼鼎拓本局部

综上所证，可以排出西周初年的三代南公和第一代曾侯的世系：

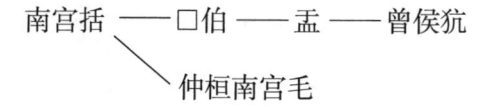

```
南宫括 ── □伯 ── 盂 ── 曾侯犺
     └── 仲桓南宫毛
```

还可以据此排出周初南公的称谓与周王的对应关系表，以清眉目。

表一

时代	人物	称谓	资料来源
文王武王	南宫括	祖南公	廿三祀盂鼎 《集成》2837
		先祖南公	南宫乎钟 《集成》181.2
		伯括上容	曾侯與编钟 文峰塔M1∶1

① 邹安藏拓本。

续表

时代	人物	称谓	资料来源
成王	□伯	□伯	三十五祀盂鼎《集成》2839
	南宫毛	亚祖公仲	南宫乎钟 《集成》181.2
		仲桓南宫毛	《书·顾命》
康王	盂	盂	廿三祀盂鼎《集成》2837
		南公	曾侯舆编钟 文峰塔M1:1
		剌考南公	犹簋 叶家山 M111:67
		父乙	曾侯作父乙方鼎 叶家山 M111:85

二 再说叶家山曾国墓地族属

2011 年随州叶家山西周曾国墓地的材料发表后，除发掘者黄凤春先生认为叶家山曾国墓地的族属属于姬姓周人，多位学者则认为是殷遗民，也有学者认为是姒姓夏族后裔。虽有学者赞同姬姓周人说，但其根据却是建立在周人不用族徽和日名的理论基础上的，即认为曾国铜器不使用族徽和日名。[①] 笔者曾例举大量证据证明周人不用族徽、日名说是错误的。[②] 就以叶家山墓地 M27 出土的白生盉而论，铭文末尾的"曾"字就是姬姓曾人的族徽。叶家山墓地第二次发掘的 M111 大墓出土的曾侯作父乙方鼎（M111:85），证明姬姓曾国同样使用日名，从而否定了叶家山曾国铜器不使用族徽和日名的说法。

文峰塔墓地 M1 出土的三号钟铭文（M1:3）进一步证明曾为姬姓周人：

惟王十月，吉日庚午，曾侯舆曰："余稷之玄孙。"……

稷即周人始祖后稷。商周时期见于古文字中的称谓，祖以上皆曰祖，无曾祖、高祖之分。孙之子，孙之孙皆曰孙，无曾孙、玄孙之别。因此，钟铭的"玄孙"并非五代之孙。玄读作远。《广雅·释诂》："远，疏也。"玄孙，即疏远之孙。

---

① 张懋镕：《谈随州叶家山西周曾国墓地》，《出土文献》第三辑，中西书局，2012 年。
② 王恩田：《随州叶家山西周曾国墓地的族属》，《江汉考古》2014 年第 3 期。

古代按照距始祖血缘关系的远近区别亲疏贵贱。血缘关系近的谓之亲，谓之贵。血缘关系远的，谓之疏，谓之贱。"稷之玄孙"意为曾侯與自称是距周人始祖后稷血缘关系较为疏远的后裔。但尽管距始祖血缘关系疏远，曾国仍然是姬姓，从而为叶家山墓地的族属争论画上了句号，即曾国确属姬姓周人无疑。

是否还有另外一种可能呢？"稷"是否是曾侯與五世祖的私名呢？回答是否定的。因为如上所述，商周时期所见古文字中的亲属称谓，祖父以上均谓之祖，无曾祖、高祖的区别。稷是曾侯與的"五世祖"的假设不成立。因而不存在五世祖私名的可能性。此外，曾侯與编钟一号钟提到的"伯括"是"左右文武"，建立过伐纣灭殷历史功勋的人物，以证明自己渊源有自，系出名门，不可能又在三号钟表白自己是一个不见经传的无名之辈"稷"的五世孙。把"稷"视为曾侯與的五世祖的私名，显然是不合情理的。另外一种可能性可以排除。

南宫氏属于姬姓，还可以根据新出流散铜器加以证实。一是《首阳吉金》著录的一对"南姬"爵。"南姬"铭文在柱。鋬下有"作公宝彝"四字。双柱已后移至与鋬相对的位置，属西周早期器。① 二是见于吴镇烽《商周铜器铭文暨图像集成》（简称《图像》）4464 著录的南公姬簋，器盖不对铭，盖铭"南公姬作宝尊鼎"，器铭"倗季癸字驷突宦旅簋"②，双耳三象鼻形高足。约属于昭王器。三是 2006 年 9 月中华青铜器网发布的南宫倗姬簋（《图像》4603）两行 10 字"南宫倗姬自作宝尊旅彝"。四是《图像》14685 著录的南姬盉，铭在鋬下，"南姬作彝"4 字，约属昭穆之际。定为商代晚期，未免太早。

此外，山西翼城天马一曲村晋国墓地 M 6081 出土两件"南宫姬作宝尊鼎"。M 6081 是出土著名的寝孳方鼎的墓地中唯一的"四鼎墓"③。据墓中同出的铭作"伯作宝尊彝"的尊、卣二器，可知其墓主应是某"伯"。"南宫姬"应是某"伯"之妻。叶家山西周曾国墓地和南宫之族属于姬姓，毋庸置疑。

---

① 上海博物馆等：《首阳吉金——胡盈莹、范季融藏中国古代青铜器》，上海古籍出版社，2008 年，第 68—71 页。

② 吴镇烽：《商周铜器铭文暨图像集成》，上海古籍出版社，2012 年。

③ 邹衡主编：《天马一曲村（1980—1989）》第二册，科学出版社，2000 年，第 335—350 页。

三　叶家山墓地的"曾侯"和"曾侯与夫人合葬墓"

目前比较一致的意见认为叶家山西周曾国墓地的 M65、M28 和 M111 是由早而晚的三位曾侯墓。M2 和 M27、M65 和 M28 分别是两位曾侯的夫妻合葬墓。拙见以为上述看法还可以再斟酌。

古代有以墓道"隧"作为"王章",即王的身份标志的葬制。春秋晋文公以平定王室内乱的功绩申请使用"隧"的葬制而遭到拒绝。周襄王宁肯多多赏赐给晋文公几个邑的土地,也不肯答应他使用"隧"的葬制,因为"隧"是王的标志,如果晋文公使用"隧"的葬制,将意味着"国有二王",因而是不能同意的。中国考古学的发现证明,"隧"是有 4 条墓道的"亚"字形大墓,其墓主身份应是王。有两条墓道的"中"字形大墓和 1 条墓道的"甲"字形大墓称为"羡",墓主身份应是诸侯。诸侯国君不一定都使用墓道,但使用墓道者,其身份必然是诸侯国君。叶家山墓地只有两座大墓 M111 和 M28 使用墓道,而且铜器铭文中只有曾侯犺和曾侯谏,显然不是偶然的巧合,因而只能有两位曾侯,一是 M111 的曾侯犺,另一位是 M28 的曾侯谏。M65 不仅没有墓道,而且规模不大,墓口东西长 5.02 米,南北宽 3.5 米—3.62 米,算不上大墓,只能是中型墓,因此 M65 不可能是曾侯墓,有可能是曾侯谏之子或其弟的墓。

叶家山西周曾国墓地中是否有曾侯与其夫人的夫妻合葬墓,这要根据西周是否实行以"男女有别"为特征的一夫一妻制加以肯定或否定。

与那些只讲社会分层、社会复杂化,而不讲婚姻制度的理论不同,唯物史观认为婚姻制度对社会的发展有着重要的制约作用。中国也和世界上其他国家、民族一样,大体经历过血缘群婚,普那鲁亚婚(伙婚)、对偶婚、家长制家庭婚和一夫一妻制婚(专偶婚)等几个连续发展阶段。无数事实证明,西周时期不可能实行一夫一妻制。例如一夫一妻制要求妇女必须幽闭在闺中,"大门不出,二门不迈",而西周经典《诗经》说"出其东门,有女如云"。又如一夫一妻制要求妇女婚前婚后要严守贞操,而《诗经》中爱情诗的充斥,表明西周时代的妇女享有充分的性自由。再如屡屡见于《春秋》经传被视为"乱伦"行为的父死妻其后母,兄死娶其寡嫂的"烝报制"。一夫一妻制要求"男女有别""男女授受不亲",而礼制规定结婚三个月以后,只有经过"三月而庙见"(《礼记·曾子问》)之礼才能成为合法夫妻,这与阿兹特克人与其妻约定,等她生了孩子以后再结婚的"试婚制"[①]如出一辙。此外被视为乱伦行为的霸占儿媳的事件层出不穷等等,证明西周、春秋时期所实行的不是一夫一妻制,而是与一夫一妻制伦理道德相悖的家长制家庭婚。西周春秋时期"生是男家人,死是男家鬼"的"从一而终"(《仪礼·丧服》)的理念极为淡薄。丈夫死后可以"归葬于女氏之党"(《礼记·曾子问》),或另行改嫁,并不与丈夫合葬。因此,成书于战国时代的《礼记·檀弓》说"合葬非古也"。在战国时代的人们看来,夫妻合葬在当时还是出现不久的新生事物。东周墓葬的发掘资料证实"许多有墓道的战国大墓都有夯筑而成的高大坟丘"[②],坟丘是为方便夫妻合葬提供地面标志的配套葬制。不实行夫妻合葬,当然也就用不着夯筑坟丘。因此《礼记·檀弓》又说"古也墓而不坟"。

上述经籍记载充分证明西周尚未实行一夫一妻制,因而不可能出现建立在"从一而终"伦理道德上的"夫妻合葬"。

中国近现代考古发掘资料证实,西周墓葬,无论是大中小墓,"绝大多数是单人葬"[③]。叶家山西周曾国墓地两次发掘的140座墓葬再次证明了上述规律是可信的。目前包括叶家山墓地在内的多个西周墓地所讨论的夫妻合葬墓,应是受到北赵晋侯墓地9组并穴的"夫妻合葬墓"的影响与启发。其实,晋侯墓地的9组并穴墓是否夫妻合葬墓,是大有可疑的。

晋侯墓地的9组并穴墓中的8组,因人骨腐朽,未能进行性别鉴定。定为夫妻合葬,纯属推测。滕州前掌大商周墓地经过性别鉴定的6对并穴墓的M110+M102,M115+M116,M119+M120,M37+M38,M28+M24等5对同属女性。M15+M14的一对同属男性。[④]证明晋侯墓地的8组并穴墓很有可能同属男性。其性质应是西周昭穆制度"兄昭弟穆"原则

[①] 〔美〕乔治·彼得·穆达克著,童恩正译:《我们当代的原始民族》,四川民族研究所,1980年。
[②] 中国大百科全书总编辑委员会、《考古学》编辑委员会、中国大百科全书出版社编辑部编:《中国大百科全书·考古学》,"东周墓葬"条,中国大百科全书出版社,1986年。
[③] 中国大百科全书总编辑委员会、《考古学》编辑委员会、中国大百科全书出版社编辑部编:《中国大百科全书·考古学》,"西周墓葬"条,中国大百科全书出版社,1986年。
[④] 中国社会科学院考古研究所:《滕州前掌大墓地》,文物出版社,2005年。

的昭穆关系。①

晋侯墓地被定为女性墓主的主要根据,一是不随葬兵器,二是随葬的车子很小。但《左传·哀公十五年》"孔伯姬杖戈而先",手持铜戈的孔伯姬就是一位女性。山东长清仙人台邿国墓地的五号墓,是一位成年女性,也随葬铜戈。②滕州前掌大商周墓地的 M49、M108、M110、M119、M120 等 5 座女性墓都随葬铜戈。③古代大臣官宦也可以乘小车,如汉丞相车千秋,"年老,上优之,朝见得乘小车入宫殿中,故因号曰'车丞相'"(《汉书·车千秋传》)。《释名·释车》:"安车盖卑坐乘,今吏所乘小车也。"可见确定女性墓的这两条标准不能成立。此外,晋侯墓地以"殉狗"作为男性墓的标准也不可信。因为在滕州前掌大商周墓地,不论男性、女性均可以狗随葬。如北区的 BM3,南区的 M17、M49、M108 等女性墓均有狗随葬。④

此外,周代诸侯有在王册命时被授予以珩作为主要部件的命服佩玉制度。《诗·小雅·采芑》:"服其命服,朱芾斯皇,有玱葱珩。"《毛传》:"玱,珩声也。葱,苍也。三命葱珩。"《礼记·玉藻》:"一命、再命幽衡,三命葱珩。"衡通横,也就是珩。因此,《国语·晋语》韦昭注说:"珩,佩上之横者。"由此可知,以珩和璜为主要部件的佩玉制度是男性贵族的特权与身份高低的标志,并不适用于女性。而在晋侯墓地中被定为晋侯夫人墓的 M91 佩有 5 珩。另一位晋侯夫人的 M63 佩玉多达 45 璜。显然这些被定为晋侯夫人墓的死者也都是男性。此外,晋侯墓地中没有任何一座墓葬是有夯筑坟丘的,从另一侧面证明晋侯墓地没有夫妻合葬。因此晋侯墓地所谓 9 组晋侯夫妻并穴合葬墓的说法并不可信。⑤

总之,即使像北赵晋侯墓地普遍被认同的 9 组夫妻合葬墓说尚且不能成立,何况叶家山墓地的 M65 和 M2,M28 和 M27 两组被认为是曾侯与其夫人的合葬墓,同样没有进行过性别鉴定。而且并不是成双成对的并穴,而是

---

① 王恩田:《周代昭穆制度源流》,《西周史论文集》,陕西人民教育出版社,1993 年。
② 山东大学历史文化学院考古系:《长清仙人台五号墓发掘简报》,《文物》1998 年第 9 期。
③ 中国社会科学院考古研究所:《滕州前掌大墓地》,文物出版社,2005 年。
④ 中国社会科学院考古研究所:《滕州前掌大墓地》,文物出版社,2005 年。
⑤ 王恩田:《西周制度与晋侯墓地复原——兼论曲沃羊舌墓地族属》,《中国历史文物》2007 年第 4 期。

头与足相对,足证曾侯夫妻合葬墓说不能成立。

四 廿三祀盂鼎"受民"与叶家山西周曾国墓地的分区

笔者曾论证叶家山曾国墓地的族属属于姬姓周人。[①]但墓地中的全部死者是否都是姬姓周人,是否也包括夷人,值得进一步分析。

如上所证,曾侯與编钟"王遣命南公"也就是廿三祀盂鼎中的康王册命或改命盂。而盂虽被册命,但并未就封。叶家山曾国墓地第一代曾侯是盂的儿子曾侯犺。因此,有理由认为叶家山墓地的死者也就是盂鼎中的"受民"。

廿三祀盂鼎册封盂的"受民"时说:"赐汝邦嗣四伯,人鬲自驭至于庶人六百又五十又九夫。赐夷嗣王臣十又三伯,人鬲千又五十夫。"两类官吏臣民总计1726人。其中包括"邦嗣"和"夷嗣"两部分。邦通国,嗣通司,即西周对官吏的通称"有司"。《尔雅·释诂》:"伯,长也。""邦嗣四伯"即管理国人的四个官吏。"王臣"指臣服于王的夷人。"夷嗣王臣十又三伯"即管理臣服于王的夷人的十三个官吏。既然叶家山墓地是被康王册封的曾国的墓地,墓地两次发掘所揭露出来的140余座西周墓地,就应该包括"受民"中的国人和夷人。叶家山墓地的布局最为显著的特点是南北成排纵向分布。其中包括两位曾侯在内的M111、M28、M65、M4、M7等一排大中型墓,占据叶家山岗地的最高位置,成为墓地的核心。此排以西,形成为一个墓区,可称西区。此排以东又有自南而北的M50、M46、M27、M26、M25、M2、M5、M3、M1等大中小墓纵向分布的另一排,成为墓地的另一核心,此排以东可称为东区。西区与东区之间可以清楚地划出一条分界线(图二),而且西区的小墓在墓地的西北角比较集中。东区的小墓则集中于墓地的东南角,而包括曾侯犺墓的M111和曾侯谏墓的M28都位于西区,西区应是曾侯公室和国人墓区。根据东区出土的铜器铭文可知东区的M1应是出土4件方鼎被认为地位很高的墓主"师"的墓。东区出土"曾侯谏作媿宝彝器"铜器的M2,应是曾侯谏的媿姓夫人墓。出土"亚娟"圆鼎和亚娟簋的M3

[①] 王恩田:《随州叶家山西周曾国墓地的族属》,《江汉考古》2014年第3期。

应是曾侯另一位娲姓夫人墓。如上所述，由于妇女同样可以使用兵器，因此，根据M27没有出土兵器而被视为曾侯夫人墓的证据不具有说服力。而据M27出土的鱼伯彭尊、卣和爰父簋，墓主似应是男性。M27出土的"白生盉"，白通伯，生通甥。铭末署"曾"字族徽。伯甥其人应是曾族妇女之子，曾人的外甥。夫死后曾女回归曾族。其子伯甥随父居住。因而东区中应

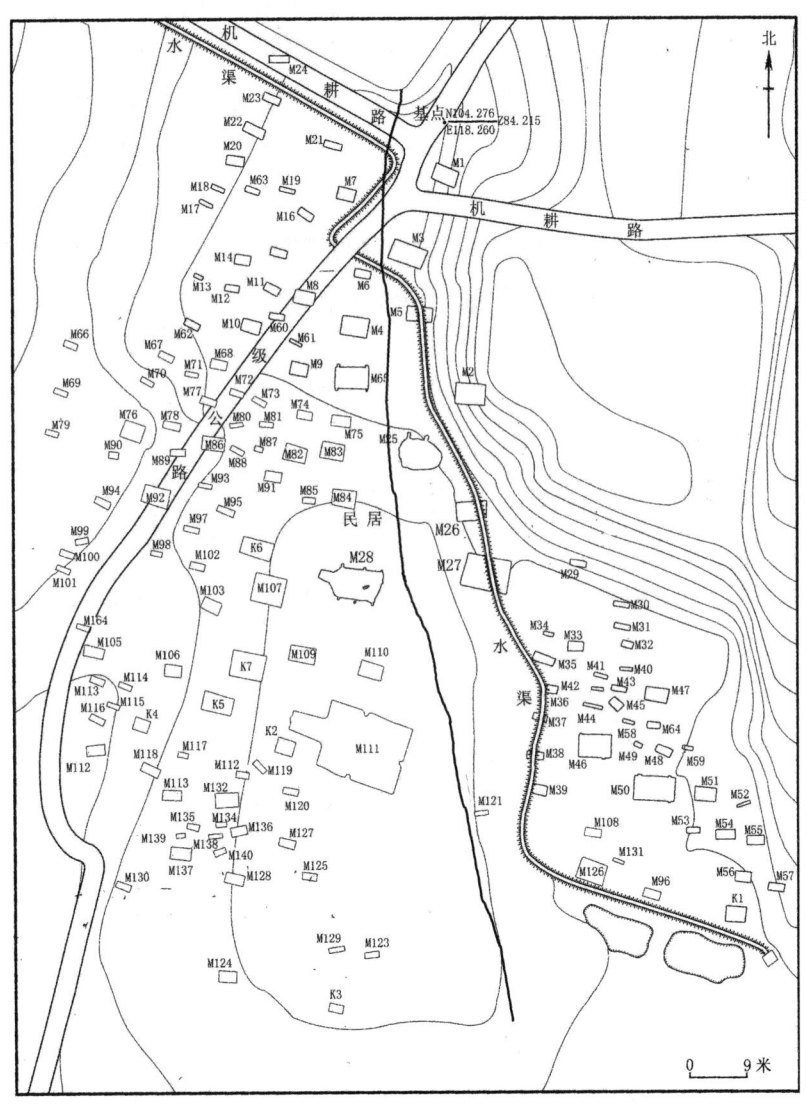

图二　叶家山墓地分区图
据《江汉考古》2013年第4期，第4页图一改绘

有曾伯翔的墓。总之，东区中没有一座可以确定属于曾侯或其臣民的墓。此外，叶家山仅有的两座腰坑埋狗的墓M1和M3也都在东区。东区应属夷人墓区似无疑问。M1的"师"，M27的鱼伯彭或爱父，东区大墓M50的墓葬"九六一伯"等人的身份应是夷人官吏的"夷嗣"。

叶家山曾国墓地分为曾侯公室与国人墓区和夷人墓区与北京琉璃河燕国墓地①也分为东西两区的例证颇为相似。燕国墓地的西区是包括M202和出土克罍、克盉的M1193等诸侯等级大墓在内的大中小墓，应是燕国的公室墓区，而东区则应是赏赐给燕国国君的5族殷遗民或夷族的墓区。

此外，据滕州市博物馆原馆长李鲁滕先生见告，滕州庄里西滕国墓地是一处堌堆遗址。出土滕侯铜器的墓都位于堌堆的高地。而该馆清理的7座出土"亚其疑"族徽铜器的殷遗民小墓②，则位于堌堆西侧俗称"凤凰翅"的较为低洼的台地。不仅证明滕国墓地也分为滕侯公室墓区和殷遗民或夷人的墓区，而且滕侯墓区也位于高处，这与曾国墓地的布局也是相同的。足以证明叶家山曾国墓地的分区是可信的、正确的。

尾　语

随州叶家山西周早期曾国墓地是西周考古空前的重大发现，除上述各点之外，还有许多其他重要的课题：如叶家山墓地存在的时间短暂，原因何在？昭王铜器中甗昭王伐楚的"设应在曾"的"曾"是不是叶家山墓地曾国的"曾"？那个自称是"周王孙"，又自称是"穆穆王之子、西宫之孙、曾大工尹"的季怡的曾国与叶家山墓地的曾国是继承关系，还是另起炉灶的"再封"？曾与随的国名来源等课题，都需要通过讨论作出判断。限于篇幅，拟另文探讨。

---

① 北京市文物研究所：《琉璃河西周燕国墓地（1973—1977）》，文物出版社，1995年。
② 杜传梅、张东峰、魏慎玉、潘晓庆：《1989年山东滕州庄里西西周墓发掘报告》，《中国国家博物馆馆刊》2012年第1期。

睡虎地秦律的年代、渊源与社会属性

（提纲）

1976年12月，湖北省云梦县城关西部睡虎地墓地11号秦墓内出土竹简1100余枚。其中500余支的内容属于秦国的律令及其解释和治狱案例，通称睡虎地秦律。①

一 关于睡虎地秦律的年代

《简报》根据《大事记》终于秦始皇三十年，这年墓主喜46岁。而据人骨鉴定系40多岁男性。由此确定睡虎地11号墓年代是秦始皇三十年，是正确的。但这不意味着墓内所有遗物年代都是秦始皇三十年的。例如，墓内出土的小口陶瓮有方印四字陶文"安陆市亭"。这件小口陶瓮的年代就不是秦始皇三十年，而是战国时代秦国的。因为秦始皇时代的亭市陶文和私名印陶文，均使用半通印，而不使用方印。②

《简报》根据南郡郡守腾的文书中，为避秦始皇"政"的讳，把"以矫正民心"的"正"，写作"端"，证明这批竹简的年代不会晚于秦始皇三十年，当然也是对的；但却不能据此认为秦律竹简的年代也不会早于秦始皇三十年，这是因为秦律中仍称秦国国君为"王"，称以外的国家为夏或诸侯，而不称"皇帝"。第二，多次使用了"正"字，说明这时还不知道秦始皇时"讳正为端"的制度。第三，《徭律》规定，被征调的服徭役者"失期三日到

---

① 孝感地区第二期亦工亦农文物考古训练班：《湖北云梦睡虎地十一号秦墓发掘简报》，《文物》1976年第6期。

② 王恩田：《陶文图录·自序》，齐鲁书社，2006年，第20页。

五日,赀。六日到旬,赀一盾。过旬,赀一甲"。这与《史记·陈涉世家》所说秦末"失期,法皆斩""亡亦死"的规定不同。第四,秦始皇统一六国后,"更名民曰黔首",改"命为制""令为诏"等法令,等均不见于睡虎地秦律。因此睡虎地秦律的年代,不可能是秦始皇时代的。①

二 睡虎地秦律与商鞅变法的关系

《晋书·刑法志》说李悝《法经》六篇,"商君受之以相秦",说明商鞅变法与李悝《法经》的渊源关系。关于商鞅变法的具体内容,如什伍连坐,告奸,子壮出分,奖军功,罚私门,倡本业耕织,罪末利怠而贫,以军功的大小作为属籍、尊卑、爵秩、占有田宅和臣妾、衣服等"显荣"的标准等见于《史记·商君列传》。"坏井田、开阡陌""除井田、民得买卖"见于《汉书·食货志上》。"制辕田"即制止、废除辕田②,见于《韩非子·内储说上》等史籍记载。

睡虎地秦律是商鞅变法律令的继承与发展。从内容方面看:

第一,在《法律答问》中有 40 余条的内容是讨论对"盗"的处罚。其中有一条说"或盗采人桑叶,赃不盈一钱,何论?赀徭三旬"。偷采桑叶其价值不超过一个钱,要罚做劳役 30 天,其保护私有财产不受侵犯的性质由此可见。睡虎地秦律对盗的有关刑法,显然与上述商鞅继承李悝《法经》中突出《盗》的保护私有财产的法治思想相一致。

第二,《韩非子·定法》和《商鞅列传》中都有商鞅所定什伍连坐的法令。而睡虎地秦律中的《傅律》《屯表律》《法律答问》中也有多处关于伍人连坐的律令。

第三,商鞅变法中有据军功赐爵的律令。睡虎地秦律中有《军爵律》与商鞅以军功赐爵的律令相合。

第四,《商君列传》中有"为私斗各以轻重被刑"的律令。《法律答问》

---

① 高敏:《云梦秦简初探》,河南人民出版社,1979 年,第 49—50 页。
② 王恩田:《临沂竹书〈田法〉与爰田制》,《中国史研究》1989 年第 2 期。

中有 12 条有关禁私斗的律令。

由此可证,《史记·商君列传》等文献记载中的商鞅变法的内容,所体现的是秦法的原则与精神实质,而睡虎地秦律才是具体的律令条文与细则。

为什么见于《韩非子》《新序》《说苑》《盐铁论·刑法篇》等多种文献记载商鞅变法中的"弃灰于道者刑",不见于睡虎地秦律呢？中国田野考古中战国以后的地层为之一变,战国以前充斥在"灰坑""灰层"中的草木灰不见了,证明商鞅变法中弃灰之法的实行是彻底的。不准"弃灰于道"的目的,并不是如同经学家们所说的是防止火灾,而是以法律的形式强制推行"弃灰于野",即农田施肥,以提高农产品的产量。弃灰之法之所以不见于睡虎地秦律,正如同商鞅变法的律令条文是各种文献记载的摘抄,而非全豹。睡虎地秦律是墓主喜在他担任"榆史""安陆令史""鄢令史""治狱鄢"等法律和监狱等有关的官吏时,认为与职务有关的、有用的律文的摘抄,也并非秦律的全部。从秦孝公推行商鞅变法的前 360 年至秦始皇二十六年统一全国的前 221 年,推行了 140 多年的弃灰之法,早已使百姓从弃灰于野,施肥于田中的实践中得到实实在在的好处,弃灰之法早已是形同虚设,成为历史的陈迹。墓主喜不加摘引是合情合理的,不足为怪。

三 睡虎地秦律的社会属性

新中国古史分期的讨论中,西周封建论和战国封建论相继成为学界的主流的观点。而魏晋封建论则长期受到打压迫害。[①] 因此,以往多数学者认为睡虎地秦律是封建社会维护地主阶级的法律,律文中有关管理奴隶的条文则是奴隶社会法律的残余。我曾以唯物史观为指导,根据古文献、考古学、古文字学、民族学等多种学科的材料和研究成果,论证战国以后进入奴隶社会,商鞅变法和睡虎地秦律理应属于奴隶社会的法律,已有专文讨论[②],可

[①] 王恩田：《张政烺先生与古史分期——与张政烺先生的另外两次谈话》,复旦大学出土文献与古文字研究中心网站,2016 年 11 月 14 日。

[②] 王恩田：《唯物史观与战国奴隶社会说——评张政烺先生古史分期观》,《想念张政烺》,新世界出版社,2015 年。

以参看。

从管理学的角度看问题，封建社会的地主阶级利用地租管理佃户，犹如资本主义的资本家利用工资管理工人。睡虎地秦律如果是封建社会的法律，理应有反映租佃关系的内容，实际上却没有。而在长沙走马楼三国吴简的《吏民田家莂》，内容为田家所佃土地的数量、时限，按规定的数额、时间向官府交纳和除免的租米、租布、税钱以及官吏收缴、校核的情况。例如：

濮丘郡吏廖柞佃田四町凡四十亩皆二年常限（一栏）其卅亩旱田收布六寸六分定收十亩亩收米一斛二斗为米十二斛其米十二斛四年十月九日付仓吏李金（二栏）亩收布二尺凡为布三丈九尺八寸四年十二月一日付库吏番有（三栏）其旱田亩收钱卅七其熟田亩收钱七十凡为钱一千八百一十五年二月十日付库吏番有（四栏）嘉禾五年三月十日田户曹史赵野张惕陈通校（五栏）（J22：1248）

湛上丘男子区怀（?），佃田十五处，合八十六亩，其十一亩二年常限。其七亩旱，亩收布六寸六分；定收四亩，亩收米一斛二斗，合四斛八斗；亩收布二尺。其七十五亩馀力田，其廿亩旱，亩收布六寸六分；定收五十五亩，亩收米四斗五升六合，斛加五升，合廿六斛三斗一升三合，亩收布二尺。……（4·386号简）

上茈丘男子杨马，佃田五町，凡六十八亩。其十三亩二年常限。其五亩旱败不收布。其五亩馀力田，为米二斛。定收八亩，为米九斛六斗。……（5·67号简）

上俗丘男子何著，佃田十町，凡廿七亩。其廿三亩二年常限。其十四亩旱败不收布。其四亩馀力田，为米一斛六斗。定收九亩，为米十斛八斗，凡为米十二斛四斗。亩收布二尺。……（5·82号简）①

---

① 长沙市文物考古队等：《长沙走马楼J22发掘简版》，《文物》1999年第5期；走马楼简版整理组：《长沙走马楼三国吴简·嘉禾吏民田家莂》，文物出版社，1999年。

以上所引长沙走马楼吴简中的嘉禾吏民田家莂的租佃关系才真正是封建社会的法律，而睡虎地秦律不可能是封建社会的法律。道理浅显，毋需多辩。

秦俑学第八届学术研讨会论文，2016 年 11 月 21—23 日
原载复旦大学出土文献与古文字研究中心网站，2016 年 11 月 24 日

河南固始"勾吴夫人墓"与番子成周钟

——兼论番国地理位置及吴伐楚路线

近年来发掘的河南固始侯古堆一号墓是一项重要的考古发现。[①] 此墓不仅规模大，遗物丰富而精美，且因有一组具有浓郁吴文化色彩的遗物而引人注目。发掘简报根据铜器铭文及墓主性别定此墓为"勾吴夫人墓"。勾吴即吴国，吴国夫人理应葬于吴国都城左近，为何却埋在河南固始？遗物中尚有"鄱子成周钟"，关于鄱国史地以及勾吴夫人与鄱子成周的关系等问题也还有必要进一步讨论。

一 墓葬形制与遗物中的吴文化因素

固始侯古堆一号墓位于固始县城东南两公里一个高50余米名叫"侯古堆"的土岗上。墓有封土，高7米，直径55米。墓口长12米、宽10.5米。有一条朝东的斜坡形墓道。墓内积砂、积石，积石每块重达数十公斤至百多公斤。葬具为重椁一棺，墓主尸骨据鉴定为女性，30岁左右。椁外二层台及两椁之间有殉人17具，殉人均有棺，并有陶器、玉器、铜带钩、铜削刀等随葬品。殉人年龄在20—40岁之间，可以鉴定性别的有9女、5男。墓内随葬器物很多。墓北13米处有一器物坑，遗物尤为丰富。遗物包括3套9件铜鼎及簠、豆、壶、勺、舟、罍、炉等青铜礼器和用具，编钟、编镈等乐器，鼓瑟、镇墓兽、盘龙、俎、豆等漆木器，和首次发现的三乘肩舆以及玉器、青瓷、硬陶、料珠等。

值得注意的是其中的铜盉具有典型的吴文化风格，体呈扁圆腹，三矮

[①] 固始侯古堆一号墓发掘组：《河南固始侯古堆一号墓发掘简报》，《文物》1981年第1期。

足，前有兽头流，后有透雕兽尾。提梁有环链与盖相连，提梁上有透雕装饰。①与苏州虎丘②、浙江绍兴漓渚③出土的同类器物极为相近。三晋地区东周墓也出土铜盉，其形制特点三足较高，有兽头或人头形流而无透雕兽尾，提梁多作蟠形而无透雕装饰，与此有别。④另有一组原始青瓷和印纹硬陶器也具有突出的吴文化特色。其中的原始青瓷杯3件，敞口直壁，胎灰色，表面施青釉⑤，同类器物在上海金山县戚家墩⑥和浙江绍兴漓渚⑦都出土过。印纹硬陶罐共5件，其中一件为直口耸肩，腹由上而下逐渐增大，平底，肩部有平行管状鼻钮，周身饰麻布纹。⑧此外尚有印纹硬陶杯一件，为筒腹，体侧有宽条状把手，周身饰麻布纹。⑨相同形制的印纹硬陶罐和印纹硬陶杯上的宽条状把手在绍兴漓渚⑩和上海金山戚家墩⑪也曾发现过。河南固始本属楚国势力范围，具有吴文化色彩的遗物为什么会在这里发现？墓内共出的铜器铭文对此提供了答案。

二 关于"勾敔夫人"

墓内出土铜簠有铭文（图一）：

有殷天乙唐孙宋公䜌作其妹勾敔夫人季子媵簠

---

① 固始侯古堆一号墓发掘组：《河南固始侯古堆一号墓发掘简报》，《文物》1981年第1期，图版二：3。
② 苏州博物馆考古组：《苏州虎丘东周墓》，《文物》1981年第11期，图四。
③ 浙江省文物管理委员会：《绍兴漓渚的汉墓》，《考古学报》1957年第1期，图版三：9釉陶盉。
④ 山西省文物工作委员会晋东南工作组等：《长治分水岭269、270号东周墓》，《考古学报》1974年第2期，图四：6。
⑤ 固始侯古堆一号墓发掘组：《河南固始侯古堆一号墓发掘简报》，《文物》1981年第1期，图九：7。
⑥ 上海市文物管理委员会：《上海市金山县戚家墩遗址发掘简报》，《考古》1973年第1期，图版一：1、2。
⑦ 浙江省文物管理委员会：《浙江绍兴漓渚古墓葬发掘简报》，《考古通讯》1958年第12期，图七：左。
⑧ 固始侯古堆一号墓发掘组：《河南固始侯古堆一号墓发掘简报》，《文物》1981年第1期，图九：7。
⑨ 固始侯古堆一号墓发掘组：《河南固始侯古堆一号墓发掘简报》，《文物》1981年第1期，图九：9。
⑩ 浙江省文物管理委员会：《浙江绍兴漓渚古墓葬发掘简报》，《考古通讯》1958年第12期，图二。
⑪ 上海市文物管理委员会：《上海市金山县戚家墩遗址发掘简报》，《考古》1973年第1期，图四：1。

图一 宋公䜌簠铭文
采自《集成》4589

宋公䜌亦见于宋元祐年间出土的宋公䜌鼎，此外尚有宋公䜌戈[①]均为同人作器。宋公䜌即《左传》之宋景公欒。《汉书·古今人表》作兜欒，《史记·宋微子世家》作头曼。古读䜌为蛮，兜欒、头曼声近通假。[②]

有殷即殷，古国号前常贯以“有”字，如黄帝称有熊、舜称有虞、夏称有夏，其他尚有有苗、有扈等，殷称有殷与此同例。古唐、汤音同字通。唐即成汤，卜辞成汤作唐。天乙即卜辞之大乙，为汤之庙号。《殷本纪》索隐引谯周曰：“夏殷之礼，生称王，死称庙主，皆以帝名配之，天亦帝也，殷人尊汤，故曰天乙。”宋为殷之后裔，殷人以汤为始祖，故宋公䜌自称为“唐孙”。

《史记·殷本纪》：殷人始祖契“赐姓子氏”。宋为殷后，亦为子姓。鲁惠公元妃为宋女名孟子，《左传·隐公元年》注：“子，宋姓。”本铭宋景公妹名“季子”与文献相符。

勾敔为国号，即吴国，《史记·吴太伯世家》《汉书·地理志》作“句吴”。《左传·宣公八年》疏：“吴，姬姓，周大王之子大伯、仲雍之后。大伯、仲雍让其弟季历而去之，之荆蛮自号句吴，句或为工，夷言发声也。”句古或读作勾。《说文》：“句，曲也，从叫声。”《汉书·地理志》注：“句音钩，夷俗语之发声也，亦犹越为于越也。”勾敔，金文亦作工{虍魚攴}（者减钟）、攻敔（吴王夫差剑）、攻吴（夫差鉴），并音同字通。此簠是宋景公为其妹季子出嫁吴国时所作媵器。

宋、吴通婚不见记载，簠铭可补文献记载的阙佚。据《左传》宋景公于鲁昭公二十六年（前516）即位，卒于鲁哀公二十六年（前469），在位48年（《史记·宋微子世家》《史记·十二诸侯年表》作64年，《史记·六国年

① 于省吾：《双剑誃古器物图录》上，涵雅堂，1940年，图四三。
② 方濬益：《缀遗斋彝器款识考释》7、9。

表》又作66年，并误），即此簋的铸作年代。与宋景公同时的吴王先后有僚、阖庐、夫差3人。此3人都有可能是宋景公妹之夫。但据尸骨鉴定，墓主年龄在30岁左右，也就是说勾吴夫人应死于宋景公在位的前期。因此宋景公妹季子应为与宋景公前期同时的吴王僚或吴王阖庐的夫人，而排除了吴王夫差夫人的可能性。此墓年代应属春秋晚期。墓主生前既然曾是吴国夫人，墓内出土具有吴文化特色的遗物自然易于理解，这些遗物很可能是从吴国带来的。上述吴文化遗物的年代最初被定为汉代①，后又定为战国②。此墓的发现可以把这部分遗物的年代提前至春秋晚期。

三 关于"鄱子成周"

墓内还出土一组编钟计9件。值得注意的是铭文中原有人名均被铲掉，后刻"鄱子成周"以为器主（图二）。

鄱为国名，子为爵称，成周为其名。

鄱可省邑作番，也作潘，为楚国的附庸小国。楚国另有潘氏，与此有别。曾参加楚国围徐以拒吴的战争（《左传·昭公十二年》），其国君潘子战败被俘（《左传·昭公十三年》）。吴王阖庐十一年，吴伐楚，番国曾为吴攻占（《史记·吴太伯世家》《史记·楚世家》《史记·伍子胥列传》《史记·十二诸侯年表》），其国君潘子臣、小惟子及楚大夫7人均被吴俘获。吴取番直接威胁到楚都的安全，迫使楚国迁都"去郢徙鄀"。

传世番国铜器很多，如番君鬲、番中荣匜、番妃鬲、番君匜、番匊生壶，番哀白者

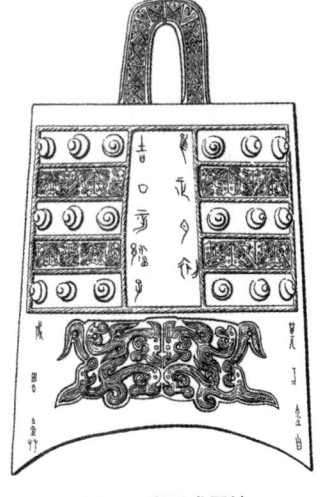

图二 鄱子成周钟
采自《新收》283

---

① 尹焕章：《关于东南地区几何印纹陶时代的初步探测》，《考古学报》1958年第1期。
② 浙江省文物管理委员会：《绍兴漓渚的汉墓》，《考古学报》1957年第1期。

君盘、匜，番君召鼎、簠等至少有十余件。据番匊生壶（《代》12.24.3）、番妃鬲（《积古》7.21）知番为改姓，文献作己。己姓为祝融之后（《氏族略》引《世本》），同姓国尚有昆吾、苏、顾、温、董等国（《郑语》）。《路史》所说的位于上谷（今河北省西北部）的有虞氏之后的潘国与此有别。

关于番国的地理位置，《史记·楚世家》正义云："片寒反，又音婆。"《括地志》云："饶州鄱阳县，春秋时为楚东境。秦为番县，属九江郡，今为鄱阳县也。"唐代鄱阳县即今江西鄱阳湖东侧的鄱阳县，此鄱古读为播。而吴伐楚所取之番，音潘（《史记·吴太伯世家》索隐）。张守节混二为一是错误的。首先，吴楚争夺的重点是江淮地区，吴楚激战和争夺的地点如巢（今安徽巢湖市）、徐（今洪泽湖西北）、州来（今安徽寿县）、棘（今河南永城）、栎（今河南新蔡）、麻（今安徽砀山）、乾谿（今安徽亳州）、房钟（今安徽蒙城）、豫章（江北淮南及江北、汉东之地名）、鸡父（今安徽寿县西南60里）、锺离（今安徽凤阳）、潜（今安徽霍山）、穷（今安徽霍邱）、沙汭（今安徽怀远）、弦（河南息县南）、桐（安徽桐城）都在今皖北豫东一带，这一地区本属楚国东境及其势力范围。而吴要想交通中原，联晋抗楚必须由此打开通路。此外这一地区物产丰富，特别是盛产铜和黄金。如全椒、庐江的铜，巢湖周围的金，古代都是很著名的，吴楚在这一地区展开激烈的争夺自然不难理解。江西并非吴楚争夺重点，吴楚之间没有一次战役是在江西境内进行的。而且江西春秋时本属吴之西境，战国时越灭吴，楚又灭越，江西才为楚国所有，指鄱阳为番国，实在毫无根据。

其次，吴伐楚取番之战采取的是沿江溯淮的进军路线。楚国的长江水师是很强大的，曾屡次深入吴国境内。如吴王寿梦十六年（前570），楚伐吴至衡山（今江苏丹阳）。又如吴王余祭十年（前538），楚曾攻占吴国的朱方（今江苏丹徒），都是依靠了长江舟师。吴也是以水战为主的国家，但却敌不过楚国的长江舟师。于是避开楚国锋芒，采用了"沿江溯淮"的进军路线，并把水师与从晋国学来的车战技术结合起来。当舟师溯淮而上到达一定地点后，便舍舟登岸，展开陆战。例如吴王阖庐九年（前506）著名的柏举之战，吴军就是溯淮而上，"舍舟于淮汭"。然后通过河南信阳南面的大隧、直辕、冥阸等三个"城口"南下，"自豫章与楚夹汉"，胜楚于柏举（今湖北麻城境），再胜于清发（今涢水），五战而及郢，终于攻克楚国都城。两年以后的"伐楚取番"之战，吴国又卷土重来，仍然走的是这条老路。《左传·定公六年》记载这次战役时说吴军一方面挫败了楚舟师，另一方面又在繁扬（今河南新蔡北）战胜了楚国子期的陆军，占领了番国，于是"楚恐而去郢徙鄀"。番国地在今河南信阳固始一线（说详下），而"楚舟师"应指淮水内楚水师，因而吴国这次仍然是采用前年攻占郢都的进军路线，所以在"取番"以后，才构成对楚都的实际威胁。如果吴所攻占的番在江西鄱阳，"楚舟师"解为长江舟师，则吴同时在河南繁扬进行的战争就难以解释。而且吴国占领江西鄱阳以后，水路距楚都尚有千余里之遥，如何便威胁到楚都安全，也难以理解。

再次，根据番国出土铜器的出土地，可以肯定番国地望应在今河南信阳潢川、固始一带。可知出土地点的番器有如下数批：

1. 1978年，河南潢川彭店公社刘寨大队出土铜器5件。其中盘有铭文，器主为"番君敔"。[①]

2. 1974年，河南信阳长台关公社甘岸大队彭岗生产队出土一盘二匜。其中匜有铭文，器主为"番白酓"。[②]

3. 1976年，河南信阳吴家店公社杨河大队坟扒生产队发现一墓，出土有铭铜鼎、盘、匜等，器主为"番哀白者君"。[③]

此外，湖北当阳赵家湖楚墓群中还出土过一把"番中戈"[④]，系经战争等其他途径所流入，不能据为探讨番国地望的依据。

河南固始侯古堆再一次出土鄱子成周钟，使出土番器的地点增加到4处。上述4批番器多系墓葬所出，而且都不是媵器，无疑为探寻番国地望提供了重要依据。番国地理位置应在今河南南部的信阳、潢川、固始一带。番国国君文献称为"番（潘）子"，而信阳、潢川的番器器主称君、称白，只有固始的番器称"子"，推测番国都城应在固始，很可能即在侯古堆一带。

---

① 郑杰祥、张亚夫：《河南潢川县发现一批青铜器》，《文物》1979年第9期。
② 信阳地区文管会：《河南信阳发现两批春秋铜器》，《文物》1980年第1期。
③ 信阳地区文管会：《河南信阳发现两批春秋铜器》，《文物》1980年第1期。
④ 卢德佩：《湖北省当阳县出土春秋战国之际的铭文铜戈》，《文物》1980年第1期。

四　番、沈有别

郑杰祥、张亚夫二位同志曾根据文献记载并结合东汉延熹三年楚相孙叔敖碑考证楚相孙叔敖之子的封地，即春秋潘国，地在今河南固始[①]，鄱子成周钟的发现进一步证实此说可信。另有一种意见虽承认铜器碑文中的番就是孙叔敖碑中提到的潘，但又认为这里古代并没有什么潘国，而认为孙叔敖碑所说的潘疑应读为灊，也就是"沈"。青铜器中常见的"番尹"或"番君"，就是文献中楚国的沈尹氏，其主要根据是《左传·宣公十二年》"沈尹将中军"。杜预注："沈或作寝。寝，县也，今汝阴固始县。"因而结论说"固始原名寝，或作沈，因此孙叔敖碑称其地为灊"[②]。

杜预释沈作寝不知有何根据，值得讨论。果如杜预所说，则据《吕氏春秋·孟冬纪》《史记·滑稽列传》及孙叔敖碑，孙叔敖之子曾受封于寝，照楚制应命为"沈尹"，但实际上孙叔敖时代已有"沈尹"之名。曾有人认为楚制令尹将中军，故将中军的沈尹即令尹孙叔敖。这样就把沈尹与孙叔敖混为一人。但据《墨子》《吕氏春秋》《新序》《韩诗外传》等大量文献记载，沈尹与孙叔敖为同时之两人，其说非是。[③] 杜预释沈为汝阴固始的寝县是错误的，实际上沈即汉汝南之平舆，而孙叔敖子所封的潘即汉汝南寑县。《汉书·地理志》汝南郡：平舆（注：应劭曰："故沈子国，今沈亭是也。"）寑（注：应劭曰："孙叔敖子所邑之寑丘是也，世祖更名固始。"）汉之平舆在今河南平舆县，汉之寑在今河南固始，两者相距200余里，不容混淆。

从考古材料看番国和沈国都各有青铜器传世，番国铜器已如上述，沈器则有沈子簋，铭云："沈子作绥于周公宗。"知沈为周公之后，属姬姓国，证明《世本》之说可信，而番则为己姓国，显然不能混为一谈。

五　勾吴夫人与潘子成周的关系

简报根据铜簋铭文及墓主年龄、性别、特征定此墓为勾敔夫人墓，这

[①] 郑杰祥、张亚夫：《河南潢川县发现一批青铜器》，《文物》1979年第9期。
[②] 李学勤：《论江淮间的春秋青铜器》，《文物》1980年第1期。
[③] 关于沈尹与孙叔敖是否为一人问题，参见杨伯峻《春秋左传注》，《左传·宣公十二年》注。

当然是对的。现在的问题是固始春秋时为楚国的势力范围，即使吴国一度攻占过这里，吴国夫人也断不应埋葬于此，确切地说此墓应是鄱子成周夫人之墓。勾敔夫人初嫁于吴，为吴王僚或吴阖庐之夫人，或因夫死或因离异及其他原因又改嫁于番子成周。因此勾敔夫人系改嫁前的身份，4件有铭铜簠是宋景公嫁妹的媵器，应是宋器。具有吴文化风格的铜盉与一组原始青瓷器和印纹硬陶器系勾敔夫人改嫁时从吴国带来，应是吴器。鄱子成周钟被铲去的名字可能是吴王之名，也可能是其他国家作器人名。铜钟系经战争或其他途径流入番国的。鄱子成周改刻己名后以赠其夫人。

从葬制看与鄱子成周夫人的身份相符。此墓有墓道，墓道文献称"羡道"，周制只有王或诸侯才能使用。墓内随葬九鼎，周礼只有王用九鼎，东周时诸侯国君僭礼而用九鼎，如随县曾侯乙墓就是使用九鼎的。此墓有钟架，钟架横梁古称"笱"，竖柱叫"虡"（或作"植"），此墓钟架为二笱三虡，二笱相交作曲尺形，这种两面挂钟的钟架礼制上叫作"判县"。礼制悬钟的钟架分为四等。王使用四面悬钟的"宫县"，诸侯使用三面的"轩县"，卿大夫使用两面的"判县"，士使用一面的"特县"。照礼制规定此墓应使用三面的"轩县"，但却使用卿大夫级别的"判县"。不过据《礼记·王制》，天子的卿大夫，其地位相当于爵为伯子男的诸侯国君，番国君称子，故使用卿、大夫一级的判县，也是可以讲通的。关于"判县"，判者半也，也就是四面悬的一半。郑众只说去其两面，并没说去哪两面。郑玄则以为是去南、北两面，这样判县的形制就成为左右并列的形状。曾侯乙墓和鄱子成周夫人墓都使用两面悬的"判县"，纠正了郑玄注之误，为"判县"形制提供了实物证据。

河南固始侯古堆一号墓是一项重要的考古发现，它为研究宋吴、吴楚关系提供了重要史料，而且由于纪年明确，使一大批遗物的年代和国别得以确定。目前全部材料尚未发表，仅就简报所及，略抒己见，谬误之处，请同志们批评指正。

原载《中原文物》1985年第2期

镇江吴国车马器与吴伐楚入郢

江苏宁镇地区古属吴国，葬制方面盛行土墩墓。土墩墓中出土的青铜器既有本土生产的，也有从中原地区流入的。流入的青铜器年代跨度很大，早的可以到西周早期，晚者可以到春秋早中期。判断土墩墓的年代自应以年代最晚的镇江遗物为准。20世纪90年代初，我曾讨论过宁镇地区9批土墩墓的年代。从青铜礼器、兵器、车马器、原始青瓷等4个方面讨论土墩墓的年代是属于春秋早中期的，并根据《左传·成公七年》吴国从晋国引进车战技术的记载，认为出土车马器的烟墩山、母子墩、磨盘墩等3座大墓的年代上限不能早于春秋中期后段的鲁成公七年，即吴王寿梦二年（前584）。这也应是这批车马器的年代上限。①

近年来有论文对拙说提出商榷，认为这3座大墓出土的车马器是属于西周晚期的，不应把马车的开始使用与车战的产生这两个时间和意义都不相同的概念等同起来，不能根据《左传》关于吴王寿梦二年从晋国引进车战技术断定在此之前吴国不会制造马车。这不仅是3座大墓车马器的年代早晚问题，还涉及考古发现与文献记载的关系等断代的理论与实践问题，有必要略为申述。

事物都有其普遍性与特殊性。中原地区多平原，商周时代的主要交通工具是马车，主要战争形式是车战。因此，在大中型墓葬中往往附有车马坑，或出土车马器。车马器在中原地区的商周考古中就具有一定的普遍性，无论在理论上还是在实践中，中原地区马车的出现要早于车战。但江南水乡河汊纵横，湖泊星罗棋布，自古以来有舟楫之利，而无车马之便。因此，在江南水乡的宁镇地区，马车和车马器的出土就具有一定的特殊性。马车的出现和车战的产生很可能是同步的，研究车马器的年代就不宜套用中原地区马车的出现早于车战的规律。

---

① 王恩田：《湖熟文化分期与土墩墓的年代》，《东南文化》1990年第5期。

任何事物的产生又有其必要性和可能性。如上所述，宁镇地区地处江南水乡的地理环境，决定了它没有必要制造马车作为交通工具，也没有必要发展车兵，使用车战。从国防的角度看问题，宁镇地区北临长江，对于来自江北之敌，无疑是拥有天堑之险。而对于西方的强敌楚国而言，则长江又无异于提供了一条通道。楚国的舟师正是通过这条通道屡次侵略吴国。吴国抵御楚国的进犯，与楚国在长江上相抗衡，就必须发展壮大自己的舟师，而没有必要制造马车，发展车兵。但从寿梦开始"吴始益大，称王"（《史记·吴太伯世家》）。吴国想要对外扩张，进攻楚国的东部边境，与楚国争夺皖北、豫东的金、铜等物质资源，单靠舟师当然是远远不够的。因此，就有了制造马车，发展车兵的必要性。而马车的制造在当时属于高科技。车兵的培养，车战技术的演练，均非易事。也正是在吴寿梦二年，叛楚入晋的巫臣出使吴国，赠送给吴国 15 辆战车，并留下一部分射御的战士，"教吴乘车，教吴战阵"，才使吴国为与楚争雄而建立和发展车战的必要性变成了可能性。也正是在吴国兵种转型的基础上，"吴始伐楚，伐巢，伐徐，……蛮夷属于楚者，吴尽取之。是以始大，通吴于上国"。吴国也正是依靠了从晋国引进的车战技术与自己固有的舟师结合起来进行两栖作战，采用"沿江溯淮"征伐楚国的进军路线。当舟师溯淮而上，"舍舟于淮汭"，弃舟登岸，使用车战与楚军展开陆战。在吴阖庐九年（前 506）的"柏举之战"中，攻陷了楚国都城。两年以后在"伐楚取番"的战争中，迫使楚国"去郢徙都"[①]。车战技术的引进和应用对于吴国的强大以及日后的称霸中原无疑起到了关键的作用。宁镇地区吴国 3 座大墓出土的车马器显然是吴国由晋国引进车战技术这一重大历史事件的物证。否则，如果吴国早在西周晚期就已经有了自己的马车和车战技术，巫臣又何必多此一举，送给吴国马车，传授车战技术？《左传》《史记》关于吴国由晋国引进车战技术的记载，岂不成为毫无意义的空话。

论者把宁镇地区出土的车马器分为三组（图一）[②]，认为丙组的六和程桥等 6 处车马器的年代属于春秋晚期的意见基本上是对的。把烟墩山 M1，母

[①] 王恩田：《河南固始"勾吴夫人墓"——兼论番国地理位置及吴伐楚路线》，《中原文物》1985 年第 2 期。

[②] 郑小炉：《南方青铜器断代的理论与实践》，《考古》2007 年第 9 期。

子墩墓列为甲组,把磨盘墩墓列为乙组,认为甲组年代属于西周晚期,乙组年代当属西周晚期到春秋早期的意见是需要讨论的。论者认为车马器是一种消耗性用品,更新换代的速度比较快,认为很难想象在春秋晚期的墓葬中仍完全保留西周后期的车马器而不见有本时期的特征。结论说宁镇地区早期土墩墓中出土的车马器证明它们的年代能早到西周后期到春秋早期的意见则是错误的。

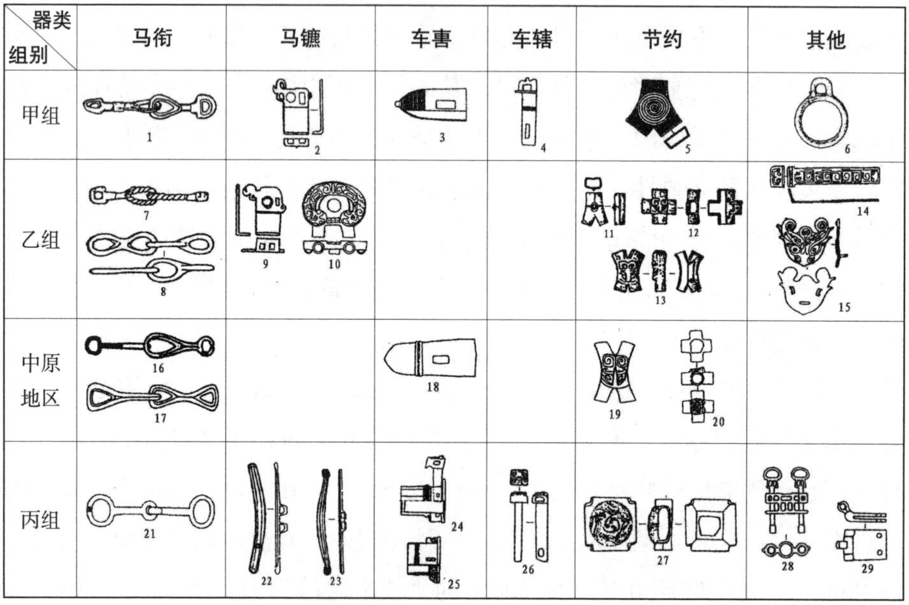

器类 组别	马衔	马镳	车軎	车辖	节约	其他
甲组	1	2	3	4	5	6
乙组	7、8	9	10		11、12、13	14、15
中原地区	16、17		18		19	20
丙组	21	22、23	24、25	26	27	28、29

图一　宁镇地区各组铜车马器及中原地区铜车马器比较图（郑小炉文）

1—5. 丹徒大港母子墩墓出土　6. 丹徒大港烟墩山 M1 出土　7—15. 丹徒大港磨盘墩 82DMM1　16、20. 天马曲村 M7092:19、M5189:28.1　17. 琉璃河Ⅰ M22:14　18. 平顶山 M1:19　19. 洛阳北窑 M118:69-2　21、23、25、27、29. 丹徒北山顶大墓出土　22、28. 丹徒谏壁青龙山 M1:2、7　24. 吴县何山墓出土　26. 镇江谏壁王家山墓出土

讨论车马器之间、马器中的各种零件之间、马衔与马镳之间,都有一定的组合共存关系,单独提出其中的一种讨论是不妥的。例如"甲组"的烟墩山墓和母子墩墓都出土有车器,而"乙组"的磨盘墩墓只有马器而没有车器,把 3 座大墓分为两组比较车马器的年代早晚,其证据就有所欠缺。相反,这两组中都出土有挡板式衔镳组合的马器,说明两组年代应相同或相近,分为两组就不太必要。又如论者举出的乙组磨盘墩墓出土的两种马衔,一种是挡板式衔镳组合,另一种是没有发现马镳与之共存的马衔。马衔的形

制四环等大，环孔作椭圆形。论者举出中原地区的两件西周晚期马衔与乙组磨盘墩墓后一种马衔相比较。一件出自天马曲村，另一件出自琉璃河。中原地区的这两件马衔虽相近而实有别，中原马衔与磨盘墩墓马衔形制相去更远，可以说，没有可比性。尤为重要的是与琉璃河马衔共存的马镳，在宁镇地区土墩墓中从未发现过，与琉璃河马衔共存的各种形状的节约与宁镇地区出土者也大异其趣，不能以此作为宁镇地区车马器的年代可以早到西周晚期的论据。恰好倒是可以作为宁镇地区的车马器年代不能早到西周晚期的反证。

其次，与陶瓷器不同，车马器除个别马镳为骨角制品外，车马器一般均是青铜制品，具有牢固耐磨损的特点，并非"消耗性用品"。更新换代的速度不是"比较快"，而是比较慢。正是因为如此，商周考古不用车马器作为断代标尺。考古发掘简报和发掘报告一般也不讨论车马器的年代。就以论者所举出的西周晚期的洛阳北窑出土"X"形节约和天马曲村出土的"十"字形节约为例，与此形制相同的节约不仅是西周晚期和春秋早期墓葬和车马坑中的常见器物，而且还出土于春秋中期的墓葬中。如滕州薛国墓地春秋中期的 M1[①]（图二）。又如礼县圆顶山春秋中期秦墓出土的环耳平底无足匜与淅川楚墓 M8 出土的以邓匜形制基本相同。后者年代是属于春秋中期后段的。同样不能以此作为宁镇地区车马器的年代可以早到西周晚期的证据。倒是可以证明宁镇地区 3 座大墓出土的车马器的年代可以晚至春秋中期后段。

再次，关于宁镇地区 3 座大墓车马器的产地，根据"X"形、"十"字形、"人"字形节约的形制、纹饰与中原地区相同或相近，有理由认为这 3 座大墓车马器是从中原地区流入的。论者认为挡板式马镳和椭圆形马镳是土著车马器的看法是有道理的。但也还存在另外一种可能，即这两种马镳在中原地区特别是在晋国尚未被发现。晋国分为两支，一是西周早期建国的翼城一支，国君称"侯"；另一支是西周晚期晋穆侯之子成师被分封而建国的，都城在曲沃（今山西闻喜），国君称为"公"。翼城一支的晋侯墓地已被发现，而曲沃一支的晋公墓地目前尚未被发现。而春秋中期后段吴寿梦二年引进马车和车战技术的晋国，属曲沃一支。只有在曲沃一支的晋公墓地被发现和发掘之后，才能对挡板式和椭圆形马镳是否属于宁镇地区"土著车马器"作出

---

① 山东省济宁市文物管理局：《薛国故城勘查和墓葬发掘报告》，《考古学报》1991 年第 4 期。

判断。我们之所以提出这样的问题是有根据的。例如烟墩山墓出土过一种"连钮游环",在中原地区以往未曾发现过,如果认为属于"土著车马器",应是有道理的。但相同形制的"连钮游环"近年来在洛阳润阳广场春秋墓中出土了4件。① 根据该墓出土的平盖鼎、分体的方甗和附耳鱼龙纹盘,其年代应属春秋中期。② 可以据此作为烟墩山墓年代不得早于春秋中期的证据。

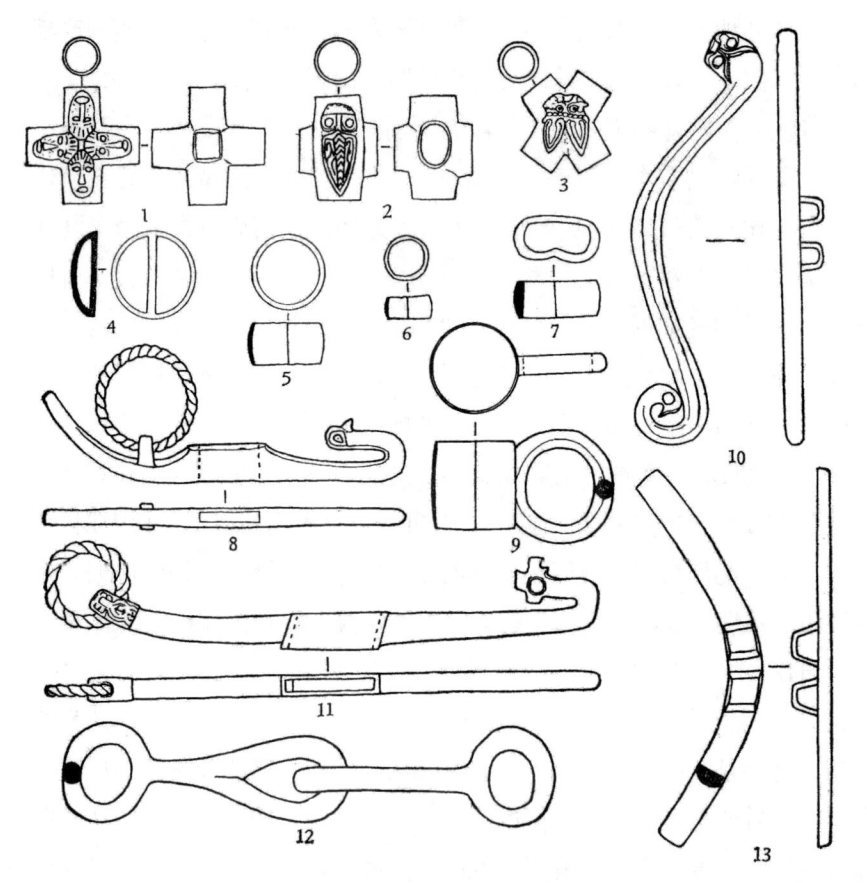

图二　薛城故城 M1 出土的铜制品

1. Ⅱ式节约（M1:12B-1）　2. Ⅰ式节约（M1:12A-1）　3. Ⅲ式节约（M1:12C-1）
4. 泡（M1:11A-1）　5—7. 管状饰（M1:11B-1、M1:11B-2、M1:11B-3）　8. Ⅱ式鸟首车器（M1:7）　9. 环连箍（M1:31）　10. Ⅰ式镳（M1:21A-1）　11. Ⅰ式鸟首车器（M1:16）
12. 衔（M1:26B-1）　13. Ⅱ式镳（M1:20A-1）1—7、9. 4/5；8、11. 约 1/4；余 2/5
采自《薛国故城勘查和墓葬发掘报告》

---

① 周立、潘海民:《河南洛阳市润阳广场 C1M9950 号东周墓葬的发掘》,《考古》2009 年第 12 期。
② 王恩田:《湖熟文化分期与土墩墓的年代》,《东南文化》1990 年第 5 期。

综上所证，可以得出如下的几点看法：

一、吴国自西周早期建国至春秋中期后段寿梦"始大称王"以前，地处江南水乡的地理环境，决定了其主要交通工具是船，而不是车。西周晚期和春秋早期的吴国不存在使用马车的必要性和可能性。

二、伴随吴国的强大，接踵而来的就是对外扩张、与楚国抗衡、交通中原进而称霸中原的愿望。而为实现这些目标，仅靠发展舟师是远远不够的，必须制造马车，发展车兵。而正是晋国的巫臣出使吴国雪中送炭，给吴国送来了车战所需要的一切，使吴国发展车战的必要性变成了可能，使愿望变成了现实，这是吴国由弱而强具有历史意义的转折。吴国3座大墓出土的车马器，是这一历史性变革的物证。

三、考古研究必须与历史记载相结合，进入有文字记载时期的考古学尤应如此。考古学同时可以对历史记载起到补史之阙佚，正史之谬误的重要作用，这是关于考古学与文献记载相辅相成辩证关系的正确概括。割断两者的联系，忽视、抹杀历史记载的作用，同时又过分夸大考古学的重要作用，认为依据考古材料就可以复原、重建古史的看法是错误的。本文再次印证了这一点。

"齐东野人"正解

《孟子》一书中有"齐东野人"一语。宋代以来，不少学者把"齐东"解为齐国以东，把"野人"解为无知的野蛮人，如朱熹《四书章句·孟子集注》说："齐东，齐国之东鄙也。"王献唐先生《山东古国考》说"孟子说的'齐东野人之语'大抵是指的莱国和他以东地带"，处在"氏族部落残余状态"的"化外区域"的人民，也有学者把"野人"说成是"无知的奴隶"。研究山东古国史的朋友们也往往引用片语作为孟子散布东夷文化落后论而加以"批判"。其实这是双重的误解。"齐东"并非指齐国东鄙，或齐国以东。"野人"也不能解为未开化的野蛮人。为了便于讨论，摘引原文如下：

咸丘蒙问曰："《语》云：'盛德之士，君不得而臣，父不得而子。'舜南面而立，尧帅诸侯北面而朝之，瞽瞍亦北面而朝之。舜见瞽瞍，其容有蹙。孔子曰：'于斯时也，天下殆哉岌岌乎。'不识此语诚然乎哉？"孟子曰："否，此非吾子之言，齐东野人之语也。"（《孟子·万章上》）

内容与此相类似的记载，亦见于其他先秦诸子：

孔某与其门弟子闲坐，曰："夫舜见瞽叟就然，此时天下圾乎？"（《墨子·非儒》）

《记》曰：舜见瞽叟，其容造焉。孔子曰："当是时也，危哉天下岌岌。有道者父固不得而子，吾固不得而臣也。"（《韩非子·忠孝》）

咸丘蒙所引用的《语》曰，与《韩非子》所引用的《记》曰，内容基本上是相同的，应是流传在古代的一种著作，可惜已经亡佚。这一著作在诸子百家中属于哪一家虽不能确指，但从墨、法不加批判地加以引用，而孟子则予以抨击来看，不属儒家经典则可断言。《孟子》中所说的"其容有蹙"，《墨子》中的"就然"，《韩非子》中的"其容造焉"，蹙、就、造三字音近相通[①]，意为忧愁。这段传说的意思是说，舜作了天子以后，原来的天子尧和舜的父亲瞽叟都要北面称臣。舜看到他的父亲为此而面带愁容。孔子因此而批评那个由于舜作了天子而原来的国君尧以及舜的父亲却要北面称臣的世道是岌岌可危的。咸丘蒙向孟子请教这一传说是否可信，孟子断然否定，认为这一传说不会出自"君子"之口，而只能是"齐东野人"胡编乱造的。

孟子在这里把"齐东野人"与"君子"对举，对这一传说的贬低与鄙薄的态度是十分明显的，但"齐东野人"一语却不能由此而被解为齐国以东未开化的野蛮人，更不是什么散布东夷文化落后论。

第一，东，在这里不指方向，而指农作，即农业劳动。赵岐注曰："东野，东作田野之人所言耳。咸丘蒙，齐人，故闻齐野人之言。《书》曰：'平秩东作'，谓治农事也。"赵氏的上述解释，得到清代学者们的赞许。阎若璩《四书释地续》曰："赵氏注此章，于'东'字妙有体会。不然何不云齐之西或北野人乎？至今济南府齐东县，则置于元宪宗三年，以镇而名，于《孟子》无涉。"焦循《孟子正义》也指出："赵氏以'东'为东作，治农事。非'东'为东方之东也。"

赵岐释"东"为农作是有根据的，所引"平秩东作"一语出自《书·尧典》，伪孔传曰："岁起于东而始就耕，谓之东作。"朱熹弟子蔡沈《书经集传》注曰："作，起也。东作，春月岁功方兴，所当作起之事也。"所解与其师迥异。"东作"一语又见于《汉书·王莽传》中："予之东巡，必躬载耒。每县则耕，以劝东作。"可见"东"在这里确指东作，即农业生产，而不能解为东方之东。

第二，"野人"指野居之人。野对国而言，城内曰国，郊外曰野。《说文》："野，郊外也。"《诗·野有蔓草》毛传曰："野，四郊之外。"居于城内者曰国人，住在郊外者称"野人"。《孟子·万章下》："在国曰市井之臣，

[①] （清）孙诒让：《墨子间诂》，中华书局，2001年。

在野曰草莽之臣。"注："在国谓都邑，……在野，野居之人。""野人"经籍中习见：

> 晋公子重耳过卫，乞食于野人，野人予之块。(《左传·僖公二十三年》)
> 景公射鸟，野人骇之。(《晏子春秋·谏上》)
> 子路，卞之野人。(《史记·仲尼弟子列传》集解引《尸子》)
> 孔子行游，马失，食农夫之稼，野人怒，取马而系之。(《淮南子·人间训》)

这些居住在卫、齐、鲁等国的"野人"，显然不能被视为"化外"民族。晋文公向"野人"乞食，孔子的马吃了"野人"的庄稼。可见"野人"有着自己的产业，不可能属于奴隶。《淮南子》书中前面说"食农夫之稼"，后面又说"野人怒"，清楚不过地说明"野人"就是农夫。

"野人"也并非没有文化的野蛮"化外"之人。

> 齐桓公设庭燎，为士之欲造见者。期年而士不至。于是东野有以九九见者。桓公使戏之曰："九九足以见乎？"鄙人曰："臣不以九九足以见也。臣闻君设庭燎以待士，期年而士不至。夫士之所以不至者，君，天下之贤君也，四方之士皆自以为不及君，故不至也。夫九九，薄能耳，而君犹礼之，况贤于九九者乎？夫太山不让砾石，江海不辞小流，所以成其大也。《诗》曰：'先民有言，询于刍荛。'言博谋也。"桓公曰："善。"乃因礼之。(《韩诗外传》卷三)

上述记载又见于《说苑·尊贤》。唯"东野"下有"鄙人"二字。此外，《文选·圣主得贤臣颂》李善注引文"东野"下有"人"字。"东野""东野鄙人""东野人"与《孟子》中所说的"齐东野人"都是指居住在城外的野居之人或鄙居之人。"九九"又称"九九之数""九九之术"。《管子·轻重戊》虑戏"作九九之数以合天道"。刘徽《九章算术》序："昔在庖牺氏，作九九之术，以合六爻之变。""九九之数""九九之术"就是现今所谓九九乘法歌诀。因为古代的"九九"是从"九九八十一"开始的，所以称为"九九"。这里用作数学的代名词。对于齐桓公时代这样一位懂得数学，称引诗书、侃侃而谈的"东野人"，视为"化外""无知"的野蛮人显然是不妥当的。上引《尸子》说孔门著名弟子子路也是卞（今山东泗水）地的一位"野人"，如果把子路也说成是"化外""无知"，无疑是荒谬的。

"齐东野人"一语之所以被误解，或许是由于孟子把它与"君子"对举的缘故。其实，在先秦典籍中"野人"与"君子"对举者不乏其例，如：

> 子曰："先进于礼乐，野人也。后进于礼乐，君子也。如用之，则吾从先进。"（《论语·先进》）

朱熹集注："先进、后进，犹言前辈、后辈。野人，谓郊外之民。君子，谓贤士大夫也。"何晏集解："将移风易俗，归之纯素，先进犹近古风，故从之。"

在孔子看来，居住在郊外的"野人"那里，仍然保存着纯朴的"犹近古风"的礼乐制度。孔子主张推行"野人"的礼乐，用以移风易俗，去变革"君子"的礼乐，自然不意味着要把人们变成"无知""化外"的野蛮人，这是不辩自明的。

> 夫滕壤地褊小，将为君子焉？将为野人焉？无君子莫治野人，无野人莫养君子。请野九一而助，国中什一使自赋。（《孟子·滕文公上》）

孟子在这里讨论对居住在城内和郊外的居民分别采用不同的税制。兼而论及到统治阶级的"君子"与被统治阶级的"野人"的相互依存的辩证关系，对"野人"而言，这里并没有特殊的贬意。

当然，经籍中"野"和"野人"用作贬义词的例证也是有的。如《荀子·礼论》："事生不忠厚不敬文谓之野。"《礼记·檀弓》："若是野哉。"疏："野，不达礼也。"《说苑·修文》："苟可而行谓之野人。"等等是其证。《孟子》所说的"齐东野人"一语也具有某种程度的贬意也是毋庸讳言的。但是"齐东野人"中的"野人"与"东"字结合组成固定词组，就只能解为从事耕作的农民或居住在郊野之人，而不能再作他解。总之，孟子认为咸丘蒙所提问的内容，不过是齐国村夫俗子们的传闻而已，没有别的意思，不能由此而得出"齐东野人"是指齐国以东的莱国和他以东地带的化外民族的结论。由此而认为孟子是在散布什么东夷文化落后论云云更是莫须有的冤枉，理应予以澄清。

原载《管子学刊》1992 年第 2 期

亳社即郊社说

宋国有亳社。《左传·襄公三十年》："鸟鸣于亳社。"杜预注："殷社。"杨伯峻注："宋有亳社，盖宋乃殷商之后。"

鲁国也有亳社。凡五见：

《左传·闵公二年》："成季之将生也，桓公使卜楚丘之父卜之。曰'男也。其名曰友，在公之右，间于两社，为公室辅。'"杜预注："两社，周社、亳社。两社之间，朝廷执政所在。"

《左传·昭公十年》："秋七月，平子伐莒，取郠。献俘，始用人于亳社。"杜预注："以人祭殷社。"杨伯峻注："古代献俘于太庙，鲁献俘应于周公庙，故下文云：'周公飨义'鲁无义。"

《左传·定公六年》："阳虎又盟公及三桓于周社，盟国人于亳社，诅于五父之衢。"杜预注："《传》言三桓微，陪臣专政，为八年阳虎作乱起。"杨伯峻注："周社自是鲁之国社，以其为周公后也。鲁因商奄之地，并因其遗民，故立亳社。"

《春秋·哀公四年》："六月辛丑，亳社灾。"杜预注："天火也。亳社，殷社。诸侯有之，所以戒亡国。"杨伯峻注："亳，《公羊》作'蒲'。《礼记·郊特牲》'蒲社'。《释文》'蒲，本又作亳'。余详赵坦《异文笺》。"

《左传·哀公七年》："以邾子益来，献于亳社。"杜预注："以其亡国与殷同。"

"亳社"是可疑的，如果说宋有亳社，是因为"宋乃殷商之后"，"所以戒亡国"。鲁国不是"亡国"殷商之后，而是战胜国周人之后，为什么也要建亳社？此可疑者一。

春秋时期，除宋国、鲁国有"亳社"之外，杜预说"诸侯有之"。有何根据？此可疑者二。

杞国为亡国夏之后，商为什么不建夏社？此可疑者三。

不仅如此,"汤既胜夏,欲迁其社,不可,作夏社"(《书·汤誓》)。成汤胜夏以后,不仅没有迁其社,反而"作夏社",即为夏人立社。因此,所谓立亳社"所以戒亡国"之说,纯属无稽之谈,此可疑者四。

周武王灭殷商以后三四百年的春秋秦国,殷人还自称"亳王",有荡(汤)社。秦宁公三年(前713),"与亳战,亳王奔戎,遂灭荡社"。《集解》:"皇甫谧云:'亳王号汤,西夷之国也。'"被灭国三四百年以后的殷人,不以亡国为戒,仍自称"亳王",存汤社。由此可见,"亳社""所以戒亡国"之说,不攻自破,此可疑者五。

既然亳社为戒亡国之说不可信,宋、鲁两国的亳社,应如何解释呢?侯马盟书和温县盟书均出土于郊外的事实证明,宋、鲁的亳社的"亳"与毫字形相近致误,毫应读作郊。"亳社"实为郊社。李学勤先生《释郊》一文认为,甲骨文的"亳",应是从高省,从草的字,① 诚为卓识。我曾进一步论证,甲骨文中的"亳"字,不仅从草(屮),而且还从毛(屮),屮、屮都是老、考所从的偏旁,毛字初文屮、屮之省文。因此,甲骨文中的"亳",实为从高省从毛的"亳"。亳、郊音近读作"郊"。②

《春秋》《左传》五次提到鲁国的"亳社",足证其在鲁国史上的重要地位。既然"盟于周社""盟于亳社",就必然会有盟书。既然"用于亳社",就必然有"杀人以祭"的祭祀坑。因此,寻找周社和亳社就应该提上曲阜鲁故城的日程。既然亳社即郊社,就应该在鲁故城外寻找"亳社"。社,其实就是夯土台基。今曲阜鲁故城城外有两处夯土台基。一处位于南门外1735米,应是《水经注》所说的"雩坛",《太平寰宇记》称"舞雩坛"。其主要功能是天旱求雨。另有"郊台"又称圜丘,地在南西门外,西南距县城10里,《水经注》:"沂水又西迳圜丘北,丘高四丈余。"《太平寰宇记》:"南郊圜丘,在曲阜县南七里。"《明一统志》:"郊台在县西南十里。东西五十八步,即鲁君郊祀之所。"所谓"郊台"即《春秋》《左传》所说的"亳社",也就是我们考证的亳社、郊社。如能进行考古勘察,盟誓遗址的发现指日可待。

---

① 李学勤:《释郊》,《文史》第36辑,中华书局,1992年。
② 王恩田:《两版征人方卜辞缀合校正》,《中国文字》新29期,台北艺文印书馆,2003年。

《管子》三匡解题

《管子》有《大匡》《中匡》《小匡》等三篇。为什么要以"匡"字名篇？为什么要以大、中、小相区别？尹知章于《大匡》篇解释说，"以大事匡君"，于《中匡》《小匡》则无说，如果按尹注的说法推衍下去，《中匡》《小匡》应分别解为"以中事匡君""以小事匡君"，这显然不通，尹注是错误的。郭沫若《管子集校》认为"匡"为"薄"的假借字，也就是简。大、中、小三匡指简的长短不同。"古人册书有大、中、小三种。《大匡》盖二尺四寸简书，《中匡》一尺二寸简书，《小匡》八寸简书也。《大匡》盖齐国官书，《中匡》《小匡》则私家著述。故简制有长短，而内容有出入"①。其说亦有可商。

考古发现表明，战国、秦汉同时期的竹简一般说没有长短悬殊的现象。例如，湖北荆门包山二号墓出土战国楚简278枚，内容包括文书、卜筮祭祷记录和遣策等三部分。"文书"是"楚国政府留存下来的各种司法记录，其中的文字是若干位官吏书写的"，相当于郭氏所说的"官书"，卜筮祭祷记录和遣策等则应属"私家著述"。其中遣策简最长，一般在72.3厘米—72.6厘米之间，最短者68厘米。以文书简最短，一般长在62厘米—69.5厘米之间，少数简短至55厘米。②不存在长短相差二倍或三倍的情况，而且不是作为官书的文书长于私家著述的卜筮祭祷记录和遣策，而恰恰是相反。又如云梦睡虎地秦简共1150多枚，内容包括《秦律十八种》等法律文书，《为吏之道》等官书，也包括《编年记》《日书》等私家著述，但简长在23厘米—27.8厘米之间③，也没有长短悬殊的现象。再如山东临沂银雀山一号汉墓竹简4942枚，内容包括《守法》《守令》等13篇官书、《孙子兵法》《孙膑兵

---

① 郭沫若：《管子集校》（一），《郭沫若全集·历史编》第五卷，人民出版社，1984年。
② 湖北省荆沙铁路考古队：《包山楚简》，文物出版社，1991年。
③ 《云梦睡虎地秦墓》编写组：《云梦睡虎地秦墓》，文物出版社，1981年。

法》《晏子春秋》等私家著述,简长大致相等,整简长 27.6 厘米,也并非官书长于私家著述。而且二号汉墓出土的元光元年历谱长达 68 厘米,也是私家著述长于官书的《守法》《守令》等 13 篇,可证郭氏所列举的大、中、小三种册书是不存在的,也没有官书长于私家著述的规律。从内容看《管子》的三匡都是阐述管仲辅桓公霸业的方策及其经过,可能因来源不同而内容各异,但还不能够得出《大匡》是官书,而《中匡》《小匡》是私家著述的结论。

笔者认为《管子》三匡篇题来源于《逸周书》。《逸周书》10 卷 70 篇。其中有《大匡解》两篇,即卷二《大匡解·第十一》和卷四《大匡解·第三十七》。孙诒让《周书斠补》:"谢云:前已有《大匡》此不应又名《大匡》,盖因篇内有'大匡'字也。按:《史略》作《文匡》似较今本为长。"今从孙说,后者更名为《文匡解》以利区别。据《管子》前有《牧民》《形势》《版法》等篇正文,后有与之相应的《牧民解》《形势解》《版法解》等篇解文的体例,《逸周书》原应有《大匡》篇正文,惜已佚。

《逸周书》序曰:"穆王遭大荒,谋救患分灾,作《大匡》。"《大匡解》曰:"维周王宅程,三年遭天之大荒,作《大匡》。"孔晁注:"程,地名,在岐州左右。后以为国。初,王季之子文王因焉,而遭饥馑,后乃徙丰焉。"孔注解周王为文王,与《序》异。孙诒让《周书斠补》:"《史记·司马相如传》集解引皇甫谧云:'王季徙程',故《周书》:'维周王季宅程'是也。……皇甫谧所引'王'下有'季'字者,传写误衍,实不当有。"程与郑古音均属定母耕部,音同字通。郑,又名南郑、西郑,是穆王以来的都城。《穆天子传》注引《竹书纪年》:"穆王元年,筑祗宫于南郑。"《太平御览》卷二引《竹书纪年》:"懿王元年,天再旦于郑。"① 《汉书·地理志》注引臣瓒曰:"穆王以下都于西郑。"郑,汉属京兆尹。《汉书·地理志》京兆

---

① 据美国加利福尼亚州巴萨底奈国家航空和宇宙航行局喷气推进实验所天文学家 Kevin Pang 与加利福尼亚州大学东亚语言学教授周鸿翔等合作进行日、月、行星运动的计算机模拟实验,测算出《古本竹书纪年》"懿王元年,天再旦于郑"这条天象记录的确切日期是公元前 899 年 4 月 21 日。参见宋镇豪:《历史天文学研究的最新进展》,《中国文物报》1990 年 2 月 15 日第 3 版。文中把"郑"说成是河南郑州,是不对的,应为穆王以来的都城"郑"(今陕西渭南华州区)。

尹、郑县条王先谦《汉书补注》："渭水合灌水（今名乔谷水）、西石桥水，迳郑县故城北，又合东石桥水，下入华阴。西石桥水出马岭山，北迳郑城西，入渭。东石桥水即沈水，自冯翊武城来，迳郑城东，水有故石梁。《述征记》：郑城东西十四里，各有石梁者也，下入冯翊沈阳。《一统志》：故城今华州北。"华州即今之陕西华县。因此，孔注解"程"在岐州左右，解周王为文王，都是不对的。程即郑，是穆王以下的都城。《大匡解》中的周王即穆王，《序》说可信。

《大匡解》篇名中的"匡"字意为救。《左传·成公十八年》："匡乏困，救灾患。"杜预注："匡，亦救也。"也就是《序》中所说的"救患分灾"。《大匡解》："作《大匡》，以诏牧其方，三州之侯咸率，王乃召家卿三老三吏大夫百执事之人朝于大廷。问罢病之故，政事之失，……曰：'不穀不德，政事不时，国家罢病，不能胥匡。'"于此可见，作《大匡》缘起于穆王三年，由于"遭天之大荒"，因而在"大廷"召开会议，谋求"救患分灾"之策。《管子》三匡篇名中的"匡"字也是在齐襄公死后，三公子争位，国家危难的情况下，管仲与桓公谋求国家强盛的良策。《管子》三匡以"匡"名篇，显然是从《逸周书·大匡解》借用来的。

《管子》三匡中的大、中、小的用法也可从《逸周书》中找到依据。《文匡解》："用大匡顺九则、八宅、六位（孔注：古大匡有此法）……绥比新故外内贵贱曰六位，大官备武，小官成长。大匡捒摄，外用和大，中匡用均，劳故礼新，小匡用惠，施舍静众。"由此可见，《逸周书》中所说的大、中、小三匡是用来处理"新故外内贵贱"等"六位"的相互关系。孔注解"外用和大"为"和平大国"。据上引"大官备武"，知"大"有可能指"大官"。孔注解"劳故礼新"为"士大夫乃宾客"，不确。故，即故臣和父兄子弟，新，即外来人，亦称羁旅远人。《左传·昭公十四年》："礼新叙旧。"注："新，羁旅也。"《左传·哀公十四年》："司马请瑞焉，以命其徒攻桓氏。其父兄故臣曰：'不可。'其新臣曰：'从吾君之命。'"《左传·昭公七年》："单献公弃亲用羁。"《左传·定公元年》："周巩简公弃其子弟而好用远人。"可证。外内，外指异姓，内指同姓。《左传·宣公十二年》："其君之举也，内姓选于亲，外姓选于旧。"《左传·襄公二十一年》："外举不弃仇，内举不失亲。"贵贱,贵指公卿大夫士,贱指民众。可见《文匡解》中所说的大匡、中匡指新旧内外的大臣和官员等"贵"族,小匡指"贱"者的民众,其间身份有着高低层次的不同。而《管子》三匡所述均是谋求国家富强之策,而没有高低层次的不同,只是借用了《逸周书·文匡解》中的名词,与原来的含义已大不相同。这也从另一个侧面证明《管子》成书应晚于《逸周书》。

原载《管子学刊》1996 年第 2 期

《齐语》的史料来源与成书年代

《国语·齐语》和《管子·小匡》的内容基本相同，这就存在一个谁早谁晚的问题。一种意见认为《齐语》全抄《小匡》，是对小匡"略加压缩和修改"而成的[①]；另一种意见与此相反，认为《齐语》早于《小匡》，《小匡》是对《齐语》的调整、增附、修改[②]；第三种意见则认为"《小匡》和《齐语》应出于同一个古时底本"，不存在谁抄谁的问题。[③]孰是孰非，有必要展开讨论。

一 《齐语》的时代印记

《齐语》所述内容不是春秋早期齐桓公时代的，只能是战国和战国以后的。

（一）"（桓公）即位数年，东南多有淫乱者，莱、莒、徐夷、吴、越，一战帅服三十一国"

齐桓公即位于鲁庄公九年（前685），"即位数年"应是前680年前后，而吴越初见于经传是鲁宣公八年（前601），《左传·宣公八年》："楚子疆之，及滑汭，盟吴、越而还。"这已是齐桓即位80年以后的事情了。如果"淫乱"是指吴、越的强大，则吴国强大始于吴王寿梦（《左传·成公七年》），越国的强大更在此以后。《史记》正义引《舆地志》："越侯传国三十余叶，历殷至周敬王时，有越侯夫谭，子曰允常，拓土始大，称王。"周敬王（前519—前476）、允常（前510—前497）生当春秋末年，上距齐桓

[①] 康有为：《新学伪经考》，中华书局，1988年；顾颉刚：《春秋三传及国语之综合研究》，中华书局香港分局，1988年。

[②] 罗根泽：《管子探源》，收入《诸子考索》，人民出版社，1958年；李学勤：《〈齐语〉与〈小匡〉》，《管子学刊》1987年创刊号。

[③] 胡家聪：《〈小匡〉考辨》，《中国历史文献研究》（二），华中师范大学出版社，1988年。

即位已经将近两个世纪了。齐桓公和管仲死于鲁僖公十七年（前643），齐桓、管仲生前尚不知有吴越，更没见过吴越的"淫乱"，如何征伐之？据此知《齐语》成书年代当在战国以后。

（二）"荆州诸侯莫敢不来服"

荆州，是战国以后出现的地名，范围大体相当于今湖北江汉平原一带，这一地区春秋时被称为"汉阳"或"汉川"。如《礼记·祭统》引孔悝鼎铭曰："成公乃命庄叔，随难于汉阳。"《左传·定公四年》："周之子孙在汉川者，楚实尽之。"由于这一带的诸侯国多属姬姓，故称之为"汉阳诸姬"（《左传·僖公二十八年》），称"荆州"者始见于《禹贡》《周礼·职方》《尔雅·释地》《吕氏春秋·有始览》等书，而所有这些都是战国以后的典籍。

（三）桓公存鲁

据《春秋》《左传》，齐桓所存的三个小国是卫、邢、杞。《小匡》《齐语》摒迁杞而曰存鲁，全凭《公羊》立说。《公羊·闵公二年》："桓公使高子将南阳之甲，立僖公而城鲁。"存鲁之说取自《公羊》，证明《小匡》《齐语》成书当在《公羊》之后。

（四）"通鱼盐于东莱"

齐国自身就是一个富有鱼盐之利的国家（《史记·货殖列传》《汉书·地理志》），为什么还要到"东莱"去通鱼盐之利？难以理解。莱在金文中书作釐，经传中称莱。先秦典籍中无称"东莱"的先例。称"东莱"是西汉初高祖置"东莱郡"以后的产物。

（五）"定三革，隐五刃"

《荀子·儒效》："武王诛纣也，……反而定三革，偃五兵。"《小匡》全抄《荀子》，《齐语》则改为"定三革，隐五刃"。"偃五兵"的偃字有两种解释，一是折断、毁坏，二是隐藏。考古发现在周人故都岐周地区以及今陕西境内其他各地，成周洛阳、浚县辛村、北京琉璃河等地西周早期的周人墓葬中，普遍存在折断、砸弯兵器的葬俗。证明《荀子·儒效》以及《史记·周本纪》关于武王灭殷后销毁兵器的记载是可信的，而《小匡》把"定三革，偃五兵"安在齐桓公头上，就未免滑稽。春秋时期战火连年，齐桓称霸靠的是手中的武器，如果把"五兵"收藏起来，甚至全部销毁，靠什么去

"横行天下"？因此，可以说《小匡》是对《荀子》不恰当的挪用。

《齐语》进一步改"偃五兵"为"隐五刃"。先秦典籍中常用"五兵"而鲜见"五刃"。如《左传·昭公二十七年》"取五甲五兵"；《穀梁·庄公二十五年》"陈五兵五鼓"；《墨子·节用上》"有甲盾五兵者胜"；又《迎敌祠》"五兵咸备"；《周礼·司兵》"掌五兵五盾"。而"五刃"的出现是比较晚的。《淮南·氾论训》"铸金而为刃"，注："刃，五刃，刀、剑、矛、戟、矢也。"《齐语》改"五兵"为"五刃"，说明其成书年代不仅晚于《荀子》而且晚于《小匡》。

从含意看"五刃"也不及"五兵"。兵、刃虽然都指兵器，但含意却有广窄的不同。"五兵"中既包括有刃兵器，也包括无刃兵器。

（六）《小匡》"士之子常为士"等语中的"常"字，《齐语》一律作"恒"。罗根泽据此认为《小匡》用"常"而不用"恒"，这是避汉文帝刘恒之讳，因而把《小匡》定在《齐语》之后，为"汉初人作"。其实，先秦典籍中多用"常"而鲜用"恒"，对比如下表所示：

表一

书名 用字 次数	左传	墨子	荀子	韩非子
常	54	32	59	85
恒	7	1	1	2

知《小匡》用"常"而不用"恒"，符合先秦典籍用字规律，与避汉文帝讳无关。《齐语》改"常"为"恒"，说明其成书年代要晚于《小匡》。而又不避汉文帝讳，证明其成书年代，不仅晚于先秦，也晚于西汉，很可能成书于王莽的新朝。

（七）《小匡》："恶金以铸斤、斧、鉏、夷、锯、欘，试诸木土。"《齐语》改为"恶金以铸鉏、夷、斤、欘，试诸壤土"。

《说文》："斤，斫木也"，"欘，斫也"，都是砍木的工具，鉏即锄，《小匡》尹注："夷，锄类也。"都是农业工具，因此《小匡》说"试诸木土"。《齐语》改"试诸木土"为"试诸壤土"，斤、欘等砍木工具就失去了用武之地,其改动显然不合情理。

考古发现表明锄的出现不早于战国。年代最早的小铁锄是战国早期的。如长沙识字岭第 14 号楚墓和邯郸齐村第 24 号赵墓都有出土。因此,"恶金"无论是指质量差的青铜或者是铁,铜锄和铁锄的出现都不早于战国。因而《小匡》和《齐语》的成书年代也不能早于战国。

(八)《小匡》说齐桓称霸后的国土"地南至于岱阴,西至于济,北至于海,东至于纪随"。

"北至于海",《齐语》改为"北至于河"。海,即今临淄以北的渤海,河即黄河。公元前 602 年以前的黄河故道,由今郑州折而北流,经今新乡、淇县、鸡泽、巨鹿又折而东北流,经冀县、武强至天津入海。古黄河以东的南半部属卫国疆土,北半部则属燕国所有。天津附近发现过不少战国时期的燕国遗址。沧州地区出土过大量的燕国刀币,证明黄河以东的北半部直到战国时代仍然是燕国领土。因此《小匡》说齐桓时代疆域"北至于海"的说法是正确的。《齐语》改为"北至于河"是错误的。

《小匡》说"东至于纪随"。纪即齐之东邻纪国,其都城在今寿光境内。"随"地不详其所在。《齐语》改为"东至于纪鄣",鄣为纪邑,其地在临淄齐都故城东 15 里的安平故城,俗名石槽城。这一改动虽然胜于《小匡》不详其所在的"随",但却不符合齐桓公时代的东部疆域。早在齐桓公即位前的齐襄公时代,先是"齐师迁纪、邢、鄑、郚"(《左传·庄公元年》),占有了今临朐、安丘、昌邑等地的纪国领土。继而"纪季以酅入于齐"(《春秋·庄公三年》),最后逼纪迁都"大去其国"(《春秋·庄公四年》),完成了对纪国的吞并。齐襄公时代的齐国东部疆土至少已扩展到今昌邑一带。因此《小匡》作者借用齐桓公之口,批评"昔先君襄公,……国家不日益(《齐语》改为引),不月长",是不符合历史事实的。证明《小匡》和《齐语》的作者对齐国的这段历史并不熟悉。

类似的例子还有《小匡》说:"伐谭、莱而不有也。"齐桓不曾伐莱,《齐语》改为"谭、遂",似乎胜于《小匡》,其实,"军谭、遂而不有也",也不符合历史事实。齐桓公上台后的第二年,即《春秋·庄公十年》冬十月,"齐师来灭谭,谭子奔莒"。明明是"灭谭",怎说是"而不有也"?《春秋·庄公十三年》："夏六月，齐人灭遂。"四年后《春秋·庄公十七年》："夏，齐人歼于遂。"《左传》说："夏，遂因氏、颌氏、工娄氏、须遂氏，飨齐戍，醉而杀之，齐人歼焉。"由于齐国戍卒的贪杯，遭遂人的暗算而被歼灭，不是齐桓不想"有也"，而是不能"有也"。《小匡》与《国语》在此问题上，虽有五十步与百步之别，却都是对历史事实的歪曲，没有什么优劣可言。

二 《齐语》晚于《小匡》

（一）结构与层次的比较

《小匡》在阐述管仲治国安民的规划时，前面有总纲，然后逐条加以解释。结构谨严，层次分明。而《齐语》则是颠三倒四，答非所问，甚至有重要的遗漏。证明《齐语》是对《小匡》不高明的修改。

1.《小匡》桓公使鲍叔为宰，鲍叔辞曰不如管仲者五："宽惠爱民"，"治国不失其秉"，"忠信可结于诸侯"，"制礼义可法于四方"，在这里民、国、诸侯、四方，由小而大，由内而外，由近及远，脉络清楚。而《齐语》则把"忠信可结于诸侯"改为"忠信可结于百姓"，这样不仅打乱了递进的次序，而且"百姓"与前面的"民"也相重复。

2.《小匡》桓公首先提问的是"六秉者何也"，答曰："杀、生、贵、贱、贫、富，此六秉也。"《齐语》虽然在总纲中也提到了"六柄（秉）"，但在问答中却没有提问，这是不应有的疏漏。还应指出"秉"作为政治术语，不见于《春秋》三传，而在《韩非子》中却反复强调其重要性，达20条之多。证明《小匡》《齐语》所述的"六秉（柄）"不可能是春秋时代的语言。有意思的是《韩非子》全部用"柄"而不用"秉"，这与《齐语》改《小匡》的"六秉"为"六柄"是一致的，也从一个侧面证明《齐语》晚于《小匡》。

3.《小匡》依"叁国""伍鄙""定民之居，成民之事"的先后次序予以问答。叁国、伍鄙是手段，"安民之居，成民之事"是目的。而且"定民之居，成民之事"，是一个完整的意思，前者为因，后者为果，前后次序有条不紊，逻辑性很强。《齐语》作者忽视了其间的内在联系，在没有讨论"叁国""伍鄙"等各级居民组织设置的情况下，就首先讨论"成民之事若何"，这就颠倒了手段与目的，因与果的先后顺序，而且还增加了一个在总纲中没曾提到的"处士农工商若何"，未免杂乱无章，令人感到唐突。

4.《齐语》桓公问"定人之居若何"，回答的却是"叁国"的内容"制国以为二十一乡"。问："伍鄙若何？"答曰"相地而衰征，则民不移……"。问："定民之居若何？"答曰"制鄙三十家为邑，……"。答非所问，语无伦次，令人难以卒读。

（二）内容方面的比较

从内容看《小匡》与《齐语》有三点重要的不同：

第一点不同：《小匡》说："制国以为二十一乡，商工之乡六，士农之乡十五。"《齐语》把"士农之乡十五"改为"士乡十五"。

"士农之乡十五"与"士乡十五"，虽说只是一字之差，却反映了两者对"农"的居住地区的不同主张。《小匡》认为农居于国中，《齐语》则认为农不居国中只居于鄙内。于是韦昭根据《齐语》得出两点结论：

1."国，国都城郭之域也。唯士、工、商而已，农不在也"。国中只有士、工、商，他们都不从事于农业，农只居于鄙、野，所以说"农野处而不暱，不在都邑之数，则下所五鄙是也"。

2.四民中只有士服军役，"此士，军士也，十五乡合三万人，是为三军"。

应该指出，第一，《小匡》认为国中有"士农之乡"，即农可居于国是正确的。《孟子·万章下》："在国曰市井之臣，在野曰草莽之臣，皆谓庶人。""庶人"即农，可见农既可以"在国"，也可以"在野"。《管子·大匡》："凡仕者近宫，不仕与耕者近门。"基本上正确反映了农在国中居住情况。孟子所说的"在野"也并非住在荒郊野外，而是居住在野和鄙的"邑"内。西周时期，郊外是禁止住人的，《逸周书·丰谋解》："郊不留人。"第二，齐桓公时代有没有分别由"公""高子""国子"统一帅的"三军"，有没有"军士"三万人，还是一个很大的疑问。《春秋》《左传》中谈到齐桓用兵时只说"齐师"不见"三军"，也不见高子与国子统帅军队的任何证据。提到用兵的数量时还是比较少的。如《左传·闵公二年》："齐侯使公子无亏帅车三百乘，甲士三千人以戍曹。"《小匡》《齐语》只谈到国中有"三军"，没有说鄙中还有军队。实际上无论是齐国还是其他国家，鄙中都有自己的武装。如春秋晚期齐国西南边鄙的廪丘（今山东郓城境内），就有自己的武装。《左传·襄公二十七年》（晋胥良带）"使乌余具车徒以受封"。乌余接连攻取卫、鲁、宋三国之邑，必有自己的武装。"使乌余具车徒"，说明廪丘不仅有车兵，还有徒卒。《左传·定公九年》齐人囚阳虎于西鄙，阳虎"尽借邑人之车"，也可证明鄙是拥有兵车的。因此认为只有国中有军队，鄙中无军队，"野人"无当兵的资格等看法恐怕是与历史事实不符的。

第二点不同：《小匡》说："公帅十一乡，高子帅五乡，国子帅五乡。"《齐语》改为"公帅五乡焉"。

《小匡》说"公帅十一乡"不难理解是指五个"士农之乡"，再加上"工商之乡六"，《齐语》改为"公帅五乡焉"。这样一来，"工商之乡六"就成了无人统辖的"三不管"，显然是一大疏漏。

第三点不同：《小匡》说（农）"朴野而不慝，其秀才之能为士者，则足赖也。故以耕则多粟，以仕则多贤，是以圣王敬农戚农"。《齐语》改为"野处而不昵其秀民之能为士者，必足赖也"。

《齐语》把"朴野而不慝"改为"野处而不昵"露出了作伪的马脚。《小匡》所说的"朴野而不慝"是指农的品质。"朴"和"野"都是质朴的意思，慝，音忒（tè），意为邪恶。由于农民具有质朴而不邪恶的品质，因而"其秀才之能为士者，则足赖也。故以耕则多粟，以仕则多贤，是以圣王敬农戚农"。不仅文从字顺，而且阐明了农民中的"秀才"者可以转化为士，并且可以为"仕"作官。修改者显然没有弄懂"朴野而不慝"的确切含义，以及与后面文句的因果关系，从农不居国中的指导思想出发，于是照猫画虎，把"朴野"改为"野处"，把"慝"改为"昵"，殊不期"慝"与"昵"虽然均以匿为偏旁，但读音和含义均有很大区别，昵，音nì，意为亲近。这样一改不仅原来的意思变了，而且说农民住在田野而不亲近，是不通的，和后面的句子"其秀民之能为士者必足赖"也无法衔接。更有甚者，这样的改动将会产生修改者未尝预见到的麻烦："一旦农民中出现了秀民之能为士者"，是让这些"秀民"搬入国中居住，加入"士"的行列呢？还是仍然"野处"与"农"为伍呢？修改者显然无法作答。

此外，胡家聪先生曾举出的《齐语》不如《小匡》的两处异文①，也是对我所持观点的有力支持。

综上所述，《齐语》所述内容有很多不是属于春秋早期齐桓公时代的，而是战国和战国以后的。《齐语》全抄《小匡》，对《小匡》作了不高明的压缩删改，因而造成重要遗漏，文意残缺不全，颠三倒四，答非所问，违背历史事实等特点，对《齐语》所具有的史料价值实在不能作过高的评价。

原载《齐文化纵论》，华龄出版社，1993年

---

① 胡家聪：《〈小匡〉考辨》，《中国历史文献研究》（二），华中师范大学出版社，1988年。

泰安大汶口汉画像石历史故事考

汉代画像石中，以历史故事为题材的画像，以山东嘉祥武氏祠为最多，而且大多附有榜题。50年代以来，山东境内出土和收集了大量的汉画像石，除沂南汉画像石墓有少量带榜题的历史故事画像外，其他画像石中，历史故事题材的不多，有榜题者尤为罕见。《泰安大汶口汉画像石墓》[①]中介绍了4组带榜题的历史故事。其中刻于第6石的"孔子见老子"画像为常见题材，另外3组刻于第2石，自右而左分别为"嬺姬计杀申生""赵苟哺父""孝子丁兰"画像。

"嬺姬计杀申生"画像过去发现过，但无榜题。这次发现的3条榜题为讨论故事内容以及辨别无榜题的同类题材提供了依据。"赵苟哺父"画像则是首次发现。"丁兰刻木事亲"故事在武氏祠中曾发现过，但内容上两者有很大的区别。由于大汶口画像石中这3组历史故事画像榜题中的通假字、异体字较多，以及榜题与画像内容颠倒错位，甚至不符，给内容考释带来一定困难。[②]本文拟在对榜题文字加以考释的基础上，对画像内容进行探讨，以就正于方家。

一 "嬺姬计杀申生"图

画像中共有4人，榜题3条。中间一人席地而坐，面前置杯案，榜题"此晋浅（献）公贝（被）离（丽）算"（图一：6）；右边一人跪向坐者，手执环首刀对准喉咙作自刎状，题曰"此浅（献）公前妇子"（图一：7）；身后一人手拉跪者作劝解状，坐者左方一妇女，执便面躬身站立，欲有所语，

---

① 程继林：《泰安大汶口汉画像石墓》，《文物》1989年第1期。
② 山东省博物馆等：《山东汉画像石选集》，齐鲁书社，1982年，图：四七一，图版：一九八。

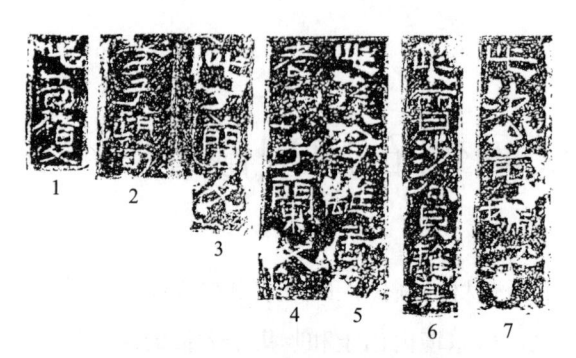

图一　大汶口汉画像石墓第2石榜题

题曰"此后母离（丽）居（姬）也"（图一：5）。

此晋浅公贝离算

第3字从水，从戈，为"浅"字省文，非沙字。浅、献古音均属元部，音近相通。晋浅公即晋献公（前676—前651），为晋武公之子，惠公、文公之父。

"贝"通"被"。贝属邦母祭部，被属滂母歌部。邦、滂为唇音，祭、歌阴入对转。贝、被音近相通。

"离"通"丽"。《易·离》："离，丽也。"《文选·潘岳为贾谧作赠陆机诗》："婉婉长离。"注："离与丽古字通。"离即晋献公后妇丽姬，经籍或作孋姬、骊姬。榜题夺姬字。

筭，应为"算"字异体。古从草从竹无区别。不从大，非"莫"字。《文选·吊魏武帝文》："长算屈于短日。"注："算，计谋也。"此句意思是说晋献公被丽姬所暗算。

此浅公前妇子

前妇，指晋献公前妻齐姜。齐姜原本是晋献公之父武公之妾。武公死，献公纳后母为妻，生了秦穆公的夫人和申生。《左传·庄公二十八年》："晋献公娶于贾，无子，烝于齐姜，生秦穆夫人及太子申生。"杜预注："齐姜，武公妾。"

"前妇子"，即齐姜所生的献公之子申生。

此后母离居

"居"通"姬"。居、姬古音均属见母。居属鱼部，姬属之部。鱼、之旁转。居、姬音近可通。离居即丽姬。晋伐骊戎，骊戎国君献其女于晋献公为妻，是谓丽姬。后母即对申生而言。

据榜题及这组画像的内容，可确知系历史上著名的丽姬计杀申生的故事。这一历史事件的始末见于《左传·僖公四年》："初，晋献公欲以骊姬为夫人，……立之。生奚齐。其娣生卓子。及将立奚齐，既与中大夫成谋，姬谓大子曰：'君梦齐姜，必速祭之。'大子祭于曲沃。归胙于公。公田。姬寘诸宫六日。公至，毒而献之。公祭之地，地坟。与犬，犬毙。与小臣，小臣亦毙。姬泣曰：'贼由太子。'大子奔新城，公杀其傅杜原款。……姬遂谮二公子曰：'皆知之。'重耳奔蒲，夷吾奔屈。"又见于《国语·晋语二》："骊姬以君命命申生曰：'今夕君梦齐姜。必速祠而归福。'申生许诺。乃祭于曲沃。归福于绛。公田。骊姬受福。乃寘鸩于酒，寘堇于肉。公至，召申生献。公祭之地，地坟。申生恐而出。骊姬与犬肉，犬毙。饮小臣酒，亦毙。公命杀杜原款。申生奔新城，……申生乃雉经于新城之庙。"

关于这一历史故事，还见于《公羊·僖公十年》《穀梁·僖公十年》《吕览·上德》《史记·晋世家》。此外，在《楚辞·九章》《楚辞·七谏》《韩非子·备内》《韩非子·内储说下》《礼记·大学》《礼记·檀弓上》《说苑》《论衡·感应》，以及刘向《列女传》与《楚辞》王逸注等中也都有记述。可见这一历史故事在古代流传之广。除了《公羊传》认为献公因爱丽姬，欲立其子，"于是杀世子申生"之外，一般记载均为丽姬利用阴谋诡计害死了申生，但故事情节有一定出入。如《左传》《吕览》《史记》只说丽姬在祭肉中下了毒，而《国语》《穀梁》等则说除了祭肉中放毒以外，祭酒中也放了毒。所使用的测试酒中是否放毒的办法也不同，《穀梁》说："覆酒于地，而地贲。"《晋语》则说："饮小臣酒，亦毙。"申生自杀的方式也不同，《左传》《国语》说申生自缢而死，《穀梁》则说"刎脰而死"，《吕览》《说苑》并谓"遂以剑死"，《论衡》说"申生伏剑"。关于事件中的其他人物，《左传》《国语》等认为申生之傅为杜原款，而《公羊》《穀梁》则认为是里克。

大汶口画像石中所反映的这一故事的情节比较简单，人物也不多。只有献公、丽姬、申生以及申生背后的劝解者，这个劝解者可能是其师杜原款或里克。申生执环首刀作刺喉状，系采用以剑自刎的方式。

丽姬计杀申生画像，已往发现以下4例，但均无榜题。

1. 嘉祥宋山一号墓第2石第3层画像（图二）。简报记载，"左边4个男子，3人站立，前面一人跪坐，手拿一物带绶，面向右。对面一男子，躬身伸手接物。在他们两人中间，地上一犬上仰。右方男子后面，又随一儿童和妇女，手均前伸。这个故事的内容不详"。①

图二　嘉祥宋山一号墓第2石第3层画像

2. 嘉祥宋山二号墓第1石画面第3层。共5人，中间立一长者，身后为一儿童和妇女。右方跪一人，其后站一人相劝。长者与跪者之间也有一犬上仰。犬旁有盛酒的器皿。简报释为"宰狗图"。②

上述两幅画像已有学者释为"献公杀太子申生"图③，这是正确的。但尚有待补充订正之处。如释晋献公身后的"小人"为"小臣"，释太子申生正在"献物"等，均欠确切。特别是把第3层画面的献公杀申生图与第4层的车马出行联系起来解释，认为第4层表示"晋献公田猎归来，宫门前一人捧盾相迎之外，还蹲着一条狗，这条狗很重要，表示那时还活着，第3层便是这个故事的展开。狗的死亡，预示着一场骇人的事变便要到来了"，值得讨论。

汉画像石每层图画的内容都独立成篇，在一般情况下层与层之间没有必然的联系。以宋山一号墓第2石为例，第1层至第4层依次为西王母、周公辅成王、丽姬杀申生、车马出行。与其相对应的第3石内容依次为东王公、季札挂剑、晏婴二桃杀三士、车马出行。可以看出这两方画像石的第1层均表示天上的神仙，第2、3层表示历史故事，第4层反映墓主人生前的车马

---

① 嘉祥县武氏祠文管所：《山东嘉祥宋山发现汉画像石》，《文物》1979年第9期，第2石，第3层。
② 济宁地区文物组等：《山东嘉祥宋山1980年出土的汉画像石》，《文物》1982年第5期，第1石，第3层。
③ 刘敦愿：《〈山东汉画像石选集〉中未详历史故事考释》，《东岳论丛》1984年第2期。

出行场面，每层之间的内容了无相涉。第 2 石的"车骑行列"中前面只有两马为导骑，墓主地位并不甚高，绝对不会是作为国君的晋献公。持盾相迎者的身份为亭长。亭长是秦汉时期的地方基层小吏。亭长的存在也证明"车骑行列"不可能是晋献公田猎归来。

宋山一号墓第 2 石的这组"丽姬计杀申生图"雕刻 7 人 1 犬。犬上仰僵卧，表示吃了毒肉后死亡。犬右第 1 人为晋献公，献公身后的"小人"不是"小臣"，而是丽姬之子奚齐，奚齐身后的妇女是丽姬，这 3 人均伸导前指，表现当看到狗死之后，对申生表示谴责。犬左方 4 人，第 1 人跪向献公者为申生，手中所执者是带绶带的匕首，作自刎状，而非"献物"。第 2 人作劝解状者系其师杜原款或里克。第 3、4 人为文公重耳和惠公夷吾。

宋山二号墓第 1 石，发表的拓本小而模糊，很难辨识其内容，笔者据原拓绘制了第 3 层的摹本（图三），可以看出这组"丽姬计杀申生图"包括 5 人 1 犬。犬也作仰卧僵死状。犬左 3 人，依次为献公、奚齐、丽姬。犬右 2 人为申生与其师杜原款或里克。犬旁有一扁壶，当为装毒酒的用器。

图三　嘉祥宋山二号墓第 1 石第 3 层画像摹本

3. 肥城栾镇画像石。

1956 年出土，共两块。其中一石画面分 4 层。其中第 3 层两阙之间有一大型建筑，共刻 13 人。两楹之间画 4 人，中间长者有须，拄耜而立（图四）。[①] 日本学者或释此人为治水的"大禹"[②]。这样解释则画面上其他人物的

[①] 王思礼：《山东肥城汉画像石墓调查》，《文物参考资料》1958 年第 4 期。
[②] 〔日〕小南一郎：《大地の神話－鯀、禹伝説原始》，《古史春秋》第二号。

关系难以说通。其实，这也是一幅"丽姬计杀申生图"。中间拄耜而立的长者是晋献公，右方 2 人向献公躬身施礼者应是申生及其侍者。左方一人正以食物饲犬，即《穀梁》所谓"以脯于犬"。楹外右方一妇女坐在砖台上，即丽姬。面前幼者即其子奚齐。楹外左方二人，执鸠杖老者即申生之傅杜原款或里克。楼上一妇女抚琴，即丽姬之娣，身后儿童即其子卓子，面前 3 人为侍女。晋献公之所以被视为大禹，一是因为身上带小点的衣服被解为蓑衣，二是因为所拄的耒耜。带点的衣服并非蓑衣，而应是衣服上的纹饰。不仅晋献公穿这种衣服，楹外执鸠杖的长者、楼上抚琴的妇女及其侍女等也穿这种带点的衣服，可见认为是蓑衣或神仙身上的羽毛均不妥当。至于晋献公所持的耒耜，可能是画工把经籍中所说的"君田而不在""献公田来"等田猎之"田"，错误地理解为农业劳动的田作之"田"，故而使用了这种张冠李戴的表现手法。

图四　肥城栾镇画像石

4. 武氏祠后壁画像。

见《石索》三之十三，画面分 4 层，1、2 两层均为历史故事。3 层右为蔺相如完璧归赵、范雎相秦故事。中间有一巍峨的建筑贯通3、4层，下层画6人，上层画妇女数人。《石索》作者认为这组画像既然在"前二段秦事之后，其楼阁工丽、人物精严，疑当日阿房宫之制，所谓五步一楼，十步一阁者。否，亦君侯宅第也"。其说有误。从画面内容与布局看，与肥城栾镇画像石相似，也应是一组"丽姬计杀申生图"。下层两楹间的4人，中间右边所立长者为晋献公，身后的小人应是奚齐。中间左边跪向老者的是申生，其身后执物女子是丽姬，手中所执物应为药脯之类。两楹外左右各一人，应是夷吾与重耳。楼上诸女子应为后宫与女侍。

二 "赵苟哺父"图

大汶口汉画像石第2石中间一组，为两人对坐，作两嘴凑近相哺状。左边榜题"孝子丁兰父"（图一：4）。右边题"此丁兰父"（图一：3）。按：丁兰刻木事亲故事见于武氏祠，内容与此迥异。我认为这幅画像的榜题有误。简报认为，这组画像内容"似为'邢渠哺父'故事"。按："邢渠哺父"故事也见于武氏祠。凡三见，一是后壁画像第2层，邢渠与其父在室内对坐，渠父坐在木几上，题曰"渠父"。邢渠用筷为其父喂食，题曰"邢渠哺父"。二是前石室第7石第1层，现画面已剥蚀，题曰"孝子邢□"，渠字剥残。三是前石室第12石左面第3层。右方一人端碗举筷给老者喂食，无榜题，也应是邢渠哺父故事。[①]《太平御览》卷七六六引《古孝子传》："邢渠，失母。与父仲居。性至孝。……佣以给父。父老齿落，不能食。渠尝自哺之。……仲遂康休，齿落更生，百余岁乃卒之。"《石索》作者认为邢渠哺父故事不见于古籍记载，是不正确的。

大汶口汉画像石第2石中组的两人对坐相哺的题材，仅从内容看释为"邢渠哺父"未尝不可。但从左方的榜题看，释为"赵苟哺父"可能更确切些。榜题有两条，右刻"孝子赵苟"（图一：2），左刻"此苟餎父"（图一：1）。

---

① 朱锡禄：《武氏祠汉画像石》，山东美术出版社，1986年，图七、图一八、图二三。

"狢"为"䐹"字异构。《说文》"䐹,歠也。"《集韵·模部》:哺,"一曰歠也"。"苟狢父"即"苟哺父"。哺,含物以饲也。赵苟哺父故事见于刘宋师觉援《孝子传》:赵苟"年五六岁时,得甘美之物,未尝敢独食。必先以哺父。出辄待还而后食,过时不还,则倚门啼以候父。至数年父殁,狗思慕羸悴,不异成人。哭泣哀号,居于冢侧。乡族嗟称,名闻流著。汉安帝时官至侍中"。

狗、苟音相通。据上述记载知赵苟在东汉安帝时做过官,可以作为大汶口画像石墓的年代上限。赵苟故事的这两条榜题理应出于中组画像,今出于左组,显系位置颠倒。此外,在赵苟哺父画像的右上方,右组晋献公的头上画了两只正在相对喂食的鸟,即所谓"乌鸦反哺",可作为"赵苟哺父"的衬托。

三 丁兰与董永

从榜题看,前石左组画像似应为孝子丁兰故事。但丁兰故事见于武氏祠,内容与此不同。武氏祠的丁兰画像,图中画一人坐几上,系丁兰父,丁兰跪于其前。兰身后跪者为其妻。榜题曰:"丁兰二亲终殁,立木为父。邻人假物,报乃借与。"① 孙盛《逸人传》:"丁兰者,河内人也。少丧考妣,不及供养。乃刻木为人,仿佛亲形。事之若生,朝夕定省。后邻人张叔妻从兰借物,看兰妻跪报木人,木人不悦,不以借之。叔醉酣来骂木人,以杖敲其头。兰还,见木人色不悦。问其妻,具以告之,即奋剑杀张叔。吏捕兰,辞木人去。木人见兰为之垂泪。郡县嘉其至孝,通于神明,图其形像于云台也。"武氏祠丁兰故事与文献记载相符。

大汶口画像第2石的左组画像,画一人执鸠杖坐在车上,前面一人正在锄地,回首望老者。天上有羽人。从内容看与丁兰的故事不符,而与武氏祠中的董永故事相同。武氏祠董永画像左方画一人在锄地,榜题曰:"董永,

---

① 冯云鹏等:《金石索·石索》一之十四,商务印书馆,1929年。

千乘人也。"右方画一人荷鸠杖坐车上,题曰"永父"①。董永事迹见于刘向《孝子图》,据书中记载,董永至孝,卖身葬父,后得织女匡助赎身。从大汶口和武氏祠中的董永故事看,永父似乎还健在,与文献记载中的董永卖身葬父的事迹不符。当另有所本。当然,也有可能武氏祠有关董永的榜题是错误的。这类故事题材所描写的究竟是什么故事,有待于进一步查考。

原载《文物》1992 年第 12 期

---

① 冯云鹏等:《金石索·石索》三之七,商务印书馆,1929 年。

诸城凉台孙琮画像石墓考

《文物》1981年第10期发表了山东诸城凉台村汉墓出土一批画像石的简报[①]，画像中有多人受髡刑场面，为以往所罕见。此墓原有关于墓主官职、籍贯和姓名的题铭，可惜题铭部分遭到破坏，影响到对墓主人身份以及画像石内容的正确理解。值得庆幸的是此墓被发现时，诸城县文化馆有简要调查报告，除记述了发现经过及画像石内容外，还抄录了题铭全文，这为研究有关问题提供了重要依据。

一 题铭全文

诸城县文化馆1967年6月16日调查报告说：

"我县凉台公社有一汉冢，在麦收前被凉台大队青年挖开。……该墓规模较大，分前、中、后三室。室内……汉刻画石很好。……在宴客图一边刻有'汉故汉阳大守青州北海高密都卿（乡）安持里孙琮字威石之郭藏'，字体隶书。"

这是墓葬发现情况的原始记录。据此可以明确如下两事：

1. 题铭今残存密字以下14字，密字以上原有"汉故汉阳大守青州北海高"11字。

2. 题铭左旁画像今仅存右下角的六博画面，是原"宴客图"的局部。

二 关于墓主家世及其生卒年代

据题铭原文知墓主孙琮生前曾任"汉阳大守"之职。大守即太守。秦

---

① 任日新：《山东诸城汉墓画像石》，《文物》1981年第10期。

名郡守，掌理其郡，秩二千石。西汉景帝中元二年更名太守。明确墓主的身份，对于正确分析画像石内容无疑有着重要意义。

墓主孙琮不见于历史记载。画像石题铭中无具体年代，墓内也未发现其他可资断代的遗物，只能依据题铭中墓主籍贯以及汉阳太守的设置，从历史地理的角度推定其相对年代。

据《后汉书·郡国志》，青州刺史部辖平原、东莱二郡及济南、乐安、北海、齐四国。西汉时高密先后属齐国、胶西国、胶西郡、高密国，西晋时属城阳郡、高密国，均与题铭"北海高密"不合。唯东汉时高密属北海国，与题铭相符。知北海应为国名，高密为县名。

汉阳太守，此称太守，知汉阳为郡名。汉阳郡原名天水郡，汉武帝置，地在今甘肃天水市以北。东汉永平十七年（74）改称汉阳郡，三国曹魏复名天水。因此孙琮墓相对年代应在东汉永平十七年至东汉末之间（74—220）。

又据汉东平相孙根碑，可以进一步推知孙琮的家世及其生卒年代。

孙根碑宋时犹存，宋代金石著作多有著录，今已不知其存亡。赵明诚《金石录》卷十七录其碑文曰："府君讳根，字元石，司空公之伯子，乐安太守之兄子，汉阳太守、侍御史之兄，乘氏令之考。……迁郫长、雍奴令，换元氏、考城令，谏议大夫拜议郎谒者，迁荆州刺史，徵拜议郎，迁安平相。年七十有一，光和四年十二月乙巳卒。"赵明诚考释："碑在今高密县。所谓司空公者，《桓帝纪》永寿三年'太常孙朗为司空'，注云：'朗字代平，北海人。汉三公名。'亦云：'朗，北海高密人。'"按今本《后汉书·桓帝纪》载"太常北海孙朗为司空"，注"朗字代平"，与宋本略异。

碑文言孙根字元石，而凉台墓题铭孙琮字威石；据赵明诚引《后汉书·桓帝纪》注知孙根为"北海高密"人，孙琮亦为"北海高密"人，两人均属东汉时人；据洪适引《天下碑录》知孙根碑"在高密县西南五十里"，而孙琮墓发现在高密县城西南50里的凉台村。因此有理由认为碑文中所载孙根之弟"汉阳太守"与凉台墓题铭中的汉阳太守孙琮为一人。假如此考不误，则孙琮生卒年代可以大体推知。据碑文可知孙根生于安帝永初五年（111），死于灵帝光和四年（181）。孙琮为孙根之弟，生卒年代不应相去太远。凉台画像石墓主画像（简报图八）无须，推测孙琮死时可能未进入老年。严耕望《两汉太守刺史表》据孙根碑考证"汉阳太守孙□盖顺桓之际"（126—167）时人，大体可信。

凉台画像石墓的发现可补孙根碑汉阳太守名字之阙。据孙根碑又可知孙琮除任汉阳太守外，还曾任侍御史。

三　关于髡钳图

简报图六的画面可清楚地分为上下两段：上段为髡钳图，下段为乐舞百戏图。

髡钳图上边一行 7 人，著进贤冠，为文官，执牍席地而坐，面前陈设酒器。右边一排 5 人，其服饰、陈设与上行 7 人同，唯最下方两人头著惠文冠，为武官。左边两排共 12 人，站立，面前无陈设，身材略小，似地位较低者。中间施刑者 12 人，受刑者 20 人。一部分施刑者执刀揪住受刑者头发作削发状，任日新、黄展岳二位同志释为髡刑，其说可信。另有一部分施刑者手执短柄的羊角形刑具，黄展岳同志正确地指出这种刑具"与史籍所载的朴、箠不同"①。《汉书·刑法志》景帝中元六年对笞刑所用刑具——箠的形制作了规定："箠长五尺，其本大一寸，其竹也，末薄半寸，皆平其节。"同时把过去殴打背部改为"笞臀"。对照本图刑具形制及打击部位，所画不可能是笞刑，而应是钳刑。《汉书·高帝纪》："郎中田叔、孟舒等 10 人自髡钳为王家奴。"注："钳，以铁束颈也。"本图部分施刑者手执刑具应是锤，正给受刑者颈部戴钳，也有执刀和执锤者同时对受刑者施刑的图像。汉代髡钳之刑往往并提，如"乃髡钳季布"（《史记·季布栾布列传》），"髡钳为城旦春""今去髡钳一等""髡钳之罚"（《汉书·刑法志》），"右趾至髡钳城旦春"（《后汉书·明帝纪》）等，例证甚多。可见髡钳是一种刑罚的两个方面，受刑者既要剃发，又要钳颈。因此，上段图像应名之为"髡钳图"。髡钳图左下方有一受刑者既不是髡前的披发，也不是髡后的秃顶，似著冠，作抬左脚受刑状，应是"釱左趾"之刑。釱即脚钳。《汉书·食货志》："敢私铸铁

---

① 黄展岳：《记凉台东汉画像石上的"髡笞图"》，《文物》1981 年第 10 期，第 24 页注②。

器鬻盐者，釱左趾。"注："釱，足钳也。"《史记·平准书》集解引韦昭注："釱，以铁为之，著左趾以代刖也。"汉代釱刑是文帝十三年除肉刑令以后的产物，是用钳左趾或右趾代替刖刑的。

髡钳图中的人物身份应结合墓主身份、经历及时代背景加以分析。

资料表明，画像石内容往往与墓主身世密切相关。如鲁峻墓画像题铭"君为九江太守时"[①]，李刚墓画像题铭"东郡君为荆州刺史时"[②]，武氏祠画像题铭"为督邮时""君为市掾时"[③]，内蒙古和林格尔壁画墓题铭"举孝廉时""西河长史""行上郡属国都尉事""繁阳令""使持节护乌桓校尉"[④] 等，都是表现墓主生前所任官职时的情景。孙琮墓画像石内容也应当是表现他任汉阳太守时的生活情景。例如庖厨图右上角的烤肉串画面，在汉画像石中实属罕见，突出地反映了汉阳郡等西北地区的地方色彩。

东汉时凉州汉阳诸郡不断受到西羌各部的骚扰，东汉政权屡次派兵镇压。据《后汉书·西羌传》，汉明帝时还曾下达过镇压羌人的命令："若有逆谋为吏所捕，而狱状未断，悉以赐有功者。"因此地方官吏乘机大肆劫夺羌族人口、牲畜、财物以肥私。如永初七年（113）马贤、侯霸"掩击零昌别部牢羌于安定，首虏千人，得驴、骡、骆驼、马、牛、羊二万余头，以畀得者"。永宁元年（120）又击破沈氏种羌，"斩首千八百级，获生口千余人，马、牛、羊以万数"。建光元年（121）讨当煎种羌，"首虏二千余人，掠马、牛、羊十万头"。从而出现了"降俘载路，牛羊满山"的情景。汉画像石献俘图中所见或一人[⑤]，或两人[⑥]，或多人梏手，或反缚[⑦]，应当是西羌等少数民族战俘。孙琮墓髡钳图中的受刑者大部披发，按《后汉书·西羌传》"被发覆面，羌人因以为俗"，这是羌人区别于束发的华夏族，髡头的乌桓、鲜卑等族的一个标志。因此，这批受刑者应当是从羌族俘获的"生口"，他们受

---

① 洪适：《隶续》卷十一、十八，中华书局，1986年。
② 洪适：《隶续》卷十一、十八，中华书局，1986年。
③ 冯云鹏等：《金石索·石索》三，商务印书馆，1929年。
④ 内蒙古文物工作队：《和林格尔发现一座重要的东汉壁画墓》，《文物》1974年第1期。
⑤ 《汉画》第一辑上，上海有正书局。
⑥ 山东省博物馆等：《山东汉画像石选集》，齐鲁书社，1982年，图二〇五四层。
⑦ 山东省博物馆藏石。

髡钳之刑以后沦为奴婢。

髡钳图周围24人，均执牍履行公事。其中席地而坐者12人地位较高，应是郡太守属吏诸曹掾史。汉制郡置诸曹有户曹、奏曹、辞曹、法曹、尉曹、贼曹、决曹、兵曹、金曹、仓曹，此外尚有功曹史、五官掾、黄阁主簿等（《后汉书·百官志》）。图中右侧下方两人著惠文冠，系武官，应即"主兵事"的"兵曹"和"主盗贼事"的"贼曹"。左侧站立者12人，地位较低，应为诸曹"干主文书"的"书佐"之类。

髡钳图所反映的是孙琮生前所在汉阳郡内处置羌族战俘的情景，并非一般官僚地主惩处家内奴婢。与西汉相比，东汉政权对于官私奴婢的政策有所变化。光武帝曾连下九道诏书，在一定范围内有条件地解放奴婢，严禁杀害和虐待奴婢（《后汉书·光武帝纪》）。安帝永初四年（110）又下诏使"诸没入官为奴婢者，免为庶人"（《后汉书·安帝纪》）。尽管如此，东汉政权并没有从根本上废除官私奴婢制度。诸城凉台孙琮墓髡钳图的发现证明，至少在凉州汉阳郡等边远地区，以西羌等少数民族的"生口"为奴婢的情况仍然盛行。

四　关于上计图

简报图九的上段右侧有隶书题铭，左侧残存六博游戏及侍者。据上引调查报告知原为一幅"宴客图"。下段为一四合院式建筑，由堂、厢房和庭院组成。堂上左方一年长官吏席地而坐，右方坐一官吏捧简册。庭院内有官吏13人捧简册环坐，均著进贤冠。原释"讲学图"，笔者认为可定名为"上计图"，反映的是汉阳郡所辖13县向郡"上计"的情景。

战国以来，实行上计制度，秦汉因而不改。《后汉书·百官志》："每县、邑、道……秋冬集课，上计于所属郡国。"注引胡广曰："秋冬岁尽，各计县户口垦田，钱谷入出，盗贼多少，上其集簿。丞尉以下，岁诣郡，课校其功。功多尤为最者，于廷尉劳勉之，以劝其后。负多尤为殿者，于后曹别责，以纠怠慢也。"各县上计于郡国以后，各郡国"岁尽遣吏上计"，于年底向州汇报。各州"初岁尽诣京都奏事"，即在次年初向京都汇报。孙琮生前曾任汉阳太守，汉阳郡辖冀、望恒、阿阳、略阳、勇士、成纪、陇、獂道、兰干、平襄、显亲、上邽、西等 13 县，而画像的庭院中环坐者恰是 12 人，应即上述 13 县上计的官吏。手捧简册即"计簿"。堂上两官吏，左方年长者有须，形体稍大，地位较高，但并非墓主孙琮。简报图八"谒见图"有孙琮画像，形体高大，无须，与此有别。右方手捧简册的官吏身份略低。此二人应即负责上计的郡太守属吏掾和史。《通典》："汉制，郡守岁遣上计掾史各一人，条上郡内众事，谓之计簿。"掾是地位仅次于丞的属吏，史是掌书之官。由此知堂上年长者即掾，右方执简册者即史。

上段已经残缺的"宴客图"，是与上计活动密切相关的一个组成部分。据《汉书·朱买臣传》记载，朱买臣官拜会稽郡太守以后，"衣故衣，怀其印绶，步归郡邸，直上计时，会稽吏方相与群饮"。知上计时郡邸有设宴群饮活动。此石上计图与宴客图共处于同一画面，与文献记载相符。

原载《文物》1985 年第 3 期

校记：

杜明甫日记　1967 年 6 月 22 日，星期四

毕宝启接诸城文教局信，问信里反映的发现东汉孙琮墓室，孙琮这人应从哪里查考。据信述墓内画像石有铭"汉故汉阳太守北海都乡安持里孙琮字威石之墓藏"，当即告知可以查《山东通志》末附索引是否有孙琮，也可查《廿五史人名索引》《两汉石列传人名索引》等。后来我查了《廿五史人名索引》，无孙琮其人。汉阳郡系后汉改天水郡置，今甘肃平凉诸县地（图书室有《两汉石列传人名新编》）。

安国祠堂题记释读补正

山东嘉祥武氏祠汉画像石素负盛名，近年来县境内又不断有重要发现。1980年，宋山村出土了一方汉画像石题记。其画像作正方形，中心有半球形突起，下方有二鸟身人首的羽人相对，其他三边分别有二鱼相对。画像左方刻题记计10行462字（包括合文、重文），右方一行28字（残1字），共490字。[①]篇幅之长，为现存汉画像石题记中所仅见。题记除记述了墓主身世、祠堂画像内容外，还记载了桓帝永寿二年（156）爆发于泰山地区的公孙举农民起义，及其在地主、官僚之间所引起的强烈反响，对东汉史的研究有一定参考价值。由于题记内异体字、通假字较多，以及笔画的随意增减，给铭文的标点、释读造成一定困难，使人颇有古奥难以卒读之感。《考古与文物》发表的《考古杂记》一文有关于题记的释读[②]（省称《释读》）。此后又发表了对《释读》的商榷文章[③]，提出19条不同意见（省称《意见》）。指出《释读》误释二十为十，误礼为体、误廉为兼、误释"小山阳山"为"小山之阳"、误寋为寒、误嚄为蹕、误夭为天等都是正确的。但也有《释读》本不误，而指以为误或强作别解者。此外，《山东汉画像石研究》（省称《研究》）一书[④]，对此题记也曾专文考释。上述论著对题记铭文的释读各有不少发明与创见，但尚待补充订正处亦复不少，愿在此基础上略陈浅见，祈不吝教正。

关于题记定名，《意见》批评《释读》的定名，容易使人误以为当地发现了什么"安国墓"。其实《释读》名之为《嘉祥宋山汉安国墓祠题记》，并未涉及出土题记的墓葬年代及墓主姓氏。而且《释读》中"利用汉画像

---

① 济宁地区文物组、嘉祥县文管所：《山东嘉祥宋山1980年出土的画像》，《文物》1982年第5期。
② 丰州：《考古杂记》（二），《考古与文物》1983年第3期。
③ 李发林：《关于〈嘉祥宋山汉安国墓祠题记释读〉的意见》，《考古与文物》1984年第6期。
④ 李发林：《山东汉画像石研究》，齐鲁书社，1982年。

石另建新墓的事例"一节中已经指出"宋山三座墓中的画像石画面,就是被改建者用石灰涂盖的",并没说此墓就是"安国墓"。了解题记出土情况自有《简报》可资稽查,不会根据题记名称便会产生上述误会,此虑大可不必。根据题记铭中"以其余财造立此堂"一语,题记应属于祠堂(或称"食堂")。照一般命名惯例应名之为"永寿三年安国祠堂题记"。

释文:

永寿三年十二月戊寅朔,二十六日癸巳。惟(唯)訐(下)卒史安国,礼性方直,廉言敦笃,慈仁多恩,注所不可。禀寿三十四年。祸,泰山有剧贼。宦土(士)被病。佪气来西上。正月上旬,被病在床。卜问医药,不为知闻。闇忽离世,下归黄湶(泉)。古(故)取(聚)所不勉(免),寿命不可諄(争)。乌呼哀栽(哉),蚤(早)离父母三弟。其弟婴、弟东、弟强,与父母并力奉还。悲哀惨怛,竭孝行、殊义笃,君子憙(喜)之。内俈(修)家、事亲顺、劾(敕)兄弟、和同相事。悲哀思慕,不离冢侧。草庐由穴,负土成坟,㩴养淩柏。朝莫(暮)祭祠(祀),甘珍噬(滋)味嗛(兼)设,随时进纳省定若生时。以其余财造立此堂。募使名工:高平王叔、王坚、江胡、恋(栾)石,连车菜(採)石县西南小山阳山。濠(琢)疠(砺)摩(磨)治,规柜(矩)施张,寋帷反月,右(又)有文章。调(雕)文刻画,交龙委虵(逶迤),猛厈(虎)延视,玄蝯(猨)登高,阵(狮)熊嚀戏,众禽群聚,万狩(兽)云布(佈),台閤(阁)参差,大兴舆驾。上有云气与仙人,下有孝友贤仁(人),遵(尊)者俨然,从者肃侍,煌=(惶)濡=(懦),其色若侈(跿)。作治连月,功扶(夫)无攷(考),贾(价)钱二万七千。父母三弟,募(莫)不竭思,天命有终,不可复追。帷倅(卒)刑伤,去留有分(份)。子无随没(殁)寿,王无扶(替)死之臣。恩情未反(返),迫裱(嫖)有制,财幣(币)雾(务)隐藏。魂靈(灵)悲癏(痛),奈何涕泣双并。传告后生,勉俈(修)孝义,无辱生=。唯诸观者,深加哀慢(怜)。寿如金石,子孙万年,牧马牛羊,诸伜(车)皆良。家子来人,堂中但观耳,无得濠(琢)画。令人寿，无为贼，祸乱及孙子。明语贤仁（人）四海土（士），唯省此书无忽矣。易以永寿三年十二月十六日大岁在癸酉成。

（右行）"国子男字伯存，年遮六岁，在东道边。孝（存）有小弟字闰得，关（天）年俱老，皆随□"。

图一

1. 惟（唯）訐（卞）卒史安国

惟通唯，语首助词，无义。訐，各家均释许，以为即颍川郡所属许县。按：右旁分明从卞（图一：1），言旁为赘加。古人书体可随意增减偏旁。如本铭争增言旁，兼增口旁，泉增水旁，是其证。卞，春秋鲁邑，两汉属鲁国。《一统志》：卞县故城在泗水县东五十里。卒史，汉代官署中属吏之一，秩百石。安国，墓主名。

2. 遭㛰

《研究》释第二字为怛。按：左旁从心，右旁下部微残，仍可辨认出作㛰，与末行祸字右旁同，㛰通祸。指墓主安国遭到灾祸。

3. 泰山有剧贼。宦土（士）被病。侗气来西上。

"泰山有剧贼"，指东汉桓帝永兴、永寿年间爆发于泰山、琅琊一带的公孙举农民起义。《研究》释宦士为军士，谓"指参加镇压农民起义的士兵，安国当也是其中之一"。按：安国任卒史之职，秩百石，不得称"士兵"，宦字作宦（图一：2），从宀，从臣。本铭臣字（图一：17），及其他从臣偏旁的字如坚、贤（图一：3、4）等均同此。《说文》："宦，仕也。"《左传·昭公七年》："大夫臣士。"疏："士者，事也。言能理庶事也。"宦士，指在朝作官的人。被通疲，又通罢。《汉书·地理志》：千乘郡被阳，注引如淳说："一作疲，音罢军之罢。"《广雅·释诂》疲、罢均释"劳也"。《国语·齐语》："罢士无伍。"注："罢，病也。""宦士被病"意即疲惫多病。被又有受意。《诗·汉广》序："文王之道被于南国。"传："维江汉之域先受文王之教化。"疏:"定本先被作先受。"后文说安国"被病在床",《芗他君祠堂题记》:"九月十九日被病。"① 被病均当释得病。

佪气来西上,《释读》以为"龃龉难通"。盖因误卜为许,许在嘉祥西南,由许归嘉祥不得称"西上",故而感到难以解释。《研究》释"西上"为安国从镇压农民起义的前线泰山回到嘉祥,固然可以讲通,但说身在河南许县任职的安国要到山东泰山一带镇压农民起义,则无任何根据。古以帝王都城为上,《孟子·万章下》:"后举而加诸上位。"注:"上位,尊帝位也。"西汉都长安,东汉都洛阳,就山东而言,均应称西行为上。嘉祥在泗水的卞县之西,故安国由任职的卞县归故里称"西上"。不必曲解安国曾参加镇压农民起义,文意也能通顺无碍。佪,原释徘徊之徊。按:《尔雅·释训》:"佪佪,惛也。"佪通悃。《集韵》:"悃,昏乱皃。"佪佪,意为昏昏沉沉的样子。这三句的意思是说:由于泰山爆发了强大的农民起义,宦人们都疲病交加,惶惶不可终日。安国也昏昏沉沉丧魂落魄地西归故里。泰山农民起义所引起的地主阶级的这种惶恐不安的情景,证实《后汉书·桓帝纪》《段颎传》中关于公孙举农民起义所到之处"破坏郡县"、"杀长吏"的记载是可信的。这次起义确实给东汉王朝的地方政权以沉重打击。

4. 卜问医药,不为知闻

医字从臣,从又,下从酉(图一:23)。《研究》释知为治,释闻为间,谓"指病情好转"。《意见》又释作"言在不知不觉之间"。按:闻字从耳不从日(图一:5),释间误。知闻指知觉。为,介词,表被动。其用法与《论语·子罕》"不为酒困"相同。意即病人不因占卜和医药而有知觉。犹言医治无效。《芗他君祠堂题记》:"卜问奏解,不为有差。"《说文》:"差,贰也。"意即病情不因"卜问奏解"而有两样,也是医治无效的意思。

5. 闇忽离世,下归黄潨(泉)

《释读》释闇为暗。当从《简报》隶闇为是。闇指傍晚。《礼记·祭义》:"夏后氏祭其闇。"注:"闇,昏时也。"离字左旁从禹,与《曹全碑》同。潨为泉之繁。黄泉,《左传·隐公元年》注:"地中之泉,故曰黄泉。"古称人

---

① 罗福颐:《芗他君石祠堂题字解释》,《故宫博物院院刊》1960 年总第 2 期。

死为归黄泉。《永和四年桓㚔食堂题记》：" 俱归皇（黄）湶（泉）"①，用法与此同。这两句的意思是说傍晚时忽然去世。

6. 古（故）取（聚）所不勉（免），寿命不可諍（争）

《研究》释第二字（图一：6）为圣。按：此字与下文"众禽群聚"，聚字（图一：7）所从取字偏旁相同，应隶取，疑为聚之省。古通故。汉代称死为物故。《史记·匈奴列传》："汉士卒物故亦数万。"索隐："《释名》云：汉以来谓死为物故。"聚即生聚、团聚。《释读》谓诤为增字别写。按：诤为争之繁。《礼器碑》："工不争贾。"争作争，与此同，言旁为赘加。这两句盖为古谚，言死生是人不能避免的，寿命的长短也是争不得的。显然是宣扬天命的谬论。

7. 其弟婴、弟东、弟强，与父母并力奉还

还作遣（图一：8），《研究》释遗，谓"奉行他的遗业、遗命或遗嘱"。言父母奉行儿子的遗业、遗命、遗嘱不合情理。此字应为还字异体。奉还意即把安国接回家。

8. 竭孝行、殊义笃，君子意（喜）之

《释读》断句如上。而《意见》则认为："已有笃来形容'义'之深厚，何须用'殊'来形容'义'的特殊呢？"故读作"竭孝、行殊、义笃"。按照语法的一般规律，排比句中的形容词在前或后应该相一致。如照《意见》的断句，作为形容词的殊、笃放在句后，则竭也应放在"孝"的后面，才符合修辞规律。而依《意见》断句，则"竭"在"孝"前，知其句读有误。以《释读》的断句为是。这样"竭孝行、殊义笃"构成并列句。殊与竭相对应，用作形容词。殊意为过，《后汉书·梁竦传》注："殊，犹过也。""义笃"与"孝行"并列。在这里"笃"并非用来"形容'义'之深厚"，而是与义组成动名词组，意为惇厚。《诗·椒聊》："硕大且笃。"传："笃，厚也。"这三句的意思是说：竭尽孝行，非常仁义惇厚，人们都很喜欢他。

9. 内脩（修）家，事亲顺，勅（敕）兄弟，和同相事

《释读》标点作"内修家事，亲顺敕"，《研究》读作"内修家、事亲顺

---

① 山东省博物馆等：《山东汉画像石选集》，齐鲁书社，1982年。

敕，兄弟和同相事"。均有未安。亲指父母双亲，顺为孝顺。敕意也训顺，但一般指兄弟之间的关系。《广雅·释诂》："勑，顺也。"疏证："勑，理也。理亦顺也。敕与勑通。"兄弟之间古以顺为美德。《广雅·释诂》："悌，顺也。"《白虎通》卷七："弟者，悌也。心顺行笃也。"这几句意为：治理家庭，孝顺父母，兄弟相顺，齐心协力地做事情。

10. 草庐由穸，负土成坟

由，为块字古体。《集韵》："块，由土也。"穸，疑为穴之繁体，意即在墓地里修筑了守墓的草屋，开挖了土穴，运土来堆成坟堆。

11. 徲养凌柏

徲作𢓜（图一：9），或释"徐"，与字形不合。当隶作徲，与迟通。《说文》："徲，迟也。"读作殖或植。凌与陵通。《地理志》泗水国凌县，《水经·泗水注》引《西征记》作陵县。《玉篇》："陵者，冢也。"浚柏指墓地里种的柏树。释为凌空的"凌"亦通。不过刚种植的树苗不宜称为凌柏，释陵较为妥当。

12. 朝莫（暮）祭祠（祀）

《研究》释祠为祠堂。按：这时祠堂刚刚落成，释祠比较牵强。所谓"朝莫（暮）祭祠"应指"负土成坟"之后，"造立此堂"以前的这段时间内早晚祭墓的情景。祠应读作祀。《书·伊训》："伊尹祠于先王。"释文："祠，音辞，祭也。"

13. 连车菜（采）石

菜作菜，《研究》隶作𡘜，非是。菜通采。

14. 右（又）有文章。调（雕）文刻画

右作呙（图一：10），隶"名"、隶"召"均误。右通又。调通雕。

15. 交龙委蚺（逶迤），猛虝（虎）延视，玄蝯（猿）登高，陑（狮）熊噑戏

交为绞省。《苍山元嘉元年题记》作"结龙"。《释名》："绞，交也。交结之也。"《礼记·杂记》疏："两股相交则谓之绞。"绞龙，指两条龙绞结在一起。交读作蛟亦通。《楚辞》："譬彼蛟龙，乘云浮兮。"蛟为龙的一种。传说其形状"似蛇四足"，"龙无角曰蛟""有鳞甲之龙"。

委虵　《研究》释作"委蛇"，谓"是一种大蛇"。按：以下三个排比句中的"延视""登高""嘷戏"均是描写动物的动作形态，委虵也应是用以描写龙的动作形态，应读作"逶迤"。《后汉书·荀爽传》注："逶迤，曲也。"《楚辞·远逝》："带隐虹之逶虵。"注："隐，大也。逶虵，长貌。"委虵指纹龙的样子长而弯曲。

延视　延、还音同字通，还视即来回地看。《说文》："顾，还视也。"段注："返而视也。"

玄蝯　玄黄色。蝯通猨。《楚辞·哀时命》："置猨狖于櫺槛兮。"注："猨，一作蝯。"爰、袁音同通用，今作猿。

嘷戏　《意见》读嘷作噑。按：嘷属喻母鐸部，噑属匣母幽部，古音相去甚远。嘷当读作懌。《尔雅·释乐》："懌，乐也。"嘷戏即高兴地戏闹。

16. 孝友贤仁（人）

友作ㄡ（图一：11），《释读》释友，《意见》释及。释友是正确的。《尔雅·释训》："善父母为孝，善兄弟为友。"仁通人。

17. 遵（尊）者俨然，从者肃侍，煌=濡=，其色若㑋

遵通尊，尊者指祠堂内的墓主安国的画像，《释名·释言语》："俨然，人惮之也。"《荀子·非十二子》："俨然壮然。"注："俨然，矜庄之貌。"煌通惶。濡作懦，雨字头写作而，与《衡方碑》《史晨后碑》同。懦通儒，即懦。《荀子·修身》注："儒亦谓懦弱畏事。"㑋，《释读》从《简报》隶"备"，无说。《研究》隶作"裦"，谓通繇，释为喜悦。按：此字作㑋（图一：12），疑即䟰字异构。䟰通趋。《诗·猗嗟》："巧趋跄兮。"释文："趋本又作䟰。"《汉西狭颂》《耿熊碑》等趋字均从多。趋有"向""附""就"等意。这几句的意思是说：尊者严肃庄重，让人望而生畏的样子，随从们肃然恭敬地服侍着，诚惶诚恐，亦步亦趋的样子。

18. 功扶（夫）无攷（考）

攷（图一：13），《研究》隶为亟，谓"借为极"，非是。攷为考之古文。《周礼·大司马》："以待攷而赏诛。"注："郑司农云：……考谓考校其功。"扶通夫，"功扶无攷"即功夫无法计算，言工程之费功费时。

19. 天命有终，不可复追。惟倅刑伤，去留有分

惟倅刑伤，《意见》释作"憔悴创伤"。按：惟通唯，语首助词，无意。倅通卒，指死亡。刑作刑（图一：14），刑即刑罚，伤指创伤。《礼记·月令》："命理瞻伤。"注："创之浅者曰伤。""去留"指离去或留下，解为生死亦通。分即份，已所当得的意思。这几句意思是说命里该死，是追不回来的。死亡、刑罚、创伤以及离合等这类事情，都是命里注定，难以改变的。

20. 子无随没（殁）寿，王无扶（替）死之臣

《研究》先释"子"为安国之子，"王"借作"忘"。"扶"释"扶"，谓即"复"。臣释为"里"，通"理"。连下文"恩情未反"断句，解其意为"安国的儿子不应该随着短命，忘了你父亲的恩情没有报答，哪有再死的道理"。《意见》又改释"子"为安国的父亲，"王"即"王父"，"安国的父亲已当爷爷。故'王'当指安国的父亲"。释曰："安国的父亲呀，你不要像安国一样没寿，你没有再死的道理。你的其余三个儿子尚未报答你的恩情呢。"两解均臆说，无可取之处。

其实这是两句古谚。"子"非尊称，也不具体指哪一个人，实为儿子的泛称。没通殁，意为死亡。祖父古代虽可称为"王父"但却从不省称为"王"，"王"应指帝王。臣作臣（图一：17），字下之粗横道为石面剥落的疤痕，而非笔画。臣与本铭宦、坚、贤（图一：2—4）等字所从偏旁全同。扶，从二夫（图一：15），本铭自有扶字从手从夫（图一：16），两者判然有别。扶字可有两解，《说文》："扶，竝行也。从二夫，輦字从此。读若伴侣之伴。"这虽然从字形讲是毫无问题的，但从字意看，说"王无伴死之臣"，显然不够妥当，因为古代确有陪伴君王殉死的臣子。疑扶当为替字之省。《尔雅·释言》："替，废也。"疏："替谓废已也。"释替从字形、字意均可讲通。意思是说：儿子没有随父而死的寿命，帝王也没有能够替死的臣子。

21. 恩情未反（返），迫㵋（㵋）有制，财幣（币）雾（务）隐藏

《广雅·释诂》："迫，急也。"㵋读作㵋。《说文》："㵋，疾也。"意即对死者的恩情尚未报答，焦急要有节制，钱财务必要收藏好，言外之意是说不要由于过分哀痛而在经济上受到不应有的损失。

22. 魂灵悲虑（痛），奈何涕泣双并

奈作夻（图一：18），奈字省笔。释为夫之重文，误。重文符号，一般均在字的右下方，如本铭煌＝濡＝，生＝等莫不如此，意即死者的灵魂已经非常悲痛了，人们为什么还要鼻涕一把泪一把地哭泣。这是劝说人们要节哀，以免再给死者的灵魂增加悲痛。

23. 传告后生，勉脩（修）孝义，无辱生＝

《诗·小宛》："夙兴夜寝，毋忝尔所生。"传："忝，辱也。"疏："当早起夜卧行之，无辱汝所生之父祖已"，"无辱生＝"当与此同意。这几句是说：告诉晚辈们，当尽力行孝，不要使你所赡养的父亲、祖父遭受屈辱。

24. 唯诸观者，深加哀憐（怜）。寿如金石，子孙万年，牧马牛羊，诸伕（车）皆良

车从人作伂（图一：19），释僮非是。《苍山元嘉元年题记》："五子举伕。"① 伕字与此同（图一：20）。《广雅·释诂》："轝，举也。"舆为车之总称。五子举伕即五人抬轿，即抬轿子。释僮即不可通。"诸伕皆良"，即各种车辆都很好。《芗他君祠堂题记》："唯观者诸君，愿勿贩（败）伤，寿得万年家富昌。"与本铭意思相近。大意是说诸位参观者，请对祠堂多加爱护。你们一定会像金石一样长寿，你们的子孙也会活上一万年，你们的马、牛、羊和各种车辆都会很好。

25. 家子来人，堂中但观耳，先得涿（琢）画

《研究》释堂下一字为"宅"，《释读》隶"窀"。细审原拓，似为内字。大意说奉劝诸位参观者，祠堂内仅供参观，请勿乱刻乱画。

26. 令人寿，无为贼，祸乱及孙子。明语贤仁（人）四海土（士），唯省此书无忽矣

贼，对农民起义的蔑称。《释名·释言语》："祸，毁也。言毁灭也。"大意是告诫人们不要参加农民起义，以免使子孙遭毁灭之灾。奉劝大家，认真读读这篇题记，千万不要忽视。

27. 易以永寿三年十二月十六日，大岁在癸酉成

易字《研究》释剔，又释整治，均不可通。《方言》卷十三："易，始

---

① 山东省博物馆等：《山东苍山元嘉元年画像石墓》，《考古》1975年第2期。

也。""易以永寿三年十二月十六日",即从这一天开始。至题记开头所说"廿六日",历时十一天。题记说"作治连月",可能是包括采石、运输的时间在内。

"大岁在癸酉成"六字解说颇多歧异。《研究》释为"大岁在矣，一日戊"。谓："'关'即矣字。……'戊'当为戊寅，寅字漏刻。这段话的意思是：本石刻于永寿三年十二月十六日，太岁已在此了，一日戊寅。……本题记言'太岁在矣'，有祈求太岁保护死者平安之意。"《释读》释末三字为"囗酉成"，指出："按永寿三年太岁在丁酉，但题记'酉'字上似为'庚'或'癸'字，故存疑。"《意见》批评《释读》的解释"大约是看《文物》所载的拓片而致误。原石'一目'两字非常清晰，不容误读。'戊'字有笔划崩裂，所以丰州同志认为'成'字。"《考古与文物》1984年第4期发表了胡顺利同志的《读者来信》[①]（简称《来信》），批评《释读》和简报的解释"是把太岁纪年与干支混为一谈了"。认为"西汉时期，历家有以岁阳依次与十二个太岁年名相配，组成六十个年名的纪年法。据《史记·历书》载：'太初元年，岁名焉逢摄提格'，用干支来更代，是'甲寅'年。依六十甲子周而复始类推，东汉永寿三年与太岁年名对应相配是'焉逢阉茂'，用干支来更代为'甲戌'年。因之，我认为该题记的纪年应是永寿三年十二月十六日大岁年在甲戌"。

笔者认为《释读》的释文基本上是正确的，其所存疑未释的字当是"癸"字，写作关（图一：24）。本铭"癸巳"的癸字作关（图一：25），只是略有省笔。本铭"矣"字作矣（图一：26），与此有别。诚如《意见》所说，癸下之字清楚地作"一目"（图一：21），汉代西字或书作冒，如"卜问医药"的医字（图一：23）、"武威医简"的酒字（图一：22）、《石门颂》"醳艰即安"的醳字等所从酉字偏旁均书作冒，可证《释读》释酉是正确的。末字虽微有崩坏，但仍可辨识，作戍（图一：27），释"成"是正确的。本铭"戊寅"的戊字作戊（图一：28），与此有别。成下尚留有一段空白，说仍有漏刻的"寅"字，也属臆断。

---

① 胡顺利：《山东嘉祥汉安国墓祠题记太岁年释辨》，《考古与文物》1984年第4期。

《来信》释"在癸酉成"四字为"年在甲戌",于字形相差甚远。对于太岁年的解释也值得商榷。《来信》认为太岁纪年和干支纪年是两套不同的纪年方法,这是不对的。所谓太岁纪年和干支纪年实际是一码事,只是干支的名称不同而已。《尔雅·释天》:"太岁在甲曰阏逢,在乙曰旃蒙,在丙曰柔兆,在丁曰强圉,……太岁在寅曰摄提格,在卯曰单阏,在辰曰执徐、在巳曰大荒落……",天干地支相配甲寅年名阏逢摄提格,乙卯年名旃蒙单阏,丙辰年名柔兆执徐等等,依次类推,六十年周而复始,可见所谓太岁纪年和干支纪年除名称不同外,并无其他特殊之处。《尔雅》所说的这套太岁年名除用于历法外,现实生活中应用并不广。汉人纪年习惯上仍然使用干支,而且往往在干支前冠以"太岁在"字样。如《永建五年石刻题记》"永建五年大岁在庚午",《武氏祠石阙题记》"建和元年大岁在丁亥",《永元六年画像砖》"永元六年太岁在午"。永元六年应为"甲午","太岁在午"实为"太岁在甲午"之省,足证太岁纪年就是干支纪年。那么为什么历书中不用干支而偏要使用这套啰嗦复杂的年名呢?太岁年名首见于太初历,而太初历的制订者是巴郡落下的一个名叫闳的人。估计这套复杂年名就是巴语的直译。《史记·历书》:汉武帝即位,"招致方士唐都,分其天部,而巴落下闳,运算转历,然后日辰之度与夏正同。乃改元,更官号,封泰山。因诏御史曰:'……十一月甲子朔旦冬至已詹,其更以七年为太初元年,年名焉逢摄提格。'"集解:"徐广曰:陈术云:'徵士巴郡落下闳。'"索隐:"姚氏案《益部耆旧传》云:'闳字长公,明晓天文,隐于落下,武帝徵诏太史,于地中转浑天,改颛顼历作太初历。'"闳系巴人,而巴地出土的战国兵器和印章的文字,除"王"等极个别的字之外,与中原汉字大相径庭,至今不能破译。西汉距战国不远,巴郡仍保留着巴人的语言文字应是可能的。

现在的问题是太初元年的干支应是丁丑,为什么却使用甲寅年名的"焉逢摄提格"呢?钱大昕以超辰之法解之。王引之驳之曰:超辰之法始于刘歆三统历,太初元年时尚无此法。王氏认为以太初元年为甲寅是根据"殷历",因而与三统历不同(《太岁考》)。《来信》不知东汉永寿年间早已不再使用"殷历",其所用乃三统历,而仍据"殷历"去推算永寿三年的干支所得出的"甲戌",当然是错误的。

还应指出：永寿三年的干支应为丁酉，本铭为什么却作"癸酉"？我认为这是由于题记作者的失误。民间对于干支纪年的使用，一般对地支比较熟悉，而天干则难以掌握，非有历书，不易稽查，故用干支纪年时往往省略天干。如今民间在使用干支纪年时仍然只说"猴年""马年"，道理是一样的。上引《永元六年画像砖》就省去天干"甲"而只书地支"午"，是其证。本铭误丁酉为癸酉亦不难理解。

28. 国子男字伯存，年這六岁，在东道边。孝（存）有小弟字闫得，夭年俱老，皆随□

孝为"伯存"的存字之讹。关，当据《意见》释夭。随后残字，《意见》说出土时仍可见是"国"字，搬运时残去，当据补。這，《研究》释迄。《释读》释适。《意见》说："'這'，古代有近的意思。此字见于《芎他君祠堂题记》：'更逾二年，這今成已。'"罗福颐先生释"迨"，无说。均难信从。此字从言得声，据《集韵》（去声八）当读为"彦"，疑当通见，即现字。彦属疑母元部，见为见母元部，疑、见均牙音，音近可通。"這今成已"意即现今已完成。"年這六岁"，即现年六岁。对于已死的孩子说现年六岁，仍不妥切。姑存疑以待识者。

原载《考古与文物》1989 年第 1 期

苍山元嘉元年汉画像石墓考

山东苍山城前村发现的一座汉画像墓，出土有长篇题铭，不仅记有明确的年代而且对画像石内容记述较详。[①] 对于考证墓主的身份、画像题材的定名、东汉政治制度、社会生活等各方面都是一批较为重要的资料。《山东苍山元嘉元年画像石墓题记的时代和有关问题的讨论》一文（简称《讨论》）[②]以及《苍山元嘉元年画像石墓题记的简释》（本文省称《简释》）[③]都曾对题铭进行过研究，但在断句释读方面尚存有不少可商之处。本文拟就题铭释读、画像石内容、墓葬年代及墓主身份等谈点肤浅认识，请予批评指正。

一 题铭释读

题铭共二石，甲石铭10行，行24—27字；乙石铭5行，行20字左右。二方计15行328字。全文标点如下：

甲石

元嘉元年八月廿四日立郭（椁）毕成，以送贵亲。魂零（灵）有知，枱（怜）志（哀）子孙。治生兴政，寿皆（偕）万年。薄疎（疏）郭（椁）中画观（馆）。后当朱爵（雀）对游，罘（僊）抯（仙）人，中行白虎、后凤皇（凰）。中阜（殷）柱，隻结龙，主守中霤，辟耶（邪）。夹室上硪，五子舉（舆）伟（车），女随后驾鲤鱼。前有白虎青龙，车后即被轮雷公。君从者推车平桓，冤（庖）厨上卫桥尉车马。前者功曹，后主簿、亭长、骑佐（左）胡便（使）弩。下有深水多鱼，者

---

① 山东省博物馆等：《山东苍山元嘉元年画像石墓》，《考古》1975年第2期。
② 方鹏钧等：《山东苍山元嘉元年画像石墓题记的时代和有关问题的讨论》，《考古》1980年第3期。
③ 李发林：《苍山元嘉元年画像石墓题记的简释》，《山东汉画像石研究》附录，齐鲁书社，1982年。

（诸）从儿刾（刺）舟。度（渡）诸母使坐。上小轩驱驰（驰）相随到都亭。游徼侯见，谢自便。后有羊车橡（像），其㷀（辖）上即圣鸟乘浮云。其中画橡（像）：家亲，玉女执尊、杯、桉（案），柈（拌）局（梮）、抶、稳（稳）杬（兀）好弱皃（貌），堂硖外，君出游，车马、导从：骑吏、留都督在前，后贼曹，上有虎龙衔利来，百鸟共□至钱财。其硖内，有倡家，生（声）沰（舞）相和，仳吹庐。龙爵（雀）除央（殃）。鷊（鹤）嚼（啄）鱼。

乙石

堂三柱：中阜（殿）一龙□非详（飞翔），左有玉女与狐（仙）人，右柱石□讨丞承卿、新妇主侍（持）给水将（浆）。堂盖恣（花？）好，中氐（氏），某（叶）上□色，未有盱。其当饮食就天仓，饮江海。学者高迁宜印绶，治生日进钱万倍，长就幽冥则决（诀）绝，闪（闭）旷（圹）之后不复发。

元嘉元年，为东汉桓帝元嘉元年（151）。

　　立郭（椁）毕成，以送贵亲

郭借为椁，这里指画像石墓。毕成，意即竣工。汉画题记中习见，如《汉阳三老石堂题记》："石堂毕成。"或省作成，如肥城栾镇汉画题记作"建初八年成"。贵亲，《孟子·万章下》："用下敬上谓贵亲。"《玉篇》："贵，高也，尊也。"死者生前曾是官吏，这是子孙对他的尊称。

　　魂零（灵）有知，柠（怜）忘（哀）子孙。治生兴政，寿皆（偕）万年

零借为灵。柠与怜古音均属来母真部，音同可通。哀，《说文》："闵也。"《释名·释言语》：哀，爱也。爱乃思念之也。怜哀意即怜闵、怜爱。生指财业，《诗·谷风》："既生既育。"笺："生谓财业也。"皆借作偕，意为

强壮。《说文》："偕，强也。"《诗·北山》："偕偕士子。"传："偕偕，强壮貌。"皆，作代名副词，释为俱，亦通。意思是说：如果死者灵魂有知的话，希望能怜爱保护其子孙，使子孙无论是治财还是为官，都能顺利长久。

薄疎（疏）郭（椁）中画观馆

薄疎，意为雕刻。《方言》：薄，"秦晋曰钊"，《说文》："钊，刓也。"《玉篇》："刓，刻也。"薄、钊、刓三字互训，其意均为刻。疎通疏。蔡邕《月令章句》："疎，镂也。"疎又是疏字之讹。影壁上刻有纹饰称"疏屏"，雕刻图画的器物为"疏器"。郭借为椁，这里指墓葬，观馆通用，意为宫室。画观即画室。《汉书·成帝纪》："元帝在太子宫生甲观画室。"师古注："宫殿中通有彩画之堂室。"此句意为雕刻墓内的画室。

后当朱爵（雀）对游，耎（僊）扡（仙）人，中行白虎、后凤皇（凰）

爵借为雀。《礼记·三年问》："小者至于燕雀。"《释文》："雀本又作爵。"扡为仙之讹。耎为䙴之省，经籍通作僊。《类篇》："耎，升高也，同䙴。"《释名·释长幼》："老而不死曰仙。仙，迁也，迁入山也。故其制字人傍作山也。"毕沅校曰："仚，《说文》：'人在山上儿'，本不同僊。僊，长生僊去也，从人䙴声。此当云：老而不死曰僊。仙，僊也。䙴升高也，僊能超升也。"本铭䙴（僊）与仙字共出，证知毕氏僊、仙有别说可信。意为后面画有朱雀对游和长生超升的僊人和仙人，中间是白虎和凤凰。

中阜（殷）柱，隻结龙，主守中䨺，辟耶（邪）

阜，或疑为直，字形不合。字作反身之形。楷书作㐰。《说文》："㐰，归也。从反身。"㐰通殷，有大意。《礼记·曾子问》："服除而后殷。"疏："殷，大也。"中殷柱即中间的大柱子。只，一物曰只，二曰双。《玉篇》：

"只，奇也。"缺少一个轮子的车叫"只轮"。《广雅·释诂》："结，曲也。"只结龙，即一条盘曲的龙。中霤，霤字仅存雨字头的右角，据《简报》补。《释名·释宫室》：（室）"中央曰霤。"《礼记·郊特牲》："家主中霤。"注："中霤，犹中室也。"《祭法》注："中霤主堂室居处。"耶为邪字异构，《礼记·乐记》："中正无邪。"《释文》："字又作耶。"邪意为恶，《礼记·祭义》："虽有奇邪而不治者。"疏："邪谓邪恶。"辟邪即避邪恶。《简释》释为兽名，虽有据而难以通读。

夹室上砄，五子擧（舆）伡（车），女随后驾鲤鱼

夹室，即考古学上习称"耳室"。《释名·释宫室》："夹室，在堂两头，故曰夹也。"砄，字书所无，疑即块字之讹。《集韵》："古穴切，音决，石也。"擧、舆音同字通。伡即车之繁体，舆车即双手对举之车，驾鲤鱼疑即滕县西户口画像石中所见的鲤鱼驾车画像。

前有白虎青龙，车后即被轮雷公。君从者推车平桯

雷公，传说中司雷之神。《论衡·雷虚篇》："图画之工，图雷之状，累累如连鼓之形。又图一人，若力士之容，谓之雷公。使之左手引连鼓，右手推椎，若击之状。"被轮意未详，疑即《论衡》中所说"累累如连鼓"的雷的形状。桯有二解，一指臿，即锹。《方言》："江淮南楚之间谓之臿……东齐谓之桯。"或可解作推土车。《广韵》："桯，徒土擧也。"《司马法》："周辐辇载桯。"汉武氏祠中有雷公、雷车画像。

冤（庖）厨上卫桥尉车马。前者功曹，后主簿、亭长，骑佐（左）胡便（使）弩

冤为庖之讹。庖厨是汉画中常见题材。卫桥即渭桥，亦即内蒙古和林格尔壁画中所见的"渭水桥"。尉，据《后汉书·百官志》，边郡及属国置都

尉，"典兵禁，备盗贼"。各县也置尉，"大县二人，小县一人"，"主盗贼"。根据卫（渭）桥和"尉"的导从中有"亭长"，推断可能是长安县尉。《舆服志》："长安，雒阳令及王国都县加前后兵车、亭长"，知长安令是可以有"亭长"为导从的。据题铭知长安尉亦可以"亭长"为导从，可补史籍之缺佚。胡指西羌而言，汉代文献和镜铭中称羌为"胡羌"可证。这幅"卫桥尉车马"图所反映的是东汉政权与羌族交战的情景（说详下）。

从儿剌（刺）舟

剌通刺，《诗·关雎》序："下以风刺上。"《释文》："本又作剌。"《正字通》："剌，櫂舟也。"《说文》："櫂，所以进船也。"《释名·释船》："在旁拨水曰櫂。"剌舟即以櫂拨水，今称划船。《汉书·陈平传》："乃解衣羸而佐剌船。"《淮南子·原道训》："短袂攘卷，以便剌舟。"

上小軿驱驰（驰）相随到都亭

《释名·释车》："軿车，軿，屏也。四面屏蔽，妇人所乘牛车也。"此墓前室东壁横额画像所见有盖和屏蔽的车即軿车，但从车窗露出乘者的帽子看系男子非"妇人"，驾车者是马而非"牛"，而且东汉画像石中也罕见"牛车"这类题材。"妇人所乘牛车"之说非是。"都亭"《史记·司马相如传》："于是相如往舍都亭。"《索隐》："案临切郭下之亭也。"《后汉书·张纲传》："埋其车轮于洛阳都亭。"《后汉书·王美人传》注："凡言都亭者，并城内亭也。"当指城郭附近的亭舍，传世有"都亭之印"。游徼，乡官，职责是"掌徼循，禁奸盗"（《后汉书·百官志》）。汉画中常见此题铭。望都一号墓题作"门下游徼"。

后有羊车橡（像），其鞪（轙）上即圣鸟乘浮云

羊车，即以羊驾车。《太平御览》卷七七五引《释名》："羊车，以羊所

驾名车也。"轊即辖,亦作𫐓,原意为车轴头,这里指车。圣鸟,《简释》释为"神鸟",未知其根据。按:此应为凤凰之别名。《论衡·讲瑞》:"夫凤凰,鸟之圣者也;麒麟,兽之圣者也;五帝、三王、皋陶、孔子,人之圣也。……夫圣鸟兽毛色不同,犹十二圣骨体不均也。"

其中画椽（像）：家亲，玉女执尊、杯、桉（案），柈（拌）𣖂（桐）、扶、穏（稳）杭（亢）好弱兒（貌）

家亲,指墓主。前室东壁画像中格右第三人即此。玉女,这里指服侍墓主的美女。《吕氏春秋·贵直》:"晋惠公淫色暴慢,身好玉女。"注:"玉女,美女也。"尊,通作樽、罇,是盛酒器。《玉篇》:"樽,酒器也。"图像左上方三足筒状器即樽。内附一勺,用以取酒,即《艺文类聚》引晋庾阐《断酒戒》"剖樽折杓"中所说的樽、杓。杯与桮、盃、棓通用。《说文》:"桮,䘇。本饮器,俗作盃,通作杯。"建平五年漆耳杯题铭作桮,除用作饮酒之外,亦可兼用盛羹、盛食。桉即案,这里指承托杯的盘子。汉代杯、案常连用。《汉书·贡禹传》:"臣常从之东宫,见赐杯案,尽文画金银饰。"柈为拌之讹。拌,音逢,与捀同,奉也。又与捧同,掬也。局即桐省,食器。《玉篇》:"桐,舆食器也。"扶即枾之讹。枾,音肺,削改简牍用的刀子,或称"书刀"。《说文》:"枾,削木札朴也。"《颜氏家训》:"削枾,削札椟之枾,古者书误则削之。"图中左第二人手中的刀即此。稳读作稳,意为端庄稳重,杭读作亢,无所卑屈谓之亢。这幅图像从侍者执书刀看,所表现的应是墓主生前处理公务的情景,似非单纯的"进馔图"。

堂砯外,君出游,车马、导从:骑吏、留都督在前,后贼曹

骑吏,官名。郑季宣碑阴:"骑吏冯艾子茂",北海相景君碑阴也有骑吏官名。留,西汉张良封国。东汉属徐州彭城国。《一统志》留县故城"今沛县东南",都有城意。督为督盗贼之省。"留都督"即留县城的都盗贼（说详下）。

上有虎龙街利来

"街利",《讨论》未释。《简释》释作"衔"。按：此字从圭不从金，仍应从《简报》释"街利"。街，意为携带。《风俗通》："街，携也。"(《太平御览》卷一九五引)

　　其硋内，有倡家，生（声）汧（舞）相和，伹吹庐

《说文》："倡，乐也。"生借作声。《淮南·时则》："去声色。"注："丝竹金石之声也。"汧，借作舞。伹，意为丑女。《广雅·释诂二》："伹丑也。"《淮南·修务》："嫫母伹催。"注："伹催，古之丑女。"《释名·释乐器》："竹曰吹，吹，推也，以气推发其声也。"庐应是一种竹制的乐器，应即竽。竽、庐古音均属鱼部，可通假。竽似笙而体大管多。

　　龙爵（雀）除央（殃），鹬（鹤）嗝（啄）鱼

爵通雀，央通殃。鹬通鹤，嗝本作啄。

　　堂三柱：中皁（殿）一龙□非详（飞翔），左有玉女与狐（仙）人，右柱石□讨丞承卿、新妇主待（持）给水将（浆）

中皁即"中殿柱"之省，非详借为飞翔。望都一号汉墓题铭作"凤非翔"可证。玉女，此指仙女。《后汉书·张衡传》："载太华之玉女兮。"注："太华之山上有明星玉女，主持玉浆，服之成仙。"狐人即仙人，将通浆，待借作持。"新妇主待给水将"，即玉女"主持玉浆"。

　　堂盖忑（花？）好，中氐（氏），枼（叶）上□色，未有盱

堂盖即墓室顶部，忑字不识，氐疑为氏，借作枝，枼，即叶。盱，

《诗·小雅·都人士》:"我不见兮,云何盱矣。"笺:"盱,病也。"

> 其当饮食就天仓,饮江海

汉代壁画与画像石题记中习惯用语。一般作"此中车马,皆就食天仓",天仓或释太仓、大仓、夫仓,以本铭"就天仓、饮江海"证之,似以释"天仓"为宜。

> 学者高迁宜印绶,治生日进钱万倍

迁即升官。《汉书·贾谊传》:"谊超迁岁中至大中大夫。"治生即治理财业。

> 长就幽冥则决(诀)绝,闶(闭)圹(圹)之后不复发

幽冥原意为明暗,这里指阴间天国。决绝,意为诀别。圹通圹,墓穴也。

二 几个问题的讨论

1. 关于卫(渭)桥尉车马

卫通渭,卫桥即汉长安渭桥或渭水桥。渭桥有三,通高陵路者曰东渭桥,长安城北曰中渭桥,通咸阳曰西渭桥。西渭桥建于汉武帝建元三年(前138),长安西门曰便门,因此桥与门相对故又名便桥、通门桥。汉宣帝甘露三年(前51)受匈奴呼韩邪单于朝"登渭桥"即此西渭桥(《元和郡县图志》《读史方舆纪要》)。西渭桥是长安交通西北地区少数民族的必由之路,本题铭的"卫桥"和内蒙和林格尔壁画中的"渭水桥"均指西渭桥。

题铭中的"卫桥尉车马"图即本墓前室西壁横额画像。共三骑、三车,右方最后一车乘者形体高大应即"尉",前边车骑应即功曹、主簿等属吏。最左方一骑戴胡人帽,回首弯弓而射者即"胡使弩"。这些题材在汉画像石

中是比较常见的，如沂南北寨村、苍山前姚、临沂白庄等地的画像石中都曾发现过，只是内容繁简有所不同。

2. 关于"留都督"

关于"留都督"一语有四个问题需要讨论。

（1）关于断句，《简报》读作"留都督在前"，《讨论》则把留字连上读作"君出游，车马导从骑吏留，都督在前后贼曹。"笔者认为《讨论》的断句语意难通（说详下），以《简报》断句为是。

（2）关于留字含义。《简释》释留为姓。笔者认为留为地名，即西汉时张良的封国，东汉属彭城国，地在今江苏沛县东南，东隔枣庄市与本墓所在地的苍山相邻。官名前加县名的例证很多，如《苍颉庙碑》碑侧官名有"衙主记""衙门下功曹"等，汉属左冯翊。

（3）都督官名始置年代。《简报》据《晋书·职官志》认为都督"系魏晋以后的官名"。其实东汉已有"都督"，高承《事物纪原》"都督"条："汉光武初权置督军御史，事竟辄罢。魏武黄初三年，初置都督诸军事，然魏初为汉禅时已有节都督，则非三年初置也。……汉建安中，魏武为相，始遣大将军督之。二十一年征孙权还，使夏侯惇都督二十六军，于是始有都督之官矣。"高氏的考证是正确的，汉末群臣劝曹受"汉禅"的颍昌《公卿将军上尊号奏》碑中确有"使持节行都督、督军事骑将军□□，使持节行都督督军镇西将军东乡侯臣真，……"足证汉末"已有持节都督"。《太平御览》卷二五一引沈约《宋书》："至献帝建安中魏武相汉，遣大将外出，督十军二十军者始号都督。"证明汉末确有都督官名。

（4）留都督与都督的关系

《讨论》根据陕西褒城建和二年《石门颂》中有"都督掾"官名，认为"其时之都督当为郡守之属吏。'都督'即总领之意，大概都督一官，在汉代系郡守随事而设，并非固定职官，故不多见。魏晋以后的都督，当是在汉代的这一基础上升格发展而来的"。如上所证，东汉已有都督且地位隆崇，魏晋以后的都督实乃承袭汉制，并非由郡守属吏"升格"而来。《石门颂》"都督掾"的存在表明，东汉时除地位隆崇的都督之外，郡守属吏中也有都督，只是关于其职责范围和设置情况目前还不清楚。"留都督"与郡守属吏的都督是否是同一职官呢？显然不是。因为留是县名，作为郡守出行不会以县的属吏作为导从。

《简释》据光和六年《白石神君碑》碑阳有"都督赵略、孔达"，于是认为"碑中都督的官职，地位也较低下，还不如六百石的祭酒，仅高于主簿，与苍山元嘉元年画像石墓《题记》所表明的完全相符"，这无疑也是一个重要发现。不过需要指出的是赵略孔达是名略字孔达，并非两人，故不必使用顿号。此外，碑阴碑侧的人名，犹如今之签名，不一定按职位高低排列先后名次，如《苍颉庙碑》碑侧"朔方太守"即排在"衙令"之后。"主记""门下功曹""门下游徼"等衙县属吏则排在乡官"衙乡三老"之后。因此都督排在祭酒之后，并不意味着其地位低于祭酒。它也有可能是郡守属吏的都督。

笔者认为"留都督"既与地位崇高的军事统帅之"都督"不同，也非郡守属吏之"都督"，而是留县城的都盗贼。"都"可解作城。《汉书音义》："都，城也。"《后汉书·班彪传》注："城郭之城曰都。""留都"与汉印中所见"庐都""朐都""霍都""纪都"等同例，意即留城。"督"为官名，即督盗贼之省，属门下五吏。《后汉书·舆服志上》："公卿以下至县三百石长导从，置门下五吏：贼曹、督盗贼、功曹，皆带剑，三车导；主簿、主记两车为从。"故又称"门下都盗贼"。《汉北海相景君碑》碑阴有"故门下都盗贼剧腾颂字叔远"。简称"门下督"，见《汉书·万章传》，又见功曹史残画像题铭。也可简称为"督"。《后汉书·舆服志》：大使车条有"贼曹车、斧车、督车、功曹车皆两"。督车即督盗贼车之省。留都督意即留城的督盗贼，与汉封泥所见"齐都司马""齐都市长"同例。

3. 关于"羊车"

题铭中云"后有羊车橡（像），与本墓前室东壁横额画像石所见羊车图像相符"。《简报》据《晋书·舆服志》和《宋书·礼志》中有关羊车的记载，得出结论说："'羊车'当在东晋以后，中、下级官吏才能乘车。"并以此作为此墓画像石年代属刘宋元嘉的证据。

羊车并非晋代才出现的事物。汉代刘熙《释名》已有"羊车"记载。汉时羊车有两种，一种虽名"羊车"而不驾羊，曰："羊车，羊，祥也。祥，善也。善饰之车，今犊车是也。"这种羊车《周礼·考工记》中已有记载，曰："羊车二柯有叁分柯之一。"注："郑司农云：羊车谓车羊门也。玄谓：羊，善也。若今定张车。"《晋书·舆服志》《齐书·舆服志》《隋书·礼仪志》以及唐志、宋志中所载的"羊车"，都是这种装饰华美或以人牵，或驾大如羊的小马而不驾羊的车。《简报》引此以证汉画中所见的羊驾车图像，实为张冠李戴。《释名·释车》又说："赢车，羊车，各以所驾名之也。"毕沅校曰："《御览》引曰：'羊车，以羊所驾名车也'，盖节引此条，非别有一条也。前文虽已有羊车，前文以祥善为谊，此则以驾羊为称，名同而实不同。"《晋书·胡贵嫔传》："武帝掖庭，并宠者众，帝莫知所适，常乘羊车，恣其所之，至便宴寝。宫人乃取竹叶插户，以盐汁洒地而引帝车。"《御览》卷七七五引《晋书》曰："卫玠总角乘羊车入市。"都是指驾羊的"羊车"，本墓题铭及羊车图像的发现，证明刘熙所释可信。

4. 关于用韵问题

《讨论》对题铭的用韵进行了研究，得出如下结论："整个题记是一篇韵文"，"用韵甚密，押韵字共达四十六字之多"；"序言为四言，结语和其余部分为三、七言混合结构"；"其用韵规律是：四言的隔句押韵，七言的每句用韵，三言的如果是单独一句则末字不入韵，如果是两句连续出现，则第二句末字必入韵"，并认为"这一特点，是解决题记释文和整个断代问题的关键"。

笔者认为题铭并非诗词歌赋，而是叙事散文，除开头的"寿皆万年"以前有六言四句以外，不存在如《讨论》所划分的那种整齐的"三、七言混合结构"。研究是否置韵，首先要准确断句，而这只能建立在对文字的正确训诂和对语意确切了解的基础之上。而《讨论》在这方面还存在不少有待商榷之处。现仍使用其分段标号，以便讨论。

（1）第2段"薄疎"应解作雕刻，由于误释为"簿书"，故"薄疎郭中"处断句，其语意即难以理解。

（2）第5段"五子舉"，舉通舆，有二解，一作名词，犹如今之轿子。一作动词，意为举。无论哪种解释，"五子舉"断句均不可通。其实舉后一字作俥,《讨论》疑为"使"字,《简释》释为僮,均非是。应释为车,即车之繁体。嘉祥宋山题铭曰:"马牛羊,诸俥皆良",俥亦车之繁体。舉作动词,俥连前读作"五子舉车",意即五子举车,五人抬的轿子。

(3)第6段所述是汉胡(羌)交战国。"尉车马"是汉军,"胡便(使)弩"为被征伐的一方。亭长本应属汉军一方,但依《讨论》断句却成了胡人,这样虽然能凑成了两个整齐的七言句,而且簿、弩还都可以押模韵,但语意不通,非是。

(4)第8段:依其断句是整齐的"三、七言混合结构",而且亲(真)、梓(元)、完(元)相押,可以证明其两汉真部、元部界限不清的论点。

其实,橡(像)字应连上读作"其中画橡"是总括全句,其后应用冒号。家亲、玉女是并列的内容。柈字原作"柈",所释与字形不合。从字意看释柈为盘也和前面的案相重复。案非几案而是盘子,常与杯连称。汉孟光"举案其眉"者是也。"完"原作兒,是貌字简体,释完于字形、字意均不可通。

(5)第9段:"堂硊处,君出游,车马道(导)从骑吏留,都督在前后贼曹"。

"留"本是县名,依其断句则为动词,这样语意就很别扭。既然是"君出游","车马、导从、骑吏"等理所当然应陪同前往。但依其断句却统统"留"下了。既然是随从们都已经"留"下,为什么后面又说"都督在前后贼曹"呢?岂不前后矛盾。

此外,在断句和释读方面,还存在其他一些可商之处,限于篇幅,不逐一分析。据上所述,苍山题铭除开头几句整齐的四言句外,通篇都是字数长短不等句,不存在那种整齐的"三、七言混合结构"。押韵的句子是存在的,如开头"立郭毕成"等六句,亲、年属真部,孙属文部,这种真文合韵的情况《诗经》中也很常见。《卫风·硕人》:"巧笑倩兮,美目盼兮。"倩,真部,盼,文部。《小雅·正月》:"治比其邻,昏姻孔云,念我独兮,忧心殷殷。"邻,真部,云、殷文部是其证。又如"前有白虎青龙,车后即被轮雷公",龙、公均属东部。"游徼侯见,谢自便",见、便均属之部。"上有虎龙衔利来,百鸟共□至钱财",来、财均属之部。"其当饮食就天仓、饮江海。学者高迁宜印绶,治生日进钱万倍",海、倍属之部。"长就幽冥则决绝，闭旷之后不复发"，绝、发均属月部。仅此而已，在328字的题铭中押韵字只有13个，不能称为通篇"韵文"，也不存在什么"用韵规律"。

5. 题铭与画像石年代与墓主

题铭中所述画像内容与本墓内画像石相符，可以认为是同时代同一墓葬的遗物，故一并讨论其年代。

题铭中的"元嘉"应是东汉桓帝年号而非刘宋文帝年号。第一，画像石题铭，也称题记，是记述画像石墓或祠（食）堂的修建缘起、经过以及画像的主要内容，它与专记画像石内容的榜题不同，与专门记述死者家世、姓名、籍贯、生卒年代、历任官职、可资赞颂的事迹等为主要内容的墓碑和墓志也不同。东汉末年以后墓志开始盛行，而画像石题记渐趋绝迹，因此苍山元嘉元年题铭不可能是南朝刘宋时代的遗物。第二，"卫（渭）桥车马"如上所证是反映汉羌交战的内容，系之刘宋时期则难以理解。第三，题铭有竖行而无横格，字形大小字距疏密比较自由，因此每行字数多少不等，这种格式与东阿芗他君祠堂题记、嘉祥宋山题记都是相同的，可以视为汉画像石题记中的一个重要时代特征。第四，题铭中财作赋，执作执，外作外，其作其等写法与东汉时代的芗他君祠堂题记、嘉祥宋山题记等相同，也可作为时代相同的旁证。

墓内画像石的年代也只能是东汉而不可能属于南朝刘宋时期。东汉末年黄巾大起义以后，军阀割据，连年混战。在经过了西晋短期统一以后，又爆发了长达16年的"八王之乱"，此后北方即进入五胡十六国时代。由于连年战争，社会动荡不安，生产遭受严重破坏，建造费时费工的画像石墓和祠堂的风尚逐渐趋于废止。

在北方仅洛阳地区北魏皇帝贵族还使用石棺上雕刻画像的做法，而南方则流行砖墓兼用画像砖的风气。社会政治、经济变动，特别是佛教的盛行，使画像题材、内容、风格与东汉相比，都发生了很大变化。如北魏石棺人物的宽衣博带，飞天、树木的衬景等都是东汉画像石中所绝无仅有的。南方画像砖中的狮子、麒麟、牛车、铠马、莲花、玄武、飞天、鼓吹以及"南山四皓"隐士、王子乔升仙、竹林七贤等题材和风格都与苍山画像石迥然有别，只须稍加对比，便可明白，无庸多说。

关于题记与画像石墓的墓主身份，据《后汉书·舆服志》："公卿以下至县三百石长导从，置门下五吏：贼曹、督盗贼、功曹，皆带剑，三车导；主簿、主记，两车为从。"又说："县令以上加导斧车"，题铭说"君出游"时有留都督和贼曹为导从，墓门楣石画像就是题铭中的"君出游"。其右第三车即"斧车"，故墓主身份应为县令以上的官吏。但据"留都督"一语，墓主以留县的督盗贼为导从，其身份不会是郡太守，很可能是彭城国所属留县的县令。

6. 墓葬年代

在一般情况下，画像石和墓葬年代是一致的，但以往也曾发现过后代人利用汉画像石改建墓葬的先例，如河南南阳东关晋墓、嘉祥宋山发现的几座画像石墓均属这种情况。因此，苍山墓内题铭与画像的年代与该墓年代是否一致，还须具体分析。《简报》认为题铭、画像石、墓葬形制和随葬品的年代均属刘宋元嘉元年。笔者认为题铭和画像属东汉元嘉元年，而墓葬的形制和随葬品则属西晋，此墓是西晋人利用汉画像石所改建。

随葬品是确定墓葬年代的可靠标尺，苍山墓内遗物虽然不多，但却具有明显的时代特征。

（1）陶榼。旧称果盒、多子盒，大约出现于东汉末年而流行于两晋。其形制变化规律：东汉时作长方形平底，西晋时仍作长方形，但出现圈足。见于宜兴西晋元康七年（297）墓和浙江衢县西晋元康八年（298）墓。东晋以后变为圆形，见于敦煌东晋太和四年墓、镇江东晋隆安二年（398）墓。苍山墓出土陶榼为长方形有圈足，年代属西晋。

（2）陶盘。其型制与南京石闸湖西晋和周处墓相近，东晋以后这种形制的盘即趋消失。

（3）青瓷碗。《简报》认为其形制与东晋王兴之夫妇墓Ⅱ式青瓷碗相近。实际上两者区别较大，苍山墓所出为深腹假圈足，王兴之夫妇墓则为浅腹平底。南朝时则流行莲花碗，如南京明昙憘墓、江西新千金鸡岑墓所出者均是，其形制与苍山墓青瓷碗不同。

（4）苍山墓出土的直行"位至三公"铭文铜镜是东汉魏晋时期墓内常见的器物。如湖北随县三国墓、江西瑞昌西晋墓都曾出土过。目前尚不见南朝时有使用这种形式铜镜的先例。

总之，苍山墓内遗物大都是西晋时流行的器物，与南朝时遗物不同。在墓葬形制上苍山墓分为墓门、前室、后室三部分。墓门有中间柱分为两个门洞，前室呈横长方形，两侧有大小不等的耳室。后室有隔墙分为两间。其平面略呈凸字形，与辽阳三道壕令支令魏墓和辽阳上王家村东晋墓平面较接近，而与南朝墓平面布局存在明显差异。南朝墓均为单室，券顶结构。如刘宋元嘉五年黄岩39号墓，元嘉二十四年黄岩49号墓，元嘉二十七年武汉101墓，孝建二年武汉206、207号墓，元徽二年南京明昙憘墓等莫不如此。

笔者认为苍山墓是西晋人利用汉画像石改建的。下述现象值得注意：（1）题铭中所记载的原画像石墓中的内容如"五子辇车""庖厨""驾鲤鱼""雷公"等，在墓中现存画像石内看不到。（2）墓内画像石摆放位置存在明显的错乱现象，如墓主画像（编号8）横放，龙虎相搏画像（编号11）放置在西主室顶部。再如题铭二石，照古汉语读序甲石应在右，乙石在左，但墓内摆放位置却刚好相反。（3）主室后壁画像（编号12），据《简报》称"已残脱"。上述现象在正常的画像石墓中是极为罕见的，唯一的可能是西晋人利用东汉画像石改建的。

原载《四川文物》1989年第4期

跋汉画赵苟哺父图

四川荥经县城区乡新南村出土了一具东汉石棺，其上有浮雕石刻画像。前挡刻双阙，后挡刻朱雀。一侧画面残缺，仅存饮马图。另一侧中间有门，一人半掩门而立。门左右各有二柱，柱头承托一斗二升的斗拱。右侧两楹间一人凭几端坐。左侧有二人对坐，简报介绍说："画面左部为室内生活图，刻男女二人席地而坐，互相扶拥，为少有的反映家庭室内生活的古代石刻造像。"① 《四川文物》发表的研究文章把这组画像定名为"耳语图"，释文曰："左侧有一男一女，曲膝而跪坐，男的右手抚着女的下颌正作亲密接吻状，有的人认为正在脸对脸地非常亲密地耳语。"②

经过再三审视发表的拓本，画像左方为著冠男子。而右方不著冠者似非女子，而是一个未冠幼年男子。古代"二十而冠"（《礼记·内则》），不足二十岁者为幼。《曲礼》孔颖达疏："幼者自始生至十九时。"根据文献记载和考古发现，笔者认为上述画像应是一幅历史故事，即赵苟哺父图。其事载于刘宋师觉授《孝子传》："赵狗幼有孝性，年五六岁时得甘美之物，未尝敢独食。必先以哺父。出輒待还而后食。过时不还，则倚门啼以候父。至数年父殁，狗思慕羸悴，不异成人。哭泣哀号，居于冢侧。乡族嗟称，名闻流著。汉安帝时官至侍中。"

赵苟哺父画像尚见于1960年泰安大汶口汉画像石墓。现存画像石九块，已移置于泰安岱庙保存。《山东汉画像石选集》收录了其中的四石。其中图四七一（图版一九八）系横条石，凸面线刻。包括三组历史故事。均有榜题。其中右边一组为春秋晋国骊姬计杀申生图（另文考证）；中间一组两人对坐，作两嘴凑近相哺状，与荥经石棺画像内容及表现手法相同，应是赵苟

---

① 李晓鸣：《四川荥经东汉石棺画像》，《文物》1987年第1期。
② 高文：《绚丽神彩的画像石——四川解放后出土的五个汉代石棺椁》，《四川文物》1985年第1期。

哺父图。但右方著冠人榜题曰"孝子丁兰父",左方未冠者题曰"此丁兰父"("父"字衍。——引者);左边一组三人,左方一人推车,车旁一小儿手扶车轮。中间老者手执鸠杖坐在车把上。榜题"此苟齝父"。右方一人执锄间苗,回首望着老人。题曰"孝子赵苟"[①]。据上引《孝子传》,知榜题有误。中间一组二人相对图像应是赵苟哺父。左方未冠男子应题"孝子赵苟"。苟、狗音同字通。赵苟即赵狗。齝疑为齝之讹。《说文》:"齝,歠也。"歠可训哺。《集韵·平声·模部》:哺,"一曰歠也"。"苟齝父"即"苟哺父"。哺者,含物以饲也。画像正像幼者含物以饲其父之形。与《孝子传》所载赵狗哺父事迹相符。歠还可训饮。《楚辞·渔父》:"何不餔其糟而歠其酾",姜亮夫注:"餔,食也。糟,酒滓也。歠,饮也。酾,以水穿糟曰酾。""苟齝父"释为赵苟含水或羹以饮其父,亦通。

　　大汶口画像石右方一组三人才应是"孝子丁兰"故事。丁兰事亲故事,亦见于嘉祥武梁祠画像。图中画一人坐几上,丁兰跪于其前,兰后跪者为其妻。榜题曰:"丁兰二亲终殁,立木为父。邻人假物,报乃借与。"[②]孙盛《逸人传》:"丁兰者,河内人也。少丧考妣,不及供养。乃刻木为人,仿佛亲形。事之若生,朝夕定省。后邻人张叔妻从兰借物。看兰妻跪报木人,木人不悦,不以借之。叔醉酣来骂木人,以杖敲其头。兰还,见木人色不悦。问其妻,具以告之。即奋剑杀张叔。吏捕兰,辞木人去。木人见兰为之垂泪。郡县嘉其至孝,通于神明,图其形像于云台也。"武梁祠画像中的丁兰刻木事亲图显然是和《逸人传》中所载丁兰事迹相一致的。而大汶口画像中的"孝子丁兰"故事似乎另有所本。

　　综上所证,荥经石棺画像是一组赵苟哺父图,著冠者为赵苟之父,未冠幼者为赵苟,作相拥哺父状。赵苟为东汉安帝(107—125)时人,可以此作为荥经石棺年代上限,并可以此作为判断同类题材画像年代上限的依据。

原载《四川文物》1987年第4期

[①] 山东省博物馆等:《山东汉画像石选集》,齐鲁书社,1982年。
[②] 冯云鹏等:《金石索·石索一》,商务印书馆,1929年。

龙山文化的渊源及其上限

龙山文化自1928年在山东章丘龙山镇城子崖[①]所发现的第一个遗址算起，至今已有将近60年的历史。由于材料和研究深度所限，曾一度把晚于仰韶文化的新石器文化统称为龙山文化。进入20世纪60年代后，不同系统和来源、文化面貌各异的"龙山文化"分别被命名为后岗二期文化[②]、客省庄二期文化[③]和良渚文化[④]，而称山东地区的龙山文化为"典型龙山文化"或"山东龙山文化"。这在龙山文化的认识历程中是重要的突破。在上述文化已分别命名的前提下，龙山文化理应恢复其固有名称不必再赘加"典型""山东"字样。

龙山文化渊源问题的解决，是另一个重要突破。20世纪30年代曾对山东境内的章丘城子崖和日照两城镇[⑤]的龙山文化遗址进行过发掘，同时还对日照、诸城、滕县（今滕州市）、临城（今枣庄市薛城区）的其他几处龙山文化遗址作过调查与试掘。限于资料，当时还不可能提出和解决龙山文化的渊源问题。20世纪50年代初，在滕县岗上村[⑥]、江苏新沂花厅村[⑦]相继发现了一种与龙山文化面貌有别的文化遗存。其后在平阴于家林、栖霞杨家圈、宁阳堡头等地又陆续有发现。安志敏同志曾指出上述缺乏黑陶而又具有彩陶的遗存可能是龙山文化的前身。[⑧]1959年，泰安大汶口遗址（原称宁阳堡头）的发掘[⑨]及初步分期，特别是曲阜西夏侯遗址所发现的龙山文化晚于这种以

---

① 吴金鼎等：《城子崖》。
② 安志敏：《我国新石器时代的仰韶文化和龙山文化》，《历史教学》1960年第8期。
③ 中国科学院考古研究所：《沣西发掘报告》，文物出版社，1963年。
④ 夏鼐：《长江流域考古问题》，《考古》1960年第1期。
⑤ 日照两城镇发掘报告稿现在台湾，标本已在抗日战争中毁于战火。
⑥ 山东省博物馆：《山东滕县岗上村新石器时代墓葬试掘报告》，《考古》1963年第7期。
⑦ 南京博物院新沂工作组：《新沂花厅村新石器时代遗址概况》，《文物参考资料》1956年第7期。
⑧ 安志敏：《试论黄河流域新石器时代文化》，《考古》1959年第10期。
⑨ 山东省文物管理处等：《大汶口新石器时代墓葬发掘报告》，文物出版社，1974年。

大汶口为代表的新文化遗存的地层证据，龙山文化是从以大汶口为代表的文化遗存（原称堡头类型）发展而来，已正式被确认。① 尽管两者之间尚存有缺环，龙山文化的渊源问题已得到初步解决。大汶口文化的命名也在这时被提出。② 20 世纪 60 年代初，莒县陵阳河发现了比大汶口文化晚期稍晚的文化遗存。③ 20 世纪 70 年代在临沂大范庄④、日照东海峪⑤、诸城呈子⑥ 相继发现了一种比莒县陵阳河更晚的文化遗存，并在胶县三里河发现了以 M2124 为代表的龙山文化早期遗存，填补了由大汶口文化向龙山文化过渡的中间环节，龙山文化的渊源问题基本上得到了解决。

伴随渊源问题的解决，又出现了新的问题，大汶口文化与龙山文化"两者联结得如此紧密，以致在划分界限上可能发生混淆的现象"⑦。目前在划分龙山文化的上限问题上，具体说在确定以大范庄为代表的一类文化遗存（下简称大范庄期）的性质问题上存在分歧。可概括为三种意见：1. 大汶口文化晚期；2. 龙山文化早期；3. 部分属大汶口文化向龙山文化的过渡期，部分属龙山文化早期。其实，划分文化性质只存在两种可能性，或者属大汶口文化，或者属龙山文化，不应再划分出一个介于两者之间的"过渡期"文化。笔者认为大范庄期仍应属于大汶口文化而不宜归入龙山文化。

大范庄期文化性质上的争论，首先是一个标准问题，虽然早在 20 世纪 60 年代已经提出大汶口文化的名称，但当时并未对其文化内涵与特征进行概括，此后也未开展过深入讨论。目前关于大汶口文化的概念，在认识上还存在相当大的分歧。根据"一种文化必须有一群的特征"的考古学文化定名原则⑧，本文所使用的大汶口文化含义，指大汶口南岸遗址 133 座墓葬为代表的一类文化遗存，而不包括以青莲岗、北辛为代表的文化遗存，也不包括以

---

① 杨子范、王思礼：《试谈龙山文化》，《考古》1963 年第 7 期。
② 夏鼐：《中国原始社会史文集》序言，历史教学社，1964 年；中国科学院考古研究所山东队：《山东曲阜西夏侯遗址第一次发掘报告》，《考古学报》1964 年第 2 期。
③ 山东省博物馆发掘资料。
④ 临沂文物组：《山东临沂大范庄新石器时代墓葬的发掘》，《考古》1975 年第 1 期。
⑤ 山东省博物馆等：《一九七五年东海峪遗址的发掘》，《考古》1976 年第 6 期。
⑥ 昌潍地区文物管理组：《山东诸城呈子遗址发掘报告》，《考古学报》1980 年第 3 期。
⑦ 安志敏：《略论三十年来我国的新石器时代考古》，《考古》1979 年第 5 期。
⑧ 夏鼐：《关于考古学上文化的定名问题》，《考古》1959 年第 4 期。

刘林、王因为代表的文化遗存。为研究上的方便,把《大汶口》发掘报告中的早、中、晚期,改称为一、二、三期。

大汶口文化最主要的特征表现在陶器上。陶质以红陶和灰陶为主,三期出现少量黑陶、灰陶和蛋壳陶。制法以手制为主,三期出现少量轮制。有少量的篮纹和以网纹、几何形花纹为母题的彩陶。器类比较单纯,主要器形有鼎、鬶、豆、壶、瓶、尊、盉、高杯等,三期出现蛋壳黑陶杯。主要器物形制:鼎腹多为钵形和罐形,鼎足多为凿形或铲形。鬶多为细颈,颈腹区界明显,流较短,足内一般有橄榄形泥丸。腹部或有一周附加堆纹,颈下有时饰一泥饼,此外很少其他装饰。豆一期多高圈足,盛行镂孔,三期则为细柄。

龙山文化在陶器上的主要特征,陶质以黑陶为主,制法以轮制为主,泥质陶以素面磨光为主,流行刻划纹和弦纹。器物组合除鼎、鬶、豆外,大汶口文化的器类基本消失,新出现了甗、三足盘、双腹盆、瓮和各种形式的单耳杯、器盖等。主要器物形制也有很大变化,钵形鼎消失而出现了盆形鼎,早期盛行三角形和长条形中间有附加堆纹的鼎足,晚期流行鬼脸形"V"字形和侧三角形鼎足。鬶为粗颈,颈腹多融为一体,一般缺乏明显分界。流较长,或称为"冲天流"。足内无橄榄泥丸,器表盛行泥饼装饰,多者达27枚,或在腹部两侧饰人字形泥条。细柄豆豆柄或呈竹节状,流行粗柄豆。豆盘外侧多附环钮或盲鼻装饰。

有的同志把"轮制技术的普遍应用,黑陶比例大幅度地增加,蛋壳陶的出现,鬼脸鼎足及其祖型——中间带竖条堆纹的等腰三角形鼎足的出现作为进入典型龙山文化标志"[①]。上述标准除"蛋壳陶的出现"一条值得讨论外,其他三条标准无疑都是正确的。

为了便于掌握,应该对轮制和黑陶在陶器中所占比例确定一个指标,今选取曲阜西夏侯上层墓作为大汶口文化三期的代表,以潍坊姚官庄CT4—7中的4D和4A层作为龙山文化代表[②],对两类文化遗存中黑陶和轮制所占比例作了统计。统计结果表明,黑陶所占比例,大汶口文化三期为20.8%,龙

---

① 高广仁:《试论大汶口文化的分期》,《考古学报》1978年第4期。
② 山东省文物考古研究所:《山东姚官庄遗址发掘报告》,《文物资料丛刊》(5),文物出版社,1981年。

山文化为 65.93% 和 54.02%；轮制所占比例，大汶口文化三期为 7%，龙山文化为 75% 和 63.7%。由此可证，有的著作把轮制技术"约占全部陶器的 50% 以上"作为进入龙山文化的标志无疑是正确的。[①] 我们还可以把黑陶所占比例在 50% 以上作为进入龙山文化的另一标志。

除上述三个标志以外，陶鬶由细颈变为粗颈也可作为进入龙山文化的第四个标志。陶鬶是大汶口文化和龙山文化的典型器物，不仅数量多，形制也富于变化，对于断代分期有着重要的参考价值。大汶口文化与龙山文化陶鬶最显著的特征是颈部的由细变粗。为了找出其变化规律，兹对两种文化的一批陶鬶的颈部和腹部直径作了测量。测量办法是颈部量其最小直径，腹部量其最大直径，以颈径除腹径，求出比值。颈部越细，其比值越大。颈部越粗，其比值越小。测量结果表明，大汶口文化三期陶鬶的颈腹比值在 3.90—3.00 之间，而龙山文化则在 1.76—1.43 之间（表一）。两者的区别是极为明显的，只有极个别的数据是个例外。不过根据其他特征，仍然可加以区别。

表一　陶鬶腹径与颈径比例统计表

时代		器号	腹径	颈径	比值	资料来源
大汶口文化	三期	夏侯 M5:12	3.15	0.80	3.90	《考古学报》1964 年第 2 期，第 76 页图一一：8
		大汶口 M117:45	2.05	0.80	3.10	《大汶口》第 84 页图六八：9
		东海峪 M311:11	3.00	1.00	3.00	《考古》1976 年第 6 期，图版六：7
	四期	大范庄 M26:11	2.60	1.05	2.47	《考古》1975 年第 1 期，第 18 页图七：1
		姚官庄 M17:8	1.90	0.80	2.40	《文物资料丛刊》第 5 期，第 36 页图五三：1
		大范庄 M27:19	1.80	0.85	2.10	《考古》1975 年第 1 期，第 18 页图七：2
		大范庄 M23:6	2.30	1.10	2.09	《考古》1975 年第 1 期，第 18 页图七：3
		呈子 M19:7	1.80	0.90	2.00	《考古学报》1980 年第 3 期，第 363 页图三〇：3

---

① 中国科学院考古研究所：《新中国的考古收获》，文物出版社，1961 年，第 19 页。

续表

时代	器号	腹径	颈径	比值	资料来源
龙山文化	呈子 M32:3	2.10	1.20	1.75	《考古学报》1980年第3期，第363页图三〇：6
	姚官庄西 AT13:2	3.00	1.80	1.66	《文物资料丛刊》第5期，第15页图一八：4
	呈子 H14:5	1.80	1.20	1.50	《考古学报》1980年第3期，第363页图三〇：4
	三里河 M2124	2.30	1.60	1.45	《考古》1977年第4期，第265页图四：13
	姚官庄 H56:2	3.00	2.10	1.43	《文物资料丛刊》第5期，第16页图一八：9
	姚官庄 H117:5	3.00	1.70	1.76	《文物资料丛刊》第5期，第16页图一八：7

蛋壳陶的出现不宜作为进入龙山文化的标志。因为早在大汶口文化三期就已经出现了蛋壳陶。如所周知，蛋壳陶的名称早在30年代就已提出，用以形容龙山文化遗址中出现的薄如蛋壳的细泥黑陶，但是直到50年代中期安丘景芝遗址黑陶高柄杯的出土[1]，人们才第一次看到蛋壳陶的完整器形，于是就以此作为把景芝遗址归入龙山文化范畴的一个重要根据。[2]但尔后的研究表明，景芝的文化遗存实际上属于大汶口文化三期。因此把蛋壳陶的出现作为进入龙山文化的标志尚须斟酌。

在明确大汶口文化与龙山文化的主要特征和进入龙山文化的几个主要标志的基础上，试对大范庄期一类文化遗存的性质进行分析。

1. 大范庄遗址

大范庄遗址位于临沂市相公乡的大范庄村，西南距县城35里。大范庄遗址是1973年春进行发掘的，发现有大范庄期和龙山文化遗存。所发表的26座墓葬都是大范庄期的。共出土陶器725件，陶质以夹砂灰陶数量最多，占68%，黑陶占29%，轮制陶器所占比例为24%。可见大范庄墓葬的黑陶和

---

[1] 王思礼：《山东安丘景芝镇新石器时代墓葬发掘》，《考古学报》1959年第4期。
[2] 中国科学院考古研究所：《新中国的考古收获》，文物出版社，1961年，图九、图版十五：4。

轮制陶器所占比例均与大汶口文化三期接近，而与龙山文化相去甚远。从器类看，大范庄墓葬出土的背壶、壶、瓶等是大汶口文化的特有器物而不见于龙山文化。从器物形制看大范庄墓葬的鼎均为罐形凿足，没有发现长条形和等腰三角形中间加附加堆纹的鼎足、鬼脸鼎足、"V"字形足等龙山文化所特有的鼎足。大范庄陶鬶测量了3个数据，其颈腹比值在2.47—2.09之间，接近大汶口文化三期，仍属细颈型。结合大范庄期其他遗址所测陶鬶颈腹比值（表一），以2作为大汶口文化与龙山文化陶鬶颈腹比值的分界应该是适宜的，即大汶口文化陶鬶颈腹比值在2以上，而龙山文化陶鬶则在2以下。准上所证，大范庄26座墓葬在陶器上所具有的种种特征表明，其文化性质仍应属大汶口文化范畴。

大范庄26座墓葬之间没有发现打破和叠压关系，但从标型学角度，可以根据某些器物，特别是蛋壳黑陶杯的形制变化，排出墓葬年代早晚。大范庄蛋壳黑陶杯的演化规律应是：

$$\text{I}、\text{IV}—\text{II}、\text{III}—\text{V}—\text{VI}$$

其墓葬的早晚顺序应是M27、M26—M20、M22—M19、M17、M23。尽管如此，却不能由此而把它们划分为不同时期的文化。

2. 东海峪遗址

东海峪遗址位在日照市石臼所，西北距日照市约20里，濒临黄海，西靠奎山。1973年和1975年进行过3次发掘。其中1975年度的发掘发表了简报。东海峪遗址发掘的主要收获是"三叠层"的发现，不少研究文章以此作为把大范庄期遗存划归龙山文化早期阶段的主要依据，有必要对此加以分析。

表二　发掘简报对于东海峪"三叠层"的划分

层位	单位	相对年代
上文化层	地层（2）上层墓	龙山文化早期
中文化层	地层（3）中层墓	过渡期
下文化层	下层堆积　下层墓	大汶口文化晚期

在谈到"三叠层"中的地层与墓葬的关系时，简报作了如下的表述："下层墓二座（M310、311），被下文化层所压；中层墓一座（M315），被上层的314号墓所压，而随葬器物则与中文化层的器物相应；上层墓15座，被上文化层（第2层）所压，而有的随葬器物与上文化层的器物有联系。这证明三层墓葬基本上与三个文化层同时。"笔者认为，中文化层的地层（3）与上文化层的墓葬之间存在着年代倒置的情况，"三叠层"的划分应重新考虑。

关于上文化层，已有同志指出："由陶器分析，似乎墓葬要早于地层"[①]，其说甚是。地层（2）出土的粗颈鬶、甗、鬼脸鼎足等，都是龙山文化的代表性器物。而上层墓中的蛋壳黑陶杯、细颈鬶、凿足鼎等基本上都与大范庄墓葬所出同类器物形制相近，应属大汶口文化四期。简报只是说上层墓"随葬器物与上文化层的器物有联系"，而不说两者器物形制相同或相近，显然是已经注意到了两者器物形制上的区别。把年代不同的单位划归同文化层之内显然不妥。

中文化层的地层（3）和墓葬的年代也不一致。中文化层墓葬中的蛋壳黑陶杯与大范庄墓葬中的Ⅱ、Ⅲ式蛋壳黑陶杯相同，凿足罐形鼎也是大范庄墓葬中常见的器物，因此其年代应属大汶口文化四期。而地层（3）出土的等腰三角形和长条形中间加附加堆纹的鼎足是龙山文化早期的重要特征之一。这类鼎足不仅中文化层墓葬中见不到，就是上文化层墓葬中也是见不到的。足证地层（3）的年代不仅晚于中文化层墓葬，而且还晚于上文化层墓葬。根据简报所述，地层（3）与中层墓和上层墓之间并无直接的地层关系，它既没有叠压在中层墓之上。也没有被上层墓所打破。只是由于中层墓和地层（3）的器物"相应"的缘故，才把两者划分为同一文化层。如上所证，两者器物事实上并不"相应"，中文化层的划分当然也就失去了依据。其实，中层墓和上层墓的主要器物形制，如罐形凿足鼎、细颈鬶、蛋壳黑陶杯等均与大范庄墓葬同类器物相近，其年代应属大汶口文化四期。既然上层墓的M314叠压在M315之上，则把中层墓和上层墓分别作为大汶口文化四期中前后衔接的两组是适宜的。这样东海峪遗址的年代序列可以重新调整如下：

---

① 杜在忠：《试论龙山文化的蛋壳陶》，《考古》1982年第2期。

表三

龙山文化中、晚期	地层（2）
龙山文化早期	地层（3）
大汶口文化四期	②组　上层墓
	①组　中层墓
大汶口文化三期	下层堆积　下层墓

3. 呈子遗址

呈子遗址位在诸城皇华乡呈子村，北距县城30里。1976—1977年进行了两次发掘。其中第一期文化遗存与大汶口早期墓相当，属大汶口文化一期。其第二期文化遗存，发掘报告定为龙山文化的早、中、晚期。其中的晚期遗存属于龙山文化是没有问题的。当然根据器物形制还可细分，以M15为代表的一组，年代稍早，而以M32、M54、M81为代表的一组，年代稍晚。至于第二期文化中的早、中期遗存是否全属龙山文化尚需讨论。

被定为早期的H14，出土粗颈鬶，颈腹比值为1.5，腹两侧有人字形泥条，足内无橄榄形泥丸，都是龙山文化陶鬶的特征。此外还出土环足盘，和AⅠ、AⅡ单耳杯，都是龙山文化常见器物，故H14应定为龙山文化早期。被定为中期的M67，出土Ⅲ式蛋壳黑陶杯，杯身深入柄内，也是龙山文化的特征。此外，中期的H7、H10都出土弦纹罐，因此M67、H7、H10也应属龙山文化。M99无随葬陶器，难以断代。除此之外被定为早、中期的24座墓葬均应属大汶口文化四期。

这24座墓葬从器物组合和形制看存在早晚的差别。在四组打破关系中，具有实际分期意义的只有一组，即M32和H7打破M40，M32和H7均属龙山文化已如上述。因此这组打破关系只能用以证明龙山文化晚于上述24座墓葬，而不能作为24座墓葬进一步划分早晚的依据。只能根据标型学原则进行分析。今在原定的早、中期遗存中选取出土陶器较多的10个单位，在原定晚期遗存中选取6个单位，再加上M67、H14，共18个单位，根据器物组合、形制，参考地层关系分为三组，排出器物共存关系表（表四）。

表四 诸城呈子第二期文化陶器分期表

分期	单位	蛋壳陶杯 I	II	III	IV	鼎（A型） I	II	III	IV	罐 AI	AII	BI	鬶（A型） I	II	III	豆（A型） I	II	III	单耳杯	环足杯	瓿	罍瓮
龙山文化	M84											✓							✓			
	M81				✓																	
	M67			✓																		
	M54				✓							✓							✓	✓		✓
	M38			✓					✓										✓	✓		✓
	M32								✓										✓	✓		
	M15							✓			✓				✓					✓		✓
	M14		✓						✓			✓		✓					✓			
大汶口文化四期 后段	M64		✓																			
	M72		✓					✓			✓			✓								
前段	M90					✓				✓												
	M76					✓				✓												
	M75	✓				✓										✓						
	M69									✓												
	M45					✓				✓						✓	✓					
	M40					✓								✓			✓	✓				
	M19	✓								✓												
	M10	✓																				

第一组出 AI 鼎、AI 鬶、Ⅰ式蛋壳陶杯、AI 壶、AI 豆、AI 罐等，而不出甗、三足盘、单耳杯等龙山文化常见器物。主要器物的形制：鼎为罐形凿足而不见鬼脸鼎足及其祖型的竖条堆纹足。鬶的颈腹比值为 2.10，仍属细颈型，足内有橄榄泥丸。Ⅰ式蛋壳黑陶杯为细柄，杯身与柄之间有明显的分界。形制与大范庄墓葬的Ⅱ、Ⅲ式蛋壳黑陶杯相近。豆为细柄。上述种种特征都与大范庄墓葬所出陶器相同，其文化性质应属大汶口文化四期。

第三组出 AⅡ、AⅣ、D 式鼎，AⅢ 鬶，Ⅲ、Ⅳ式蛋壳黑陶杯，AⅢ 和 B 型豆，AⅡ 罐等。此外还出龙山文化特有的甗、环足盘等器物。鼎腹除罐形外，尚有盆形、小口罐形，鼎足为竖条堆纹式和鬼脸式。蛋壳黑陶粗柄，杯腹呈圆锥状深入柄内。鬶的颈腹比值为 1.42 和 1.86，豆有粗柄和细柄两种，细柄豆的柄呈竹节状。据上述特征，其文化性质应属龙山文化。

第二组出土陶器呈现出很强的由大汶口文化向龙山文化的过渡性质。1. 第一组的Ⅰ式蛋壳陶杯是细柄，杯身与杯柄之间有明确分界。第三组的Ⅲ、Ⅳ式蛋壳陶杯则是柄身伸入柄内。而第二组则是粗柄，杯身与柄的区界不明显，而杯身又不伸入柄内，显然是由Ⅰ式向Ⅲ、Ⅳ式过渡的中间形态。2. 第一组的Ⅰ式鼎和第二组的Ⅱ、Ⅲ式鼎均为罐形腹和铲形足，其主要区别是后者腹部较宽扁。而第三组的Ⅳ式鼎腹部更加宽扁，并且出现了长条形、三角形中间附加堆纹的鼎足，与第一、二组陶鼎形制有明显的区别。3. 第一组的Ⅰ式罐器身较细长，而第二组和第三组的Ⅱ式罐则较粗矮。4. 第一、二组的陶鬶均为细颈，腹径与颈径的比值在 2—2.25 之间，而第三组的陶鬶均为粗颈，腹径与颈径的比值为 1.75 和 1.5。5. 第一组不出环足盘，而第三组环足盘较常见，而第二组是出环足盘的，在这一点上第二组又是接近龙山文化的。6. 第二组与第一组一样，器类比较简单，没有发现龙山文化中常见的甗、单耳杯以及罍、瓮等大型器物。准上所证，第二组的蛋壳陶杯在形制上出现了一些新的变化，而且出现了龙山文化中特有的环足盘，标志着向龙山文化的过渡进程又大大前进了一步，但从总的文化面貌看，如器类较简单，鬶为细颈，不见附加堆纹鼎足等，其文化性质仍应属大汶口文化。以第一组作为大汶口文化四期前段，第二组作为大汶口文化四期后段是比较合适的。

4. 姚官庄遗址

姚官庄遗址位于潍坊市南 25 里白浪河西岸，今属白浪河水库。1960 年初进行发掘，这里发现了遗物极为丰富的龙山文化居住遗址。另外还发现了 12 座墓葬，发现器物者只有 6 座。发掘报告均定为龙山文化。其中的 M11、M17 定为龙山文化早期。笔者认为，M9 出土的陶豆与遗址 I 型 3 式相同，该墓年代属龙山文化。其他如 M10、M11、M13 三墓应属大汶口文化四期。这三座墓葬出土的陶鼎均为凿形足，鬶的颈腹比值为 2.24，属细颈型。颈腹之间有明显区界，足内有橄榄泥丸。M10 没出陶鬶，但该墓出土的两种蛋壳黑陶杯，其中 II 型（M10:4）的形制与呈子 M64 和 M72 所出者几乎完全相同，证明其年代应相近。另一种（M10:5）杯腹仍为圜底，保存了大汶口文化的特征，但杯腹已伸入柄内，是龙山文化蛋壳黑陶杯的滥觞形态而又有所不同。因此，上述三墓应属大汶口文化四期后段。

此外，胶县三里河 M214[①] 出土的陶鬶形制与大范庄墓葬所出者相同，其颈腹比值为 2.3，也应属大汶口文化四期，说明三里河遗址也包含有大范庄期文化遗存，详情待正式报告发表后再加以讨论。

以上对大范庄一类文化遗存的诸遗址逐一进行分析，笔者认为，大范庄期文化遗存不宜作为龙山文化早期，而应属于大汶口文化四期。换言之，龙山文化上限不应划在大范庄期的开始阶段，而应划在大范庄期的结束阶段。以三里河 M2124 为代表的文化遗存才真正属于龙山文化早期。

原载《山东龙山文化研究文集》1992 年 3 月

---

① 吴汝祚、杜在忠：《两城类型分期问题初探》，《考古学报》1984 年第 1 期，图二：6。

梁思永与城子崖真假龙山文化城

梁思永先生（1904—1954）是著名考古学家。建国后出任中国科学院考古研究所第一任副所长，为筹建、规划新中国的考古事业呕心沥血，鞠躬尽瘁。早在20世纪20年代就曾主持过安阳殷王大墓的发掘。1931年由他主持的发掘，曾连续取得了城子崖龙山文化城和安阳后岗"三叠层"的历史性突破。城子崖位于山东章丘龙山镇，1928年在这里发现了第一处龙山文化遗址。因位于龙山镇，龙山文化由此而得名。1930年，在此进行第一次发掘，发现了一处古城址，发掘者认为是周代的。1931年梁思永先生主持第二次发掘，对古城年代重新论证，认为不是属于周代的，而是属于下层"黑陶文化"即龙山文化时期的。这一研究成果，收入到1934年出版的主要由梁思永先生编写和审定的我国第一部考古发掘报告集《城子崖》一书中。由于一些颇有影响的考古学家的怀疑与否定，城子崖龙山文化城60年来一直没有得到学术界的公认，成为中国考古学史上的一大疑案。

20世纪90年代以来，一些报刊的报道和文章介绍说，城子崖有了"重大考古发现"。一是发现了一座新的龙山文化城址，二是证实了"六十年来史学界一直认为的龙山文化城址，实际应该是岳石文化城址，即夏代城址"。由于说法前后矛盾，疑点甚多，考古界对此提出过不少异议，用一位著名考古学家的话说，对城子崖的新发现，"提出的问题，比解决的问题多得多"。城子崖有没有新发现的龙山文化城，60年前发现的是不是岳石文化城，又成为新的不解之谜。适值《城子崖》一书发表60周年之际，揭开城子崖龙山文化城的两大未解之谜，很有必要。

一 新发现的龙山文化城之谜

所谓"新发现的城子崖龙山文化城"疑点甚多：

第一，《大众日报》1990年6月24日报道：城子崖"这次发现的古城遗址共分龙山文化、夏代、周代三大城圈"，"早期城圈属龙山文化时期，城内东西宽430余米，南北最长处530余米，面积约20万平方米"，"中期城圈属于夏代。……城内面积约17万平方米"，"晚期城圈属于周代"。在"山东十年考古成就展览（1980—1990）"上展出了城子崖"新发现"的这三个面积大小不同，相套而不重叠的平面图。一个月后《中国文物报》1990年7月26日作了内容与《大众日报》基本相同的报道，只是把"三个城圈"改称为"由龙山文化城址，岳石文化城址和周代城址三城重叠的"一个城圈了。一年以后，1991年10月在济南举行的"纪念城子崖遗址发掘60周年国际学术讨论会"上，城子崖工地领队在大会上介绍说：城子崖新发现的是"两个城圈，三个时期的堆积"。时隔不久，在"山东省文物工作座谈会"上，该领队又改口说，城子崖新发现的是"一个城圈，三个时期的堆积"。就这样城子崖的"新发现"，一年多的时间内变了四次，变换速度之快，令人瞠目。人们不禁要问：城子崖"新发现"的到底是几个城圈？

有人为之辩解说："从不同角度理解，遗址是一个圈三个时代，或三个圈三个时代都是可以的。"真是海外奇谈。考古是一门实实在在的科学，有一是一，有二是二。它只承认一个简单的事实，无论从什么"不同角度"，都不可能把"一个圈""理解"为"三个圈"。

第二，据《中国文物报》1992年分五次连载的文章《幽梦、寻求、现实——城子崖发掘记》（本文简称《幽梦》）透露：面积20万平方米的龙山文化城的"夯土基槽"，不是像《大众日报》报道所说的"长达两年"，也不是像《中国文物报》所说的"为期四个月"，而是只用了三天，到1990年3月19日便"旗开得胜"，被钻探出来了。紧接着进行了半个多月的试掘，在382号探沟和其他两条探沟都发现了龙山、岳石、周代等三个时期或龙山、岳石等两个时期的城墙相互叠压的地层，证明"城子崖遗址原来是龙山、夏代、周代三个时期的古城堆积"，这大概就是《中国文物报》报道所说的"三城重叠"的来历了。为什么两个月后《大众日报》报道说，城子崖发现了"三个城圈"呢？

第三，1990年所公布的新发现的龙山文化城的数据是"东西宽430米，南北最长530米",面积约为22.79万平方米。而1993年所公布的数据则是"东西宽455米,南北最长540米",面积约为24.57万平方米。两相比较差1万多平方米。如果岳石文化城的面积没有变动,与新发现的龙山文化城的面积相比较相差7万多平方米。这样两个面积悬殊的城址,怎么可能"重叠"在一起呢?

第四,按照一般规律,都是选址在高地或平地上筑城。而新发现的龙山城却位于城子崖的断崖以下,"深2.5—5米"。"埋得很深","有的部位则在壕沟淤土上夯筑起来"。是什么原因,迫使城子崖龙山文化城的先民们,不得不打破常规,一定要在远离高地的"壕沟"去筑城呢?

第五,20世纪30年代城子崖的发掘证明,城址的范围与断崖是一致的,"城墙以外,出物极少,种类极简单,可见此墙即黑陶文化之界限"。1989年在这里进行了两个月的钻探,证明龙山文化堆积的"范围与遗址四周的断崖基本上一致",证实了60年前的结论是正确的。但《幽梦》认为"普探结果令人颇为失望"。当1990年3月钻探发现了面积20万平方米的龙山文化城的"夯土基槽"以后,又说:"龙山文化堆积都在'基槽'内。"也就是说龙山文化堆积的分布范围突然扩大到断崖以外,不仅否定了60年前的发掘结论,而且也否定了1989年两个月的普探结果。

上述种种疑问,很快就有了答案。1993年春,国家文物局专家组以组长黄景略研究员为首的4位专家亲临城子崖工地,对所谓"新发现的龙山文化城"进行鉴定,一致认为不是夯土城墙,是生土。认为城子崖除了60年前发现的城址以外,不存在其他的城圈。至此,宣传了4年的城子崖新发现的面积20万平方米的龙山文化城,实际上是不存在的东西。20世纪90年代城子崖新的龙山文化城之谜遂大白于天下。

二 20世纪30年代城子崖龙山文化城之谜

20世纪90年代的"重大考古新发现"声称找到并重新挖开了当年发掘的"C4探沟",证实"六十年来史学界一直认为的龙山文化城址,实际应该是岳石文化城址,即夏代城址"。对此值得加以讨论。

第一，这是有意混淆视听。除了梁思永先生之外，还有一位尹达先生也认为城子崖城址是属于龙山文化时期的。因为30年代他在安阳后岗也发现过龙山时代的城墙。直到70年代后期，河南、山东等地不断发现龙山时代的城址为止，很少有其他考古学家同意城子崖城址属于龙山文化的观点。如果"六十年来史学界一直认为"城子崖古城是"龙山文化城址"，哪里还会有什么"悬案"？

第二，以往争论的焦点是城子崖古城究竟是属于上层周代的，还是属于下层即龙山文化的。而"岳石文化"是80年代才从龙山文化中分离出来，单独命名的一种新文化。如果"新发现"的说法可信，城子崖古城的确是岳石文化的，那就意味着结束了以往的争论，证明梁先生的说法是正确的。因为在此以前，岳石文化一直被视为龙山文化的内涵。"新发现"这种偷换争论命题的做法，显然是哗众取宠。如果城子崖古城确实是岳石文化即周代的，那么"首次发现夏代城址"的功绩，无疑也应该属于梁先生，他人是不好掠美的。

第三，只要对照《城子崖》一书，便可看出"新发现"种种说法的错误。足证"新发现"并没有认真阅读《城子崖》一书，对于书中的C2、C1、C4三条探沟的剖面图（插图三和插图四）没有仔细钻研，或者说根本没有看懂，反而说三道四，指责"《城子崖》C4探沟东剖面图不准确"，那就只有令人感到遗憾了。

第四，"新发现"对梁先生把城子崖城址的筑造年代分为早晚两期的研究成果一无所知。一看到"后加的"黄土城墙的年代是属于岳石文化的，就匆忙得出结论说60年前发现的不是龙山城而是岳石城，为时尚早。只有在解决了灰土城墙的建筑年代以后，才能得出城子崖城址建造年代的正确结论。

第五，《幽梦》介绍说，在"C4探沟"西侧又新开了一条50米长的大探沟。由于对60年前把城墙建筑年代分为早晚两期的研究成果一无所知，因而保留了大探沟内的城墙，没有进行解剖。从而无法真正解决城墙的始建年代。只是一看到北侧露在外面的黄土城墙，就得出此城属岳石文化的结论。据参加发掘的同志最近告诉笔者，1992年对保留的城墙进行了解剖，认为30年代发掘的黄土城墙和灰土城墙都是属于岳石文化的,其下面压着的才是龙山文化城墙。果真如此,现在可以说"60年悬案迎刃而解"了。

第六,《幽梦》对梁思永先生主持的城子崖发掘工作评价说:"这次发掘距离中国考古学的诞生毕竟只有10年,当时的学科水平尤其是田野工作水平极其有限,认'土'、识别遗迹现象、观察分析地层等的技能还很薄弱,而作为考古发掘基础的'考古层位学'远未形成,还不可能把城子崖遗址的地层作准确的划分。发掘必不可免地存在问题,其中最主要的是龙山文化城问题,长期以来,考古界对城子崖龙山文化城址的可靠性存在怀疑,因为《城子崖》发表的地层图不能提供科学的地层依据,人们认为城子崖龙山城可能是晚期的城。"

这是篡改历史。不是别人,正是梁思永先生第一次把"考古层位学"的理论引进到中国,使我国考古发掘技术发生了根本性的变革,"对中国田野考古走上科学的轨道起了积极的促进作用"(《中国大百科全书·考古学》)。而在此以前,包括城子崖第一次发掘工作在内,不知划分地层为何物,因而无法判断遗迹、遗物的早晚年代,于是才把城子崖古城的年代定为周代。而梁先生仅仅通过22天的发掘,就是根据"考古层位学"原理,把古城年代改定为下层"黑陶期",从而纠正了第一次发掘对古城年代的错误判断,并且把城墙建筑年代分为早晚两期。紧接着又移师安阳,还是运用"考古层位学",在后岗确立了仰韶、龙山、殷代早晚关系的"三叠压",解决了长期困扰考古界的三种文化的相互关系。怎么可以说梁思永时代"考古层位学"还"远未形成"呢?

梁先生的《城子崖》一书不仅是考古报告,而且是第一本田野考古技术教程,由此而培养了一代又一代的考古学专家。当时所确立的整套考古发掘方法和原则,至今仍被考古界所遵奉。可以毫不夸张地说,梁思永先生是现代中国考古学的真正奠基人,是中国考古学之父。《幽梦》作者无视这一基本的历史事实,至今连夯土和生土都分辨不清,以至于闹出了把生土当城墙的笑话。反而夸口说:自己"今天的田野考古水平正是从城子崖的发掘始,一步一步地发展成熟的",足见其不自量而已。

第七,"长期以来,考古界对城子崖龙山文化城的可靠性存在怀疑",并不是因为"《城子崖》发表的地层图不能提供科学的地层依据",事实上在此以前,没有任何一位科学家对梁先生的"田野工作水平""认'土'、识别遗迹现象、观察分析地层等的技能"产生过怀疑,提出过指责。除《幽梦》作者之外,没有任何人对"《城子崖》发表的地层图"的科学性进行过讨论,提出过异议。同样是梁先生1931年所作的发掘工作,为什么安阳后岗"三叠压"的研究成果已为考古界所普遍接受,却偏偏要对城子崖龙山文化城表示怀疑和否定呢?

第八,1930年和1931年的两次发掘只用了不到两个月的时间,就确定了城子崖城址的年代。两年以后就出版了《城子崖》发掘报告集。该书材料之翔实,论证之严谨,制图之精确,印刷之精美,至今仍可视为楷模。而今天的城子崖发掘工作,从1989年的两个月的普探开始到1992年基本结束,前后持续了4年。从开始工作到今天为止,6年的时间内,不仅没有发表过发掘报告和简报,连一张平面图也不曾发表过。可是一天一个说法的文章倒是发表了不少。临淄工地从20世纪60年代中期到现在整整30年的考古发掘工作,墓葬数以千计,又发表了多少?充其量也不过是发表了两三座墓的材料吧。仅此一点,难道还不值得躬身自省,从梁思永等老一辈考古学家那里学习点什么吗?

原载《山东社会科学》1995年第1期

济南建城史刍议

济南是山东省省会，是全国历史文化名城。关于济南建城史的研究，目前已经提到议事日程上来，愿就此谈几点看法请教。

一　建城史是城市发展史

建城史是城市诞生、发展、演变与衰亡的历史，不是修建城墙史。

我国古代在郡、县、乡、里等行政区划出现以前，称城市为邑。"邑"字初文在商周金文中写作一个人跪坐在圆圈下，甲骨文因刻圆不便而作方形，像人在一定范围内居住之形。《释名·释州国》载："邑，人聚会之称也。"因此古代建城史也可称之为建邑史。

"城"字较为晚出。甲骨文中无"城"字。西周金文中"城"字用作人名或地名。《诗经》与《春秋》经传中"城"字才逐渐增多，一般多用作动词，意为筑城。因此建城史的开始年代易于被误解为筑城年代。实际上城邑的诞生与城墙的修建未必同步。往往是先有城邑后有城墙，甚至根本就没有城墙。例如齐国是西周初年建国的，但直到200余年以后的周宣王时期，才命令仲山甫"城彼东方"（《诗·烝民》），即为齐国筑城。又如杞国早在商代初年成汤时就已经建国（《大戴礼·少间篇》），但直到千余年以后的春秋晚期，晋国才纠合各诸侯国为之筑城（《春秋·襄公二十九年》）。《春秋》经传中大量存在着在各个都邑筑城的记录，说明这些都邑原来是没有城的。考古发现证明，新石器时代和商周时期不少城址的下面叠压着比城址年代更早的遗址和墓葬，城墙夯土内也往往夹杂着比城址年代更早的遗物，说明筑城前这里就有人居住的，这样的例子多到不胜枚举。古往今来不建城郭的城市也可以举出很多。例如河南偃师二里头遗址，学术界一般都认为是夏代都城，但从发现至今四十余年的考古工作没有发现城墙。民族志材料中"无城郭"的例证更是比比皆是。例如明代郑和下西洋所经过的爪哇国、苏门答剌国、马尔代夫的溜山国、阿剌伯半岛东南岸的祖法尔国等就都是一些"无城郭"的国家（马欢《瀛涯胜览》）。

城墙的主要功能在于防御来犯之敌。在低洼易涝地区还兼有防洪功能。就防御功能而言，不仅可以有夯土板筑的土城、石块叠砌的石城以及时代近晚的砖城，还可以有目前尚未引起注意的木城。《说文》："栅，编坚木者也。"《通俗文》："木垣曰栅。"《一切经音义》："蕃人山居野处竖木为墙，名为木栅。"位于马来半岛的单马令国"以木作栅为城"，加里曼丹北部文莱一带的渤泥国，"其国以板为城，城中居民万余人"。流求国"王所居曰波岁檀洞，堑栅三重，环以流水"（赵汝适《诸蕃志》）。因此我国古代也有可能使用过木城，只是目前考古工作中还没有发现罢了。这是因为木质易朽，而目前主要靠铲探的方法来寻找掩埋在地下的城址，这对土、石、砖城来说是有效的手段，用来探查木城则是困难的，只有大面积揭露或局部打探沟的办法才可能奏效，这对于目前还没有发现城墙的遗址也许是一个有益的启示。

城墙具有防御功能，沟堑同样具有防御功能。甘肃境内长城的某些段落就不是城墙而是壕沟。为了防御北方游牧民族的南下，金代还曾在今内蒙古、蒙古国和前苏联境内修建过由东北向西南长达7000余公里的界壕，或称壕堑（王国维《金界壕考》）。上面提到的"邑"字初文所从的圆圈就应是围壕的象形。陕甘境内一些经过大面积揭露的遗址，如西安半坡、华县泉护村、临潼姜寨、甘肃秦安大地湾等仰韶文化遗址的周围都发现有圆形围壕，甚至拱卫晚商都城殷墟的也不是城墙而是"大灰沟"。这些围壕应该就是周汉以来璧雍的滥觞形态了。从围壕的年代看大多是属于仰韶文化时期的，而城墙则以龙山时代及其以后者为多。就修建难度而言，壕沟易而城墙难。由此可以推断先有围壕而后有城墙。从分布地域看，围壕常见于陕甘黄土高原，而城墙则多见于山东、河南的低地。结合鲧、禹时代洪水泛滥，鲧、禹又同时是城郭发明者的文献记载看，城墙的防洪功能不容低估。

综上所述，可以认为城墙是都邑产生以后一定社会发展阶段的产物。是挖沟还是筑城，何时筑城，用什么样的建筑材料和建筑技术筑城，一切均视当时城市的需要与可能而定。往往是因地制宜，就地取材，本无一定之规。

城墙并非城市存在不可或缺的条件。因此建城史的"起笔",当然也就不能从开始修建城墙算起。我们不能割断历史,不应把修建城墙以前都邑的历史排斥在建城史的视野之外,更不能对那些只有围沟以及"无城郭"可言的"不设防的城市"拒之于建城史的门外。

二 济南建城年代诸说述评

(一)春秋鲁成公二年(前589)说

春秋鲁成公二年(前589)齐晋发生了著名的鞌之战。鞌即今之北马鞍山,故认为济南建城史应从此年开始算起。

鞌是否在济南,已往曾有争议。对于所涉及的地名靡笄和华不注也有不同的理解。但由于这次战役是从六月壬申至癸酉仅用了两天就解决了战斗,古代日行军30里为一舍,三地位置的距离不应超过60里。因此,只要可以确定其中的一个地点,其他两地位置也可迎刃而解。

《左传·成公二年》:"师从齐师于莘。六月壬申,师至于靡笄之下。……癸酉,师陈于鞌。……齐师败绩,逐之,三周华不注。"

鞌之战是由于齐侵鲁、败卫,鲁、卫请求晋国支援而起。晋军即由卫国跟踪齐军而入于齐国境内。莘即今之莘县,位于济南的西南方向。

靡笄,山名。靡笄之下即靡笄山下,又称靡下。《史记·晋世家》载,晋平公伐齐,与齐灵公"战靡下"。《集解》引徐广曰:"靡,一作历。"靡下即历下。历山即今之千佛山,因隋代以来在山上雕造佛像而得名。顾炎武《山东考古录》认为靡笄山即长清的剧笄山。据考证长清剧笄山始见于《金史》,世称旦山,清代又改称峨眉山。金代以前无剧笄之名(宣统《山东通志》)。顾说非是。旦山今属历城区,位于段店西10里,玉符河东岸,村名担山屯,应即其地。《齐乘》以华不注山为靡笄山也是错误的。顾炎武已辨其非。

鞌即鞍山。乾隆《山东通志》和清《一统志》都认为鞍山在历城县城西北15里药山之南。今俗称北马鞍山。济南原有马鞍山。道光《济南府志》记载:马鞍山在县西南四里,形如马鞍。上有王母庙,又名会仙庙。南有八里山。北马鞍山为区别城西南四里的马鞍山而加"北"字。唐代以来,《括地志》与《通典》都认为故鞍城位于济州平阴县东 10 里。其根据是《穀梁传》曾有"鞍去国五百里"的说法。"国"指齐国都城临淄。其实这是不懂得长度古小今大的道理。据顾炎武计算,今 62 里相当于古之百里（一说今 64 里当古之百里）。今济南距临淄 300 里,与《穀梁》500 里的说法相符。今平阴城东 10 里确有安城,系汉济北王刘宽属地。宽自到,国除为北安县,属泰山郡。安城为汉北安县故址,与鞍无关（宣统《山东通志》）。而且平阴安城东北距历山 120 余里,约当古代 200 里,而晋军自莘县东北行,于壬申至历下,次日癸酉再反方向西南行 200 里"师陈"于平阴安城,当天又回转头来东北行追击齐军 200 里"三周华不注"。两天往返行军 400 里是根本不可能的。

华不注即今之华山。《齐乘》以华不注与靡笄相混淆,顾炎武已辨其误。除此之外更无异说。

根据以上的分析,春秋成公二年,齐晋鞌之战的行军路线是晋跟踪齐军由济南西南方向的莘县进入济南的。六月壬申到达靡笄之下,即历山下,次日癸酉晋军布阵于历城县城西北 15 里药山以南的鞍山即今俗称北马鞍山,并在此与齐决战。齐军战败东逃,晋军追击 30 余里（相当于古代 50 里）包围了县城东北的华不注山即华山。鞌之战所涉及的靡笄、鞌、华不注等三个地点均在济南市区之内。春秋成公二年齐晋鞌之战在济南建城史上尽管还不是最早的,但却是一个重大的历史事件。

（二）春秋鲁桓公十八年（前 694）说

《春秋·桓公十八年》载:"公会齐侯于泺。"公即鲁桓公,齐侯即齐襄公。

关于齐鲁相会的"泺"以往有不同的理解。许慎、杜预均解泺为水名。而《水经·济水注》则解为地名,并明确指出"泉源上奋、水涌若轮"的趵突泉,即"《春秋·桓公十八年》'公会齐侯于泺'是也"。王先谦《汉书补注》也认为济南郡的历城就是见于《左传》的春秋齐地泺。杨伯峻《春秋左传注》解泺为"今山东省济南市西北之洛口",而在《春秋左传辞典》中又解:"泺,齐地。今济南市趵突泉。"后者显然是据《水经注》立说。也有人认为会于泺者"乃谓会于泺滨某处,而其处亦未必名'泺'也",可商。

齐鲁国君是相会而不是"观鱼""荡舟",不必舍泺地而去泺水。许、杜所解有误。国君盟会通常是在两国边界进行。有条件的话风景名胜也不会放过。《左传·隐公八年》"公及莒人盟于浮来"。莒县浮来山至今仍是旅游胜地。泺既是齐、鲁交界之地,又有"泉源上奋、水涌若轮"的自然景观,更何况鲁桓公还携夫人姜氏同行,显然是一次"公费旅游",于情于理趵突泉自应是首选。学者既不同意泺是泺水源头的趵突泉,又不同意是泺口,一条全长充其量不过一二十里的蕞尔泺水,掐头去尾,又有多大的"泺滨"可供选择?与趵突泉相比,"泺滨某处"又具有何种优势足以吸引齐、鲁国君必须到此相会?殊感费解。地名的作用在于方便查找。越具体,查找就越容易。会于泺者乃会于泺滨某处,而其处亦未必名"泺",这话与其说是"深奥",勿庸说是在打哑谜,其逻辑思维似乎也有点问题。既然"其处未必名泺",史官为什么却书"公会齐侯于泺"?是曲笔,还是"假新闻"?如果泺不是一个具体的地名,如果"其处未必名泺",齐鲁国君到哪里去相会?好在泺水不长,沿"泺滨"去找,一天半日或许能够碰到。但如果是鲁侯与齐、宋等八国国君"会于淮"(《春秋·僖公十六年》),也按照这类思维模式行事,结果将会如何?淮水源于河南桐柏山,东流经河南、安徽、江苏三省,不算众多的支流,全长已达1000公里。如果"淮"不是一个具体地点,而是指"淮滨某处",而"其处亦未必名'淮'",让九国国君到哪里去相会?如果也要沿"淮滨"找来找去,何年何月才能凑到一起?与泺在趵突泉不同,目前我们还无法确知淮地的具体位置,杜预也只能大体估计位在"临淮郡左右"。但"淮"必然是一个具体的地名,而且至少与会九国必然都知道其确切位置,否则怎能保证会议如期举行?退一步讲,即使同意泺即泺口或泺滨某地,泺也跑不出济南市的范围,写进建城史也是名正言顺无可厚非。

(三)见于甲骨文记载的距今 3500 年说

这是我提出的一个新说,其根据是商代帝辛十年征夷方经过的乐就是济南和趵突泉。曾以《甲骨文中的济南和趵突泉》为题发表在《济南大学学报》，并在《济南日报》对有关问题加以说明。① 济南市曾召开过两次论证会对此加以论证。赞成者有之，反对者也有之，这很正常。任何人任何新的学说都不可能期望一呼百应，关键要看是否经得起推敲和时间的检验。乐是征夷方卜辞中所见的地名。征夷方卜辞不仅数量多而且可以系联成日程表，绘出往返路线图。往返所经过的地点之间有日期和里程相制约。古代行军日行 30 里为一舍，所考证的地名符合这一规律就是正确的，反之就是错误的。这样就多了一层保险系数。此外，以往对征夷方地名的考证大都与文献相比附，而古代地多重名。尽管都可以言之成理、持之有故，但人言言殊无法取得共识。我所采用的是利用国族名铜器出土地点自报家门以确定征夷方卜辞地名位置的全新的方法，简称"国族铜器定点法"，所考地名具有不可争辩性。这样就又多了另外一层前人考证所不具备的保险系数。根据国族铜器定点法确定的地点有五处：攸在滕州后黄庄和轩辕庄一带；攸侯喜的边鄙城邑永在滕州金庄；剌在兖州中李宫；杞在新泰；商在泰安龙门口水库一带。以上述五个地点为骨干确定了帝辛十年征夷方的往返路线。在此基础上结合文献记载又确定了一批其他的地点。乐在济南就是其中之一。反对者同意我所确定的剌在兖州，杞在新泰，这样就有了讨论的基础。不同意攸在滕州而认为应在益都（今青州市），其根据不是考古发现而依然是文献记载。就考证方法与使用材料而言，就难免稍逊一筹。他考证攸即西汉北海郡的益县即今山东益都，显然是张冠李戴。据《汉书补注》，北海郡益县在今寿光境内，南去临淄齐城 50 里。而山东益都为西汉齐郡之广县。广县故城位于今益都县城西南四里。两者相去百里之遥，堪称风马牛不相及。看来其文献考证的基本功还有待于提高。

　　甲骨文中的"乐"是济南和趵突泉的主张，所讨论的是帝辛征夷方卜辞中的"乐"，而不是武丁卜辞中的"泺"。而反对者却批评我曾说过武丁卜辞之"泺"必即《春秋》之"濼"，让人深感意外。我何曾说过这样的话？主张武丁卜辞之泺即《春秋》之泺的是罗振玉（承徐鸿修先生见告丁山先生

---

① 王恩田：《甲骨文中的济南和趵突泉》，《济南大学学报》2002 年第 1 期；《济南日报》2001 年 12 月 7 日。

也曾有此说）。与此说法相反，我认为，武丁卜辞中的“泺”是文意不全的残辞，无法确知是否地名。如果不能证明“泺”是地名，那么泺与乐因古音相同还可以与喜乐的乐通用。金文虘钟中就有这样的例证。因此，还不能得出武丁卜辞中的“泺”字，就是济南和趵突泉的古地名“泺”的结论。批评别人，一定要静下心来把人家的文章读懂，避免这类郢书燕说，三豕过河式的误会。

甲骨文“乐”为济南和趵突泉说是建立在一条路线和三个支撑点之上的。一条路线即帝辛十年征夷方路线。如上所述这条路线是根据国族铜器定点法所确定的五个地点以及参考文献记载所考证的其他若干地点确定下来的。十余年来只见赞同者，而尚未见强有力的全盘否定者。目前看还是能够站得住脚的，这就为甲骨文“乐”在济南说确定了大方向。三个支撑点均在泰安境内，即商在龙门口水库一带；蒿在蒿里山；鸿即鸿也就是红在洪沟一带。而上述三地见于同一版甲骨文：

……商贞……于蒿，无灾。

甲寅王卜，在蒿贞：今日步于鸣鸿，无灾。

乙卯王卜，在鸿贞：今日步于敽，无灾。（《后》上9.12＋《前》2.9.6）

需要说明的是《甲骨文合集》12.36567缀合时把上述两片甲骨的位置加以颠倒，是错误的，已经造成了混乱[①]，近日，笔者已有专文《两版征夷方卜辞误缀校正》予以讨论。[②]

以上所引是一版征夷方往程卜辞。由商至蒿不知何时到达，从由蒿至鸿只用了一日程，可知商距蒿也不会太远。据征夷方返程卜辞丙午在商，己酉在乐（《续》3.28.5），可知商距乐为三日程。商在泰安、乐在济南，日程、里程均符合古代行军30里为一舍的规律，这就是甲骨文乐在济南和趵突泉说的主要根据。

① 王尹成主编：《杞文化与新泰·王恩田先生的补充意见》，中国文联出版社，2000年，第569—570页。

② 王恩田：《两版征夷方卜辞误缀校正》，《中国文字》新29期，台北艺文印书馆，2003年。

反对者不同意甲骨文中的乐在济南，而认为乐应在桑丘（兖州西南）和大蒙城（曹县东南）之间。"今山东兖州至曹县一带，锁定为商乐'乐'邑所隶之区域"，最近又锁定在"曹县西北"。不知究竟"锁定"在何处？

反对者也不同意对三个支撑点的考证。认为泰安龙门口水库出土的商丘叔臣就是《窓斋集古录》所著录的商丘叔臣，"盖清祚颠覆后，流散至泰安者也"。最近又说泰安出土的商丘叔臣"器非出自墓葬。亦无同出器物可证"。《窓斋》著录的两件商丘叔臣，"一器今藏美国堪萨斯州纳尔逊美术陈列馆，另一器今藏上海博物馆。……笔者未亲见泰安臣器铭文，不悉其为《窓斋》著录外之第三器邪？抑后人仿《窓斋》伪造之赝器后流散至泰安者也？"认为征夷方经过的商即今河南商丘市东南故商丘城。不同意释亳为蒿，认为亳仍应是宋亳，在今曹县南。认为鸿即春秋之鸿口，在今虞城县西北云云。

可以看出反对者除亳从王国维宋亳说以外，基本上仍然沿用郭沫若、董作宾、陈梦家等前辈学者攸和夷方主要在安徽的旧体系。所不同的是同意我关于杞在新泰、剌在兖州的考证而不同意杞、剌在河南。如果有什么创新的话那就是攸在益都、淮在潍河流域、林方即蓝夷也就是齐灵公所灭的莱。看来关于征夷方，反对者也有自己的一套体系。既然所考攸在益都，淮在潍河流域，林方即莱夷，那么帝辛十年征夷方被征伐的对象夷方就一定是在潍河以东了。从殷都安阳征伐潍河以东的夷方最便捷的路线莫过于经过今之济南，沿泰沂山脉北麓东进。而他所设计的路线却是先从殷都安阳东南行到河南商丘（商）、山东曹县（亳）、河南虞城（鸿）。然后突然折而向北翻越泰沂山脉到达山东益都（攸），然后再掉转头来折而向南，再次翻越泰沂山脉经过新泰（杞）、兖州（剌），再到河南商丘（商）。再折而向北经过兖州西南的桑，然后再过河返回殷都。在敌强我弱时采用忽东忽西、忽南忽北的运动战、游击战，在古今中外战争史上不乏其例。强大的商王朝征东夷有何必要一再翻山越岭往返长途奔袭去打运动战、游击战？因此从总体上看反对者所设计的征夷方路线是荒谬的，经不起推敲的。

对泰安龙门口水库出土的商丘叔臣的怀疑与否定表明其治学态度尚不够严谨。既然已经知道《窓斋》所著录的两件传世品，一在美国，一在上海，为什么又怀疑泰安龙门口水库出土者"盖清祚颠覆后，流散至泰安者也"？

难道是从美国、上海流散到泰安来的吗？自称未见泰安出土的原器，凭什么说"器非出自墓葬，亦无同出器物"？凭什么怀疑是"后人仿《窓斋》伪造之赝器后流散至泰安者"？事实是传世商丘叔臣至少已有三件（《集成》4557—4559），都是已除锈的"熟坑"，而泰安出土的两件是绿锈斑驳新出土的"生坑"。后因除锈不当，铭文受损，但字形仍可辨识。20 世纪 60 年代龙门口水库建库时与这两件商丘叔臣同时出土的还有其他一些商周铜器，现均收藏在泰安市博物馆。对泰安出土的商丘叔臣的无端怀疑与否定，表明这两件铜器的确是商在泰安的难以推翻的铁证，故而不得不出此下策。反观商在河南商丘的传统说法其实问题不少。文献记载说周封微子"国于宋"（《史记·宋微子世家》），即建国于宋。甲骨文中有宋国，国君称"宋伯"。就是说西周初年封微子于宋而不是封于商。微子的始祖契才是"封于商"（《史记·殷本纪》）。因此微子创建的宋国都城应称为宋而不能称商。《世本》说："宋更曰睢阳。"就是说国都宋后来又改称睢阳。按照古代地名命名的通例，废弃的都邑称为墟，或称丘。宋都废弃后应称宋丘，只是由于宋国是商人后裔建立的国家，所以春秋时期又称宋国为商，故而宋亡以后才有商丘之名。可见商丘地名并不太古。饶有讽刺意味的是，最新的考古发现证实，今之商丘（睢阳）不仅不是殷商时代伐东夷经过的商，而且也还不是西周宋国的都城。为了寻找殷商时代的商，中美联合考古队花了大量的人力物力，使用新老勘探技术，用了六年的时间，在商丘老城钻探出一座地下古城址，其年代却是属于春秋时期的。更加富有戏剧性的是，1997 年在老子故里今商丘以南百余里的鹿邑太清宫发掘唐宋老子太清宫遗址时，意外地发现了一座周初大墓，规模之大、等级之高、遗物之多而精美，远远超过了西周燕、晋等诸侯国的国君。种种迹象表明墓主非微子莫属。[①] 考古发现证实商周国君墓葬一般都在都城附近，甚至就在城内。而太清宫西周大墓的周围就有古城址，证明鹿邑太清宫一带才是西周宋国都城所在地。征夷方卜辞商在河南商丘说也随之而破产。

李学勤先生力排众议，提出甲骨文中的亳字应是从草从高省的薃字的误

[①] 王恩田：《鹿邑太清宫西周大墓与微子封宋》，《中原文物》2002 年第 4 期。

释。我吸收了这一研究成果，把征夷方路线中原定在曹县的亳改释为蒿，考定在泰安近郊的蒿里山。同时把原来未能考定的�即鸿改释为春秋时鲁"大蒐于红"的红，其地应在泰安城南的洪沟一带。除泰安的商之外，又增加了泰安境内的蒿和鸿二地。乐在济南的证据就更加充分了。

甲骨文中原被误释为亳的字绝大多数均从屮、从𣎴。《甲骨文编》个别被摹作从才、从才的字，仔细审视原拓，其实也是从屮。反观从乇的宅字，无一例从屮或从𣎴。证明原来释"亳"的确是误释。

后经仔细考虑，从屮固然可视为从草，但从𣎴却非草而应是毛字省文。甲骨文有𣎴、𣎴，旧不识，《甲骨文编》入附录（第792页）。又有𣎴《甲骨文编》误释为先（第366页）。按：此字像人有短发之形，加一横表示人头，都应是毛字初文。古人造字极有分寸。今日髭鬓无别，古则以两颊者为髭，以颌下者为鬓。今日毛发无别，古则以短发为毛，以长发为发。老年人头发脱落稀少，故把花白头发和白头发的老人合称"二毛"。古文字中与老相关的字就都从毛。例如，甲骨文考字作𣎴、𣎴，孝字作𣎴（《甲骨文编》第357页），金文老字作𣎴（《金文编》第589页），考作𣎴（《金文编》595-600页），孝作𣎴（《金文编》第600—601页），都是以毛为偏旁的字。《说文》载："毛，眉发之属"，"老，考也。七十曰老，从人毛、匕，言须发变白也"。"从人毛"实即从毛。匕为拐杖的讹变。正确说解应是"老，从毛，从杖"，"考，从毛，丂声"。后来以长发表示的发字因音同借为微小的微和姓氏的微。战国古玺中又借为姓氏的魏。久借不归，又创造一个从友声的发字。其他如发微与长的区别等等已有专文讨论，此不赘述。①

综上所证，原误解为亳的字，实为从毛的毫字。毫与蒿音同通假，征夷方经过的毫就是泰安的蒿里山。毫还可读作郊。甲骨文中的毫土（社），即郊社。总之从高省从毛只能是毫。无论如何能言善辩，也无法改变甲骨文毫字从毛而不从乇，宅字从乇而不从毛这一基本的事实。既然毫即蒿里山，而甲寅在毫，己卯在鸿（《后》上9.12+《前》2.9.6），两者相距一日程。蒿里山距洪沟约30里，与古代日行军30里为一舍相符。退一步讲即使同意释

---

① 王恩田：《鹿邑太清宫西周大墓与微子封宋》，《中原文物》2002年第4期。

亳，则宋亳（实为曹之薄）在曹县，而鸿口据杜预注在睢阳（原商丘县）以东，两者直线距离在百里以上，实际距离至少也在 150 里左右，一天的行程是无论如何也难以到达的。

目前还没有发现过商代乐字族徽铜器。传世"乐文"觚，是乐、文二族所组成的复合族徽，以及其他器主为"乐"的铜器，均不详其出土地，都无法据以讨论商"乐"的地理位置。春秋宋有乐氏，但乐氏并非宋国"专利"。春秋鲁、郑、晋、楚也都有乐氏。而且有乐氏也未必有乐邑。见于《左传》的乐氏卿大夫 26 人，属宋者 18 人，举不出任何一位乐氏其封邑名乐的证据。齐国世卿国、高二家其封邑不称国邑、高邑。鲁国三桓的封邑也不称孟孙邑、叔孙邑、季孙邑而曰成、曰郈、曰费，怎知宋国的乐氏封邑一定就称"乐邑"？宋国有无"乐邑"还是疑问，今天"锁定"在曹县东北，明天又"锁定"在"曹县西北"岂非"瞽说"！既然"乐邑不能远去宋都"，怎么又把商周乐邑所隶之区域和春秋宋国乐邑"锁定"在今"在兖州至曹县一带"？兖州距春秋宋都即今之商丘四五百里之遥，算不算"远去宋都"？兖州与鲁都曲阜近在咫尺，"商周乐邑所隶之区域"和宋国乐氏都邑居然可以奄有鲁国近郊之地，有谁相信？这等地理考证水平也想撼动商代乐在济南说，岂非"挟泰山以超北海"乎，何其难哉。

既然乐在济南的三个支撑点均无法推翻，而商距乐为 3 日程（《续》3.28.5），泰安距济南 110 里，与古代日行军 30 里为一舍相符，乐即济南实无可疑。济南建城据甲骨文记载已有 3500 年之说，自然也就信而有徵，难以否定。

（四）4600 年说

济南建城 4600 年说的主要根据是 1990 年城子崖发现的"龙山文化城"。对此有两个问题需要讨论。

第一，1990 年城子崖龙山城材料的真实性。

一般说来考古发现和研究成果可以放心地使用，但由于从业人员的素质和业务水平参差不齐，所提供的材料、结论未必可信。以往的教训应该汲取。如 1976 年临淄桓公台东北发现大面积夯土，于是大肆宣传临淄发现了东周时期的宫殿,并发誓要把临淄建成"批林批孔基地"。事实是数百斤重的铁硫渣就摆在夯土上,稍微有点考古常识的人一望而知是冶铁遗址,哪里有什么宫殿?发掘证明不仅在夯土上发现了一排排的铁铸件,还发现了一叠叠铸钱泥模。不仅是冶铁而且也是铸钱遗址,其年代也不是东周而是汉代的。

又如鲁国以遵奉周礼著称于世,鲁国奉行"变其俗、革其礼"的国策,对使用夷礼的杞国不惜动用武力予以讨伐。这是基本的历史事实。但《曲阜鲁国故城》发掘报告却把鲁国"两周墓"分为甲、乙两组,说甲组是夷人墓而乙组是周人墓,得出结论说鲁城内的夷人"固有的社会风尚曾牢固地、长时间地存在着",对鲁国"变其俗、革其礼"的政策加以怀疑和否定。也就是说,尽管鲁国对其他实行夷礼的国家可以进行征伐,却允许自己鼻子底下的夷人长期保持夷礼、夷俗。这一结论在国内外造成不小的混乱。尽管早有文章加以批驳[①],至今仍有学者在引用。[②] 其实这是由于错误地判断器物年代而导致的误解。"乙组西周墓"年代与陕县虢国墓地相同,属春秋早期。而"甲组西周墓"年代与洛阳2415号墓相同,属春秋中期。甲组墓出土的敦(或称盆)与鲁子仲之子归父敦器形完全相同,归父是鲁庄公之孙三朝元老东门襄仲的儿子,是地道的周人,不仅证明甲组西周墓年代最晚可至春秋中期后段,而且证明甲组墓未必都是夷人。[③] 甲、乙两组墓文化面貌的不同是年代早晚的不同所致,而不是族属和礼俗不同的反映,不存在鲁城内的夷人长期保持夷俗夷礼问题。事实上鲁城内可能有夷人存在,但就文化面貌而言,与春秋早中期的中原姬姓诸国保持着惊人的一致。而与同一时期土著夷人的莒、邾等国以及实行"因其俗、简其礼"政策的齐国都迥然有别。这证明鲁国"变其俗、革其礼"的政策的推行是彻底的,勿庸置疑。

1990年发现的所谓城子崖龙山文化城其实是一个幻影。尽管有媒体和大量的文章广为宣传,尽管获得过双料的"全国考古十大新发现"和国家文物局颁发的"首届田野考古二等奖"(一等奖空缺)等殊荣,但"假的就是假的",到头来依然是根本不存在的东西。

---

① 王恩田:《曲阜鲁国故城年代及其相关问题》,《考古与文物》1988年第2期。
② 李学勤:《比较考古学随笔·曲阜周代墓葬的两种类型》,广西师范大学出版社,1997年。
③ 王恩田:《跂唐县新出归父敦》,《文物春秋》1990年第2期。

1990年龙山城"发现"伊始就疑窦丛生、矛盾重重:

(1)《大众日报》1990年6月24日报道说是城子崖发现了"龙山文化、岳石文化(夏代)和周代等三个城圈,龙山文化城20万平方米,岳石文化(夏代)城17万平方米"。在"山东考古10年成就展"上展出了城子崖发现的面积大小不等、相套而不重叠的三个城圈的平面图,而一个月以后《中国文物报》7月26日的报道,面积没变但却成为"三城重叠的"一个城圈了,既然"三城重叠"面积就应相等。面积20万平方米(据1993年公布的数据实为24.57万平方米)的龙山城圈和面积17万平方米的岳石城圈怎能重叠在一起?既然是"三城重叠"了,那么10年成就展上展出的三城相套而不重叠的平面图又从何而来?是实测,还是伪造?1991年在济南召开的"纪念城子崖遗址发掘60周年国际学术讨论会"上又改口说1990年发现的是"两个城圈三个时期的堆积"。时隔不久在山东省文物考古工作座谈会上再次改口说1990年发现的是"一个城圈三个时期的堆积"。变换速度之快令人瞠目。这些前后不一的说法究竟哪一个是真的?

(2)城址发掘经验表明:城墙大都经过不同时代不同时期的修补。没有发现过因改朝换代而废弃旧城墙而在其内侧或外侧修建新城圈的先例。即使是民居的院墙坍塌毁坏,也都是修修补补而不会另建新墙,更何况生产力尚不发达的古代,有什么必要和可能如此频繁地增建新城圈?

(3)《中国文物报》分五次连载的文章透露:1990年发现的"面积20万平方米的龙山城"仅用了三天就被钻探出来了。但随后进行的半个月的试掘证明"钻探提供的单一的'夯土基槽'并不存在,它实际上是由一些壕沟、取土沟、不同时期不同阶段的夯土墙组成的",既然是"壕沟、取土沟"就不能称之为城墙。笔者有幸亲自到工地听发现者介绍,所谓"不同时期不同阶段的夯土墙"是指城子崖西南角断崖下50米大探沟的南端东剖面上被划出来的东一片、西一片不相连接的"夯土",既无宽度又无高度,根本算不上"夯土墙"。由于沟深又无可供上下的台阶或梯子,无法下去对"夯土"看个究竟。所能看到的是深达5米以上的探沟内,上下左右黝黑一片,无法分清"夯土"与周围土的区别。即使是"夯土",也未必就是城墙。据参加城子崖发掘的学者介绍,有些夯土的夯层不是水平而是竖立的,显然是城墙坍塌滚落下来的夯土块，而不是什么"夯土墙"。

（4）上引文章还透露1990城子崖龙山城"有的部位则在壕沟淤土上夯筑起来"。壕沟本身就具有防御功能，为什么要叠床架屋地在壕沟内修建城墙？古今中外有在护城河内修筑城墙的先例吗？在壕沟内筑城岂不意味着填沟埋壕、抵消壕沟的防御功能，搞无效劳动吗？

上述种种疑问很快就有了答案。1993年春，国家文物局专家组以黄景略先生为首的四位专家亲临城子崖工地对新发现的"龙山城"进行鉴定，一致认为不是夯土城墙。又请来省地质部门搞土壤的专家鉴定，也得出相同的结论。至此，轰动海内外的1990城子崖20万平米的龙山城疑案遂大白于天下。"济南建城史应从城子崖算起"说和"济南建城4600年"说当然也就"皮之不存，毛将焉附"了。

第二，1931年城子崖"黑陶期"城址的年代问题。

如果一定要找一个比见于历史记载2700年说和见于甲骨文记载3500年说更早的建城年代，不妨改弦更张考虑一下1931年论定的城子崖黑陶期城址的年代。

黑陶期是20世纪30年代使用的名词，后来称之为龙山文化。城子崖龙山文化遗址的内含并不单纯。除龙山文化之外，还包括20世纪80年代从龙山文化中分离出来的岳石文化遗存。岳石文化年代晚于龙山文化，此外还包括70年代茌平尚庄新发现的年代晚于龙山文化而早于岳石文化的尚庄三期文化（简称尚庄文化）。为了讨论方便暂且使用1931年城子崖龙山城的名称以便与1990年城子崖假龙山城相区别。

1931年龙山城是1930年城子崖第一次发掘时发现的，当时认为其年代是属于周代的。1931年梁思永先生主持城子崖第二次发掘，对古城年代重新论证，认为不是周代而是"黑陶期"即龙山文化时期的。其研究成果发表在1934年出版的我国第一部田野考古发掘报告《城子崖》一书内。由于一些著名考古学家的怀疑与否定，梁思永先生的这一研究成果70年来至今没能形成共识。怀疑否定者既没有研究《城子崖》发表的考古材料，更没有到城子崖重新发掘以检验1931年发掘的科学性，不过是先验论作怪罢了。20世纪70年代以来，河南、山东的龙山文化城址雨后春笋般地被发现。人们开始重新审视 1931 年龙山城问题。1990 年所发现的"三个城圈"中的面积 17 万平米的岳石文化城，又称夏代城址，实际上就是 1931 年梁思永先生论定的黑陶期即龙山文化城。梁先生当年把龙山城分为两部分，外侧的"灰版筑土"（即夯土）是城墙的始建部分，内侧的"黄版筑土"是修补部分。1990 年的发掘者并没有认真研究《城子崖》发掘报告，不懂得由梁先生创造的判断城墙年代必须加以"解剖"的操作规程，在只看到修补部分的"黄版筑土"而没有看到始建部分的"灰版筑土"的情况下，就匆忙宣布当年梁先生所论定的不是龙山城而是岳石文化城即夏代城。果如其说则岳石文化城的发现者也应该是梁思永先生，怎么倒成了 1990 年的重大考古新发现呢？岂非掠美之嫌？发现者后来改口所说的"三城重叠"的一个城圈，其实也是梁先生当年论定的这个城圈。这是城子崖唯一的城圈，位于断崖上，面积约为 17 万平方米。后又经过岳石文化和周代的修补。除此之外更无其他城圈。"三个城圈"之说无非是一个骗局而已。尽管如此，1989 年的普探和 1990 年的发掘仍然是功绩卓著。1989 年普探证明遗址范围均在断崖以上，与当年梁先生确定的范围相一致。也就是说遗址范围并没有延伸到断崖以下。对这一结论发现者"感到颇为失望"，因为这对于距断崖 10 米开外处发现 20 万平方米龙山城的说法是极为不利的。发现者显然无法回答断崖上的城和断崖下的城之间有没有居住遗址：如果说有，则与 1989 年普探结果相矛盾。如果说没有，则"城以卫君、郭以卫民"，在断崖下另修新城圈目的何在？是"卫君"还是"卫民"？还是什么也不"卫"的多此一举？

1990 年的贡献在于城子崖东北角的发掘证明 1931 年论定的龙山城不仅在内侧用黄版筑土进行修补，而且也在外侧用黄版筑土修筑，连同灰版筑土的始建部分在内总宽度在 40 米以上。当年梁先生在西南城角的"解剖"之所以没能发现外侧的修补是由于这部分城墙已被后来破坏掉了。

在肯定 1990 年发现的岳石文化城实为对 1931 年龙山城的误解之后，可进而讨论 1931 年龙山城的年代。根据 1931 年梁先生对城墙"解剖"地层关系可知，黑陶期城墙的下面还叠压着黑陶期的文化层，因此梁先生认为黑陶期城址是城子崖黑陶期居民在这里居住了一段时期之后才开始筑城的。这样我们就可以根据 1931 年 C1 和 C2（1990 年误称 C4）的地层关系把城子崖黑陶期即龙山文化分为四段或四期。一期：城墙下叠压的文化层；二期：城墙始建部分；三期：城墙修补部分；四期：叠压在城墙修补部分之上的文化层。1990年西南城角50米大探沟的发掘证明城墙修补部分和叠压在其上的地层年代都是属于岳石文化的。则三期年代应属岳石文化早期，四期年代属岳石文化晚期。二期即始建城墙的年代有可能是早于岳石文化而又晚于龙山文化的尚庄文化。一期年代应是早于尚庄文化的龙山文化。

茌平尚庄遗址的发掘证明尚庄文化与龙山文化相比较，其生产力有了显著的发展，如窖穴体积增大变深，大型陶器出现，陶片数量增多，卜骨和猎头习俗出现等等。阳谷景阳岗城址的年代就是属于尚庄文化时期的。因此尚庄文化是一个社会大发展时期，很可能就是夏代的东夷文化，或者说是夏代早期的东夷文化。根据河南夏邑清凉山遗址早商文化白家庄期陶器与岳石文化晚期陶器共存的事实，岳石文化则是大体相当于夏代晚期和商文化早期的东夷文化。1931年"黑陶期"城址的年代很可能与景阳岗古城的年代相当，都应是尚庄文化时期的。济南建城史年代如果根据1931年城子崖古城立说，虽然年代比"4600年"要晚了些，但却可靠。

每个人从出生，经入托、入学，到小、中、大学毕业，参加工作，立功受奖，直到离退休和去世，都有不同时期、不同阶段的历史。城市也是一样。有开始有人居住的历史，见于历史记载的历史，见于甲骨文等古文字记载的历史，有开始作为一级行政区划治所的历史，或开始作为都城的历史等等。各有各的价值，既不能相互替代，也没有轻重优劣之分。如拙说成立，济南即甲骨文中的乐，20世纪70年代市区刘家庄出土大批商代铜器，最近东郊大辛庄又出土商代甲骨文，证明济南最晚在商代已经是一处重要的都邑。今后有可能在市区内发现早于商代的龙山文化、大汶口文化、北辛文化、后李文化等新石器时代的重要遗址，甚至发现旧石器、猿人化石，由此而建城年代大大提前，但却不能忽视、否定济南在商代的重要地位。不同的事物无法相比较。章丘焦家数十万平方米的大汶口文化遗址和《春秋》记载、甲骨文记载各有各的重要性。从"独一无二"的角度看问题，数十万平方米的大汶口文化遗址即使在山东省内算得上"独一无二"吗？在全国范围的新石器时代遗址中能挤入"100强"吗？数得上前10名吗？首都北京东安市场发现旧石器时代遗址,焦家遗址能去一比高下吗?而济南的"泺"见于距今2700年的《春秋》记载。见于《春秋》记载的全国历史文化名城能有几家?见于甲骨文记载并出土商代甲骨文的省会城市又有几个?难道算不上"独一无二"吗?难道还不足以使济南人民感到骄傲和自豪吗?

三　济南建城史的涵盖地域

济南市目前所辖范围除市区内的4个区之外,还辖有1区(历城区)5县(市)(平阴、长清、章丘、济阳、商河)。如果是编写济南市志,理应把当今辖区内的五区五县(市)均包括在内。现在的问题是讨论济南建城史,是否一定要把各个朝代各个时期的属县都包括在内,就需要讨论。这可以从两方面来考虑。一方面,从历史沿革看,济南管辖范围变化大而频繁。自晋永嘉济南郡移治于历城以来,作为一级行政区划,其管辖范围历代有增有减,一般多者11县,少则五六县。有明一代突增至管辖4州26县。清顺治因之。雍正乾隆后又逐渐减少定格在辖有1州15县。新中国成立以来,省城济南作为省辖市,管辖范围也屡经调整,范围最小时仅辖有历城县。90年代以后又发展到辖5区(含历城)5县(市)的现有规模。很难说今后辖区就不再变动。济南建城史只要把自古至今的沿革说清楚就可以了,不必越俎代庖为历史上曾经隶属过济南的各县(市)去写建城史。

另一方面,古国和都邑管辖范围甚小。齐为大国,初封时不过"方百里"。济南建城史应从城子崖算起说津津乐道的城子崖,经董作宾先生考证即周代谭国,基本上已成定论。近人费了九牛二虎之力考证结果认为谭国应在齐都临淄与莒国之间之某地,理由是齐桓公小白逃亡于莒,理应南行而不应西来。其实小白逃亡于莒那是说的最后落脚点。事实是"齐侯之出也,过谭,谭不礼焉。……冬,齐师灭谭,谭无礼焉"(《左传·庄公十年》)。所谓"出"者,即逃亡者也,并没说一定要去莒国。犹如燕军攻入临淄,齐湣王先是出亡于卫,后又"去走邹、鲁,有骄色,邹、鲁君弗内(纳),遂去莒"(《史记·田敬仲完世家》),道理是一样的。

与齐国相比较,谭不过是弹丸小国,而今人为龙山时代的"城子崖方国"所划定的中心范围却是"南达泰山北麓，北则刁镇、白云湖一线，东抵长白山西麓，西至小清河支流距野河，方圆25公里"。更有甚者，居然认为"城子崖龙山城作为方国的统治中心，不仅是区内，而且也是整个济南、鲁西北地区的政治、经济、文化、军事中心"。"整个济南"者，五区五县（市）是也。"鲁西北"者，聊城、德州、滨州（惠民）三地区（市）是也。明清时代济南府的鼎盛时期也没有把聊城（东昌府）划归济南府管辖。现在却御笔一挥把聊城也恩赐给了"城子崖方国"。我们不能不为"城子崖方国"辽阔的疆土"三呼万岁"了。他大概不懂得"方圆"是一个什么概念。所谓"方百里"不是指百里乘百里，而是十里乘十里。西周齐国"方百里"大体就是临淄齐都故城大城的范围。大城以外就未必是齐国领土了。例如临淄城东15里的酅邑（今皇城）就是纪国领土。"方圆25公里"，按今天的长度计算实为方圆2500里。按古代长度计算应是方圆6400里。如果要把"整个济南、鲁西北地区"也包括在内，方圆恐怕要在二三十万里以上。说4600年以前的城子崖已经是一个拥有方圆6400里的泱泱大国，已经是一个方圆二三十万里范围内的"政治、经济、文化、军事中心"，不是有点近乎"天方夜谭"吗？

抛开这类胡诌八扯，还历史以本来面目，所谓龙山时代的"城子崖方国"，其领土范围按30年代论定的真龙山城计算，充其量不过17万平方米。按20世纪90年代的假龙山城计算也不过20万平方米。放大百倍也只能赶上周初齐国"方百里"的领土范围。龙山时代的济南人不可能是"城子崖方国"的臣民。济南建城史为什么一定要从城子崖算起？

原文第四部分"关于济南文明史"经编者删节

原载《济南文史论丛》2003年10月

湖熟文化的分期与土墩墓的年代

关于湖熟文化的年代范围，过去曾认为"上限可至殷商末期甚至更早些，……下则可至战国时期"①。1954年，虞侯矢簋的发现与研究，使吴国建国史的轮廓逐渐清晰起来。20世纪70年代以来宁镇地区土墩墓的发现与研究，把吴国物质文化面貌的认识推进到一个新的阶段。在这种情况下，于是产生了"湖熟文化"的名称是否有存在的必要的疑问。②笔者认为，"湖熟文化"作为一种考古学文化的名称仍然可以继续使用，但应对其年代范围重新加以确定。虞侯矢簋铭文表明吴国是周昭王时期分封的国家。在此以后的考古学文化应称为吴文化，在此以前夏商时期的考古学文化仍称"湖熟文化"。湖熟文化事实上就是先吴文化，这两个名称可并行不悖。

一　湖熟文化的分期与年代

据目前的考古发现，湖熟文化可以分为三期。第一期以镇江马迹山遗址中所含岳石文化因素为代表，约当夏代。第二期以南京北阴阳营遗址三层和句容城头山第二层为代表，约当商代二里岗期。第三期约当商代晚期和西周早期前段（武、成、康三王）。

第一期

岳石文化是分布在黄河下游和江淮地区的青铜文化。因首次发现于山东平度东岳石村而得名。③

---

① 曾昭燏、尹焕章：《试论湖熟文化》，《考古学报》1959年第4期。
② 镇江市博物馆浮山果园古墓发掘组：《江苏句容浮山果园土墩墓》，《考古》1979年第2期。
③ 中国科学院考古研究所山东发掘队：《山东平度东岳石村新石器时代遗址与战国墓》，《考古》1962年第10期；《山东牟平照格庄遗址》，《考古学报》1986年第4期。

早在20世纪50—60年代，江苏境内就发现过岳石文化因素。如苏北地区赣榆下庙墩第三层中出土的突棱黑陶尊①，徐州高皇庙下层出土的蘑菇纽器盖，半月形石刀②，苏南地区南京北阴阳营出土的半月形石刀③，锁金村和安怀村出土的半月形石刀，饼状圆孔甗箅④等。1980年，镇江马迹山遗址中出土的岳石文化因素有半月形石刀，折腹盆，突棱盒，蘑菇钮器盖（图一、图二）等，束腰有按窝的袋足甗，也可能属于同一类型的文化因素。⑤

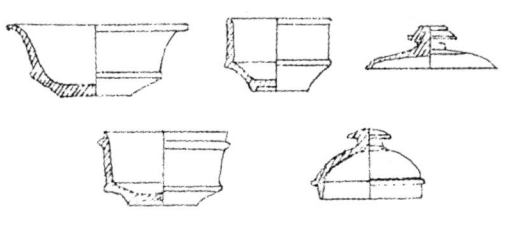

图一　镇江马迹山遗址出土陶器

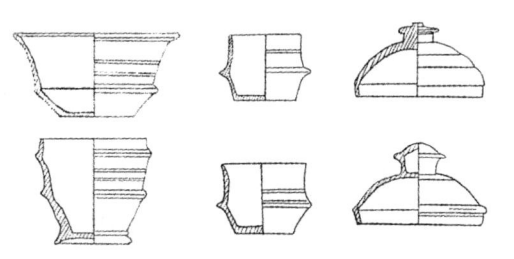

图二　牟平照格庄出土岳石文化陶器

关于岳石文化的年代，据长岛县黑山岛北庄和诸城前寨等遗址的发掘，都曾发现过岳石文化压在龙山文化之上的地层关系⑥，证明岳石文化的相对年代晚于山东龙山文化。据照格庄5个 ^{14}C 测定的年代数据，为公元前1890±135年至公元前1750±130年之间。又据东岳石、北庄、前寨、尹家

---

① 南京博物院：《江苏赣榆新石器时代至汉代遗址和墓葬》，《考古》1962年第3期，图三：2—4、7。
② 江苏省文管会：《徐州高皇庙遗址清理报告》，《考古学报》1958年第4期，图九：5，图版三：9、10。
③ 南京博物院：《南京市北阴阳营第一、二次的发掘》，《考古学报》1958年第1期，图五：3，图版三：6。
④ 南京博物院：《南京锁金村遗址第一、二次发掘报告》，《考古学报》1957年第3期，图版二：6，图版四：8；南京博物院：《南京安怀村古遗址发掘简报》，《考古通讯》1957年第5期，图版三：10，图版四：3。郑州二里岗商代遗址和西安张家坡西周遗址都发现过饼状甗箅，圆孔小而密，与此有别。
⑤ 镇江博物馆：《镇江马迹山遗址的发掘》，《文物》1983年第11期，图三：6，图一四：17—19、22、23，图二五。
⑥ 中国考古学会编：《中国考古学年鉴》，文物出版社，1984年，第118页；严文明：《龙山文化与龙山时代》，《文物》1981年第6期。

坡等遗址的 ^{14}C 测年①，岳石文化的绝对年代在公元前 21 世纪至公元前 16 世纪之间，恰好处在夏朝纪年范围之内。因此有理由认为镇江马迹山遗址和宁镇地区其他遗址中岳石文化因素的存在，就意味着夏代遗址的被发现。目前，宁镇地区所发现的岳石文化遗物还很少，与其他遗物的共存关系还不清楚。因此目前还不应把它视为独立的文化，宜作为湖熟文化早期阶段所包含的岳石文化因素看待。

第二期

20 世纪 60 年代初，有的同志指出湖熟文化下层以北阴阳营第三层为代表的文化遗存与以锁金村为代表的文化遗存，其年代是不相同的。前者属于商代，而后者属于西周，认为"从陶器上看，北阴阳营所出的陶鬲在型式上和商殷时代的比较接近。而内壁有刻划纹的陶钵更是商殷早期遗址中的典型器皿"②。这一分析是正确的。确切地说北阴阳营陶鬲和内壁有刻划纹的"澄滤器"与郑州二里岗下层所出者形制相近。③ 此外湖熟文化下层中所出的某些印纹软陶也是二里岗期的重要特征。例如：南京安怀村出土的④ 和南京博物院收藏的仿铜器兽面纹带的陶片⑤，与郑州二里岗出土者几乎完全相同⑥，安怀村出土的竖行曲折纹陶片⑦ 与郑州二里岗出土者相近⑧ 等。

1981 年，句容城头山遗址第二文化层出土的 I 式陶鬲为探讨湖熟文化二期特征及其年代提供了进一步的证据。⑨ I 式鬲全形呈长体。腹径小于通高，沿微上卷，束颈、腹微鼓，高裆曲底，袋足下有细长的尖锥状足，饰细

---

① 中国科学院考古研究所山东发掘队：《山东牟平照格庄遗址》，《考古学报》1986 年第 4 期。
② 张永年：《关于"湖熟文化"的若干问题》，《考古》1962 年第 1 期。
③ 河南省博物馆等：《郑州商代城遗址发掘报告》，《文物资料丛刊》（1），文物出版社，1977 年，图六：1、3、5。
④ 南京博物馆：《南京安怀村古遗址发掘简报》，《考古通讯》1957 年第 5 期，图三：6。
⑤ 邹厚本：《宁镇区出土周代青铜容器的初步认识》，《中国考古学会第四次年会论文集》，文物出版社，1985 年，图一。
⑥ 河南文物工作队：《郑州二里岗》，科学出版社，1959 年，图三一：1—8。
⑦ 南京博物馆：《南京安怀村古遗址发掘简报》，《考古通讯》1957 年第 5 期，图三：12。
⑧ 河南文物工作队：《郑州二里岗》，科学出版社，1959 年，图二九。
⑨ 镇江博物馆：《江苏句容城头山遗址试掘简报》，《考古》1985 年第 4 期，图六：12—13。

绳纹。与湖北江陵荆南寺遗址夏商文化第四期的 B 型鬲相近。① 该遗址发掘简报定为郑州二里岗上层偏早。丹徒城头山的 I 式鬲的特征更接近于二里岗下层而略晚。值得注意的是 I 式鬲 3 件均为夹细砂红陶，与郑州二里岗多属夹砂灰陶有别，应是受其影响而在当地制造的。

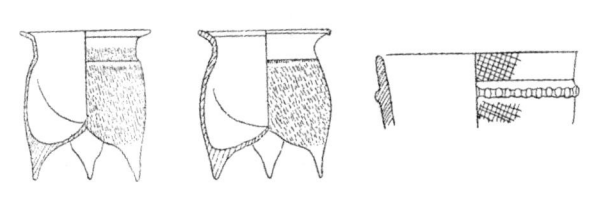

图三　句容城头山商代二里岗期

此外句容城头山出土的大口陶缸②，与郑州二里岗 H9 出土者相同，在郑州这类陶缸在 H9 及其附近集中出土。且器表粘有红烧土和烟熏痕迹，内壁附有白色锈状沉淀物而无铜渣。故发掘报告估计与当时的酿造有关（图三）。③

第三期

在南京阴阳营④、锁金村⑤、安怀村⑥都曾发现过一些三角和斜方格的刻划花纹，是殷墟陶器上所常见的。⑦锁金村出土的泥质粗柄陶豆⑧，年代属沣西西周一期，约当西周初年成康时期。⑨目前属于这一期的材料还很少，难以作进一步的阐述。

---

① 荆州地区博物馆等：《湖北江陵荆南寺遗址第一、二次发掘简报》，《考古》1989 年第 8 期，图一一：4。
② 镇江博物馆：《江苏句容城头山遗址试掘简报》，《考古》1985 年第 4 期，图六：14、3。
③ 河南文物工作队：《郑州二里岗》，科学出版社，1959 年，图十七至图二〇，正文见 29 页。
④ 中国科学院考古研究所山东发掘队：《山东牟平照格庄遗址》，《考古学报》1986 年第 4 期，图六：11。
⑤ 南京博物院：《南京锁金村遗址第一、二次发掘报告》，《考古学报》1957 年第 3 期，图八：11—12。
⑥ 南京博物院：《南京安怀村古遗址发掘简报》，《考古通讯》1957 年第 5 期，图三：11。
⑦ 中国科学院考古研究所：《一九五三年安阳大司空村发掘报告》，《考古学报》1954 年第 9 期，图五。
⑧ 南京博物院：《南京锁金村遗址第一、二次发掘报告》，《考古学报》1957 年第 3 期，图版三：5。
⑨ 中国科学院考古研究所：《沣西发掘报告》，文物出版社，1962 年，图八六，图版七九：1。

二 土墩墓的年代

20世纪70年代以来，大量土墩墓的发现为吴文化的分期创造了前提，不少学者根据土墩墓中墓葬的叠压打破关系及墓葬掩埋的先后顺序对土墩墓进行了分期年代的研究，取得令人瞩目的成果。[①] 但目前对土墩墓年代上限的估计还存在着相当大的分歧：一种意见认为其上限可至西周早期；另一种意见认为其上限"应晚于西周早中期之交"[②]；第三种意见认为其上限"一般不能早于春秋早期"[③]。笔者认为后两种意见是值得重视的，拟在此基础上再作进一步阐述。

宁镇地区土墩墓发现一些出土青铜器的墓葬，对于分期断代有重要意义，主要有如下几批：

1. 仪征破山口墓（简称"破墓"）[④]
2. 丹徒烟墩山墓（简称"烟墓"）[⑤]
3. 溧水乌山墓（简称"乌墓"）[⑥]
4. 句容浮山果园Ⅱ号墩M8（简称"浮Ⅱ墓8"）[⑦]
5. 溧水乌山二号墓（简称"乌墓2"）[⑧]
6. 丹徒母子墩墓（简称"母墓"）[⑨]
7. 丹徒磨盘墩墓（简称"磨墓"）[⑩]

[①] 邹厚本：《宁镇区出土周代青铜容器的初步认识》，《中国考古学会第四次年会论文集》，文物出版社，1985年，图一；《江苏南部土墩墓》，《文物资料丛刊》（6），文物出版社，1982年。刘兴、吴大林：《谈谈镇江地区土墩墓的分期》，《文物资料丛刊》（6），文物出版社，1982年。肖梦龙：《试论江南吴国青铜器》，《东南文化》第二辑，江苏古籍出版社，1987年。

[②] 南京博物院：《江苏句容浮山果园土墩墓第二次发掘报告》，《文物资料丛刊》（6），文物出版社，1982年。

[③] 马承源主编：《中国青铜器》，上海古籍出版社，1988年，第494页。

[④] 王志敏、韩益之：《介绍江苏仪征过去发现的几件西周青铜器》，《文物参考资料》1956年第12期；尹焕章：《仪征破山口探掘出土器记略》，《文物》1960年第4期。

[⑤] 江苏省文物管理委员会：《江苏丹徒县烟墩山出土的古代青铜器》，《文物参考资料》1955年第5期；《江苏丹徒烟墩山西周墓及附葬坑出土的小器物补充材料》，《文物参考资料》1956年第1期。

[⑥] 刘兴、吴大林：《江苏溧水发现西周墓》，《考古》1976年第4期。

[⑦] 南京博物院：《江苏句容县浮山果园西周墓》，《考古》1977年第5期。

[⑧] 镇江博物馆等：《江苏溧水乌山西周二号墓清理简报》，《文物资料丛刊》（2），文物出版社，1978年。

[⑨] 镇江博物馆等：《江苏丹徒大港母子墩西周铜器墓发掘简报》，《文物》1984年第5期。

[⑩] 南京博物院等：《江苏丹徒磨盘墩周墓发掘简报》，《考古》1985年第11期。

8. 溧水宽广墩墓（简称"宽墓"）①
9. 溧水杯塘梅山（简称"梅山"）②

以往之所以把土墩墓的年代上限定为西周早期，其主要根据就是虞侯夨簋。唐兰先生定为康王，李学勤和李伯谦等同志定为昭王。簋腹较浅，与成康时期四耳簋有别，定为昭王是对的。此外破墓出土的"兽面弦纹尊"③，其形制与昭王时期的启尊相同④，都是年代比较早的遗物。但是考古学的遗迹断代要求以共存遗物中年代最晚的器物为准。而上举9座墓葬中确实存在一些年代较晚的因素，试从四个方面加以讨论。

1. 青铜礼器

鱼龙纹盘 破墓出土，附耳，高圈足，腹内底饰盘龙纹，内壁饰鱼纹。⑤这种形制的盘流行于春秋早中期，而不见于西周。如陕县上村岭虢墓⑥、海阳尚都村⑦、肥城小王庄⑧、日照崮河崖⑨、临沂中洽村⑩、安徽繁昌⑪等地均有出土。陕县上村岭虢墓发掘报告定为西周晚至春秋早期。高明先生曾据M1052号大墓中的一组九件钮钟、铜剑、"徒戈"的铭文等因素将该墓为代表的一组墓葬定为春秋早期。⑫还可以举出墓地中普遍存在的三角锋戈、分体鬲、鱼龙纹盘、流口与腹口近平的匜等因素均为西周晚期铜器中所不见。故而墓地年代主要是春秋早期，不会早到西周晚期。肥城小王庄的鱼龙纹盘与封口

---

① 刘建国、吴大林：《江苏溧水宽广墩墓出土器物》，《文物》1985年第12期。
② 吴大林：《江苏溧水出土的几批青铜器》，《考古》1986年第3期。
③ 江苏省文物管理委员会：《江苏丹徒县烟墩山出土的古代青铜器》，《文物参考资料》1955年第5期，第31页。
④ 王恩田：《概述近年来山东出土的商周青铜器》，《文物》1972年第5期（署名：齐文涛）。
⑤ 江苏省文物管理委员会：《江苏丹徒县烟墩山出土的古代青铜器》，《文物参考资料》1955年第5期，第31—32页。
⑥ 中国科学院考古研究所：《上村岭虢国墓地》，科学出版社，1959年，图版十八、十九。
⑦ 山东省文物管理处：《山东文物选集》，文物出版社，1959年，（普查部分），图八六。
⑧ 王恩田：《概述近年来山东出土的商周青铜器》，《文物》1972年第5期，图二一、图二二（署名：齐文涛）。
⑨ 杨深富：《山东日照崮河崖出土一批青铜器》，《考古》1984年第7期，图七：左、图八。
⑩ 临沂市博物馆：《山东临沂中洽沟发现三座周墓》，《考古》1987年第8期，图二：3、图四。
⑪ 安徽省文物工作队：《安徽繁昌出土一批春秋青铜器》，《文物》1982年第12期，图三、图一一。
⑫ 高明：《中原地区东周时代青铜礼器研究》上，《考古与文物》1981年第2期。

匜共存，封口匜是春秋以后才出现的。日照崮河崖的鱼龙纹盘与编织纹壶共存，与此壶形制完全相同的"俟母壶"出土于曲阜鲁城司徒中齐墓。与之共存的有分体甗，分体甗的年代不早于春秋。① 因此，鱼龙纹盘年代不早于春秋早期。

平口三足匜　磨墓出土，敞口流，兽形鋬，三足，流口，腹口与鋬上的兽头基本平齐。腹饰变形夔纹带，流口下饰云纹。宽墓出土的匜形制与此基本相同而无鋬。磨墓与宽墓出土的匜与西周中、晚期的匜迥然有别。西周晚期匜的特点是流口与兽鋬高出于腹口，均为四足，腹部一般多饰瓦纹等。江宁陶吴②、安徽天长③出土的匜与磨墓匜基本相同，只是兽鋬变为环状，兽头演化为平板，时代可能较磨墓匜更晚一些。安徽怀宁出土的匜④，流口与腹口平齐，三足，与磨墓匜同，而兽鋬却高于腹口，腹部饰瓦纹，仍然保存西周晚期匜的作风，可以视为西周晚期匜与磨墓匜之间的中间形态。因此磨墓匜与西周晚期匜形制上的差别，不是由于地方特点而是年代不同所致，磨墓匜要晚于虢墓，应定为春秋中期。

2. 青铜兵器

戈

A型　破墓出土。三角锋，援上刃高于内，内下端有缺口，长胡三穿。

B型　浮Ⅱ墓8出土。三角锋，援上刃平齐呈直线，长方内，无缺口，长胡四穿。

C型　梅山出土，同B型，内部略高于援上刃。

D型　乌墓2出土，内高于援上刃，内下角缺口显著，长胡三穿。

西周时代的戈一般常见的是无胡，短胡一穿或二穿。⑤ 浚县辛村卫墓⑥、

---

① 王恩田：《曲阜鲁国故城的年代及其相关问题》，《考古与文物》1988年第2期。
② （1）李蔚然：《南京发现周代铜器》，《考古》1960年第6期，图一：3；（2）南京博物馆等：《江苏省出土文物选集》，文物出版社，1963年，图八一。
③ 陈建国：《安徽天长县出土西周青铜匜》，《考古》1986年第6期，图一。
④ 怀宁县文物管理所：《安徽怀宁出土春秋青铜器》，《文物》1983年第11期，图一：2、图四。
⑤ 郭宝钧：（1）《浚县辛村》，科学出版社，1964年，图版七、八、十八、十九；（2）中国社会科学院考古研究所沣西发掘队：《1967年长安张家坡西周墓葬的发掘》，《考古学报》1980年第4期，图二○。
⑥ 郭宝钧：《浚县辛村》，科学出版社，1964年，图版十九：11。

北京琉璃河燕墓①出土过长胡三穿戈，那是极个别的例子。而春秋以后则普遍流行长胡三穿戈，如陕县虢墓、洛阳中州路一至三期春秋墓②莫不如此。另外一个区别是西周戈一般都是圆锋或尖圆锋，而春秋早中期戈则呈三角锋。上举宁镇地区土墩墓中出土的4件戈均是长胡三穿或四穿，而且都是三角锋，其年代都应属春秋早、中期。

矛

A型Ⅰ式　破墓出土。叶粗短，中部外鼓，下收作后锋，粗骹，骹口呈燕尾形双叉。

A型Ⅱ式　母墓出土，同Ⅰ式，骹断面呈椭圆形。

A型Ⅲ式　母墓出土，同Ⅰ式，骹断面呈菱形。

B型　母墓出土，叶窄长，后锋尖锐，粗骹而短，骹口呈弧形，断面椭圆。

C型　叶呈三角形，粗骹而长，一侧有环系，骹口呈弧形。

A、B两型矛均与高淳里溪出土者相同，与高淳里溪同时出土者尚有三角锋长胡四穿戈。江苏文管会的同志把高淳里溪这批武器的年代定为春秋，《中国青铜器》一书定为春秋中期。他们的意见是正确的。C型与上海博物馆所藏者形制相近，也是春秋中期器。③

镞

A型　母墓和烟墓出土。三锋两翼，两翼收拢。

B型　破墓出土。两翼微鼓，呈弧线，翼末外撇。

C型　烟墓出土。形似棒槌，圆锥顶。

春秋时代的镞开始出现两翼收拢的趋势，如虢墓中的Ⅳ、Ⅴ式镞。上举A型镞与之相近，另一个趋势是两翼呈弧线形，翼末外撇。B型这种趋势开始出现，春秋晚期和战国早期这一趋势就更加显著了。如六合程桥春秋晚期

---

① 中国社会科学院考古研究所：《1981—1983年琉璃河西周燕国墓地发掘简报》，《考古》1984年第5期，图一〇：3。

② 中国科学院考古研究所：《洛阳中州路》，科学出版社，1959年，图版四七、五三、五八。

③ 马承源主编：《中国青铜器》，上海古籍出版社，1988年，第61—62页，矛6、11—13。

墓①，山东临淄郎家庄②、莒南大店③、邯郸百家村④等地的战国早期墓中出土的镞，莫不如此。春秋中期以后新兴起一种形似棒槌的圆锥顶和平头镞。圆锥顶棒槌形镞见于山西长治分水岭126号东周墓⑤，平顶棒槌镞除见于分水岭126号墓⑥外，在山彪镇1号墓⑦和洛阳烧沟的战国墓⑧中都有发现。烟墓出土的C型圆锥顶棒槌形镞与分水岭126号东周墓Ⅱ、Ⅲ式镞形制相近，其年代不早于春秋中期。

3. 车马器

烟墓"附葬坑"出土大小113件⑨，母墓大小458件，害、辖各2件，衔、镳两副（4件），是一车二马的装备⑩。磨墓大小76件，有马器而无车器。⑪

害、辖　母墓出土。害为筒状，圆锥顶。

衔镳　母墓、烟墓、磨墓均有出土。镳为活页挡板式。

节约

A型　母墓、磨墓出土。呈四通的十字形。

B型　母墓、磨墓出土。呈四通的X形。

C型　烟墓、母墓、磨墓均有出土。呈三通的人字形。

圆锥顶的筒状害见于平顶山市春秋早期应国墓⑫，殷、西周时期不见这种形式的害。A、B、C三种形式的节约除平顶山应国墓外，在春秋时期的虢

---

① 吴山菁：《江苏六合县和仁东周墓》，《考古》1977年第5期，图三：7。
② 山东省博物馆：《临淄郎家庄一号东周殉人墓》，《考古学报》1977年第1期，图八：4、6。
③ 《莒南大店春秋时期莒国殉人墓》，《考古学报》1978年第3期，图版四：4。
④ 孙德海：《河北邯郸百家村战国墓》，《考古》1962年第12期，图一八：2、5。
⑤ 边成修：《山西长治分水岭126号墓发掘简报》，《文物》1972年第4期，图版五：2，Ⅱ、Ⅲ式镞。
⑥ 边成修：《山西长治分水岭126号墓发掘简报》，《文物》1972年第4期，图版五：2，Ⅰ、Ⅴ式镞。
⑦ 郭宝钧：《山彪镇与琉璃阁》，科学出版社，1959年，图版二七：3。
⑧ 王仲殊：《洛阳烧沟附近的战国墓葬》，《考古学报》1954年第8期，第127—162页，图二〇：2。
⑨ 江苏省文物管理委员会：《江苏丹徒烟墩山西周墓及附葬坑出土的小器物补充材料》，《文物参考资料》1956年第1期，第45页，甲至丙。
⑩ 镇江市博物馆等：《江苏丹徒大港母子墩西周铜器墓发掘简报》，《文物》1984年第5期，图一六至图一八。
⑪ 南京博物院等：《江苏丹徒磨盘墩周墓发掘简报》，《考古》1985年第11期，图三至图四。
⑫ 河南省文物研究所等：《平顶山市北滍村西周墓地一号墓发掘简报》，《华夏考古》1986年第1期，图一三：2。

墓①，陕西户县（今西安市鄠邑区）秦墓②，随县（今随州市）安居曾墓③中都有出土。其中C型的人字形节约不见于殷代和西周。

4. 原始瓷豆

宁镇地区土墩墓中大量出土原始瓷和印纹硬陶。资料很多，拟另文讨论，这里仅讨论梅山出土的敞口豆。与之共存的有C型三角锋长胡四穿戈，前面已经讨论过C型戈不能早于春秋早中期，敞口豆应是同一时期遗物。现在还可以根据新的考古发现进一步推定敞口豆的年代。1986年，在河南信阳平西五号春秋墓中，出土了两件高岭土素烧无釉"硬陶碗"。其中的Ⅰ式碗与梅山出土的敞口豆形制完全相同。④与之共存的有铜敦（简报称铜盆），这种形式的敦在洛阳中州路中属东周一期，原报告定为春秋早期，高明先生改定为春秋中期。⑤这种敦的形制与河北唐县出土的鲁归父敦全同，敦铭曰"鲁子中之子归父为其䜌（膳）䵼（敦）"⑥。我们曾指出，鲁子中即见于《左传·文公七年》的"仲"，即公子遂，谥曰"襄仲"。归父即襄仲之子"公孙归父"（《左传·宣公十年》）。⑦据此可知平西五号番叔墓的年代应属春秋中期，因此敞口豆的年代亦应属春秋中期。敞口豆在浮山果园⑧、高淳顾陇⑨、丹徒石家墩⑩、丹阳大仙墩⑪等地多有出土，这些墓葬在土墩墓中年代都是比较早的。这样我们就可以以此为基点，根据敞口豆与其他遗物的共存关系，探讨其他土墩墓的年代。

通过讨论可以看出，上述四类遗物大都是属于春秋早中期的。其中平

---

① 中国科学院考古研究所：《上村岭虢国墓地》，科学出版社，1959年，图版三六。
② 陕西省文物管理委员会秦墓发掘组：《陕西户县宋村春秋秦墓发掘简报》，《文物》1975年第10期，图四。
③ 随州市博物馆：《湖北随县安居出土青铜器》，《文物》1982年第12期，图一二。
④ 吴大林：《江苏溧水出土的几批青铜器》，《考古》1986年第3期，图一：3。
⑤ 高明：《中原地区东周时代青铜礼器研究》（上），《考古与文物》1981年第2期。
⑥ 王敏之：《河北唐县出土西周归父敦》，《文物》1985年第6期。
⑦ 王恩田：《陈齐六冢的年代及墓主》，《管子学刊》1989年第3期。
⑧ 南京博物院：《江苏句容浮山果园土墩墓第二次发掘报告》，《文物资料丛刊》（6），文物出版社，1982年，图一〇：29。
⑨ 南京博物院：《江苏高淳县顾陇、永宁土墩墓发掘简报》，《文物资料丛刊》（6），图三：6。
⑩ 镇江市博物馆：《江苏丹徒县石家墩西周墓》，《考古》1984年第8期。
⑪ 镇江市博物馆：《江苏溧水、丹阳西周墓发掘简报》，《考古》1985年第8期，图四：2。

口三足匜，燕尾形骹口的矛，三角锋长胡三、四穿的戈，敞口原始瓷豆等是年代比较明确的春秋中期遗物。还应指出，烟墩山、母子墩、磨盘墩等3座大墓中车马器的发现，对于土墩墓的断代有着极为重要的意义。根据文献记载吴国是从晋国那里引进了车战的。《左传·成公七年》："巫臣请使于吴，晋侯许之，吴子寿梦说之，乃通吴于晋。以两之一卒适吴，舍偏两之一焉。与其射御，教吴乘车，教之战阵，教之叛楚。……吴始伐楚，伐巢，伐徐，……蛮夷属于楚者，吴尽取之，是以始大，通吴于上国。"车战的应用对于吴国的强大，起了重要的促进作用。于此可见，出土车马器的3座大墓的年代不能早于鲁成公七年（前584）。

关于春秋晚期的材料，可以根据河南固始勾吴夫人墓的发现加以调整。[①] 勾吴夫人墓内出土一批原始青瓷与印纹硬陶，如原始青瓷盅，肩附双管耳、饰麻布纹的硬陶罐、錾耳麻布纹硬陶杯等与上海金山戚家墩所出同类器物相同。[②] 勾吴夫人系宋景公（前516—前469）之妹，有可能是吴王僚或吴王阖闾的夫人，因夫死改嫁番国，因而死后埋入一部分从吴国带来的陶瓷器。[③] 因此可以考虑把戚家墩以及六合和仁墓[④]的材料定为春秋晚期。

根据以上的分析，目前已发现的土墩墓只能纳入春秋时期的范围之内，这样从昭王至西周晚期一段的考古材料就出现了断层。这样的现实似乎一时难以接受。但正像宁镇地区晚商一段的考古材料目前也同样尚无着落一样，这也没有什么奇怪。这只能有两种可能，一种是现在材料中包括有西周甚至晚商时期的，只是我们还不认识；另一种可能是尚未被发现。无论哪一种可能，都需要考古学界朋友们特别是江苏同行们共同努力，相信晚商和西周一段空白的填补将指日可待。

原载《东南文化》1990年第5期

[①] 固始侯古堆一号墓发掘组：《河南固始侯古堆一号墓发掘简报》，《文物》1981年第1期。
[②] 上海市文物保管委员会：《上海市金山县戚墩遗址发掘简报》，《考古》1973年第1期。
[③] 王恩田：《河南固始"勾吴夫人墓"——兼论番国地理位置及吴伐楚路线》，《中原文物》1985年第2期。
[④] 吴山菁：《江苏六合县和仁东周墓》，《考古》1977年第5期。

"王瓦延寿"瓦当与西楚河南王府

河南洛阳新安县游沟村东北基建工程中发现一处建筑遗址。出土大量板瓦、筒瓦和瓦当。瓦当中除云纹圆瓦当外，还有两件铭文圆瓦当（图一）。报道释铭文为"尹寿亦王"，认为"尹寿"即《汉书·古今人表》中的唐尧的教师"尹寿"，也就是《荀子·大略》中的"君畴"。"亦王"有"大王"或实为君王之义。定遗址年代为西汉。①陈根远先生改释为"延寿王瓦"，认为"延寿"是吉语。"延寿王瓦""可能是西汉洛阳新安一带某王建筑上的专用瓦当"。定瓦当年代为西汉中期。②

按："延"是瓦当铭文中的常见字。"瓦"字除见于秦汉瓦当铭文外，还见于"左司高瓦""左司涓瓦"等秦代陶文。③释为"延寿王瓦"是正确的。但按照这样的读序，则"延寿"也可以是地名。据《汉书·地理志》河南郡缑氏县有"延寿城"。只是缑氏县位于洛阳以南，而出土瓦当的新安县位于洛阳以西，地望不合，而且西汉也没有在缑氏县延寿城封王的记载。如果把"延寿"视为吉祥语，则应从"王"字开始逆时针方向旋读为"王瓦延寿"。"王瓦"自应是王府用瓦。问题在于西汉时期洛阳地区从未分封过王。因此，关于"王瓦延寿"瓦当年代以及瓦当究竟属于哪位"王"的府第用瓦，有必要作进一步考察。

西汉初年，鉴于"亡秦孤立之败"的教训，于是"剖裂疆土"，立王、侯二爵，大封功臣及同姓子弟为王侯。"天子自有三河、东郡、颍川、南阳，自江陵以西至巴蜀，北自云中至陇西，与京师、内史凡十五郡"（《汉书·诸侯王表》）。上述十五郡归汉王朝直接统辖，不以分封。十五郡中的"三河"

---

① 梁晓景：《新发现的西汉"尹寿亦王"铭文瓦当》，《文物》2000年第10期。
② 陈根远：《洛阳新出西汉瓦当铭文刍议》，《文物》2001年第3期。
③ 袁仲一：《秦代陶文》，三秦出版社，1987年，第250页；高明：《古陶文汇编》，中华书局，1990年，第479页。

指河东、河内、河南三郡。洛阳西汉时属河南郡，直属天子，终西汉之世，不曾封王。东汉时洛阳为都城所在，更不可能封王。洛阳新安的建筑遗址只能是楚汉之际西楚霸王项羽所封"十八王"之一的河南王申阳的王府。

项羽攻入咸阳，杀秦王子婴，灭秦定天下，"乃分天下，立诸将为侯、王"（《史记·项羽本纪》）。即所谓西楚霸王"为天下主，立十八王"（《史记·秦楚之际月表》，下省称《月表》）。十八王中，"瑕丘申阳者，张耳嬖臣也。先下河南郡，迎楚河上。故立申阳为河南王，都雒阳"（《史记·项羽本纪》）。

图一 "王瓦延寿"瓦当

项羽"为天下主"以来，一直与刘邦对峙征战，仅仅存在了五年即战败自刎于乌江。西楚分封的十八王存在的时间也不太长，"迄于孝文，异姓尽矣"（《汉书·异姓诸侯王表》）。其中河南王申阳的国祚尤为短促，据《月表》，从楚义帝元年（前206）正月（汉元年四月）受封，至九月（汉元年十二月）河南王降汉，仅存在了九个月。因此，瓦当的烧造年代和河南王府的始建年代不应属西汉，更不是西汉中期，确切地说，只能是秦楚之际。当然，申阳降汉以后，是否仍然保留王的封号，或另有封爵，书缺有间均不得而知，但不大可能会被"扫地出门"，王第被毁。申阳的府第很有可能仍然被保存下来，并有可能经扩建、改建或修葺。因此板瓦和花纹瓦当形制、纹饰不同，不难理解。

《史记》关于河南王申阳的记载有矛盾疏漏之处，应予澄清。

关于申阳的身世，《项羽本纪》说是"张耳嬖臣也"。张耳原是赵国丞相，因随项羽入关，被封为常山王，"王赵地，都襄国"。申阳既然是张耳部下，自应是故赵将，但《高祖本纪》却说："楚将瑕丘申阳为河南王，都洛阳。"《月表》也说："王申阳始，故楚将。"赵将之所以会被误为"楚将"，估计应是由于《项羽本纪》说申阳曾经"迎楚河上"的缘故。所谓"迎楚"

当指西楚霸王。不能据此误认为申阳是"故楚将"。

此外，《月表》中还脱漏了申阳降汉的时间。在西楚义帝元年十月河南王栏内有"属汉，为河南郡"的记载，据此可以推知河南王降汉的时间当在此以前的九月。因为只有在河南王降汉以后，才有可能设立汉河南郡。《汉书·异姓诸侯王表》河南王九月栏内正是书作"阳降汉"，据此可补《月表》的疏漏。

如果以上分析不误，则新安一带还应有河南王申阳的墓葬有待于发现。由于西楚十八王存在的时间短暂，故遗址、遗物发现甚少。以往仅在河北石家庄市发现过常山王张耳墓。[①] 因而河南王申阳王府遗址的发现弥足珍贵。十八王中张耳及其"嬖臣"申阳的遗迹率先被发现，堪称楚汉考古的一段因缘趣事。

原载《中国历史文物》2004 年第 6 期

[①] 石家庄市图书馆文物考古小组：《河北石家庄市北郊西汉墓发掘简报》，《考古》1980 年第 1 期。关于该墓是否张耳墓，尚有不同意见（《考古》1981 年第 4 期），根据墓葬规模、形制、等级、印章、地理位置等多方面因素的考察，确系楚汉之际的常山王张耳墓。笔者曾在《鹿邑太清宫西周大墓与微子封宋》（《中原文物》2002 年第 4 期）中有所论述。

"孔壁书"辨伪

"孔壁书"也称"壁中古文",据说是汉景帝之子改封在鲁国曲阜的鲁恭王为了扩建府第,破坏了孔子故居的墙壁,发现了为躲避秦始皇的焚书令而藏匿在墙壁中的大量古书,史称"孔壁书"。而且济南伏生也有壁藏古文的传说。康有为《新学伪经考》根据壁中书的记载仅见于《汉书》而不见于《史记》,认为此事大有可疑,提出孔壁书都是刘歆所伪造。钱穆作《汉刘向、歆父子年谱》,从时间上加以排比,论证刘歆遍伪群书之不可能。时至今日,学界不仅对孔壁书之公案已笃信不疑,而且已经开始讨论孔壁书的文字类型,即孔壁书是用齐鲁文字书写的呢,还是用楚系文字书写的。①

其实,说刘歆遍伪群书当然是不正确的。但在我看来,孔壁书是古文献中的第一大疑案。

第一,孔壁书为什么只见于《汉书》,而不见于《史记》,是孔壁书疑案的致命伤。

《史记·五宗世家》"鲁恭王馀以孝景前二年,用皇子为淮阳王。二年,吴、楚反。破后,以孝景前三年徙为鲁王。好治宫室苑囿狗马,季年好音,不喜辞辩,为人吃。二十六年卒。"《汉书·景十三王传》"鲁恭王馀"条全文抄录《史记·五宗世家》之后说:"恭王初好治宫室,坏孔子旧宅,以广其宫。闻钟磬琴瑟之声,遂不敢复坏。于其壁中得古文经传。"

司马迁(前145—?)与鲁恭王是同时代的人而略晚。《太史公自序》中说:"年十岁,则诵古文。二十而南游江淮。……北涉汶泗,讲业齐鲁之都,观孔子之遗风。"鲁恭王死于公元前128年。司马迁20岁时,是鲁恭王死后三年的公元前126年,司马迁不仅到过鲁恭王的都城曲阜,而且还曾在这里

---

① 何琳仪:《战国文字通论》,中华书局,1989年;李学勤:《论孔壁书的文字类型》,《齐鲁文化研究》第一辑,齐鲁书社,2002年。

讲学。因此，关于鲁恭王的生平事迹、性情、爱好的翔实记载，应是最为可信的史料。但却不知孔壁书为何物。班固（32—92）生当东汉初年，比司马迁晚了一百多年。因此，关于鲁恭王的记载不得不全文照抄《史记》。而且还把鲁恭王死于二十六年误作二十八年。在《汉书·艺文志》中又把景帝时鲁恭王坏孔子宅误说成是"武帝末"。

因此，班固关于鲁恭王坏孔子宅得古书的这段话，无疑应是"层叠"上去的假货。但不必认为这是班固的发明创造，孔壁书骗局的始作俑者是刘歆。据《汉书·刘歆传》："歆因移书太常博士，责让之曰：'……至孝武皇帝……鲁恭王坏孔子宅，欲以为宫，而得古文于坏壁之中，《逸礼》有三十九篇（"篇"字据王先谦《汉书补注》补。——引者），《书》十六篇。'"由此可以断言，班固在《景十三王传》关于鲁恭王坏孔子宅而壁中得"古文经传"，以及在《汉书·艺文志》中"武帝末，鲁恭王坏孔子宅，欲以广其宫，而得古文尚书……"等说法，均抄自刘歆《移书太常博士》。"孔壁书"的著作权理应属于刘歆。

第二，西晋时从汲郡盗掘的一座魏王墓中出土了大量的竹简，史称"汲冢竹书"。经过荀勖、束皙、卫宏等著名学者整理写定，共得到古书《纪年》《易经》《国语》《师春》《琐语》《穆天子传》等10余种75篇。关于"汲冢竹书"所包括的各种书名，古今无异辞，而"孔壁书"究竟包括哪些书，则人言言殊，莫衷一是：

刘向说："鲁恭王时坏孔子旧宅，得古文尚书。"（《七录》）

刘歆说："逸礼有三十九（篇），书十六篇。"（《移书太常博士》）

班固说："于其壁中得古文经传。"（《汉书·景十三王传》）又说："得《古文尚书》《礼记》《论语》《孝经》凡数十篇。"（《汉书·艺文志》）

《汉纪》："得《古文尚书》《论语》《孝经》。"

许慎说："得《礼记》《春秋》《论语》《孝经》。"（《说文解字·叙》）

郦道元说："得《尚书》《春秋》《论语》《孝经》。"（《水经注·泗水》）

为什么会有如此大的差别呢？道理很简单，"汲冢书"是事实，而"孔壁书"是捏造。

第三，西汉王朝对王侯子弟控制极严，犯有某种错误而自杀、国除者比比皆是。景帝之子鲁恭王的同父异母的弟兄，临江愍王荣就是因为"侵庙壖地为宫"的罪名，而赐死自杀（《汉书·诸侯王表》）。前车之鉴不远，鲁恭王不可能甘冒杀头的危险，干出坏孔子宅的蠢事。

第四，鲁恭王府位于曲阜周公庙高地。20 世纪 70 年代，山东博物馆对曲阜鲁故城遗址进行勘探发掘，证实周公庙高地的建筑基址仅限于高地的范围，并未向高地周围延伸。① 据《水经注·泗水》记载，孔庙孔府位于距离周公庙高地西南 4 里，孔府孔庙与鲁恭王府第可谓风马牛不相及。鲁恭王坏孔子宅说显然是子虚乌有。

第五，秦始皇焚书令的政策规定：博士藏书不烧。秦代有博士 70 人。作为"诗书圣人家"的孔府，难道连一个"博古通今"的博士也没有吗？

第六，考古发现证实，秦汉时期从皇宫到民居，墙壁都是版筑夯土。而要壁中藏书则必须使用小砖建造"复壁"，俗称"夹壁墙"。而小砖建墙是东汉以后的事情。②

济南伏生壁中藏书说，也颇可疑。与孔壁书有所不同，其事不仅见于《汉书·儒林传》，也见于《史记·儒林列传》：

"伏生者，济南人也。故为秦博士。孝文帝时，欲求能治《尚书》者，天下无有，乃闻伏生能治，欲召之。是时伏生年九十余，老，不能行，于是乃诏太常使掌故晁错往受之。"《正义》：卫宏诏定尚书序云："……生年九十余，不能正言教错，齐人语，多与颍川异，错所不知者凡十二三，略以其意属读而已。"（泷川资言《考证》：《汉书·儒林传》颜师古注引卫宏定《古文尚书序》作"伏生老不能正言，言不可晓也。使其女传言教错"云云）接下来又说："秦时焚书，伏生壁藏之，其后兵大起，流亡。汉定，伏生求其书，亡数十篇，独得二十九篇，即以教于齐鲁之间。"伏生壁藏书说疑点也不少。

第一，秦始皇焚书令，政策规定"非博士官所职，天下敢有藏诗、书、百家语者，悉诣守卫杂烧之"。换句话说：博士官的藏书可以不烧。伏生既

---

① 山东省文物考古研究所：《曲阜鲁国故城》，齐鲁书社，1982 年。
② 中国社会科学院考古研究所：《新中国考古发现与研究》，科学出版社，2012 年，第 298 页。

然"故为秦博士",没有必要壁中藏书。

第二,既然伏生从壁藏尚书,汉定"独得二十九篇,即以教于齐鲁之间",就不存在"孝文帝时,欲求能治尚书者天下无有",就没有必要"使掌故晁错往受之"。晁错只需誊抄一份即可,没有必要由伏生口授,或由其女"传言教错"。

第三,《汉书·百官表》:"博士,秦官,掌通古今。"伏生作为"掌通古今"的秦博士,除《尚书》外,还应该藏有诗、百家语等其他类藏书,为什么唯独藏《尚书》?

由此可见,"秦时焚书,伏生壁藏之"的这段话与前面的"使掌故晁错往受之"一段话是矛盾的,不相容的。唯一合乎情理的解释是,前面的一段话是原有的,后面的伏生壁藏古文尚书的一段话是凭空捏造的。很有可能也是刘歆辈塞入的黑货。

《汉书·惠帝纪》:"四年,除挟书律。"注:"应劭曰:'挟,藏也。'张晏曰:'秦律,敢有挟书者族。'"

既然惠帝四年(前191)已经废除了藏书者灭其族的秦律,而在十余年后的文帝时期仍然派遣晁错到济南,接受伏生的口授尚书的教学。证明伏生作为秦的博士,并没有违反秦代挟书律,而壁藏古文尚书。既然没有壁藏古文尚书,当然也就不存在"汉定,伏生求其书,亡数十篇,独得二十九篇"这类荒诞不经的"记载",足以证明伏生壁藏古文尚书说与孔壁书同属子虚乌有的杜撰。

"大刘记印"与海昏侯墓墓主蠡测

海昏侯墓椁室内出土的"大刘记印",玉印,龟钮,约1.7厘米见方。①学者认为"'大刘记印'的特殊性在于,印文虽强调了刘氏皇族,却也似乎回避了海昏侯的个人信息"。"'大刘记印'作为海昏侯印,采用龟钮,可能同样包含臣属之寓意,是合于列侯政治身份的,但在印文中强调'大刘'又似乎与臣属身份不合。从这一点来看,'大刘记印'在印文和印制上所具有的特殊性,或许指向了海昏侯的特殊身份与境遇,可能反映了制作印章时的特殊心态"②。

《广雅·释诂》:"记,识也。""大刘记印"意思是说这是用来表明我大刘家所用的印。不仅海昏侯刘贺可以用,刘贺的子子孙孙都可以用。这与过去农村盛粮食的布袋上往往写上"张记""李记"或"××堂"之类的标记,性质是一样的。"大刘记印"是大刘家的私印,不是官印,也不是海昏侯刘贺的私名印。因此,从印文中看不出"回避了海昏侯的个人信息"。从印文强调"大刘",也看不出与海昏侯的"臣属身份"有什么"不合"之处,也看不出"大刘记印"在印文和印制上有什么"特殊性",更看不出海昏侯刘贺的"特殊身份与境遇"和"制作印章时的特殊心态"。

考古材料的可贵之处在于可以提供遗物的出土地点、环境(遗址、墓葬、窖藏等等)以及具体位置等信息。"大刘记印"龟钮玉印正因为是考古材料,因此不必另加任何说明,就可以知道他是海昏侯家的用印。正因为"大刘记印"放在椁内,而不是放在棺内,可以断定它不是海昏侯的私名印。因为通常私名印生前都佩带在身上,死后也必然会放在棺内的死者身上。否则如果是传世品,或盗掘品,失去了上述信息,就只能认为这是刘姓某位王

---

① 新华网《海昏侯墓启动主棺清理发掘》2015年12月15日,http://news.xinhuanet.com/photo/2015-12/15/c_128533355_2.htm。

② 熊长云:《海昏侯"大刘记印"小考》,《中国文物报》2015年12月18日,第6版。

子侯印，绝不会猜想到这是海昏侯家用印。道理浅显，毋需多辩。

目前关于海昏侯墓的墓主究竟是哪位海昏侯，还不能肯定，寄希望于开棺以后才能论定。其实种种迹象表明，不必开棺，即可断定大墓墓主唯一的可能性，只能是始封的海昏侯刘贺。

第一，刘贺是汉宣帝元康三年（前63）被封为海昏侯。刘贺死于就国以后四年的神爵三年（前59）。在此以前贺子充国和其弟奉亲均已死亡。由于刘贺在任内曾与故太守卒史孙万世交往，万世问刘贺当你被废黜的时候，为什么不会拒不出宫，杀掉大将军霍光，而听任被废黜呢，刘贺同意万世的看法，认为自己的确是失策。万世又说，你何不在豫章称王，不要永远作列侯。刘贺表示将会这样干。由于刘贺曾有这类谋反的言论，所以当刘贺死后，地方官豫章太守廖奏言"暴乱之人不宜为太祖"。经地方官"有司"们讨论，认定"不宜为立嗣，国除"。刘贺死后11年，元帝即位（前48），复封贺子代宗为海昏侯。代宗死后，埋在何处，没有记载。而考古发现在海昏侯墓园内只有一座大墓，地方志也说海昏侯刘贺墓在建昌县（元帝永光二年由海昏分立）西北六十里昌邑城内有大坟一所，小坟二百许。因此，海昏侯大墓墓主只能是刘贺，而不可能是元帝复封的刘贺之子海昏侯代宗或其子孙其他海昏侯。

第二，海昏侯墓内出土的10余吨200万枚五铢钱，有表示上林苑的"上"字数十枚马蹄金，两盒金饼，以及其他稀有的珍奇宝物等。其来源都应是充当了27天皇帝后被废黜时，当时决定"故王家财物皆与贺"的所得。这位先后做过昌邑王、皇帝和海昏侯的刘贺，这个只做了27天皇帝就被废黜的事件，在西汉历史上是空前的，也是绝后的，突出地彰显了海昏侯墓的"特殊性"和刘贺的"特殊身份和境遇"。像海昏侯墓中的巨大财富和珍奇宝物，在轰动海内外的西汉中山王刘胜墓和徐州楚王墓地都没有出土过。可以断言，今后发现的西汉诸王或列侯等级的大墓也不会再有类似的重要发现。海昏侯墓墓主即刘贺，实无可疑。

第三，可以预期的是，开棺后将会发现更多的珍奇宝物。还会有印章，印文可能是"海昏侯贺""刘贺""臣贺"之类，不可能再有"大刘记印"，也不可能出土金缕、银缕之类的玉衣，因为玉衣是由皇帝所颁发的。既然刘贺死后已经被"国除",不应再有标志列侯等级身份的玉衣发现,也是可以断言的。

原载《中国文物报》2016 年 1 月 15 日

海昏侯墓园墓主考

轰动海内外的江西南昌西汉海昏侯墓，于2011年开始进行全面系统地考古调查，发现了紫金城城址、海昏侯墓园、贵族和贫民墓地等重要遗存。2012—2013年，对海昏侯墓园进行发掘，2014—2016年初，完成主墓M1的发掘，发表了发掘简报，[①]并发表了海昏侯墓园平面图（图一），这对于讨论墓园内各墓墓主的身份至关重要。

海昏侯墓园呈梯形，东边长，西边短。园墙周长868米，墙宽约2米，占地面积约4.6万平方米。分别在北墙和东墙上开门。门外有阙。

墓园内共有9座墓葬，分为前后两排。前排有5座，自西而东分别是M1、M2、M7、M9和M8。后排4墓，自西而东分别是M6、M5、M4和M3。9座墓葬都有一条墓道，被称为甲字形墓。除M7的墓道朝西外，其他8座墓的墓道均朝南。

墓道是身份的标志。一条墓道的甲字形墓和两条墓道的中字形墓是诸侯身份的标志。四条墓道的亚字形墓是王的身份标志。墓园内9座墓都有一条墓道，其墓主都应具有诸侯身份。可以断言，海昏侯墓园以外的花骨墩、祠堂岗、苏家山等西汉墓地，无论是贵族还是平民，不会再有一条墓道的甲字形墓。

M1封土高约7米，呈覆斗形，与M2共建于墎墩山顶，东西并列，封土下有方形大型夯土基座。封土基座共二层，下层基座和M2共用。M1和M2的前面共用一个礼制性高台建筑，该建筑由东西厢房（F13、F14）、寝（F1）和祠堂（F2）构成，应属享堂性质的礼制建筑，是用以祭祀M1和M2墓主的。

前排的M1，即海昏侯墓。坐北朝南，平面呈甲字形。墓室口南北长约

[①] 江西省文物考古研究所等：《南昌市西汉海昏侯墓》，《考古》2016年第7期。

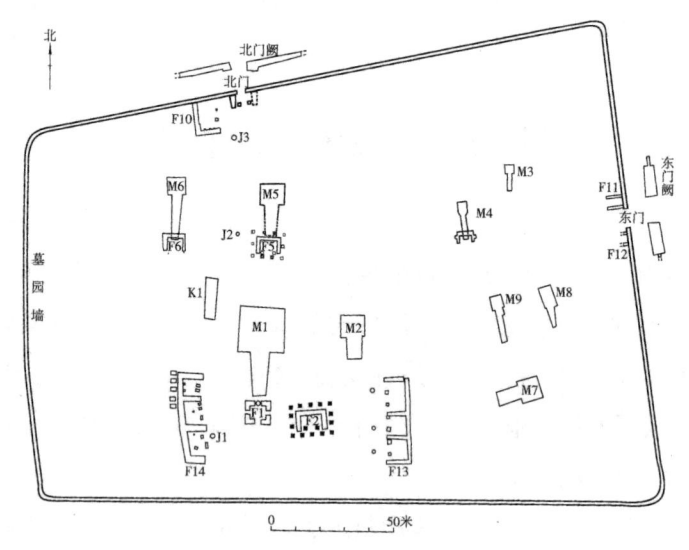

图一　海昏侯墓园遗迹分布图
采自《考古》2016 年第 7 期

17.2 米，东西宽约 17.1 米，深约 8 米。墓道长 15.65 米—16.17 米，宽 5.92 米—7.22 米。

椁室具有复杂的结构。棺有内外两重。以及出土的金、铜、铁、玉、漆木陶瓷、纺织品和竹简、木牍等遗物 1 万余件（套），已在网上和简报中有简要介绍，限于篇幅，不再赘述。

后排的 M3—M5 等三座墓，也是经过发掘的。

M3，方向 170 度。封土高约 3 米，墓前有地面建筑堆积，未见建筑基址。墓室南北长约 4.5 米，东西宽约 3.5 米，深约 3.3 米。斜坡墓道长约 5.7 米，宽约 1.5 米—2.3 米。总面积约 29 平方米。棺椁已朽，出土铜器、陶器 30 余件。

M4，方向 170 度，封土高约 1.5 米。墓前有地面建筑遗迹，打破墓道填土。基址平面呈"凹"字形，东西两侧中部分别有一个方形夯土基础，东西长约 7.9 米，南北宽约 4.95 米。墓室长约 4.83 米，宽约 3.97 米，深约 5 米。一棺一椁。斜坡墓道长约 5.35 米，宽约 2.2 米。总面积 31 平方米。出土青铜器、陶器等 30 余件。

M5，方向 184 度，封土高约 3 米。墓前有回廊形地面建筑遗址，打破墓道填土。主体夯土基址呈"凹"字形，外围分布方形夯土基础，有的基址内还残存柱础石。东西长约6.16米，宽约5.54米，深约6米。斜坡墓道长约12.6米，宽约2.96米—4.7米。总面积约93平方米。一棺一椁。出土青铜器、陶器等100多件。

简报认为，M1是海昏侯墓，M2是侯夫人墓，是正确的。而把M3—M9等7座墓称为"祔葬墓"，是可疑的。因为据《礼记·檀弓下》："卫人之祔也，离之。"注："祔为合葬也。""离之"，意为异穴。由此可知，"祔"指夫妻合葬。卫国实行的是异穴合葬。

如上所述，M1与M2共用封土墓座，共用同一个享堂建筑。因此，准确地说，只有M1的海昏侯刘贺墓和M2的侯夫人墓，可以称为"祔葬墓"。其他的M3—M9等7座墓的墓主身份，需要通过论证加以确定。

墓园内唯一墓道朝西的M7，其墓道朝向M1和M2前面的享堂礼制建筑。说明M1和M2前的享堂礼制建筑不仅用于祭祀海昏侯及夫人，同时也是祭祀M7的。而且M7与M2的形制和面积相同，证明M7也应是另一位侯夫人的墓。也可以说是与刘贺墓"离之"的夫妻异穴"祔葬墓"。

按：据刘贺名籍："妻十六人，子二十二人。其十一人男，十一人女。"与海昏侯刘贺合葬的M2侯夫人应是执金吾严延年之女罗紨。再加上我们推断M7也是刘贺的另一位妻子。其他的妻14人应按照西汉文景以来所实行的帝死，出宫人令改嫁的政策，并结合其父昌邑哀王死后"无子，又非姬，但良人，无官名，王甍当罢归"的实例，让她们回归娘家，另行改嫁。因此，墓园内不应再有其他的妻子与刘贺合葬的"祔葬墓"。

M7和并列的M9和M8的墓主身份，需要根据如下的文献记载，加以确认。

《汉书·王子侯年表》："海昏侯贺，昌邑哀王子。二年四月壬子以昌邑王封，四年，神爵三年甍。坐故行淫辟，不得置后。"（师古曰："辟读曰僻。"《补注》："苏舆曰：上有二年，此不应复出二年。二年二当为三。自元康三年至神爵二年，适合四年，明二是三误。先谦曰：据《纪》是三年。昌邑王上，当有'故'字。"）子，"初元三年，釐侯代宗以贺子绍封"。孙，"原侯保世嗣"。曾孙，"侯会邑嗣，免"。

按：《表》称海昏侯刘贺元康二年封，神爵三年薨，在位四年，不误。苏舆看到的本子作神爵二年薨，是错的。《宣纪》说是元康三年封，但不记刘贺卒年。《刘贺传》也说是元康三年封，同样不记薨年，恐怕都是错的。当以《表》为准。又据《霍光传》，刘贺嗣昭帝后，被废黜的主要罪名是"淫乱"，"行淫辟不轨"。具体讲是指刘贺与孝昭皇帝宫人蒙等淫乱。而海昏侯"国除"的罪名是有谋反的不当言论，是舜弟象那样的"暴乱之人"。而《表》称海昏侯之所以不得置后，是由于"坐故行淫乱"，显然是把两者混同起来，是错的。

另据《刘贺传》：宣帝元康二年，派山阳太守张敞秘密监视刘贺，听取汇报后，宣帝认为"贺不足忌。其明年春，乃下诏曰：'盖闻象有罪，舜封之，骨肉之亲，析而不殊。其封故昌邑王贺为海昏侯，食邑四千户。'"由于刘贺与故太守孙万世交往中有类似谋反的不当言论，"有司案验请逮捕，制曰：削户三千，后薨。豫章太守廖奏言：舜封象于有鼻，死不为置后，以为暴乱之人，不宜为太祖。海昏侯贺死，上当为后者子充国（师古曰：上谓由上其名于有司。《补注》瞿鸿禨曰：由当作申）。充国死，复上弟奉亲。奉亲复死，是天绝之也。陛下圣仁，于贺甚厚，虽舜于象无以加也。宜以礼绝贺，以奉天意。愿下有司议"。"议皆谓不宜为立嗣，国除"。

应该指出：虽然被"削户三千"，刘贺仍是有食邑一千户的海昏侯。刘贺死后，其子仍可袭封为海昏侯。但豫章太守又奏言"暴乱之人，不宜为太祖"，即刘贺死后，不准立后。既然不准立后嗣，那么又何必"上当为后者子充国"呢？"充国死，复上弟奉亲。奉亲复死，是天绝之也"。奉亲死后，刘贺还有其他的9个儿子，为什么说是"天绝之也"。由此可见，"国除"是终极目的，所谓"上当为后者子充国""上弟奉亲"不过是虚应故事的走过场而已。刘贺被"削户三千"后的立即"薨"，和其子充国与奉亲的相继无疾而死，有理由怀疑不是"天绝之也"，而是"人绝之也"。不过，史官这段难言之隐的"曲笔"，所掩盖的真实历史是，刘贺之子充国和其弟奉亲，确实是曾嗣位为侯的。只是时间很短暂，就被"人绝之也"。

因此，南排 M7 以北的 M9，应是刘贺之子充国的墓。M8 应是充国弟奉亲的墓。M7 应是充国和奉亲的母亲的墓。充国和奉亲把他们的母亲葬入墓园，与其父刘贺合葬是理所当然的事情。刘贺其他的儿子，没能嗣位为侯者，不能葬入墓园内，只能葬入城外的贵族墓地。

"元帝即位，复封贺子代宗为海昏侯"，重新建立了以代宗为始祖的海昏侯国。如果说前排是海昏侯刘贺及其妻与子的墓，则后排就应是海昏侯代宗及嗣位为侯的子孙们的墓。

根据北排 M6、M5、M4 都有享堂建筑，说明这三座墓都享有后嗣奉祀的资格。其身份都应是侯。

根据前排的先后次序，是从 M1 刘贺墓开始，自西而东顺序排列。则后排自西而东的第一座墓 M6 应是元帝复封为海昏侯的釐侯代宗的墓。M5 应是代宗之子原侯保世的墓。M5 的墓室面积虽大于 M6，但 M6 的墓道长于 M5。因此，M6 应是元帝复封的海昏侯釐侯代宗的墓。M4 应是代宗之孙会邑的墓。M3 应是会邑之子的墓。由于会邑已被"免"去侯位，故会邑之子不再称侯，但可以是会邑的合法继承人。M3 的墓前虽有建筑遗迹，但没有曲尺形的享堂，不再享有后人的奉祀，可以作为拙说的佐证。

综上所证，海昏侯墓园内的 9 座带墓道的墓，前排 5 墓应是海昏侯刘贺及其夫人和刘贺之子充国及其弟奉亲的墓，后排 4 座墓应是元帝复封的海昏侯代宗及其子孙的墓。认为墓园内是海昏侯及其妻妾们的"祔葬墓"，是错的。

原载《中国文物报》2016 年 9 月 27 日

张政烺先生与古史分期

——与张政烺先生的另外两次谈话

今年是张政烺先生百年诞辰,很早就想写篇纪念文章,主要是想对张先生九十华诞时我写的那篇祝寿小文作些重要补充。2012年4月28日,参加北京大学举办"考古90年、考古专业60年"庆典时,林小安先生找到了我,约我写篇纪念张先生百年诞辰的文章,正与愚意不谋而合,自然乐于应命。

我那篇祝寿小文主要内容是根据张先生与我的两次谈话以及所见所闻,对张先生离开北大一事的追忆。① 我生性记忆力不强,进入老年以后尤为显著。时隔40年,有些事早已淡忘了。再加上1972年与张先生的那次谈话对我震动太大、印象实在太深刻了,以至于竟然忘记了1977年与先生更为重要的一次谈话。幸亏2005年寒舍装修,从尘封多年的一封家书中,看到了这次谈话的主要内容。时在1977年3月,参加在北京香山召开的中国陶瓷史编写会议。24日上午到故宫博物院看瓷片标本。下午趁会议间歇时间到张先生寓所拜见先生。先生告诉我说,为什么过去不写文章谈社会性质,主要原因是陈伯达和范文澜搞他。1952年北京市教育局长在北京市中学教师训练班上说:中央的意见,不准张再教书。后来翦伯赞又对他说,中央不准他编写全国高校通用教材《中国古代史》一书了。先生说这个"中央"现在知道是陈伯达和范文澜,因为他们是最反对农业公社及古代东方的。先生说,20多年来这些事从未对别人讲过。并说现在准备写一本书,全面阐述古史分期观点,但现在还不忙。

由于这封家书的缘故,使我联想到与张先生的另一次谈话。时间约在20

---

① 拙稿《张政烺先生调离北大的前前后后》,《那时我们正年轻——北大历史系友回忆录》,现代教育出版社,2007年;张永山编:《张政烺先生学行录》,中华书局,2010年。

世纪90年代早期。张先生与我参加中国秦文研究所组织的参观中国历史博物馆（现国家博物馆）馆藏的秦代琅琊刻石。事后俞伟超馆长留下张先生和我到他的办公室看历博新入藏的黄金五铢。并派车嘱我护送张先生回家。在先生家中又稍坐片刻。由于1977年的那次谈话中先生说准备写一本古史分期的书，当向先生提及此事时，先生表示已经放弃了原来的打算。我感到很惋惜，遂冒昧向先生建议：是否可以由先生主编，找几个志同道合的同志共同编写，如有可能，我也愿意参加。先生对此也予以婉拒。并告诉我胡庆钧先生正在做这一工作。后来才知道这就是由胡庆钧先生主编的中国社会科学出版社1996年出版的《早期奴隶制社会比较研究》一书。不过书中以"商人奴隶制"与希腊荷马时代和罗马王政时代相比较，其实这种比较并不具备可比性。按照恩格斯的意见，荷马时代的希腊和王政时代的罗马属于野蛮高级阶段，而殷商应属野蛮中期阶段。张先生《古代中国的十进制氏族组织》一文是赞成恩格斯意见的。胡著恐怕还不能代替张先生所要撰写的古史分期著作。

张政烺先生为人真诚求实，对于1977年的那次谈话内容，我深信不疑。但对于消息来源则是有所考虑的。北京市中学教师中应该有张先生的学生，训练班上的谈话内容传入先生耳中，并不奇怪。但训练班上和翦伯赞两次谈到的"中央"就是陈伯达，应属于"机密"，张先生怎么会知道？但是当我看到中华书局标点廿四史和清史稿的"全家福"照片时，一切就都明白了。原来，那位北京市教育局长也在座。

张政烺先生被"调离"北大是一桩冤案，更是疑案、奇案，离奇得近乎荒唐。与张先生1977年的那次谈话显然是破解所有疑问的钥匙。虽然我在祝寿小文中提到过"像张政烺这样的人，就是不准他再教书"，但并不知道这话是1952年说的，更不知道出自陈伯达之口。但1972年张先生告诉我那句话是在北京史学会上说的，与1977年谈话中的地点不同。这有可能是在不同的时间，不同的地点，甚至可以是不同的人传达"中央"的指示。而且在北京史学会上传达的时间应该早于1952年。因为只有这样理解，才可以解释为什么在1952年中学教师培训班上的讲话之前的1951年11月，张先生在《历史教学》没有刊载完的《古代中国的十进制氏族组织》一文中所加的如下《附记》：

"本文原定计划还有：六、庶人和奴隶，七、结论，两节。现在因为要到中南区参加土地改革工作，匆匆出发，没有时间整理。如果等到五六个月后再继续刊载非常不便，所以暂告结束，不尽之意将来另作专篇发表。"

这是一篇奇怪的难言之隐的声明。论文不同于章回小说，可以随写随登。论文理应杀青后再送出刊载，不可能"整理"多少，就发表多少。而且"土改"是临时的政治任务，与学术研究、论文发表没有什么关系。如果不是由于听到了名为"中央"实为陈伯达的指示，不会发生这种奇怪的事情。而且事实证明，如同张先生1977年所说：此后再也没写过古史分期方面的文章。《附记》中所谓"不尽之意将来另作专篇发表"的诺言，也只能遗憾地永无兑现之日了。显然，极有可能的是1951年张先生被送去搞土改，以及《十进制》没有刊载完的这篇论文都与陈伯达的指示有关。不仅如此，1952年院系调整时，一定有为落实陈伯达的指示，而把张先生"调离"北大的打算，才会有"北大历史系两位年轻教授（张政烺和周一良）不要离开北大"的"上级领导"的意见。①

把西周公社写进教学大纲，不过是迫害张先生的借口。真正的目的不是"调离"北大，而是"不准他再教书"。张先生对此早有思想准备。因此，当学生代表送大字报时，张先生已经有"我要是不能教书了"的预感②，否则，如果真像外界所说的是由于北大历史系的"排挤"，是由于"不适合在北大教书"，那么完全可以把张先生"调"给中国人民大学、南开大学等其他高校，人家正求之不得呢。事实上，在"教育革命"之前，张先生早已被中国人民大学聘为兼职教授，负责指导研究生。而北大却偏偏不把张先生"调"给其他高校，而是"调"送给与"教书"毫不相干的中华书局。按照正常的调动程序，首先要由当事人张政烺先生向所在单位北大历史系提出请调报告，由用人单位向北大历史系发送商调函。真实情况并非如此，恰恰相反，不是中华书局向北大历史系"商调"，而是北大历史系向中华书局"送

---

① 张政烺先生九十华诞纪念文集编委会编：《揖芬集——张政烺先生九十华诞纪念文集》，社会科学文献出版社，2002年，第30页。

② 张永山编：《张政烺先生学行录》，中华书局，2010年，第53页。

调"。据说中华书局至今仍保存着北大历史系于 1960 年 6 月 10 日把张政烺先生"赠送"给中华书局的"商调函"①。谁能对这种反常的"调动"作出合理解释？

记不太准确，1959 年国庆十周年时，陈伯达似乎来过北大。但是否讲过话，讲些什么已经没有什么印象了。如果他确实到过北大，那么这与"调离"张先生一事不会是偶然巧合。但没有证据，也不便作更多的推测。相信总有一天真相会大白于天下的。

"调离"张先生一事极大地损害了北京大学的声誉。北大也由此背上了"排挤张先生"的黑锅。但客观地讲，北大既是执行者，同时也是受害者。对身居高位的陈伯达的指示，哪个敢抗命不遵？

史学界可能知道张政烺先生是魏晋封建论者，但未必知道张先生是国内魏晋封建论者的第一人，未必知道张先生是由此而遭到打压迫害的第一人。如果不是 1977 年的那次谈话，更不会知道打压、迫害张先生的是陈伯达。

令人深感遗憾的是，事情并未到此结束。不准教书，不准著书立说谈社会性质，张先生只能"降格以求"，"退而求其次"，另辟蹊径。中国科学院历史研究所（今中国社会科学院历史研究所），于 1958 年 12 月组建《中国历史文物图谱》课题组，任命张政烺先生为该书主编，张先生任组长。张先生受命以后，全身心地投入到这一工作中，从编辑计划、编辑大纲、编制资料目录，到图书资料的采购、照相器材的备制、文物的拍照、资料的翻拍等等，事无巨细，先生都是事必躬亲，而且严格要求。1958 年拍照中国历史博物馆（今国家博物馆）馆藏文物时，张先生不仅提出拍摄文物目录，而且对具体拍照文物的成像效果和冲洗底片质量，都严格把关，精益求精。共拍摄历博馆藏国家一、二级文物 800 件。在张先生组织领导下收集有关西藏历史文物照片约二三千幅上下。在"三年自然灾害"的困难时期，先生不畏艰难困苦，主动提出到全国各地收集拍摄文物的计划，经所领导批准，从 1960 年到 1964 年，近 4 年的时间，在物质生活条件极度匮乏的条件下，带领全组人员跑遍长城内外、大江南北的陕西、河南等 17 个省市自治区以及有关

---

① 张政烺著，李零等整理：《张政烺论易丛稿》，中华书局，2011 年，第 2 页注②。

县市数十处，拍摄文物照片六七千张。有一位亲身参加《图谱》工作的成员，忠实地记录了《图谱》主编张先生和他的团队如何排除万难，艰苦卓绝地、出色地完成了国家交给的这一光荣而艰巨的任务。[①] 相信任何有良知的人读后都会为之动容、为之潸然泪下的。就是这样一个张政烺先生为之奋斗了后半生的《中国历史文物图谱》，却更换了主编，先生被迫退出。一个耄耋之年的老人，实在经受不住这一突如其来的致命打击，从而身患脑疾，最终被夺去了生命。这难道符合改革开放以来的"尊重知识，尊重人才"的知识分子政策吗？公平、公正、公理安在？为什么要这样做？谁能给草民一个说法？支持《图谱》工作的历史研究所尹达、侯外庐、熊德基几位所长和历史所其他领导，是会被载入史册的。打压迫害张政烺先生的陈伯达，历史已经做了结论。因更换主编而给张先生致命一击的决策者们，相信总有一天也会"彪炳青史"的。

2012 年 5 月 19 日

附录：

作为史学家，他的观点是魏晋封建论。当年，为这事，他丢过北大的教职。尚钺先生也是这种观点，同样受过委屈。尚先生去世后，他女儿找先生，先生帮她联系出版尚先生的遗著，但对往事，他却一个字都不肯说。我记得，1979 年至 1980 年前后，俞伟超先生和郑昌淦先生打算编写为魏晋封建论翻案的论集，北京的学界中坚，很多都写了文章，俞先生请先生作序，被先生谢绝，只好作罢，各自发表各自的文章。后来，我问先生，为什么他不肯出面支持俞先生，他说，这是他一生最伤心的事，他已发誓不再提起。在《我与古文字》中，他只说"依我看中国古代封建社会是魏晋以下，至今我仍坚持这一看法"。从这段话，我们可以知道，他并没有后悔。

摘自李零：《赶紧读书——读〈张政烺文史论集〉》，《书品》2005 年第一辑

---

① 张永山编：《张政烺先生学行录》，中华书局，2010 年，第 197—207 页。

追记：

我在本文中说："记不太准确，1959年国庆十周年时，陈伯达似乎来过北大。"韩信夫先生回忆证实，陈伯达的确来过北大。但不是1959年国庆十周年，而是1958年北大校庆六十周年。

据韩信夫先生回忆："反右以来，政治风云突变。1958年3月，北大召开万人'双反'誓师大会。……这年5月4日，陈伯达来北大，在校庆六十周年大会上讲话，点了马寅初的名字，说什么'马寅初要对他的《新人口论》作检讨'。7月1日，康生向北大师生作报告，提升了批马的调子。他说：'听说你们北大出了个《新人口论》，作者也姓马。这是哪家的马啊？是马克思的马吗？是马尔萨斯的马吗？我看是马尔萨斯的马！'在陈伯达、康生的点火和煽动下，一场声势浩大的批判马寅初校长的运动开始了。大字报铺天盖地，贴满了校园的各个角落，甚至贴到了马老的住宅。……1960年1月，马寅初校长被迫辞去了校长职务，随即离开了北大。"

（摘自韩信夫：《深切的怀念》，《那时我们正年轻——北京大学历史系系友回忆录》，现代教育出版社，2007年）

与批判马寅初校长同时，在毫无征兆的情况下，一夜之间，历史系批判张先生的大字报贴满了文史楼，并且安排学生代表给张先生送大字报。

1960年1月，马寅初校长被罢了官，离开了北大。几乎同时，张先生也于1960年6月10日被罢了教，"调送"给中华书局，离开了北大历史系。所不同的是陈伯达迫害张先生是从1951年开始的。直到这时，"像张政烺这样的人，就是不准他再教书"的陈伯达指示最终得以落实。

由此看来，我认为张先生的"调离"北大与陈伯达来北大有关的推断，得到了证实。陈伯达迫害张政烺先生的冤案、奇案、疑案，可以结案了。

原载复旦大学出土文献与古文字研究中心网站，2016年11月14日

夏商周三代的民主及其衰亡

春秋时期的国人大会
—— 三权分立的军事民主制之一

民主政治并非希腊、罗马专利。春秋时期也有国人大会、大夫议事会、王和诸侯等三权分立的民主政体。这种三权分立的民主政体，马克思称之为军事民主制。

希腊的最高权力机构是人民大会，称为安哥拉（Agora）。罗马的人民大会称为库里亚（Comitia Curiata）。春秋时期的最高权力机构是国人大会，称为朝国人，朝众，致众。由于会场设在国家太庙门外的广场，也称为外朝。

仅举数例以明之：

1.《左传·哀公元年》：

> 吴之入楚也，使召陈怀公。怀公朝国人而问焉，曰："欲与楚者右，欲与吴者左。陈人从田，无田从党。"

陈国这次国人大会，是在吴国攻入了陈的盟邦楚国时召开的，召集人是国君陈怀公。中心议题是仍然与楚国结盟呢，还是改与攻占楚国都城的吴国结盟。表决方式采用选边站队的办法。同意仍与楚国结盟的站在右边，同意与吴结盟的站在左边。统计票数的办法：陈国人按授田单位"邑"统计；无田的外来居民按居住地域"党"统计。

2.《左传·哀公二十六年》：

> 文子致众而问焉，曰："君以蛮夷伐国，国几亡矣，请纳之。"众曰："勿纳。"曰："弥牟亡而有益，请自北门出。"众曰："勿出。"

卫国的这次国人大会是国君卫侯辄因实行暴政而被赶走，又在越、宋、鲁等国的支持下打回来，并战胜了卫国的抵抗，卫国处在是否让被赶走的卫侯辄复辟的关头召开的，召集人是卫国执政大臣文子公孙弥牟。中心议题：是否让卫侯辄回国。会上民众一致否决了文子请卫侯辄回国的提案。同时拒绝了文子出奔逃亡的请求。

3.《国语·晋语三》：

> （被秦国俘虏的晋惠公）闻秦将成，乃使郤乞告吕甥。吕甥教之言，令国人于朝曰："君使乞告二三子曰：秦将归寡人，寡人不足以辱社稷，二三子其改置以代圉也。"且赏以悦众，众皆哭，焉作辕田。吕甥致众而告之曰："……若征缮以辅孺子，以为君援，……丧君有君，群臣辑睦，兵甲益多，好我者劝，恶我者惧，庶有益乎？"众皆说（悦），焉作州兵。

晋国的这次国人大会，是国君晋惠公被秦国俘虏三个月后，秦准备与晋国媾和时召开的。会议召集人是晋国执政大臣吕甥。会上吕甥教给郤乞传达晋惠公的意思，说惠公自知给国家带来耻辱，请国人改立国君以代替已立为国君的惠公之子圉。这次会上通过了"作辕田"和"作州兵"的两项政策，为日后晋国富强，晋文公称霸奠定了基础。

4.《左传·僖公十八年》：

> 卫侯以国让父兄子弟，及朝众，曰："苟能治之，毁请从焉。"众不可，而后师于訾娄。狄师还。

卫国的这次国人大会是在邢人联合狄人征伐卫国的危难时召开的。召集人是卫侯，议题是卫侯准备辞职下台。大会拒绝了卫侯的辞呈。会后，卫军进驻訾娄，准备迎战。狄军撤退，邢军当然也跟着撤退了。这说明国君是国人选举或认可的，应向国人负责。因此辞呈也要经过国人大会的批准。

5.《左传·定公八年》：

  公朝国人，使贾问焉，曰："若卫叛晋，晋五伐我，病何如矣？"皆曰："五伐我，犹可以能战。"……乃叛晋。

  卫国的这次国人大会，是在卫侯与晋国结盟的仪式上受到晋国的侮辱，于是准备与晋绝交的背景下召开的。召集人是卫侯，议题是，如果与晋绝交，如何应对晋国连续征伐卫国的后果。大会一致认为，即使晋国连续征伐五次，卫国仍然能够抵抗。这说明国人大会对外交事务有决定权。
  例证甚多，无需备举。仅此数例，足以证明春秋时期的国人大会，是国家最高权力机构。

春秋时期的大夫议事会
——三权分立的军事民主制之二

  春秋时期常设的权力机构是大夫议事会。大夫是各氏族的族长。大夫议事会在文献中称"朝大夫"或"谋大夫"。会议地点一般都是在太庙的门内，也称内朝、正朝（戴震《三朝三门考》）。由于大国的大夫人数众多，往往在主要氏族的大夫中选出六人，称为六卿，六卿在议事会的召集和决策时起着重要作用。议事会的职权范围是对国家的政治、军事方面的重大问题进行讨论，并作出决策。对民事诉讼有裁决权。兹举数例：

1.《左传·定公元年》：

  若立君，则有卿士、大夫与守龟在。

证明大夫议事会有立君权。
2.《左传·襄公二十七年》：
宋向戌倡导消除诸侯国之间战争的"弭兵"盟会。

如晋，告赵孟。赵孟谋于诸大夫……晋人许之。

这次议事会的召集人是晋国正卿赵孟。议题是"弭兵"。经过韩宣子在会上陈明弭兵的利弊，会议通过了"弭兵"的决议。

3.《左传·哀公七年》：

季康子欲伐邾，乃飨大夫以谋之。

会议召集人是季康子，议题是攻打邾国。会上子服景伯认为伐邾有危险而表示反对。孟孙也反对伐邾，并责怪诸大夫保持沉默而不表态。诸大夫回答说，之所以要保持沉默，是因为不赞成伐邾有危险的看法。如果知道伐邾必然会有危险，怎么会保持沉默而不发言呢？尽管孟孙等以退席而表示抗议，会议还是通过了伐邾的议案。

4.《左传·昭公五年》：

晋国嫁女于楚，派上卿韩起、上大夫叔向护送晋女到楚国。楚王召开大夫议事会，提出打算砍掉韩起的脚，让他守门。并打算对叔向施以宫刑，以羞辱晋国。征求大夫们的意见，大夫们以沉默表示反对。薳启彊例举了晋国得胜后由于没有防备，因此在邲之战中败给了楚国，楚国得胜后也没有防备晋国，所以在鄢之战中又败给了晋国的历史教训。陈明了羞辱人才济济、实力强大的晋国，而又没有任何准备，就仓促行事将要造成的严重后果。楚王承认了错误，突显了大夫议事会对君主言行的监督与制约作用。

5.《左传·襄公三十年》：

穆叔告大夫曰：楚令尹将有大事……
鲁使者在晋，归，以语诸大夫……
郑子产如陈莅盟，归，复命，告大夫曰："陈，亡国也，……"

这三条材料证明官员执行某项公务后，应向大夫议事会述职，通报信息，而不是向国君述职。

6.《左传·宣公十四年》：

> 晋侯伐郑，……郑人惧，使子张代子良于楚。郑伯如楚，谋晋故也。

这次郑国大夫议事会，是为了应对晋侯伐郑寻求对策而召开的，简称为"谋晋"。而且先说明执行会议决议的两件事，这与以往对大夫议事会的记事是不同的。

7.《左传·哀公二年》：

蔡昭公在大夫议事会不知情的情况下，借用吴国的军事干预，迁都于州来。两年以后，蔡昭公想要访问吴国。诸大夫唯恐蔡昭公再次迁都，于是杀掉了蔡昭公，并驱逐和杀掉了蔡昭公的同党。

8.《左传·襄公十六年》：

> 许男请迁于晋。诸侯遂迁许，许大夫不可。

许国的大夫议事会否决了许国迁都的议案。

以上两条材料说明，大夫议事会有权决定"迁都"事宜。国君擅自迁都，将要受到惩罚。

9.《左传·昭公元年》：

郑国的公孙楚（子南）和公孙黑（子晳）为争娶一个貌美的女人作为妻子而动武。受伤的公孙黑向大夫议事会告发了公孙楚。议事会为此召开会议，执政子产判决公孙楚有罪，而被流放。证明大夫议事会有民事诉讼的判决权。

还有不少次大夫议事会，历史记载非常简略，甚至只简略到一个"谋"字，如"谋子驷""谋之多族""谋所以息民""子囊谋谥"等。

春秋时期很多大夫议事会，并不是由国君出面召开的。议事中也看不到国君的发言。会议的决议当然也不是国君拍板定案。这与君主专制时代，群臣议事，由皇上拍板定案的场景是迥然有别的。总之，大夫议事会是常设的最高权力机构。

春秋时期的军事首长：王和诸侯
—— 三权分立的军事民主制之三

希腊的军事首长称为巴塞勒斯（basileia），罗马的军事首长称为勒克斯（拉丁语 rex）。马克思批评说："欧洲的学者们大都是天生的宫廷奴才。他们把巴塞勒斯变为现代意义上的君主。"摩尔根也曾批判西班牙人把美洲阿兹蒂克人的军事首长变成"皇帝"的谎言。古今史学家们也把夏商周时代的军事首长王和诸侯变成了专制君主。

亚里士多德认为，英雄时代的 basileia 是对自由人的统率，巴塞勒斯是军事首长、法官和最高祭司。罗马王政时代的勒克斯同样也是军事首长、最高祭司和某些法庭的审判长。在中国金文中"王"是钺的象形字，钺是军事统率象征物。《史记·周本纪》："周公旦把大钺，毕公把小钺，以夹武王。"显然以钺来表明周武王的军事首长身份。侯的本意是射箭的靶。《周礼·司裘》注说：能够射中箭靶中心的"则得为诸侯"。可见最早的诸侯应是从"大射礼"的射箭比赛的胜出者中选拔出来的军事首长。

商周时代的"王"也和希腊、罗马一样既是军事首长，也是最高祭司。"国之大事，在祀与戎"（《左传·成公十三年》），也可以说是"王之大事，在祀与戎"。殷墟甲骨文中几乎所有的战争如武王伐鬼方，商纣王伐夷方的统率都是商王。西周时代也是如此。成王东征，昭王南征伐楚，厉王伐淮夷等战争统率也是周王。周王还享有祭天、祭祖、祭社稷的特权，甚至以丧失宗庙、社稷祭祀权作为亡国的标志，与古希腊罗马不同的是西周时代审判权属于召公，见于《诗经》中的《甘棠》。只是春秋时代的鲁庄公"小大之狱，虽不能察，必以情"才享有审判权。

军事首长与专制君主不同之处，一是嫡长制尚未确立（详见拙稿《从鲁国继承制看嫡长制的形成》，《东岳论丛》1980 年第 3 期）。二是王和诸侯是由国人大会和大夫议事会选举或认可的。三是没有掌握国家的最高权力。最高权力属于国人大会和大夫议事会。四是不掌握民政权和行政权。行政权属于各国的执政。

因此，把夏商周时代的王和诸侯说成是专制君主，也只能是毫无根据的谎言。

国人，春秋时期社会的主人

君主专制下的老百姓是君主的奴仆。但春秋时期的国人却不是君主的奴仆，而是社会的主人。

1.《左传·闵公二年》

卫懿公让他的宠物仙鹤乘坐轿子，国人大为不满。当狄人征伐卫国时，国人拒绝出战，说：仙鹤既然可以享受坐轿子的特权，就派仙鹤出战好了。我们怎么能去打仗呢？结果狄人大败卫军，入卫都，卫亡国。

2.《左传·僖公二十二年》

宋与楚泓之战。宋襄公坚守"不鼓不成列"的古训，导致宋军大败，襄公也受重伤。"国人皆咎公"，认为宋襄公应负有宋军战败主要责任。

3.《左传·僖公二十八年》

颓叔、桃子联合狄人攻打周襄王，襄王出奔，"国人纳之"，即把襄王迎接回来。

4.《左传·僖公二十八年》

卫侯想要参加晋国和齐国在敛盂的盟会，晋人不同意。卫侯想和楚国结盟，国人不赞成，赶走了卫侯。卫侯逃亡到襄牛。

晋国人恢复了被赶走的卫侯的君位。宁武子和卫国的官吏在宛濮举行盟会，告诫跟随卫侯逃亡者，不要仰仗自己跟随卫侯逃亡有功。留在国内的人也不要担心有罪。假如背弃盟约，将要受到神灵和先君的惩罪。国人听说盟会的结果，才不再反对卫侯。

至于国君或公卿大臣为了某种目的与国人盟誓，以取得国人的支持的事例更是史不绝书。如郑子驷"国人盟于大宫"（《左传·成公十三年》），郑国国君"盟国人于师之梁之外"（《左传·襄公三十年》），鲁国阳虎"盟公及三桓于周社，盟国人于亳社"。不备举。

终春秋之世，国人选举国君（立君），赶走国君（出君）和诛杀国君

（弑君）的例证，更是举不胜举。一言以蔽之，春秋时期的国人是政坛上的主角，而不是专制君主统治下的奴仆。

夏商周时代的民主理念

1.《左传》中多次引用周武王在《大（泰）誓》中的话"民之所欲，天必从之"。老百姓的利益高于一切，即使是老天爷，也必须服从老百姓的意志。

2.《左传·文公十三年》：

邾文公占卜迁都于绎的吉凶。史官说，迁都将会"利于民而不利于君"。邾文公说："苟利于民，孤之利也。天生民而树之君，以利之也。民既利矣，孤必与焉。"老天爷之所以让国君管理百姓，就是为了要让老百姓得到利益。迁都既然能够让老百姓得到好处，即使对我不利，我也必然会完成此事。

3.《左传·桓公六年》：

上思利民，忠也。
所谓道：忠于民。

国君考虑有利于老百姓的事情，就是尽忠。什么是"道"？忠于老百姓就是正道。

4.《穀梁·桓公十四年》：

国将兴，听于民；将亡，听于神。

国家要兴旺发达，就必须听从老百姓的意见；国家将要灭亡的时候，才会求神问卜。

以上所有的这些话，难道会是出自专制君主之口吗？

三代民主制的衰亡

语云:"极盛而衰。"三代民主制发展至春秋时期达到了顶峰。同时也开始进入衰亡期。主要表现在国君与群公子的斗争。群公子与国君具有同等的继承权与民主权力。要扩大君权,必须首先清除群公子。晋国是成功的典型。从献公始到惠公止,即做到了"尽逐群公子"和"惠怀无亲",惠公是献公之子,怀公是惠公之子,惠公和献公的另一个儿子五霸之一的晋文公,虽然都是"尽逐群公子"政策的受害者,但上台以后继续执行这样的政策,终于完成了"晋无公族"的历史使命。

另一方面表现在国君培植私人势力,利用远方来客的远人,没有户口的羁人等新贵族,以对抗各氏族的旧贵族。这也就是春秋早期六种社会矛盾"六逆"中的"远间亲"和"新间旧"。到春秋晚期晋国十一种强宗大家中除栾氏是晋国同祖的姬姓,韩是否姬姓还有疑问外,其余九家均是异姓。齐桓公时代的管仲、鲍叔牙以及后世篡齐的陈完,齐景公时代的晏婴等都属于远人、羁人的新贵族。

大夫议事会成员的诸大夫,都是各氏族选举或认可的族长。国君无任免权。晋国自献公"尽逐群公子……始为令,国无公族",至晋悼公"始命百官",经过83年几代人的斗争,终于终结了由氏族选举大夫,由大夫议事会掌握政权的民主政体,过渡到了君主专制政体。大夫议事会在晋国完成了历史使命而消亡。

国人大会的消亡,可举郑国的"乡校"为例。由于郑人在"乡校"中议论执政子产的政绩好坏,有人就建议子产关闭"乡校",如果国人大会还存在,国人有权在国人大会上发表各方面的政见。现在只能到"乡校"中去议论,证明国人大会已经不存在了。即使如此,还有人建议关闭"乡校",说明国人大会早已成为历史,国人连议论"国事"的权利都不复存在了。也就是说民主制度在郑国已经终结了。

战国时代君主专制的理念

夏商周时代的民主理念是"民之所欲,天必从之"。而战国时代君主专制的理念与此针锋相对"上之所欲,小大必举",君王的欲望,无论大小,都必须满足。

民主时代由国人大会和大夫议事会治理国家。战国时代君主专制的理念是"朝不合众，治之至也"。不再召开"朝国人"的国人大会和"朝大夫"的大夫议事会，君主专制是治理国家最好的政体。

齐宣王问孟子什么是贵戚之卿，孟子答"君有大过则谏，反覆之而不听则易位"。宣王勃然变乎色（《孟子·告子上》）。

孟子说：国君有重大错误，则予以规谏。如果再三劝阻而无效的话，就要另选德才兼备的国君了。宣王听后勃然大怒。孟子这里所说的是民主制时代的君臣关系。在早已进入君主专制时代的齐宣王认为随便更换国君，简直就是无法无天，怎能不龙颜大怒。

唯物史观与战国奴隶社会说
——评张政烺先生古史分期观

张政烺先生，字苑峰（1912—2005），是享誉海内外的著名史学家、古文字学家和考古学家。张先生知识渊博、学贯古今，在史学、文学、哲学等各个领域都有突出建树，是名副其实的国学大师。

张政烺先生于1932年考入北大历史系，在学生时代就崭露头角，发表过多篇颇有影响的论文，震动了学术界。毕业后被傅斯年"拔尖"到中研院史语所。1946年被北大历史系破格聘为教授，是年34岁，是当时北大历史系最年轻的教授。

20世纪50年代的新中国史坛，古史分期问题的讨论如火如荼，讨论的重点集中在夏商周时代的社会性质。张政烺先生早在20世纪50年代初就提出了"中国奴隶社会从秦孝公变法开始（前360）"，"到魏晋时中国便步入了封建社会"的观点。①

张政烺先生的古史分期观与西周封建论和战国封建论等其他各家的观点大相径庭，一经提出，立即遭到一系列的不公正的打压迫害。《历史教学》连载的《古代中国的十进制氏族组织》②一文没有刊载完就被迫草草收场。此后其他刊物不发表他的关于古史分期方面的文章，也不准在课堂上、讲义里谈他的古史分期观点，原定由他编写的"古代史"全国高校通用教材不再让他编写了。教育革命运动中被作为"白旗"从北大"拔掉"，"调送"给中华书局，甚至从1958年立项的由张政烺先生任主编并为之奋战了近40年的国家重点项目"中国历史文物图谱"也撤换了主编，被迫退出。③以至罹患脑

---

① 张政烺：《汉代的铁官徒》，《历史教学》第一卷第一期，1951年1月。
② 张政烺：《古代中国的十进制氏族组织》，《历史教学》第二卷第三、四、六期，1951年9—12月。
③ 王恩田：《张政烺先生调离北大的前前后后》；王曾瑜：《张政烺先生学术传记·呕心沥血之功废于一旦》，均刊于《张政烺先生学行录》，中华书局，2010年。

疾，抑郁辞世，始终未能全面系统地阐述自己的古史分期的观点，这不仅使张政烺先生抱憾终生，也是学术界无法弥补的重大损失。

实践是检验真理的唯一标准。本文拟根据古文献、考古学、古文字学、民族学等多种学科的材料及研究成果，检验战国奴隶社会说是否符合马克思主义的唯物史观，是否符合中国国情。

一　马克思主义唯物史观与摩尔根的分期法

张政烺先生的古史分期观有几个与众不同的特点：

第一，张政烺先生承认马克思主义社会发展规律不仅适用于世界上其他民族，也适用于中国。反对中国国情特殊论。指出"古代中国的社会性质和世界上任何民族处在野蛮时代中级阶段和最高阶段一样，就我们现有的材料和认识而论，绝谈不到什么'特殊性'，更谈不到什么'早熟性'"①。

第二，张先生是第一个真正根据恩格斯《家庭、私有制和国家的起源》为代表的马克思主义成熟时期的古代社会理论解决中国古史分期问题的人，而不是口头上赞成，实际上另搞一套，也不是寻章摘句用马克思主义的词句贴标签。

与世界上任何事物一样，马克思主义的唯物史观和古代社会理论也有一个从无到有，从不成熟到成熟的发展过程。在19世纪40年代以前，关于成文历史以前的社会组织，还几乎没有人知道。经过了19世纪50年代毛勒尔等人对农村公社的研究，特别是19世纪70年代摩尔根对氏族社会的研究，才基本上弄清楚了原始社会的结构。②再加上19世纪80年代和19世纪90年代科瓦列夫斯基对家族公社的研究，马克思和恩格斯经过半个世纪的不懈努力和对各个时期研究成果的系统总结，终于形成了以恩格斯《家庭、私有制和国家的起源》③为代表的成熟的古代社会理论。研究中国古代社会只能运用马克思主义成熟时期的理论作为指导，而不能因循守旧仍然使用早期的不

---

① 张政烺：《古代中国的十进制氏族组织》，《历史教学》第二卷第三、四、六期，1951年9—12月。
② 恩格斯：《共产党宣言》附注，《马克思恩格斯全集》第4卷，第466页。
③ 恩格斯：《家庭、私有制和国家的起源》，《马克思恩格斯全集》第21卷。

成熟的、已经被修正或放弃的理论。诸如氏族是家族的扩大，亚细亚生产方式以及全国土地都是国王的家产，全国人民都是国王的奴隶的所谓普遍奴隶制之类的理论。

第三，采用摩尔根的分期法。

恩格斯对于摩尔根的分期法给予很高的评价："摩尔根是第一个具有专门知识而想给人类的史前史建立一个确定的系统的人；他所提出的分期法，直到大量增加的资料认为需要修改时为止，看来依旧是有效的。"①

与恩格斯的看法不同，20世纪40年代"苏维埃的史学家"们宣称：根据有关人类学、考古学和人种学方面的大量新材料，"摩尔根关于原始历史的分期是有重大缺点而显得陈旧过时了"。他们认为应该用原始群、母系氏族社会、父系氏族社会取代摩尔根的分期法。② 其实，这是一种误解。摩尔根的分期法所论述的是"劳动的发展阶段"，即生活资料和工具的生产的发展阶段。而原始群、母系和父系氏族社会属于社会组织，两者性质不同，不容混淆。

另一位号称"英国著名的马克思主义考古学家"的柴尔德说："由训练有素的专家采用日益精良的观察技术在田野工作中积累的新资料，已经严重动摇了摩尔根的方案。甚至他对易洛魁人经济组织和政治组织的某些看法，可能也需要一定的修正。因此，在当前去概括摩尔根的（也包括恩格斯的）有关经济、政治或亲族组织进化阶段的论点已经是一种无意义的事了。在细节上，他们都是站不住脚的。"③ 这种包括"细节上"的全盘否定"摩尔根（也包括恩格斯的）"分期方案和研究成果，证明柴尔德并不配享有"马克思主义的考古学家"的称号。新中国考古专家们"在田野工作中积累的新材料"证明摩尔根（也包括恩格斯的）分期方案基本上是正确的，依然是有效的。例如摩尔根把蒙昧时代高级阶段以弓箭的发明作为标志，认为这一时期尚不知制陶术，把制陶术作为野蛮时代初级阶段的标志。中国的考古发现证实，发明弓箭的细石器时代确实还不知制陶术。又如恩格斯在讨论野蛮时代

---

① 恩格斯：《家庭、私有制和国家的起源》，《马克思恩格斯全集》第21卷，第32页。
② 〔苏联〕M.O.考斯文：《论原始历史的分期》，《史学译丛》1955年第3期。
③ 童恩正《有关文明起源的几个问题——与安志敏先生商榷》引柴尔德说，《考古》1989年第1期。

中级阶段的科学成就时指出"青铜可以制造有用的工具和武器,但是并不能排挤掉石器,这一点只有铁才能做到,而当时还不知道冶铁"①。青铜时代的夏商周考古的大量事实证明了恩格斯关于青铜不能排挤石器的论断。同时证明张政烺先生认为夏商周时代属于野蛮时代中级阶段的观点是正确的。再如摩尔根和恩格斯认为,野蛮时代中期阶段在东大陆是从驯养供给乳和肉的家畜开始并发展成为"游牧部落"。在西大陆开始在人工灌溉的园圃内种植玉蜀黍和其他食用植物。在中国"王亥托于有易,河伯仆牛,有易杀王亥,取仆牛"(《山海经·大荒东经》)以及殷人八迁的传说,证明殷商先公先王时代已经从驯养家畜发展成为游牧部落。卜辞中难以数计的大量宰杀牛、羊、豕用来祭祀祖宗神祇,证明其畜牧业的高度发达。卜辞中田字内多少不等的纵横线条,表明农业已使用沟洫灌溉,证明摩尔根的分期法既没有"过时",也未被"严重动摇"。

当代中国考古界也有学者认为"'兽性'、'野蛮'等词,由于其本身带有的侮辱性,又不能正确反映社会经济文化变化的实质,除了将它们看成是一种历史陈迹外,实在没有再宣传的必要。……就社会经济组织而言,可以参考原始群、部落、酋邦、国家的系列。这些都是目前国际上约定俗成的分期法"②。这是中国版的"左倾幼稚病"。难道摩尔根所提出的并被马克思、恩格斯肯定和加以使用的蒙昧、野蛮的分期法,就意味着对原始民族的"侮辱"吗?侮辱、歧视乃至灭绝原始民族是三K党、希特勒和世界上一切种族主义者的专利。不是别人,正是摩尔根把美洲印第安人部落的历史和经验称为"伟大的野蛮阶段"③。"摩尔根极端反对种族歧视,他热爱印第安人民,尊重他们的才能和成就。他敢于同当时资产阶级历史学界和社会学界的'权威'作斗争,反驳他们的谬误论点"④。

被认为应译为"兽性"的蒙昧和野蛮的名词是不是能够"正确反映社会经济文化变化的实质"?也应通过实践加以检验。恩格斯指出:"人类是从

---

① 恩格斯:《家庭、私有制和国家的起源》,《马克思恩格斯全集》第21卷,第184页。
② 童恩正:《有关文明起源的几个问题——与安志敏先生商榷》,《考古》1989年第1期。
③ 〔美〕摩尔根:《古代社会》序,商务印书馆,1981年。
④ 杨东莼、马雍、马巨:《摩尔根传略》,〔美〕摩尔根:《古代社会》,商务印书馆,1981年。

野兽开始的，因此为了摆脱野蛮状态，他们必须使用野蛮的，几乎是野兽般的手段"①。《我们当代的原始民族》一书记载着澳洲的阿兰达人和日本的虾夷人还保存食人的习俗和传说。北美的易洛魁人"经常将俘虏不论男女都缚在木桩上，咬掉他们的指头，拔掉他们的指甲，用刀寸剐他们的皮肉，然后把他们放在文火上慢慢烧死。有时候他们甚至吃俘虏的肉，至少要吃心脏"②。这些暴行是否恩格斯所说的"野蛮的、几乎是野兽般的手段"？这本书的译者就是我们上面所提到的认为"兽性""野蛮"等词带有"侮辱性"的学者。如果不使用"兽性""野蛮"的词汇，难道还能找到更恰当而不带有"侮辱性"的词汇来翻译出这类令人发指的残害战俘和吃人的暴行吗？在中国陕西临潼零口古文化遗址中，一位15—17岁的花季少女，身上发现有35处严重损伤，体内找到18件骨器，其中有3件骨器由会阴部插入小腹盆腔。③这类令人毛骨悚然的暴行，除了"野蛮的、几乎是野兽般的手段"之外，难道还能找到不带"侮辱性"的词句能够正确反映先民的"社会经济文化变化的实质"吗？为什么会异想天开，把种族主义者对原始民族的"侮辱"与摩尔根的分期法相提并论？说白了，无非是想借机推销"酋邦理论"，用以取代马克思主义的唯物史观。

当今世界人文社会科学领域只有唯物史观与唯心史观两家，非此即彼。无论是唯物史观，还是唯心史观都不可能是"国际上约定俗成"的理论。

唯物史观认为一定历史时代和社会制度"受着两种生产的制约：一方面受劳动的发展阶段的制约，另一方面受家庭的发展阶段的制约"④。而酋邦理论只讲原始群、部落、酋邦、国家系列的社会组织，只讲"社会复杂化"，不讲生产和婚姻家庭的发展阶段及其制约作用，因而只能属于唯心史观。理论的威力体现在是否能够解释历史实际。实践证明只有唯物史观可以解释中国古代的各种文化现象。例如新石器时代的陕西宝鸡北首岭墓地的男女分片埋葬和潍坊前埠下的男性墓地，以及山东兖州王因墓地的多人同性合葬和二

---

① 恩格斯：《反杜林论》，人民出版社，1970年，第178页。
② 〔美〕穆达克著，童恩正译：《我们当代的原始民族》，四川民族研究所，1980年7月。
③ 陕西省考古研究所：《陕西临潼零口遗址 M21 发掘简报》，《考古与文物》2005年第3期。
④ 恩格斯：《家庭、私有制和国家的起源》，《马克思恩格斯全集》第21卷，第30页。

次葬，多年来由于没有运用唯物史观因而没有能对这些历史文化现象进行分析。改革开放后引进的酋邦理论也无法对此作出合理解释。其实这就是新中国建国前仍然保持在西南多个少数民族公房制度中成年男女分片居住习俗的反映。也就是摩尔根所发现仍然保存在夏威夷的普那鲁亚婚（或译为"伙婚制"）在葬制中的反映。① 又如两千年来争论不休的辕（爰）田制，其实就是马克思关于科瓦列夫斯基一书读书笔记中记载的 100 年前仍然保存在印度西北部的定期换地换房习俗。② 再如尚未引起史学家们注意的《左传》中屡次出现的"三年而复"，《管子·四时》中的"复亡人"，以及《孟子·离娄下》所说的"去三年不返，然后收其田里"等文献记载，其实就是马克思关于科氏读书笔记中所说的按实际耕耘能力分配土地的家族公社高级阶段的土地制度。而误被视为封建社会的"西周封建"，实为按亲属等级即所谓"亲疏有序"原则分配土地的家族公社初级阶段的土地制度。③ 因此尽管酋邦理论被吹捧为"目前国际上约定俗成的分期法"，由于不能解释中国的考古发现和历史记载的史实，还不能代替唯物史观和摩尔根的分期法。

二 夏商周和春秋时代的社会性质

西周封建论认为夏和商属于奴隶社会，西周属于封建社会。战国封建论则认为夏商周都是奴隶社会而战国属于封建社会。战国封建论以殉葬作为奴隶社会的标志，认为杀殉的数量越多，奴隶社会越发达。认为商代甲骨文田字"是一个方块田的图画"，证明商代实行井田制。利用西周金文"曶鼎"匡季赔偿曶的损失中有众一夫，臣三人的记载，认为既然臣是奴隶，众也应是奴隶，以此来证明商代甲骨文的众都应是奴隶。认为西周也是实行井田制，也是奴隶社会。④

---

① 王恩田：《王因同性合葬与普那鲁亚婚》，《齐鲁文博》，齐鲁书社，2002 年；王恩田：《潍坊前埠下男性墓地的发现及其意义》，《齐鲁文物》第一辑，科学出版社，2012 年。
② 王恩田：《临沂竹书〈田法〉与爰田制》，《中国史研究》1989 年第 2 期。
③ 王恩田：《〈管子·四时〉"复亡人"与齐国土地制度》，《管子学刊》1995 年第 1 期；中华文化通志编委会编，王恩田撰：《齐鲁文化志》，上海人民出版社，1998 年，第 10 页。
④ 郭沫若：《奴隶制时代》，科学出版社，1956 年，第 63 页。

与上述各家的看法不同，张政烺先生认为："中国的铜器时代和铁器时代初期，即野蛮时代的中级阶段和最高阶段，这约略相当于历史上的夏商周和春秋时代。"夏商周和春秋时代是"中国从氏族的社会进步到政治的社会的过渡形态，……所以大体说来，还是一个氏族社会"①。在写成于1963年5月，而1978年才获发表的《甲骨文"肖"与"肖田"》②和写成于1963年10月，1973年才得以发表的《卜辞"裒田"及其相关诸问题》两文中根据卜辞材料对众人的身份进行考查，得出结论说："众人是农夫，是战士，有个人的家庭，处于百家为族的农业共同体中，为殷王担负师田行役等徭役，他们被奴役，受剥削，和奴隶主阶级处于对立地位。"③至于曶鼎中用来赔偿的"众一夫"是自由人，臣三人是奴隶。不能因为臣三人是奴隶证明"众"也是奴隶。这是因为在野蛮中级阶段的阿兹特克部落规定，"因盗窃被罚为奴隶的人，通常交给受害者作为赔偿"。"惩罚偷盗的方式是把小偷变为奴隶，直到被偷者得到赔偿为止"④。曶鼎："匡众、毕臣廿夫，寇曶禾。"（众，郭沫若释作"暨"，据《张政烺批注两周金文辞大系考释》校改）即匡季的众和匡的奴隶等20人共同参与了盗窃曶的农作物事件。因此，匡季用"众一夫"和臣三人作为赔偿。也就是说把"众一夫"因犯有盗窃罪被罚为奴隶。非但不能以此作为"众"也是奴隶的证据，恰恰相反，金文曶鼎的记载证明处在野蛮中级阶段的西周时代，与同样处在野蛮中级阶段的阿兹特克人都有把犯有盗窃罪罚为奴隶的规定。从而证明马克思主义的社会发展规律是颠扑不破的真理。张政烺先生还认为"周代奴隶人数既不多，当时主要的生产和革命斗争者是国人和庶人（这类似罗马史上的国民和平民），而不是奴隶，因此想按照恩格斯《家庭、私有制和国家的起源》里处理同样问题的方法，把它叙述在氏族社会的末期，而把'奴隶社会划在文明时代'"⑤。

什么是井田？《管子·乘马》说："方六里一乘之地也。方一里九夫之

---

① 张政烺：《古代中国的十进制氏族组织》，《历史教学》第二卷第三、四、六期，1951年9—12月。
② 张政烺：《甲骨文"肖"与"肖田"》，《历史研究》1978年第3期。
③ 张政烺：《卜辞"裒田"及其相关诸问题》，《考古学报》1973年第1期。
④ 〔美〕乔治·C. 瓦伦特：《阿兹特克文明》，商务印书馆，1999年，第31、33页。
⑤ 张政烺：《古代中国的十进制氏族组织》，《历史教学》第二卷第三、四、六期，1951年9—12月。

田也。""一乘者，四马也。一马其甲七，其蔽五。四乘，其甲二十有八，其蔽二十。白徒三十人奉车两"。尹知章注："蔽所以捍车马。"由此可见，所谓井田，即把一里见方的土地，分为九块，每块百亩。中间形成"井"字，故称井田。甲骨文中田字的写法包括有 4 个方块的、6 个方块的、8 个方块的、12 个方块的，只有一例是 9 个方块的。①因此，不能根据甲骨文中的"田"字写法推论殷商已经实行井田制。实行井田制的目的是以井田为单位征收车马、盔甲、保护车马的蔽和徒役。既不是以往所说的"官吏的俸禄单位"，也不是考核奴隶勤惰的单位。

井田的产生不早于春秋晚期。公元前 548 年，楚国实行改革，"子木使庀赋，数甲兵"。"蒍掩书土田……井衍沃，量入修赋，赋车籍马，赋车兵、徒兵、甲楯之数"（《左传·襄公二十五年》）。庀，治也。"庀赋"即制定兵赋制度。"书土田"，即对耕地进行登记。"井衍沃"即在平整肥沃的耕地上实行井田制。"量入修赋，赋车籍马，赋车兵、徒兵、甲楯之数"，即根据井田的亩数和粮食产量征调车、马、兵士、甲楯。这与《管子·乘马》的记载是完全一致的。楚国推行井田制五年以后的公元前 543 年，郑国子产也实行改革，使"田有封洫，庐井有伍"（《左传·襄公三十年》）。庐即住宅，井即井田。即以"伍"为单位加以编制。五年后"郑子产作丘赋"（《左传·昭公四年》）。杜预注："丘，十六井，当出马一匹，牛三头。"证明郑国也是实行以井田为单位征收兵赋。

张政烺先生认为西周实行的是家族公社的土地制度。②郭沫若先生则认为如果太强调了"公社"，认为中国奴隶社会的生产者都是"'公社成员'，那中国就没有奴隶社会"。并引用《汉书·食货志上》中"里胥"和"邻长"监视民之出入和民的劳动时间过长等两条材料，认为"这里的邑，很像是劳动集中营"③。

我曾指出"劳动集中营"的结论是删除了《汉志》有关论述中的许多重要内容之后而得出的。例如建邑的目的是为了"要在安民，富而教之"。又

---

① 中国科学院考古研究所：《甲骨文编》，中华书局，1965 年，第 523 页。
② 张政烺：《中国史教学大纲》（先秦部分），高等教育出版社，1956 年。
③ 郭沫若：《关于中国古史研究中的两个问题》，《奴隶制时代》，人民出版社，1973 年。

如"七十以上，上所养也"，即民在丧失劳动力之后有得到赡养的权利。民之子弟"八岁入小学……十五入大学"，即有受教育的权利。"学而优则仕"，即学习成绩优异者还可以有做官的权利。民与民之间"出入相友，守望相助，疾病则救。民是以和睦而教化齐同，力役生产可得而平也"。显然是一种平等、互助、友爱和睦的生产关系。民还有批评时政、发泄不满情绪的权利。而"天子"则有征求和听取民众意见的义务。此外还删除了"井方一里，是为九夫"的井田制的内容。从"有赋有税"的记载看，《汉书·食货志上》的这段记载，显然是春秋晚期以后实行的以井田制为代表的农村公社的土地制度。① 至于里胥、邻长监视民之出入的记载，也见于《管子·立政》，并非监视邑内居民，而是为了防止邑外人口的进入，从而造成农村公社人均土地数量减少而采取的防范措施。至于农民劳动时间长，是古往今来农村生活方式的一个显著特点，都不能用来否定张政烺先生关于西周实行家族公社土地制度的观点。

  研究证明，家族公社的土地制度经过两个发展阶段：初级阶段以西周的分封制为代表，即氏族（宗）按照据始祖血缘关系的亲疏远近的原则确定分配给各家族份地的大小，所谓"天子有田以处其子孙，诸侯有国以处其子孙，大夫有采以处其子孙"（《礼记·礼运》）。"王者之制禄爵：公、侯、伯、子、男凡五等……天子之田方千里，公侯田方百里，伯七十里，子男五十里。不能五十里者……曰附庸"（《礼记·王制》）。家族公社高级阶段的土地制度以春秋时期的"三年而复"制为代表。即按照实际耕种特征作为分配土地的条件，三年之内不耕种的土地，公社予以没收。即逃亡者"去三年不返，然后收其田里"（《孟子·离娄下》）。《春秋》经传中屡屡出现的"三年而复"即对逃亡者在三年之内回来的人，则归还其土地和住房。②

  张政烺先生认为春秋时代属于野蛮最高阶段的观点与唯物史观和中国历史实际若合符节。首先，摩尔根的分期法以铁器的出现作为野蛮时代高级阶段的标志。中国考古发现证明铁器出现于春秋早期。如三门峡虢国一号大墓

---

① 王恩田：《齐鲁文化研究的史料问题》，《齐鲁文化研究》第一辑，齐鲁书社，2002年。
② 王恩田：《〈管子·四时〉"复亡人"与齐国土地制度》，《管子学刊》1995年第1期。

出土的玉柄铜柄芯铁剑和铜内铁戈，山西天马一曲村遗址出土的生铁残片，陕西韩城梁带村 M27 出土的铁援铜戈和铁刃铜刀，甘肃灵台景家庄出土的铜柄铁剑，礼县秦公墓地赵坪 M2 出土的鎏金镂孔铜柄铁剑等等，都是春秋早期的。其中三门峡虢国墓地的年代被认为可以早到西周晚期。根据我们的研究，虢国墓地的年代上限不早于晋文侯二十一年（前 760）杀虢公翰所立的幽王之子携王余臣，灭西周，结束了携王与平王"二王并立"的局面。一号大墓的墓主虢季即虢公忌字吉父。① 也就是说中国铁器的出现不早于春秋早期。考古发现的这类青铜镶铁刃和拥有金玉其身包装的早期铁器，证明把铁器称为"恶金"，如同张政烺先生所评，的确是一种"疏失"。

其次，野蛮高级阶段社会形态属于"军事民主制"。"其所以称为'军事民主制'，是因为战争以及进行战争的组织现在已成为民族生活的正常职能。邻人的财富刺激了各民族的贪欲，在这些民族那里，获取财富已成为最重要的生活目的之一"②。在中国即所谓"国之大事，在祀与戎"（《左传·成公十三年》），戎即战争，被视为国家的头等大事。一部春秋史几乎就是孟夫子所说的"春秋无义战"的掠夺战争史。所谓"民主"，即指民主政体。与希腊的英雄时代、罗马的王政时代相同，春秋时代也有国人大会、大夫议事会和王和诸侯三权并立的民主政体。国人大会，《春秋》经传中称为"朝国人"或"朝众"，也称"外朝"。有关立君、迁都、战争或媾和，都须经国人大会讨论决定，也就是"外朝"所具有的"询国危，询国迁，询立君"的职能。大夫议事会由各氏族的族长组成，《春秋》经传称为"朝大夫"，也称内朝，是国人大会的常设机构，负责处理内政、外交等一切国家大事。唯物史观认为军事首长不同于专制君主：一是长子继承制尚未确立。二是军事首长是由人民选举或认可的。人民对军事首长有罢免权。三是军事首长是"军事统率、法官和最高祭司"，"没有任何民政职权"③。在中国夏商周和春秋时代

---

① 王恩田：《"二王并立"与虢国墓地年代上限——兼论一号、九号大墓即虢公忌墓与虢仲林父墓》，《华夏考古》2012 年第 4 期。
② 恩格斯：《家庭、私有制和国家的起源》，《马克思恩格斯全集》第 21 卷，第 187—188 页。
③ 马克思：《路易斯·亨利·摩尔根〈古代社会〉一书摘要》，《马克思恩格斯全集》第 45 卷，第 510—513 页。

的王和诸侯其实就是军事首长。第一，夏商周和春秋时代的王和诸侯"世及以为礼"（《礼记·礼运》），父传子为"世"，兄传弟为"及"，即实行父死子继与兄死弟及并举的世及制度。世及继承制分为两个发展阶段，初级阶段以殷商的兄终弟及制为代表，高级阶段以西周鲁国的一继一及制为代表。经过春秋时代新旧继承制度斗争的过渡时期，战国以后嫡长继承制趋于确立。①第二，夏商周和春秋时代王和诸侯主持国家祭祀和充任战争统帅，即所谓"国之大事，在祀与戎"，国之大事也就是国君的大事。在春秋鲁国还有审判权而绝没有民政权。民政权掌握在各个国家的正卿手中，称为"执政"。王和诸侯由国人大会或大夫议事会负责任免。也就是《礼记·礼运》所说的夏商周时代"禹、汤、文、武、成王、周公此六君子者未有不谨于礼者也……如有不由此者，在势者去，众以为殃"。不遵守礼制规定的国君，民众可以视为祸殃予以罢免。由此可见夏商周时代的民众拥有对国君的任免权。史学家们为了证明夏商周实行君主专制，断章取义把《礼记·礼运》这段"在势者去"的话删节掉，显然不是严谨的治学态度。

  夏商周和春秋时代不仅有民主政体，而且有民主理念。所谓"民之所欲，天必从之"（《左传·襄公三十一年》引《书·大誓》），"上思利民，忠也""所谓道，忠于民而信于神也"（《左传·桓公六年》），"国将兴，听于民，将亡，听于神"（《穀梁·桓公十四年》）。"民之所欲，天必从之"这句话是春秋时代的人引自《书·大誓》。《大誓》即《泰誓》，是武王伐纣师渡孟津时的誓辞，说明最晚在商末周初，就已经有民的利益高于一切的理念。今本《泰誓》三篇没有这句话，证明并非古本。春秋人所说的"忠"，不是民忠于君，而是君忠于民。只有"上"即国君时刻考虑到民的利益，才算得上"忠"。国家要想兴盛，必须听取民的意见；只有国家将要灭亡的时候，才去求神问卜。这样的理念只能是民主政体所反映的意识形态，而不可能是君主专制政体所反映的意识形态。

---

① 王恩田：《从鲁国继承制度看嫡长制的形成》，《东岳论丛》1980年第3期。

三　战国奴隶社会说

张政烺先生认为奴隶社会是从战国时代秦孝公变法也就是商鞅变法（前356）开始的。而西周封建论和战国封建论都认为夏禹传子启是进入奴隶社会的标志。什么是奴隶社会？奴隶社会有哪些特点？也需要进行讨论。

恩格斯指出文明时代即奴隶社会在经济上有下列特征：（1）出现了金属铸币；（2）出现了作为生产者之间的中介阶级的商人；（3）出现了土地私有制和抵押制；（4）出现了作为占统治地位的生产形式的奴隶劳动。与文明时代相适应的家庭是一夫一妻制和个体家庭。上层建筑方面是国家的出现。[①]而战国封建论却把恩格斯关于文明即奴隶社会的特征作为封建社会的特征，显然是与马克思主义古代社会理论背道而驰的。战国时代的历史记载与考古发现证明恩格斯的上述论述是非常正确的。

（一）"中国最早的金属铸币出现于春秋晚期，战国时代进入发达的阶段。在春秋时代以前交换中主要用货贝、麻布、工具或铜块之类的实物作为等价物"[②]。

（二）春秋以前"工商食官"（《国语·晋语四》），商人的买卖要受到官府控制。例如韩宣子欲向郑商购买一件玉环，而且已经谈妥，郑商说必须经过"君大夫"的同意。由于郑国执政子产的反对而没能买成（《左传·昭公十六年》）。春秋战国之际出现了不受官府控制的商人阶级，例如春秋晚期的越国出现了商业理论家计然，其弟子范蠡运用其师的理论经商，成为"三致千金""言富者皆称陶朱公"的富贾。孔子弟子子贡，弃学经商于曹鲁之间，成为"结驷连骑、束帛之币"结交诸侯，"所至，国君无不与之分庭抗礼"的巨富。除此之外，司马迁为之立传的周人白圭、鲁人猗顿、邯郸郭纵、乌氏倮、巴蜀寡妇清等等，都是战国时代"礼抗万乘，名显天下"的富商大贾（《史记·货殖列传》）。

（三）中国古代土地制度，从商代土地公有、不予分割的氏族公社土地

[①] 恩格斯：《家庭、私有制和国家的起源》，《马克思恩格斯全集》第21卷，第200页。

[②] 中国大百科全书总编辑委员会《考古学》编辑委员会、中国大百科全书出版社编辑部编：《中国大百科全书·考古学》"东周钱币"，中国大百科全书出版社，1986年。

制度，到西周时代实行分封制，即按"亲疏有序"原则分配土地给各家族的家族公社初级阶段的土地制度，再到春秋时代按实际耕耘能力，三年不耕种即归还给公社的家族公社高级阶段的土地制度，再到春秋晚期以楚国"井衍沃"和郑国"庐井有伍"的井田制和齐国书社为代表的农村公社土地制度，一直到战国时代秦孝公商鞅变法，"制辕田"即制止废除定期换地换房的辕田制①和"废井田，民得买卖"（《汉书·食货志上》），才真正实行了土地私有制。从而出现了"富者田连阡陌，贫者无立锥之地"的社会两极分化的格局，是土地私有制出现以后的必然结果。

（四）春秋以前奴隶人数相对而言是比较少的，主要的农业生产者是国人、庶人。战国以后奴隶数量激增，成为各个领域生产劳动的主力军。奴隶分为官奴婢和私奴婢，官奴婢的来源除战俘外，基本上是罪犯。如同董仲舒所说："秦用商鞅之法，赭衣半道，断狱岁以千万数。"（《汉书·食货志》）赭衣是指罪犯穿的衣服。赭衣半道是说道路上的人群中有一半是罪犯。断狱就是经过审判的案件，一年之内的案件就有数千万之多。据西汉孝平年间的统计，全国人口将近6000万。每年判决的案件在"以千万数"即数千万，数量之大是惊人的。因此张先生说"秦始皇几乎把天下人都变成奴隶"，并非虚言。顺便说说过去把杨可告缗"得民财物以亿计，奴婢以千万数"，学者读"以千万数"为"以千数，以万数"是不对的。犹如以十万数即数十万，不能读作以十数，以万数。以百万数，即数百万，不能读作以百数，以万数。道理浅显无需多辩。

刑徒等官奴婢大多用于修建宫殿、陵墓、城郭、戍边从军以及工商、矿业、农业等各个领域。其中有人数可查的如"隐宫刑徒者七十余万人，乃分作阿房宫，或作丽山"（《史记·秦始皇本纪》），"北筑长城四十余万，南戍五岭五十余万，阿房骊山七十余万"（《续汉书·郡国志》注引《帝王世纪》）。

私家奴隶数量也相当可观，如茂陵富人袁广汉家僮八九百人（《西京杂记》），"嫪毐家僮数千人"，吕不韦家僮万人（《史记·吕不韦列传》），张良

---

① 王恩田：《临沂竹书〈田法〉与爰田制》，《中国史研究》1989年第2期。

家僮三百人（《史记·留侯世家》）。据《史记·货殖列传》记载，私家奴隶用于冶铁业的如蜀卓氏即铁山鼓铸"富至僮千人"。用于鱼盐业的如齐国富商刁间，"齐俗贱奴虏，而刁间独爱贵之……使之逐鱼盐商贾之利"。奴隶用于商业的，如魏国富商白圭，依靠奴隶经营商业，"与用事僮仆同苦乐"。湖北云梦睡虎地出土秦简中的《秦律十八种》《秦律杂抄》《法律答问》等都是关于如何使用和管理官私奴隶的法律条文。以无可辩驳的事实，证明奴隶制生产关系在经济生活中居于统治地位。

与文明时代奴隶社会相适应的一夫一妻制和作为经济单位的个体家庭在战国时期确立了统治地位。一夫一妻制（或称"专偶婚"）的确立，表现在如下几个方面：第一，与对偶婚不同，表现在婚姻关系的牢固，而不能由男女双方任意解除。古代丈夫为离弃其妻作了七条规定：不顺父母去、无子去、淫去、妒去、有疾去、口多言去、盗窃去（《大戴·本命篇》），充分反映了丈夫对妻子的特权，但毕竟对婚姻的牢固起到一定的约束作用。第二，夫为至尊思想的确立。"夫者，妻之天也"（《仪礼·丧服》）。第三，妇女被幽闭在闺中。"妇人送迎不出门，见兄弟不越阈"（《左传·僖公二十三年》），"妇人夜出，不见傅姆不下堂"（《公羊·襄公三十年》）。第四，用阉人监视妇女。"为宫室，辨内外，深宫固门，阉寺守之。男不入，女不出"（《礼记·内则》）。第五，"从一而终"思想的确立。"一与之齐，终身不改，夫死不嫁"（《礼记·郊特牲》）。第六，与"夫死不嫁"相适应，在葬制上夫妻合葬开始流行。为合葬提供地面标志的坟堆也相应地流行起来。① 商鞅说："始秦戎狄之教，父子无别，同室而居。今我更制其教，而为其男女之别"，所谓"男女之别"即推行一夫一妻制。商鞅变法还规定："民有二男不分异者，倍其赋"，即用加倍征收兵赋的经济制裁的办法推行个体家庭。也正是在个体家庭确立的前提下，商鞅变法才得以推行按照五家为"伍"，十家为"什"加以编制的"什伍连坐之法"（《史记·商君列传》）。

"国家是文明社会的概括"。国家是文明时代诸因素的集中体现。文明时代的经济特征和家庭形式已如上述。什么是国家，国家是如何产生的，

---

① 王恩田：《再论西周的一继一及制》，《大陆杂志》第84卷第3期，1992年。

国家有何特征,也需要进行讨论。恩格斯指出"氏族制度已经过时了。它被分工及其后果即社会之分裂为阶级所炸毁。它被国家代替了"。如上所述,夏商周时代的父系氏族仍然处在全盛时期,氏族尚未被炸毁,因此夏商周时代还不可能产生国家,不可能存在氏族尚未被炸毁的"早期国家"。恩格斯还指出"人民大会、氏族首长议事会和企图获得真正王权的军事首长。这是氏族制度下一般所能达到的最发达的制度;这是野蛮时代高级阶段的模范制度。只要社会一越出这一制度所适用的界限,氏族制度的末日就来到了;它就被炸毁,由国家来代替了"。如上所述,处在野蛮时代高级阶段的春秋时期所实行的正是这样的模范制度。但是从春秋晚期开始这一制度已经逐渐被破坏。由于历史的发展不平衡,在郑国"朝国人"的人民大会最早被破坏。"郑人游于乡校,以论执政。然明谓子产曰:'毁乡校何如?'"(《左传·襄公三十一年》)议论执政的得失本是郑人的权利,但这时却不能在国人大会上而只能到乡的学校里去议论,说明在春秋晚期的郑国,国人大会已经废止了。

　　大夫议事会的存在是"企图获得真正王权"的最大障碍,大夫议事会的废除与王和诸侯"真正王权"的扩大是同步的。春秋时代组成大夫议事会的公、卿、大夫基本上都是王和诸侯具有血缘关系的亲族。王和诸侯欲"获得真正的王权",就必须清除王族和公族的势力。《春秋》经传的各个国家的"去诸大夫""去诸公子"就是摧毁大夫议事会的斗争。其中晋国是成功地铲除了公族势力的国家。晋献公时桓叔、庄伯之子孙强盛,对公室构成威胁。晋献公用晋大夫士蔿之计,离间桓庄二族,依靠二族的群公子,以罪状诬陷并驱逐了二族中的富强者(《左传·庄公二十三年》)。士蔿又与群公子谋杀掉桓庄之族的游氏二子(《左传·庄公二十四年》)。"晋士蔿使群公子尽杀游氏之族,乃城聚而处之。冬,晋侯围聚,尽杀群公子"(《左传·庄公二十五年》),仅仅二年之内就尽灭了桓庄之族。晋献公又听信骊姬谗言,逼死太子申生,赶走文公重耳与惠公夷吾。"尽逐群公子(注:献公之孽子及先君之支庶也。《传》曰:献公之子九人)"。"焉始为令,国无公族焉"(《国语·晋语二》)。"令"即县令,开始由晋侯任免,因而要向晋侯负责。晋国官制的这一变革标志着大夫议事会权力机构的终结。作为军事首长的晋侯向"真正王权"迈出了重要的一步。80 年后"晋悼公即位于朝,始命百官",杜预注:"始为政。"(《左传·成公十八年》)作为军事首长的晋侯,最终获得了"命百官""始为政"的"真正王权"。

国家有两个标志,一是按地域而不再是按血缘关系划分居民。二是军队、监狱和各种强制性机关的公共权力的设立。军队不是"居民的自动"的武装组织,而是职业兵。①

之所以要按照地域划分居民,是由于铁器广泛的应用使个体劳动成为可能,氏族成员可以摆脱氏族的束缚四处"流动",而各个国家已不再按氏族、家族分配土地,而是按照个体家庭的"户"平均分配土地。氏族成员即使脱离氏族,依然可以在其他国家和地区获得分配土地的权利,不再按血缘关系划分居民的地域组织就是这样应运而生的。进入战国时代各国相继建立了郡县的地域组织。在秦国,于孝公十二年(前 350)"并诸小乡聚,集为大县。县一令。三十一县"(《史记·秦本纪》),建立了"县"一级的地域组织。在晋国,早在春秋惠公时实行的"作州兵","州"就已经是地区组织了。至献公时如上所述"始为令","令"即县令,说明也以"县"作为一级地域组织。战国时代的三晋首先建立了郡县的地域组织。魏国已有"百县"(《战国策·魏策》)。魏国把上郡十五县送给秦国(《史记·秦本纪》),赵国上党郡有二十四县(《战国策·齐策二》),赵的代郡有三十六县(《战国策·秦策一》),韩的上党郡有十七县(《战国策·秦策一》)。在齐国春秋齐灵公灭莱后赏赐给叔夷"其县三百"(叔夷钟,《集成》258),说明至少在所灭的莱国境内已经建立了"县"一级的地域组织。成书于战国时期的《管子·山至数》有"县、州、里""郡县"的地域组织。临沂银雀山竹书十三篇中的《守法》:"大县二万家。中县、小县以民户之数制之。"《库法》:"以县大小为赋之数也。"说明战国时代的齐国也已普遍建立了"郡县"的地域组织。

商周时期军队是民兵。直到春秋时期仍然是战时授兵(即武器)、授甲、授车。商周文字中的𠂤(古堆字)、官、师是形音义有别的三个字。卜辞"王

---

① 恩格斯:《家庭、私有制和国家的起源》,《马克思恩格斯全集》第 21 卷,第 200、193、165、194 页。

作三𠂤，右、中、左（《殷契萃编》597）"。被隶定为"𠂤"，读作"师"的字，其实应是官字初文。官的原始含义不指官吏而指房舍，即客馆之馆。客馆备有粮草以供行人宾客食宿。客馆同时还是屯驻戍卒的地方。西周金文中用于征伐的西六𠂤，成周八𠂤就是屯驻在客馆中的戍卒。戍卒临时召集，定期轮换，不是常备军职业兵。① 战国时期在兵制上出现了一个新的概念："带甲"。如苏秦说燕国、赵国、韩国、齐国等都有"带甲数十万"（按《齐策》说齐国"带甲数百万"），说楚国"带甲百万"（《史记·苏秦列传》）。"带甲"与春秋时代的"授甲"相对应。授甲是把公家的胄甲授给兵士使用。而带甲应是兵士自带胄甲，才有当兵的资格。因此"带甲"可以视为职业兵、常备军的代名词。战国时代的职业兵已有兵种的划分。如魏国"武士二十万，苍头二十万，奋击二十万，厮徒十万，车六百乘，骑五千匹"（《史记·苏秦列传》）。魏国还有一套选拔"武卒"的办法和待遇。"魏氏之武卒，以度取之，衣三属之甲，操十二石之弩，负服矢五十个，置戈其上，冠䩞带剑，赢三日之粮，日中而趋百里，中试则复其户，利其田宅"（《荀子·议兵》）。杨倞注："度取之，谓取其长短材力中度者。"而且还产生了与职业兵相适应的调动军队权限的符节等信物。所有这些都是春秋以前所没有的。

　　商代时还没有监狱。卜辞中的"囲"意为边疆，不是监狱。商纣王囚周文王于羑里，羑里是地名。直到春秋时仍然说囚于某地，如"囚王豹于窦之丘"（《左传·哀公六年》），或"囚诸军府"（《左传·成公七年》），军府即军中的府库。或囚于某人的家中，如"晋人执而囚于士弱氏"（《左传·襄公二十六年》）。春秋以前的"狱"字，如"折狱""坐狱"等，都指诉讼（《说文通训定声》狱字条），不指监狱。

　　监狱是战国时出现的。如"邹衍事燕惠王尽忠，左右潜之王，王系之狱"（《淮南子》），"赵下尹史于狱"（《七国考·赵刑法》）。监狱也称囹圄，《韩非子·三守》："至于守司囹圄，禁制刑罚。"《礼记·月令》："仲春之月……命有司省囹圄。"注："囹圄，所以禁守系者，若今别狱矣。"《吕氏

---

① 王恩田：《释𠂤（自）、𠂤（官）、𠂤（师）》，《于省吾教授百年诞辰纪念文集》，吉林大学出版社，1996年；王恩田：《释𠂤（自）、𠂤（官）、𠂤（师）补证》，《第三届国际中国古文字学研讨会论文集》，香港中文大学出版社，1997年；《释𠂤、𠂤𠂤——兼论客馆与戍守制度》，《考古学研究》（六），科学出版社，2006年。

春秋·仲春纪》:"省囹圄。"蔡氏章句:"囹,牢也。圄,止也。"由此可证监狱是战国时代出现的新事物。

"为了维持这种公共权力,就需要公民缴纳费用——捐税"。"捐税"在中国古代包括赋和税。赋,指兵赋,包括出车马,给徭役。税,即征收农田中的收入。夏商周时期还没有赋税。春秋中期鲁国首先实行按亩数多少收税的政策,即所谓"初税亩"(《春秋·宣公十五年》)。春秋晚期又实行"用田赋"(《春秋·哀公十二年》),与此同时其他国家也相继实行征收赋税的政策。

专制君主和官吏"作为日益同社会脱离的权利的代表,一定要用特别的法律来取得尊重"①。夏商周时期维系氏族社会的"礼"已被战国时代兴起的成文法所取代。《管子·七臣七主》:"夫法者,所以兴功惧暴也;律者,所以定分止争也;令者,所以令人知事也;法律政令者,吏民规矩绳墨也。"战国早期魏国出现了目前所知我国最早的李悝编著的《法经》(《汉书·艺文志》称《李子三十二篇》),被认为是"律家之祖"。《汉书·艺文志》还著录有秦国的《商君》、韩国的《申子》、赵国的《处子》以及《慎子》《韩子》等法家著作10家217篇。此外,临沂银雀山还出土战国时代齐国的《守法》《要言》《库法》《王兵》《市法》《守令》《李法》《王法》《委法》《田法》《兵令》《上篇》《下篇》法律著作13篇。②看来战国时代几个主要国家都有了自己的法律。

《晋书·刑法志》说李悝《法经》六篇,"商君受之以相秦",说明商鞅变法与李悝《法经》的渊源关系。关于商鞅变法的具体内容,如什伍连坐、告奸、子壮出分、奖军功、罚私门、倡本业耕织、罪末利怠而贫,以军功的大小作为属籍、尊卑、爵秩、占有田宅和臣妾、衣服等"显荣"的标准等见于《史记·商君列传》。"坏井田,开阡陌""除井田,民得买卖"见于《汉书·食货志上》。"制辕田"即制止、废除辕田,见于《韩非子·内储说上》等史籍记载。1975年湖北云梦睡虎地出土1000多枚竹简,其中500余枚的

---

① 恩格斯:《家庭、私有制和国家的起源》,《马克思恩格斯全集》第21卷,第195页。
② 《银雀山竹书〈守法〉〈守令〉等十三篇》,《文物》1985年第4期。

内容属于秦法的律令及其解释和治狱案例。不少学者认为应是秦代的，或认为应属于战国晚期的。也有学者认为"在颇大程度上保留了商鞅《秦律》的内容"①，事实证明后说是正确的。秦王政二十六年兼并天下，建立秦朝以后只是议帝号，废谥号，改称始皇帝。"海内为郡县，法令由一统"，并没有放弃原来的法律重新立法。睡虎地秦律中仍称秦国君主为"王"而不称"皇帝"，多次使用了"正"字，说明这时还不知道秦始皇时"讳正为端"的制度。② 从内容方面看：

第一，在《法律答问》中有40余条的内容是讨论对"盗"的处罚。其中有一条说"或盗采人桑叶，赃不盈一钱，何论？赀徭三旬"。偷采桑叶其价值不超过一个钱，要罚做劳役30天，其保护私有财产不受侵犯的性质由此可见。睡虎地秦律对盗的有关刑法，显然与上述商鞅继承李悝《法经》中突出《盗》的保护私有财产的法治思想相一致。

第二，《韩非子·定法》和《商鞅列传》中都有商鞅所定什伍连坐的法令。而睡虎地秦律中的《傅律》《屯表律》《法律答问》中也有多处关于伍人连坐的律令。

第三，商鞅变法中有据军功赐爵的律令。睡虎地秦律中有《军爵律》与商鞅以军功赐爵的律令相合。

第四，《商君列传》中有"为私斗各以轻重被刑"的律令。《法律答问》中有12条有关禁私斗的律令。

由此可证，睡虎地秦律应是商鞅律令的继承与发展。同时证明《商君列传》和其他史籍所载的商鞅变法的内容，所体现的是秦法的原则与精神实质。而睡虎地秦律才是具体的律令条文与细则。

通过以上各个方面的论述，战国时代进入奴隶社会是没有问题的。由原始社会向奴隶社会转变的社会大变动在人们思想上激起巨大的波澜，从而出现了诸子蜂起、百家争鸣的思想大变动，出现了代表和维护各个阶级利益的思想和学派。意识形态上的变革主要表现在如下几个方面：

---

① 高敏：《云梦秦简初探》，河南人民出版社，1979年，第57页。
② 高敏：《云梦秦简初探》，河南人民出版社，1979年，第57页。

（一）关于人的价值观念的变革

野蛮时代战俘往往被杀掉，甚至被吃掉。殷商时代大规模的人祭和人殉，以往被张冠李戴作为发达的奴隶社会标志，实际上应是野蛮时代意识形态的反映。① 唯物史观认为奴隶制"甚至对奴隶来说，这也是一种进步，因为成为大批奴隶来源的战俘，以前都被杀掉，而在更早的时候甚至被吃掉，现在至少能保全生命了"②。孔子最早提出了仁者"爱人"（《论语·颜渊》）学说。"爱人"是爱包括奴隶在内的一切人，即所谓"泛爱众，而亲人"（《论语·学而》）。"爱人"首先是爱惜包括战俘、奴隶在内的一切人的生命。马厩火灾，孔子问是否"伤人"而"不问马"（《论语·乡党》）。正是从"爱人"的观念出发，猛烈抨击人祭、人殉的丑恶的陋俗。③ 因此孔子既不是复辟奴隶制，更不是封建主义的思想家，确切地说应是为奴隶社会鸣锣开道的文明启蒙思想家。

（二）公有与私有观念的变革

郭沫若先生说"殷周两代是没有私有财产的"④，是正确的。但"普天之下，莫非王土，率土之滨，莫非王臣"（《诗·北山》），却不能理解为"一国的土地和人民都是国王的家产"⑤。其实"王"不过是氏族土地的"名义上的所有者，与英国女王不过是一国全部土地的名义上的所有者，完全相同"⑥。夏商周时代氏族（宗）内财产公有。同宗共财，"不有私财"（《礼记·曲礼上》），"异居而同财，有余则归之宗，不足则资之宗"（《仪礼·丧服》）。氏族内无贫富差别。私有财产主要指土地、住房和车马、牲畜等主要的生产、生活资料，不指盆盆罐罐等日用生活器皿和衣服、装饰品以及小件工具。战国早期的赵国开始了住宅的私有化，"中牟之人弃其田耘，卖宅圃，而随文学者邑之半"（《韩非子·外储说左上》）。这条文献记载说明这时耕

---

① 王恩田：《关于殉葬问题的再认识》，《齐鲁学刊》1983 年第 1 期。
② 恩格斯：《反杜林论》，人民出版社，1970 年，第 179 页。
③ 王恩田：《鲁国对殉葬陋俗的变革》，《联合周报》1992 年 6 月 13 日；《试论鲁国的"变其俗，革其礼"》，《齐鲁文史》1997 年第 4 期。
④ 郭沫若：《奴隶制时代》，科学出版社，1956 年，第 44 页。
⑤ 郭沫若：《中国古代史的分期问题》，载氏著：《奴隶制时代》，人民出版社，1973 年，第 4 页。
⑥ 马克思：《资本论》第一卷，人民出版社，1975 年，第 797 页。

地公有，只能放弃使用权而无权卖掉。而住宅和住宅周围的园圃已是私有的，可以卖掉。只是到了战国中期商鞅变法"除井田，民得买卖"以后，才造成"富者田连阡陌，贫者无立锥之地"的贫富分化。战国时期兴起的早期法家和名家所主张的"正名"已不是孔子时代正贵族等级的名分，而是正公有与私有的名分。《意林》引彭蒙曰："雉兔在野，众人逐之，分未定也；鸡豕满市，莫有志者，分定故也。"野外的兔子，众人都可以逐而得之，因为那是"分未定"的公有物。而市场上的鸡豕很多，人们就不能随意占有，因为那是名分已定的私有物。郭沫若先生说名家的出现是空前的，也是绝后的。"其所以绝后的原因，是日后封建制度固定了，正名的问题解决了，名家也就失掉了存在的必要"[①]。倒不如说，随着从原始社会向奴隶社会的转变，有必要对公有财产和私有财产加以区分，名家就应运而生了。在战国奴隶社会私有制确立以后，名家也就完成了历史使命，失去了存在的价值。

（三）关于政体与君臣观念的变革。夏商周时代仍然处在父系氏族社会的全盛时代。氏族内是民主的，氏族成员之间是平等的。所谓"贵贱"的等级差别，不是以贫富为标准而是以距氏族始祖的血缘关系的远近为标准。距始祖血缘关系近者为"贵"，反之为"贱"。国君是由民众选举或认可的。国君能否在位以"谨于礼"，即严格按照礼制办事为原则。否则"在势者去，众以为殃"（《礼记·礼运》），就会被民众视为祸殃而被罢免、赶走。如西周王朝的国人赶走厉王。春秋时期据统计，"弑君二十有五"，"君出奔者十有二"[②]，莫不是在国人参与和支持下才得以实现的。如此频繁的弑君、出君事件是空前的，也是绝后的。这在战国时代君主专制确立以后是难以想象的事情。战国时代孟子对齐宣王谈到贵戚之卿时说："君有大过则谏，反复之而不听则易位。""易位"就是更立亲戚之贤者为君。宣王听后，"勃然变乎色"（《孟子·万章下》）。时代不同了，国君因犯有严重错误而被赶走的历史，在齐宣王看来已是无法理解和接受的"天方夜谭"了。

夏商周时代民的利益至高无上。"民之所欲，天必从之"（《左传·襄公

---

① 郭沫若：《奴隶制时代》，科学出版社，1956年，第63页。
② （清）顾栋高：《春秋大事表·春秋乱贼表》，中华书局，1993年。

三十一年》),"上思利民,忠也"(《左传·桓公六年》),而到了成书于战国时代的《管子·权修》却说:"上之所欲,小大必举。"

春秋时代"朝国人""朝众",频频见于史籍记载。而战国时代的观念:"朝不合众,治之至也。"(《管子·权修》)

所有这些从民主到专制的观念上的变革,都是由于民从社会的主人变为社会的奴仆,而国君则从社会的公仆,变为社会的主人所引起的,都是从原始社会向奴隶社会转变所引起的,而不可能是从一个阶级社会——奴隶社会向另一个阶级社会——封建社会的转变所引起的。

改革开放以来,全国性的大规模的古史分期问题的讨论已经成为过去,但并没有结束,主张"奴隶社会并非人类历史发展必经阶段"的"奴隶社会空白论"又卷土重来,而且很有市场。此外考古学界兴起的"文明探源"更是百花齐放。除夏商周文明之外,又有龙山文化文明、大汶口文化文明、良渚文化文明,更有红山文化的八千年文明等等。由此看来,并非"奴隶社会已经没有什么问题了"(郭沫若语),而是根本就没有解决。事实证明,古史分期的重点不是"封建社会的断限问题",而是奴隶社会的断限问题。真正的社会大变动是原始社会向第一个阶级社会——奴隶社会的变动,而不是从奴隶社会向封建社会的变动。不解决奴隶社会的有无和上限,而侈谈封建社会的断限,只能是劳而无功。从原始社会向奴隶社会的过渡,是长期的,复杂的过程,绝非"禹传子,家天下"一个早晨便一蹴而就。这对于认识由资本主义社会向社会主义社会和共产主义社会过渡的长期性和复杂性有着重要的现实意义。这也就是重新讨论张政烺先生的战国奴隶社会说的意义所在。

原载《想念张政烺》,新世界出版社,2015年。有删节

"黄帝"探源

"炎黄子孙"的尴尬

中华民族是56个民族的大家庭。每个民族都有自己的祖先,并非都是"龙的传人"。河北涿鹿召开炎黄文化研讨会,会后旅游部门拟建炎黄二祖庙。苗族代表到会宣称:我们不是炎黄子孙,是蚩尤的后代。于是会议顺应民意改名为"三祖文化研讨会"。现在已经建成了"三祖堂",媒体报道已经接待中国台湾的旅游团体。试想苗族以外的其他民族也都声称不是炎黄子孙,是不是还要建一座"五十六祖堂"?由此可见,"中华民族都是炎黄子孙"是错误的口号。轻则影响民族团结,重则为分裂主义者提供借口。

甲骨文中无黄帝

殷商民族是一个非常尊祖敬宗的民族。殷商甲骨文中,祭祖的辞条多到难以数计。"帝"字在甲骨文中出现80次以上,但没有一条"黄帝",也没有黑帝、白帝、赤帝等其他带颜色的"帝"。这当然不会是殷商民族数典忘祖,而是殷商民族根本不知"黄帝"为何物,如此而已。

商周族徽中没有"黄帝"族徽

国有国徽,军有军徽,公安、邮政、海关等各部门也都有自己的徽。古代氏族都有自己的族徽。族徽可以是图腾,也可以是国名、地名、人名、官名、祖宗名等多种表现形式。《殷周金文集成》是历代金文图录集大成的著作,收录金文万余件。其中至少有五千件是铭有族徽的铜器。奇怪的是却看不到声名显赫的"人文始祖"黄帝的族徽。郭沫若先生曾把金文中常见的"天鼋"族徽释为"轩辕"。闻一多先生曾指出"鼋"字是"黽"字的误释。黽是青蛙，俗称蛤蟆，是没有尾巴的。而"天鼋"族徽毫无例外的都有尾巴。因此，"天鼋"应读作大龟，是被周公东征灭掉的奄国族徽。据说原中科院考古所山东队的重要任务之一是寻找奄国。半个多世纪以来而无结果。济宁地区是出土过"奄"字族徽铜器的，不妨以此为线索找找看。前景看好。

《国语·晋语四》说："黄帝之子二十五人，……其同生而异姓者，四母之子，别为十二姓。凡黄帝之子二十五宗，其得姓者十四人，为十二姓。姬、酉、祁、纪、滕、箴、任、苟、僖、姞、儇、衣是也。"黄帝既然有25个儿子，有12姓的子孙，可以说是名副其实的子孙满堂了。为什么没有一人自称是黄帝子孙，使用黄帝族徽呢？可见《晋语四》的这段"黄帝之子二十五人"和十二姓的名单，不是子虚先生，就是乌有先生的庸人自扰。

十三经中"黄帝"知多少
——"黄帝人文始祖说"质疑

公祭黄帝陵对新中国的老百姓来说是建国半个多世纪以来的新鲜事。为此媒体好一阵子炒作黄帝是人文始祖的话题。

十三经是年代早、可信度高、最具权威性的人文科学的经典。令人深感怪异的是包括《尚书》《诗经》在内的10种经典中没有1条有关黄帝的记载。有关黄帝记载的只有：《周易》2条、《左传》1条、《礼记》5条，即使是这三种典籍中区区的8条黄帝的记载，也还有值得讨论的地方。

第一，这8条黄帝记载的年代都不早于战国。

《周易》包括《易经》和《易传》两部分。《周易》中的两条黄帝记载都出于《易传》中的《系辞传》。关于《易经》的年代，张政烺先生指出：过去学者根据《汲冢竹书》中发现的《易经》二篇与《周易》上下经相同，"推断战国后期《周易》已经成书，和今本无甚差别，这是可信的"（《易辨》，《中国哲学》第十四辑，人民出版社，1988年1月）。据顾颉刚先生研究，《易经》中的《系辞传》是"京房或是京房的后学们所作的。它的时代不能早于汉元帝"（《论易系辞中观象制器的故事》，《燕大月刊》第六卷第三期，收入《古史辨》第三册，1931年11月）。

《左传》写定的年代不早于战国。孔门弟子和再传弟子著作的《礼记》其年代当然也不早于战国。因此上述三种典籍中关于黄帝的8条记载不早于战国。

第二，《易经》中记载了不少著名的历史故事：

1. 王亥丧牛羊于有易的故事。王亥是见于甲骨文记载的殷人"高祖"。

2. 高宗伐鬼方的故事。高宗也就是武丁。宾组武丁卜辞中有伐鬼方的记载。

3. 帝乙归妹的故事。帝乙是商纣王帝辛之父。

4. 箕子明夷的故事。在黄组乙辛卜辞中箕子称㠱侯。商周铜器中有大量㠱侯铭文的铜器。

5. 康侯用锡马蕃庶的故事。康侯是周文王之子，武王和周公之弟康侯封。周公在《尚书·康诰》中称"朕其弟，小子封"。西周早期铜器中有康侯封鼎。

《易经》中有这么多斑斑可考的历史人物，唯独没有大名鼎鼎的人文始祖黄帝，岂不是咄咄怪事？

第三，《易传·系辞传》中的两条黄帝记载：

第一条是务虚，可以不论。

第二条是务实，说的是黄帝、尧、舜享有舟楫、服牛乘马、重门击柝、弧矢等各种器物、事物的注册发明权。所有这些当然可以作为黄帝是人文始祖的证据。但不幸的是，这类记载不见于司马迁《史记》和两汉著名学者如班固、刘向、王充、郑玄、赵岐等人征引过的先秦重要史籍《世本·作篇》。因此，只能如顾颉刚先生所考，黄帝、尧、舜注册发明的上述器物、事物的时间不能早于汉元帝时期（前48—前33）。

黄帝人文始祖说可以休矣。

《史记·五帝本纪》作者是谁？

"五帝三皇神圣事，骗了无涯过客"。黄帝的崇拜者往往抬出《史记·五帝本纪》中的黄帝记载作为神主牌和护身符。不仅骗己，还要用来骗人。其实《五帝本纪》的著作权是否属于司马迁，还是一个很大的疑问。

第一，《太史公自序》前面说：《史记》一书"述陶唐以来，至于麟止"。结尾又说"余述历黄帝以来至太初"。同一个太史公的话为什么会前后矛盾？唯一合理的解释只能是"述陶唐以来"是太史公的原话。"余述历黄帝以来"是作伪者所妄加。换句话说，《史记》开宗明义的第一篇应是《陶唐本纪》，而不是以黄帝为首的《五帝本纪》。

第二，《五帝本纪》引太史公曰："学者多称五帝尚矣，然《尚书》独载尧以来。而百家言黄帝，其文不雅驯，缙绅先生难言之。"尚者，上也。《尚书》是年代最早的书。司马迁不赞成多数学者认为五帝是年代最早的历史主张，而相信年代最早的《尚书》"独载尧以来"的历史。因此，《史记》中的第一篇只能是据《尚书》记载写成的《陶唐本纪》。《五帝本纪》不可能是司马迁撰写的。

第三，"文不雅驯"的同义词是"荒诞不经"。太史公既然认为众说纷纭的黄帝事迹荒诞不经，不可能出自严谨的学者之口，怎么可能会根据这些荒诞不经的传说在《史记》中为黄帝立传呢？

第四，《五帝本纪》中的黄帝记载，荒诞不经之处比比皆是。仅举一例以明之，如说黄帝"姓公孙，名曰轩辕"。中国古代"女有姓，男有氏"。黄帝如果是男人，就不应该有"姓"，而只能有氏。

"公孙"者，某公之子孙也。甲骨文中有侯爵的杞侯和伯爵的儿（郳）伯，而没有五等爵中公爵的某公，也没有公子、公孙的姓氏。金文中好像也不见公孙的姓氏，只有在《春秋》经传中才出现公孙的姓氏。难道在四五千年以前的传说时代的黄帝会是"姓公孙"吗？

信哉，黄帝传说"文不雅驯"，"骗了无涯过客"的《五帝本纪》的作者不可能是良史司马迁。

孔子弟子宰予的疑问：活了三百岁的黄帝是人吗？
——司马迁评《五帝德》

我们曾讨论过荒诞不经的《史记·五帝本纪》并非出自司马迁之手。十三经是现存年代最早、可信度最高、最具权威性的人文科学典籍。奇怪的是包括《尚书》《诗经》《论语》《孟子》等10种典籍中竟然没有一条有关黄帝的记载。全面阐述五帝和黄帝事迹的是西汉经学家戴德的权威著作《大戴礼记》中的《五帝德》篇，而在《五帝德》中就有孔子及其弟子宰予关于黄帝是不是人的问答。宰予问："昔者予闻诸荣伊令'黄帝三百年'。请问：黄帝者人耶，抑非人耶？何以至于三百年乎？"孔子答："生而民得其利百年，死而民畏其神百年，亡而民用其教百年。"对此，司马迁评论说："孔子所传宰予问《五帝德》及《帝系姓》，儒者所不传。"唐朝司马贞《索隐》注解说："《五帝德》、《帝系姓》皆《大戴礼》及《孔子家语》篇名，以二者皆非正经，故汉时儒者以为非圣人之言，故多不传学也。"（《史记·太史公自序》）。

在司马迁看来，相传孔子答复弟子宰予所问的关于《五帝德》所记载的内容，并非正宗的经典，不是孔圣人的话，因此汉代的儒者们大多不予传授和学习。《五帝德》的记载，还见于《礼记·月令》和《吕氏春秋》。后者充满了太皞、炎帝、黄帝、少皞、颛顼等五帝配木、火、金、水、土等五行，和五行相生、五行相克的荒诞不经的无稽之谈，就连两千年前的汉代人都知其妄，在科学昌明的信息时代，难道还有必要奉为经典，加以炒作，自欺欺人吗？

"黄帝"是齐威王时代"齐国制造"的神主牌位

陈簠斋旧藏陈侯因资敦，是齐威王称王以前作器。铭文中谈到要"绍緟高祖黄帝"（《殷周金文集成》4649）。

陈侯即取代姜姓齐国的陈氏。《左传》及金文、陶文等地下材料均作"陈"。《战国策》《史记》作"田"，是错的。

齐威王是陈氏代齐后的第四任君主。开国第一任君主是齐太公和。见于《竹书纪年》和《春秋后纪》的第二任国君是陈侯剡。第三任国君是桓公午。前三任国君都有礼乐器传世。太公和有上海博物馆收藏的禾簋。陈侯剡有未见著录的陈侯阎钟，桓公午则有陈侯午敦（《集成》4648）。奇怪的是陈氏齐国前三任国君的礼乐器中均没说黄帝是高祖。怎么到了齐威王时，突然冒出来一个"高祖黄帝"？古今有认义父（俗称干爹）的习俗，但认义父首先要经过生父同意，而且还要举行认义父的仪式。连认义父都要经过其父同意，那么齐威王认黄帝为高祖之事其父齐桓公知道吗？同意了吗？尤为严重的是，曾祖之父为"高祖"，齐威王认黄帝为高祖，就等于给他的曾祖齐太公和找了位义父（干爹）。此事非同小可。这么大的事怎么司马迁在《史记·田敬仲完世家》中竟会没有提及呢？要么就是齐威王以前的国君数典忘祖，要么就是前三任国君不知黄帝为何许人也。更大的可能是所谓"高祖黄帝"是齐威王时代刚出厂的新产品：高祖黄帝的神主牌位，而且标明"齐国制造"。如此而已，岂有他哉。

汉武帝"孤陋寡闻"只知有尧舜不知有黄帝

《汉书·武帝纪》："元光元年五月诏书曰：'朕闻昔在唐虞画象，而民不犯。'不知何行而可以章先帝之洪业休德，上参尧舜，下配三王。"

汉武帝听说，从前只要把唐尧和虞舜的画像摆出来，老百姓就不敢犯罪了。让汉武帝深感苦恼的是，怎么才能弘扬刘邦所开创的西汉王朝的伟业，怎样才能弘扬上起唐尧虞舜，下至夏商周三代的"远德"。

哀哉，雄才大略的汉武帝，远不如当今的黄帝追星族那样渊博。居然"孤陋寡闻"如此，只知有尧舜，不知有黄帝。

汉武帝质疑"黄帝冢"

《史记·封禅书》："汉武帝北迅狩，还祭黄帝冢，上曰：'吾闻黄帝不死，今有冢何也？'或对曰：黄帝已僊（仙）上天，群臣葬其衣冠耳。"（《太

平御览》卷七十九引，与今本《史记》略异）

  难得汉武帝比当今高喊"走出疑古时代"口号的人不知高明多少倍，居然怀疑黄帝陵是假古董。群臣欲盖弥彰，以"衣冠冢"来搪塞。殊不知这样一来，实际上就证实了汉武帝的疑问，承认黄帝陵是假古董。原本以为"黄帝陵是假古董"是我的创见，没想到早在2000年前的汉武帝就先我而发，享有著作权了。

  古书曰：古代墓而不坟。意思是说古代的墓葬是没有坟堆的。考古发掘证实，最早的坟堆是春秋晚期的，而且都是国君或者是高级贵族的坟墓。"文化大革命"中，挖了孔子的坟，掘地三尺，下面都是生土，证明孔子墓是假的。连春秋时代的孔子墓都是假的，难道距今5000年以前的"黄帝陵"不会是假古董吗？

新朝皇帝王莽的始祖庙是黄帝

  好像媒体宣传历代皇帝都承认是黄帝子孙。我没有通读过廿四史，不敢对此妄加评论。但我曾研究过王莽九庙。王莽九庙中的始祖庙是黄帝庙（《"王莽九庙"再议》，《考古与文物》1992年第4期）。除新朝皇帝王莽外，不知还有哪位皇帝自称黄帝子孙，为黄帝建始祖庙。请媒体朋友、专家、学者不吝赐教。

《殷周制度论》与张勋复辟
——读《罗振玉、王国维往来书信》

陈梦家《〈殷周制度论〉的批判》中说:"此文之作,乃借他所理解的殷制来证明周公改制的优于殷制,在表面上似乎说周制是较殷制为进步的,事实上是由鼓吹周公的'封建'制度而主张维持清代的专制制度。此文在实际上是王氏的政治信仰,它不但是本末颠倒的来看周代社会,而且具有反动的政治思想。"[①]

读读王国维如下一段话,可知陈氏所言信而不诬。

> 国以民为本,中外一也。先王知民之不能自治也,故立君以治之,君不能独治也,故设官以佐之。而又虑君与官吏之病民也,故立法以防制之。以此治民是亦可矣。西人以是为不足,于是有立宪焉,有共和焉。然试问立宪共和之国,其政治果出于多数国民之公意乎,抑出于少数党人之意乎,民之不能自治,无中外一也。所异者以党魁代君主,且多一贿赂奔走之弊而已。[②]

在王国维看来,君主专制的"帝制"是至善至美的制度,就连保皇派所倡导的"立宪"都要反对,更何况辛亥革命以来民国的"共和"政体。

如果读读《罗振玉王国维往来书信》(简称《罗王书信》)[③],不难发现《殷周制度论》的出台,与张勋复辟的流产,还有密不可分的关联。

---

① 陈梦家:《殷虚卜辞综述》,中华书局,1988年,第680页。
② 王国维:《论政学疏草》(罗振玉《王忠悫公别传》引)。
③ 王庆祥、萧立文校注,罗继祖审订,长春市政协文史和学习委员会编:《罗振玉王国维往来书信》,东方出版社,2000年。

张勋，1895年（光绪二十一年）投靠袁世凯，1911年升为江南提督。武汉起义后，在南京屠杀民众数千人，顽抗革命军。1916年，袁世凯死后，先后在徐州成立北洋七省同盟后任安徽督军，成立北洋十三省同盟，阴谋为清室复辟。为表示忠于清王朝，所部禁剪辫子，被称为"辫子军"。1917年5月，黎元洪总统府与段祺瑞国务院发生"府院之争"的矛盾，黎元洪召张勋入京"调停"。张入京后，逼黎元洪解散国会，又赶走黎元洪。7月1日，拥立溥仪复辟，改民国六年为宣统九年。段祺瑞在马厂誓师讨张。12日，张勋兵败。

《罗王书信》表明，在张勋复辟期间，虽身在上海书斋的王国维和远在东瀛的罗振玉，都在密切关注形势的发展，兴奋之情溢于言表。就在7月1日即张勋复辟的当天下午4点，王国维写信给罗振玉说：

> 黄楼坚韧，当具全体知识，或尚不至成短局耳。西望祖邦，且喜且惧。公等当闻此消息。北道遂通，弟可访古燕赵河洛之郊，今年尚得与公快晤，忻快何如。

"黄楼"指宋苏轼任彭城（今徐州）守时，黄河决口，水围彭城，苏轼率民御灾，徐州免水害。水退后，在东城门上筑楼，以黄土垩之，名黄楼。后人以此作为歌颂苏轼功德的典故。由于张勋曾任江苏督军，调往徐州，转任长江巡阅使，移住徐州。王国维以张勋比苏轼，称之为"黄楼"，表现了对张勋复辟的崇敬，并断定复辟当不会失败。

"西"指长安故都，这里指北京。"西望祖邦"，即关注北京的事变，又高兴，又担心会不会失败。很想也去北京并希望与罗振玉尽快在北京会面。其欢欣鼓舞的心情跃然纸上。7月5、6日间，王国维给罗振玉的信说：

> 此间局势，近日始明，尚难预睹。大约北方反对者为段祺瑞，惟李长泰马厂之师从之。此军在津浦道上，或发生战事亦未可知。……
> 昨日此书未发，今日情势大变，北军已多应段，战事即将起于京津

间，张军中断，结果恐不可言。北行诸老①恐只有以一死谢国。曲江之哀，猿鹤沙虫之痛，伤哉。……不忍再书矣。

"张军"，自然是指张勋的辫子兵。"曲江"是位于陕西西安东南的曲江池。"曲江之哀"的典故出自司马相如《哀二世赋》。二世，即灭亡于秦末农民起义的秦始皇之子二世皇帝胡亥。"曲江之哀"应该是指二次登基的宣统皇帝吧。"猿鹤沙虫"的典故出自葛洪《抱朴子》："周穆王南征，一军尽化。君子为猿为鹤，小人为虫为沙。"这里指因张勋复辟即将流产而死难的辫子军将士。这封信清楚不过地反映了观堂先生兔死狐悲、如丧考妣的心情。

张勋复辟流产后的第二天，7月14日王给罗的信说：

此次之变，段、冯、梁三人实为元恶，冯思为总统，段则欲乘此机恢复其已失之势力。梁为幕中划策之人。然其结果已可逆睹，首则必为国会与冯段之争，而国会与民党必败；继则为冯段之争，为军人与进步党之争，此种局面不能支持一年。可预决也。

在复辟流产五六天后的 7 月 17 日、18 日王给罗的信说：

黄楼赴荷使署，报言系西人迎之，殆信。又言其志必死，甚详，此恰公道。三百年来乃得此人，庶足饰此历史。余人亦无从得消息。此等须为之表彰，否则天理人道均绝矣。……生民之祸，不知何底耳。

距张勋复辟整整两个月的 9 月 1 日，王给罗的信说：

前日拟作《续三代地理小记》，既而动笔，思想又变，改论周制与殷制异同。……虽系空论，然皆依据最确之材料。

---

① 罗继祖注：北行诸老指赴北京参与张勋复辟的康有为、刘廷琛、章梫、沈曾植等。

9月8日致罗信：

《殷周制度论》至今日脱稿。

9月13日致罗信：

《殷周制度论》于今日写定。……周世一切典礼皆由此制度出，而一切制度典礼皆所以纳天子诸侯卿大夫士庶人于道德，而合之以成一道德之团体。政治上之理想，殆未有尚于此者。……此文于考据之中，寓经世之意，可几亭林先生。

王国维把西周以来的君主专制的"帝制"，称之为"道德之团体"，是政治上的最高理想。顾炎武（亭林）主张"经世致用"，即把经学研究与当前的时务结合起来。《殷周制度论》的"考据之中，寓经世之意"显然符合顾亭林的主张。因此，王国维认为自己完全可以和顾亭林相媲美。

陈梦家先生没有读过《罗王书信》便能敏锐地指出《殷周制度论》"事实上是由鼓吹周公的'封建制度'，而主张维持清代的专制制度。……具有反动的政治思想"，诚为卓识。《罗王书信》证明：张勋复辟两个月的9月1日，放弃了原定写作《续三代地理小记》的计划，而突然改写《殷周制度论》，显然是为了与当前时务相联系，以及"表彰""三百年"才出一个的张勋及其将士的写作目的。因此，可以认为《殷周制度论》是为张勋复辟的流产和帝制覆亡的当代"招魂"之作。

复旦大学出土文献与古文字研究中心网站，2015年12月2日

评"走出疑古时代"

无证不信 无证不疑

信古与疑古是一对矛盾，在自古至今的任何时期都是共存并生的。即使在民国时期疑古之风大为盛行的年代，信古者也大有人在。就以疑古大师顾颉刚先生的两位高足而论，童书业先生遵奉师说主张疑古，笔名"童疑"。而杨向奎先生则更倾向于信古，笔名"杨守"。因此，不能认为当前仍处在"疑古时代"，也没有什么"走出"必要。实事求是地讲，当前的错误倾向在于应信不信，应疑不疑。例如，《史记·鲁周公世家》从西周早期鲁国第二代国君考公开始，每位鲁侯在位都有年可考。而史学界对此视而不见，唯独相信我国有年可考的历史是从西周晚期的共和元年（前841）开始的传统观念。又如，《公羊传》和《史记·鲁周公世家》都说西周鲁国实行传子、传弟、再传子、再传弟的一继一及的继承制度。而《史记·鲁世家》所载鲁国西周世系证明鲁国时代的确实行一继一及的继承制。而学者们千方百计地予以抹杀。再如，楚国实行幼子继承制，见于《左传·文公元年》和《左传·昭公十三年》，学者同样予以歪曲否定。岂不是应信不信。

毛泽东《读史》正确地指出"五帝三皇神圣事，骗了无涯过客"。80年代开始的炎黄热和层出不穷的公祭"五帝三皇"的大典，岂不是应疑不疑。

古人说"无征（证）不信"（《礼记·中庸》），还可以加上一句"无证不疑"。信古也好，疑古也罢，请出示证据，拿"本本"来。

关于"信古、疑古、释古"三阶段说

"信古、疑古、释古"是冯友兰先生为《古史辨》第六册作序时提出来的当时中国史学界的三种趋势。

冯氏认为：

"信古一派，与其说是一种趋势，毋宁说是一种抱残守缺的人的残余势力。大概不久即要消灭。对于中国将来的史学也是没有什么影响的。……

疑古一派的人，所做的工作，即是审查史料。

释古一派的人所做的功夫即是将史料融会贯通。"

我的理解有所不同。信古与疑古是一对矛盾，不存在"第三者"的"释古"。无论信古还是疑古，都需要"考"，都需要"释"，都需要"融合贯通"，都需要核查史料。

信古和疑古中的"古"，是指古籍及其记载。只要有古籍存在，就永远有信古与疑古这一对矛盾与之共存并生。只不过是此消彼长。几千年来，一直是信古的一统天下。至民国时期"古史辨"派异军突起，疑古大放异彩，大有一边倒的趋势。冯友兰先生关于"信古一派"，"大概不久即要消灭"的估计，不是没有道理的。令冯氏没有想到的是"古史辨"运动兴起60年一个甲子后，"抱残守缺"的、信古的"残余势力"又卷土重来。不过已经改名换姓，叫作"走出疑古"。他们不是"真正的史学家"，因为他们对"文不雅训"、荒诞无稽的连孔门弟子都加以怀疑的"五帝三皇"的史料不加审查，即相信其"票面价值"（冯友兰语）。把炎黄、伏羲、女娲之类加冕为中华人文始祖，肆意挥霍民脂民膏，上演"公祭大典"闹剧，愚弄中国的老百姓。这恐怕是冯友兰大师当年始料未及的吧。

胡适说过"东周以上无史"吗？

一篇题为《中国古代研究一百年》(《人文杂志》1997年第3期）的讲演，在批评疑古思潮副作用时说道："如胡适就曾说'东周以上无史'，认为东周以上没有历史。"

但该文却不光明磊落地告知胡适在什么时候，什么地方说过这样的话。不过，既然是批判疑古思潮，就不难在疑古派的大本营《古史辨》中找到出处。果然在《古史辨》第一册第14篇胡适《自述古史观书》中有这样一段话：

> 大概我的古史观是：
>
> 现在先把古史缩短二三千年，从《诗》三百篇做起。
>
> 将来等到金石学、考古学发达上了科学轨道以后，然后用地底下掘出的史料，慢慢地拉长东周以前的古史。
>
> 至于东周以下的史料，亦须严密评判，"宁疑古而失之，不可信古而失之。"

胡氏这里所说的"缩短"古史，"拉长"古史，前提是承认东周以上有史，如果"东周以上无史"，"缩短"什么？"拉长"什么？

"真正的史学家"（冯友兰语）起码应该懂得"无等于没有"，"无"等于零的数学常识。而不应像魔术师那样把"有"变成"无"。无中生有，颠倒是非，混淆黑白，不是"真正的史学家"应有的职业道德。

《古史辨》造成了哪些"冤假错案"？

《古史辨》从1926年3月动笔，至1931年2月结束，历时5年，共出版六册，收入论文、书信共352篇。绝大多数的篇章都是对现存主要古籍的真伪与年代加以审查。应是空前的，恐怕也是绝后的审查史料的运动。对于《古史辨》有着两种形同水火的评价。

郭沫若说：

> 顾颉刚所编著的《古史辨》第一册，……就我东鳞西爪的检点，我发现了好些自以为新颖的见解，却早由别人道破了。
>
> ……
>
> 胡君的见解较一般的旧人大体上是有些科学观念。我前说他在《中国哲学史大纲》中"对于中国古代的实际情形，几曾摩着了一些儿边际"但就《古史辨》看来他于古代的边际却算是摩着了一些，这可以说是他的进步。
>
> 顾颉刚的"层累地造成的古史"的确是个卓见。……他所提出的夏

禹的问题，在前曾哄传一时，我当时耳食之余，还曾加以讥笑。到现在自己研究了一番过来，觉得他的识见是有先见之明。在现在的新史料尚未充之前，他的论辨自然并未能成为定论，不过在旧史料中凡作伪之点大体是被他道破了。(《古史辨》第 14 篇)

"走出疑古"与郭沫若有着截然不同的看法：

由于古史辨派在疑古时，往往"攻其一点，不及其余"，因此他们对古代的否定常常有些过头，对一些本来不应怀疑，不该否定的内容也加以怀疑和否定，结果在辨伪上造成了不少，甚至就是很多冤假错案。
....
《诗经》《书经》《周易》《周礼》等都不可靠，《左传》中所讲的许多是假的。这样一来东周以上就没什么可讲的古史了。(《人文杂志》1997 年第 3 期)

郭沫若先生正确评价顾颉刚"在旧史料中凡作伪之点大体是被他道破了"。有什么根据指责《古史辨》"在辨伪上造成了不少，甚至就是很多冤假错案"。究竟有哪些"冤假错案"？"冤"在哪里，"假"在哪里，"错"又在哪里？究竟是什么人，在 352 篇中的哪一篇中说"《诗经》《书经》《周易》《周礼》等都不可靠，《左传》中所讲的东西多是假的"？请予指出，否则便无事生非，蓄意抹黑。

《水经注》"戴袭赵案"铁案难移

早在20世纪30年代初,《水经注》"戴袭赵案"已经结案。听说胡适仍在为戴翻案,但不知详情。近年来,读到一篇胡适为《水经注》"戴袭赵"冤案平反昭雪的文章,说"胡适从1924年纪念戴震开始,就关注'戴袭赵'《水经注》学术公案。几乎用了他后半生近二十年的时间,孜孜不倦地搜集《水经注》的各种版本,汇集大量关于此案的文献材料,用了'极笨的死功夫',对各种指控'戴袭赵'的论据进行了浩繁的梳理和分析。写了大量的文章、札记和批注。……胡适关于重申《水经注》学术公案的百余篇论文和序跋资料、往来信函,在台湾出版的十集《胡适手稿》中竟占了六集之多,仅致学者王重民谈《水经注》案的信函就有一百二十多封"[①]。由此文还得知80年代还有学者为戴震平反写过4.8万字的论文,以及近几年来还有多位学者为此写过许多论文和著作。

如果《水经注》"'戴袭赵'确系一桩'无中生有'的学术冤案",对于胡适先生几乎用了近20年为戴震袭赵案平反昭雪,以及80年代以来继续胡适为此目的而努力的学者表示敬意。问题是还有一位与胡适同时也关注此案的学者郑德坤,在其师洪业(煨莲)和顾颉刚指导下,从民国二十年(1931)春开始点校《水经注》。可得版本,无不检阅一过。两年以来,完成了五项工作:1.编纂《水经注引得》;2.重编《水经注图》;3.作《水经注版本考》;4.作《水经注引书考》的引书437种;5.作《水经注故事钞》502种,并著《略说》。也就是这位研究《水经注》有卓越成就的功臣,在成书于民国二十三年(1934)的《水经注引得》一书的序中,追述了《水经注》"戴袭赵"公案的始末,指出"盖赵一清、戴震二人所校,大体相同。赵成书于乾隆甲戌,戴书成于乙酉,相距十二年,赵先于戴;戴书出于甲

---

① 汪良发:《胡适说东原》,《安庆师范学院学报》2010年第10期。

午，赵书出于丙午，相距十三年，戴先于赵；又赵书每校，必记出处，而戴校则不记来源。……此公案之关键实在于戴校不注明出处，假令戴书一记明其来源，何有后世之聚讼？错在戴氏剿他人之功以为己有"。既然赵一清成书早于戴震12年，则"二人所校，大体相同"，唯一的可能是戴袭赵，而不可能是赵袭戴。道理浅显，毋需多辩。但是为什么赵一清出书晚于戴震，戴震又怎么可能袭赵呢？这是因为赵书在刊印之前，学者竞相抄录，据郑德坤所见各地图书馆所藏赵书抄本已有近十种之多。"乾隆三十七年间，浙江巡抚采进四库馆《总目》著录。但戴震并非在四库馆看到并抄袭赵书的。戴氏确见赵氏，有明证焉"。王国维推断戴氏得见赵书，在乾隆戊子三十三年，时戴氏应直隶总督方氏之聘，修《直隶河渠书》，而未有确据。余考戴氏《河渠书·唐河》卷一中有"杭人赵一清补注《水经》于地理学甚核（赅？），尝游定州，为定州牧姚立德作《卢奴水考》之言。魏源、张穆、杨守敬、王国维均未能详考，……今得戴氏见赵书自供之辞，虽百喙亦不能解之，而戴赵公案可以判诀矣"。郑德坤的重大发现，发表在氏著成书于民国二十三年（1934）的《水经注引得·序》内。并于次年著《〈水经注〉赵戴公案之判决》一文，发表在《燕京学报》第十九期。既然胡适从1924年开始，用了几乎后半生近20年的时间从事为戴震冤案平反昭雪的研究工作，为什么对郑德坤的重大发现置若罔闻呢？是疏失，还是有意回避？号称"治学谨严"一直主张"拿证据来""有一分证据说一分话"的胡适，难道郑德坤所例举的戴震确见赵书的自供之辞，还不足以作为戴袭赵《水经注》学术公案的判决的证据吗？80年代以来，继续从事为戴震平反工作的学者们，可能没有机会读到《水经注引得·序》和郑氏发表在《燕京学报》的论文，但1984年出版的王国维《水经注校》是应该读到的吧。在该书吴泽的《前言》中谈到王国维推定戴东原确已看见《水经注》赵校本，其时间尚在乾隆三十五年（1770），这年戴震应直隶总督方观承之聘，负责编撰《直隶河渠书》。这个推论是不错的，戴震在《河渠书·唐河》中就说过"'杭人赵一清补注《水经》，于地理学甚赅，尝游定州，为定州牧姚立德作《卢奴水考》'，可证戴氏自己固已不讳而直言之"[①]。80年代以来

---

① 王国维：《水经注校》"前言"，上海人民出版社，1984年，第5—6页。

的为戴震剽窃案平反的学者们，对吴泽的《前言》同样是置若罔闻，就不应该了。不过，吴泽并没有说明揭露出戴震这段自供的是郑德坤，而且把"乾隆三十三年"说成是"乾隆三十五年"，容易被误认为是吴泽本人的发现，难免剽窃之嫌。

照常理而言，既然已经发现了戴震确实看到过赵书的自供，戴袭赵的学术公案可以结案了，但吴泽笔锋一转，又说"但是戴震厘定经注，是否就是本诸全、赵呢？在王国维看来，'殊不易定'。因为段玉裁所撰年谱，自定《水经》一卷，系于乾隆三十年乙酉（1765），段刊东原文集《书〈水经注〉后》一篇，亦署乙酉秋八月。此篇虽不见于孔氏刊本，但段氏刊文集及年谱都是在乾隆五十七年，这时赵书还未刊出，赵、戴相袭的问题还没有提出，故段玉裁所署年月当为可信。而戴震所著官本提要所举厘定经注条例三则，至简全赅，较之全、赵二家说尤为亲切。何况全校本初刊时，已有人指出王梓材重录本，往往据戴改全，诋为赝造。故王国维认为戴书'似非全出因袭'，而全、赵、戴三家校语多相合的原因，是由于所据的原书相同，即令十百人校之，亦无不同，未足以为相袭的证据"。这样一来，吴泽显然是在为戴震开脱，是为已经结案的戴袭赵作翻案文章。

诚如梁启超《东原著述纂校书目考》中所说："闭门造车，出门合辙，或者是可能的事。"人们之所以怀疑戴袭赵，而不是赵袭戴，是因为"赵书每校，必注出处，而戴校则不记来源"。因此，戴校恐怕不是"闭门造车"，而是"开门造门"，否则为什么"不记来源"，岂不是掩耳盗铃？吴泽虽然剽窃了郑德坤的发现，但却没有搞清楚孰先孰后的问题。因而说戴校刊出在乾隆五十七年，这时赵书还未刊出，赵戴相袭的问题还没有提出。

事实上正是由于赵书刊出晚于戴书，故而当赵书刊出时，戴之弟子段玉裁则驰书质问梁玉绳，指其参取戴校，以刊赵书。而人们之所以怀疑戴袭赵，是由于赵校成书在前，比戴书早了12年。在赵书刊出前，赵书的抄本已广为流传了。因此，并不是人们在四库馆里发现了赵书，而是凡是赵书的抄本所到之处，都可以看到赵书。

因此，如上所述，王国维推断戴氏是在乾隆三十三年应直隶总督方氏所聘，修《直隶河渠书》期间看到赵书的。郑德坤揭发出来的戴氏的自供，证实了王国维的推断。戴袭赵的公案，铁案难移。大可不必感情用事，为这位安徽老乡"皖派宗师"戴震水经注袭赵案，再作劳而无功的翻案文章了。

原载复旦大学出土文献与古文字研究中心网站，2017年10月3日

王国维史学研究的误区

西周没有嫡长继承制
——王国维古史研究三误区之一

王国维是公认的国学大师。郭沫若先生称之为新史学的开山。所著《殷周制度论》据说是时下文科研究生的指定必读参考书。其主要观点认为殷制与周制有着本质的区别，殷代实行兄终弟及制，而西周实行周公所创立的立子立嫡之制，也就是人们所说的嫡长继承制。其说一出，史学家翕然响应，似乎已经成为定论。但《殷周制度论》面世不久，中外学者相继发现，周公之子伯禽受封的鲁国西周时期所实行的不是嫡长制，而是传一次儿子，传一次弟弟，再传一次儿子，再传一次弟弟，以此类推的一继一及制。多年来，我一直有一个难解之谜，一继一及制见于《公羊传》和《史记·鲁周公世家》。王国维撰写《殷周制度论》时难道不读《公羊》和《史记·鲁周公世家》吗？《罗振玉王国维往来书信》（东方出版社，2000年）解开了这一谜团。王国维自称"此文根据《尚书》《礼经》与卜辞立说"。以倡导文献记载与地下材料相结合的"双重证据法"著称的王国维，竟会不身体力行，居然连最基本的文献记载都不用。在没有看到罗王书信之前，谁肯相信王国维在撰写传世之作时居然不读《春秋》经传和《史记》？

不读《罗振玉王国维往来书信》，谁也不会相信被奉为传世经典的《殷周制度论》与辫子兵的复辟闹剧有何瓜葛。

《书信》表明，在张勋复辟期间，虽身在上海书斋的王和远在东瀛的罗，都在密切关注形势的发展，兴奋之情溢于言表。唯一感到遗憾的是宣统皇上的忠臣本应官复原职，但却没能进入张勋内阁名单。

不料风云突变，复辟闹剧流产。1917年7月6日，王在给罗的信中说：

> 昨日此书未发,今日情势大变,北军已多应段,战事即将起于京津间,张军中断,结果恐不可言。……曲江之哀,猿鹤沙虫之痛,伤哉。……不忍再书矣。

"张军",自然是指张勋的辫子兵。"曲江"是位于陕西西安东南的曲江池。"曲江之哀"的典故出自司马相如《哀二世赋》。二世,即灭亡于秦末农民起义的秦始皇之子二世皇帝胡亥。"曲江之哀"应该是指二次登基的宣统皇帝吧。"猿鹤沙虫"的典故出自《抱朴子》:"周穆王南征,一军尽化。君子为猿为鹤,小人为虫为沙。"这里指因张勋复辟流产而死难的辫子军将士。这封信清楚不过地反映了观堂先生兔死狐悲、如丧考妣的心情。

张勋复辟流产后50天,王给罗信说:"近日拟续《古代地理小记》。"

1917年9月1日,王给罗的信说:

> 前日拟作《续三代地理小记》,既而动笔,思想又变,改论周制与殷制异同。……虽系空论,然皆依据最确之材料。

读信到此,人们自然会理解陈梦家先生为什么要写《〈殷周制度论〉的批判》。陈氏指出:王国维"事实上是由鼓吹周公的'封建'制度,而主张维持清代的专制制度。……具有反动的政治思想"。

陈先生不会被认为是乱扣帽子"无限上纲"吧。

我们说《殷周制度论》是为张勋复辟的流产和帝制的灭亡的当代"招魂"之作,也不会被认为"太过分了"吧。

2014年7月19日

王号生称说的终结
——王国维古史研究三误区之二

早在东汉时期就有王号生称与谥称之争。经过马融、郑玄的批驳,王号生称说基本上已经没有了市场。王国维旧话重提，利用西周金文中所见的"穆王"之类，为王号生称说翻案。认为"周初诸王，若文武成康昭穆皆号而非谥"。郭沫若、唐兰等古文字学大师，莫不受其影响。郭沫若还进一步认为"疑谥法之兴当在战国时代"。而且认为所有的王号都是美称，不承认有"恶谥"。尽管已有不少学者予以批驳，其负面影响至今未能消除。例如，西周金文中有"龏（恭）王十五年"，夏商周断代工程对此视而不见。所编制的西周年表，仍然认为恭王在位26年。其实根据文献记载的葬谥制度，谥称是在下葬当天授予的。金文"龏（恭）王十五年"不仅说明恭王十五年已死，而且已经下葬。把恭王在位定为26年，就是接受王国维王号生称说的一个例证。

其实在金文中"王"字出现1844次。而武王、成王、穆王之类充其量不过10次左右。王号既然都是美称，为什么在绝大多数的情况下要予以避讳呢？如果绝大多数金文中的王号前面都写上文武成康，那么困扰古文字学界和考古学界的西周铜器断代岂不是庸人自扰了吗？

新出墙盘，历数文武成康昭穆诸王功勋，谈到健在的恭王时则称"天子"。逨盘历数文王至厉王等11王，至健在的宣王时则称"天子"，彻底否定了王号生称说。看来风靡了近百年的王号生称说，只能到此为止了。

2014年7月25日

一月四分法错在哪里？
——王国维古史研究三误区之三

王国维古史研究有三个重要的错误，一曰西周实行立子立嫡制，即所谓西周实行嫡长继承制。二曰王号生称说。三曰"一月四分法"。

中国古往今来，都实行每十天为一旬的每月三旬，即上旬、中旬、下旬的记时法。王国维根据西周金文记载提出一月分成初吉、生霸、望、死霸等四份，每份各占7—8日的一月四分法。

其实这是把吉日记时系统和月相记时系统混为一谈。吉日就是好日子，

"初吉"就是每月第一个好日子。生霸、望、死霸称为月相，是指月亮的形象。霸，文献写作魄，指月光。生霸即每月中最先看到的月牙。望指月圆。死霸指月缺。使用月相记时，一般都要加时间副词"既"。既生霸，即初见月牙以后。既望意即月圆以后。既死霸意即月缺以后。一般说既生霸指从初二、初三到十四和十五的白天。既望指十六至二十二日。既死霸指二十三至下月初一。两套记时系统各有其应用范围。册命、酬赏、铸造铜器等都要选用吉日良辰，多使用"初吉"。记述事件过程则往往使用月相记时。例如，新出晋侯稣钟是周宣王三十三年至三十四年二月，器主晋侯苏跟随周宣王征伐鲁国，因有功而受到奖赏作器。铭文中有8条记时材料。在记述战争起因和经过时使用月相记时。如：

正月既生霸戊午，王步自宗周。
二月既望癸卯，王入格成周。
二月既死霸壬寅，王往东。
三月方死霸王至于囗。

铭文在叙述晋侯苏在战争中所立战功以后，受到王的酬赏时使用吉日记时：

六月初吉戊寅，旦，王格大室，即位……王亲赐（晋侯苏）驹四匹。
庚寅旦，……王亲赉晋侯苏鬯、弓、矢百、马四匹……

一月四分法的错误，很早就被发现。因此其负面影响和危害程度远不及西周嫡长制说和王号生称说。但对于破除"大师以后无大师"的迷信还有其一定的作用。

后　记

　　2019年11月，我们完成了《先秦制度考论》的初校。2020年春节前拿到第二部书稿《商周史地发微》开始校对，正值"新冠"疫情暴发。彼时武汉封城，全国闭户，人类社会面临空前的挑战，我的心绪不得安宁。一方面疫情的发展让人揪心，另一方面文稿的内容也让人深思，真所谓"多难兴邦，殷忧启圣"。2020年岁末拿到第三部《古文字证史录》的书稿，至此三部书稿的编校工作基本完成。这三部书原来的出版计划是精选王恩田先生以往发表过的文章，再由先生另外就重点问题撰文，按照"先秦制度""考古证史录""甲骨证史录""金文证史录"四个专题，分册出版。2017年8月28日先生遽然离世，原构想难以实现，因而不得不考虑调整出版计划。

　　按照先前的计划，一些有价值的文章，未在收录范围内，殊为可惜。如先生1988年写就的一篇小文《硕鼠非鼠说》，认为《诗经·硕鼠》中的硕鼠不是如流行说法是大老鼠、大耗子，而应该是五技鼠，俗称蝼蛄，经籍作鼫鼠、炙鼠、鼸鼠。此文运用小学训诂的方法，与甲骨、金文、考古等领域无涉，写成后不知哪里发表合适，一直压箱底，2015年2月18日才发表在复旦大学出土文献与古文字研究中心网站（简称"复旦网"）。2018年我们见到安大简的相关材料披露。安大简的《诗经》就将硕鼠写作石鼠，通鼫鼠，正如先生所论硕鼠即蝼蛄。再如，海昏侯墓开棺前一周，当学界还在热烈讨论究竟应该是哪一位海昏侯的时候，先生就根据文献和考古学的经验，论定此墓墓主人必然是第一位海昏侯刘贺，棺中随葬私印应该为"刘贺"或"臣贺"。草成两文，复旦网在开棺前2日刊出。开棺后出土"刘贺"私印，同样证明了先生预见准确，其研究方法值得认真总结。

　　先生晚年常感叹学术刊物发文慢，自己写文章也慢。其实他一直到80岁还保持着比较高的发文频率，每年都有几篇大文章正式发表。即便如此，很多领域的问题有观点、有材料，就是没有转化成文章的时间。所幸晚年他发现网络这个新生事物对发表观点很有帮助，于是就将一些比较成熟的观点展示于复旦网和博客中。比如黄帝的问题，先生正式发表的文章中未置一辞，但他关于黄帝的相关看法都以小品文的形式集中发布于博客，有八九篇之多。这部分短文的价值其实丝毫不逊于正式发表的文章，或许对学界更有启发意义。

先生的学术研究始自20世纪六七十年代，历经半个世纪，或仅有油印的会议论文存世，或发表论文的刊物早已经停刊、改版，学界难以对先生的学术体系窥得全豹。

有鉴于上述几个方面，我们深感有必要将先生的所有文稿都收录进来，按学术文集的体例进行编排。后经与责编研究，意见得到商务印书馆的大力支持，将能见到的全部学术文章都收录于此。

先生病逝的当天，商务印书馆编辑鲍海燕女士曾拨打过一个未接通的电话，目的就是告知"先秦制度"一书选题已经通过。因此，《先秦制度考论》为先生手订，不再更改。在此基础上，重新设计和补充其他三部书的内容。最终将文集分作《先秦制度考论》、《商周史地发微》、《古文字证史录》（上下册）三部。文章的编排颇具难度，如很多文章题目是考古，运用的却是古文字的手段，目的是制度研究，解决的却是古史方面问题，因而难以严格区分，我们只好按文章侧重大致分配，勉力为之。不妥之处，尚祈读者见谅。另一方面，因为先生研究时代跨度大、涉及领域宽，补充进来的文章内容超出书名限定的范围，所以此三部书的书名并不能涵容所有文章，有"文不对题"之感，在此一并致歉。

对于编校过程中的问题和处理办法，在此作简单说明：

1. 本书收录的文章大部分是已经发表过的，文末已经注明出处。还有少量没注出处的文章属于未刊稿。

2. "校记"为王恩田先生本人所加。因发表文章的时间久远，先生出于介绍背景、补充材料、观点微调等考虑，逐篇核校，拟对部分有必要的文章加简短的说明性文字，但是这个工作没有全部完成，我们仅将已写成的校记对应附于文后。

3. 因出版计划调整，将原来的四部更改为三部。《先秦制度考论》部分基本保留原样，文章的遴选和排序为王恩田先生亲自确定。《商周史地发微》的内容并不限于商周两代，时间上起龙山文化，下至两汉。新石器时代的考古内容和汉画像石的内容也入此。原来的"甲骨证史录"和"金文证史录"合并为《古文字证史录》，还增加了包括简帛、陶文、玺印、货泉等在内的战国文字部分。

4. 这部学术文集，既要坚持整体全文收录的原则，又要顾及之前分册单行本的设计需要，所以存在少量重复收录的现象，同时也有同一专题的文章分作两三处的现象。

5. 早期发表的文章，存在错字缺字、段落颠倒等错误，参考文献比较简略、粗疏。编校过程中，我们尽可能地核对了全部引文，更正了部分错误，但因版本等方面问题以及编者个人学识水平所限，难以做到尽善。

6. 先生的论文风格要言不烦，语句经过深思熟虑，反复锤炼，所以少见歧义。偶有零星难以理解的地方，我们选择保留原文风貌，不加擅改。

本书能够顺利付梓，有赖于商务印书馆丁波等诸位编辑的鼎力襄助，尤为难得的是先生病逝后，在出版计划发生变动的情况下，仍一如既往地大力支持，令人感动。编辑鲍海燕女士反复商讨书稿内容、编排体例，为本书出版付出大量时间和精力，谨致以崇高的敬意。众多师友在本书编校过程中关心、询问出版进度，表示愿意提供便利，解决困难，你们的鼓励和支持亦铭感于心。家人也为之付出各自的劳动，创造了良好的工作环境，一并致谢！

王戎

2020 年 12 月于泉城